PSICOLOGIA SOCIAL

PERSPECTIVAS PSICOLÓGICAS E SOCIOLÓGICAS

Reimpressão da obra originalmente publicada em 2006 pela editora McGraw-Hill.

A472p	Álvaro, José Luis.
	    Psicologia social : perspectivas psicológicas e sociológicas / José Luis Álvaro, Alicia Garrido ; tradução: Miguel Cabrera Fernandes ; revisão técnica: Ana Raquel Rosas Torres. – Porto Alegre : AMGH, 2017.
	    xxvi, 414 p. : il. ; 25 cm.
	
	    ISBN 978-85-8055-598-1
	
	    1. Psicologia social. 2. Psicologia – Sociologia. I. Garrido, Alicia. II. Título.
	
	    CDU 316.6

Catalogação na publicação: Poliana Sanchez de Araujo – CRB 10/2094

PSICOLOGIA SOCIAL

PERSPECTIVAS PSICOLÓGICAS E SOCIOLÓGICAS

José Luis Álvaro
Alicia Garrido

Tradução
Miguel Cabrera Fernandes

Revisão Técnica
Ana Raquel Rosas Torres
Professora Titular de Psicologia Social da Universidade Católica de Goiás
Doutora em Psicologia pela University of Kent at Canterbury, Grã-Bretanha
Mestre em Psicologia Social pela Universidade Federal da Paraíba

AMGH Editora Ltda.

2017

Obra originalmente publicada sob o título *Psicología Social – Perspectivas Psicológicas y Sociológicas*
Copyright © 2003 de McGraw-Hill Interamericana de España S.A.U.
ISBN da obra original: 84-481-3661-6

Editora: *Gisélia Costa*
Preparação de Texto: *Mônica de Aguiar*
Design da Capa: *Sérgio Salgado*
Editoração Eletrônica: *Crontec Ltda.*

Reservados todos os direitos de publicação, em língua portuguesa, à
AMGH EDITORA LTDA., uma empresa do GRUPO A EDUCAÇÃO S.A.
Av. Jerônimo de Ornelas, 670 – Santana
90040-340 – Porto Alegre – RS
Fone: (51) 3027-7000 Fax: (51) 3027-7070

SÃO PAULO
Rua Doutor Cesário Mota Jr., 63 – Vila Buarque
01221-020 – São Paulo – SP
Fone: (11) 3221-9033

SAC 0800 703-3444 – www.grupoa.com.br

É proibida a duplicação ou reprodução deste volume, no todo ou em parte, sob quaisquer formas ou por quaisquer meios (eletrônico, mecânico, gravação, fotocópia, distribuição na Web e outros), sem permissão expressa da Editora.

IMPRESSO NO BRASIL
PRINTED IN BRAZIL
Impresso sob demanda na Meta Brasil a pedido de Grupo A Educação.

A Paula, por ser como é.
J. L. A.

A Tachú, por todo seu apoio.
A. G. L.

AGRADECIMENTOS

Gostaríamos de registrar aqui nosso reconhecimento ao professor José Ramón Torregrosa. Os debates com ele mantidos foram uma fonte permanente de reflexão sobre a psicologia social ao longo destes anos.

Também queremos expressar nosso agradecimento à professora Ana Raquel Rosas Torres por seu paciente trabalho de revisão técnica e por toda a ajuda prestada para que este livro pudesse ser publicado em português. Do mesmo modo, agradecemos ao professor Leoncio Camino por ter aceitado escrever o prólogo da presente edição e à professora Inge Schweiger por sua ajuda na fase final de elaboração do livro. Igualmente, nosso reconhecimento a Giselia Costa e a José Manuel Cejudo, da editora McGraw-Hill, por seu trabalho e constante apoio nas diversas fases de elaboração deste texto.

SUMÁRIO

Índice de Referências Bibliográficas XV

Prólogo XVII

Introdução XIX

1. As Origens do Pensamento Psicossociológico na Segunda Metade do Século XIX 1

   O desenvolvimento das ciências sociais na França 3
       O início do positivismo e a tese da unidade da ciência 3
       A sociologia como ciência: Émile Durkheim 6
       O estudo da imitação: Gabriel Tarde 10
       A psicologia das massas: Gustave Le Bon 11
   O desenvolvimento das ciências sociais na Alemanha 13
       A consolidação da psicologia experimental 14
       A *Völkerpsychologie* 17
       O debate sobre a natureza científica da psicologia 20
       Idéias psicossociológicas no pensamento de Karl Marx 24
   O desenvolvimento das ciências sociais na Grã-Bretanha 25
       O princípio da seleção natural 26
       A teoria evolucionista de Herbert Spencer 27
   O desenvolvimento das ciências sociais nos Estados Unidos 30
       O início da sociologia norte-americana 31
       O início do pragmatismo 32
       A consolidação da psicologia norte-americana 34
   Resumo 36

2. A Consolidação da Psicologia Social como Disciplina Independente 39

   A diferenciação da psicologia social no contexto da psicologia 41
       A *Völkerpsychologie* de Wilhelm Wundt 41
       O início da psicologia da *Gestalt* 44
       A teoria psicanalítica: influências na psicologia social 47
       William McDougall e a teoria dos instintos 48

    John Broadus Watson e as origens do behaviorismo 52
    As críticas às teorias dos instintos 55
    A mente grupal 57
    Floyd Allport e a introdução do behaviorismo na psicologia social 59
A diferenciação da psicologia social no contexto da sociologia 61
    A psicologia social e os primeiros manuais escritos por sociólogos 62
    Max Weber e a teoria da ação social 66
    Georg Simmel: o estudo das ações recíprocas 70
    Charles Horton Cooley: as bases psicossociais das relações interpessoais e da vida social 75
    A sociologia da Escola de Chicago e sua influência na psicologia social 77
    William I. Thomas: o estudo das atitudes sociais como objeto da psicologia social 79
    George Herbert Mead: o interacionismo simbólico 80
Os pressupostos metodológicos da psicologia social 85
    A tendência experimental da psicologia social psicológica 86
    O ecletismo metodológico da psicologia social sociológica 88
Resumo 91

3. A Evolução da Psicologia Social como Disciplina Científica Independente ... 93

Os pressupostos epistemológicos da psicologia social durante os anos 1930 e 1940 95
    O positivismo lógico e o Círculo de Viena 95
    Karl Mannheim e a sociologia do conhecimento 98
O desenvolvimento teórico da psicologia social no contexto da psicologia 100
    O neobehaviorismo e sua influência no desenvolvimento da psicologia social 101
        A hipótese da frustração-agressão 104
        A aprendizagem por imitação 107
    A introdução dos princípios da psicologia da *Gestalt* na psicologia social 109
        Kurt Lewin e a teoria do campo 110
        Kurt Lewin e o estudo experimental dos grupos 115
    O estudo dos processos cognitivos na psicologia social 119
        Frederic Bartlett e a teoria dos esquemas 120
        Lev Vygotski e o estudo dos processos cognitivos 125
O desenvolvimento teórico da psicologia social no contexto da sociologia 131
    O interacionismo simbólico 132
    O início do funcionalismo estrutural: a teoria sociológica de Talcott Parsons e seus vínculos com a psicologia social 133
    A Escola de Frankfurt e *La personalidad autoritaria* 136
O desenvolvimento metodológico da psicologia social durante os anos 1930 e 1940 140
    O método experimental 141

    A mensuração das atitudes 144

    O desenvolvimento da pesquisa quantitativa...147

  Resumo..149

4. A Evolução da Psicologia Social até os Anos 1970 151

As mudanças na filosofia da ciência dos anos 1950 e 1960..153

O desenvolvimento teórico da psicologia social no contexto da psicologia.......................155

  A influência da Escola da *Gestalt* em psicologia social 156

    A percepção social 156

    Os estudos sobre a formação de impressões de Solomon Asch......................157

    A influência social: a psicologia social das normas e da influência
    majoritária 158

    Consistência cognitiva: a teoria do equilíbrio de Fritz Heider 164

    A teoria da comparação social de Leon Festinger..167

    A teoria da dissonância cognitiva de Leon Festinger.....................................168

  A influência do neobehaviorismo na psicologia social 174

    A comunicação persuasiva: Carl Hovland e o programa de pesquisa da
    Universidade de Yale 175

    A teoria da facilitação social de Robert Zajonc..179

    A teoria do intercâmbio social de John Thibaut e Harold Kelley 180

    A aprendizagem social..184

    A teoria do desamparo aprendido de Martin E. P. Seligman..........................186

O desenvolvimento teórico da psicologia social no contexto da sociologia.......................188

  O auge do funcionalismo estrutural 189

  As teorias do intercâmbio na psicologia social sociológica 194

    A teoria de intercâmbio de George Homans 194

    A teoria do emergentismo social de Peter Blau..200

  O interacionismo simbólico..202

  A análise da interação social de Erving Goffman 208

  Sociologia fenomenológica e psicologia social: Alfred Schutz 212

  A Etnometodologia..218

O desenvolvimento metodológico da psicologia social durante os anos 1950 e 1960 224

Resumo..227

5. A Psicologia Social Atual...229

As mudanças na concepção da ciência..231

  As mudanças na filosofia da ciência durante os anos 1970..231

  A nova sociologia da ciência 234

A psicologia social no contexto da psicologia 238
    A pesquisa sobre os processos de atribuição causal 239
        A teoria da inferência correspondente 239
        O modelo de covariação de Harold Kelley 242
        Atribuição do êxito e do fracasso 245
        Vieses no processo de atribuição causal 247
    Psicologia (social) cognitiva e cognição social 249
        A revolução cognitiva da psicologia e o paradigma do processamento da informação ...250
        O estudo das estruturas cognitivas: protótipos e exemplares 252
        O estudo das estruturas cognitivas: os esquemas 255
        O estudo dos processos de inferência e dos processos heurísticos 258
        O estudo da cognição social: presente e futuro 260
    Albert Bandura: do behaviorismo mediacional à teoria cognitiva social 261
    Da teoria da ação racional à teoria da ação planejada 266
    As pesquisas sobre categorização social e relações intergrupais da Universidade de Bristol 271
        Categorização social e estereótipos 271
        As funções dos estereótipos 275
        Categorização e identidade social 277
        Identidade social e relações intergrupais 278
        A teoria da auto-categorização 284
    A teoria das representações sociais 286
    A influência minoritária e a teoria da conversão 292
    A pesquisa psicossocial sobre o desenvolvimento cognitivo da Escola de Genebra 299
O desenvolvimento da psicologia social na América Latina 303
    A psicologia social de Martín-Baró: em direção a uma psicologia social da liberação 308
    A psicologia social comunitária 314
A psicologia social pós-moderna 319
    O construcionismo social de Kenneth Gergen 320
    O enfoque etogênico de Rom Harré 325
    O enfoque retórico de Michael Billig 330
    A análise do discurso e a psicologia social 332
    A análise das conversações 336
A psicologia social no contexto da sociologia 340
    O interacionismo simbólico: a concepção estrutural de Sheldon Stryker 341
    A teoria da estruturação de Anthony Giddens 345
    A sociologia figurativa de Norbert Elias 350
    O construtivismo estruturalista de Pierre Bourdieu 354
O desenvolvimento metodológico da psicologia social atual 356

    Críticas à experimentação..357
    A polêmica com relação à metodologia quantitativa ou qualitativa 360
  Resumo...364

Referências Bibliográficas.. 367

Índice de Autores... 402

Índice Analítico.. 409

ÍNDICE DE REFERÊNCIAS BIBLIOGRÁFICAS

Auguste Comte (1798-1857) 4

Émile Durkheim (1858-1917) 8

Gustave Le Bon (1841-1931) 12

Wilhelm Wundt (1832-1920) 18

Herbert Spencer (1820-1903) 28

William James (1842-1910) 36

William McDougall (1871-1938) 50

John Broadus Watson (1878-1958) 54

Floyd Henry Allport (1890-1978) 60

Edward Alsworth Ross (1866-1951) 64

Max Weber (1864-1920) 68

Georg Simmel (1858-1918) 72

Charles Horton Cooley (1864-1929) 76

George Herbert Mead (1863-1931) 84

Clark Leonard Hull (1884-1952) 102

Burrhus Frederick Skinner (1904-1990) 104

Kurt Lewin (1890-1947) 116

Frederic Bartlett (1886-1969) 122

Lev Vygotski (1896-1934) 128

Talcott Parsons (1902-1979) 134

Theodor W. Adorno (1903-1969) 138

Karl Raimund Popper (1902-1994) 154

Solomon E. Asch (1907-1996) 158

Fritz Heider (1896-1988) 164

Leon Festinger (1919-1989) 172

Carl Hovland (1912-1961) 176

George Gaspar Homans (1910-1989) 198

Herbert Blumer (1900-1987) 206

Erving Goffman (1922- 1982) 210

Alfred Schutz (1899-1959) 216

Harold Garfinkel (1917) 220

Thomas Samuel Kuhn (1922-1996) 232

Albert Bandura (1925) 264

Henri Tajfel (1919-1982) 276

Serge Moscovici (1928) 296

Ignacio Martín-Baró 312

Kenneth Gergen 322

Rom Harré (1927) 326

Sheldon Stryker (1924) 342

Anthony Giddens (1938) 346

Norbert Elias (1897-1990) 352

PRÓLOGO

Recebi com muita alegria, da Editora McGraw-Hill do Brasil, o encargo de apresentar aos psicólogos brasileiros o livro *Psicologia Social: Perspectivas Psicológicas e Sociológicas* dos professores José Luis Álvaro e Alicia Garrido, da Universidade Complutense de Madrid, não só pelo grande respeito profissional e amizade que professo a estes dois colegas, mas principalmente porque o texto, cuja versão em espanhol já conhecia, vem preencher um grande vazio que nós, professores de psicologia social, sentimos quando queremos indicar textos em português para nossos alunos.

Não estou afirmando que não existam, em nosso meio, textos de psicologia social ou que os existentes não sejam de boa qualidade. Realmente, existem muitos textos e de boa qualidade. Mas o fato é que este livro reúne uma série de qualidades e aborda um conjunto de temas que não se encontram de maneira integrada na bibliografia à disposição dos estudantes brasileiros.

A primeira qualidade deste livro texto é a abordagem histórica que adota. Não só afirma que a psicologia social é uma construção social que se desenvolve historicamente, mas acompanha e descreve minuciosamente este desenvolvimento desde as origens positivistas dos primeiros projetos em psicologia social até a psicologia social de nossos dias, que os autores denominam de pós-moderna.

Esta evolução não é apresentada de maneira linear e progressiva, mas de tal forma que, em cada período, se podem ver as contradições implícitas no desenvolvimento da psicologia social. Aliás, os autores nos mostram, na própria história, uma psicologia social que às vezes procura desenvolver-se como disciplina independente entre a psicologia e a sociologia, mas que em outras ocasiões oscila entre as duas ciências. Em nosso meio acadêmico, como a maioria dos psicólogos sociais provém da psicologia e fazem parte de departamentos de psicologia, não só não se pensa na psicologia social como uma ciência independente, mas tem-se construído uma espécie de convicção implícita de que a psicologia social é uma parte da psicologia. Os professores José Luis Álvaro e Alicia Garrido não defendem de maneira explícita a tese da independência, mas trazem muitos elementos que certamente estimularão esse debate em nosso meio.

Nessa aparente neutralidade aparece uma outra qualidade deste livro que considero um aporte importante para nossa cultura acadêmica: a capacidade de apresentar as diversas perspectivas e teorias em psicologia social, mostrando como todas estas reflexões participaram ativamente, apesar das divergências ou graças a elas, da construção do que denominamos de psicologia social. Num meio caracterizado por árduos debates radicais sobre a construção de uma psicologia social quantitativa ou qualitativa, sobre a fundamentação da psicologia social em paradigmas americanos, europeus ou latino-americanos etc., este livro mostra a necessidade de analisar com espírito crítico as diversas teorias e perspectivas que constituem a tradição da psicologia social, a fim de entender como esse campo vem sendo construído na história sem rejeitar nenhuma das posições, mas entendendo suas limitações e seus contextos.

E, de fato, o texto dos professores Álvaro e Garrido relaciona teorias e perspectivas com os diversos pressupostos epistemológicos e com o desenvolvimento metodológico de cada período. Assim, o livro contextualiza os diversos debates que se estabelecem no campo da psicologia social. E falando de contexto, o livro acrescenta, em relação ao texto em espanhol, informação sobre a psicologia social na América Latina, onde analisa os esforços realizados por psicólogos latino-americanos de repensar a psicologia social a partir de nossa realidade sóciopolítica, dando um merecido destaque ao psicólogo salvadorenho Ignacio Martin-Baró. Nesta parte, o livro, de maneira sucinta, relaciona numerosos estudos brasileiros em temas como relações grupais, psicologia comunitária, violência, processos de exclusão e direitos humanos, entre outros. Acreditamos que desta forma os autores estimulam psicólogos sociais do Brasil a preencher um dos maiores vazios de nossa produção científica, que é o de trabalhar sobre nossa própria produção científica.

Gostaria de terminar estas palavras de apresentação agradecendo e felicitando tanto aos professores José Luis Álvaro e Alicia Garrido pelo brilhante trabalho que elaboraram, como a editora McGraw-Hill do Brasil, pela oportunidade que oferece aos leitores brasileiros de ter acesso a este texto.

Professor Leoncio Camino
Universidade Federal da Paraíba

INTRODUÇÃO

O objetivo deste livro é analisar as principais teorias que fizeram e fazem parte da psicologia social. Para tanto, não optamos por apresentar tais teorias de maneira sincrônica, como se faz na maioria dos textos, mas adotamos uma perspectiva histórica, mediante a qual estudamos a evolução da psicologia social, desde suas origens até a atualidade.

Embora nosso principal objetivo fosse descrever o desenvolvimento teórico da psicologia social, tal desenvolvimento não foi considerado de maneira isolada. A análise das teorias se situou no contexto das concepções epistemológicas e metodológicas dominantes em cada período histórico estudado[1]. Com isso, pretendemos mostrar a forma pela qual a evolução da psicologia social, e das ciências sociais em geral, viu-se condicionada pelas mudanças que foram acontecendo no âmbito da filosofia e da sociologia da ciência. Desta maneira, por exemplo, dificilmente entenderíamos uma grande parte da psicologia social contemporânea se não fizéssemos uma referência ao positivismo, tanto na sua formulação inicial como na sua continuação através das diferentes versões do positivismo lógico. Tampouco poderíamos entender adequadamente o alcance de uma teoria como o interacionismo simbólico sem uma referência ao pragmatismo, corrente filosófica da qual é herdeira. Da mesma maneira, a análise da psicologia social pós-moderna ficaria incompleta se não descrevêssemos as mudanças que ocorreram no âmbito da filosofia e da sociologia da ciência a partir dos anos 1970, que representaram uma rejeição das premissas positivistas e neopositivistas nas quais estava ancorada uma grande parte das ciências sociais.

O convencimento de que a compreensão do desenvolvimento teórico da psicologia social se vê facilitado se o pusermos em relação com as concepções epistemológicas e metodológicas das quais é reflexo, levou-nos a estruturar os diferentes capítulos deste livro do seguinte modo: na primeira parte de cada capítulo se oferece uma descrição da concepção da ciência

---

[1] A dimensão aplicada da psicologia social foi tratada em um livro anterior, que o leitor poderá consultar: Álvaro, J., L.; Garrido, A. e Torregrosa, J. R. (Eds). *Psicología Social Aplicada*. Madrid, McGraw-Hill, 1996.

dominante no período histórico considerado; na continuação os parágrafos centrais se dedicam à análise do desenvolvimento teórico da psicologia social dentro do contexto da psicologia e da sociologia; finalmente, a última parte de cada capítulo está dedicada ao desenvolvimento metodológico da psicologia social.

O ponto de partida de nossa análise se situa na segunda metade do século XIX, pois apesar das reflexões sobre as relações entre o indivíduo e a sociedade serem muito anteriores, é neste momento que tais reflexões adquirem pretensões de cientificidade. Depois da análise das idéias derivadas do positivismo, que foram as que inspiraram o desenvolvimento inicial das ciências sociais, no primeiro capítulo do livro são analisadas as primeiras aproximações à psicologia social, que surgiram no momento em que tanto a psicologia como a sociologia começavam suas atividades como formas de conhecimento independentes da filosofia.

No primeiro capítulo, cuja estrutura é ligeiramente diferente da dos demais, não se estabeleceu uma separação nítida entre o conhecimento teórico procedente da sociologia e da psicologia, mas se optou por utilizar como critério de diferenciação o contexto geográfico onde foram surgindo as ciências sociais. Acreditamos que esta forma de apresentação é mais adequada para uma primeira aproximação, na qual os limites entre as ciências sociais não estavam tão claramente definidos como agora, e onde a reflexão teórica se encontrava mais condicionada pelo contexto social e cultural onde surgiam as idéias, do que pelo âmbito disciplinador que destas procediam.

O segundo capítulo contém a descrição do processo de constituição da psicologia social como disciplina independente. Nas primeiras décadas do século XX, as ciências sociais conheceram uma rápida expansão que afetou a evolução da psicologia social tanto no contexto da psicologia como, particularmente, no da sociologia. Em 1908 foram publicados os dois primeiros manuais de psicologia social: o do psicólogo William McDougall, *An introduction to social psychology*, e o do sociólogo Edward Ross, *Social psychology: an outline and a source book*. Embora o aparecimento simultâneo de ambos os textos costuma ser considerado como um referencial da divisão inicial da psicologia social em duas tradições de pensamento claramente diferenciadas, o certo é que cada uma delas estava constituída por uma pluralidade de enfoques. No caso da psicologia, a proposta teórica de William McDougall coincidiu com o desenvolvimento da *Völkerpsychologie* de Wilhelm Wundt, e com o aparecimento de diferentes correntes de pensamento de especial importância para a psicologia social posterior, como a psicologia da *Gestalt* (Max Wertheimer, Kurt Koffka e Wolfgang Kohler) e o behaviorismo (John B. Watson), cujos princípios foram introduzidos em psicologia social por Floyd Allport. Ambas as correntes servirão de ponto de partida para a formação da psicologia social psicológica posterior. Já dentro da sociologia, foram numerosos os textos de psicologia social que se publicaram durante as primeiras décadas do século XX, e que contribuíram para a progressiva consolidação da psicologia social sociológica. Fato ao que também contribuiu notavelmente o desenvolvimento que a teoria social experimentou com sociólogos como Max Weber, Georg Simmel e Charles Horton Cooley. Menção à parte merece a sociologia da Escola de Chicago, que exerceu enorme influência na psicologia social sociológica através do interacionismo simbólico e da obra de George Herbert Mead.

Se as duas primeiras décadas do século passado definem as bases para a divisão da psicologia social e a constituição de duas psicologias sociais diferenciadas, as décadas de 1930 e 1940 conhecem uma acentuação desta tendência. Durante esta etapa, o predomínio do positivismo lógico dará lugar, no contexto da psicologia, à hegemonia do neobehaviorismo que, principalmente através da obra de Clark Hull, influenciará nos estudos sobre a hipótese da frustração-agressão e na teoria da aprendizagem por imitação de psicólogos da Universidade de Yale, como John Dollard e Neil Miller. A psicologia social, entretanto, manteve-se relativamente alheia à influência da corrente hegemônica da psicologia, e se sentiu mais identificada com os princípios da Escola da *Gestalt*, introduzidos no âmbito da teoria psicossocial por Kurt Lewin. Junto a estes desenvolvimentos, temos que destacar, pela influência que tiveram na evolução posterior da psicologia social, as contribuições de Frederic Bartlett e de Lev Vygotski. No contexto da sociologia, assistimos, durante esse período, a um declínio do interacionismo simbólico, fundamentalmente devido ao auge do funcionalismo estrutural de Talcott Parsons. Também cabe ressaltar a influência da Escola de Frankfurt, entre cujos estudos destaca-se, por sua relevância para a psicologia social, o trabalho dirigido por Theodor W. Adorno sobre a *Personalidade Autoritária*. Estes, entre outros temas, constituem a base do capítulo três.

O capítulo seguinte cobre a etapa de evolução da psicologia social até o começo dos anos 1970. Depois de analisar as mudanças fundamentais que aconteceram no âmbito da filosofia da ciência, entre as quais destacam-se a substituição do neopositivismo pelo falsificacionismo[2] de Karl Popper, descrevem-se as teorias geradas no contexto da psicologia e da sociologia. Durante a década de 1960, assistimos a um gradual declínio dos grandes relatos teóricos das ciências sociais, representados pelo behaviorismo, no caso da psicologia, e pelo funcionalismo estrutural, no caso da sociologia. No contexto da psicologia social psicológica, isto dá lugar ao predomínio de teorias como a dissonância cognitiva de Leon Festinger, enquanto no âmbito da psicologia social sociológica, aumenta o interesse por teorias como o interacionismo simbólico, cujo desenvolvimento durante esta etapa se deveu a autores como Hebert Blumer e Manford Kuhn. Do mesmo modo, dentro do âmbito da sociologia, e de especial importância para a psicologia social, desenvolvem-se enfoques afins ao interacionismo simbólico, como a perspectiva dramatúrgica de Erving Goffman, enquanto surgem outros, como a sociologia fenomenológica de Alfred Schutz e a etnometodologia de Harold Garfinkel. Isto não quer dizer que o funcionalismo estrutural e o neobehaviorismo deixassem de exercer influência na psicologia social. Como veremos, a primeira das correntes mencionadas teve continuidade na obra de Robert Merton, enquanto a segunda seguiu tendo influência nos estudos sobre persuasão desenvolvidos na Universidade de Yale sob a direção de Carl Hovland. Da mesma maneira, o impacto do behaviorismo é claro nas teorias do intercâmbio e, especialmente, na obra do sociólogo George Homans.

Finalmente, o quinto capítulo contempla o desenvolvimento das teorias surgidas mais recentemente na psicologia social, cuja análise nos leva a ressaltar a pluralidade de enfoques que coexistem atualmente dentro do âmbito da disciplina. Pluralidade, que é consequência das mudanças acontecidas nas últimas décadas, tanto na filosofia como na sociologia da ciência. Essas mudanças, que desembocaram no aparecimento de algumas correntes a partir das quais se questiona a adequação do método científico e sua teoria representacionista do conhecimento, tiveram seu reflexo em alguns setores da psicologia social, representados por psicólogos como Keneth Gergen, Rom Harré, Michael Billig, Jonathan Potter e Margaret Wetherell, entre outros, a quem se deve o desenvolvimento de enfoques como o construcionismo social, a perspectiva etogênica, o enfoque retórico e a análise do discurso. Mas nem tudo na psicologia social atual é uma crítica aos esquemas epistemológicos e metodológicos tradicionais. Junto

---

2 N. R. T.: O termo em inglês "falsacionism", utilizado por Karl Popper foi traduzido para o espanhol como "falsacionismo". Em português a tradução já estabelecida é "falsificacionismo".

a essas teorias, desenvolveu-se outra série de perspectivas que, aglutinadas sob o título de *cognição social*, têm como objetivo primeiro o estudo dos processos cognitivos a partir de premissas universalistas e individualistas muito similares às utilizadas pela psicologia experimental. Finalmente, não é menos importante o aparecimento, no contexto da psicologia social atual, de uma série de enfoques teóricos desenvolvidos no contexto europeu por psicólogos como Henri Tajfel e Serge Moscovici, que concentraram seu interesse na análise das relações intergrupais e no estudo das representações sociais e dos processos de influência minoritária, respectivamente. Igualmente relevante é o desenvolvimento, no contexto latino-americano, de uma psicologia social preocupada com a mudança e a transformação social. Dentro desta psicologia social realizada na América Latina, devemos destacar Ignacio Martín-Baró e sua psicologia da libertação e os trabalhos realizados dentro da psicologia social comunitária.

No contexto da sociologia, assistimos ao novo desenvolvimento sofrido pelo interacionismo simbólico com autores como Sheldon Stryker e de enfoques como a teoria da estruturação de Anthony Giddens, a teoria da figuração de Norbert Elias e o construtivismo estruturalista de Pierre Bourdieu. Todas estas teorias compartilham uma concepção da teoria social em que indivíduo e sociedade não são categorias de análise contrapostas.

Um dos objetivos deste livro foi mostrar como a psicologia social surgiu e se foi desenvolvendo de maneira paralela, dentro da psicologia e dentro da sociologia. Um fato que não deve resultar surpreendente, considerando que tanto a psicologia como a sociologia tiveram de abordar, desde o momento de sua consolidação como disciplinas científicas, o problema de suas relações recíprocas. A psicologia, cuja pretensão inicial foi o estudo científico da mente, teve de assumir rapidamente o fato de que a mente humana não surge nem se desenvolve em um vácuo social, mas é produto da inserção da pessoa dentro de uma coletividade. O mesmo pode ser dito do estudo do comportamento individual. A sociologia, por outro lado, que surgiu com a pretensão de tornar-se o estudo científico da sociedade, tampouco pôde ignorar em sua análise a existência de fatores psicológicos ou individuais que influenciam o comportamento social. Portanto, à medida que ambas as disciplinas foram se desenvolvendo, foi surgindo um espaço de interseção entre elas, que daria lugar à psicologia social. Desta maneira, a psicologia social foi diferenciando-se, ao mesmo tempo, como uma área especializada dentro de ambas as disciplinas, sendo possível afirmar que a reflexão sobre as relações entre psicologia e sociologia originou, desde o começo, duas psicologias sociais diferenciadas.

Como veremos, a psicologia social sociológica adquiriu, em um primeiro momento, um maior desenvolvimento que a psicologia social psicológica, algo que se torna evidente, por exemplo, pelo maior número de manuais de psicologia social escritos por sociólogos em comparação com os que se publicaram no âmbito da psicologia. Uma tendência que se foi invertendo à medida que a psicologia social se desenvolvia, e que é justamente a oposta no momento atual, onde predominam claramente os manuais procedentes da psicologia. Mas o fato de que a maior parte dos psicólogos sociais atuais tenha uma formação acadêmica psicológica e que, portanto, uma grande parte dos enfoques teóricos registrados nos textos de psicologia social, se enraízem no contexto da psicologia, não deve ser considerado como um traço consubstancial da psicologia social, mas como uma característica que, como veremos nos diferentes capítulos deste livro, foi-se gerando ao longo da história da disciplina. Convém, neste sentido, não naturalizar processos que são de caráter histórico.

Provavelmente, a progressiva identificação da psicologia social como um ramo da psicologia contribuiu, de certa maneira, para o fato de que foi o rótulo de *psicologia social* o que terminou sendo usado, tanto em psicologia como em sociologia, para designar a área de interseção de ambas as disciplinas. Uma expressão em que o adjetivo *social* não deixa de ser redundante, pois parece lógico pensar que todos os processos psicológicos, dos motivacionais, passando pelos de caráter tanto cognitivo como emocional, e chegando até os de conteúdo simbólico, são essencialmente sociais.

Da mesma maneira, resulta impossível estudar o comportamento ou a personalidade sem nos referirmos ao contexto social e cultural em que ambos têm sentido. A imagem do indivíduo sem referência à sociedade, ou desta sem referência aos indivíduos que a formam, simplesmente não tem sentido. Nem mesmo do ponto de vista meramente formal ou analítico está justificada. Portanto, ao falar de psicologia social estamos nos referindo a uma perspectiva, a uma forma de compreender processos sociais que são encarnados por pessoas, processos que são produto da ação e interação dos indivíduos, mas cujos fins têm conseqüências que vão além de tais ações e dos mesmos indivíduos que as produzem. O sistema social, através de suas instituições, condiciona as atividades das pessoas, delimitando os tipos de interação possíveis, mas este é, por sua vez, um produto das ações e interações das pessoas. O estudo dos vínculos entre indivíduo e sociedade precisa de uma psicologia social onde se prescinda tanto do individualismo metodológico e sua pretensão de explicar a sociedade, como uma conseqüência das ações dos indivíduos, como do holismo e sua idéia de que é possível estudar a sociedade com independência das ações dos indivíduos. Em relação com a psicologia social, o certo é que predominou mais o primeiro tipo de explicação que o segundo.

Com freqüência assume-se que cada disciplina científica se caracteriza por adotar um nível de análise próprio, que a separa e a distingue claramente das demais. Esta concepção levou, por exemplo, à hipótese de que a sociologia está centrada quase exclusivamente nos fatores estruturais que determinam o comportamento individual e coletivo, enquanto a psicologia dá mais atenção aos processos psicológicos, independentemente do contexto social em que acontecem. Esta idéia, entretanto, não é totalmente exata, já que dentro de cada disciplina coexistem teorias que adotam diferentes níveis de análise[3]. Nem a teoria sociológica atual se caracteriza por uma concepção holística, onde o estudo das estruturas sociais se faz a custa das motivações individuais, nem a teoria psicológica atual pode ser caracterizada, em seu conjunto, pelo individualismo metodológico. Deste ponto de vista, a psicologia social, como espaço de interseção de ambas disciplinas, assumiria como próprias aquelas explicações do comportamento humano em que se considera a interação entre ambos tipos de fatores. Resumidamente, todas essas reflexões nos levam a considerar que a psicologia social não é definida por seu objeto de estudo, que é o mesmo que o de outras ciências sociais, mas pelo enfoque pelo qual esse objeto é analisado, devendo ser entendida, portanto, como um ponto de vista ou uma perspectiva para estudar a realidade social. E este ponto de vista consiste na articulação de níveis de explicação psicológicos e sociológicos.

Por isso, junto às teorias psicossociais de procedência psicológica, é necessário prestar atenção a outros enfoques, que procedem da sociologia e que podem nos ajudar a formar uma maneira de entender a psicologia social como uma perspectiva integradora.

---

3   Para o desenvolvimento dos níveis de análise em ciências sociais, veja Álvaro, J. L. e Garrido Luque, A. *Teoria Sociológica y Vínculos Psicossociais*. Em J. L. Álvaro (Ed). *Fundamentos Sociales del Comportamiento Humano*. Barcelona. Editorial UOC, 2003.

Com relação à teoria social, a história da psicologia social nos demonstra que nem todos os autores de procedência sociológica receberam o mesmo reconhecimento por parte da psicologia social oficial. A teoria do intercâmbio de um sociólogo como George Homans, por exemplo, aparece na maioria dos manuais de psicologia social, enquanto autores como Georg Simmel, Erving Goffman, George Herbert Mead e Alfred Schutz, para citar tão somente alguns exemplos, quase não são citados nos manuais psicológicos. Por este motivo, um dos objetivos deste livro foi reivindicar o papel que determinados autores procedentes da sociologia desempenharam no desenvolvimento de uma perspectiva psicossociológica. Acreditamos que o fato de não excluí-los de uma análise teórica da psicologia social tem importantes conseqüências na hora de construir uma determinada concepção da disciplina. Nesta reivindicação das contribuições realizadas por autores procedentes da sociologia não nos limitamos a reunir as idéias das teorias microssociológicas que tradicionalmente fizeram parte da psicologia social sociológica, mas também incluímos em nossa análise uma série de modelos teóricos atuais que, devido à maneira com que articulam processos individuais e coletivos, integrando níveis de análise relacionados à ação social e à estrutura, ao subjetivo e ao objetivo, a processos *micro* e processos *macro*, resultam especialmente interessantes para a psicologia social. Referimos-nos a autores como Norbert Elias, Anthony Giddens ou Pierre Bourdieu, os quais junto a interacionistas simbólicos como Sheldon Stryker realizam uma síntese teórica de grande interesse para a psicologia social. Talvez seja hora de eliminar certos preconceitos e admitir que, de um ponto de vista psicossocial, não só os marcos teóricos procedentes da psicologia, como o behaviorismo ou a psicologia da *Gestalt*, mas também alguns enfoques da sociologia, como o funcionalismo estrutural, a fenomenologia sociológica ou a teoria da figuração de Elias, entre outros, podem nos ajudar a compreender a ação social no marco de teorias e conceitos sociológicos. Não se trata somente, como pode entender um leitor atento, de que a psicologia social seja mais social, tal como reivindicavam numerosos psicólogos sociais depois do período de crise vivido no final dos anos 1960 e início dos 1970, mas que seja também mais sociológica. O problema não está tanto na delimitação de conceitos e teorias como psicológicas ou sociológicas, mas em considerar que a psicologia social é, antes de mais nada, uma perspectiva de caráter integrador entre as concepções psicológicas e sociológicas do ser humano. Por isso, nossa tentativa foi resgatar os enfoques sociológicos que, do nosso ponto de vista, cumprem com essa finalidade, sem esquecer de apresentar as teorias que se foram gerando no contexto da psicologia, muitas das quais souberam integrar os níveis de análise individual e social, sem cair em nenhum dos reducionismos anteriormente citados. Psicólogos como Lev Vigotsky, Frederic Bartlett, Henri Tajfel ou Serge Moscovici, entre outros, representam claramente esta forma de entender o estudo da realidade social.

Nossa última pretensão, ao escrever os capítulos que fazem parte deste livro, foi a de disponibilizar ao leitor o conhecimento teórico que a psicologia social foi desenvolvendo. Por isso, optamos por apresentar de forma acessível as idéias centrais dos diferentes modelos teóricos analisados. Embora tenhamos dado prioridade à função didática do texto, não excluímos dele uma valorização crítica de cada um dos enfoques analisados. Nossa intenção foi transmitir a idéia de que existem diferentes formas de entender a psicologia social, e que cada uma delas tem diferentes conseqüências para o desenvolvimento da disciplina. Logicamente, não pretendemos analisar todas as teorias psicossociais surgidas no contexto da psicologia e da sociologia, tarefa impossível em um único texto, mas alguns de seus enfoques e autores mais destacados. Tampouco pretendemos apresentar uma visão definitiva das teorias apresentadas. Logicamente, na descrição que realizamos de cada uma delas, ressaltamos os aspectos essenciais e mostramos algumas das críticas que podem sofrer. Provavelmente, outros psicólogos sociais teriam dado outro conteúdo a esta análise. Por outro lado, embora as teorias não possam ser analisadas separadamente dos temas e processos que estudam, seria conveniente que estes aspectos pudessem ser objeto de estudo mais pormenorizado a partir do ponto de vista aqui adotado, isto é, da concepção da psicologia social como uma perspectiva dentro das ciências sociais. Isto levaria a considerar a necessária interdisciplinaridade da psicologia social e, em conseqüência, a adotar as concepções psicológicas e sociológicas da psicologia social como complementares e não como contrapostas. O estudo das relações interpessoais e intergrupais, as atitudes, o comportamento coletivo, o comportamento anti-social, o auto-conceito ou as emoções, entre outros temas que são objetos de estudo da psicologia social, precisam desse enfoque integrador.

Um último aspecto que convém ressaltar na apresentação deste livro é que não podemos esquecer que as teorias não surgiram em um vácuo histórico, mas são o reflexo das circunstâncias e problemas sociais aos quais trataram de dar resposta. É por isso que as perspectivas teóricas apresentadas aqui não são mais do que ferramentas de análise que o cientista social deve utilizar, sendo consciente de que sua aplicação aos problemas sociais que pretende estudar e transformar não pode ser realizada de forma acrítica e sem considerar a especificidade histórica e cultural do contexto em que pretendem ser aplicadas, do qual já nos alertou magistralmente o psicólogo social Ignacio Martín-Baró.

As questões que acabamos de expor resumidamente são as que guiaram a realização deste livro. Esperamos que a redação do mesmo sirva não só como manual introdutório, mas também que sua leitura contribua para abrir um debate sobre as diferentes formas de entender a própria psicologia social.

Madri, setembro de 2006

CAPÍTULO 1

AS ORIGENS DO PENSAMENTO PSICOSSOCIOLÓGICO NA SEGUNDA METADE DO SÉCULO XIX

O DESENVOLVIMENTO DAS CIÊNCIAS SOCIAIS NA FRANÇA

- O início do positivismo e a tese da unidade da ciência
- A sociologia como ciência: Émile Durkheim
- O estudo da imitação: Gabriel Tarde
- A psicologia das massas: Gustave Le Bon

O DESENVOLVIMENTO DAS CIÊNCIAS SOCIAIS NA ALEMANHA

- A consolidação da psicologia experimental
- A *Völkerpsychologie*
- O debate sobre a natureza científica da psicologia
- Idéias psicossociológicas no pensamento de Karl Marx

O DESENVOLVIMENTO DAS CIÊNCIAS SOCIAIS NA GRÃ-BRETANHA

- O princípio da seleção natural
- A teoria evolucionista de Herbert Spencer

O DESENVOLVIMENTO DAS CIÊNCIAS SOCIAIS NOS ESTADOS UNIDOS

- O início da sociologia norte-americana
- O início do pragmatismo
- A consolidação da psicologia norte-americana

RESUMO

Reconstruir as origens de qualquer disciplina científica, recorrendo à busca de um marco fundador concreto, é sempre uma tarefa complexa e, muitas vezes, arbitrária. A escolha de um autor, de uma escola ou de uma pesquisa como pontos de partida para descrever o desenvolvimento de determinada área do conhecimento significa sempre abandonar outras possibilidades de escolha. Na maioria das vezes, esse tipo de escolha baseia-se no desejo de legitimar o presente e, de todo modo, sempre termina em um relato parcial da história, em que se narra o que foi, e se deixa de lado a reflexão necessária sobre o que poderia ter sido. A concepção da disciplina da qual se parte, a visão do presente, termina sempre em uma visão destorcida do passado. Temos um exemplo claro na detalhada reconstrução historiográfica da psicologia social realizada por Gordon Allport (1954a, 1968, 1985). No capítulo de Allport, sobre as origens históricas da psicologia social, reproduzido com algumas modificações nas três primeiras edições do *Handbook of social psychology*, destaca-se que o interesse pela psicologia social é fruto do desenvolvimento da concepção positivista inaugurada por Auguste Comte, e a disciplina é descrita como um fenômeno tipicamente norte-americano e como um ramo da psicologia geral, aspecto também abordado, de maneira pouco convincente, por Edward Jones (1985, 1998) no capítulo do *Handbook* dedicado aos principais desenvolvimentos teóricos e metodológicos da psicologia social contemporânea.

Em relação a essas afirmações, deve-se destacar que o enorme desenvolvimento da psicologia social norte-americana nas décadas imediatamente anteriores e posteriores à Segunda Guerra Mundial foi conseqüência do êxodo de numerosos cientistas sociais europeus que fugiram do nazismo procurando refúgio nos Estados Unidos. Em segundo lugar, embora se afirme que o auge do positivismo representou um aumento considerável das pesquisas em ciências sociais, é também verdade que essa não foi a concepção da ciência defendida por todos os psicólogos e sociólogos da época. O próprio Allport era consciente de que o positivismo levara a psicologia social a preocupar-se mais com a pesquisa empírica do que com a reflexão teórica e que Auguste Comte não era mais do que um dos possíveis candidatos que poderiam ser considerados como um dos fundadores da psicologia social. Em terceiro lugar, a psicologia social não é só um ramo da psicologia, mas também uma área da sociologia, como assim atestam suas origens. Apesar da declaração de princípios que representa o artigo de Allport, nele se reconhece o papel de alguns sociólogos, como Edward A. Ross, na constituição da psicologia social ou a influência de Émile Durkheim e sua concepção das representações coletivas. Finalmente, o fato de Allport mencionar os experimentos de Norman Triplett (1897) como um antecedente dos estudos sobre facilitação social representava, por sua vez, um reconhecimento da adequação do método experimental para a psicologia social.

De fato, o próprio Allport considerava que o início do *método objetivo* e o avanço da psicologia social se explicam pela introdução dos delineamentos experimentais.

A necessidade de reconstruir a história da disciplina de tal maneira que nela fique refletido o pluralismo tanto teórico quanto epistemológico e metodológico que caracterizou e caracteriza a psicologia social, assim como a defesa do argumento de que a psicologia social é uma perspectiva que se foi constituindo tanto a partir dos enfoques psicológicos quanto sociológicos, foram as idéias que orientaram a reconstrução das origens da psicologia social apresentada nestas páginas (veja também Cruz, 2004 e Van Stralen, 2005).

Na hora de realizar essa reconstrução, poderíamos ter retrocedido muito mais, já que, afinal, a reflexão sobre as relações entre o indivíduo e a sociedade começa no mesmo instante em que surge o pensamento filosófico. Entretanto, os antecedentes da psicologia social como disciplina científica que tratam dessas questões de forma sistemática estão situados na segunda metade do século XIX, período no qual a consolidação da sociologia e da psicologia como disciplinas científicas vai dando lugar à necessidade de esclarecer as relações entre ambas. Como destaca Torregrosa (1982; p.12), "do ponto de vista conceitual, o desenvolvimento e a configuração de ambas as disciplinas representavam a necessidade de abordar suas relações recíprocas. O que, na verdade, significava ter de adotar um ponto de vista sociopsicológico ou psicossociológico, mesmo que em muitos casos tal ponto de vista chegasse a uma solução reducionista".

É, portanto, no contexto dessa reflexão sobre as relações entre a psicologia e a sociologia que surgirá uma perspectiva psicossocial que se enriquece também com as contribuições vindas de outras disciplinas, como a filologia ou a antropologia. O surgimento simultâneo da perspectiva psicossociológica em diferentes disciplinas foi dando lugar, durante a segunda metade de século XIX, a definições alternativas do objeto da psicologia social. Nas páginas a seguir, se descrevem algumas delas (veja também Álvaro, 1995; Blanch, 1982; Crespo, 1995; Ibáñez, 1990; Jiménez Burillo, 1985; Sabucedo, D'Adamo e García Beaudoux, 1997; Torregrosa, 1982; Vala e Monteiro, 2004 entre outros).

A maneira pela qual as ciências sociais foram se consolidando como disciplinas independentes da filosofia foi fortemente influenciada pelas concepções epistemológicas derivadas do positivismo. O enorme desenvolvimento alcançado pelas ciências naturais durante o século XIX serviu para confirmar a crença de que um avanço do conhecimento social semelhante só poderia ser obtido mediante a adoção dos conceitos metodológicos das ciências naturais. A tarefa principal das ciências sociais durante esse período era conseguir concluir seu processo de independência com relação à filosofia, e a maneira pela qual esse processo foi realizado esteve fortemente determinada pelo nível em que, em cada uma das ciências sociais, aceitava-se a tese positivista da unidade da ciência. Os debates que deram lugar à aceitação ou não dessa tese, que como veremos foram especialmente intensos na Alemanha, serão o marco de referência que utilizaremos para mostrar a evolução das ciências sociais durante esse período.

O DESENVOLVIMENTO DAS CIÊNCIAS SOCIAIS NA FRANÇA

A sociologia francesa do século XIX é uma referência obrigatória quando se realiza uma reconstrução histórica da evolução da psicologia social. A filosofia positivista, desenvolvida na França a partir do início do século XX, condicionou enormemente a evolução posterior das ciências sociais. Nos parágrafos seguintes descrevemos algumas das principais idéias do positivismo, concentrando-nos especialmente naquelas que tiveram uma maior influência no desenvolvimento das ciências sociais. Da mesma maneira, nos concentramos na análise de algumas idéias teóricas que resultam especialmente interessantes para entender os antecedentes da psicologia social: a sociologia de Émile Durkheim, em cujo conceito de *representação coletiva* encontramos um claro antecedente da *teoria das representações sociais* (Moscovici, 1961, 1981); os trabalhos de Gabriel Tarde sobre a imitação, que exerceram grande influência na psicologia social do início do século XX; e os estudos de Gustave Le Bon sobre a psicologia das massas.

O início do positivismo e a tese da unidade da ciência

Embora algumas das idéias centrais do positivismo já tivessem sido esboçadas por Henri Saint-Simon (1760-1825), foi Auguste Comte (1798-1857) quem utilizou pela primeira vez o termo em sua

Auguste Comte (1798-1857)

Auguste Comte é considerado o precursor da sociologia, tendo ele mesmo criado o termo. O filósofo francês, discípulo do também filósofo Henri Saint-Simon, nasceu em Montpellier em 19 de janeiro de 1798, de uma família católica e monarquista. Inicialmente era admirador de Saint-Simon, mas após a morte deste em 1825 se afastou de suas idéias. Em 1826 foi acometido por uma doença que ele mesmo qualificou de "crise cerebral", que o levou a uma tentativa de suicídio da qual se recuperou pouco depois. Em 1832 ocupou uma vaga de leitor na École Polytechnique, e em 1837 conseguiu uma vaga de avaliador, sendo responsável pelas admissões de alunos na Escola, da qual ele fizera parte como aluno em 1814. Contudo, ele nunca pôde exercer totalmente sua carreira acadêmica, por não ter diploma universitário.

Comte foi o primeiro filósofo a desafiar os sistemas metafísicos, propondo um método para abordar os problemas do conhecimento que evitava a especulação. O método, denominado positivismo, tinha como objetivo a descrição dos fenômenos e não a determinação de sua existência, e se baseava na observação

obra *Curso de filosofia positiva*, publicada em seis volumes entre 1830 e 1842. Depois de uma análise do desenvolvimento histórico das ciências, Comte chegou à conclusão de que todas elas tinham evoluído em três estágios: o *estágio teológico*, no qual se tenta explicar a realidade recorrendo a agentes sobrenaturais, o *estágio metafísico*, no qual os agentes sobrenaturais são substituídos por forças abstratas, como a "natureza", e o *estágio positivo*, no qual se renuncia à procura das causas últimas dos fenômenos e a ciência se limita a determinar, partindo da experiência observável, as leis da natureza. Todas as ciências, sem exceção, deveriam evoluir para o estágio positivo, quer dizer, para a busca de leis que pudessem ser utilizadas para explicar a realidade.

> Finalmente, no estágio positivo, o espírito humano, reconhecendo a impossibilidade de obter noções absolutas, renuncia a procurar a origem e o destino do universo e a conhecer as causas íntimas dos fenômenos, para dedicar-se unicamente a descobrir, utilizando o raciocínio e a observação bem combinados, suas leis efetivas, quer dizer, suas relações invariáveis de sucessão e semelhança. A explicação dos fatos, reduzida aos seus termos reais, não será daqui para a frente outra coisa que não a coordenação estabelecida entre os diversos fenômenos particulares e alguns fatos gerais, os quais as diversas ciências têm que limitar ao menor número possível.
>
> (Comte, 1830-1842, p. 34-35)

Comte foi o primeiro pensador a utilizar o termo *sociologia* para referir-se ao estudo científico da sociedade. A convicção de que o mundo social se regia, assim como o mundo físico, por uma série de leis invariáveis, o levou a definir a sociologia como uma ciência positiva, cujo objetivo devia ser a busca das leis que explicam o mundo social. Nessa busca, o sociólogo devia empregar os mesmos métodos que se utilizavam em outras ciências. Embora o trabalho de Comte tenha sido mais teórico do que empírico, uma de suas principais contribuições se encontra em suas reflexões sobre os métodos da sociologia. Entre os métodos de pesquisa que Comte recomendou para a sociologia estão a observação, a experimentação e a comparação, destacando, nesse último método, a análise histórica comparada.

e na experimentação. As idéias que expõem o desenvolvimento de suas abordagens positivistas se encontram nos seis volumes de seu *Curso de filosofia positiva*, publicados entre 1830 e 1842.

A teoria de Comte propõe que a história do pensamento evoluiu por intermédio de três estágios, o teológico, o metafísico e o positivo. Este último é caracterizado pelo abandono das crenças no sobrenatural e pela adoção do método científico. Pela aplicação do método positivo à sociologia, Comte tratava de realizar uma transformação que fosse capaz de solucionar os problemas sociais de sua época. O caminho para reformar a sociedade devia partir, em sua opinião, da descoberta das leis gerais que a governam. As idéias conduziram a um ideal com tons místicos, em que o positivismo mais do que um método se tornaria uma religião, na qual os sociólogos ocupariam um papel mais destacado. Essas abordagens formam seu sistema de política positiva, concluído em 1854, três anos antes de sua morte.

Outros campos que atraíram seu interesse foram a biologia e as funções do cérebro, sobre as quais elaborou uma teoria na qual dividia o órgão em três áreas: um cérebro afetivo, outro intelectual e outro ativo. Comte também se interessou pela ética, matéria à qual tentou dar um status científico, e pela religião, campo em que prognosticou que todas as crenças convergiriam em uma única *Religião Global da Humanidade*.

Comte pensava que as ciências estavam ordenadas hierarquicamente, e cada uma delas devia encontrar-se fundamentada na ciência do nível imediatamente anterior. A idéia o levou a estabelecer a seguinte hierarquia: matemática, astronomia, física, química, fisiologia e sociologia. A matemática era, portanto, a ciência mais básica, enquanto a sociologia, a forma mais complexa do conhecimento científico. A hierarquia das ciências de Comte representava uma concepção reducionista do estudo da sociedade, porque para explicar os fenômenos sociais teria de recorrer a leis procedentes de outra ciência. A visão negativa de Comte da psicologia da época, a qual considerava excessivamente metafísica, o levou a excluir a disciplina de sua classificação. Em sua opinião, não tinha sentido falar de uma ciência psicológica, pois considerava que o estudo do indivíduo devia ser realizado pela fisiologia, e o estudo da pessoa como ser social seria tarefa da sociologia.

As idéias de Comte não levaram a uma filosofia da ciência propriamente dita, mas foram o ponto de partida do positivismo, que adquiriu um importante desenvolvimento ao longo de todo o século XIX, e foi a base, posteriormente, do positivismo lógico, corrente hegemônica em filosofia da ciência na primeira metade do século XX. O positivismo do século XIX não se esgota, entretanto, nas idéias de Comte. Ele se desenvolveu em diferentes versões, entre as quais podemos destacar o fenomenalismo radical de Ernst Mach (1836-1916), o convencionalismo de Jules H. Poincaré (1854-1912) ou o instrumentalismo de Pierre Duhem (1861-1916). Alguns autores incluem também no positivismo do século XIX os pragmáticos norte-americanos (veja, por exemplo, Oldroyd, 1986), apesar de as diferenças entre ambas as correntes serem maiores do que suas semelhanças. Embora existam importantes divergências entre as diversas formas do positivismo, todas elas assumem, segundo Koiakowski (1972), quatro princípios: o *princípio do fenomenalismo*, segundo o qual só aquilo que é diretamente acessível por meio da experiência sensorial pode ser objeto de conhecimento científico; o *princípio do nominalismo*, segundo o qual a linguagem científica deve fazer referência a objetos externos, individuais e particulares, e não a entidades abstratas e universais; o princípio que nega valor cognitivo a julgamentos de valor e afirmações normativas; e o *princípio da unidade da ciência*, segundo o qual existe um único método do conhecimento científico, e todas as ciências, sem exceção, devem segui-lo. Pode-se dizer que os positivistas estavam, em geral, de acordo com a idéia de que as provas empíricas deviam ser a base de todo conhecimento científico e que era necessário eliminar da ciência todos os conceitos metafísicos. Entretanto, nem todos os positivistas adotaram com igual convencimento o *critério do fenomenalismo*, segundo o qual deve ser eliminado da ciência tudo aquilo que não é acessível à experiência. Enquanto essa tese era adotada de forma radical por Mach (que chegou a posições tão absurdas como negar a existência dos átomos), outros positivistas foram menos dogmáticos nesse sentido.

As diferentes versões do positivismo exerceram uma influência significativa na forma em que tanto a sociologia quanto a psicologia se estabeleceram como disciplinas científicas independentes. Impressionados pelo grande desenvolvimento que as ciências naturais tinham experimentado ao longo do século XIX, e convencidos de que esse desenvolvimento guardava uma estreita relação com o método seguido pelas ciências naturais, os primeiros cientistas sociais acolheram, em geral, com agrado a tese positivista da unidade da ciência. Dessa maneira, quando as diferentes ciências sociais começaram a se tornar independentes da filosofia, durante a segunda metade do século XIX, foram muitos os que acreditaram que essa independência devia realizar-se ajustando-se aos esquemas ditados pelo positivismo. O processo se encontra tanto na sociologia de Émile Durkheim quanto na psicologia de Wilhelm Wundt, embora, como veremos mais adiante, a posição de Wundt deva ser matizada.

A sociologia como ciência: Émile Durkheim

Apesar de Saint-Simon e Comte terem estabelecido as bases de uma ciência da vida social, a consolidação definitiva da sociologia como disciplina científica independente da filosofia não ocorreu na França até final do século XIX. Nesse processo de independência, Émile Durkhem (1858-1917) teve um papel significativo.

Em seu livro *La división del trabajo social* Durkheim (1893) aborda o tema da evolução da sociedade, central para a sociologia da época. Inspirando-se em algumas das idéias do sociólogo britânico Herbert Spencer, Durkheim concebeu a sociedade como uma entidade supra-orgânica, e descreveu a evolução social como um processo no qual, a partir de um estado de homogeneidade inicial, foram-se produzindo uma heterogeneidade e uma diferenciação crescentes. O objetivo central dessa obra foi a distinção entre *solidariedade mecânica* e *solidariedade orgânica*. Segundo Durkheim, enquanto nas sociedades pré-industriais, caracterizadas por uma escassa divisão do trabalho, predomina a *solidariedade mecânica*, nas sociedades modernas, a crescente divisão de tarefas e funções especializadas implica em uma solidariedade diferente, a *solidariedade orgânica*. A primeira nasce das semelhanças entre os membros da sociedade; nelas a consciência coletiva anula a consciência individual e as normas que regulam as relações entre as pessoas são de caráter penal ou repressivo. Pelo contrário, nas sociedades industrializadas, predomina a consciência individual diante da consciência coletiva e as sanções pela violação das normas são mais de caráter restituidor do que de caráter penal:

> A primeira liga o indivíduo com a sociedade diretamente, sem nenhum intermediário. Quanto à segunda, depende da sociedade porque depende das partes que a compõem. A sociedade não é vista sob o mesmo aspecto nos dois casos. No primeiro, o que assim denominamos é um conjunto de crenças comuns a todos os membros. No segundo caso, ao contrário, a sociedade, da qual somos solidários, é um sistema de funções diferentes e especiais unidas por relações definidas. A solidariedade que deriva das

semelhanças chega a seu máximo quando a consciência coletiva cobre exatamente nossa consciência total... Ocorre justamente o contrário com a solidariedade que produz a divisão social do trabalho. Enquanto a anterior implica que os indivíduos se assemelham, esta supõe que eles diferem uns de outros.

(Durkheim, 1893/1973, p. 112-114)

A posição de Durkheim com respeito aos fundamentos epistemológicos e metodológicos da sociologia aparece claramente exposta em *Las reglas del método sociológico* (1895), cujo título fala por si só do convencimento de Durkheim de que existe um método válido de estudo da sociologia científica. Em sua pretensão de situar a sociologia no nível do trabalho científico, Durkheim começa por redefinir seu objeto de estudo que, para ele, devem ser os fatos sociais. Na regra fundamental do método sociológico "tratar os fatos sociais como coisas" e no esclarecimento de que "é coisa tudo o que se impõe à observação", constata-se a adoção, por parte de Durkheim, da *regra do fenomenalismo* que, com maior ou menor intensidade, defendiam os positivistas. Para Durkheim (1895/1991, p. 55),

tratar os fenômenos como coisas, é tratá-los como "dados", que constituem o ponto de partida da ciência. Os fenômenos sociais apresentam de uma maneira incontestável este caráter. O que nos é dado não é a idéia de valor que é forjada pelos homens, pois isso é inacessível. O que nos é dado são os valores que realmente se modificam no curso das relações econômicas.

Por outro lado, e adotando uma atitude claramente oposta à que deriva de uma concepção interpretativa das ciências sociais, Durkheim (1895/1991, p. 55) sublinha como tarefa fundamental do método científico a busca da objetividade, o que em sociologia só pode ser obtido mediante o distanciamento do sociólogo com relação à realidade que estuda:

É preciso, portanto, considerar os fenômenos sociais em si próprios, desligados dos sujeitos que os representam: é preciso estudá-los objetivamente como coisas externas, pois é com este caráter que se apresentam à nossa consideração.

Durkheim (1895/1991, p. 121) enfatiza também a necessidade de que a explicação causal em sociologia se situa no nível social, e estabelece como princípio metodológico da sociologia que "deve-se buscar a causa determinante de um fato social entre os fatos sociais que o antecederam, e não entre os estados de consciência individuais". Do interesse por objetivar os fatos sociais, surge sua concepção da sociedade como uma entidade independente dos indivíduos que a constituem. Para explicar as relações entre a sociedade e os indivíduos sem recorrer a causas psicológicas, ele introduz o conceito de consciência coletiva. Ao explicar os fatos sociais, a sociologia, segundo Durkheim (1895/1991, p. 116), não deve recorrer às consciências individuais, mas à consciência coletiva:

Agregando-se, penetrando-se, fundindo-se, as almas individuais engendram um ser, psíquico se quiser, mas que constitui uma individualidade psíquica de um novo gênero. É na natureza desta individualidade coletiva, e não nas unidades integrantes, que é preciso procurar as causas próximas e determinantes dos fatos que se produzem nela. O grupo pensa, sente, atua de maneira distinta de como o fariam seus membros, se se encontrassem isolados. Portanto, se partimos destes membros não poderemos compreender nada do que acontece no grupo... Por conseguinte, sempre que se explica diretamente um fenômeno social por um fenômeno psíquico, pode-se ter a segurança de que essa explicação é falsa.

Émile Durkheim (1858-1917)

Émile Durkheim nasceu em Épinal (França) em 15 de abril de 1858. Seguindo uma forte tradição familiar, começou a estudar para se tornar rabino, e durante seus primeiros anos se familiarizou com o hebreu, o Antigo Testamento e o Talmud. Entretanto, abandonou a idéia ao chegar à adolescência, apesar de manter durante toda a sua vida um grande interesse pela religião, que culminou no estudo científico desta. Os bons resultados obtidos durante o bacharelado o animaram a apresentar-se à École Normale Supérieure, de muito prestígio na época. Entre as personalidades com quem teve contato no centro de estudos estavam o filósofo Henry Bergson e Jean Jaures, que se converteria em líder socialista. Durkheim não se sentiu confortável com a forte ênfase literária e artística de sua formação, pois seus interesses estavam relacionados com a ciência e as questões morais. No entanto, graduou-se com grande êxito e em 1893 publicou sua tese, *La división del trabajo social* e outro relato, fruto de sua tese de doutorado escrita em latim sobre Montesquieu. Pouco depois, em 1895, publicou sua principal obra metodológica, *Las reglas del método sociológico* e dois anos depois, em 1897, seu livro *El suicidio*.

A consciência coletiva é, afinal, a que determina a consciência individual. As relações entre a sociedade e o indivíduo se explicam mediante o mecanismo da coerção. Os fatos sociais exercem um poder coercitivo sobre as pessoas. A coerção que a sociedade exerce sobre os indivíduos pode adotar diferentes formas: a sanção, que deriva da infração das leis, as limitações impostas pela linguagem, a influência social, as restrições impostas pelo desenvolvimento natural ou tecnológico, e as crenças, normas e regras que se aprendem durante o processo de socialização.

Em suas reflexões sobre a relação entre o indivíduo e a sociedade, Durkheim enfatizou, portanto, a prioridade do social sobre o individual. É a sociedade que determina o comportamento da pessoa. Essa idéia se encontra bem exemplificada em seu estudo sobre *El suicidio*, no qual seguindo o enfoque adotado em *Las reglas del método sociológico*, tenta provar que essa conduta não pode ser explicada por princípios de natureza psicológica. Durkheim distingue três tipos de suicídio: o egoísta, que significa uma integração insuficiente dos indivíduos na sociedade; o altruísta, que responde de maneira contrária, quando o indivíduo está excessivamente integrado na sociedade e, finalmente, o anômico, no qual a atividade do indivíduo se encontra desorganizada e sofre da falta de normas que o vinculem à sociedade. Em sua pesquisa, Durkheim defende que o suicídio é uma realidade externa aos indivíduos, e que não se explica por causas individuais, mas sociais; quando uma sociedade não dá a seus membros os recursos necessários para estabelecer os vínculos sociais apropriados, os mais vulneráveis podem acabar cometendo suicídio:

> De todos estes fatos resulta que a cifra social dos suicídios não se explica mais que sociologicamente. É a constituição moral da sociedade é que fixa em cada instante o contingente das mortes voluntárias. Portanto, existe para cada povo uma força coercitiva, de uma energia determinada, que impulsiona os homens a se matarem. Os atos que o paciente realiza e que, à primeira vista, parecem expressar tão-somente seu temperamento pessoal, são, na realidade, a conseqüência e prolongação de um estado social, que ele manifesta externamente. Cada grupo social tem por este ato uma inclinação coletiva que lhe é própria, e dela procedem as inclinações individuais.

(Durkheim, 1897/1976, p. 326)

Nessa época viajou à Alemanha para estar em contato com os avanços científicos que Wilhelm Wundt fizera em psicologia, sobre os quais escreveu muitos artigos que lhe abriram as portas, em 1896, da Universidade de Bordeaux, onde ministrou a primeira aula de ciência social dada na França.

Da Universidade de Bordeaux passou à Sorbonne em 1902, onde se afirmou como um intelectual influente. Seu interesse pela religião fez surgir outro importante livro, *Las formas elementales de la vida religiosa*, que publicou em 1912. De maneira geral, seu pensamento se baseia no estudo da sociedade com base nos fatos sociais, considerados entidades externas ao indivíduo que lhe são impostas de forma coercitiva. Durkheim se opôs sempre ao reducionismo biológico ou psicológico nos estudos dos fenômenos sociais. Outra de suas mais importantes contribuições foi o conceito de representação coletiva, que foi a inspiração da teoria das representações sociais de Serge Moscovici. Em 1898 fundou a revista *L'année Sociologique*, de grande influência não somente para a consolidação da sociologia, mas também de outras disciplinas como a antropologia, a história, a lingüística e a psicologia. Durkheim morreu em 1917, tendo deixado sua marca na trajetória de muitos acadêmicos franceses. Somente anos depois suas idéias começariam a se difundir por outros países, com o mesmo impacto que em sua terra natal.

Durkheim se volta para o estudo da consciência coletiva em outro de seus grandes trabalhos: *Las formas elementales de la vida religiosa*, publicado em 1912. O texto é de grande importância para a psicologia social posterior, pois é nele que Durkheim, partindo do estudo das crenças religiosas mais *primitivas* das tribos australianas, desenvolve o conceito de representação coletiva, que foi substituindo progressivamente o de consciência coletiva. Em sua opinião, a filosofia e a ciência nasceram da religião; nossas categorias de pensamento e representações da realidade surgem de um fato social, como são as crenças religiosas. O estudo dessas representações coletivas, que incluem a religião, os mitos, a filosofia, a ciência e, em geral, todas as nossas formas de conhecimento, deve ser objeto de um ramo especial da sociologia, já que elas não são nem um fenômeno individual nem o resultado de uma mente individual, mas o produto da idealização coletiva. Não podem reduzir-se, portanto, ao nível da consciência individual, já que não dependem do indivíduo, e sua duração no tempo é maior que a duração da vida individual:

> A sociedade é uma realidade *sui generis*; tem características próprias que não se encontram, sob a mesma forma, no resto do universo. As representações que a expressam têm um conteúdo completamente diferente daquele das representações individuais, e podemos estar seguros, em princípio, de que as primeiras incorporam algo às segundas. As representações coletivas são o produto de uma imensa cooperação estendida não somente no tempo, mas também no espaço; uma multidão de espíritos diferentes associaram, misturaram, combinaram suas idéias e sentimentos para elaborá-las; grandes séries de gerações acumularam nelas sua experiência e seu saber.
>
> (Durkheim, 1912/1992, p. 14)

A influência de Durkheim não está só na disciplina da qual é fundador, a sociologia. A sua contribuição a ultrapassa. Assim, Allport (1985) reconhece no trabalho de Jean Piaget sobre o *realismo moral do menino*, ou em Frederic Bartlett e sua concepção da memória como um produto social e cultural, as características do sociólogo francês e sua concepção das representações coletivas. Mas, entre as muitas contribuições de seu legado intelectual, destaca-se, sem dúvida, e especialmente no caso da psicologia social, como veremos no Capítulo 5, a influência que sua teoria das representações coletivas exerceu sobre Serge Moscovici e sua teoria das representações sociais, um dos principais enfoques da psicologia social atual, cuja origem está na crítica do psicólogo social europeu a Durkheim.

O estudo da imitação: Gabriel Tarde

O conceito de consciência coletiva colocou Durkheim em enfretamento com outros sociólogos da época. Para a psicologia social, é especialmente relevante a contribuição de Gabriel Tarde (1843-1904) para essa polêmica. Tarde era contra a redução biológica da sociologia de Spencer, mas também negou veementemente a existência de uma consciência coletiva independente dos indivíduos. O criminologista, estatístico e sociólogo sublinhava que os efeitos da sociedade sobre o comportamento individual não são o produto de processos psicológicos independentes e situados fora de indivíduo, mas o resultado das "reações recíprocas entre as consciências" (Tarde, 1904/86, p.42). A idéia o levou a considerar seu sistema psicológico como uma *interpsicologia*, cujo processo básico se encontrava na *imitação* e, ocasionalmente, na *invenção* como motor do intercâmbio social. Opondo-se abertamente às idéias de Durkheim, que recusara as interpretações dos fatos sociais em termos psicológicos, Tarde afirma que a sociologia deve estar fundamentada na psicologia. Diante do realismo social de Durkheim, Tarde defendia que a realidade social é o produto de estados psicológicos que se dão como resultado da associação dos indivíduos. A seu ver só existia um nível de realidade, o dos indivíduos associados e seus efeitos sobre a consciência.

As contribuições de Tarde à psicologia social estão apresentadas em dois volumes, *Las leyes de la imitación* (1890) e *La lógica social* (1895), que originalmente tinham sido concebidos como uma única obra cujo título inicial seria *Psicología social y lógica social*. Se tivesse mantido a idéia inicial, o texto de Tarde teria sido o primeiro sobre a disciplina (veja Ibáñez, 1990).

A psicologia social era concebida por Tarde como uma *psicologia intermental* ou uma *sociologia elementar*, cuja unidade de análise eram os atos individuais e as relações interpessoais. A vida social se limitava, em sua opinião, a ações e interações individuais. Para Tarde, o mecanismo explicativo da conduta social não era a coerção, como defendia Durkheim, mas a imitação. Durkheim, por seu lado, respondia que a difusão dos fatos sociais não se devia à imitação, mas à influência que exercem os fatos sobre o indivíduo. Isto é, se acontecia a imitação, esta se devia ao caráter obrigatório dos fatos. Grande parte do trabalho de Tarde visava formular as leis gerais da imitação, que podem resumir-se em três: a *lei do descender*, segundo a qual as tendências no comportamento são iniciadas pelas pessoas de status superior e imitadas pelas de status inferior; a *lei da progressão geométrica*, segundo a qual a difusão das idéias de uma população costuma começar lentamente para, depois, crescer com rapidez; e a *lei do próprio antes que o estranho*, segundo a qual a cultura própria é imitada antes que as estrangeiras.

Para Tarde, portanto, o comportamento social não é o resultado da influência unidirecional da coletividade sobre o indivíduo, mas sim de um processo de influência recíproca entre as consciências que surge no contexto de interações espontâneas. Isso faz de Tarde o precursor do conceito atual de interação. Entretanto, como assinala Curtis (1962, p. 121), embora Tarde indicasse o caminho que conduz a esse conceito-chave, expôs de forma inadequada sua elaboração específica. Quer dizer, Tarde mostrou o caminho que leva ao terreno da interação social, mas o fez falando de um processo intracerebral de *imitação* que era muito formal e simplista para sobreviver como teoria adequada da psicologia social.

Além disso, Tarde considerava que era no indivíduo que residia a explicação definitiva de todo comportamento, por isso era um firme partidário do individualismo metodológico. Justamente ao contrário de Durkheim, que afirmava que toda explicação de um fenômeno social que parte de um fenômeno psíquico sempre será equivocada.

Como veremos no próximo capítulo, algumas das idéias de Tarde, em especial sua análise das leis da imitação, foram absorvidas por outros psicólogos sociais entre os quais podemos destacar Edward Ross. Os princípios de Tarde constituíram a principal base teórica sobre a qual se articulou o manual de psicologia social publicado pelo autor em 1908. Do mesmo modo, o pensamento de Tarde teria influência nos sociólogos da Escola de Chicago.

A psicologia das massas: Gustave Le Bon

Outro antecedente da psicologia social na segunda metade do século XIX é o estudo sobre o comportamento das massas de Gustave Le Bon (1895). Embora suas idéias não sejam inovadoras e já se encontrassem em outros autores da época, como o criminalista Scipio Sighele (que acusou Le Bon de plágio), ou o próprio Gabriel Tarde, a verdade é que sua obra se firmou como a precursora dos estudos de psicologia das massas. Todos os textos de psicologia das massas, como o clássico de Moscovici (1985a) ou os mais recentes sobre psicologia do comportamento coletivo (Pastor, 1997; Vázquez, 2001), incluem em suas páginas alguma referência ao pensamento de Le Bon. Igualmente, são numerosos os livros de psicologia social onde a obra de Le Bon é analisada com certo detalhe (Alvaro, 1995; Blanco, 1988; Colher, Minton e Reynolds, 1991). Também não podemos esquecer que até o próprio Freud leu com atenção a obra de Le Bon e incluiu em seu livro de 1921 *La psicología de las masas y análisis del yo* uma extensa referência ao pensamento do autor, mostrando suas coincidências e discrepâncias com ele. A idéia central sobre a qual se baseia o pensamento de Le Bon é o reconhecimento da massa como uma entidade psicológica independente daquela de seus membros. Diferentemente de Tarde, Le Bon afirma que quando os indivíduos se reúnem para formar parte de uma multidão surgem determinados processos psicológicos que não estão presentes no indivíduo isolado. Quer dizer, existem entidades psicológicas supra-individuais que surgem como conseqüência da união de indivíduos. A idéia está expressa na *lei psicológica da unidade mental das massas:*

> O fato mais chamativo que apresenta uma massa psicológica é o seguinte: independentemente de quem sejam os indivíduos que a compõem, da similaridade ou não de seus gêneros de vida, de suas ocupações, caráter e inteligência, o simples fato de terem se transformado em massa lhes confere uma espécie de alma coletiva. Esta alma lhes faz sentir, pensar e agir de um modo completamente diferente de como o faria cada um deles isoladamente.
>
> (Le Bon, 1895/1983, p. 29)

Outro aspecto que define o pensamento de Le Bon é sua concepção negativa da massa. Sob a influência da multidão, as pessoas são capazes de transformar qualquer idéia em atos de barbárie, que não realizariam se estivessem sozinhas. Segundo Le Bon, quando a pessoa se vê envolvida na excitação coletiva gerada pelas massas, perde temporalmente algumas das faculdades de raciocínio que tem na vida cotidiana, e chega a ser muito sugestionável. Sob a influência da massa, a pessoa retorna às formas mais primitivas de reação.

Gustave Le Bon (1841-1931)

O conhecimento adquirido por meio de seus trabalhos e suas pesquisas em várias disciplinas, como a medicina, a psicologia, a sociologia e a etnologia, consolidou Gustave Le Bon como uma referência constante nos estudos sobre a dinâmica social e grupal. Alguns psicólogos sociais, como Gordon Allport, chegaram a considerar seu estudo sobre as multidões um dos de maior importância em psicologia social. Sua contribuição mais influente, *Psicología de las masas,* publicado em 1895, foi considerado um texto polêmico devido às conseqüências do fato de expor sua concepção de massa como um lugar em que um indivíduo racional se transforma em um bárbaro sem livre-arbítrio. Além disso, Le Bon foi acusado de ter plagiado as idéias contidas nesse livro. O caráter controverso de seus postulados torna-se visível ao se considerarem as diferentes personalidades que ele influenciou, de Freud, que o estudou para amadurecer suas próprias idéias sobre o comportamento das massas, até Hitler e Mussolini, que se basearam em seus estudos para deslegitimar o sistema democrático. Para Le Bon, a racionalidade se dilui quando várias pessoas se unem e tentam coordenar suas ações. Um poder superior, semelhante ao que exerce o hipnotizador sobre o hipnotizado, é o que determina o comportamento da pessoa na massa. Com base nessa hipótese previu o fracasso de qualquer tentativa de consolidar instituições democráticas, entre as quais incluía os parlamentos, e insinuou a conveniência de governos autocráticos.

Isolada, uma pessoa pode ser um indivíduo civilizado e culto; em uma massa é um bárbaro, quer dizer, uma criatura que atua por instinto. Possui a espontaneidade, a violência, a ferocidade, e também o entusiasmo e o heroísmo dos seres primitivos.

(Le Bon, 1985/1983; p. 33)

Le Bon interpreta, portanto, a influência das massas sobre o comportamento individual como um processo unidirecional. Na multidão se produz um processo de degeneração para um estado primitivo de inconsciência coletiva. O resultado é que os indivíduos perdem sua identidade e mostram um caráter compartilhado. Os princípios psicológicos que Le Bon utilizou para caracterizar a irracionalidade do comportamento dos indivíduos na massa foram a sugestão e o contágio. Duas idéias presentes na psicologia clínica da época, em que se usava a sugestão hipnótica como técnica de diagnóstico e terapia, e nas investigações médicas sobre o contágio bacteriológico de Louis Pasteur (1822-1895) e Robert Koch (1843-1910).

As idéias de Le Bon devem ser tratadas com reserva, pois estendia suas conclusões sobre o comportamento das massas a diferentes grupos sociais, entre os que estavam incluídos os jurados, as massas eleitorais e as assembléias parlamentares. Nenhum dos grupos podia, segundo Le Bon, tomar decisões racionais como o faria a pessoa isolada. Em sua opinião, eram propensas a deixar-se dominar pelas emoções da multidão, pela moda ou pelo capricho, como as massas da rua. Na base das explicações de Le Bon estava, portanto, seu pensamento reacionário e o interesse por provar que a democracia deixaria expostas as reações mais primitivas dos seres humanos, eliminando suas faculdades mais civilizadas.

Le Bon nasceu em Nogent-le-Retrou em 1841, o que pode de certa maneira explicar seu pensamento. A França do final do século XIX foi, na Europa, uma exceção democrática onde a atividade dos partidos políticos, os sindicatos e a opinião pública faziam parte da vida social. Le Bon nunca concordou com o espírito democrático de sua época, e seus trabalhos foram um modo de expressar a rejeição ao ambiente pluralista que o cercou.

Apesar do racismo que é possível perceber em alguns momentos de sua obra (acreditava, por exemplo, na hierarquia das raças), suas publicações alcançaram uma difusão impressionante. *Psicología de las masas*, a mais destacada entre elas, foi reeditada quase 50 vezes em poucos anos e traduzida para 16 idiomas. Le Bon escreveu sobre temas muito variados, entre os quais se destacam, por pitorescos, uma análise experimental da equitação, uma série de estudos sobre o tabaco, alguns livros de viagens e um texto sobre a teoria da relatividade, sobre a qual reivindicou a autoria, provocando a indignação de Einstein.

Le Bon morreu em 1931, tendo se consolidado como uma das referências inquestionáveis para a compreensão dos fenômenos coletivos. Assim, tanto os que vêem sua obra como um meio para compreender certos comportamentos grupais como para os que encontram nela motivos para reavivar um pensamento ultraconservador, carregado de preconceitos racistas, mantêm viva a polêmica sobre o mais discutível legado científico do autor.

O DESENVOLVIMENTO DAS CIÊNCIAS SOCIAIS NA ALEMANHA

O desenvolvimento das ciências sociais na Alemanha durante a segunda metade do século XIX foi fortemente influenciado pelo choque que foi o positivismo para a filosofia idealista alemã. Os idealistas alemães partiam do princípio de que todo indivíduo mantém uma simbiose com a cultura à qual pertence, e as formas e conteúdos de cada cultura são historicamente determinados. Um dos primeiros a enfatizar a determinação cultural da personalidade individual foi Johann Gottfried von Herder (1744-1803). Para esse filósofo, a sociedade era um supra-organismo no qual o indivíduo e os grupos desempenham funções parecidas com as células e os órgãos. Pertencer a uma comunidade cultural homogênea – *Volkseele* – era uma condição necessária para que a pessoa pudesse desenvolver suas capacidades e atualizar todo seu potencial. Herder enfatizou, além disso, a absoluta singularidade e o caráter temporário de cada cultura. Na filosofia herderiana, a diversidade cultural era concebida como uma característica natural da existência social humana, como também o era o fato de que cada cultura vai mudando ao longo da história. Da mesma forma que cada pessoa é diferente das demais, cada cultura tem suas próprias características. Essa singularidade exigia o reconhecimento da especificidade e o estudo dos casos particulares. Por isso, Herder recusou a aplicação da metodologia das ciências naturais ao estudo dos fenômenos sociais. A singularidade de cada cultura e de cada atividade humana é incompatível com a busca de regularidades universais e de leis quantitativas. A idéia o levou a rechaçar o racionalismo da Ilustração e a crença dos racionalistas na onipotência do método científico.

Essa forma de conceber a personalidade individual encontrou continuidade na obra dos filósofos idealistas alemães, especialmente em *La teoría de la mente objetiva* de Hegel, e estava profundamente arraigada no pensamento filosófico alemão quando começaram a surgir as abordagens do positivismo. A confrontação do modelo de cientificidade positiva, adotado pelas ciências naturais, com as posições defendidas pela escola historicista provocou uma forte polêmica sobre os pressupostos epistemológicos e metodológicos das ciências sociais. Isso influenciou de maneira decisiva na forma em que, tanto a psicologia quanto a sociologia, se constituíram em disciplinas científicas independentes.

A consolidação da psicologia experimental

A constituição da psicologia como disciplina científica independente teve lugar na Alemanha em meados do século XIX, e esteve muito vinculada ao desenvolvimento, naquela época, das ciências naturais, especialmente a fisiologia e a psicofísica. Até então, tinha havido algumas tentativas de reivindicar o caráter científico da psicologia, mas todos eles tinham encontrado uma forte resistência, apoiada principalmente na impossibilidade de medir e quantificar os conteúdos da mente.

Um dos primeiros a defender o caráter científico da psicologia fora Johann Friedrich Herbart (1776-1841), que em sua obra *La psicología como ciencia fundamentada en la experiencia, en la metafísica y en la matemática* (1825) afirmava que alguns dos conteúdos da mente podiam ser expressos matematicamente, por isso à psicologia cumpria o requisito estabelecido por Kant para definir como científico um conhecimento. O sistema proposto por Herbart seguia tendo, não obstante, um caráter profundamente metafísico, já que as leis matemáticas que propôs não estavam vinculadas a nenhum fato empírico exceto a alma, que era o objeto da psicologia herbartiana. Apesar da oposição de Herbart à idéia de que a psicologia se desenvolvia sobre as bases da fisiologia e da psicofísica, foram os avanços dessas ciências que terminaram possibilitando a constituição da psicologia como disciplina científica independente.

Esses avanços se viram enormemente favorecidos pela reforma universitária ocorrida na Alemanha nos princípios do século XIX, cujo principal objetivo foi aumentar a liberdade acadêmica tanto dos docentes quanto dos estudantes. Para os primeiros, isso significou maior liberdade de cátedra, liberdade de expressão e maiores oportunidades para empreender trabalhos acadêmicos independentes das atividades docentes que, eram, por outro lado, relativamente escassas. Para os estudantes, a liberdade se traduziu na possibilidade de escolha de disciplinas e de mudança de universidade, tradição que, como nos lembra Elzbieta Ettinger (1996) em sua obra sobre *Hannah Arendt y Martin Heidegger,* continuou até o século XX. Inicialmente, as universidades não tinham sido concebidas como centros de pesquisa científica, mas como instituições dedicadas à difusão das idéias dos filósofos idealistas. Entretanto, a reforma universitária terminou por favorecer o desenvolvimento das ciências experimentais, que começaram a introduzir-se no sistema universitário alemão em 1829. A nova concepção de universidade, que tinha representado uma redução da carga docente do professorado e tinha possibilitado, desse modo, o desenvolvimento de trabalhos acadêmicos, significou um grande impulso da pesquisa e favoreceu o desenvolvimento das ciências experimentais, especialmente da química e da fisiologia. Entre os trabalhos experimentais desenvolvidos durante essa época se destacam, por sua relevância para a psicologia, os de Ernst Heinrich Weber (1834) e os de Gustav Fechner (1850-1860), que expressaram matematicamente a relação entre o estímulo e a sensação. Com isso, abria-se definitivamente a possibilidade de medição dos conteúdos mentais, e as ciências experimentais realizavam suas primeiras incursões na psicologia, uma disciplina que até esse momento fora concebida como uma especialidade da filosofia.

A publicação, em 1860, do livro de Fechner *Elementos de psicofísica* pode ser considerada, desse modo, o ponto de partida da psicologia experimental. Os trabalhos experimentais de Fechner foram interpretados em sua época como a primeira demonstração sólida de que os fenômenos mentais podem ser objeto de quantificação e experimentação. Seu livro foi, além disso, pioneiro na criação de um método para a medição indireta das sensações, assim como para o tratamento de questões referentes ao delineamento experimental, mediante uma descrição dos diferentes tipos de erro e as estratégias para evitá-los ou diminuí-los. Mas foi Wilhelm Wundt (1832-1920) quem deu o passo definitivo para a consolidação da psicologia como disciplina independente da filosofia. Como veremos nestas páginas, as idéias de Wundt sobre os pressupostos epistemológicos da psicologia experimentaram uma importante evolução ao longo de sua carreira. Apesar disso, sua tarefa institucional esteve, de certo modo, vinculada às abordagens metodológicas derivadas do positivismo. A versão do positivismo dominante na Alemanha durante a segunda metade do século XIX não era a de Comte, mas a de Ernst Mach, que desenvolveu sua atividade científica no campo da física experimental, e foi um dos representantes do positivismo mais radicais ao adotar a *regra do fenomenalismo*. Para Mach, todo o conhecimento humano procede das sensações, e todos os conteúdos da consciência podem ser expressos como uma soma de sensações. O critério fundamental para julgar se determinada idéia estava incluída no âmbito da ciência era a possibilidade de contrastá-la com a experiência, o que representava a eliminação do âmbito científico de todas as hipóteses que não tivessem fundamentos empíricos. Embora Wundt se opusesse radicalmente a essa forma de positivismo, algumas das idéias de Mach, como, por exemplo, a de que o elemento último da consciência são as sensações, tiveram influência no desenvolvimento da psicologia experimental wundtiana. Por outro lado, embora Wundt fosse evoluindo posteriormente até defender a inclusão da psicologia nas ciências de espírito, a primeira parte de sua carreira se desenvolveu nos esquemas epistemológicos do positivismo.

Na primeira apresentação de sua teoria, Wundt (1863) enfrentou abertamente as especulações sobre a alma predominantes na psicologia filosófica e advogou claramente por uma psicologia científica que seguisse os esquemas das ciências naturais. Para isso, considerou necessária uma redefinição tanto do objeto quanto do método de estudo da disciplina. Inspirando-se na filosofia empirista britânica, Wundt rechaçou a alma como objeto de estudo da psicologia e propôs, em seu lugar, a mente, que ele considerava um processo, mais do que uma substância. Para Wundt, "os fatos psíquicos são acontecimentos e não coisas, ocorrem... no tempo, e não são jamais, em determinado momento, os mesmos do momento precedente" (Wundt, 1873, II, 9, p. 26). A existência dos fenômenos psíquicos vai "fluindo temporalmente, e os elementos que entram na experiência acontecem, se sucedem uns aos outros, em forma 'unidimensional' de um contínuo transcorrer" (Wundt, 1873, XI, 12, p. 214).

Ao delimitar os objetivos da nova ciência da mente, Wundt adotou uma perspectiva analítica, semelhante à utilizada pela química, uma das ciências naturais que mais haviam se desenvolvido naquela época. Wundt considerava que as ciências naturais tinham avançado graças à busca e à análise dos elementos básicos que compõem seus objetos. Por isso, propôs como objetivo da psicologia o estudo científico dos elementos básicos da consciência (sensação, imagem e sentimentos) e de suas leis de combinação. Embora isso lhe valesse o adjetivo de atomista, Wundt reconhecia o fato de que a combinação dos elementos mentais dava lugar ao surgimento de novas propriedades (leis da *apercepção* e da *síntese criadora*). Não obstante, sempre manteve a convicção de que a tarefa analítica da psicologia devia realizar-se mediante a decomposição das entidades complexas em seus elementos constituintes.

Em ralação ao método de estudo, Wundt considerava que era a própria pessoa que devia observar em si própria o processo mental que se situa entre um estímulo e uma resposta. Por isso propôs a introspecção como único método válido para abordar o estudo dos processos mentais básicos. A introspecção, quer dizer, a observação da própria mente para perceber os processos que acontecem nela, já tinha sido utilizada como método de estudo pela psicologia filosófica. Entretanto, Wundt propôs uma nova forma de aplicar o método, em que a auto-observação dos processos mentais devia ser submetida a um rigoroso controle experimental.

A mente como objeto de estudo da psicologia, a adoção de uma perspectiva analítica e a utilização da introspecção e do método experimental foram, portanto, as bases sobre as quais se fundou a psicologia experimental, e sobre cujo desenvolvimento dedicou a primeira etapa de sua carreira. Tanto o sistema teórico que elaborou quanto o importante trabalho institucional que desenvolveu (a criação do primeiro laboratório formal de psicologia experimental, a fundação da primeira revista de psicologia experimental e a difusão da nova psicologia) serviram para que Wundt passasse à história como o fundador da psicologia experimental. Embora seus trabalhos não fossem tão detalhados quanto os de Fechner, incluíam algumas reflexões sobre o delineamento experimental, como a necessidade de introduzir séries de controle para eliminar os erros de medição dos instrumentos (veja Algarabel e Soler, 1991). No que se refere ao tipo de amostras utilizadas, os estudos experimentais realizados no laboratório de Leipzig se caracterizavam por utilizar amostras muito pequenas de indivíduos, e muitas vezes um só. Os indivíduos eram estudantes altamente treinados que, muitas vezes, faziam parte da equipe de pesquisa. A clara separação que atualmente se estabelece entre o papel do pesquisador e o do sujeito não existia, portanto, nos primeiros estudos experimentais. Em um mesmo experimento, os estudantes de Wundt participavam como sujeitos e como colaboradores na apresentação dos estímulos, e os relatórios da pesquisa eram assinados, freqüentemente, pela pessoa que havia sido o sujeito, e não pelo pesquisador. O fato de que o próprio Wundt participasse, às vezes, como sujeito em seus experimentos, indica-nos que o papel não era considerado incompatível com a análise teórica. Os sujeitos não eram estranhos entre si, mas se conheciam e se sentiam envolvidos no mesmo empreendimento (veja Danziger, 1985). Essas características foram aspectos essenciais que diferenciaram durante muito tempo a pesquisa alemã daquela realizada em outros países, como a França, onde autores como Binet, Richet e Beaunis desenvolveram uma importante linha de pesquisa com base no estudo experimental dos processos mentais sob condições de hipnose. Nesses experimentos, não só havia uma clara distinção entre pesquisador e sujeito, mas também se estabelecia uma notável diferença de status entre ambos, o qual, segundo Danziger (1985), pode ser explicado pelo contexto médico em que se desenvolveu a pesquisa psicológica na França. Um aspecto essencial dessa forma de definir a situação experimental era a idéia de que os estados psicológicos pesquisados eram algo a que os sujeitos eram submetidos, o que contrastava claramente com o modelo wundtiano, em que os fenômenos estudados eram interpretados como um produto da atividade do indivíduo. As diferenças entre o modelo de pesquisa alemão e o francês se refletiam na terminologia utilizada para referir-se às pessoas participantes. Enquanto nos estudos alemães se utilizava a palavra "percebedor", na França havia um alto grau de uniformidade lingüística e se empregava de forma consistente a palavra "sujeito", utilizada na pesquisa e observação das ciências naturais.

Os experimentos realizados ou dirigidos por Wundt no laboratório da Universidade de Leipzig tinham como objetivo fundamental o estudo de processos sensoriais. Depois de uma análise dos trabalhos publicados na revista do laboratório de Wundt, Boring (1950) assinala que o trabalho desenvolvido abrangeu, por ordem de importância, os seguintes temas: percepção e sensação, tempos de reação e estudos ocasionais sobre associação (memória). O fato de que a pesquisa desenvolvida por Wundt se centrasse exclusivamente nesse tipo de processos não foi em virtude da sua falta de interesse pelos processos mentais superiores, mas pelo seu convencimento de que eles não eram suscetíveis de serem abordados mediante o método experimental. Wundt estabeleceu uma clara separação entre os aspectos internos e externos dos fenômenos psicológicos, entre a *periferia* da mente e os processos mais profundos, "a mente propriamente dita" (veja García Vega e Moya, 1993 ou Leahey, 1982), e manifestou sempre suas dúvidas sobre as limitações do método experimental para obter conhecimento sobre estes últimos. A convicção de Wundt de que a psicologia experimental só chegava à *periferia* da mente o levou a recusar o método experimental como método válido para abordar o estudo dos processos mentais superiores. Para Wundt, os processos mentais superiores são o resultado da história de desenvolvimento da espécie e, portanto, para a sua adequada compreensão é necessário que a psicologia individual seja complementada pela *Völkerpsychologie*, cujo método devia ser a pesquisa histórica e etnográfica:

> A psicologia, como toda ciência natural, dispõe de dois métodos exatos: o primeiro, o método experimental, serve para a análise dos processos psíquicos mais simples; o segundo, o método da observação das produções mais gerais do espírito, serve para pesquisar processos e desenvolvimentos psíquicos superiores.
>
> (Wundt, 1896/1996, p. l96)

Dessa forma, Wundt tentava conjugar as exigências de objetividade do positivismo com as abordagens metodológicas derivadas da escola historicista alemã. Para isso, recorreu à *Völkerpsychologie*, ou *Psicologia dos povos*.

A *Völkerpsychologie*

A *Völkerpsychologie*, ou *Psicologia dos povos*, desenvolveu-se na Alemanha como conseqüência da atitude defensiva que adotaram as disciplinas humanísticas diante do avanço das ciências naturais. Como destaca Gustav Jahoda (1995), entre as disciplinas clássicas que se sentiram ameaçadas pelo desenvolvimento apresentado pelas ciências naturais se encontrava a filologia, cujos representantes reagiram ampliando seu campo de estudo, e nele se incluiu a análise das relações entre a linguagem e a cultura. A influência de Friedrich Herbart (1776-1841), que tinha sido decisiva para a consolidação da psicologia como disciplina independente, também foi essencial para a constituição definitiva da *Völkerpsychologie*. A contribuição mais importante de Herbart para o desenvolvimento da *Völkerpsychologie* foi sua concepção da personalidade individual como um produto cultural. Para Herbart, "o homem não é nada sem a sociedade. A única coisa que sabemos com certeza do indivíduo completamente isolado é que não teria humanidade" (Herbart, 1825/1968, II, p. 3). Por isso, postulava que um estudo completo sobre a personalidade devia considerar uma comparação da vida mental dos membros de diferentes culturas. Apesar disso, Herbart rechaçou o conceito de *alma do povo*. Para ele, o único fato real era o indivíduo e, portanto, qualquer conclusão sobre o espírito coletivo deveria derivar do conhecimento sobre a alma individual. A proposta de Herbart consistiu no estabelecimento de um paralelismo entre a interação das idéias na alma individual *e* a interação das pessoas na sociedade (veja Jahoda, 1995). Esse paralelismo foi uma das bases sobre as quais alguns de seus discípulos construíram depois a *Völkerpsychologie*.

Outra base teórica da *Völkerpsychologie* foram os trabalhos de Wilhelm von Humboldt (1767-1835), um dos representantes da nova filologia alemã, campo em que o estudo da linguagem como um produto cultural ocupava um lugar cada vez mais central. Em seu artigo "Sobre la diversidad

> **Wilhelm Wundt (1832-1920)**
>
> O fato de ter sido o primeiro a escrever um livro-texto sobre psicologia, de ter fundado o primeiro laboratório de psicologia e de ter sido o professor da primeira geração de psicólogos dedicada à experimentação fez com que Wundt fosse considerado o "pai da psicologia experimental". Wundt nasceu em 1832, em Nekarau, um pequeno povoado próximo a Mannheim. Embora durante seus estudos de bacharelado não tivesse se destacado pela sua capacidade intelectual, ao chegar à Faculdade de Medicina da Universidade de Heidelberg, demonstrou grandes aptidões para a experimentação. Seus primeiros trabalhos de pesquisa lhe possibilitaram começar a relacionar-se com fisiologistas de reconhecido prestígio. Entretanto, sua forte aversão pela prática da medicina o levou a matricular-se na Universidade de Berlim para estudar psicologia.
>
> Aos 25 anos obteve uma vaga de auxiliar na cátedra de Fisiologia da Universidade de Heidelberg, dirigida por Hermann von Helmholtz, onde permaneceu durante os 17 anos seguintes. Em 1862, depois de ter pesquisado e publicado alguns trabalhos sobre os processos da percepção, começou a ministrar psicologia. Durante esses anos, Wundt se interessou pela política e participou ativamente na *Fundação para a Participação dos Trabalhadores*. Entretanto, seu interesse pela psicologia o faria abandonar as atividades para concentrar-se por completo na vida acadêmica.

de la estructura del lenguaje humano y su influencia sobre el desarrollo espiritual de la humanidad" (1836/1988), Humboldt expôs suas idéias a respeito dos efeitos da linguagem e da cultura no pensamento, que constituem um claro antecedente do que depois chegaria a converter-se no centro de interesse da *Völkerpsychologie*.

A verdadeira fundação da *Völkerpsychologie* como disciplina diferenciada da filologia e da psicologia individual foi realizada por Lazarus (1824-1903) e Steinthal (1823-1899), discípulos de Herbart, que criaram, para difundi-la, a revista *Zeitschrift fur Vöolkerpsychologie und Sprachwissenschaft* (1860). Na exposição dos motivos que justificaram o nascimento da nova disciplina, fica bem claro o legado de Herbart:

> A psicologia ensina que os humanos são, acima de tudo, seres sociais predestinados a uma vida social, porque só em cooperação com seus pares podem realizar todo seu potencial, podem chegar a ser aquilo para o que estavam predestinados. Ninguém é o que é por seus próprios recursos, mas como resultado da influência da sociedade...
>
> (apud Lück, 1987, p. 22)

A *Psicologia dos povos*, como foi concebida por Lazarus e Steinthal, encontrava-se dividida em duas áreas: a primeira se ocupava do estudo da linguagem, dos costumes e dos mitos, como produtos do contexto cultural e histórico; a segunda estava centrada na elaboração de uma psicologia diferencial dos diferentes povos, raças e nações.

Como assinala Lück (1987, p. 22), embora este pudesse ter sido um excelente programa de trabalho para a psicologia social, Lazarus e Steinthal não foram capazes de desenvolvê-lo. A revista por meio da qual se difundiam os conteúdos da *Völkerpsychologie* foi rebatizada em 1890 com o nome de *Zeitschrift der Vereins für Völkerkunde* (Revista da Associação de Etnologia), e a mudança de nome veio

Embora tivesse se apresentado para substituir Von Helmohltz na disciplina de fisiologia, não chegou a obter o cargo, o que fez com que se concentrasse em suas próprias pesquisas, que seriam os alicerces do livro *Principios de psicología fisiológica*.

A fase mais produtiva de sua carreira estava apenas começando. Depois de uma rápida passagem pela Suíça, foi contratado pela Universidade de Leipzig, onde fundou o primeiro laboratório de psicologia experimental, por volta de 1879. Durante os anos em que esteve à frente do laboratório dirigiu mais de 100 teses de doutorado e abordou temas filosóficos, alguns dos quais recolhidos em seu livro *Ética*, em que estudava os hábitos e os costumes sob a óptica positiva.

Apesar de ter sido o primeiro psicólogo a tentar abordar de forma científica o estudo da mente, sua obra não se limitou a explorar os processos mentais individuais. Com quase 70 anos de idade, e com problemas de visão, empreendeu o ambicioso projeto de elaborar uma *psicologia dos povos*, substituindo o método introspectivo que havia recomendado para explorar a consciência, pelo histórico-comparativo. Durante os últimos 20 anos de sua vida se dedicou a redigir os 10 volumes dessa obra e de sua autobiografia, que terminou uma semana antes de sua morte, em 1920. Seu legado intelectual se encontra em mais de 52 mil páginas, nas quais são descritos os diferentes rumos que tomou a psicologia.

acompanhada de uma mudança no conteúdo, de tal forma que o programa de psicologia social comparada com orientação marcada para o estudo da linguagem terminou dando lugar a uma simples análise descritiva do folclore.

A *Völkerpsychologie* adquiriu um novo impulso quando algumas dessas idéias foram incorporadas por Wundt à psicologia. Embora algumas vezes costume-se considerar a *Völkerpsychologie* um produto secundário do pensamento de Wundt, de quem somente recebeu atenção no final de sua carreira, o certo é que seu interesse por ela aparece já refletido em suas primeiras obras e, a partir daí, foi evoluindo de forma constante até que, entre 1900 e 1920, foram aparecendo os dez volumes da *Völkerpsychologie: Eine Untersuchung der Entwicklungsgesetze von Sprache, Mythus und Sitte*. O leitor interessado em uma análise detalhada do pensamento de Wundt pode consultar o livro de Gustav Jahoda, *Encrucijadas entre la mente y la cultura* (1995).

As primeiras reflexões sobre a *Völkerpsychologie* estão registradas no segundo volume das *Lecciones sobre la mente humana y animal*, publicado em 1863. Na primeira fase, Wundt centrou seu interesse no desenvolvimento dos costumes, para cuja compreensão não considerava adequado o estudo da consciência individual, mas a análise da vida histórica dos povos. É necessário assinalar que na primeira versão da *Völkerpsychologie*, Wundt utilizava o termo "cultura" como sinônimo de desenvolvimento. Daí que uma grande parte dessas reflexões iniciais estivesse centrada na descrição das diferentes etapas do desenvolvimento histórico da humanidade, o processo pelo qual se passou de uma *Naturvölker* para uma *Kulturvölker*. Tratava-se, como nos lembra Jahoda (1995), de um pensamento pouco elaborado, no qual abundavam imagens estereotipadas muito divulgadas naquela época, e que o próprio Wundt rejeitou posteriormente.

Uma nova versão da *Völkerpsychologie* aparece nas duas primeiras edições dos *Principios de psicología fisiológica* (1873, 1880). Embora as idéias de Wundt tivessem sido objeto de uma maior elaboração, a *Völkerpsychologie* é definida como uma psicologia descritiva, uma área menor, em comparação com a importância que concedeu à psicologia experimental. Nessa mesma época, aparece no segundo volume da *Lógica* uma reflexão sobre a adequação do método histórico para abordar o estudo da linguagem, do mito e dos costumes, temas que se tornariam posteriormente o centro da *Völkerpsychologie*.

É no final da década de 1880 que começa a ocorrer uma mudança de enfoque verdadeiramente importante no pensamento de Wundt. Na terceira edição dos *Principios de psicología fisiológica*, publicada em 1887, a psicologia experimental e a *Völkerpsychologie* são concebidas como duas disciplinas paralelas, com diferentes objetos, mas complementares. Só um ano depois, em 1888, Wundt publica um trabalho em que critica as idéias de Lazarus e Steinthal, pela extrapolação que fazem dos princípios da psicologia individual para a *Völkerpsychologie*. Finalmente, na quarta edição dos *Principios* (1893), Wundt apresenta sua concepção final da *Völkerpsychologie* como um dos dois grandes ramos da psicologia científica, ao lado da psicologia experimental.

Como já foi mencionado, as reflexões de Wundt sobre a *Völkerpsychologie* deram lugar aos dez volumes da obra *Völkerpsychologie: Eine Untersuchung der Entwicklungsgesetze von Sprache, Mythus und Sitte*, que apareceram entre 1900 e 1920. O conteúdo da obra será analisado brevemente no próximo capítulo, dedicado à consolidação da psicologia social como disciplina independente no primeiro quarto do século XX. Basta ressaltar aqui o fato de que a fundação da psicologia como ciência experimental não foi um processo linear e sem fissuras, o qual nos foi descrito em alguns manuais sobre história da psicologia como, por exemplo, o de Boring (1950). O surgimento da psicologia experimental teve como pano de fundo um importante debate, enfrentando quem defendia a concepção da psicologia como uma ciência natural e quem advogava por sua inclusão na área das ciências de espírito. A evolução da posição de Wundt diante desse debate deve levar-nos a concluir que o próprio fundador da psicologia experimental foi também um dos primeiros a advertir que esta era só uma das áreas em que se encontrava dividida a psicologia. A outra era a *Völkerpsychologie*, em que confluíam as idéias centrais da tradição historicista alemã e que se foi consolidando durante a segunda metade do século XIX como uma das grandes alternativas em torno das quais se poderia ter definido o objeto da psicologia social.

O debate sobre a natureza científica da psicologia

Como já mencionamos, a tese positivista da unidade da ciência encontrou na Alemanha a forte resistência da escola historicista. A idéia de Herder (de que havia uma diferença essencial entre ciências naturais e ciências sociais e, portanto, estas não podiam fundamentar-se nas mesmas bases epistemológicas que aquelas) estava tão profundamente arraigada no pensamento social alemão, que os avanços do positivismo desencadearam uma forte polêmica entre os defensores e os detratores dessa concepção da ciência.

Um dos maiores críticos da tese da unidade da ciência foi Wilhelm Dilthey (1894). Ele estabeleceu uma nítida divisão entre as ciências do espírito, entre as quais incluía a psicologia e as disciplinas histórico-sociais, e as ciências da natureza. A diferença entre esses tipos de ciência não se devia somente ao fato de abordarem objetos de estudo diferentes, mas também, e fundamentalmente, à relação diferente que o cientista estabelece com o objeto estudado. Enquanto no caso das ciências naturais o cientista estuda fenômenos externos, no caso das ciências de espírito, o cientista aborda o estudo de uma realidade da qual faz parte. Enquanto a percepção dos objetos da natureza é o resultado de processos lógicos de raciocínio hipotético, com os quais estabelecemos o elo causal entre os fenômenos observados, a vida psíquica é o resultado de uma percepção interna de nossas vivências. A constatação dessa diferença levou Dilthey a rechaçar a unidade metodológica da ciência. Os fenômenos físicos podem ser explicados mediante o estabelecimento de relações causais entre eles, mas os fenômenos psicológicos e sociais têm de ser compreendidos.

> Por isso, nas ciências da natureza nos é apresentada a conexão natural somente pelas conexões suplementares, por um feixe de hipóteses. Nas ciências de espírito, ao contrário, temos como base a conexão da vida anímica, como algo originalmente dado. "Explicamos" a natureza, mas "compreendemos" a vida anímica... Este fato condiciona a grande diferença dos métodos com os quais estudamos a vida psíquica, a história e a sociedade com relação àqueles métodos que conduzem ao conhecimento da natureza.
>
> (Dilthey, 1894/1978, p. 75)

Essas idéias levaram Dilthey a propor uma divisão da psicologia em duas áreas: a) a *psicologia explicativa*, construída com os conceitos das ciências naturais e centrada na análise empírica, na verificação experimental de hipóteses e na construção de leis, e b) a *psicologia compreensiva*. Embora Dilthey não se opusesse radicalmente à existência de uma psicologia explicativa, mostrou-se crítico diante dela. Rejeitou o atomismo com o qual a psicologia estava abordando o estudo da mente individual e destacou as limitações desse enfoque para abordar o estudo dos processos mentais superiores. Em claro contraste com a concepção analítica de Wundt, que havia proposto como objetivo da psicologia a busca dos elementos primários da consciência, Dilthey considerava que a experiência devia ser tomada como um todo, antecipando assim algumas das idéias que mais tarde se tornariam o centro da psicologia da *Gestalt*. Em oposição à psicologia explicativa, propôs uma psicologia descritiva e analítica cujo método era a hermenêutica, única forma de conhecimento capaz de obter a compreensão tanto da experiência interna quanto da realidade social e histórica. As ciências sociais são, para Dilthey, conhecimentos históricos, que nunca são absolutos ou universais, mas limitados e relativos. O conhecimento dessa realidade vital se obtém por meio das *categorias da vida*. Elas se referem tanto ao conteúdo da experiência quanto a sua representação, e entre essas categorias destacam-se as de significado, valor e fim.

Os conceitos básicos sobre os quais se constrói a psicologia compreensiva de Dilthey são o *Erlebnis*, ou experiência vivida, e a *Verstehen*, ou compreensão, diante da *Erkalren*, ou explicação das ciências naturais. Ao conhecimento compreensivo de si próprio como experiência vivida temos acesso mediante a autognosis, ou *Selbstbesinnung*. O conhecimento dos demais é obtido pela hermenêutica. Vivência e compreensão são os dois elementos básicos das ciências de espírito e, portanto, do conhecimento hermenêutico dos processos psíquicos. A convicção de Dilthey de que esses processos surgem no contexto vital e histórico é, afinal, o que o leva a propor como método de análise a hermenêutica. Para Dilthey (1911/97, p. 95-96):

> A própria realidade não pode ser em última instância explicada de maneira lógica, mas somente entendida. Em toda verdade que nos é dada como tal, existe na sua natureza algo inefável, incognoscível... Surge a seguinte questão: em que medida pode compreender-se de maneira lógica o vivido. E se repete a mesma questão ao se tornar objeto de pesquisa a compreensão da vida psíquica alheia, a compreensão na hermenêutica... Portanto, trata-se positivamente de progresso da autognose para a hermenêutica, desta até o conhecimento da natureza.

Diante de uma psicologia atomista e ajustada ao esquema das ciências naturais, Dilthey propõe uma psicologia compreensiva, cujo fim devia ser não a explicação causal dos processos psicológicos, mas a sua compreensão. Como vimos na citação anterior, o pensamento de Wundt foi evoluindo ao longo de sua carreira para chegar, finalmente, a uma concepção da psicologia muito semelhante à de Dilthey:

> Da psicologia do sentido interior se distingue essencialmente a concepção que define a psicologia como "ciência da experiência imediata"... Esta direção tentou em primeiro lugar estabelecer os métodos experimentais capazes de realizar uma análise exata dos fenômenos naturais realizados pelas esclarecedoras ciências da natureza. Mas, além disso, esta direção insiste em que todas as ciências específicas do espírito, que tratam dos processos e das criações concretas do espírito humano, também pertencem ao mesmo corpo da consideração científica dos conteúdos imediatos da consciência e de suas relações com o sujeito ativo. Daí se conclui necessariamente que as análises psicológicas das produções mais gerais de espírito, tais como a linguagem, as produções mitológicas, as normas e os costumes, devem ser consideradas instrumentos para a compreensão dos processos psíquicos mais complicados. Portanto, com relação ao método, esta direção está em íntima relação com outros domínios da ciência: como a psicologia experimental, como as ciências da natureza, como a psicologia dos povos, como as ciências especiais do espírito.
>
> (Wundt, 1896/1996, p. 187)

É necessário destacar, entretanto, que o pensamento de Dilthey foi um expoente mais claro da incorporação da tradição histórica alemã da psicologia. Embora ambos propusessem uma diferenciação da psicologia em duas grandes áreas, e compartilhassem a idéia de que os processos mentais superiores não podem ser abordados pela psicologia experimental, o certo é que Wundt dedicou grande parte de seus primeiros esforços ao seu desenvolvimento, enquanto Dilthey fez o contrário. Como veremos mais adiante, algumas das idéias de Dilthey encontraram uma continuidade na psicologia social por meio de George Herbert Mead, que foi seu discípulo.

Uma posição diferente diante da polêmica suscitada pela tese da unidade da ciência foi adotada por Wilhelm Windelband (1848-1815), que descartou a distinção que Dilthey e, posteriormente, Wundt tinham estabelecido entre ciências naturais e ciências do espírito. A idéia de Windelband de que as ciências não se distinguem por seus objetos de estudo, mas por seus métodos, levou-o a propor uma diferenciação entre as *ciências nomotéticas*, voltadas à elaboração de um sistema de leis gerais, e as *ciências idiográficas*, centradas no estudo da particularidade de determinados fenômenos. Com essa divisão, Windelband defendia a idéia de que qualquer fenômeno, tanto físico quanto psíquico ou social, podia ser estudado com base em qualquer um dos dois enfoques e admitia, portanto, a possibilidade de que as ciências sociais estivessem voltadas para o estabelecimento de leis gerais, seguindo o método das ciências da natureza.

Posteriormente, Heinrich Rickert (1910), discípulo de Windelband, acrescentou a idéia de que as ciências não só se diferenciam pela matéria que estudam, mas também pelo tipo de perguntas que formulam. Partindo dessa consideração, Rickert afirmava que as ciências naturais procedem de uma forma generalizante, quer dizer, estão basicamente interessadas no estudo das homogeneidades entre os fenômenos mediante o descobrimento de leis gerais. Pelo contrário, as ciências culturais procedem de forma individualizante, e se interessam por compreender o caráter especial de acontecimentos e objetos concretos.

A repercussão dessas discussões metodológicas no desenvolvimento das ciências sociais foi diferente para cada uma das disciplinas. Como veremos no capítulo seguinte, no caso da sociologia, os debates continuaram ocupando um papel central durante as duas primeiras décadas do século XX. Nessa época, a contribuição mais destacada ou, pelo menos, a mais relevante do ponto de vista da psicologia social atual foi a interpretação que Max Weber fez da *Verstehen*, servindo-se para isso de algumas das idéias de Rickert.

Em psicologia, entretanto, terminou por impor-se a tese da unidade da ciência. Embora as concepções metodológicas e epistemológicas defendidas por autores como Dilthey ou Wundt não tivessem desaparecido totalmente da cena das ciências sociais, foi a tese da unidade da ciência a que, sob a influência crescente do positivismo, terminou por impor-se. A psicologia alemã do final do século não se desenvolveu pelos rumos da psicologia compreensiva de Dilthey ou da *Völkerpsychologie* de Wundt, mas pelos caminhos abertos pelo positivismo. Os limites que Wundt quis impor aos experimentos não foram bem acolhidos pelos psicólogos alemães da época, de modo que quando começaram a surgir correntes teóricas opostas à psicologia wundtiana não só não se limitou o uso do método experimental, mas também seu alcance foi ampliado.

Os psicólogos da Escola de Wurzburgo, por exemplo, recusaram-se a aceitar que o método experimental não fosse válido para o estudo dos processos mentais superiores, e rechaçaram a idéia de que a psicologia experimental deve estar limitada ao estudo das sensações e percepções. Consideraram que era o método experimental de Wundt que tinha sérias limitações, e propuseram outro tipo de experimentos que permitissem abordar o estudo dos processos mentais superiores. Oswald Külpe (1862-1915), por exemplo, iniciou uma nova forma de experimentação psicológica com a qual era possível abordar o estudo do pensamento. Uma das principais mudanças introduzidas por esse autor foi o aumento da complexidade das tarefas experimentais. Diferentemente do que acontecia nos experimentos de Wundt, em que a tarefa experimental era muito simples, nos estudos de Külpe, a realização da tarefa experimental requeria que a pessoa pensasse. Os sujeitos tinham de resolver um problema e a seguir descrever o processo de pensamento que os levou à solução. Isso, segundo Külpe, permitia chegar ao estudo do pensamento, o que não era possível com os experimentos de Wundt. Outro impulso decisivo para o desenvolvimento da experimentação em psicologia foram as investigações de Hermann Ebbinghaus (1885) sobre a memória.

Uma das principais contribuições desse autor foi a invenção do método das sílabas sem sentido, utilizado nos experimentos psicológicos sobre a memória até meados do século XX. Para identificar os fatores que influenciam na retenção e reprodução da informação memorizada, pedia-se aos sujeitos que memorizassem séries de sílabas sem sentido que, em seguida, tinham de reproduzir. Ao utilizar material sem sentido, Ebbinghaus pretendia que a informação apresentada aos sujeitos fosse idêntica para todos eles, descartando dessa forma que fatores alheios à situação experimental, como o significado que cada pessoa associava ao material, influíssem na lembrança. O método consistia, portanto, em eliminar do material que devia ser aprendido o que é característico da memória humana: o significado da informação que se retém. Essa deficiência, muito criticada nos anos 1930 por autores como Bartlett (1932), foi considerada, entretanto, naquele momento uma virtude do método proposto por Ebbinghaus, e teve uma grande aceitação entre os psicólogos.

A polêmica sobre as bases metodológicas e epistemológicas da psicologia verifica-se no final do século pelo forte enfrentamento entre Dilthey e Ebbinghaus, que, em artigo publicado em 1896, fez uma forte crítica à perspectiva histórico-cultural defendida por Dilthey, e propôs que a psicologia se aproximasse do modelo das ciências naturais. Os psicólogos alemães, incluídos os discípulos de Wundt, seguiram as pautas estabelecidas por Ebbinghaus.

Idéias psicossociológicas no pensamento de Karl Marx

Ao analisar o desenvolvimento das ciências sociais alemãs durante o século XIX, é necessário fazer referência a Karl Marx (1818-1883), não somente pelo impacto que o pensamento marxista teve no desenvolvimento das ciências sociais, mas também pela relevância que algumas de suas idéias alcançam em uma análise psicossociológica dos processos mentais e da ação social.

A influência de Georg Wilhelm Friedrich Hegel (1770-1831) e de Ludwig Feuerbach (1804-1872) será determinante no pensamento de Marx. Extraindo de Feuerbach a crítica à filosofia idealista de Hegel: o *pensamento procede do ser, e não o ser do pensamento*, mas mantendo a dialética hegeliana, Marx dará forma a sua concepção de materialismo dialético. Se a filosofia hegeliana estabelecia uma independência entre os processos mentais e o mundo físico e real, um mundo de idéias com sua própria dinâmica de evolução, Marx fará depender esses processos mentais do mundo material. A consciência é um produto da práxis social. A atividade humana, do ser social, determina a consciência (veja Marx e Engels, *Obras escogidas*, 1975). No processo de formação da consciência, Marx não esquece a importância da linguagem como *consciência prática*. Como indica Giddens (1977, p. 90), para Marx, "... a linguagem é um produto social, e só em virtude da condição de membro da sociedade o indivíduo adquire as categorias lingüísticas que constituem os parâmetros de sua consciência". Esses aspectos de pensamento marxista serão elementos-chave para o desenvolvimento da psicologia social soviética. Ao mesmo tempo, Marx adotará o ponto de vista dialético da filosofia hegeliana, afastando-se nesse aspecto de Feuerbach. A perspectiva dialética, como instrumento de análise social aplicada à dinâmica dos processos psíquicos superiores, será outro dos elementos-chave para entender a influência do pensamento marxista na concepção psicossocial de Vygotski (veja o Capítulo 3). Também algumas das perspectivas críticas da psicologia social surgidas nos anos 1980 ecoarão a necessidade de uma perspectiva dialética para a psicologia social (veja Georgudi, 1983).

As idéias de Marx, derivadas de sua crítica ao pensamento hegeliano e da influência de Feuerbach, encontram-se em seus escritos de *Crítica de la filosofía del Estado* de Hegel, assim como em seus *Manuscritos económicos y filosóficos*, publicados entre 1845 e 1846. Nesses textos e em outros posteriores fica clara a posição materialista de Marx, exemplarmente sintetizada por Giddens (1977, p. 62):

> Marx aceita sem dúvida um ponto de vista "realista", segundo o qual as idéias são um produto do cérebro humano em relação, por meio dos sentidos, com um mundo material conhecido; as idéias não se encontram em categorias imanentes dadas na mente humana independentemente da experiência. Mas isto certamente não significa a aplicação do materialismo filosófico determinista para interpretar o desenvolvimento da sociedade. A consciência humana está condicionada por um intercâmbio dialético de ação e reação entre sujeito e objeto. O homem modela ativamente o mundo em que vive, ao mesmo tempo que o mundo lhe dá forma... Inclusive nossa percepção de mundo está condicionada pela sociedade.

A ressonância dessas teses construcionistas, tão afastadas, por outro lado, de certas vulgarizações do marxismo, nas quais se enfatiza o determinismo economicista do pensamento de Marx, formará um dos pilares da psicossociologia do conhecimento de Berger e Luckman (1967).

Às idéias expostas até aqui, seria necessário acrescentar a introdução do conceito de alienação, utilizado para descrever a relação que se estabelece entre o trabalhador e o sistema de produção capitalista, em que o trabalhador não participa do produto final. Seu trabalho fica sujeito à obtenção do salário, e não estabelece nenhum vínculo com interesses vitais. A carga crítica que se desprende da utilização dessa noção nas diferentes obras de Marx, como *La ideología alemana, El manifiesto comunista* ou *El capital,* com relação ao modo de produção capitalista e à alienação e à "coisificação" dos trabalhadores, é indispensável não somente para uma sociologia de trabalho, mas também para uma psicossociologia da alienação.

Como nos lembra Ritzer (1996a), Marx não foi sociólogo, e muito menos psicólogo social. Entretanto, suas idéias tiveram uma influência direta e indireta (por exemplo, a obra de Max Weber (1864-1929) não poderia ser compreendida a não ser pela sua polêmica implícita com o pensamento marxista) na sociologia e na psicologia social (ver em relação a isso o extenso trabalho de Munné, 1982; 1989). Do mesmo modo, seu pensamento vai além do âmbito da filosofia e da sociologia para entrar no campo da economia política, como fica patente em sua obra *El capital,* na qual elabora sua teoria da "mais valia".

O DESENVOLVIMENTO DAS CIÊNCIAS SOCIAIS NA GRÃ-BRETANHA

A teoria social britânica de meados do século XIX é outra referência obrigatória quando se trata de reconstruir as origens não só da psicologia social, mas também das ciências sociais atuais. Embora não exista de fato nenhum autor que desenvolvesse uma teoria propriamente psicossociológica, as teorias evolucionistas britânicas tiveram uma profunda repercussão no desenvolvimento posterior de todas as ciências sociais.

A idéia da evolução já era conhecida quando Charles Darwin (1809-1882) publicou, em 1859, *El origen de las espécies*, no entanto, ia aparecendo e desaparecendo de forma cíclica, até que no início do século XIX começou a ocupar um lugar cada vez mais destacado em distintos campos do saber, principalmente na biologia. A teoria evolucionista mais importante anterior à de Darwin foi a do biólogo francês Jan-Baptiste Lamarck (1744-1829), que em 1808 publicou *Philosophie Zoologique*. A contribuição de Lamarck que mais influência teve no pensamento evolucionista posterior foi o *princípio da hereditariedade dos caracteres adquiridos*, conhecido também como *lei do uso e do desuso*. O que Lamarck sustentava ao formular esse princípio era que, ao ter de enfrentar as exigências do meio onde se desenvolve, o animal exercita certas partes do organismo. O uso contínuo destas determina modificações em sua estrutura (a função cria o órgão) que, posteriormente, podem ser transmitidas aos descendentes.

O acúmulo dessas pequenas mudanças de uma geração para outra pode dar lugar a novas espécies. As idéias de Lamarck foram totalmente rejeitadas, tanto pelo seu impacto no pensamento religioso da época como por serem consideradas cientificamente inaceitáveis. Porém, o *princípio da hereditariedade dos caracteres adquiridos* ganhou posteriormente uma grande popularidade e foi integrado às teorias evolucionistas que surgiram na segunda metade do século XIX. Esse princípio teve um significado especial para a psicologia da época, que, pela influência do empirismo, tinha renunciado ao estudo dos instintos como fator explicativo do comportamento. Os empiristas afirmavam que todo o conhecimento humano deriva do contato, por meio dos sentidos, com o mundo exterior, e que a consciência é o resultado dessa experiência sensorial. Desse ponto de vista, o comportamento humano não podia ser produto de forças instintivas inatas, mas sim do aprendizado. Entretanto, a idéia de que os padrões de comportamento que o animal adquire como resultado de sua interação com o meio podem se tornar instintivos para seus descendentes tornava possível uma recuperação do instinto como mecanismo explicativo do comportamento humano. Como veremos mais adiante, a idéia foi adotada por Herbert Spencer e, posteriormente, introduzida na psicologia social por William McDougall (1908).

O princípio da seleção natural

A explicação de Lamarck do processo evolutivo estava expressa, entretanto, em termos excessivamente genéricos para ser aceita pelos cientistas da época. Será Darwin quem oferecerá uma explicação convincente do processo evolutivo mediante o princípio da seleção natural. Diferentemente de Lamarck, Darwin apresentou uma considerável quantidade de dados empíricos que apoiavam as suas idéias e tinham sido obtidos, em sua maior parte, no decorrer de uma expedição científica pela América do Sul e pelo oceano Pacífico, realizada entre 1831 e 1836. O fato de que em 1838, enquanto organizava os dados obtidos durante a viagem, Darwin ter lido o trabalho de Thomas Robert Malthus, *Un ensayo sobre el principio de población*, publicado em 1789, foi decisivo para a elaboração de sua teoria. Darwin concordava com Malthus em que em todas as espécies nascem mais indivíduos que os que podem sobreviver e, guiado pelos resultados de sua pesquisa empírica, começou a desenvolver a tese de que o principal mecanismo do processo evolutivo é a seleção natural. Com o princípio da seleção natural, Darwin sugeriu que qualquer variação que resulte útil e benéfica para uma espécie preserva-se, pelo fato de que facilita a adaptação e, portanto, a sobrevivência.

A publicação da teoria se precipitou pelo fato de outro biólogo, Alfred Russell Wallace (1823-1913), ter chegado de forma independente às mesmas conclusões.

As circunstâncias que rodearam a publicação de ambos os trabalhos aparecem descritas em todos os manuais em que se analisa o desenvolvimento das teorias da evolução. Wallace enviou a Darwin o relato em que apresentava sua teoria, solicitando-lhe que, se o considerasse adequado, o tornasse público na Linnean Society, a mais importante das sociedades voltadas ao estudo da história natural. O problema apresentado se resolveu mediante a publicação de um trabalho conjunto em 1858, que não despertou muito interesse. Isso levou Darwin a publicar, em 1859, uma versão abreviada do livro em que estava trabalhando, *El origen de las especies*. Darwin sugere que algumas variações fortuitas aumentam a probabilidade de sobrevivência dos indivíduos que as possuem. Após um período de tempo suficiente, o meio podia exercer uma pressão constante em favor da seleção dos indivíduos com características favoráveis, podendo surgir assim uma nova espécie. Embora nesse livro Darwin não aplicasse seus princípios à espécie humana, as implicações eram óbvias, sendo o principal motivo pelo qual a teoria da seleção natural gerou uma considerável hostilidade em sua época.

O primeiro autor que utilizou o princípio da seleção natural para explicar a evolução humana foi Huxley, quem em seu livro *Evidence as to man's place in nature* publicado em 1863, descrevia as semelhanças anatômicas entre o cérebro humano e o dos grandes primatas. De sua parte, Wallace publicou dois trabalhos em 1864 e 1869, nos quais aplicava a teoria da seleção natural à espécie humana, embora propusesse a existência de uma diferença qualitativa entre os animais e a espécie humana, e fazia intervir uma inteligência superior na evolução desta.

Em resposta ao trabalho de Wallace, Darwin publicou em 1871 *La descendencia humana y la selección sexual*, no qual expõe pela primeira vez de forma explícita suas idéias sobre a evolução humana. Opondo-se às idéias de Wallace, Darwin nega a existência de diferenças qualitativas entre a espécie humana e as demais espécies, e destaca que a mente humana é somente um passo a mais no desenvolvimento evolutivo de funções intelectuais já observadas nos animais. Tanto a linguagem quanto a consciência, que para Darwin era o traço mais diferenciador da mente humana, eram o resultado da evolução da inteligência. Para explicar a evolução da inteligência, recorre a dois mecanismos: *o princípio da hereditariedade dos caracteres adquiridos* de Lamarck e o *mecanismo da seleção sexual*, segundo os quais alguns caracteres humanos se mantiveram não porque aumentam as probabilidades de sobrevivência, mas sim porque incrementam a probabilidade de reprodução, isto é, têm vantagens sexuais para os indivíduos que os possuem.

A influência de Darwin na psicologia não deriva, entretanto, de suas próprias reflexões sobre a evolução da mente humana. A teoria de Darwin é uma teoria biológica e foi no campo da biologia que suas idéias tiveram uma influência direta decisiva. Seu impacto na psicologia aconteceu de forma indireta, porque a concepção da mente humana que derivava de sua teoria determinou uma mudança de rumo da psicologia que, a partir desse momento, começou a adotar uma perspectiva evolucionista no estudo da mente.

A teoria evolucionista de Herbert Spencer

O primeiro a introduzir na psicologia os princípios derivados das teorias evolucionistas não foi, entretanto, Darwin, e sim Herbert Spencer (1820-1903). Antes de ser publicado *El origen de las especies* (1859), Spencer havia apresentado em seu livro *Princípios de psicología* (1855) uma teoria psicológica evolucionista baseada na teoria da evolução de Lamarck. Posteriormente, integrou em seu sistema algumas das idéias de Darwin. Por exemplo, foi Spencer quem utilizou pela primeira vez a expressão "sobrevivência do mais adaptado". E, ao mesmo tempo, expandia sua concepção evolucionista a outras disciplinas, como a sociologia ou a ética. O objetivo e resultado final de seu trabalho foi a elaboração de um *Sistema de Filosofia Sintética*, em que foram englobadas todas as suas obras, publicadas entre 1862 e 1892: *Primeros principios, Principios de biología, Principios de psicología* (2ª edição revisada), *Principios de sociología* e *Principios de moralidad*.

A idéia a partir da qual se foi desenvolvendo todo o pensamento filosófico e científico de Spencer é que a evolução consiste em uma progressão contínua, de um estado homogêneo e indiferenciado até um estado de heterogeneidade e diferenciação crescentes. Esta *lei geral da evolução ou lei da diferenciação crescente* não somente se aplica à evolução biológica, mas também a todos os aspectos da realidade (Spencer, 1870/72, III, p. 353):

> Não somente esta lei se aplica aos processos vitais que ocorrem em todo o corpo a todo momento, mas também se aplica ao progresso orgânico em geral. Todo organismo começa como uma massa uniforme de matéria, e cada passo de sua evolução consiste em uma diferenciação e integração das partes. Ao examinar os fenômenos de organização em geral, tal como se manifestam por meio da criação, se verá que a integração dos elementos que produzem a mesma função acontece *pari pasu* com a diferenciação dos elementos que produzem funções não-semelhantes. Este progresso da homogeneidade para a heterogeneidade, em que consiste toda organização, acontece completamente por esta dupla ação.

> **Herbert Spencer (1820-1903)**
>
> Herbert Spencer nasceu em Derby (Inglaterra) no dia 27 de abril de 1820. Mesmo dedicando-se ao estudo de temas relacionados com a biologia, a psicologia e a filosofia, nunca havia recebido formação em tais áreas do conhecimento. Iniciou os estudos de engenharia civil que logo abandonou para dedicar-se ao jornalismo e a escrever sobre política. Em 1848 começou a trabalhar no semanário financeiro *The Economist*, onde permaneceu até 1853, ano em que morre seu tio, que lhe deixou uma herança com a qual pôde dedicar-se a escrever. Nessa época já havia publicado seu primeiro livro *Social statistics, or the conditions essencial to human hapiness* (1850) no qual já esboçava a sua teoria evolucionista e sua defesa filosófica das liberdades públicas. Apesar de ter sérios problemas de saúde que o impediam de trabalhar de forma contínua durante várias horas, sua produção é grande e nela tentou sistematizar seus pontos de vista sobre ética, política, psicologia, sociologia e biologia. Entre os textos que publicou podemos destacar *Primeros principios* (1862), *Principios de biología* (1864-67), *Principios de psicología* (1870-72) e *Principios de sociología* (1876-96).
>
> Spencer considerou a evolução um processo de desenvolvimento na direção do homogêneo para o heterogêneo, e de estruturas simples e indeterminadas para estruturas complexas e determinadas. Esta *lei geral da evolução* não foi aplicada somente à biologia, mas também à psicologia, à sociologia, à filosofia moral e à política.

A aplicação da *lei geral da evolução* à psicologia levou Spencer a afirmar que a evolução da mente é o resultado de um desenvolvimento do estado indiferenciado dos órgãos primitivos até a estrutura complexa do cérebro humano. Como resultado da interação entre o organismo e o meio, a mente humana foi evoluindo para uma complexidade crescente das reações diante dos acontecimentos externos, passando dos reflexos aos instintos, depois à memória e, finalmente, ao raciocínio. Os dois processos que Spencer utiliza para explicar essa evolução são a *lei da associação* e o *princípio da hereditariedade dos caracteres adquiridos* formulados por Lamarck.

Utilizando a *lei da associação*, Spencer (1855, p. 530) propõe que o desenvolvimento da inteligência depende em grande parte da lei que afirma que quando dois estados psíquicos quaisquer ocorrem em sucessão imediata, produz-se um efeito tal que se o primeiro voltar a ocorrer, existe certa tendência do segundo a segui-lo.

Utilizando o *princípio da hereditariedade dos caracteres adquiridos*, Spencer descreve como esse tipo de aprendizado, claro antecedente do condicionamento clássico pavloviano, se transmite à descendência, dando lugar aos instintos. Com isso, a psicologia pôde utilizar novamente o conceito sem renunciar, com isso, aos princípios ambientalistas sobre os quais, por influência da filosofia empirista, encontrava-se fundamentada a psicologia britânica. Esse mesmo mecanismo associativo deu lugar, posteriormente, ao surgimento da memória e do raciocínio. Isto é, o sistema nervoso vai se desenvolvendo à medida que as reações diante dos acontecimentos externos tornam-se mais complexas.

Spencer interpretou o princípio desenvolvido por Lamarck de maneira diferente de Darwin que, como já foi destacado, também o utilizou quando estendeu sua teoria da evolução à espécie humana.

Ele acreditava, por exemplo, que a natureza humana estava em constante estado de evolução e, portanto, o Estado devia intervir o menos possível nesse processo; as liberdades deveriam ser garantidas ao máximo para que a evolução fizesse seu trabalho sem restrições. Esse processo levaria a um estado de felicidade, resultado de uma perfeita adaptação do homem ao seu ambiente. As políticas intervencionistas que tentassem controlar o curso natural do progresso humano não eram, portanto, desejáveis. Embora seu liberalismo continuasse sendo influente no campo da filosofia, atualmente suas teorias evolucionistas têm pouco apoio científico.

Talvez pelo fato de Spencer ter estado afastado do mundo universitário, a influência de suas idéias no pensamento de sua época não foi além de sua morte. Por não ter ministrado suas doutrinas em centros de ensino, não teve estudantes e discípulos que continuassem desenvolvendo suas linhas de trabalho. Mas isso não significa que a produção do intelectual inglês multidisciplinar não tivesse uma ampla aceitação e influência nas últimas décadas do século XIX. Antes de sua morte foram vendidos mais de um milhão de exemplares de seus livros, muitos dos quais foram traduzidos para idiomas como o espanhol, russo, italiano, francês e alemão. Recebeu elogios dos mais importantes pensadores do momento, como John Stuart Mill e do próprio Darwin. Além disso, algumas de suas idéias sobre o sistema social e a conveniência de estudá-lo de forma holística foram adotadas por destacados sociólogos como Durkheim e Parsons. Foi tão reconhecido em sua época que chegou a ser candidato ao Prêmio Nobel de Literatura em 1902.

Para Darwin, a continuidade mental implicava que não há diferenças qualitativas entre os animais e a espécie humana. Para Spencer, ao contrário, essa continuidade significava progresso, de tal maneira que sua descrição do processo evolutivo envolvia uma dimensão valorativa que não tinha sido admitida por Darwin. Spencer acreditava que os organismos *mais evoluídos eram melhores*, e essa idéia o levou a defender a superioridade intelectual do europeu, com base no tamanho maior do cérebro, e dos homens, com base na organização diferente do cérebro dos homens e das mulheres.

Spencer também aplicou sua *lei geral da evolução* à sociologia. Em seus *Princípios de sociologia* (1876) mantém que, em virtude do princípio da diferenciação crescente, a sociedade foi evoluindo de um estado inicial de homogeneidade indefinida até o atual alto grau de complexidade. Para explicar o processo de evolução social, Spencer definiu a sociedade como um organismo.

Essa analogia organicista já tinha sido incorporada à sociologia por Comte (1798-1857). A concepção de Spencer da sociedade e a forma com que utilizou a analogia organicista receberam diferentes interpretações na bibliografia sociológica. Enquanto alguns autores qualificam a posição de Spencer de *nominalista*, argumentando que ele usa os termos *sociedade* e *nação* como meras etiquetas, outros a consideram *realista*, porque a sociedade adquire uma entidade própria, independente. Como afirma Gordon (1995, p. 453), embora a obra de Spencer seja contraditória nesse sentido, pode-se afirmar que a concepção da sociedade como um organismo era, para Spencer, uma ferramenta hermenêutica mais que uma hipótese ontológica, como fora no pensamento social alemão. Embora tivesse afirmado a existência de uma interação recíproca entre o indivíduo e a sociedade, Spencer (1876, p. 455) rejeitou a idéia de que a personalidade individual é um produto cultural, e sublinhou o papel do indivíduo como fator determinante das peculiaridades da cultura:

> A sociedade é criada pelas suas unidades, e... a natureza de sua organização está determinada pela natureza de suas unidades. Ambas atuam e reagem; porém o fator original é o caráter dos indivíduos, e o fator derivado é o caráter da sociedade.

Esse forte individualismo se traduziria em uma concepção reducionista da sociologia que, segundo Spencer, devia ser uma ciência sintética, fundamentada na biologia e na psicologia. Como veremos mais adiante, esse reducionismo era amplamente compartilhado pelos primeiros sociólogos norte-americanos quando a psicologia social começou a emergir como disciplina diferenciada na sociologia.

Assim como Comte, Spencer foi um claro defensor da tese da unidade da ciência. Mesmo reconhecendo que a natureza do objeto de estudo das ciências sociais fazia com que para estas fosse mais complexo o estabelecimento de leis explicativas de caráter geral, negou que tal dificuldade fosse razão suficiente para abandonar o objetivo. Como outros sociólogos positivistas, Spencer destacou a necessidade de garantir a objetividade da pesquisa mediante a separação do pesquisador do objeto em estudo. Para Spencer, a objetividade da pesquisa social só podia ser garantida mediante a eliminação de distorções (educativas, patrióticas, de classe, políticas e teológicas) provocadas pelos estados emocionais do pesquisador. O método utilizado por Spencer foi a pesquisa histórica comparada, que realizava mediante a coleta de dados empíricos sobre os diferentes períodos históricos que usava para confirmar ou descartar as hipóteses derivadas de suas elaborações teóricas (veja Ritzer, 1996a).

Embora suas contribuições ao desenvolvimento das ciências sociais tivessem sido esquecidas, a influência de Spencer sobre o pensamento social de seu tempo foi notável, a ponto de ter sido considerado o grande teórico da evolução. De acordo com muitos historiadores da psicologia e da sociologia, tanto as idéias sobre a mente humana, que se conhecem como *darwinismo psicológico*, quanto o que se conhece como *darwinismo social* deveriam ser conhecidos como *spencerismo* (Boakes, 1989; Giner, 1992). Mesmo que os textos de história da psicologia social contenham poucas referências a esse autor, sua influência no desenvolvimento da disciplina durante a segunda metade do século XIX é inequívoca. Embora Spencer não tivesse feito nenhuma contribuição direta à psicologia social, algumas de suas idéias constituíram a base sobre a qual se elaboraram as contribuições de outros autores. O tratamento que Spencer deu aos instintos, por exemplo, deve ser considerado um antecedente da psicologia social de William McDougall. Por outro lado, sua influência foi decisiva nas primeiras fases do desenvolvimento da sociologia americana.

O DESENVOLVIMENTO DAS CIÊNCIAS SOCIAIS NOS ESTADOS UNIDOS

Embora a consolidação da psicologia e da sociologia tivesse sido mais tardia nos Estados Unidos do que na Europa, a partir do momento em que começaram a se desenvolver, adquiriram uma rápida expansão. Entre os fatores que contribuíram para o rápido desenvolvimento, podemos destacar a enorme repercussão que tiveram nesse país as teorias evolucionistas britânicas, especialmente a de Spencer. O individualismo da filosofia de Spencer e sua concepção da evolução em termos de progresso reforçavam aspectos muito importantes da cultura norte-americana. No contexto da rápida industrialização dos Estados Unidos naquela época, o lema da *sobrevivência do mais apto* foi aceito como uma legitimação científica das práticas do capitalismo. Por outro lado, as idéias de Spencer também serviram para justificar as ações dos colonos europeus em sua luta pelo domínio do continente americano.

Como destaca Boakes (1989, p. 123), "embora Spencer condenasse pessoalmente a violência, sua filosofia podia ser utilizada para justificar a aniquilação de uma raça e uma cultura, assim como a competição ilimitada entre os indivíduos". As idéias de Spencer deram lugar a um movimento conservador, em que se desaconselhavam as intervenções do Estado e se pedia a aceitação da ordem natural. Pensava-se que a mudança social se produz de forma natural à medida que as sociedades evoluem. Essas idéias foram muito influentes nos primeiros desenvolvimentos da sociologia norte-americana, embora se deva destacar que mais tarde foram deslocadas pelo predomínio de outra forma de entender as teorias evolucionistas, baseadas mais nas idéias de Darwin do que nas de Spencer, e que realmente originou um movimento social voltado à reforma social e à mudança. Como se verá a seguir, foi a segunda concepção do evolucionismo a que mais influiu nas ciências sociais norte-americanas.

O início da sociologia norte-americana

Como acabamos de destacar, a teoria evolucionista de Spencer teve uma profunda repercussão na sociedade norte-americana e se tornou uma das bases teóricas sobre as quais se construiu a primeira sociologia norte-americana.

Um dos primeiros sociólogos norte-americanos que adotaram as idéias de Spencer foi William Graham Summer (1840-1910), que foi a primeira pessoa que ministrou um curso sobre sociologia nos Estados Unidos. Assim como Spencer, Summer acreditava que as leis da evolução observadas no mundo natural eram aplicáveis ao mundo social. Isso o levou a manter a idéia de que as melhorias sociais seriam conseguidas de maneira natural, à medida que as sociedades, mediante a sobrevivência de seus membros mais aptos, fossem evoluindo para um progresso maior. A intervenção do Estado para alcançar a reforma social não tinha sentido nessa maneira de interpretar o evolucionismo, porque se considerava que a posição social conseguida era devida à aptidão individual. Se se justifica de modo natural que na luta pela sobrevivência sobrevivam os mais aptos, então não faz sentido que a intervenção do Estado interfira no curso natural da evolução favorecendo os menos aptos. Essa forma de entender o evolucionismo não foi compartilhada por todos os sociólogos da época. Lester Ward (1841-1913), por exemplo, outro fundador da sociologia norte-americana e seguidor também de Spencer, admitiu a idéia de que as sociedades evoluíam obrigatoriamente para um progresso maior, mas considerou que a reforma social era absolutamente necessária para obtê-lo. Isso o levou a alegar o caráter aplicado da sociologia. Nem as contribuições teóricas desses autores nem seus trabalhos institucionais resultam atualmente relevantes para a evolução posterior da sociologia norte-americana, cujo primeiro grande desenvolvimento não se produziria até as primeiras décadas do século XX.

Ao contrário, é relevante, da perspectiva atual, o fato de que em 1892 se fundasse na Universidade de Chicago o primeiro departamento de sociologia do mundo. O diretor do departamento, Albion Small (1854-1926), fundou em 1895 a revista *American Journal of Sociology*. O trabalho de Small foi decisivo para a institucionalização da sociologia norte-americana. Por outro lado, o trabalho, tanto teórico quanto empírico, realizado pelos sociólogos da Escola de Chicago tornou-se a base de uma das principais correntes da sociologia e a psicologia social contemporâneas: o interacionismo simbólico.

Apesar da enorme influência de Spencer sobre os primeiros sociólogos norte-americanos, é necessário destacar que as teorias evolucionistas não foram o único produto da teoria social européia que chegou aos Estados Unidos. A sociologia francesa, especialmente as idéias de Tarde sobre a imitação, também teve um forte impacto na primeira sociologia norte-americana. Como veremos no próximo capítulo, os primeiros manuais de psicologia social, a maioria deles escritos por sociólogos, são inspirados, em grande medida, nas idéias de Tarde.

O início do pragmatismo

O pragmatismo foi um dos primeiros produtos da influência das teorias da evolução na filosofia norte-americana. As idéias centrais da filosofia pragmática foram expostas inicialmente por Charles Sanders Peirce (1839-1914), que, no início da década de 1870, começou a explicá-las no Clube Metafísico da Universidade de Harvard. As idéias de Peirce foram publicadas, pela primeira vez, em 1878, no artigo "How to make our ideas clear". A tese central da filosofia pragmatista é que a verdade de uma idéia vem de suas conseqüências práticas ou, que para que uma idéia resulte significativa deve ter algum efeito sobre nossas ações. Desse ponto de vista, não se pode falar da verdade como uma propriedade essencial das coisas, mas sim como uma possibilidade que se faz efetiva dependendo de seus efeitos sobre a conduta. Uma crença será verdadeira se, do ponto de vista da conduta, serve de guia para nossas ações. No pragmatismo de Peirce são fundamentais as noções de dúvida, crença e hábito. Ele considerava que a dúvida cartesiana como princípio do conhecimento criava mais problemas do que resolvia. No entanto, admitia que a indagação se iniciasse com uma dúvida vital, que podia comparar-se com uma irritação que só cessa quando se buscam respostas que acabam convertendo-se em crenças. As crenças nos proporcionam uma regra para a ação ou hábito que nos serve para atuar sobre o mundo. Para os pragmatistas, todo conhecimento tem, portanto, um fim prático.

Aplicada ao conhecimento científico, a noção da verdade significa que a veracidade das hipóteses científicas deve ser estabelecida em função das conseqüências práticas que geram. Uma hipótese científica é verdadeira quando resultar eficaz para fins práticos. Por exemplo, determinada hipótese sobre a etiologia de uma doença será verdadeira se as ações que derivarem dela resultarem eficazes para reduzir a sua incidência. No caso de existir mais de uma teoria sobre determinada doença, o cientista deveria considerar verdadeira aquela que resultasse mais eficaz para reduzir seu impacto. Isso representa uma concepção do progresso científico de forte influência evolucionista, na qual se sublinha o caráter adaptativo do conhecimento: só as idéias *bem adaptadas* sobrevivem, enquanto as que se provaram inúteis são abandonadas ou esquecidas.

Mais do que um conjunto de idéias teóricas claramente delimitadas, o pragmatismo era entendido por Peirce como uma atitude, um enfoque geral ao definir os problemas. Tal enfoque teve uma grande acolhida por parte dos primeiros cientistas sociais norte-americanos, que, partindo das idéias centrais de Peirce, ofereceram diferentes interpretações para elas.

Uma das mais conhecidas foi a de William James (1842-1919). James, que fazia parte do Clube Metafísico de Harvard desde a década de 1870, apresentou formalmente suas idéias sobre o pragmatismo em 1898, em uma conferência dada na Universidade de Califórnia, com o título *Conceitos filosóficos e resultados práticos*, e em uma série de oito conferências em 1906; finalmente, reuniu suas idéias no livro *Pragmatismo*, publicado em 1907.

Apesar de serem uma continuação das idéias expostas inicialmente por Peirce, as idéias de James se afastam em alguns aspectos do pensamento daquele. Da mesma maneira que Peirce, James afirmava que o conhecimento tem conseqüências práticas para a ação, e o significado de uma idéia deriva de seus efeitos na orientação da experiência. As crenças são, a seu ver, uma classe de ação. Na sua aplicação do pragmatismo à idéia de verdade, sente-se a influência de Darwin. James considerava que a verdade não é uma propriedade estática das coisas, mas o resultado de um processo dinâmico de adaptação ao ambiente. Nesse sentido, levou seus postulados pragmáticos até uma teoria da verdade em que ela não se estabelece pela sua correspondência com a realidade, mas pela sua capacidade de se ajustar ao mundo:

> As idéias verdadeiras são aquelas que podemos assimilar, validar, confirmar e verificar. As idéias falsas são aquelas com as quais não podemos fazer tudo isso. ...A verdade de uma idéia não é uma propriedade inerente a ela. A verdade acontece de uma idéia. Chega a ser verdadeira, faz-se verdadeira pelos acontecimentos.
>
> (James, 1907/1997, p. 55)

A idéia de que a verificação das idéias é o critério para determinar sua veracidade poderia nos levar a pensar que o pragmatismo de James tem uma forte orientação empirista. Entretanto, James não assumiu o *princípio positivista do fenomenalismo*. Quando falava da verificação das idéias não estava se referindo à sua comparação com uma realidade diretamente observável. Para James, a verdade de uma idéia não dependia unicamente da observação, mas também de seus efeitos sobre nossa vida, de sua congruência com nosso sistema de crenças e de sua capacidade para nos satisfazer emocionalmente (Leahey, 1982). Desse ponto de vista, o pragmatismo de James tornava possível definir como verdadeira qualquer crença que, mesmo fazendo referência a realidades não observáveis, fosse funcional para a pessoa. Essa concepção o levou a abordagens que poderíamos considerar relativistas, já que pensava que a realidade não era independente de nossa forma de pensar. Essa maneira de definir a verdade gerou uma forte polêmica e colocou James em posição de enfrentamento com outros filósofos pragmáticos. Peirce, por exemplo, criticou James por fazer da verdade uma questão pessoal, e negou que essa maneira de compreendê-la tivesse lugar no âmbito do conhecimento científico, em que a verdade tem de ser uma questão interpessoal. Embora James rejeitasse a identificação de suas idéias com uma concepção relativista da verdade, sua obra é contraditória nesse ponto (veja Miller, 1981).

O terceiro grande pragmatista foi John Dewey (1859-1952), que chegou ao departamento de sociologia da Universidade de Chicago em 1894. Como veremos mais adiante, foi a versão do pragmatismo de Dewey, junto com a de George Herbert Mead (1863-1931), a que mais influenciou no desenvolvimento da psicologia social sociológica. Para Dewey, o conhecimento é uma forma de ação diante de uma situação que é percebida como problemática. O pensamento surge quando a pessoa tenta resolver os problemas que a cada dia deve enfrentar. A verdade das crenças dependerá de sua utilidade para a solução dos problemas. Essa concepção do conhecimento e da verdade foi aplicada por Dewey ao conhecimento científico. O objetivo da ciência, segundo Dewey, era a reforma social, a resolução dos problemas sociais. A validade das teorias científicas tinha de ser demonstrada por meio de sua capacidade de obter o êxito nas reformas. A concepção que Dewey tinha da ciência, compartilhada também por Mead, teve uma influência considerável na orientação da primeira sociologia norte-americana para a reforma social. A forte convicção de Dewey de que a meta da ciência é contribuir para o progresso social e sua idéia de que este só pode ser obtido mediante o aumento da autonomia individual fez com que suas principais contribuições se realizassem no campo da educação.

Cronologicamente, os pragmatistas são contemporâneos dos positivistas, o que faz com que alguns autores os englobem como uma corrente no positivismo do século XIX (veja, por exemplo, Oldroyd, 1986). Como filosofia da ciência, o pragmatismo tem alguns traços em comum com o positivismo. Por exemplo, ressaltou a importância da comprovação empírica das hipóteses científicas e assumiu, de maneira geral, a idéia da unidade da ciência. Entretanto, as diferenças que os separam são maiores que as semelhanças. Quando os pragmatistas falavam da verificação empírica das teorias científicas, não se referiam necessariamente à verificação mediante a observação direta, mas admitiam a utilização de métodos de observação indiretos. Com isso, davam espaço no âmbito da ciência a determinados conceitos que os positivistas tinham rejeitado por não serem diretamente observáveis (regra do fenomenalismo). Por outro lado, a idéia da verdade científica dos pragmatistas se afastava do conceito de verdade do positivismo. Os pragmatistas não admitiam a existência de uma verdade absoluta, mas que a verdade de uma hipótese dependia de sua capacidade para resolver problemas práticos. A verdade era, portanto, um conceito relativo e variável.

O pragmatismo teve uma considerável influência no desenvolvimento das ciências sociais nos Estados Unidos. Para a psicologia, o pragmatismo significou, em um primeiro momento, a substituição da psicologia filosófica de influência escocesa pela psicologia experimental de origem alemã e, posteriormente, o abandono desta e sua substituição por uma psicologia funcionalista, tipicamente norte-americana. Em sociologia, a influência do pragmatismo originou o surgimento da Escola de Chicago, principal eixo da sociologia norte-americana durante as duas primeiras décadas do século XX, e um dos primeiros desenvolvimentos da psicologia social contemporânea.

A consolidação da psicologia norte-americana

A origem da psicologia norte-americana foi muito influenciada pela psicologia experimental de Wundt. Foi Peirce quem, em 1862, depois de conhecer as pesquisas sobre psicofísica que estavam sendo realizadas na Alemanha, reivindicou o caráter científico da psicologia e a necessidade de adotar o enfoque experimental que estava sendo desenvolvido na Alemanha (Leahey, 1980). Os trabalhos do próprio Peirce sobre percepção da cor foram o ponto de partida de uma psicologia experimental que recebeu o impulso definitivo na década de 1880. Para isso contribuiu de forma significativa a fundação, em 1883, do primeiro laboratório oficial de psicologia na Universidade John Hopkins.

Esse trabalho foi realizado por Granville Stanley Hall, que também fundou, em 1887, a primeira revista profissional de psicologia, *American Journal of Psychology*. Seguindo o exemplo da Universidade John Hopkins, a maior parte das universidades norte-americanas incorporou um laboratório de psicologia. A direção do laboratório da Universidade de Cornell, que havia sido fundado por James R. Angell em 1891, foi confiada a Edward B. Titchener (1867-1927), discípulo de Wundt, que se transferiu da Alemanha para os Estados Unidos, e transmitiu aí sua versão pessoal da psicologia wundtiana, muito mais atomista que a de Wundt.

A psicologia estruturalista de Wundt, cujo objetivo era o estudo da mente, mediante a análise separada de cada um de seus elementos constituintes, foi a base da primeira psicologia científica norte-americana, mas teve uma vida muito curta nos Estados Unidos. A rejeição da psicologia associacionista contribuiu de forma significativa para a enorme influência que tiveram nos Estados Unidos as teorias evolucionistas e, principalmente, o desenvolvimento do pragmatismo.

Uma das figuras do pragmatismo que mais influenciaram a incipiente psicologia norte-americana foi William James, que tinha começado a ministrar psicologia na Universidade de Harvard em 1871. Embora no início tivesse se mostrado aberto às idéias de Spencer, cuja obra *Principios de psicología* usava como livro-texto, logo a rejeitou, e ela se converteria em um dos alvos de suas críticas à psicologia norte-americana do momento. Também foi muito crítico com a psicologia de Wundt, que estava sendo difundida nos Estados Unidos por intermédio da obra de Titchener. De sua perspectiva evolucionista, James esteve mais interessado no estudo das funções da mente do que na análise de sua estrutura, como tinha feito a psicologia alemã. Diante da idéia de que a psicologia devia ter como objeto a decomposição da consciência em seus elementos constituintes, James enfatiza a continuidade, introduzindo a expressão *fluxo da consciência*.

O pragmatismo de James se estende à própria concepção da psicologia como ciência. A meta da psicologia não devia ser o trabalho teórico, e sim o desenvolvimento de sua dimensão aplicada:

> Todas as ciências naturais se rendem à predição e ao controle prático, e em nenhuma delas isto ocorre tanto quanto na psicologia atual. Vivemos rodeados de um corpo gigantesco de pessoas muito interessadas no controle dos estados mentais que incessantemente desejam um tipo de ciência psicológica que lhes ensine a atuar. O que todo educador, todo oficial de prisões, todo doutor, todo clérigo, todo diretor de asilo pede à psicologia são regras práticas.
>
> (James, 1892, p. 148)

As principais contribuições de James à psicologia se encontram reunidas em seu livro *Principios de psicología*, publicado em 1890. Ao longo dos 28 capítulos que compõem o livro, James faz um percurso pelos diferentes ramos da psicologia do momento. Fala sobre psicofisiologia, neurologia, fisiologia do cérebro, psicologia experimental, psicologia clínica e metodologia. Entretanto, não há nenhum capítulo dedicado à psicologia social. Na própria definição de James da psicologia no Prefácio dos *Principios de psicología* pode-se adivinhar o vazio social que caracteriza sua psicologia:

> A psicologia, a ciência das mentes individuais finitas, considera como seus dados 1) pensamentos e sensações, 2) um mundo físico em tempo e espaço com o qual coexistem, e 3) conhecem.

Essa excessiva ênfase no indivíduo fez com que a influência direta de James na psicologia social fosse escassa. A análise que fez dos instintos influenciou na psicologia social por meio de McDougall. Entretanto, do ponto de vista da psicologia social, não foi essa sua contribuição mais relevante. Muito mais importante foi a análise que fez do conceito de *self*, que terá uma influência decisiva no desenvolvimento do interacionismo simbólico da Escola de Chicago. Para James, o fluxo de pensamento de cada pessoa será composto por um *eu puro* e um *eu empírico* ou *mim*. O fato de a pessoa ter a capacidade de ser, ao mesmo tempo, sujeito e objeto de seus pensamentos faz com que devamos recorrer a essa distinção para descrever o processo mediante o qual o *eu* é consciente dos diversos componentes do *mim*. Entre esses componentes, James (1892, p. 167-201) destaca o *mim material*, que "inclui tudo aquilo que

> **William James (1842-1910)**
>
> William James nasceu em 1842 em Nova Iorque, no seio de uma família rica e acostumada a relacionar-se com personalidades das letras e da filosofia da época, e a passar grandes temporadas na Europa. Seu pai, embora um religioso fervoroso, deu a ele e a seus irmãos uma educação liberal, tão completa e refinada quanto foi possível. Com 18 anos já tinha passado por colégios dos Estados Unidos, da Inglaterra, da França, da Suíça e da Alemanha; conhecia as galerias e coleções de arte mais destacadas da Europa; falava fluentemente cinco idiomas, e estava familiarizado com intelectuais importantes como Thoreau, Emerson e John Stuart Mill. Pouco antes de completar 30 anos, começou a dar aulas de psicologia na Universidade, o que lhe foi útil para definir seus interesses. Antes, havia tentado sem muito entusiasmo a pintura, havia tomado parte em uma expedição ao Brasil dirigida por um dos naturalistas mais eminentes da época, e havia estudado química e medicina sem demonstrar o talento que o tornaria, como seu irmão Henry, um reconhecido romancista, uma das figuras mais influentes do pensamento norte-americano.
>
> Em 1872 aceitou uma oferta para dar aulas de fisiologia na Universidade de Harvard, e em 1875 começou a ministrar na mesma Universidade um curso sobre *Relações entre fisiologia e psicologia*, sendo

não pode ser considerado como próprio", o *mim social*, que implica "o reconhecimento que obtém de seus próximos" e o *mim espiritual* (crenças sobre a moralidade). O *eu* é o núcleo que confere unidade a todas as operações da mente.

Essa análise do *self* se tornou, ao ser retomada por Dewey e Mead, cujas idéias serão analisadas no próximo capítulo, uma das bases da sociologia da Escola de Chicago.

RESUMO

Neste capítulo foram descritos alguns dos principais conceitos do pensamento psicológico e sociológico desenvolvidos durante a segunda metade do século XIX. O período foi escolhido como ponto de partida para a descrição da evolução histórica da psicologia social porque foi nele que tanto a psicologia como a sociologia começaram a consolidar-se como disciplinas científicas independentes, sendo também nesse momento que ambas começaram a questionar o problema de suas relações recíprocas. Nesse período, a tarefa que tanto a psicologia quanto a sociologia tinham pela frente era encontrar um modo de legitimar sua existência como disciplinas independentes da filosofia, à qual até então tinham estado vinculadas. Esse processo se viu fortemente condicionado pelo auge do positivismo no século XIX.

A consolidação definitiva da psicologia como disciplina científica independente teve lugar na Alemanha, e nesse processo foi fundamental o trabalho de Wundt. Wundt rejeitou o objeto de estudo do qual até aquele momento tinha se ocupado a psicologia filosófica, a alma, e propôs um novo campo de trabalho para a psicologia, o estudo da mente, mais facilmente abordável por meio das hipóteses do positivismo. Por outro lado, propôs o uso da experimentação para realizar o estudo dos processos mentais de forma científica. A idéia de que a psicologia, e as ciências sociais em geral, devia utilizar as mesmas abordagens epistemológicas e metodológicas das ciências naturais gerou uma forte polêmica, que enfrentou

estas as primeiras lições de psicologia ministradas nos Estados Unidos. Finalmente, em 1879, iniciou a sua aproximação com a filosofia. Em 1878 começou a escrever, por encomenda de Henry Holt, um texto sobre psicologia. O livro, que ele pretendera terminar em dois anos, foi publicado em 1890 com o título *The principles of psychology*, e significou a consolidação de William James como um dos psicólogos mais influentes da época. Nos anos que se seguiram, surgiu outra de suas obras mais importantes, *The will to believe* e ele passou a se interessar por temas relacionados com a educação e a política. Sua concepção funcionalista da mente, segundo a qual os processos mentais são funcionais à medida que ajudam o indivíduo a adaptar-se ao meio ambiente, também foi se desenvolvendo durante esses anos. Na noção do funcionamento da mente já se vislumbravam traços do pragmatismo, corrente filosófica à qual se veria vinculado em princípios do século XX, pela maneira com que concebe o pensamento como uma forma ativa e prática de responder ao ambiente. Com a publicação de *Pragmatism*, em 1907, selou sua contribuição a essa corrente de pensamento, definindo o pragmatismo como um método para resolver disputas intelectuais com base nas conseqüências práticas de nossas idéias para a ação. Para James, a verdade de uma idéia derivava de sua utilidade prática.

Nesse mesmo ano abandonou os cursos em Harvard, mas continuou intelectualmente ativo. Publicou mais dois livros, *A pluralistic universe* e *The meaning of truth*, até 1910, ano em que faleceu com 68 anos.

os partidários do positivismo, com quem reivindicava a especificidade das ciências sociais. No caso da psicologia, o uso da experimentação para abordar o estudo da mente se tornou o principal centro das polêmicas. O próprio Wundt foi mudando progressivamente suas abordagens iniciais e desaconselhou o uso da experimentação para o estudo dos processos mentais superiores. A psicologia, como seu fundador a compreendia, estava dividida em duas áreas: a psicologia experimental, centrada no estudo dos processos mentais básicos e com uma forte base fisiológica, e a *Völkerpsychologie*, centrada nos estudos dos processos mentais superiores, e com uma forte base social. A *Völkerpsychologie*, um claro antecedente da psicologia social, não teve, entretanto, grande aceitação na psicologia da época, por causa da forte influência metodológica do positivismo.

No caso da sociologia, seu reconhecimento como disciplina científica independente esteve vinculado à sociologia francesa e, mais concretamente, ao trabalho de Durkheim.

Como Wundt, Durkheim propôs uma redefinição do objeto de estudo e dos métodos da sociologia. A sociologia devia dedicar-se ao estudo de fatos sociais, que deviam ser considerados coisas, fenômenos objetivos externos ao sociólogo. No que se refere à metodologia, Durkheim assumiu a tese da unidade da ciência e defendeu a idéia de que a sociologia devia procurar a objetividade, que se obteria com a separação entre o sociólogo e a realidade estudada. O fato de considerar os fatos sociais uma realidade objetiva independente dos indivíduos colocou Durkheim em oposição a outros sociólogos da época. Do ponto de vista da psicologia social, é especialmente relevante a contribuição de Tarde, um dos primeiros teóricos que estudaram a imitação como um dos principais mecanismos explicativos do comportamento social.

Outra importante referência na hora de descrever a evolução do pensamento psicológico e sociológico durante a segunda metade do século XIX foram as teorias evolucionistas britânicas. As idéias de Darwin e, sobretudo, as de Spencer tiveram um forte impacto na psicologia e na sociologia da época.

Por um lado, permitiram que a psicologia retomasse o estudo dos instintos sem negar, contudo, a influência que exerce o ambiente sobre o comportamento. Por outro, as idéias determinaram também uma mudança de rumo da psicologia, que deixou de se interessar pelo estudo da estrutura da mente, para começar a prestar atenção na sua evolução e nas suas funções. No caso da sociologia, foi sobretudo a teoria evolucionista de Spencer que embasou uma concepção de evolução social baseada na idéia da *sobrevivência do mais apto*. Essas idéias adquiriram um desenvolvimento especial nos Estados Unidos.

Nesse país, a evolução das ciências sociais se produziu mais tarde do que na Europa. A psicologia experimental de Wundt, transmitida nos Estados Unidos por Titchener, e a sociologia de Spencer, adotada por Summer e Ward, foram as primeiras bases teóricas da psicologia e a sociologia americanas, respectivamente. Deve-se destacar, no entanto, que ambos os sistemas tiveram uma vida efêmera. Embora as ciências sociais norte-americanas começassem a edificar-se sobre a base de idéias teóricas importadas da Europa, estas foram logo submetidas a um processo de seleção e reinterpretação. O primeiro produto do processo foi o pragmatismo, primeira filosofia propriamente norte-americana, cujo desenvolvimento daria lugar à psicologia funcionalista e à sociologia da Escola de Chicago.

CAPÍTULO 2

A CONSOLIDAÇÃO DA PSICOLOGIA SOCIAL COMO DISCIPLINA INDEPENDENTE

A DIFERENCIAÇÃO DA PSICOLOGIA SOCIAL NO CONTEXTO DA PSICOLOGIA

- A *Völkerpsychologie* de Wilhelm Wundt
- O início da psicologia da Gestalt
- A teoria psicanalítica: influências na psicologia social
- William McDougall e a teoria dos instintos
- John B. Watson e as origens do behaviorismo
- As críticas às teorias dos instintos
- A mente grupal
- Floyd Allport e a introdução do behaviorismo na psicologia social

A DIFERENCIAÇÃO DA PSICOLOGIA SOCIAL NO CONTEXTO DA SOCIOLOGIA

- A psicologia social e os primeiros manuais escritos por sociólogos
- Max Weber e a teoria da ação social
- Georg Simmel: O estudo das ações recíprocas
- Charles Horton Cooley: As bases psicossociais das relações interpessoais e a vida social
- A sociologia da Escola de Chicago e sua influência na psicologia social
- William I. Thomas: O estudo das atitudes sociais como objeto da psicologia social
- George Herbert Mead: O interacionismo simbólico

OS PRESSUPOSTOS METODOLÓGICOS DA PSICOLOGIA SOCIAL

- A tendência experimental da psicologia social psicológica
- O ecletismo metodológico da psicologia social sociológica

RESUMO

A partir do que foi visto até agora, pode-se afirmar que não existem marcos fundadores nem na psicologia, nem na sociologia, que demarquem claramente o momento em que a psicologia social se originou como uma disciplina unificada, nem dentro da psicologia nem dentro da sociologia. Desde seu surgimento, no pensamento social europeu do século XIX, a psicologia social se definia como uma disciplina plural. A pluralidade, tanto de enfoques teóricos como de objetos de estudo, continuou caracterizando a psicologia social à medida que ocorria sua diferenciação e sua consolidação definitiva como disciplina científica independente, o que aconteceu simultaneamente na psicologia e na sociologia. Procurar um evento que nos sirva como critério para diferenciar o momento em que surge o pensamento psicossocial e a psicologia social como área de conhecimento autônoma seria uma tarefa impossível que daria lugar, além disso, a uma idéia errada: a de que a psicologia social foi se diferenciando progressivamente em uma disciplina matriz, quer seja a psicologia ou a sociologia, tornando-se independente dela quando alcançou a maturidade como ciência independente.

Alguns autores situam o início da fase independente da psicologia social em 1908, ano em que foram publicados os dois primeiros livros que tinham como título o nome da disciplina, o de William McDougall, *Introduction to social psychology* e o de Edward Ross, *Social psychology*. Essa é, entretanto, uma escolha arbitrária e pouco justificada pois, em primeiro lugar, não leva em consideração a publicação, no final do século XIX, dos livros de Gabriel Tarde, *Estudios de psicología social* (1898) e de Charles Ellwood, *Algunos prolegómenos a la psicología social* (1901). Em segundo lugar, não considera também o fato de que o título de um livro depende, às vezes, de fatores que não se relacionam estritamente com seu conteúdo. Em psicologia social temos um claro exemplo disso nos dois livros de Tarde, *Las leyes de la imitación* (1890) e *La lógica social* (1895), que inicialmente tinham sido concebidos por ele como um único livro que levaria o título de *Psicología social y lógica social*. Se não tivessem ocorrido fatores comerciais envolvidos em sua publicação, este teria sido o primeiro manual de psicologia social (veja Ibáñez, 1990). E, finalmente, ignora o fato de que no primeiro manual de sociologia, publicado por Small e Vincent em 1894, *An Introduction to the study of society*, foram incluídos cinco capítulos dedicados à psicologia social.

Por último, o simples fato de considerar como ponto de referência a publicação de um manual em vez de qualquer outro acontecimento é, por si só, uma decisão bastante arbitrária. Se em vez de um manual, fosse utilizada, por exemplo, a realização do primeiro curso sobre psicologia social como o ponto de partida da etapa independente da disciplina, teríamos que nos referir a George Herbert Mead e ao curso que começou a ministrar na Universidade de Chicago em 1900.

Estes são somente dois exemplos que ilustram a inadequação de procurar em um evento concreto o sintoma de maturidade e de consolidação da psicologia social. Como foi descrito no capítulo anterior, em meados do século XIX começaram a ser traçados os diferentes caminhos que o desenvolvimento da disciplina poderia ter seguido. Como veremos nas páginas a seguir, todos esses caminhos continuavam abertos no primeiro quarto do século XX, período em que a psicologia social foi se consolidando como disciplina científica independente. E de cada um deles foi surgindo uma forma diferente de entender o estudo dos fenômenos psicossociológicos. O objetivo deste capítulo é analisar a forma pela qual a psicologia social foi se consolidando durante os primeiros anos do século XX como uma disciplina científica independente que teria, na pluralidade teórica e metodológica, um de seus mais claros sinais de identidade.

A DIFERENCIAÇÃO DA PSICOLOGIA SOCIAL NO CONTEXTO DA PSICOLOGIA

Nas primeiras décadas do século XX foram abertos diferentes caminhos pelos quais poderia ter acontecido o desenvolvimento da psicologia social. Um deles foi o da *Völkerpsychologie* ou *Psicologia dos Povos*, que se iniciou no século XIX e foi desenvolvida por Wilhelm Wundt durante as duas primeiras décadas do século XX. Também na Alemanha surgiu, como alternativa à psicologia de Wundt, uma nova corrente psicológica, a psicologia da *Gestalt*, que exerceria uma grande influência no desenvolvimento da psicologia social. Mas, sem dúvida, a principal linha de desenvolvimento da psicologia social psicológica durante essa etapa inicial foi um produto das teorias evolucionistas e da influência que elas exerceram nas psicologias britânica e norte-americana. Trata-se da teoria dos instintos, cujo principal expoente foi o psicólogo social britânico William McDougall. A idéia de que grande parte do comportamento humano pode ser explicada recorrendo a fatores como o instinto ou a herança genética dominou a psicologia social do início do século, até que foi finalmente abandonada devido, entre outros fatores, ao aparecimento de uma nova corrente teórica da psicologia, o behaviorismo, cujos princípios foram introduzidos na psicologia social por Floyd Allport. Nos parágrafos seguintes analisaremos as principais características de todos esses enfoques da psicologia social.

A *Völkerpsychologie* de Wilhelm Wundt

Como vimos no capítulo anterior, a consolidação definitiva da psicologia como disciplina científica independente da filosofia ocorreu na Alemanha em meados do século XIX. Nesse processo foi fundamental o trabalho de Wundt, que definiu a psicologia como a ciência da mente e reivindicou o uso da experimentação como a única forma válida para estudar os processos mentais de uma maneira científica. No início, quando se falava do estudo experimental da mente, falava-se unicamente do estudo da percepção e dos tempos de reação, e a psicologia experimental baseava-se, de fato, na psicofísica e na psicofisiologia. Mas, à medida que a nova ciência foi se consolidando, surgia também a necessidade de abordar o estudo de processos mentais mais complexos, como a memória ou o pensamento. Foi a partir desse momento que o método experimental começou a ser questionado como um procedimento adequado para o estudo da mente. O próprio Wundt foi percebendo as limitações da psicologia experimental para o estudo dos processos mentais superiores e acabou propondo uma divisão da psicologia em duas áreas: a psicologia experimental, centrada no estudo de processos mentais básicos, e a *Völkerpsychologie*, cujo objetivo deveria ser o estudo dos processos mentais superiores. A *Völkerspychologie* pode ser considerada um dos antecedentes da psicologia social. De fato, Wundt analisou a possibilidade de denominar essa área "estudo de psicologia social", mas descartou a idéia devido à identificação que naquela época se estabeleceu entre a psicologia social e a teoria dos instintos de McDougall (1908), que era baseada em explicações biológicas.

Partindo de algumas das idéias já esboçadas por Lazarus e Steinthal (veja o capítulo anterior), Wundt propôs a *Völkerpsychologie* como uma via adequada para abordar o estudo dos processos mentais superiores.

Wundt expôs suas idéias sobre a *Völkerpsychologie* em dez volumes que foram publicados entre 1900 e 1920. Os três primeiros foram traduzidos para o inglês (Wundt, 1916). Não é esta, entretanto, a fonte essencial para obter informação sobre seu pensamento. Ou, pelo menos, esta é a conclusão de Gustav Jahoda (1995) depois de uma análise sobre o desenvolvimento histórico da psicologia como disciplina cultural, no qual a *Völkerpsychologie* ocupa um lugar central. Segundo o psicólogo, a fonte mais adequada para analisar o conteúdo teórico da *Völkerpsychologie* é o resumo dela que o próprio Wundt ofereceu na terceira edição da *Lógica*, cujo terceiro volume foi publicado em 1908.

Como o próprio Wundt definiu, a *Völkerpsychologie* era uma área da psicologia interessada no estudo dos processos mentais superiores para cuja compreensão a psicologia individual não seria adequada. Uma das idéias que podem ser consideradas centrais em seu pensamento é a de que o desenvolvimento individual depende do *contexto mental* no qual a pessoa está inserida. Este *contexto mental* é constituído pela linguagem, os costumes e as crenças. A maneira pela qual Wundt utilizava o conceito era, entretanto, muito confusa. Como destaca Jahoda (1995), o conceito de *contexto mental* é usado às vezes como sinônimo do conceito atual de *cultura*. Mas freqüentemente coincidia com o conceito de *alma do povo*, utilizado também por Wundt de forma muito ambígua. Uma prova das contradições em que incorria ao utilizar o conceito era, por exemplo, o fato de ter recebido numerosas críticas tanto por utilizá-lo como por não fazê-lo. Em alguns momentos Wundt afirma que "a comunidade cria valores psíquicos independentes [*geistige Werte*], enraizados nas propriedades mentais [*seelischen*] do indivíduo, porém de uma classe específica que por sua vez agrega à vida mental individual [*Seelenleben*] seus conteúdos mais importantes". Mas, em outros momentos, responde às críticas dizendo que "ninguém mais mantém a noção de uma entidade desgarrada independente do indivíduo" (Jahoda, 1995). A ambigüidade com que utilizava esses conceitos e a confusão com que delimitava as relações entre a *Völkerpsychologie* e a psicologia individual foram, de fato, algumas das principais críticas que sua proposta recebeu.

Quanto ao conteúdo teórico da *Völkerpsychologie*, Jahoda (1995) destaca que a maioria das contribuições de Wundt, à exceção das relacionadas com o estudo da linguagem, onde ele fez contribuições destacadas, podem ser consideradas como psicologia. O restante de suas contribuições está fora da esfera da psicologia e tem mais relação com a etnografia.

Apesar de todas as limitações de sua teoria, Wundt desenvolveu algumas abordagens de inegável relevância para a psicologia social. Expôs a idéia de que existe uma íntima relação entre a mente e a cultura, e que a mente individual é produto do contexto cultural no qual se desenvolve a pessoa. Foi, de fato, essa idéia que o levou a defender a necessidade de uma psicologia cultural, separada da psicologia individual não somente no objeto de estudo, mas também no método. Wundt reconhecia as limitações do método experimental para abordar o estudo dos processos mentais superiores. O fato desses processos estarem tão determinados pelo contexto cultural no qual a pessoa se desenvolve, tornava inviável seu estudo no laboratório, utilizando os métodos experimentais. Para abordar a análise desses processos, propunha a pesquisa etnográfica.

Wundt atribuiu aos métodos da *Völkerpsychologie* um status científico semelhante ao que previamente havia dado ao método experimental. De fato, ele sempre defendeu a idéia de que o caráter científico de uma disciplina deve ser avaliado pela adequação da metodologia à natureza do fenômeno que se está estudando e não o contrário. Uma abordagem que, como veremos, não teve muita aceitação no desenvolvimento posterior da psicologia e da psicologia social.

Embora algumas das idéias expressas na *Völkerpsychologie* tivessem sido adotadas e desenvolvidas por Mead, Vygotski e Durkheim, o certo é que, em geral, a influência da *Völkerpsychologie* na evolução da psicologia social foi inexpressiva. São várias as razões para seu esquecimento. Alguns autores atribuem ao próprio Wundt a responsabilidade pelo fato das abordagens da *Völkerpsychologie* terem sido ignoradas pela psicologia social emergente. Lück (1987), por exemplo, destaca o fato de a própria abordagem metodológica de Wundt da *Völkerpsychologie* ter impedido um desenvolvimento adequado da psicologia social nessa linha: "o que ocupou a atenção de Wundt em seus últimos anos foi uma psicologia de poltrona, uma antropologia cultural sociologizante, para a qual não considerou as últimas descobertas da pesquisa". Nesse mesmo sentido, Hellpach, um discípulo de Wundt, escreveu: "o início da psicologia social foi desafortunado porque Wilhelm Wundt, a maior autoridade psicológica na Alemanha no último século, não se interessou absolutamente por ela" (apud Lück, 1987, p. 23). No entanto, o fato de Wundt ter dedicado 20 anos à elaboração de seu *Völkerpsychologie* não corrobora a idéia de que a considerou uma psicologia pouco rigorosa do ponto de vista metodológico. Danziger (1983, p. 307), por exemplo, nos lembra que Wundt sempre mostrou um grande interesse pelos campos não experimentais das ciências naturais, e que nunca condicionou a objetividade do conhecimento científico ao uso de procedimentos experimentais ou quantitativos.

A pouca influência da *Völkerpsychologie* na psicologia social explica-se fundamentalmente por ela ter surgido no exato momento em que a psicologia experimental de Wundt estava sendo fortemente questionada. Tanto suas contribuições teóricas quanto as limitações que impusera à experimentação logo se converteram no alvo de numerosas críticas nas quais se refletia, em última instância, a resistência da nova psicologia em abandonar, mesmo que parcialmente, o caminho da experimentação que representava um dos seus sinais de identidade. As crescentes críticas ao sistema de Wundt procediam de diferentes frentes. Nos Estados Unidos, seu sistema teórico foi confundido com o estruturalismo de Titchener, que introduziu suas idéias naquele país.

Entre os aspectos do pensamento wundtiano não considerados por Titchener estava, justamente, a *Völkerpsychologie*. Ao contrário de Wundt, Titchener não admitiu a existência de processos mentais superiores, mas considerou que eles podiam ser reduzidos a sensações periféricas. Mediante essa abordagem, a introspecção podia manter-se como único método de estudo válido em psicologia, enquanto a *Völkerpsychologie* se tornava desnecessária. Na Alemanha, os trabalhos da Escola de Wurzburgo significaram também uma rejeição à *Völkerpsychologie*. Embora os psicólogos dessa escola aceitassem a existência de processos mentais superiores, rejeitaram diretamente a negativa de Wundt de estudá-los experimentalmente. Os estudos de Külpe sobre o pensamento sem imagens e os de Ebbinghaus sobre a memória constituíram um dos maiores desafios à psicologia de Wundt. Também na Alemanha, surgiu no princípio do século XX, uma corrente teórica contrária à psicologia de Wundt, a Escola da *Gestalt*, cujos representantes se opuseram à utilização de uma perspectiva analítica como a adotada por Wundt, argumentando que a decomposição do todo em suas partes não só é artificial, mas também cientificamente estéril, já que não revela nada sobre a mente. Embora não tivessem enfrentado abertamente a *Völkerpsychologie*, os gestaltistas fomentaram a realização de estudos experimentais e não utilizaram em nenhum momento o método histórico-comparativo proposto por Wundt.

A despeito de a *Völkerpsychologie* ter tido uma influência limitada no desenvolvimento inicial da psicologia social, isso não nos impede de incluí-la em uma reconstrução histórica da disciplina. Como destaca Álvaro (1995, p. 9), "o estudo dos processos mentais como produtos históricos e sociais e, portanto, não reduzíveis a uma psicologia individual, a importância atribuída à linguagem, tanto na formação de toda organização social como na explicação de todo estado psicológico individual, e sua abertura para métodos não experimentais no estudo dos produtos da mente coletiva, como a linguagem, a religião, os costumes ou os mitos, são aspectos a serem considerados em uma concepção não reducionista da psicologia social", opinião compartilhada por outros psicólogos sociais, como Danziger (1983) ou Farr (1983).

O início da psicologia da Gestalt

No início do século XX surgiu na Alemanha uma nova forma de entender o estudo dos processos mentais, que exerceria, a longo prazo, uma enorme influência no desenvolvimento da psicologia social. Trata-se da Escola da Gestalt, uma corrente psicológica que rejeitava a idéia de Wundt de que o estudo da percepção só poderia ser feito pela sua decomposição em seus elementos mais simples.

Os princípios da psicologia da Gestalt foram introduzidos na psicologia social na década de 1930, por intermédio da obra de Kurt Lewin, e deram lugar a um importante desenvolvimento da disciplina entre 1945 e 1960. Tanto as contribuições de Lewin como as dos principais representantes da psicologia social gestaltista serão analisadas nos próximos dois capítulos. Antes, porém, convém nos determos, ainda que brevemente, em uma análise dos princípios gerais da Escola da Gestalt e de sua importância na história da psicologia.

A psicologia da Gestalt surgiu como crítica ao enfoque analítico da psicologia experimental de Wundt. Boring (1950), de fato, a define como a primeira fase do protesto alemão contra a psicologia de Wundt. Essa análise, entretanto, não é completamente certa, já que a Escola de Wurzburgo, embora tivesse tido uma existência muito efêmera, foi a primeira a confrontar a psicologia de Wundt. Por outro lado, também a psicologia compreensiva de Dilthey surgiu, paralela à de Wundt, como uma crítica à simplicidade de algumas das suas abordagens. Não obstante, pode-se afirmar que a Escola da Gestalt é o primeiro movimento da psicologia alemã que consegue consolidar-se como uma alternativa experimental a Wundt.

A psicologia da Gestalt, que tem suas raízes filosóficas na fenomenologia de Edmund Husserl (1859-1938), se opôs tanto à concepção analítica da psicologia defendida por Wundt e, sobretudo por Titchener, como às abordagens derivadas do positivismo. Apesar de Wundt não ter sido tão atomista como alguns de seus discípulos, o certo é que adotou o esquema analítico das ciências naturais, e mais concretamente o da química, e ressaltou que o objetivo da psicologia devia ser a análise da consciência, mediante o estudo dos elementos mais simples das sensações e dos sentimentos. Em sua análise da percepção, partia-se da premissa de que ela era uma soma de sensações. Os psicólogos da Gestalt se opuseram abertamente a tal enfoque e reivindicaram uma psicologia da totalidade, que analisasse a experiência como um todo. Para os psicólogos da Gestalt, o que primeiro chega à consciência não são as sensações, os elementos constituintes, e sim o todo. Essa totalidade, além disso, não pode ser concebida como a soma das partes, pois teria propriedades emergentes. A Escola da Gestalt se opôs ao sensacionalismo empirista, cujo postulado central é que o conhecimento é o resultado dos dados adquiridos pelos sentidos. A psicologia experimental de Wundt se baseava nessa hipótese empirista, segundo a qual não há nada que faça parte de nosso conhecimento que não tenha passado antes pelos sentidos. Os psicólogos da Gestalt negavam que a percepção e, portanto, o conhecimento, dependesse das impressões individuais.

Se nosso conhecimento dependesse de algo tão variável como as sensações individuais e não de abstrações ou totalidades, o mundo seria visto de uma maneira diferente a cada dia, pois uma sensação nunca pode repetir-se da mesma maneira em nossa consciência.

Não foi a primeira vez que, na psicologia, defendia-se tal tipo de idéias. Franz Brentano (1838-1917) já havia se oposto ao atomismo de Wundt e adotara um enfoque *holístico*, destacando que a psicologia deveria estudar o que nos é dado pela experiência imediata, e não uma decomposição dela em seus elementos mais simples. Também Christian von Ehrenfels (1859-1932) afirmara que a *forma* é uma construção mental, propondo como exemplo o fato de se ao escutar uma melodia, o que chega ao intelecto não são os sons que o ouvido recebe de forma isolada, mas a melodia, isto é, a forma.

Apesar desses antecedentes, o início formal da psicologia da *Gestalt* foi a publicação, em 1912, do artigo de Max Wertheimer (1880-1943), "Experimentelle Studien ueber das Sehen von Bewegung". Nele se apresentavam os resultados de um experimento realizado pelo autor e em que também colaboraram Kurt Koffka (1886-1941) e Wolfgang Köhler (1887-1967). De forma resumida, o experimento consistia em mostrar à pessoa dois pontos de luz que apareciam em rápida sucessão em dois lugares diferentes. Os resultados mostravam que o que a pessoa percebia não eram dois pontos de luz, mas um único ponto que se movia. O fenômeno, conhecido como movimento estroboscópico, que consiste no aparente movimento entre duas luzes estáticas que acendem com intervalos curtos e regulares, fora observado anteriormente pelo físico Plateau, em 1850. A contribuição de Wertheimer, ao estudar experimentalmente o aparente deslocamento de linhas, consistiu em dar uma nova explicação ao que se conhece habitualmente como *fenômeno phi*. Para esse psicólogo o *efeito phi* não podia ser explicado utilizando-se o esquema atomista de análise da consciência. A seu ver, o *efeito phi* não podia ser entendido como uma mera ilusão perceptiva, mas como a percepção de uma *Gestalt*, resultado de uma excitação fisiológica global no indivíduo. Os elementos sensoriais não são percebidos isoladamente, mas dão lugar à percepção de algo qualitativamente diferente. Sua proposta explicativa está em destacar que a unidade de análise no estudo da percepção devia ser o todo, e que este era algo mais que o somatório das partes. Essas conclusões se tornaram, como já dito, o ponto de partida da psicologia da *Gestalt*. Depois desse trabalho inicial, os três psicólogos, Wertheimer, Koffka e Köhler, iniciaram uma crítica radical ao elementarismo da psicologia de Wundt e inauguraram uma nova forma de entender a psicologia, como o estudo da totalidade.

As contribuições mais conhecidas dos psicólogos da *Gestalt* são as feitas no campo da percepção, onde introduziram o conceito de *campo*, procedente da física. A idéia central dos estudos sobre percepção realizados pelos gestaltistas era que a experiência que se percebe é uma *Gestalt*, uma forma ou totalidade, que se encontra organizada e estruturada de acordo com uma série de leis, cuja análise devia ser o objeto da psicologia.

Embora os primeiros psicólogos gestaltistas se concentrassem principalmente no estudo da percepção, não foi este o único processo investigado pela psicologia da *Gestalt*. Somente um ano depois da publicação do artigo inicial, iniciaram-se as pesquisas de Köhler sobre o aprendizado dos chimpanzés em Tenerife, desenvolvidas entre 1913 e 1914. Aplicando os mesmos princípios derivados do estudo da percepção ao estudo do aprendizado, Köhler (1966) afirmou que a situação de aprendizado deve ser considerada na totalidade, um *campo* constituído pelas inter-relações entre diferentes elementos. A resposta do animal, isto é, o aprendizado, se produz quando ele é capaz de reestruturar a situação, de compreender as relações entre os diferentes elementos. Como em outros estudos sobre aprendizagem, nos estudos de Köhler se pretendia que os chimpanzés aprendessem a conseguir uma recompensa, que era colocada em lugares de difícil acesso para o animal. Por exemplo, em alguns dos experimentos, a recompensa consistia em uma banana que se colocava em um lugar visível mas suficientemente alto, de maneira que o chimpanzé não pudesse alcançá-la. Perto do animal, e em um lugar acessível, eram colocados alguns objetos (paus, caixas etc.), que podiam ser utilizados para alcançar a comida.

Os resultados desses estudos indicaram que a aprendizagem não se produzia por tentativa e erro, mas o animal acabava tendo uma visão global da situação que lhe ajudava a elaborar uma estratégia para conseguir a recompensa. Depois de várias tentativas sem sucesso para alcançar as bananas, o chimpanzé parecia desistir; entretanto, passado algum tempo, voltava a tentar utilizando desta vez algum dos objetos que tinham sido colocados ao seu alcance. Como se tivesse reestruturado mentalmente a situação, o chimpanzé utilizava os paus ou as caixas para chegar à meta. Surge assim o conceito de *insight*, oposto à aprendizagem por ensaio e erro de Thorndike (1898) e à aprendizagem por contigüidade dos behavioristas, que dá lugar a um dos primeiros modelos cognitivistas sobre a aprendizagem. A idéia de *insight*, como mudança abrupta no comportamento precedida de uma completa reestruturação do *campo*, será retomada por Kurt Lewin, que reforçará as transformações comportamentais produzidas como conseqüência de uma mudança na cognição do *campo*. Também Wertheimer dedicaria uma grande parte de seu trabalho científico ao estudo da aprendizagem, mais concretamente ao relacionado com o pensamento produtivo.

Os resultados desse trabalho se encontram em seu livro *Productive thinking*, publicado postumamente em 1945, embora suas idéias também estejam registradas em suas críticas à lógica aritmética ocidental e em sua análise do pensamento produtivo, desenvolvidos entre 1918 e 1920 (veja Ash, 1995). Nesses trabalhos, Wertheimer aponta que o pensamento numérico que deriva da lógica aritmética é inadequado para explicar o pensamento natural das pessoas. O pensamento natural, diria Wertheimer, caracteriza-se por um processo de centralização no qual as diferentes partes emergem como um todo. São estas *gestalt* que determinam nosso pensamento. Em concordância com esses postulados, Wertheimer explica a inovação e o pensamento criativo como um processo de *recentralização* e *reestruturação*. O pensamento produtivo considera a capacidade de reestruturar a situação dando lugar a mudanças conceituais que permitem a resolução de problemas. Como processo, é muito semelhante ao descrito por Köhler como *insight* em seus estudos sobre a inteligência dos chimpanzés.

Se do ponto de vista teórico e conceitual, a Escola da *Gestalt* significou uma mudança de rumo importante para a psicologia, do ponto de vista metodológico foi uma ratificação das tendências iniciadas no período anterior. Embora os gestaltistas tivessem sido bastante ecléticos em suas abordagens metodológicas, o certo é que, na prática, se inclinaram em sua maioria pela experiência. Nesse sentido, a Escola da *Gestalt* continuou a tendência da psicologia tradicional de estudar os processos mentais no laboratório, isolando-os completamente do contexto social em que se enquadram. Como destaca, por exemplo, Boakes (1989, p. 442), os estudos sobre a resolução inteligente de problemas inspirados pela *Gestalt* se baseiam na idéia do desafio intelectual do ambiente e colocam a pessoa na situação de enfrentar, de forma isolada, os problemas que recebem do exterior.

Embora alguns autores destaquem que os fundadores da psicologia da *Gestalt* não trouxeram nenhuma contribuição para a psicologia social (veja Jackson, 1988), outros afirmam que as contribuições à psicologia social se produziram desde o primeiro momento. Jiménez Burillo (1985), por exemplo, nos lembra que Koffka (1935) dedicou um capítulo de seu livro *Princípios de psicología de la forma* à psicologia social, e Köhler (1929) dedicou atenção ao tema da percepção interpessoal, que considerava um fato básico em psicologia social.

No entanto, a verdadeira introdução dos princípios da psicologia da *Gestalt* na psicologia social aconteceu por meio da *teoria do campo* de Kurt Lewin.

Para alguns autores, é precisamente a chegada dele aos Estados Unidos que marca o início da etapa de consolidação da disciplina (veja Jiménez Burillo, 1985). As contribuições desse autor, assim como as de psicólogos sociais influenciados por essa corrente, serão analisadas nos dois capítulos seguintes.

A teoria psicanalítica: influências na psicologia social

Sigmund Freud (1856-1939) ocupa um lugar central no desenvolvimento das ciências sociais do século XX. Seus primeiros trabalhos estavam associados ao estudo das neuroses histéricas. Influenciado no início pelo trabalho de Jean Martin Charcot e, mais tarde, por Joseph Breuer, Freud chegará à conclusão de que as neuroses têm uma causa psicológica em vez de uma causa fisiológica. A terapia proposta por Freud era a identificação, mediante a expressão verbal das lembranças do paciente, das causas que originaram a doença. O reconhecimento da libido e da repressão dos impulsos sexuais dariam um novo e definitivo impulso à psicanálise freudiana. Seria na repressão dos impulsos sexuais que Freud situaria o centro das neuroses. Desvendar, por intermédio dos sonhos ou dos atos falhos, a repressão daquelas e sua integração no inconsciente foi um dos principais objetivos da terapia freudiana.

A primeira teoria dos instintos destacava que a energia libidinal tinha como meta o princípio do prazer. Posteriormente, Freud daria cada vez mais importância aos impulsos de autopreservação diante dos impulsos sexuais, formulando uma segunda teoria dos instintos na qual incluiria o instinto de morte ou *Thanatos*. O biologismo subjacente em toda a teoria dos instintos de Freud, o caráter clínico de sua psicologia e suas aplicações à psicopatologia, seus postulados sobre a natureza impulsiva da pessoa, junto com sua redução do social a sua função repressora dos impulsos fizeram com que sua possível contribuição à psicologia social fosse muito questionada. Fatores externos, como a separação entre a psicologia social e a psicologia da personalidade, o predomínio de uma psicologia social experimental e o desinteresse pelos estudos culturais sobre a socialização e a personalidade, realizados depois da Segunda Guerra Mundial (veja Collier, Minton e Reynolds, 1991), somados à influência mais determinante de outras correntes teóricas em psicologia social, como a teoria do campo, o behaviorismo, o cognitivismo ou o interacionismo simbólico, também contribuiriam para a situação de marginalidade da psicanálise na psicologia social. Por isso, não surpreende que enquanto alguns autores consideram Freud um dos fundadores da disciplina junto com Mead, Lewin e Skinner (Schellenberg, 1978), outros não têm uma opinião favorável à sua inclusão na psicologia social (veja Blanco, 1988).

É possível verificar a situação periférica da psicanálise refletida em uma análise recente dos manuais de psicologia social americanos e europeus realizada por Jiménez Burillo, Sangrador, Barrón e de Paul (1992). A extensa revisão realizada por esses autores mostra que a psicanálise é a orientação teórica que recebeu um menor porcentual de capítulos independentes nos textos analisados. Conclusão semelhante pode ser obtida após uma análise do conteúdo das duas últimas edições do *Handbook of social psychology* (Lindzey e Aronson, 1985; Gilbert, Fiske e Lindzey, 1998), onde as referências à psicanálise ocupam um lugar bastante marginal.

Desde o início, o pensamento psicanalítico tem sido objeto de divisões entre as quais valeria a pena destacar as de Carl Gustav Jung e as de Alfred Adler. Ainda que os enfoques de Jung e Adler representem uma superação do enfoque individualista de Freud (veja Munné, 1989), serão os psicólogos neofreudianos Karen Horney (1885-1952) e H. S. Sullivan (1892-1949), ao lado de Abram Kardiner e o frankfurtiano Erich Fromm, aqueles que não somente criticarão a teoria dos instintos de Freud, mas também destacarão o fato de o aspecto biopsicológico ser definido pelo meio social. Assim, Horney ressaltará a influência do meio cultural nas neuroses; Kardiner elaborará seu conceito de estrutura básica da personalidade ou *personalidade básica* em que o aspecto cultural tem um papel modelador desta; Fromm manterá a importância da organização social na satisfação das necessidades humanas e Sullivan destacará em sua teoria o fato de a personalidade não poder ser compreendida fora da interação social. Menção à parte merece a obra de outro neofreudiano, Erik Erikson (1902-1994), interessado principalmente nas fases do desenvolvimento da identidade psicossexual.

Além das contribuições já mencionadas, podemos observar que a influência da psicanálise na psicologia social teve um caráter indireto. Caberia ressaltar nesse sentido sua influência sobre os teóricos da aprendizagem social, como Dollard e Miller, e mais concretamente sua contribuição à formulação da hipótese frustração-agressão, ou sobre teóricos das atitudes como Katz (1967) e seu enfoque funcional, em que se destaca o papel ego-defensivo daquelas. Não menos importante foi a influência do pensamento psicanalítico nos estudos sobre o caráter autoritário que se iniciaram na década de 1920. Aqui, um dos exemplos mais conhecidos e divulgados em psicologia social foi o estudo de Adorno, Frenkel-Brunswik, Levinson e Sanford (1950) sobre a *Personalidad autoritaria*. Do mesmo modo, a influência de autores como Reich e sua *Psicología de masas del fascismo* (1933) é importante para compreender tanto o estudo de Fromm (1939) sobre a personalidade autoritária em *El miedo a la libertad* quanto as pesquisas de Adorno e colaboradores (1950).

Em suma, a posição de Freud e do pensamento psicanalítico na psicologia social é complexa e está submetida a um debate explícito ou implícito, tal como fica refletido nestas páginas. Não obstante, algumas de suas contribuições e de seus desenvolvimentos posteriores, conquanto não tivessem tido uma influência decisiva nas concepções dominantes da psicologia social, contêm elementos que não somente atravessam a psicologia social, mas também devem constituir ferramentas para o debate e a reflexão desta.

William McDougall e a teoria dos instintos

Outra importante linha de desenvolvimento da psicologia social durante os primeiros anos do século XX se originou ao redor da idéia de que grande parte do comportamento humano é de natureza instintiva. A idéia tinha sido abandonada durante muito tempo pela psicologia, devido à influência do empirismo. Os filósofos empiristas tinham concebido a mente humana como uma *tábula rasa* que vai se enchendo de conteúdos à medida que a pessoa vai adquirindo mais experiência. O mecanismo que explica o desenvolvimento mental é a associação de idéias. A pessoa percebe que há eventos que acontecem relacionados. Com base nessas abordagens, não se admitiam explicações do comportamento baseadas no instinto ou na herança genética. As teorias da evolução representaram, entretanto, um desafio a tais postulados, já que permitiram utilizar conceitos como o de instinto sem entrarem em conflito direto com os princípios do empirismo (veja o Capítulo 1). Nesse contexto, surgia um interesse crescente pelo estudo das bases instintivas do comportamento, que foi favorecido pelo enorme desenvolvimento alcançado pela psicologia animal. Durante a segunda metade do século XIX, autores como Spalding ou Romanes realizaram alguns experimentos que mostravam que os animais exibiam determinados comportamentos, apesar de haverem sido privados de qualquer contato com o mundo exterior. Esses resultados, que significavam que os animais nasciam com alguns padrões de conduta predeterminados, foram transferidos muito rapidamente para a psicologia humana. William James, por exemplo, reuniu os principais resultados da psicologia animal britânica em seus *Principios de psicología* (1890), onde apoiava a utilização do instinto como explicação do comportamento humano. Mas do ponto de vista da psicologia social, o principal impulso para o desenvolvimento da teoria dos instintos foi a obra do psicólogo britânico William McDougall (1871-1938), autor do primeiro manual de psicologia social escrito por um psicólogo: *An introduction to social psychology* (1908).

O manual de McDougall está dentro da tradição evolucionista da psicologia britânica. A concepção da psicologia social que dele deriva é marcadamente individualista e biologicista. Para McDougall, o objetivo da psicologia social é a análise das bases instintivas do comportamento social, isto é:

> Mostrar como, dada as tendências e capacidades naturais da consciência individual, toda a complexa vida das sociedades se vê modelada por aquelas, reagindo no curso de seu desenvolvimento e influindo no indivíduo.
>
> (McDougall, 1908, p. 3)

Embora o objetivo do livro fosse formular uma teoria sobre os instintos, o que se oferece realmente é um conceito e uma classificação dos principais instintos humanos. Opondo-se à forma como se vinha definindo o instinto até aquele momento, McDougall defende que ele é algo mais do que uma tendência inata para realizar certa classe de movimentos. Para McDougall, o instinto tem três componentes: o *componente cognitivo*, definido como a tendência a prestar atenção a determinados objetos, o *componente emocional*, definido como a tendência a experimentar uma reação emocional determinada diante de um objeto, e o *componente comportamental*, definido como a tendência a reagir de uma maneira específica. O instinto, portanto, é definido como:

> ...uma disposição herdada ou inata que determina que seu possuidor perceba e preste atenção a objetos de certa classe, que experimente uma excitação emocional peculiar na hora de perceber esse objeto, e que reaja a respeito dele de uma maneira particular ou, pelo menos, que experimente um impulso para essa ação.
>
> (McDougall, 1908, p. 25)

Um dos resultados do interesse suscitado pelo estudo da conduta instintiva foi a proliferação, cada vez maior, das classificações de instintos. McDougall criticou essa situação, destacando que "postular levianamente um número variado e indefinido de instintos humanos é uma forma fácil e barata de resolver problemas psicológicos e é um erro, não menos grave e comum que o erro contrário, de ignorar todos os instintos" (1908, p. 88). Na classificação proposta inicialmente por McDougall incluíam-se sete instintos primários que estavam associados a outras tantas emoções primárias: fuga/medo, repulsão/desgosto, curiosidade/surpresa, luta/ira, autoassertividade/júbilo, autodegradação/degradação e instinto paternal/ternura. Além dos instintos primários, ele propunha a existência de quatro disposições instintivas de segunda ordem: reprodução, gregarismo, aquisição e construção, relevantes não para a origem das emoções, mas para a vida social da pessoa. Por último, existiam pseudo-instintos que exerciam uma influência significativa no processo de interação entre as pessoas: imitação, sugestão e simpatia.

Em relação à metodologia, as idéias de McDougall eram um reflexo dos principais traços da psicologia britânica do início do século, contexto no qual se formou e onde desenvolveu seus principais trabalhos. Rejeitando abertamente os métodos de pesquisa subjetivos utilizados pela psicologia, como a

William McDougall (1871-1938)

William McDougall nasceu em Lancashire, Inglaterra, em 22 de junho de 1871. Aos 19 anos havia completado seus estudos em ciências na Universidade de Manchester. O fato de pertencer a uma família rica lhe permitiu continuar sua formação, primeiro na Universidade de Cambridge, onde cursou estudos de fisiologia e, posteriormente, em um hospital de Londres, onde passou três anos estudando medicina. Sua formação acadêmica se completou com uma permanência de um ano no laboratório de psicologia de G. E. Mueller. Durante seu período de formação, McDougall também se interessou pela antropologia, fazendo parte em 1898 de uma expedição à Indonésia e a Bornéu organizada pela Universidade de Cambridge.

McDougall iniciou sua carreira acadêmica como diretor do laboratório de psicologia da University College de Londres, onde passou quatro anos, e depois começou a ministrar aulas nas universidades de Cambridge e Oxford. Como muitos pensadores ingleses de sua época, ele esteve em contato com as teorias da evolução que floresceram no final do século XIX. McDougall encontrou nos postulados de Lamarck, especialmente quanto à hereditariedade das características adquiridas durante a vida, a base para suas idéias. Em seu livro *An introduction to social psychology* (1908), considerado o primeiro manual de psicologia social escrito por um psicólogo, sente-se fortemente a influência das teorias evolucionistas. Nesse trabalho, McDougall defende a idéia de que grande parte do comportamento social é de natureza instintiva, uma idéia que teria uma ampla acolhida na psicologia social da época. Desse período são também suas obras *Physiological psychology* (1905), e *Body and mind* (1911), nas quais desenvolveu sua *teoria hórmica* do comportamento, baseada no caráter teleológico e propositivo da conduta.

Em 1920 se muda para os Estados Unidos para vincular-se à Universidade de Harvard, onde permaneceu até 1928. Embora McDougall chegasse à universidade carregando a reputação da grande influência que

introspecção, McDougall defendeu a aplicação à psicologia humana dos métodos objetivos que vinham sendo utilizados no estudo da psicologia animal. Sempre foi partidário da experimentação.

De fato, seus primeiros trabalhos, realizados no campo da psicofisiologia, foram experimentais, e durante as etapas posteriores de sua carreira desempenhou papel destacado na institucionalização da psicologia experimental britânica. Apesar disso, seu trabalho foi muito especulativo. Como destaca Boakes (1989, p. 385), sua *Social psychology* não contém um único exemplo de trabalho sistemático partindo dos estudos da conduta animal até chegar à análise de um instinto humano em particular.

Pelo contrário, sua lista de instintos primários contém um índice de especulação tão alto diante dos dados concretos como o de qualquer um de seus predecessores. Os únicos avanços na direção que McDougall dizia ter tomado se produziram na breve descrição dos aspectos aparentemente comparáveis da conduta animal. Não parece que McDougall considerasse que ele próprio não estaria procurando seletivamente exemplos que confirmassem as crenças já preestabelecidas; ou se as descrições do comportamento animal não estariam distorcidas pelas concepções prévias do observador sobre a psicologia humana.

A proposta de McDougall de fundamentar a psicologia social nas bases da teoria dos instintos teve, a princípio, uma boa acolhida, e à classificação dos instintos que propôs seguiram-se muitas outras, a maioria das vezes contrárias entre si. A influência das teorias evolucionistas e a difusão, naquela época,

havia tido sua teoria dos instintos, sua chegada a Harvard foi marcada pela forte rejeição que suas idéias provocavam entre os psicólogos behavioristas, que naquela época dominavam o panorama da psicologia norte-americana. No entanto, pouco depois tomou as rédeas da Faculdade de Psicologia e se converteu no principal crítico do behaviorismo, que considerou incapaz de abordar os problemas fundamentais da conduta humana. A idéia de McDougall de que grande parte do comportamento humano é herdado se confrontava com o ambientalismo dos behavioristas, que destacavam que a maior parte do comportamento é fruto do aprendizado. A rejeição de McDougall ao behaviorismo ficou bem exemplificada no debate público que manteve com Watson em 1924, publicado em 1929 com o título *The battle of behaviorism*, e que na Espanha foi registrado como um anexo da obra de Watson *El conductismo*. No primeiro ano que passou em Harvard publicou *The group mind* (1920), onde utiliza outro conceito polêmico para a psicologia da época, o de mente grupal. Com esse trabalho, McDougall se tornaria de novo o alvo das críticas dos behavioristas, representados essa vez pelo psicólogo social Floyd Allport.

O interesse pelas diferenças culturais e raciais, somado a sua crença na herança das características adquiridas durante a vida, orientou seus interesses pela eugenia. Acreditava que cada nação devia ter uma aristocracia intelectual, e por isso considerava que os estudos eugênicos eram da maior importância. Acreditava que a humanidade podia melhorar se os matrimônios se fizessem seletivamente e se impusessem restrições à procriação. Chegou inclusive a escrever ao imperador do Japão, assegurando que as práticas eugênicas praticadas nesse país seriam um exemplo para a humanidade.

Pelo fato de as teorias de Lamarck nunca poderem ser provadas, as hipóteses de McDougall também perderam influência. Isso, somado ao auge do behaviorismo durante as décadas seguintes, explica o esquecimento em que caíram as teorias do pensador britânico. Em 1928 abandona Harvard e se instala na Universidade de Duke, em Durham, onde permaneceu até sua morte em 1938.

da teoria psicanalítica de Freud são alguns dos fatores que explicam o sucesso inicial das teorias dos instintos. Um exemplo da ampla acolhida do conceito na psicologia social é a intervenção de Dewey na American Psychological Association, afirmando que a psicologia social deveria ser fundada sobre a base da teoria dos instintos. Também constitui um exemplo da ampla acolhida da proposta de McDougall num primeiro momento o fato de ter sido aceita até por alguns dos psicólogos sociais procedentes da sociologia, os quais introduziram algumas modificações, mas não abandonaram o conceito. Um exemplo do eco das idéias de McDougall está na atenção recebida de diferentes cientistas sociais da época. Mead, por exemplo, fez uma resenha do livro de McDougall para o *Psychological Bulletin*, em 1908, e incluiu uma ampla reflexão sobre o papel do instinto na psicologia social em seu artigo "Social psychology as counterpart of physiological psychology" (1909), onde criticou a incapacidade da teoria de McDougall para dar conta da origem social da consciência.

O desenvolvimento das teorias dos instintos coincidiu com o movimento da eugenia, que teve também sua origem nas teorias evolucionistas. O movimento da eugenia visava à *melhoria* da espécie humana mediante a intervenção no processo de seleção. Os defensores da eugenia propunham pôr em prática as medidas que favorecessem a reprodução dos *mais aptos* e dificultassem a dos *menos aptos*. O movimento da eugenia se iniciou no final do século XIX tanto na Grã-Bretanha quanto nos Estados Unidos, e nas primeiras décadas do século XX tinha alcançado uma grande força. Nos Estados Unidos, o movimento acabou se tornando um dos fundamentos do racismo. Evidentemente, as teorias dos instintos não tinham por que envolver a defesa das abordagens da eugenia.

Entretanto, alguns teóricos do instinto também as apoiaram. Este foi, por exemplo, o caso de McDougall, cujas idéias racistas estão refletidas no livro *Is America safe for democracy?* (1921).

Apesar do sucesso inicial, tanto o movimento da eugenia quanto as teorias dos instintos acabaram se tornando alvo de numerosas críticas até que, finalmente, foram rejeitadas. A rejeição da teoria dos instintos, assim como a de outras explicações do comportamento baseadas em fatores de natureza inatista (raça, herança genética etc), foi reforçada pelo fato de a psicologia entrar em uma nova fase de predomínio das idéias ambientalistas. O principal resultado da nova etapa foi o behaviorismo.

John Broadus Watson e as origens do behaviorismo

Em 1913, cinco anos depois da publicação do manual de McDougall, foi publicado o artigo de John Broadus Watson (1878-1958) "Psychology as the behaviorist views it", que pode ser considerado o início formal do behaviorismo, uma nova corrente teórica da psicologia, que representou uma mudança radical tanto de direção como de identidade da disciplina. O objetivo principal do programa behaviorista foi tornar a psicologia uma ciência objetiva, o que envolveu uma redefinição tanto do objeto de estudo quanto dos métodos de pesquisa. A proposta sobre a qual se articulou o behaviorismo foi o abandono da *consciência* como objeto de estudo da psicologia, e sua substituição pelo comportamento observável. Do ponto de vista metodológico, os behavioristas conservaram o método experimental adotado pela psicologia como próprio durante a etapa anterior, mas rejeitaram a introspecção e enfatizaram a necessidade de técnicas objetivas direcionadas à medição do comportamento observável. Finalmente, o programa behaviorista tratava de fazer da psicologia uma ciência aplicada, interessada na predição e no controle do comportamento. Quando foi publicado o artigo de Watson, a psicologia já estava caminhando na direção do behaviorismo.

Um dos fatores que propiciaram o surgimento do behaviorismo pode estar no desenvolvimento do positivismo, que deu lugar a uma preocupação crescente dos psicólogos da época para adaptar-se aos critérios de objetividade próprios das ciências naturais. Nesse contexto, surgia uma rejeição, cada vez maior, ao método introspectivo, acelerada pelas contradições profundas advindas da pesquisa psicológica e da dificuldade de resolver as polêmicas geradas pelos resultados da experimentação.

Considerando que tanto o processo de introspecção quanto seu objeto não eram diretamente observáveis, era difícil contrastar de forma objetiva seus resultados, o que foi usado como argumento para questionar a validade desse método. Como destaca Gondra (1992), tanto a introspecção quanto a própria noção de *consciência* tinham entrado em crise em 1912, um ano antes de se publicar o artigo de Watson.

Por outro lado, nos Estados Unidos surgiu, conforme mencionado no capítulo anterior, o pragmatismo, considerado um novo enfoque do estudo da mente. Aos psicólogos pragmatistas não interessava o estudo da estrutura da mente, mas o estudo de suas funções. Em 1868 publicou-se um artigo de Peirce, "Some consequences of four incapacities", onde eram eliminados alguns mitos sobre a mente. Um deles era a capacidade de introspecção, que surge do pressuposto de que podemos obter conhecimentos a partir do exame de nossa consciência. Todo o conhecimento do mundo interno vem, segundo Peirce, do raciocínio hipotético de nosso conhecimento de fatos externos. A certeza individual não garante nenhum conhecimento objetivo.

A idéia de que a psicologia devia abandonar o uso da introspecção foi reforçada também pelo enorme desenvolvimento da psicologia animal e da psicologia comparada. Ambas eram psicologias objetivas, no sentido de que somente estudavam processos diretamente observáveis. Para estudar o comportamento dos animais não era necessária a utilização de técnicas de pesquisa subjetivas, como a introspecção, ou o uso de conceitos *mentalistas*, como o de *consciência*.

Mas, apesar de se constatar que as mudanças que resultariam no behaviorismo já estavam em gestação havia algum tempo, é inegável que, de um ponto de vista formal, a primeira formulação dos princípios do behaviorismo como paradigma científico da psicologia é encontrada no artigo de Watson "Psychology as the behaviorist views it" (1913). O eixo ao redor do qual se estruturava essa proposta era a defesa de uma psicologia objetiva. A objetividade radical de Watson o levou a propor uma mudança do objeto de estudo da psicologia. A consciência não podia ser aceita como objeto de estudo de uma ciência objetiva, já que "Nunca tinha sido vista, tocada, farejada, provada ou movida. É uma mera suposição, com possibilidades tão escassas de ser demonstrada quanto o antigo conceito da alma" (1913, p. 289). A mesma sentença era válida para outros conceitos subjetivos, como "sensação, percepção, imagem, desejo, finalidade, pensamento e emoção, em suas concepções originais". A proposta de Watson era que a psicologia se concentrasse no estudo do comportamento observável. O comportamento era importante em si mesmo, sem necessidade de ter que inferir dele a existência de processos intangíveis.

Tendo como exemplo os trabalhos que se desenvolviam no âmbito da psicologia animal, em que não era necessário inferir a existência de estados de consciência não observáveis, Watson propôs que também a psicologia humana se limitasse ao estudo do comportamento. Sem chegar a negar a existência da consciência, ele propôs que ela fosse ignorada pela psicologia que, desse modo, começou a deixar de ser a ciência da mente ou da consciência para converter-se na ciência do comportamento. Não era a primeira vez que se reivindicava para a psicologia o estudo do comportamento. Um ano antes, em 1912, McDougall publicara o livro *Psychology, the study of behavior*, no qual a psicologia era definida como ciência do comportamento. Entretanto, a abordagem de McDougall não foi aceita pelos behavioristas norte-americanos, já que o comportamento era definido em termos de intencionalidade. Para os behavioristas, a psicologia não pode deter-se em explicações do comportamento baseadas na intenção ou em outras forças de natureza interna. Pelo contrário, a tarefa da psicologia é explicar o comportamento recorrendo a fatores ambientais alheios à pessoa.

Do ponto de vista metodológico, a objetividade behaviorista representou uma rejeição radical da introspecção como método válido em psicologia e a substituição desse método pela observação e a experimentação objetiva. Segundo Watson, o critério geral de validade para qualquer método de pesquisa era que medisse unicamente o observável. Nesse sentido, aceitava-se a validade dos testes e dos relatórios verbais, sempre que fossem utilizados para medir resultados objetivos e comportamentais e não para inferir deles processos mentais. O principal objetivo de Watson depois de seu artigo inicial foi o estudo do processo de aprendizagem, que foi impulsionado pela incorporação dos trabalhos de Ivan Pavlov. No condicionamento clássico pavloniano, o aprendizado é conseqüência da associação de um estímulo incondicionado (EI) a um estímulo inicialmente neutro que, por associação com o EI, torna-se um estímulo condicionado (EC) e dá lugar a uma resposta condicionada ou RC. No experimento

> **John Broadus Watson (1878-1958)**
>
> John Watson nasceu na Carolina do Sul em 1878, em uma família com poucos recursos econômicos. Em virtude de o pai ter abandonado o lar familiar, a educação de Watson foi assumida completamente por sua mãe, que tentou orientá-lo para o sacerdócio. Aos 16 anos começou seus estudos na Universidade de Furhan, onde permaneceu até 1899. Em 1900 ingressou na Universidade de Chicago para estudar filosofia, simultaneamente com a realização de diferentes trabalhos. Embora estudasse filosofia com John Dewey, sua verdadeira vocação surgiu nos cursos de psicologia de James R. Angell, com quem se doutorou em psicologia experimental. Depois de graduar-se, em 1903, trabalhou na Universidade de Chicago até 1908, ano em que obteve uma vaga de professor na Universidade John Hopkins, onde foi nomeado diretor do laboratório de psicologia. Poucos anos depois, definiria os rumos pelos quais orientaria seu pensamento. Os resultados veriam à luz pela primeira vez em seu artigo de 1913, "Psychology as the behaviorist views it". Os traços principais que caracterizaram seu pensamento foram a rejeição da consciência como objeto de estudo da psicologia e a busca de métodos de medida objetivos. "A psicologia necessita tanto da introspecção quanto a química ou a física", escreveu Watson em uma ocasião, negando a possibilidade de abordar a análise da consciência cientificamente, e legitimando a utilização da pesquisa no estudo da conduta. A unidade básica da conduta era, a seu ver, o reflexo sensorial-motor ou, simplesmente, a associação que se estabelecia entre um estímulo e uma resposta.

clássico de Pávlov, realizado em 1905, ele fazia soar um sino (EC) e imediatamente depois mostrava um prato de comida (EI) a um cão. Depois de uma série de repetições, o animal associava o som com a presença da comida, aprendendo a salivar (RC) diante do som do sino e na falta da comida. Se antes a resposta incondicionada (RI) só se produzia diante da presença do EI, agora ela se torna uma resposta condicionada (RC) provocada pela associação entre o EC e o EI. Nos anos seguintes à Primeira Guerra Mundial, Watson aplicou esse esquema de aprendizagem por condicionamento clássico num experimento realizado em colaboração com sua ajudante Rosalie Rayner, com um bebê de 11 meses, Albert B. Nesse experimento se comprovou que o medo podia ser aprendido por condicionamento clássico.

A associação entre um ruído provocado pelo golpe de um martelo sobre uma barra de metal (EI) e a presença de um rato branco (EC), que previamente não gerava nenhuma resposta de medo, acabou por provocar, depois de sucessivas repetições, uma resposta emocional de medo (RC) bastando apenas a presença do animal. O medo do rato mostrado pelo pequeno Albert se generalizou a outros animais, como um coelho e um cão, e a outros objetos, como uma máscara de Papai Noel.

As pesquisas de Watson tiveram como finalidade enunciar leis gerais sobre o aprendizado expressas em termos objetivos. Sem negar a existência de fenômenos internos não-observáveis, comparou-os, em concordância com os objetivos de seu programa, aos que são diretamente observáveis. Quando estendeu os resultados de suas pesquisas ao aprendizado humano, começou a traduzir conceitos mentalistas em termos comportamentais. Dessa maneira, a imaginação e o pensamento se transformaram em conduta verbal e motora, e o sentimento em atividade glandular.

Suas contribuições ao desenvolvimento teórico da psicologia da aprendizagem foram, entretanto, escassas. Como destaca Yela (1980, p. 154), "Watson teve tempo apenas para enunciar o programa da

Pesquisando o tipo de respostas que determinados estímulos desencadeavam, ele considerava que se podia planejar uma sociedade melhor. Seguindo os princípios do behaviorismo clássico de Iván Pávlov, ensinou a emitir respostas de medo a Albert, um bebê de 11 meses, demonstrando que era possível condicionar as emoções.

Durante os 14 anos que permaneceu na Universidade John Hopkins, Watson manteve uma intensa atividade de pesquisa, que compartilhou com um importante trabalho institucional. Em 1915, foi nomeado presidente da American Psychological Association, e de 1916 até 1927 foi diretor da Journal of Experimental Psychology. Sua carreira acadêmica se interrompeu prematuramente devido ao escândalo provocado pela relação com sua auxiliar de pesquisa Rosalie Rayner, com quem se casou após divorciar-se de sua primeira esposa. Surpreendentemente, aquele que 10 anos antes fora considerado o fundador do behaviorismo, teve que renunciar à Universidade na metade de sua vida devido a pressões sociais. Watson se transferiu para Nova York e começou a trabalhar para a agência de publicidade J. Walter Thompson, onde realizou alguns estudos sobre publicidade e técnicas de motivação para o consumo. Em 1935 foi nomeado executivo da William Esty Company, onde permaneceu até seu afastamento em 1945. Depois de sua aposentadoria, ele se enclausurou em uma pequena granja de Connecticut, onde morou até sua morte, em 1958. Um ano antes, suas contribuições à psicologia receberam o reconhecimento da American Psychological Association (APA). Seu legado está registrado em vários livros, entre os quais se destacam *Psychology from the standpoint of a behaviorist* de 1919 e *Behaviorism* de 1924.

nova psicologia, iniciar uma tradução apressada dos conceitos mentais em termos físicos (por exemplo, o pensamento não seria mais do que uma linguagem subvocal) e realizar uns poucos experimentos, alguns deles especialmente valiosos".

A influência de Watson na evolução posterior da psicologia é inequívoca. Embora suas contribuições teóricas para o estudo da aprendizagem tivessem sido poucas, sua proposta programática foi amplamente acolhida pelos psicólogos norte-americanos da época. Como destaca Boring (1950), 20 anos depois da publicação do artigo de Watson (1913), todo mundo nos Estados Unidos era behaviorista. Uma das conseqüências imediatas do behaviorismo foi o advento de um novo período ambientalista em psicologia, em que se começou a questionar a validade dos conceitos inatistas (instintos, traços hereditários etc.) para explicar o comportamento humano.

Depois de um período de ampla aceitação, a psicologia social de McDougall e de outros teóricos do instinto começou a ser objeto de duras críticas. A análise de algumas delas será o assunto dos parágrafos seguintes.

As críticas às teorias dos instintos

Como já foi discutido, a proposta de McDougall de fundamentar a explicação do comportamento no instinto teve, no início, uma boa acolhida e foram numerosos os autores que elaboraram teorias desse tipo. Cada um partia de uma definição de instinto diferente e propunha uma relação de instintos diferente. Como dizia Miller (1972, p. 341), "nenhum estudante era capaz de absorver as sutilezas de matéria tão ampla e emaranhada; era mais fácil inventar uma classificação própria do que tratar de compreender a do outro". Desse modo, as relações de instintos proliferaram até provocar uma situação tão absurda como a que descrevia Bernard (1924) em seu livro *Instinct: A study in social psychology*. Depois de uma revisão de todas as teorias do instinto que naquela época proliferavam, Bernard afirmava que nos primeiros 20 anos do século, apareceram 400 livros ou artigos sobre o assunto, originando a proposta de quase 6 mil tipos de instintos diferentes. Entre os exemplos encontrados por Bernard destacam-se os seguintes: *instintos estéticos* (instinto de uma menina ajeitando o cabelo), *instintos altruístas* (o desejo de libertar os cristãos do sultão), *instintos religiosos* (instinto inglês de entristecer-se aos domingos), *instinto social* (o dos socialistas diante das relações internacionais), *instinto anti-social* (o dos mexicanos de classe alta que se consideravam diferentes dos da classe baixa) (Bernard, 1924, pp. 172-220).

É fácil compreender que as críticas às teorias dos instintos não tardassem em aparecer. Seu início formal foi o artigo de Dunlap (1919) "Are there any instincts?". O artigo era uma crítica à confusão conceitual existente em torno do termo. Dunlap destacou a necessidade de distinguir entre a expressão *reação instintiva* (resposta fisiológica não aprendida) e o conceito de *instinto* como o utilizava, por exemplo, McDougall, para referir-se às classes de comportamento voltadas a um propósito comum (uso teleológico). A proposta de Dunlap era que, do ponto de vista teleológico, os instintos deviam ser considerados simples etiquetas para agrupar comportamentos, auxiliando a classificação de condutas. Dunlap se opunha à tendência da psicologia social de tirar conclusões sobre a natureza das atividades descritas como instintos.

A esse artigo seguiram-se muitos outros nos quais se questionava a validade da utilização do conceito de instinto em psicologia. Uma das críticas mais bem formuladas no âmbito da psicologia social foi, como vimos, a de Bernard (1924), um sociólogo vinculado à Escola de Chicago, cujas contribuições à psicologia social analisaremos mais adiante. Uma das conclusões de Bernard era que o conceito de instinto se convertia muitas vezes em

> uma espécie de caldeirão de idéias vagas e indefinidas sobre as causas ou as relações das atividades. Os autores, incapazes de explicar com clareza um fenômeno particular do comportamento sobre bases puramente objetivas, recorrem ao termo instinto e o utilizam como uma palavra mágica, evitando assim a responsabilidade de aventurar uma explicação. A raça foi outro conceito semelhante, algo que serviu para substituir uma explicação completa do fenômeno social em termos de fatos cientificamente comprovados. (p. 172)

Dessa maneira, uma discussão que, em princípio, esteve centrada na validade do conceito de instinto, caiu logo em um debate no qual o tema central era a importância relativa da natureza e do ambiente na determinação do comportamento. A polêmica sobre o instinto, ao lado da crítica da teoria racial e dos testes mentais, teve uma importância decisiva para acelerar a tendência ambientalista da psicologia norte-americana que havia sido iniciada com o behaviorismo (veja Boakes, 1989).

O próprio Watson também participou, embora tardiamente, na polêmica sobre o instinto. Ainda que em 1919 tivesse proposto uma relação de instintos, os resultados que posteriormente obteve em suas pesquisas com recém-nascidos levaram-no a adotar uma posição radicalmente ambientalista, rejeitando a existência dos instintos humanos. Em seu livro *Behaviorism*, publicado em 1924, afirmava que todas as pessoas têm a mesma herança biológica, e as diferenças individuais são o resultado do aprendizado precoce. A idéia o levou a rejeitar diretamente qualquer explicação inatista, tanto baseada nos instintos quanto relativa à eugenia. Um aspecto central no debate de Watson mantido com os inatistas foi a pouca evidência empírica aportada para apoiar suas afirmações. O famoso parágrafo do livro *Behaviorism*:

> Eu ousaria afirmar algo mais: com uma dúzia de meninos sadios, bem formados, e meu próprio mundo específico para educá-los, posso garantir que escolhendo qualquer deles ao acaso e formando-o, ele chegará a ser o tipo de especialista que eu me propuser: doutor, advogado, artista, comerciante e até mendigo e ladrão, independentemente de seus talentos, afeições, tendências, capacidades, vocações ou a raça de seus antepassados.

foi muito reproduzido, mas com a importante omissão da frase que se seguia imediatamente: "Vou além dos fatos e o admito, mas os que defendem o contrário fizeram o mesmo, e o estiveram fazendo por milhares de anos". (Watson, 1924, p. 104)

Em 1924, a teoria dos instintos de McDougall se tornou o principal alvo das críticas de Watson (ambos participaram de um debate público sobre o tema nesse mesmo ano) e dos behavioristas. O fato de muitos psicólogos da época identificarem a psicologia social com as numerosas teorias dos instintos que haviam proliferado se converteu em um sério obstáculo para o desenvolvimento posterior da disciplina. Como destaca Boakes (1989, p. 442), "com a rejeição da teoria do instinto também, inadvertidamente, foi rejeitada a idéia de que o homem é um ser social cuja mente se desenvolve a partir das interações que mantém com outras pessoas". Como veremos mais adiante, sem negar a existência do instinto, os psicólogos sociais da Escola de Chicago se inclinaram para as explicações do comportamento nas quais se destacava sua determinação social. No contexto da psicologia, entretanto, foram os psicólogos behavioristas os que defenderam uma posição ambientalista.

A mente grupal

Pouco depois do início das polêmicas sobre o instinto, McDougall publicou um novo livro, *The group mind* (1920), que apresentou como uma continuação do manual de 1908, e onde realizou outra proposta polêmica: explicar os processos sociais recorrendo ao conceito de *mente grupal*. Adotando uma posição *realista*, McDougall atribuiu à *mente grupal* uma entidade psicológica independente daquela de seus membros.

> A influência que exerce o meio sobre o indivíduo como membro de um grupo organizado não é nem a soma de seus membros individuais nem algo cuja existência não seja mental. É o grupo organizado como tal, cuja existência está nas pessoas que o compõem, mas que não existe na mente de nenhuma delas, e que tão poderosamente influi sobre cada um deles por ser algo mais poderoso, mais globalizante do que a simples soma desses indivíduos.
>
> (McDougall, 1920, p. 12)

A contribuição de McDougall ao estudo do grupo social se divide em três partes. Na primeira, ele realiza uma análise dos processos que explicam a vida mental dos grupos, na segunda, apresenta uma classificação dos principais tipos de mente grupal e na terceira ele descreve suas características diferenciadoras.

Alguns autores destacaram a existência de certas semelhanças entre as abordagens de McDougall e as de Le Bon (veja Carpintero, 1995; Jackson, 1988). Concretamente, McDougall propõe que a influência grupal se exerce, basicamente, mediante um processo de indução direta da emoção, equivalente ao contágio que mencionava Le Bon.

A integração entre o conceito de mente grupal e a teoria dos instintos resulta difícil, apesar de terem sido apresentadas por McDougall como duas partes de um mesmo projeto. A defesa de uma teoria instintivista e de uma teoria do comportamento coletivo lembra a separação de Wundt entre a psicologia individual e a *Völkerpsychologie*. O objetivo era articular os dois pólos em que se baseava sua análise do comportamento: os instintos e a coletividade. McDougall acentuará cada vez mais suas diferenças com relação aos behavioristas ao evoluir para uma concepção propositiva ou intencional da conduta humana. Para ele, todo comportamento é teleológico, o que significa que tende para uma meta ou fins determinados. Essa concepção motivacional da atividade de todo o organismo o levou a definir sua psicologia como *teoria hórmica*.

Voltando ao seu conceito de mente grupal, a influência deste não teve tanta importância, mas sim o fato de que logo se tornaria alvo de diversas críticas, entre as quais se destacam as de Allport em seu livro *Social psychology* de 1924. Um ano antes, em 1923, Allport publicara um artigo onde se referia à noção de McDougall de *mente grupal* como um exemplo do que ele denominava *falácia grupal*. No artigo, publicado no *The American Journal of Sociology*, Allport criticava a posição de McDougall por substituir o indivíduo pelo grupo como princípio explicativo. A seu ver, a origem de toda realidade social está nos indivíduos que a formam, de maneira que não existe nada nos grupos que não se encontre nos indivíduos, e não há outro modo de explicar o comportamento grupal que não seja a análise dos princípios que explicam o comportamento individual.

A posição de Allport pode ser classificada hoje como relacionada ao individualismo metodológico. Diante da ênfase no coletivo, característica da sociologia influenciada por Durkheim, os partidários do individualismo metodológico defendem a idéia de que a sociedade só pode ser explicada pelo comportamento dos indivíduos que a constituem. Logicamente, as posições de Allport encontraram eco na psicologia social. Como veremos adiante, um dos traços que provocaram a crítica de diferentes psicólogos sociais durante a década de 1970, e que originaria uma importante crise, refere-se precisamente ao *psicologismo* que caracterizava uma parte importante da psicologia social da qual Allport é um de seus primeiros expoentes.

O texto de McDougall e as críticas de Allport à *falácia grupal* se tornariam, portanto, o eixo de uma polêmica que não somente atingiu cientistas sociais da época, mas também, posteriormente, incluiria os psicólogos sociais da linha gestaltista, como Muzafer Sherif e Solomon Asch. Em suma, o texto de McDougall *The group mind* reavivaria e seria o centro da polêmica entre quem enfatizava os determinantes grupais e coletivos da conduta e aqueles que viam no indivíduo a única origem de toda formação social. Enquanto McDougall acreditava que o grupo influencia os indivíduos e é algo mais que a sua soma, para Allport não existia nada nos grupos que não estivesse previamente nos indivíduos e, em conseqüência, não podia existir uma psicologia do grupo diferente de uma psicologia dos indivíduos. É na análise dos comportamentos individuais onde devemos, segundo Allport, encontrar as causas da suposta influência do grupo sobre os indivíduos. A mente grupal não é mais do que uma metáfora que não ajuda a compreender os princípios explicativos do comportamento. Tais princípios, em sua opinião, tinham de ser encontrados na teoria behaviorista, assunto do nosso próximo capítulo.

Floyd Allport e a introdução do behaviorismo na psicologia social

A introdução dos princípios do behaviorismo na psicologia social foi feita por Floyd Allport (1890-1978). Partindo de uma concepção claramente comportamentalista, Allport (1924) definiu a psicologia social como uma especialidade da psicologia dedicada ao estudo do comportamento social. Embora em alguns manuais da história da psicologia ele esteja incluído no grupo dos behavioristas puros (veja García Vega e Moya, 1993), em outros textos ele é definido como um behaviorista heterodoxo, opositor do radicalismo de Watson (veja Munné, 1989). Na verdade, a caracterização do behaviorismo de Allport varia se considerarmos sua posição diante do debate consciência/comportamento, ou a posição que assumiu no debate psicologia social individual/coletiva.

A posição de Allport no debate consciência/comportamento está mais próxima do behaviorismo de Edwin Bissel Holt (1873-1946), de quem foi aluno, do que do behaviorismo radical de Watson. Com efeito, Allport (1924) admitia o conceito de consciência e a considerava uma parte necessária do estudo do comportamento. Tampouco mostrou uma rejeição radical da introspecção: "A introspecção dos estados de consciência não só é interessante por si mesma, mas também necessária para um relato completo... O relato introspectivo nos ajudará em nossas interpretações e as complementará com uma parte descritiva" (p. 3). É necessário destacar, entretanto, que essa aceitação da consciência era meramente formal.

Para Allport, a consciência tem um papel absolutamente secundário no estudo do comportamento, já que em nenhum caso pode ser utilizada como mecanismo explicativo deste. Por outro lado, apesar do papel que deu à consciência de certo modo o afastar do radicalismo de Watson, seu reducionismo biológico (o comportamento é explicado por processos fisiológicos e sua aquisição está regulada pelas leis do condicionamento) o aproxima claramente das posições de Watson.

Porém, é na sua contribuição para o debate da psicologia social individual/coletiva que a posição de Allport se torna mais radical. Opondo-se abertamente à concepção da psicologia social que emergia dos primeiros manuais, concentrados no estudo do grupo, Allport questionou a validade desse conceito e defendeu uma psicologia social voltada ao indivíduo. Para Allport (1924), o grupo não pode ser considerado uma entidade psicológica independente, mas unicamente um número de indivíduos diferentes que reagem uns diante dos outros ou de uma situação comum, de acordo com as leis psicológicas fundamentais. O grupo era, para Allport, algo intangível, o mesmo que a consciência tinha sido para Watson e, portanto, não podia ser objeto de estudo de uma psicologia social objetiva. Por isso, a psicologia social somente podia ser entendida como psicologia individual:

> Não há psicologia de grupos que não seja essencial e totalmente uma psicologia dos indivíduos. A psicologia social não deve ser colocada em oposição à psicologia do indivíduo; ela é uma parte da psicologia do indivíduo cujo comportamento estuda, considerando o ambiente, que compreende seus semelhantes.
>
> (Allport, 1924, p. 4)

O objetivismo radical de Allport e a equiparação que estabeleceu entre psicologia social e psicologia individual levaram a uma proposta metodológica idêntica à do behaviorismo: a utilização objetiva do método experimental que, embora em psicologia tivesse uma grande tradição, em psicologia social era praticamente inexistente nesse momento. Sem dúvida Allport teve uma influência decisiva no rápido desenvolvimento da experimentação em psicologia social. De fato, alguns autores destacaram que teve mais êxito na proposta metodológica do que em seu desejo de dar uma reorientação behaviorista à disciplina (Collier

Floyd Henry Allport (1890-1978)

Floyd Allport nasceu em Milwaukee, Wisconsin, em 22 de agosto de 1890. Estudou psicologia na Universidade de Harvard de 1913 a 1919, com uma curta interrupção de alguns meses em que teve de servir como tenente no exército norte-americano, durante a Primeira Guerra Mundial. Durante os anos em que Allport estudou nessa universidade, o behaviorismo era a corrente de pensamento dominante em psicologia, devido à influência dos recentes textos de Watson. Edwin Bissell Holt foi um dos professores que introduziram Allport nas linhas do pensamento behaviorista, fazendo com que ele começasse a ver a psicologia como uma ciência objetiva baseada na experimentação. Também teve como professor de psicologia Hugo Münsterberger, nascido na Alemanha, mas que emigrou para os Estados Unidos, onde seria contratado pela Universidade de Harvard, a pedido de William James, amigo e conhecedor de sua obra. Entre outras atividades, Münsterberger desenvolveu um importante trabalho de pesquisa experimental e trabalho de campo sobre a inexatidão dos julgamentos de testemunhas presenciais de atos delitivos, de grande importância na psicologia social jurídica atual. Conhecedor dos trabalhos experimentais de Walther Moede, Münsterberger orientou Allport na pesquisa sobre facilitação social.

Assim que terminou seus estudos, Allport iniciou seu trabalho como docente na mesma universidade onde se doutorou, permanecendo lá até 1922. Nesse ano obteve uma vaga de professor associado na Universidade da Carolina do Norte, onde iniciou seus estudos em psicologia social. Os resultados de seu esforço originariam o livro *Social psychology*, publicado em 1924, que foi muito bem recebido pela comunidade acadêmica.

---

e outros, 1991). No entanto, o próprio Allport (1924, p. 284) alertou sobre as limitações do método experimental, destacando que a realidade social dos grupos é mais complexa que a reproduzida em situações experimentais e que, portanto, as generalizações devem ser realizadas com cautela.

O enfoque behaviorista de Allport teve uma notável influência em psicólogos sociais posteriores, como Robert Zajonc. A forma pela qual Allport (1924, p. 12) definiu a psicologia social, como "a ciência que estuda o comportamento do indivíduo da mesma maneira que o comportamento do indivíduo estimula os outros indivíduos, ou é por si só uma reação ao comportamento deles", guarda um grande paralelismo com a definição de Zajonc (1967), que defende que a psicologia social é o estudo do comportamento individual compreendido como uma reação ao comportamento de outro indivíduo. Em ambos os casos, o mecanismo explicativo do comportamento é a seqüência estímulo-resposta (S-R). De acordo com essa definição behaviorista, não é de estranhar que os estudos de Allport, assim como os de Zajonc, se dirigissem à pesquisa da influência social e, mais concretamente, à análise dos processos que explicam a facilitação social, ambos reconhecendo o papel, em sua opinião pioneiro, do trabalho de Norman Triplett (1897).

Os experimentos realizados por Allport no laboratório de psicologia da Universidade de Harvard, onde ele analisou a forma pela qual a realização de uma tarefa era afetada pela presença de outras pessoas, e que levariam ao estudo do que conhecemos hoje como facilitação social, serviriam para que Zajonc desenvolvesse seu modelo para a explicação dos resultados aparentemente contraditórios obtidos como conseqüência da presença de outras pessoas ou da sua colaboração no desempenho de tarefas (veja o Capítulo 4). Nos estudos realizados por Allport (1920) observava-se que o fato de realizar uma tare-

A grande aceitação dessa publicação lhe valeu o título de precursor da psicologia social experimental. No livro, ele se mantém fiel aos seus interesses prévios, à sua concepção behaviorista, ao seu forte individualismo na interpretação de fenômenos grupais ou coletivos, e à defesa do método experimental. Nos postulados expostos nesse livro, Allport introduziu o conceito de personalidade, que para ele significava a influência da sociedade sobre o indivíduo. Ele também acreditava que a personalidade é a forma característica com a qual cada indivíduo reage aos estímulos sociais. Por isso, a segunda parte de seu livro se dedica ao estudo da estimulação e da resposta social, e analisa temas como a natureza do eu, o conflito social e a conduta em relação com a sociedade.

Em 1924 ingressou como professor de Psicologia Social e Política na Universidade de Syracuse, onde permaneceu até 1956. No decorrer de sua carreira acadêmica, Allport desenvolveu um importante trabalho institucional. Entre 1921 e 1924, fez parte do conselho editorial da revista *Journal of Abnormal Psychology*. A partir de 1925, e durante os períodos 1925-1927 e 1929-1931, fez parte do conselho de pesquisa em ciências sociais da American Psychological Association (APA), e entre 1940 e 1941 foi presidente da Sociedade para o Estudo Psicológico da Ciência Social. Além disso, foi membro da Sociedade Americana para o Avanço da Ciência e da Associação Americana de Sociologia, entre outras. Suas contribuições para o fortalecimento da psicologia social como disciplina científica lhe renderam vários prêmios, entre os quais se destaca a medalha de ouro da APA.

Em 1957 vinculou-se como professor visitante à Universidade da Califórnia, onde permaneceu até sua morte em 1978.

fa em grupo melhorava, em geral, o rendimento das tarefas que necessitavam da utilização de processos de raciocínio simples. Entretanto Allport verificou que, em certos casos, como a resolução de problemas que necessitassem de processos de raciocínio mais complexos, a execução de uma atividade na presença de outras pessoas que trabalhavam no mesmo tipo de tarefa, também podia diminuir o rendimento.

Os efeitos da presença de outras pessoas no desempenho das atividades realizadas formaram, portanto, parte fundamental das preocupações de psicólogos sociais como Floyd Allport, dando lugar a numerosos estudos posteriores sobre os efeitos da facilitação social em psicologia social (veja o Capítulo 4).

Como já foi dito, Allport não foi tão radical quanto Watson. Não rejeitou veementemente a consciência nem a introspecção. Entretanto, exerceu na psicologia social uma influência parecida à que Watson exercera na psicologia. No momento em que a psicologia social estava consolidando-se como disciplina científica independente, Allport a conduziu definitivamente para bases individualistas, embora posteriormente (Allport, 1962) terminasse revendo sua defesa radical do individualismo.

A DIFERENCIAÇÃO DA PSICOLOGIA SOCIAL NO CONTEXTO DA SOCIOLOGIA

Conquanto posteriormente a psicologia social estivesse mais vinculada à psicologia do que à sociologia, a situação era muito diferente nas etapas iniciais do seu desenvolvimento. Ao mesmo tempo que a psicologia começava sua reflexão sobre os fatores sociais que determinam o comportamento individual, surgia na sociologia o interesse por analisar os determinantes psicológicos da vida social. Dessa maneira desenvolveram-se diferentes linhas de pensamento microssociológico ou psicossociológico que contribuiriam para a diferenciação progressiva da psicologia social na sociologia. Na sociologia européia se destacam, pela ênfase dada ao ponto de vista microssociológico, as contribuições de Max Weber e, sobretudo, de Georg Simmel. Mas, diferentemente do que ocorria no caso da psicologia social psicológica, cujo desenvolvimento começou na Europa, a consolidação da psicologia social sociológica teve lugar fundamentalmente nos Estados Unidos. Para o desenvolvimento experienciado durante esses anos pela psicologia social sociológica norte-americana contribuíram significativamente autores como Charles Horton Cooley e, sobretudo, os sociólogos vinculados à Escola de Chicago, da qual algumas idéias originariam posteriormente o *interacionismo simbólico*.

A publicação concomitante do livro de William McDougall e do manual de psicologia social escrito pelo sociólogo Edward A. Ross (1866-1951) costuma ser citada como um exemplo do processo de consolidação simultânea da psicologia social tanto na psicologia como na sociologia.

Por outro lado, a quantidade de manuais de psicologia social escritos por sociólogos é outra prova do desenvolvimento alcançado pela psicologia social sociológica durante as duas primeiras décadas do século XX.

A psicologia social e os primeiros manuais escritos por sociólogos

Como acabamos de mencionar, no mesmo ano em que se publicou o manual de McDougall, publicou-se outro livro, *Social psychology: an outline and a source book*, escrito por Edward Ross (1866-1951). O conteúdo desse livro, considerado o primeiro manual de psicologia social oriundo da sociologia, era muito diferente do manual de McDougall. Fortemente influenciado por Gabriel Tarde (veja o Capítulo 1), Ross (1908, p. 3) definiu a psicologia social como uma especialidade da sociologia orientada ao estudo das "uniformidades devidas a causas sociais, isto é, aos contatos mentais ou às interações mentais". Segundo Ross (1908, p. 3), a psicologia social deve ignorar as uniformidades no comportamento determinadas por fatores biológicos, como a raça ou os instintos, e concentrar-se unicamente naquelas que tenham sua explicação em causas sociais, isto é, que são produto da associação entre as pessoas.

Ross estabeleceu uma divisão da psicologia social em duas áreas: a *ascendência social*, voltada ao estudo da influência que a sociedade exerce sobre a pessoa por meio da moda, dos costumes ou das convenções sociais, e a *ascendência individual*, centrada na análise da liderança, na invenção e no papel do *grande homem*.

Para Ross, os principais mecanismos explicativos do comportamento social são a invenção, a sugestão e a imitação. O manual de Ross constitui, portanto, uma alternativa à explicação inatista do comportamento social oferecida por McDougall e outros teóricos do instinto. A evolução posterior da psicologia e da psicologia social mostrará que a proposta de Ross de centrar a explicação do comportamento social na imitação era acertada. De fato, a idéia de que grande parte do aprendizado humano ocorre por imitação era compartilhada pela maioria dos psicólogos da época (veja o Boakes, 1989), apesar disso os estudos sobre aprendizagem animal não haviam dado muita atenção a esse processo. A proposta de Ross poderia ter sido um bom ponto de partida para que, a partir da psicologia social, se começasse a desenvolver uma linha de pesquisa sobre a aprendizagem por imitação, paralela e, inclusive, como alternativa para a linha que surgira no marco da psicologia animal para conhecer outros processos de aprendizagem.

Mas isso não aconteceu. Ross se limitou a reproduzir as leis da imitação de Tarde, sem fazer nenhuma contribuição teórica importante nem utilizar as propostas do sociólogo francês para realizar uma pesquisa rigorosa sobre a aprendizagem por imitação. Embora se costume considerar a posição de Ross uma alternativa sociológica ao inatismo de McDougall, o certo é que suas posições no debate herança/ambiente foram inicialmente muito semelhantes. A defesa das diferenças raciais de McDougall, destacada em quase todos os textos de história da psicologia social, era compartilhada também por Ross, que em 1912 escreveu vários artigos sobre a superioridade dos anglo-saxões e a inferioridade dos imigrantes do sudeste da Europa, opiniões que posteriormente iria apurar em consonância com sua ideologia mais progressista (veja Collier, Minton e Reynolds, 1991).

O manual de Ross não foi o único texto de psicologia social oriundo da sociologia. De fato, a maior parte dos manuais de psicologia social publicados entre 1908 e 1928 foi escrita por sociólogos. Dois anos após a publicação do texto de Ross, outro sociólogo, Howard, publicou um texto conciso de psicologia social: *Social psychology: an analytical sillabus* que, de certa maneira, pode ser considerado uma continuação e ampliação do texto de Ross. Da mesma maneira que Ross, Howard considerava a psicologia social parte da sociologia. No livro se inclui uma referência ao desenvolvimento histórico da psicologia social que começa com a origem da sociologia psicológica e a unidade do social e o psíquico. Nele se incluem referências a autores como Comte, Spencer, Lazarus e Steinthal, Ward, Giddings, Durkheim, Small, Cooley e Ross, entre outros.

Porém, dos textos publicados no início do século XX, devemos destacar os de autoria de sociólogos vinculados, quanto a sua formação, à Escola de Chicago.

Este é o caso de Charles Ellwood (1873-1946), Emory F. Bogardus (1882-1973) e Luther L. Bernard (1881-1951). A obra de Ellwood destaca-se especialmente pela sua influência posterior nos psicólogos sociais de formação sociológica. Os dois principais textos de Ellwood: *Sociology and its psychological aspects*, de 1912, e *An introduction to social psychology*, de 1917, vêm precedidos de seu *Prolegomena to social psychology*, publicado em 1901 e que apareceria anteriormente, em 1899, no *American Journal of Sociology*. Nesses relatos de psicologia social, o sociólogo defende o nome de sociologia psicológica ou psicossociologia para a psicologia social. Embora Ellwood parta dos indivíduos e das relações entre eles para explicar as instituições sociais, ele reconhece que estas possuem uma realidade externa aos indivíduos, sem cuja influência é impossível entender os conteúdos da *mente social*. Essa afirmação leva Ellwood a criticar tanto o associacionismo quanto a psicologia individual como pilares da psicologia social. Para o sociólogo, o estudo das relações entre os indivíduos tem que ser realizado, necessariamente, definindo tais relações como interação mental, o que o leva a considerar a psicologia social uma área da sociologia. Enquanto a psicologia individual se preocuparia com os aspectos sociais da consciência individual, a sociologia se preocuparia em analisar os processos mentais que acompanham a vida social. A psicologia social devia incluir ambos os processos; isto é, a dimensão social da mente individual e a dimensão psíquica da vida social. O corolário da psicologia social de Ellwood é a impossibilidade de entender a sociedade sem nos referirmos à consciência, e a impossibilidade de nos referirmos à mente individual sem considerar sua origem social.

> **Edward Alsworth Ross (1866-1951)**
>
> Edward Ross nasceu em Illinois em 1866. Fez seus estudos na Universidade John Hopkins, doutorando-se em economia em 1891. Em 1893 começou a ministrar aulas de economia na Universidade de Stanford, onde permaneceu até 1900, quando foi destituído por motivos políticos. Ross havia criticado a forma de utilizar os imigrantes chineses para a construção de ferrovias, entrando em conflito com a família Stanford, fundadora da Universidade e acionista da Union Pacific Railroad. Depois de sua destituição, Ross foi contratado pela Universidade de Nebraska e, posteriormente, em 1906 conseguiu uma cátedra de sociologia na Universidade de Wisconsin. Aí permaneceu até que se aposentou em 1937. Viajante incansável, visitou diferentes países como a China, a Índia e o México, entre outros. Também viajou para a Rússia durante a revolução bolchevique em 1917, chegando inclusive a entrevistar Leon Trotsky. Ross foi um sociólogo de idéias progressistas e partidário de reformas sociais, o que o levou a manter posições críticas diante de valores conservadores da sociedade norte-americana. No entanto, o clima conservador de sua época influiu, inicialmente, em algumas de suas considerações sobre as diferenças entre raças e culturas. E. Ross, como W. McDougall ou F. Allport, defendeu a existência de diferenças raciais. McDougall foi partidário do movimento eugênico, Allport defendeu a superioridade da inteligência da raça branca sobre a raça negra, e Ross chegou a afirmar a inferioridade dos imigrantes procedentes do sul da Europa. As opiniões de Ross, no entanto, variariam com o tempo, como conseqüência de seus ideais políticos e de sua crença nos

Entre os sociólogos que escreveram manuais de psicologia social baseados no texto de Ross e os de Ellwood, destaca-se Bogardus. Suas duas obras principais são *Essentials of social psychology* e *Fundamentals of social psychology*. Em sua primeira obra, Bogardus (1918) define a psicologia social como o estudo das interações das pessoas nos grupos. Nesse texto nota-se a influência de McDougall, Tarde, Ross e Ellwood, entre outros. Bogardus começa com a análise dos instintos sociais, continua com a imitação e a sugestão, e termina com uma reflexão sobre os processos grupais e a mudança social. No segundo texto, Bogardus (1924) amplia algumas de suas posições anteriores relacionadas à psicologia social. A psicologia social não é a simples aplicação dos princípios da psicologia individual ao estudo do comportamento coletivo; ela tem seus próprios princípios e seus próprios conceitos. Esta citação revela a concepção que Bogardus tem da psicologia social:

> A psicologia social é algo mais do que a aplicação da psicologia do indivíduo à conduta coletiva. É mais do que uma teoria da imitação, uma teoria dos instintos, do instinto gregário ou uma teoria do conflito da vida social. É o desenvolvimento do seu próprio enfoque, seus conceitos e leis... A quinta-essência da psicologia social se encontra no estudo da estimulação intersocial e nas respostas que provocam, e nas atitudes sociais, valores e personalidades resultantes.
>
> (Bogardus, 1924, prefácio)

A ênfase nos processos de interação social — interestimulação social — e suas conseqüências, na forma de atitudes sociais ou personalidades, situa alguns aspectos da concepção mais global de Bogardus em uma perspectiva não muito afastada da de Mead, Dewey ou Thomas. Este último sociólogo, também da Escola de Chicago e cujas contribuições analisaremos mais adiante, em suas reflexões sobre a natureza da psicologia social a definia como:

fatores culturais e nos processos de imitação como elementos que favoreciam a igualdade entre pessoas com heranças genéticas diferentes.

Ross foi o autor do primeiro manual de psicologia social escrito por um sociólogo, *Social psychology: an outline and a source book*, publicado em 1908. No livro, se percebe uma forte influência da sociologia francesa e, mais concretamente, da teoria da imitação de Gabriel Tarde. Para Ross, a psicologia social deve centrar-se no estudo do processo de imitação, por ser este o principal mecanismo explicativo do comportamento social. O livro de Ross teve grande aceitação e influência entre os sociólogos norte-americanos da época que publicavam textos de psicologia social. Este é o caso, entre outros, de C. Ellwood, G. Howard ou E. S. Bogardus. Em todos esses autores se nota a importância do conceito de imitação introduzido por Ross como mecanismo fundamental para explicar a conduta social. Além dessa obra, Ross publicou outros livros e artigos de sociologia, entre os quais se destacam *Social control* (1901) e *Principles of sociology* (1921). Neles, Ross dedica numerosas páginas ao estudo da população, da cultura, dos processos de adaptação, conflito e controle social, assim como à análise da relação entre indivíduo e sociedade. Mesmo assim, Ross foi membro fundador da Sociedade Americana de Sociologia, junto com Lester F. Ward, sociólogo que foi influenciado pelas idéias de Herbert Spencer, com quem compartilharia sua preocupação pela mudança social e com quem manteria uma especial relação de amizade e apreço que se veriam reforçadas pelo casamento com uma das sobrinhas de Ward. Em 1937 Ross publicaria sua autobiografia com o título *Seventy years of it*.

> O estudo dos processos mentais individuais na medida em que são condicionados pela sociedade, e dos processos sociais na medida em que são condicionados pelos estados da consciência.
>
> (Thomas, 1905, p.445-46)

Da mesma maneira, o campo da psicologia social era para Thomas "o teste da interação da consciência individual com a sociedade e dos efeitos desta interação sobre a consciência individual e sobre a própria sociedade" (Thomas, 1906, p. 860-61). O pensamento psicossociológico de Thomas evoluiria para um enfoque situacional em que a forma pela qual a pessoa define as situações nas quais se encontra se torna um fator de especial relevância para o estudo das ações. A idéia de que "se os homens definem as situações como reais, elas são reais em suas conseqüências" (Thomas e Thomas, 1928, pp. 571-572) resume bem o pensamento do autor.

Outro texto de grande importância e ao qual se deu pouca atenção é o de Floriam Znaniecki, pertencente também à Escola de Chicago e colaborador de W. I. Thomas no *The polish peasant in Europe and America*. Em seu livro *The laws of social psychology* (1925), Znaniecki afirma que a psicologia social é parte da sociologia. Uma idéia que já encontramos em Ross e, com ressalvas, em Ellwood. Entretanto, diferentemente desses autores, a obra de Znaniecki não é produto da influência de Tarde; surge de uma teoria da ação que lhe leva a definir a psicologia social como uma ciência cultural, radicalmente diferente da psicologia fisiológica ou da psicologia do comportamento: "Se o psicólogo quer estudar a ação em seu curso original e em seu significado atual, não pode defini-la como o faz o behaviorista; deve seguir sua própria experiência" (Znaniecki, 1925, p. 307). Em resumo, para Znaniecki, o objetivo da psicologia social é a análise da ação social.

Diante de uma interpretação naturalista da realidade como algo objetivo, Znaniecki expõe a necessidade de uma análise cultural da ação a partir da interpretação que sujeitos ativos dão à sua experiência e à sua conduta.

Finalmente, podemos mencionar o livro de Bernard, *An introduction to social psychology*, publicado em 1926, dois anos depois do famoso manual de Allport. A idéia de Bernard da psicologia social diferia significativamente da de Allport, pela importância diferente que ambos davam ao social. Embora Bernard concordasse com Allport em sua crítica à noção de instinto, rejeitava o viés individualista que esse autor dera à psicologia social. Nesse sentido, em seu texto, Bernard defendia a utilização do conceito de hábito como ferramenta de análise da conduta social. Os hábitos, em sua opinião, não têm sua origem nos instintos, mas conforme "o sociólogo nos demonstra, é o meio que, cada vez mais, domina tanto o conteúdo quanto a direção e o funcionamento da formação dos hábitos" (Bernard, 1926, p. 533-3). O objetivo da psicologia social é, segundo Bernard, o estudo da conduta dos indivíduos nas situações sociais e, mais concretamente, a análise das reações dos indivíduos aos estímulos sociais do meio.

Depois desse resumo, é necessário lembrar, entretanto, que o fato de a maioria dos manuais publicados nesse período terem sido escritos por sociólogos não implica, necessariamente, que a disciplina tivesse uma orientação sociológica, conforme a entendemos atualmente. A maioria dos textos escritos por sociólogos durante esse período se enquadra em uma tradição que foi produto da integração da teoria social francesa na sociologia norte-americana nascente. A influência da teoria social francesa se faz sentir no valor que adquirem nesses manuais conceitos como a imitação e a sugestão. Da mesma forma que no manual de Ross, nesses textos a psicologia social é considerada uma disciplina da sociologia. Entretanto, a maioria dos autores compartilhou a formação da sociologia como uma ciência sintética, onde devia ter espaço tanto a biologia como a psicologia. A visão que esses sociólogos e psicólogos sociais norte-americanos tinham da sociologia era, portanto, semelhante à de Tarde e muito diferente da defendida por Durkheim.

Max Weber e a teoria da ação social

Tanto a maneira pela qual Max Weber definiu a sociologia como a sua concepção da ação social situam suas abordagens em um nível de reflexão psicossociológico. O objeto da sociologia é, segundo Weber, a ação social, e mais especificamente a ação relacionada a outros, isto é, a interação social.

Quando Weber fala de ação social, o faz contrastando esse conceito com o conceito de comportamento. Rejeitando a idéia de que o comportamento humano é uma simples reação aos acontecimentos, Weber sublinha o caráter reflexivo e significativo da ação humana.

> Seu objetivo específico [o da sociologia compreensiva] não o constitui para nós um tipo qualquer de "estado" interno ou de comportamento externo, mas a *ação*. Porém "ação" (incluindo a omissão e a admissão deliberadas) significa sempre para nós um comportamento compreensível em relação a "objetos", isto é, um comportamento especificado por um *sentido* (*subjetivo*) "possuído" ou "mencionado", não interessa se de maneira mais ou menos despercebida. (...) Mas a ação que especificamente é importante para a sociologia compreensiva é, em particular, um comportamento que: 1) se refere, de acordo com o sentido subjetivamente mencionado do ator, à *conduta de outros*; 2) está *co-determinado* em seu decurso por esta sua referência plena de sentido, e 3) é *explicável* pela compreensão a partir deste sentido mencionado (subjetivamente).
>
> (Weber, 1913/73, p. 177)

Apesar da forma que Weber definia a sociologia o situe claramente em um nível microssociológico, o modo pelo qual conduziu suas pesquisas o afasta desse nível. A contradição na obra de Weber deu lugar a interpretações muito diferentes sobre ela. Alguns autores, como Gordon (1995) afirmam que Weber foi um dos maiores defensores do individualismo metodológico. Na mesma linha, Rossi (1967/73, p. 31) destaca que desde o momento em que o último termo ao qual pode chegar a sociologia "compreensiva" é o indivíduo que assume determinada conduta em relação com outros indivíduos, a relação social não designa, nos fatos, uma entidade superior ao plano da existência individual, que tivesse um tipo de existência heterogênea. É simplesmente uma conduta de vários indivíduos, *instaurada sobre a base de uma conduta recíproca*, isto é, um modo de ação individual.

Outros autores, entretanto, ressaltam a ênfase que levou Weber à análise das grandes estrutura sociais, que o afasta claramente de uma sociologia individualista (veja Ritzer, 1996a).

Entre as contribuições de Weber que nos interessa destacar aqui, encontram-se suas reflexões sobre a metodologia da pesquisa social. Suas idéias sobre a metodologia das ciências sociais aparecem reunidas em uma série de artigos que foram publicados entre 1903 e 1921 e foram editados conjuntamente em 1922 sob o título *Compilación de ensayos para uma doctrina de la ciencia*.

Uma seleção desses ensaios foi publicada em espanhol com o título *Ensayos sobre metodología sociológica*.

Uma de suas principais contribuições para o debate epistemológico, em que se encontravam imersas naquela época as ciências sociais alemãs, foi a maneira que definiu as relações entre sociologia e história, que, como se relatou no capítulo anterior, foi um dos principais motivos de polêmica para os primeiros cientistas sociais alemães. Entre as posições que entraram em conflito nesse debate, algumas foram analisadas previamente, destacam-se a de Dilthey, por um lado, e as de Windelband e Rickert, por outro. Dilthey havia defendido a idéia de que a sociologia devia fazer parte, junto com a psicologia, das ciências do espírito, caracterizadas pela relação especial que mantém o pesquisador com o objeto pesquisado, e pela utilização do método compreensivo.

Diante da posição de Dilthey, a solução trazida por Windelband consistiu em diferenciar as ciências nomotéticas das ciências idiográficas, sublinhando que qualquer fenômeno poderia ser estudado a partir de qualquer uma das duas perspectivas. Semelhante à última foi a distinção de Rickert entre ciências naturais e ciências culturais (veja o Capítulo 1).

Weber se situou na posição intermediária entre as duas posições e rejeitou tanto as bases metodológicas derivadas da tradição historicista alemã quanto as procedentes do positivismo. Weber não compartilhou com Dilthey a idéia de que as ciências sociais se distinguem por ter como objeto de estudo o espírito ou porque seu método seja a compreensão e não a explicação. Aproximando-se mais da posição de Rickert, Weber destaca que a distinção entre ciências sociais e ciências naturais não é dada pela natureza do objeto de estudo, mas pela finalidade com que este é pesquisado e pela metodologia utilizada para a elaboração dos conceitos.

Isto não quer dizer que Weber rejeitasse totalmente a proposta metodológica de Dilthey, já que admitiu a *Verstehen* como metodologia característica das ciências sociais. É necessário destacar, entretanto, que o significado que deu a esse método foi diferente do dado por Dilthey. A *Verstehen* weberiana não se baseava no conhecimento intuitivo, que é o sentido com o qual atualmente a reivindicam alguns

Max Weber (1864-1920)

Karl Emil Maximiliam Weber nasceu em Erfurt, Alemanha, em 1864. Aos 18 anos iniciou seus estudos de direito na Universidade de Heidelberg, onde permaneceu durante três anos. Em 1884, depois de ter interrompido seu período de formação para fazer o serviço militar, retomou os estudos na Universidade de Berlim, onde se doutorou em 1892. Durante algum tempo deu aulas nessa Universidade, tarefa que dividiu com o exercício da advocacia. O trabalho docente fez com que Weber começasse a se interessar pela sociologia, a economia e a história. Em 1896 obteve uma vaga de professor na Universidade de Heidelberg, onde ministrou aulas de economia. Em 1897, sua carreira acadêmica se viu interrompida pelo impacto psicológico que lhe causou o fato de seu pai ter morrido depois de manter com ele uma forte discussão, permanecendo afastado da Universidade até 1918. A partir de 1902, dedicaria-se ao estudo da metodologia das ciências sociais, porém seria somente em 1904 que reataria sua atividade intelectual dando uma conferência nos Estados Unidos e colaborando na edição dos *Arquivos de ciência social e política social*. Um ano depois, em 1905, Weber publicava *La ética protestante y el espíritu del capitalismo*, possivelmente sua obra mais conhecida e influente, onde explora os vínculos entre o ascetismo protestante e a emergência do capitalismo moderno. Segundo Weber há uma estreita relação entre a ética protestante, que reafirma as atividades da vida cotidiana com um caráter religioso, e a preocupação capitalista pelo rendimento e o lucro econômico. Para o protestantismo, a única forma de comprovar a graça de Deus era por meio do rendimento nas atividades terrestres, razão pela qual o lucro era considerado sinal de virtude.

---

cientistas sociais, mas era um procedimento racional, dirigido à formulação de hipóteses interpretativas que deviam ser verificadas empiricamente (veja Ritzer, 1996a, Rossi, 1967). A compreensão e a explicação causal não eram, segundo Weber, incompatíveis, por isso ele não rejeitou que as ciências sociais pudessem oferecer explicações causais dos fenômenos estudados, como fizera Dilthey.

Adotando um esquema de explicação probabilística, Weber destacou que, diferentemente das ciências naturais, que explicam os fenômenos mediante um sistema de leis gerais, as ciências histórico-sociais os explicam em sua individualidade. No caso das ciências sociais não se pode falar, portanto, de casualidade necessária, mas sim de uma *casualidade adequada* ou condicional. A *casualidade adequada* significa assumir que a respeito dos fenômenos sociais só se podem fazer proposições probabilísticas; isto é, só se pode chegar a afirmações do tipo *dadas certas condições é possível que ocorra X*, e o máximo que se pode conseguir é estabelecer as circunstâncias que facilitam sua ocorrência. Assim, por exemplo, em sua obra *La ética protestante y el espíritu del capitalismo* (1904/5) Weber analisou como o sistema ideológico do protestantismo constituiu um dos fatores causais decisivos que resultaram no desenvolvimento do sistema capitalista.

Portanto, o reconhecimento de que as ciências sociais têm de estudar os fenômenos em sua individualidade não foi incompatível com a adoção de um enfoque nomológico. Para tornar compatível este enfoque com o conhecimento individualizado das disciplinas históricas, Weber utilizou os *tipos ideais*. Os *tipos ideais* são os conceitos que o cientista utiliza para elaborar explicações da realidade social. De maneira geral, um *tipo ideal* é um conceito que, embora não corresponda exatamente ao fenômeno social estudado, serve ao pesquisador como ferramenta heurística para analisá-lo. O cientista social estabe-

A disciplina e a austeridade protestantes também são elementos que potencializaram noções como as de economia e acumulação, bases igualmente importantes do capitalismo.

O interesse que Weber mostrou pela religião se fundiu com sua paixão pela história, resultando na publicação de trabalhos onde comparava as religiões da Europa Ocidental com as de outros lugares do mundo. Mas não seria a ligação entre história e religião que teria um maior impacto nas ciências sociais, mas a ligação que estabeleceu entre a história e a sociologia. A sociologia, pensava, daria à história as ferramentas necessárias para fazer dela um conhecimento objetivo, sem ter de adotar os métodos da ciência natural. Essa posição, mais próxima da hermenêutica do que do objetivismo, permitiu-lhe elaborar modelos conceituais que denominou tipos ideais, e cuja função é a de fazer compreensíveis, sob categorias amplas e abstratas, situações sociais de diferentes naturezas. Essas categorias cumpriam uma função heurística com a qual se podia abranger e compreender diferentes fenômenos sociais.

Weber morreu em 1920, antes de terminar sua obra mais importante, *Economía y sociedad*. Essa obra foi traduzida para vários idiomas. Antes de morrer participou da Primeira Guerra Mundial, fazendo parte da Comissão de Hospitais Militares do Corpo de Reservas. Participou de atividades políticas com a União Social Protestante, colaborou na fundação da Sociedade Alemã de Sociologia e se cercou de importantes pensadores sociais, como Georg Simmel e Georg Lukács. Sua obra, na qual também se destacam os relatos sobre metodologia das ciências sociais, foi fundamental para a consolidação da sociologia moderna. Sua esposa Marianne Schnitger publicou em 1948 uma detalhada biografia do sociólogo alemão, *Max Weber, ein Lebensbild*, traduzida para o espanhol com o título *Biografia de Max Weber*.

lece os *tipos ideais* de forma indutiva, partindo de informação empírica procedente da análise histórica. Valendo-se desses conceitos, o pesquisador pode formular hipóteses explicativas sobre a realidade social, que depois devem ser contrastadas empiricamente. Nessa fase, o pesquisador se concentrará nas divergências entre o *tipo ideal* e o caso particular que está estudando e explicará possíveis divergências.

Como destaca Rossi (1967), a idéia de Weber é que o conhecimento histórico utiliza as uniformidades, formuladas como regras gerais da evolução, com o propósito de obter a explicação dos fenômenos em sua individualidade. Não é, portanto, a presença ou ausência do saber nomológico que diferencia as ciências naturais das histórico-sociais, mas a função que cumpre: o que nas primeiras é o fim da pesquisa, nas segundas é somente determinado momento dela. Portanto, apesar de a reivindicação atual da *Verstehen* weberiana servir para que alguns cientistas sociais justifiquem a superioridade do método compreensivo diante da explicação causal, o certo é que ambas as formas de análise da realidade social foram concebidas por Weber como totalmente compatíveis.

Weber diferenciou quatro formas de *tipos ideais*: o *tipo ideal histórico*, referindo-se a um fenômeno presente em determinado momento da história; o *tipo ideal geral*, que abrange os fenômenos que se dão transversalmente na história e nas diversas sociedades; o *tipo ideal da ação*, referindo-se às ações determinadas pelas motivações dos indivíduos; e o *tipo ideal estrutural*, que se refere às formas que se obtêm como resultado da ação social.

Seja qual for a interpretação mais adequada do pensamento de Weber, o certo é que tanto sua definição explícita do objeto da sociologia quanto seu conceito da ação social situam suas abordagens em um nível de análise psicossociológico semelhante ao adotado pelos sociólogos da Escola de Chicago.

Apesar disso, Weber não exerceu nenhuma influência sobre eles, o que pode ser explicado pelo fato de os trabalhos sociológicos de Weber serem posteriores aos primeiros trabalhos dessa escola. Não obstante, parece que Weber, como os sociólogos da Escola de Chicago, viu-se influenciado por algumas das idéias de William James (veja Collier, Minton e Reynolds, 1991).

Georg Simmel: o estudo das ações recíprocas

A reflexão de Simmel sobre as relações entre o indivíduo e a sociedade faz com que sua obra deva ser considerada uma referência da psicologia social. Fora da Alemanha, Simmel manteve uma fluida correspondência com Albion Small (1854-1926), fundador do Departamento de Sociologia da Universidade de Chicago, que traduziu diversos textos de Simmel para o *American Journal of Sociology*. De fato, as idéias de Simmel, introduzidas na sociologia norte-americana por intermédio de Park (1864-1944) foram uma das fontes de inspiração dos psicólogos sociais da Escola de Chicago.

Em sua forma de conceber a sociedade, Simmel se afasta de outros sociólogos, como Durkheim, que haviam definido os fatos sociais como realidades externas que se impõem à consciência individual, e destaca o caráter dinâmico tanto das relações humanas quanto das formas de socialização que se produzem como resultado da interação social. Simmel considera que a sociedade está constituída pelas ações recíprocas entre seus membros. "Nas partes consideradas isoladamente não há ainda sociedade; nas ações recíprocas ela já existe realmente" (1908/77, p. 37). A seu ver, as diferentes formas de ação recíproca não são nem o antecedente nem a conseqüência da sociedade, mas a própria sociedade. Para Simmel (1908/77, p. 51),

> a existência do homem não é em parte social e em parte individual, com a cisão de seus conteúdos, mas se encontra sob a categoria fundamental, irredutível, de uma unidade que só podemos expressar mediante a síntese ou simultaneidade das duas determinações opostas: ser ao mesmo tempo a parte e o todo, produto da sociedade e elemento da sociedade... E estes não são dois pontos de vista coexistentes, sem relação... mas ambos constituem a unidade disso que chamamos ser social...

As mesmas idéias serão desenvolvidas em um novo texto de sociologia publicado em 1917 e traduzido para o espanhol com o título *Cuestiones fundamentales de sociología*. Nele, novamente enfatiza a idéia de que a sociedade e os indivíduos não podem ser concebidos de forma isolada, ao mesmo tempo que destaca como objetivo da sociologia as diferentes formas de socialização que acontecem nas relações sociais.

De acordo com a maneira que definiu a sociedade, Simmel concentrou seu interesse nos componentes psicológicos da vida social. Para ele, o objetivo fundamental da sociologia era a análise das interações que acontecem diariamente entre as pessoas. Mais especificamente, a sociologia devia ocupar-se do estudo das interações sociais mais simples, como a díade e a tríade, e de sua influência na origem e no desenvolvimento das instituições sociais. Seu objetivo principal era realizar uma descrição das distintas manifestações da vida social por intermédio do estudo das inter-relações sociais básicas. A forma mais simples de ação recíproca descrita por Simmel é a interação entre duas pessoas. Esse tipo de associação está baseado na individualidade das duas partes, e sua manutenção depende da vontade de cada uma delas. A única exceção nesse sentido são as relações de subordinação caracterizadas pela *coação física imediata*.

Nesses casos, se trata de relações entre uma pessoa e um objeto, e não se pode falar de relação social propriamente dita.

Segundo Simmel, o passo da díade para a tríade, isto é, a agregação de um terceiro elemento na relação entre duas pessoas, significa uma mudança qualitativa de grande importância social que não se produz com sucessivas agregações numéricas.

Nas associações entre três, a relação entre os dois primeiros se vê alterada. Eles podem ver o terceiro elemento como um complemento da relação ou podem senti-lo como um intruso. Existe também a possibilidade do estabelecimento de partidos e maiorias mediante as coalizões entre dois elementos. Do mesmo modo, o terceiro pode atuar como elemento imparcial ou mediador diante do qual as partes hostis expõem suas desavenças; ou como árbitro com capacidade de decisão sobre ambas. Inversamente, pode atuar como parte interessada que utiliza ambas as partes em benefício próprio. Finalmente, o terceiro pode provocar o conflito entre as duas partes para obter uma superioridade sobre ambas.

Uma das principais contribuições de Simmel para a microssociologia foi a identificação e a análise das formas de interação. O interesse por esse aspecto da realidade social se viu determinado pela sua concepção de metodologia. Simmel considerava que para analisar a interação social, o sociólogo devia proceder do mesmo modo que o leigo quando interpreta suas interações cotidianas. Na hora de dar sentido a tais interações, as pessoas não atuam como se fosse a primeira vez que as vivenciam, mas as definem utilizando uma série de etiquetas e modelos que já possuem. *Amizade*, *intercâmbio* ou *estranheza* são alguns dos modelos com os quais contamos para dar sentido às interações que mantemos cotidianamente com outros. Segundo Simmel, o sociólogo deve atuar do mesmo modo, diminuindo o complexo emaranhado de interações a um número limitado de classes ou formas de interação. Entre as formas de interação analisadas por Simmel destacam-se o *conflito*, o *intercâmbio*, a *estranheza*, a *supra-ordenação* e a *subordinação*.

Além do interesse pela identificação das diferentes formas de interação, Simmel dedicou uma considerável atenção ao papel que desempenham nas interações cotidianas os diferentes atores que participam delas. Desse modo, desenvolveu um importante trabalho, dirigido à identificação e análise de uma série de tipos sociais, em que destacam suas reflexões sobre *o estranho* ou *o pobre*. Como no restante de sua sociologia, a análise do pobre como tipo social se caracteriza pelas ações recíprocas que estabelece com outras pessoas:

> Aquele que recebe a esmola dá também algo; dele parte uma ação sobre o doador, e isto é, justamente, o que converte a doação em uma reciprocidade, em um processo sociológico.
>
> (Simmel, 1908/74, p.490)

As relações entre doador e pobre estão regidas pelo direito deste de receber ajuda e o dever do primeiro de socorrê-lo.

A finalidade dessa relação é a de que o pobre que se encontra *fora* do grupo social se reintegre nele por meio do dever da coletividade de socorrê-lo. Por sua vez, a coletividade se defende da possibilidade de que o pobre faça uso da violência para alterar sua situação. Paralelamente à análise do pobre como *tipo social*, Simmel realizou estudos sobre temas variados, como a condição de estrangeiro, a moda e o adorno. Entre os estudos que realizou, destaca-se seu amplo ensaio sobre *La filosofía del dinero* (1907) e seu estudo sobre *El secreto y la sociedad secreta* (1908). No primeiro, Simmel começa ressaltando o fato

> **Georg Simmel (1858-1918)**
>
> Georg Simmel nasceu em 1858 em uma família rica da cidade de Berlim. Estudou história e filosofia na Universidade de Berlim. Teve como professores figuras destacadas da filosofia, da história, da antropologia e da sociologia, o que o levou a interessar-se por um amplo leque de matérias. Em 1891 obteve seu doutorado em filosofia, e em 1895 começou a ministrar aulas nessa Universidade como Privatdozent, ou seja, um professor que a Universidade não remunerava e dependia diretamente da matrícula que os estudantes pagavam por assistir ao curso. Tanto pela quantidade de matérias que ministrava (sociologia, psicologia social, economia, filosofia, história, ética) como pelo brilhantismo de suas lições, o curso de Simmel atraía não só estudantes, mas também intelectuais da elite cultural da cidade. Isso lhe permitiu permanecer durante 15 anos na Universidade, apesar de não ter conseguido uma vaga oficial. Não obstante a boa reputação que chegou a ter como docente, Simmel encontrou grandes dificuldades para consolidar sua posição na Universidade. Mesmo contando com o apoio de importantes personalidades do mundo acadêmico, como Max Weber ou Heinrich Rickert, Simmel não conseguia nenhuma das vagas que disputava.

de que o valor que damos às coisas é em função do trabalho que nos custou consegui-las. O valor dos objetos depende da distância que nos separa de sua posse; essa relação, entretanto, tem um ponto de inflexão quando os objetos de nosso desejo estão completamente fora de nosso alcance, e então deixam de ter valor para nós:

> Começamos a desejar realmente ali onde o prazer pelo objeto se mede em distâncias intermediárias, isto é, onde pelo menos o preço da paciência, da renúncia a outra pretensão ou desfrute afasta o objeto de nós a uma distância possível de ser vencida e que se converte no próprio desejo.
>
> (Simmel, 1907/77, p. 63)

Ao mesmo tempo, para que os objetos entrem em uma relação de intercâmbio entre as pessoas, é necessário que se renuncie ao objeto:

> Em economia, este processo transcorre da seguinte maneira: o conteúdo do sacrifício ou da renúncia, que se produz entre o homem e o objeto de seu desejo, é, ao mesmo tempo, objeto de desejo de alguém mais; o primeiro deve renunciar a possuir ou desfrutar de algo que o outro deseja a fim de transferir a este a renúncia possível de ser vencida e que se converte no próprio desejo.
>
> (Simmel, 1907/77, p. 43)

É nessas relações de intercâmbio surgidas dos desejos pelos objetos e de sua relativa escassez onde aparece o valor econômico destes e o papel do dinheiro como *objeto divisível de intercâmbio*. O dinheiro mantém, segundo Simmel, uma relação ambivalente com os objetos que desejamos. Por um lado, nos aproxima deles, nos torna possível seu consumo; mas também se interpõe entre nós e os objetos. É nessas relações de intercâmbio que ocorre uma economia monetarizada, onde Simmel se propõe analisar o papel do dinheiro e seus efeitos sobre os hábitos que caracterizam a sociedade moderna; uma sociedade em que tudo pode ser *adquirido*. Em relação com essa economia monetária, se criam diferentes

O único vínculo oficial com a Universidade de Berlim foi um título de professor honorífico que recebeu em 1900, mas que não lhe dava direito a nenhuma remuneração. Apesar disso, sua situação econômica lhe permitiu manter-se durante muito tempo no posto de Privatdozent, e tanto suas aulas quanto seus textos o levaram a fazer parte dos círculos intelectuais e artísticos de Berlim. Em 1914, com 56 anos, obteve por fim um posto de professor na Universidade de Estrasburgo, onde permaneceu por pouco tempo, pois logo depois começou a Primeira Guerra Mundial, que interrompeu a atividade universitária. Simmel foi um escritor muito prolífico. Além dos artigos publicados em periódicos e revistas ao longo de toda sua vida, escreveu importantes obras sobre filosofia, ética, sociologia etc. Entre seus trabalhos mais importantes, podemos destacar *La filosofía del dinero (1900), El secreto y la sociedad secreta* (1906), *El extraño* (1908), *El pobre* (1908) e *Sociología: investigaciones sobre las formas de socialización* (1908).

Apesar de Simmel nunca ter criado uma escola, sua influência na sociologia foi indubitável. Do ponto de vista da psicologia social, por exemplo, é de destacar sua influência na sociologia de Robert Park, que introduziu as idéias de Simmel nos Estados Unidos, incorporando-as à bagagem teórica da sociologia da Escola de Chicago. Georg Simmel morreu em 1918.

tipos sociais, entre os quais se destacam o cínico e o avaro. O primeiro se caracteriza por nivelar todos os valores, consciente de que tudo se reduz ao dinheiro e de que até os mais sublimes estão à mercê de quem os possui.

O segundo, o avaro, caracteriza-se por seu desejo de acumulação como objetivo final. Mas, além de gerar tipos sociais específicos, o dinheiro tem, segundo Simmel, um papel fundamental em nossas vidas cotidianas, pois reduz a qualidade à quantidade; dado que tudo se pode conseguir com dinheiro e que ele é a medida de todas as coisas, reduz o valor delas a sua expressão quantitativa:

> Desse modo, uma das grandes tendências da vida, a redução da qualidade à quantidade, alcança no dinheiro sua imagem mais extrema e definitiva; também aqui aparece o dinheiro como o ponto mais elevado de uma ordem de evolução histórico-espiritual que determina inequivocamente sua orientação.
> (Simmel, 1907/77, p. 332)

Outro efeito da economia monetária é que nos faz dependentes de inúmeras *prestações* proporcionadas por pessoas com as quais não temos vínculos pessoais. Nessas relações destacam-se o cálculo e a lógica, porém, ao mesmo tempo, nos dão uma maior liberdade ao nos fazer mais independentes dos interesses dos grupos aos quais estamos vinculados. Outro aspecto analisado nessa obra é a redução dos valores pessoais a seu equivalente monetário. Em sua opinião, o dinheiro é o que faz possível dar uma idéia quantitativa do ser humano: "não é só o dinheiro a medida do ser humano, mas o ser humano é também a medida do dinheiro" (Simmel, 1907/77, p. 438). Um exemplo apresentado por Simmel para explicar como o valor das pessoas se traduz em valor monetário é a introdução nas sociedades primitivas da absolvição do homicídio mediante o pagamento de um valor monetário; outro exemplo é a prostituição, que reduz as relações sexuais a sua forma monetária. Em ambos os casos, o dinheiro se converte em um *equivalente* de valores pessoais. A economia do dinheiro faz com que as relações interpessoais acabem por reduzir-se a sua expressão econômica.

Em resumo, a economia monetária supõe um estilo de vida que determina as relações recíprocas entre as pessoas, que se encontram determinadas pelos interesses de tal sistema econômico:

> A característica psicológica da época aqui analisada... parece encontrar-se em uma íntima relação causal com a economia monetária. Esta justifica, em função de sua própria essência, a necessidade contínua de operações matemáticas na circulação econômica cotidiana. As vidas de muitos seres humanos estão caracterizadas por essa possibilidade de determinar, equilibrar, calcular e reduzir valores qualitativos a outros quantitativos... A exatidão, intensidade e precisão nas relações econômicas da vida que, é claro, também afetam seus outros conteúdos, correm paralelas com a extensão do dinheiro, mas não para o fomento do grande estilo na forma de vida.
>
> (Simmel, 1907/77, p. 558)

Como vemos, as análises de Simmel nos ajudam a entender a influência do dinheiro nas relações recíprocas que constituem a sociedade. Ao estudar a incidência da monetarização da economia nas relações entre os indivíduos, Simmel contribui para um estudo dinâmico da interação social.

Quanto ao outro estudo que mencionamos, aquele dedicado à análise do segredo, Simmel destaca que a função deste é ampliar nossa vida ao possibilitar a convivência entre dois mundos, um conhecido e outro desconhecido. Além disso, ele destaca que quando comunicamos alguma coisa sempre realizamos uma seleção em que nem tudo o que somos está presente. Assim, embora as relações estejam apoiadas no conhecimento do outro, também necessitam de certo grau de ignorância, dissimulação e segredo. Finalmente, as sociedades secretas, apoiadas nas relações de confiança mútua entre seus membros, surgem quando o segredo é compartilhado por um grupo. O ritual, a hierarquia e a desindividualização se estabelecem como necessidades dessas sociedades secretas para fortalecer sua coesão e sobrevivência.

Outro aspecto a ser destacado na obra de Simmel é sua preocupação tanto pela análise das interações sociais mais simples quanto pelo estudo de fenômenos mais complexos, como o comportamento dos grupos ou a estrutura social.

Para isso, adotou a doutrina da *emerção social*. A tese na qual se baseia Simmel é a de que os níveis sociais mais altos emergem dos mais baixos. Em seus estudos sobre os grupos, destacam-se suas reflexões sobre as relações entre o indivíduo e o grupo e sobre as diferenças entre os grupos sociais de acordo com a quantidade de seus membros. Enquanto as relações interpessoais estão caracterizadas por certa capacidade reflexiva que permite ao sujeito analisar-se do ponto de vista do outro, nos grupos pequenos, como nas massas, a influência do grupo anula a capacidade de decisão pessoal. No caso dos grupos pequenos, a menor diversidade de seus elementos é o que provoca sua uniformidade e os leva a comportamentos e atitudes mais radicais, enquanto a conduta irracional das massas é explicada pela sugestão e o contágio. Ao mesmo tempo, a maior diversidade nos elementos que formam os grandes grupos permite que estes apresentem uma menor uniformidade no comportamento de seus membros.

Como veremos mais adiante, a visão de Simmel da sociedade como ação recíproca de seus membros exercerá sua influência, por intermédio da obra sociológica de Park, na idéia que o interacionismo simbólico tem das relações entre o indivíduo e os grupos sociais, para cuja compreensão é fundamental a noção de interação (veja Meltzer, Petras e Reynolds, 1975). Para Simmel, os indivíduos ou os grupos sociais mantêm relações que têm seu fundamento nas imagens mútuas que elaboram no decorrer de suas ações recíprocas. Um processo análogo é o que permite que o indivíduo seja capaz, mediante uma atitude reflexiva, de ver-se a si mesmo como um outro. Tampouco é arriscado destacar que a análise realizada por Simmel (1908) em seu estudo sobre "o segredo e a sociedade secreta" ou suas reflexões sobre a figura do pobre e dos processos de ação recíproca que provoca são um antecedente do enfoque microssociológico de Erving Goffman. Finalmente, a concepção emergentista de Simmel da sociedade exerceu uma influência notável sobre alguns teóricos do intercâmbio social, como o sociólogo Peter Blau. A obra desses sociólogos será tratada em capítulos posteriores.

A concepção dialética entre o indivíduo e o social que emerge da teoria microssociológica de Simmel, sua influência em teorias como o interacionismo simbólico ou o intercâmbio social, assim como suas reflexões sobre os grupos sociais, fazem com que sua obra deva ser recuperada como um antecedente de diferentes campos de análise da psicologia social de procedência sociológica.

Charles Horton Cooley: as bases psicossociais das relações interpessoais e da vida social

Na sociologia norte-americana do início do século XX, a obra de Charles Horton Cooley (1864-1929) também constitui um ponto de referência obrigatório para uma aproximação histórica ao desenvolvimento do pensamento psicossociológico. Diferentemente de outros sociólogos da época, Cooley não se baseou na análise das macroestruturas, mas no estudo da consciência, da ação e da interação.

Uma idéia central da microssociología de Cooley é que indivíduo e sociedade não têm uma existência separada, mas fazem parte indissolúvel da experiência. Não é possível estudar a sociedade sem nos referirmos aos indivíduos que a constituem, nem tampouco é possível analisar os indivíduos sem fazer referência à sociedade da qual fazem parte: "Um indivíduo separado é uma abstração desconhecida para a experiência, da mesma maneira que a sociedade quando é considerada algo separado dos indivíduos" (Cooley, 1902, p.1). Essa idéia se verá ampliada no *The social process*, onde desenvolve suas idéias sobre o crescimento adaptativo, em cujo curso se materializa a vida humana:

> A vida humana é um conjunto em crescimento, unificado por correntes intermináveis de interação, mas ao mesmo tempo diferenciadas nessas diversas formas de energia que vemos como pessoas, facções, tendências, doutrinas e instituições. (Cooley, 1918, pp. 3-4)

Entre as contribuições de Cooley à psicologia social destaca-se sua análise sobre a formação intersubjetiva da identidade e, mais concretamente, sua teoria do *eu espelho*, desenvolvida em seu livro *Human nature and the social order* (1902). Cooley defende que a imagem que os outros têm sobre nós acaba fazendo parte da nossa identidade. No decorrer da interação cotidiana, a pessoa não somente é consciente da imagem que outros têm dela, mas também é capaz de interpretar os sentimentos, positivos ou negativos, que desperta nos outros. As outras pessoas atuam como espelhos nos quais nos vemos refletidos. Para Cooley (1902, pp. 184-5):

> Um autoconceito deste tipo parece ter três elementos principais: a idéia que outra pessoa tem da nossa aparência; a imagem da sua avaliação desta aparência, e certo sentimento sobre si mesmo, como orgulho ou mortificação. A comparação com o espelho somente sugere o segundo elemento, que resulta fundamental, à imagem da avaliação do outro. O que nos leva ao orgulho ou à vergonha não é o reflexo mecânico de nós mesmos, mas um sentimento atribuído, o efeito imaginado deste reflexo na mente da outra pessoa... Sempre imaginamos e, ao imaginar, compartilhamos julgamentos e valorações da outra mente.

> **Charles Horton Cooley (1864-1929)**
>
> Charles Horton Cooley nasceu em 1864, em Ann Arbor, Michigan, em cuja Universidade cursou seus estudos. Embora inicialmente se decidisse pela engenharia, esta não foi uma profissão pela qual se sentisse atraído. Por isso compensou sua falta de entusiasmo lendo Darwin, Spencer e Schaeffle, um sociólogo alemão, cuja influência o levou a interessar-se pela economia e a sociologia. Em 1890 começou a ministrar aulas de economia na Universidade de Michigan, onde se doutorou, quatro anos depois, em economia política e sociologia. Ao finalizar o doutorado, começou a trabalhar como docente na mesma universidade, e a realizar as pesquisas que o tornariam uma referência para a sociologia. Dedicou grande parte de seu trabalho à análise dos problemas sociais de sua época, e seus estudos tinham como objetivo principal compreender o desenvolvimento do eu. Nesse interesse, percebe-se a influência que exerceram os psicólogos James M. Baldwin e William James sobre seu pensamento. O método de Cooley foi introspectivo, uma vez que se apoiou na análise de si mesmo e das pessoas próximas a ele (parte de suas observações sobre o crescimento e o desenvolvimento do eu foi realizada com seus próprios filhos) para consolidar suas teorias a respeito da determinação social do eu.

É também no decorrer da interação com os outros que se desenvolvem o pensamento e a consciência. O estudo do desenvolvimento evolutivo levou Cooley a ressaltar que tanto o pensamento quanto a personalidade infantil são o resultado da interação com os demais. Daí a importância da linguagem e da comunicação com os outros para o desenvolvimento do indivíduo. Essas idéias aproximam as abordagens de Cooley das de Mead.

Cooley ressalta a importância da definição subjetiva das situações na compreensão da ação humana, uma idéia que veremos também em William I. Thomas. Da mesma maneira, para entender as relações sociais imediatas devemos fazê-lo partindo da consciência que cada indivíduo tem do outro. Dessa maneira, não existe diferença entre a pessoa real e a idéia que de tal pessoa tem o outro com quem mantém uma relação. Do mesmo modo, a importância de Cooley para a psicologia social reside também nas idéias desenvolvidas no livro *Social organization* a respeito da natureza dos grupos primários, caracterizados pelas relações face a face e a cooperação. Para Cooley, a natureza humana não se expressa por meio da existência isolada de cada indivíduo, mas por meio dos grupos primários.

A idéia principal ao redor da qual se articula a sociologia de Cooley é a de que é no curso da interação com outros que acontece o desenvolvimento da consciência, do pensamento, da identidade e da personalidade. A linguagem e a comunicação são os principais mecanismos pelos quais se produz a interação social, para a qual resulta básica, além disso, a capacidade que tem a pessoa de se colocar no lugar dos outros e imaginar o que pensam. O principal instrumento da interação social é, segundo Cooley, a *introspecção simpática*, processo mediante o qual uma pessoa imagina as coisas tal como os outros as imaginam.

Para Cooley, a *introspecção simpática* não é somente a ferramenta pela qual ocorre a interação cotidiana, mas também deve ser utilizada como método de pesquisa da sociologia. Da mesma forma que

Sua teoria postula que a identidade se consolida pela interação entre as pessoas e as expectativas mútuas que entram em jogo. Nós nos comportamos e nos auto-regulamos, assegura Cooley, a partir daquilo que supomos que a outra pessoa nota ou interpreta em nossos atos. Os outros são, portanto, uma referência indispensável para a constituição do próprio *self*. O conceito básico de sua teoria da identidade é o de *looking-glass self*, que foi traduzido como *eu-espelho* ou *imagem em espelho*. A idéia que Cooley quer transmitir é a de que, na interação, os outros, como se fossem um espelho, influem na imagem que formamos de nós mesmos, na construção de nossa própria identidade.

Apesar de ter sido na Universidade de Michigan onde desenvolveu toda sua produção intelectual, Cooley é uma referência indiscutível para compreender a corrente da psicologia social que surgiu em Chicago no início do século XX. Os fortes vínculos que manteve com Mead e o fato de dividir os interesses e idéias da Escola de Chicago fazem com que, às vezes, a obra de Cooley seja estudada como parte da referida escola, embora nunca tivesse ensinado nessa universidade.

Suas obras mais destacadas são *Human nature and the social order* (1902), *Social organization* (1909), *The social process* (1918) e *Sociological theory and social research* (1930).

fazem as pessoas no transcurso de suas interações cotidianas, o cientista social deve se colocar no lugar dos atores para poder compreender os significados da ação social.

As idéias de Cooley influenciarão o pensamento de Mead, que incorporará na sua formulação do interacionismo simbólico a noção do *eu espelho*, mas rejeitará outros aspectos, como o mentalismo e a introspecção de sua teoria social.

Como veremos, diferentemente de Cooley, Mead adotou um enfoque científico no estudo da mente, que o afastou da metodologia introspectiva defendida por Cooley e da concepção da sociedade como mero produto das imagens ou idéias que as pessoas têm de si mesmas e dos outros. Para Mead, a teoria de Cooley não podia comportar a existência da sociedade como algo externo aos processos de ideação individuais.

Mas, independentemente das críticas que sua posição recebeu, a maneira pela qual Cooley definiu o objetivo da sociologia, sua análise da interação social, assim como sua noção do *eu espelho* e suas reflexões sobre a metodologia das ciências sociais, exerceriam uma influência significativa sobre os sociólogos da Escola de Chicago, cujas contribuições à psicologia social se analisam a seguir.

A sociologia da Escola de Chicago e sua influência na psicologia social

A Universidade de Chicago, fundada em 1890, foi, durante as duas primeiras décadas do século XX, o principal núcleo de desenvolvimento das ciências sociais norte-americanas. Tanto o contexto social da cidade de Chicago quanto a estrutura institucional da Universidade favoreceram um desenvolvimento sem precedentes da pesquisa empírica em diferentes áreas, como a psicologia, a sociologia, a ciência política ou a economia. No início do século XX, a cidade de Chicago estava mergulhada em um processo de rápida industrialização que a transformou no principal ponto de destino de um número crescente de imigrantes procedentes tanto de áreas rurais dos Estados Unidos quanto de outros países. A prosperidade econômica da cidade teve sua contrapartida no aparecimento de inúmeros problemas sociais, derivados da incapacidade para absorver de forma tão rápida grupos de pessoas tão numerosos. Dessa maneira, à medida que a cidade crescia, foi se tornando cada vez mais evidente a precariedade em que viviam amplos setores da população, com os problemas sociais que isso desencadeava (violência, pobreza, marginalização etc.). A sensibilização da sociedade de Chicago diante desses problemas e a crença de que uma análise científica destes levaria a sua solução fizeram com que a cidade direcionasse grande parte de suas necessidades de soluções à Universidade, que contou com um forte apoio econômico das instituições locais.

A idéia de que a pesquisa científica era o caminho para resolver os problemas sociais que a cidade vinha enfrentando se viu enormemente favorecida pelo clima intelectual da Universidade de Chicago, que no início do século XX se tornou o principal centro de difusão da filosofia pragmatista. O pragmatismo foi, como se comentou no capítulo anterior, a primeira corrente filosófica propriamente norte-americana. Embora tivesse se iniciado por Charles Sanders Peirce e se popularizado por William James (veja o Capítulo 1), foram John Dewey e George Herbert Mead que criaram a versão do pragmatismo que serviu de inspiração para o desenvolvimento das ciências sociais na Universidade de Chicago. John Dewey assumiu a direção do departamento de filosofia desta Universidade em 1894, e nesse mesmo ano incorporou George Herbert Mead a esse departamento, com quem tinha colaborado anteriormente na Universidade de Michigan. Dewey rejeitou a separação clássica que a filosofia estabelecera entre o pensamento e a ação, e definiu o conhecimento como uma forma de atividade diante de uma situação que é percebida como problemática. A atividade reflexiva supõe uma reconstrução contínua da experiência, e surge quando a pessoa tenta resolver os problemas os quais diariamente deve enfrentar.

As crenças são hipóteses que elaboramos à medida que tentamos dar solução a esses problemas, e são verdadeiras à medida que servem para sua resolução.

Aplicado à ciência, o conceito do conhecimento e da verdade desembocava em uma reivindicação do caráter aplicado do conhecimento científico. A ciência tem como objetivo a resolução dos problemas sociais. Essa forma de definir os objetivos do trabalho científico, compartilhada também por Mead, fez com que na Universidade de Chicago se criasse o clima propício para o desenvolvimento da pesquisa sociológica.

O estímulo representado pelos problemas sociais da cidade, a orientação filosófica proporcionada pelo pragmatismo e os recursos econômicos que as instituições locais puseram a serviço da pesquisa fizeram com que o departamento de sociologia da Universidade de Chicago, fundado em 1892, se tornasse o centro da sociologia norte-americana até os anos 1930. Embora freqüentemente se identifique os sociólogos da Escola de Chicago com o interacionismo simbólico, a escola se caracterizou pela ausência de uma orientação predominante e pela diversidade, tanto teórica quanto metodológica (veja Bulmer, 1984). Apesar disso, é possível identificar alguns traços que compartilharam em maior ou menor medida todos seus representantes. Possivelmente uma das características mais definidoras da Escola de Chicago foi o enorme interesse que nela foi dado à pesquisa empírica e à aplicação do conhecimento sociológico na resolução de problemas sociais. O enorme esforço que dedicou à pesquisa aplicada fez com que uma das principais contribuições desta escola fosse o desenvolvimento de métodos de pesquisa especificamente sociológicos. Do ponto de vista metodológico, os sociólogos da Escola de Chicago foram bastante ecléticos, sendo esta uma de suas principais características. Como destaca Bulmer (1984), embora seja freqüente identificar a Escola de Chicago com o uso de métodos qualitativos, a metodologia quantitativa também ocupou um importante lugar na pesquisa sociológica que ali era realizada. Do ponto de vista teórico, os sociólogos da Escola de Chicago foram fortemente influenciados pelo pragmatismo de Dewey, assim como pela microssociologia de autores como Simmel, cujas idéias foram introduzidas por Robert Park (1864-1944) e Charles H. Cooley. A influência deste último foi tão notável que alguns autores o incluem na escola (veja, por exemplo, Ritzer, 1996a). Anteriormente descrevemos a obra de sociólogos como Charles Ellwood, Emory F. Bogardus e Luther L. Bernard, que se doutoraram em Chicago. Também dedicamos uma seção à obra de Charles H. Cooley.

Agora nos concentraremos em dois dos autores que tiveram uma maior influência no desenvolvimento da psicologia social, William I. Thomas (1863-1947) e George Herbert Mead (1863-1931).

William I. Thomas: o estudo das atitudes sociais como objeto da psicologia social

Sem dúvida, uma das principais contribuições da Escola de Chicago para o desenvolvimento da sociologia e da psicologia social foi a obra de William Thomas, que destacou a necessidade de a sociologia se orientar para a pesquisa empírica. Entre 1918 e 1920 publicou, junto com Florian Znaniecki, *The Polish peasant in Europe and America*, apresentando os resultados de oito anos de pesquisa realizada tanto na Europa quanto nos Estados Unidos. A relevância desse estudo para o desenvolvimento da psicologia social se deve, fundamentalmente, a dois motivos. Por um lado, a pesquisa é um dos primeiros exemplos de pluralismo metodológico pela diversidade de fontes de dados utilizadas: material autobiográfico, correspondência familiar, arquivos jornalísticos, documentos públicos, cartas de instituições... Por outro lado, seus autores destacaram, pela primeira vez, o caráter empírico do conceito de atitude, que seria central para a constituição e o desenvolvimento da psicologia social.

O objetivo de ambos os autores foi formular uma nova teoria social a partir da qual pudessem estudar a transformação das relações interpessoais e familiares dos camponeses poloneses como conseqüência dos processos de modernização industrial e econômica ocorridos no final do século XIX e início do século XX. Seu trabalho original, publicado em cinco volumes entre 1918 e 1920, se refere tanto às mudanças na estrutura social do grupo de camponeses poloneses quanto a sua experiência como emigrantes na Europa e na América. Sua análise só pode ser compreendida referindo-se a dois conceitos básicos em sua formulação teórica: os *valores sociais* e as *atitudes*. A tese central desse estudo era que a interdependência entre a organização social, a cultura e os indivíduos torna inevitável considerar tanto os determinantes objetivos quanto os subjetivos da vida social. É esse aspecto que, junto com sua proposta de uma nova metodologia, faz da publicação de ambos os autores algo mais que um clássico da psicologia social. Na opinião dos autores, para o estudo de um processo social devem ser considerados tanto toda *coisa natural* que tem um significado para a ação, o que a torna um valor social, quanto sua *contraparte individual*, isto é as atitudes. Os valores, por meio das regras do grupo, guiam a ação dos indivíduos, mas são as atitudes que explicariam o processo de "... consciência individual que determina a atividade possível ou real do indivíduo no mundo social" (Thomas e Znaniecki, 1918/84, p. 58). Essa concepção psicossociológica das atitudes, afastada da perspectiva dominante da psicologia individual, levou ambos os autores a reivindicar uma metodologia diferente para a psicologia social: "… a psicologia social é a ciência das atitudes e enquanto seus métodos são essencialmente diferentes dos métodos da psicologia individual, seu campo é tão amplo quanto o da vida consciente" (p. 63).

O centro da atenção do estudo de Thomas e Znaniecki é a dinâmica entre valores e atitudes. A interdependência entre ambos será o que explica os processos de adaptação e mudança social dos camponeses poloneses e suas famílias diante da modernização e das transformações sofridas em sua forma de vida tradicional. Seu enfoque teórico é precursor de perspectivas posteriores construcionistas em psicologia social, como a de Berger e Luckmann (1967), pois, da mesma maneira que para esses dois sociólogos, a realidade é para Thomas e Znaniecki uma construção simbólica de processos dinâmicos de objetivação e da subjetivação. Nesse sentido, Thomas e Znaniecki (1918/84, p.293) destacam o fato de que todo processo social é

> o produto de uma interação contínua entre a consciência individual e a realidade social objetiva… para a ciência social não pode haver uma mudança na realidade social que não seja o efeito comum de valores sociais preexistentes e de atitudes individuais que atuam sobre eles, não há mudanças na consciência individual que não seja o efeito comum de atitudes individuais preexistentes e de valores sociais que atuam sobre aquelas.

Da mesma maneira, encontramos nesses autores uma teoria da personalidade que Mead desenvolverá tendo como eixo o conceito de atitude. A grande transcendência do enfoque de Thomas e Znaniecki para a psicologia social está em ter sabido combinar uma perspectiva fenomenológica na análise dos processos de mudança social vividos pelos camponeses poloneses, com a história social de tais processos.

Diversos acontecimentos serão responsáveis pelo fato de o esforço renovador dessa obra não se consolidar nas ciências sociais. Na sociologia, o auge de um enfoque positivista e o incremento dos estudos quantitativos durante as décadas de 1930 e 1940 irão deslocar o interesse pelos estudos qualitativos e pela análise da subjetividade. Por outro lado, o auge do experimentalismo como recurso metodológico e a psicologização do conceito de atitude em psicologia social contribuíram para que os trabalhos de Thomas e Znaniecki não recebessem a atenção merecida. No entanto, como veremos mais adiante, a importância que tiveram na atualidade a teoria das representações sociais e sua crítica ao conceito tradicional de atitude, elaborada por Serge Moscovici, fez renascer em alguns psicólogos sociais o interesse pela obra desses autores.

George Herbert Mead: o interacionismo simbólico

De todos os representantes da Escola de Chicago foi, sem dúvida, George Herbert Mead (1863-1931) quem exerceu maior influência no desenvolvimento da psicologia social. Embora seu livro mais citado seja *Espíritu, persona y sociedad*, também outras de suas obras, como *Movements of thought in the nineteenth century*, *The philosophy of the act* e *The philosophy of the present*, são de enorme interesse para entender seu pensamento. Embora todos esses trabalhos tivessem sido publicados depois de sua morte, em 1931, Mead tinha começado a desenvolver e a difundir sua visão da psicologia social muito antes.

Em 1900 começou a ministrar um curso sobre psicologia social, sendo seu trabalho docente o principal meio que utilizou para difundir suas idéias.

Inspirando-se no pragmatismo de autores como James ou Dewey, Mead assumiu o conceito de que o que prova a verdade de uma idéia é sua capacidade para a resolução de um problema. O pragmatismo defendido por Mead não foi mais do que uma aplicação do método científico ao estudo do comportamento:

> A doutrina pragmatista seria a expressão filosófica do método científico. Segundo ela, a verdade de uma hipótese se baseia no seu funcionamento. Esta doutrina não é outra que a adoção do método científico, que é um método experimental.
>
> (Mead, 1936, p. 354)

A adoção do pragmatismo por parte de Mead estava relacionada com seu compromisso como reformador social. Foi sua crença no desenvolvimento social que o levou a adotar uma concepção *instrumental* do conhecimento que permitisse o avanço humano e a resolução de problemas sociais. Ao mesmo tempo, tanto sua defesa de um ponto de vista evolucionista quanto sua concepção da inteligência reflexiva como uma forma superior de resolução dos problemas o levaram a adotar uma filosofia pragmatista. Nesse sentido, Mead é um continuador da idéia de vincular o conhecimento à ação. Segundo Mead, o caráter reflexivo de nosso pensamento é o que nos permite antecipar as conseqüências de nossas ações, incorporar nossa experiência passada e prever os resultados de diferentes cursos de ação sem incorrer em custos que derivariam de tais ações. Em resumo, nos permite escolher as soluções mais adequadas aos problemas apresentados e prosseguir com um ato interrompido.

Mead criticou o enfoque individualista que vinha caracterizando a psicologia e propôs uma mudança na sua perspectiva, de tal maneira que a experiência individual fosse tratada do ponto de vista da sociedade. De acordo com Mead (1934/72, p. 49):

> A psicologia social se interessa, especialmente, pelo efeito produzido pelo grupo social na determinação da experiência e do comportamento do membro individual. Se abandonarmos a concepção de uma alma substantiva dotada, desde o nascimento, do eu do indivíduo, poderemos então considerar o desenvolvimento do eu individual, e o de sua consciência de si mesmo, no campo de sua experiência, como o interesse especial do psicólogo. Existem, portanto, certos campos da psicologia que estão interessados em estudar a relação do organismo individual com o grupo social ao qual pertence, e estes campos são o que constitui a psicologia social como ramo da psicologia geral.

Uma parte importante do trabalho de Mead se desenvolveu em um momento histórico no qual a psicologia estava dominada pelo behaviorismo. Como comentado anteriormente, em 1913 se publicou o artigo de Watson que deu origem a essa teoria, e a partir desse momento a psicologia se inclinou majoritariamente pelo estudo do comportamento sem fazer referência à mente nem à consciência. Mead não ignorou o fato de a psicologia estar caminhando nessa direção, nem evitou a tarefa de tomar uma posição diante desse processo. De fato, adotou o behaviorismo, apesar de sua idéia deste não coincidir com a de Watson. Diferentemente dele, Mead não excluiu a consciência e considerou necessário seu estudo partindo da análise do comportamento observável. Para Mead, o comportamento observável tem uma expressão no interior da pessoa. O estudo do comportamento não pode ser considerado um fim em si mesmo, mas um meio para obter conhecimento sobre os processos internos:

> A psicologia social é comportamentalista no sentido de que parte de uma atividade observável... que deve ser estudada e analisada cientificamente. Mas não é comportamentalista no sentido de deixar passar longe da experiência interna do indivíduo a fase interior desse processo ou atividade.
>
> (Mead, 1934, p. 55)

Alguns autores qualificam seu enfoque como *behaviorismo metodológico*, centrado mais na defesa do método científico do que em uma referência a um marco teórico específico (Baldwin, 1986). Desse ponto de vista, podemos entender o behaviorismo social de Mead como uma extensão de sua filosofia pragmatista. Entretanto, embora utilize o termo behaviorismo no sentido amplo, para fazer referência ao fato de ser o comportamento a unidade da análise, continua em sua obra uma concepção teórica do behaviorismo herdada de Dewey, onde a estrutura do ato e a atividade mental são vistas como inseparáveis. Para Mead, o que caracteriza o complexo comportamento humano, a estrutura do ato completo, é o pensamento reflexivo:

> Continuamente interpretamos o que vemos como algo que representa um futuro comportamento. Para compreender o que aparece diante da nossa experiência, devemos considerar não somente o estímulo imediato, mas também a resposta. A resposta se encontra parcialmente na tendência imediata em direção ao objeto e também nas imagens de nossa memória, nas experiências que tivemos no passado... o organismo não é algo que simplesmente recebe impressões e responde a essas. Não é um protoplasma sensitivo que está recebendo e dando resposta a estímulos do meio.
>
> (Mead, 1936, p. 389)

Essa forma de entender o ato levou-o a rejeitar as explicações do comportamento oferecidas pelos behavioristas. Devemos lembrar que o objetivo deles era explicar o comportamento referindo-se unicamente aos estímulos externos que o desencadeiam. O comportamento era concebido, dessa maneira, como uma reação mecânica diante de estímulos do ambiente. Diferentemente dos behavioristas, Mead entende que a atitude não é somente produto de uma série de reflexos condicionados, mas também tem um papel importante a consciência que se tem do objeto e a experiência passada deste. A consciência intervém, portanto, entre o impulso em direção a certos objetos e a resposta. Mediante a análise e a discriminação dos possíveis comportamentos que conduzem à consumação do ato, algumas respostas são inibidas e outras favorecidas. Mas a análise da atitude de Mead, que a sintetiza em quatro fases (impulso, percepção, manipulação e consumação), não pode ser vista como uma relação sujeito/objeto (Mead, 1938).

A análise comportamental da atitude estaria incompleta sem uma análise da linguagem. O que contribui para um desenvolvimento extraordinário da teoria comportamental de Mead é a inclusão de uma teoria da comunicação, em que se percebe a influência da *Völkerpsychologie* de Wundt e das idéias de Darwin sobre a expressão das emoções. Um dos principais interesses de Mead foi estudar a evolução da linguagem e analisar as relações existentes entre ela e os gestos. A idéia de Darwin de que as emoções foram adquirindo um valor expressivo, mais até do que de sobrevivência, é o ponto de partida da análise dos gestos realizada por Mead. Em sua opinião, o gesto tem uma função comunicativa ou expressiva que fica bem evidente naquilo que ele denomina conversa por gestos, e na qual cada gesto adquire o significado do ato total do qual faz parte, ou da resposta que termina provocando: "[os gestos] significam as últimas etapas da atitude que se aproxima... o punho fechado significa o golpe, a mão estendida significa o objeto que se tenta pegar" (Morris, 1934/72, p. XX, prefácio).

Para que exista comunicação não basta, entretanto, a linguagem de gestos, que seria somente a sua base. Para que exista comunicação, os gestos devem adquirir, conforme Mead, valor simbólico ou, o que é a mesma coisa, transformar-se em gestos significativos, o que acontece quando a pessoa é capaz de antecipar a resposta que seu gesto provocará nos demais:

> Os gestos se transformam em símbolos significativos quando provocam implicitamente, no indivíduo que os faz, as mesmas respostas que provocam explicitamente (ou se supõe que deveriam provocar) em outros indivíduos.
>
> (Mead, 1934/72, p. 47)

A essência da comunicação humana é, desse ponto de vista, a capacidade da pessoa para antecipar as respostas que cada ato provocará nos outros ou, o que é a mesma coisa, a capacidade para assumir o papel do outro. Isso faz com que sejamos sujeitos e objetos de nossa atividade reflexiva. Do ponto de vista evolutivo, isso supõe um aprendizado que Mead situa nos jogos infantis em que, pela identificação com *outros significativos,* o menino aprende a adotar, para com ele próprio, a atitude dos outros. Finalmente, o processo de aprendizado se completa com a adoção das atitudes da sociedade em seu conjunto, isto é, do *outro generalizado*. Essa capacidade para assumir o lugar dos outros e da comunidade organizada ou *outro generalizado*, consubstancial ao uso da linguagem na interação social, é o que Mead utiliza para explicar o desenvolvimento do *si mesmo*. O surgimento do *si mesmo* é inseparável do processo de interação simbólica que envolvem toda atividade e experiência social. Mas, se o assumir de papéis determina o processo social de formação da identidade, seu conteúdo não pode ser considerado um reflexo ou cópia de tais papéis. Adotar o papel dos *outros* ou do *outro generalizado* é, acima de tudo, uma atividade reflexiva. O produto de tal atividade reflexiva é o que explica que tenhamos consciência de nós mesmos como indivíduos particulares com uma personalidade única. Isso leva Mead a estabelecer uma distinção entre o *mim* e o *eu*, onde se percebe a influência de William James:

> O "eu" reage à pessoa que surge graças à adoção das atitudes dos outros. Mediante a adoção de tais atitudes introduzimos o "mim" e reagimos a ele como um "eu" [...] as atitudes dos outros, que adotamos quando afetam a própria conduta, constituem o "mim", e isso é algo que existe, mas as reações a isso não aconteceram ainda. Quando alguém se senta para meditar sobre alguma coisa, possui certos dados que existem. Suponhamos que se trata de uma situação social que tem que resolver. Ele se vê a si mesmo do ponto de vista de um ou outro indivíduo do grupo. Estes indivíduos, relacionados todos juntos, lhe conferem certa pessoa. Bem, o que deve fazer? Não sabe, e ninguém sabe [...]. O "eu", como reação a essa situação, em contraste com o "mim" envolvido nas atitudes que adota, é incerto.
>
> (Mead, 1934/72, pp 202-4)

Embora se observem algumas imprecisões no pensamento de Mead em relação às funções do *eu* e do *mim*, podemos dizer que o *eu* reflete a criatividade e inovação pessoal, como conduta social indeterminada, enquanto o *mim* refletiria o controle social exercido sobre nossa conduta.

O objetivo central do pensamento psicossociológico de Mead é, afinal, explicar a determinação social do comportamento, afastando-se das concepções individualistas das teorias psicológicas de sua época. Mead põe a ênfase no social, mas também é necessário destacar sua noção de pessoa como agente ativo e não como sujeito passivo diante das influências do meio. Esse enfoque da interação como processo comunicativo levou sociólogos como Strauss (1956) a destacar que, na concepção de Mead da sociedade, está presente a idéia de uma ordem negociada. Ao explicar as relações entre o indivíduo e

> **George Herbert Mead (1863-1931)**
>
> George Herbert Mead nasceu em 1863 em South Hadley, Massachusetts, e depois de graduar-se em Oberlin College e trabalhar para a Rede Ferroviária de Wisconsin, decidiu ingressar em Harvard para completar seus estudos. O psicólogo e pensador pragmatista William James foi um de seus mestres. Graças a uma oferta que o próprio James lhe fez para que fosse o tutor de seus filhos, pôde custear as despesas de sua educação. Isso lhe deu a oportunidade de conhecer James de perto, com quem manteve longas conversas. Como parte de sua formação, estudou latim, grego, alemão e francês; familiarizou-se com a obra de Kant e Schopenhauer, e visitou as Universidades de Berlim e Leipzig. Suas raízes intelectuais são, por essa razão, variadas: Darwin, os pragmatistas, o behaviorismo (embora rejeitasse a concepção linear de estímulo e resposta de Watson), Adam Smith, Rousseau e Cooley. Conheceu Cooley na Universidade de Michigan, onde começou a dar aulas em 1891, sem ter concluído seus estudos em Harvard. Cooley se tornaria um de seus melhores amigos e suas idéias sobre o desenvolvimento do *self* exerceriam uma grande influência em seu trabalho. Durante os anos que permaneceu em Michigan, manteve também uma estreita relação, tanto pessoal quanto intelectual, com John Dewey. De fato, quando Dewey se tornou diretor do departamento de filosofia da Universidade de Chicago, em 1894, Mead também deixou a Universidade de

a sociedade, Mead mantém uma posição emergentista, em que a consciência e a pessoa são concebidas como o resultado da influência do grupo. No entanto, Mead não precisou recorrer a conceitos como o de mente grupal para explicar o fato de a sociedade ser anterior à pessoa e condicionar seu desenvolvimento.

O mecanismo mediante o qual se produz o surgimento da pessoa no decorrer da evolução é a linguagem, na forma de gesto vocal pela interação simbólica.

A complexidade e riqueza do pensamento de Mead e o fato de uma parte de sua obra ter sido publicada de maneira póstuma, por intermédio de seus alunos, fizeram com que a acolhida de sua teoria social estivesse sujeita a diversas interpretações e críticas. Podemos resumi-las assim: falta de clareza conceitual, esquecimento dos elementos emocionais e inconscientes do comportamento, imprecisão metodológica, ambigüidade sobre o caráter processual ou estrutural do comportamento e, finalmente, excessiva ênfase nos processos microssociais em detrimento dos macrossociais (veja Caballero, 1997).

Apesar de todas essas críticas, a sistematização e a riqueza do modelo teórico de Mead o tornam indispensável para a psicologia social. A insistência de Mead na comunicação, na interação da pessoa com os demais e na determinação social do comportamento individual torna a sua proposta uma verdadeira alternativa psicossocial às abordagens individualistas dominantes tanto na psicologia do início do século XX quanto em uma considerável parte da psicologia social atual. Embora a corrente teórica iniciada por Mead tivesse tido continuidade, posteriormente, em diferentes tradições do interacionismo simbólico, desenvolvidas fundamentalmente nas escolas de Iowa e Chicago, os psicólogos sociais da época, principalmente os que procediam da psicologia, não foram influenciados por seu pensamento. Fato que, infelizmente, ainda acontece atualmente e que se baseia na falsa crença de que a teoria social de Mead é, acima de tudo, uma teoria filosófica incontrastável mediante as práticas metodológicas

Michigan para incorporar-se ao mesmo departamento. Lá começou a ministrar, em 1900, o primeiro curso sobre psicologia social, onde apresentou suas idéias sobre temas como os processos mentais e a relação entre o *self* e a sociedade.

Seu interesse pelos processos sociais não foi só teórico. Uma vez em Chicago, viu-se envolvido em projetos de reforma social relacionados com os direitos da mulher, as condições de vida dos trabalhadores, a reforma das prisões e a vida dos imigrantes. Como outros pragmatistas, acreditava que a sociedade devia reformar-se para permitir que a democracia se desenvolvesse. Era, sobretudo, um otimista. Sua convicção de que as condições de vida melhorariam com o tempo não se viu frustrada nem com os acontecimentos que precipitaram o início da Primeira Guerra Mundial. Em 1931, sendo o diretor do Departamento de Filosofia em Chicago, viu-se envolvido em um confronto com os diretores da Universidade, que o obrigaram a renunciar. Pouco tempo depois um ataque cardíaco acabou com sua vida.

Apesar do amplo reconhecimento que Mead teve por seu trabalho docente, não publicou nenhum tratado sistemático onde expusesse suas idéias. Sempre reclamou de sua dificuldade para registrar por escrito suas idéias, o que teria comprometido a permanência de seu legado se seus estudantes não tivessem recolhido as anotações das aulas para editar, entre outros, *Espíritu, persona y sociedad*, publicado em 1934, três anos depois da morte de Mead.

da psicologia social atual. No campo da sociologia, o pensamento de Mead terá influência nos anos 1920 e 1930, e, a partir daí, sua influência vai diminuindo diante do aparecimento e domínio da teoria funcionalista de Talcott Parsons. O declínio posterior do pensamento parsoniano dará lugar a uma influência crescente do interacionismo simbólico na sociologia e na psicologia social sociológica.

OS PRESSUPOSTOS METODOLÓGICOS DA PSICOLOGIA SOCIAL

Durante o período que estamos analisando, já estavam definidas as tendências que caracterizaram o desenvolvimento metodológico da psicologia social até o momento atual. A tensão entre o subjetivismo e o objetivismo, que marcaram o nascimento tanto da psicologia quanto da sociologia, continuava presente quando a psicologia social começou a diferenciar-se como uma disciplina independente. A concepção positivista da ciência, que tinha se afirmado ao longo do século XIX, acabou impondo-se definitivamente no âmbito das ciências sociais durante as primeiras décadas do século XX. Isso induziu a maioria dos cientistas sociais a aceitarem a idéia de que existe um único método científico ao qual todas as ciências, sem exceção, devem ajustar-se. Como veremos a seguir, a defesa dessa consideração positivista teve diferentes implicações para a psicologia social psicológica e sociológica. No primeiro caso, a interpretação ortodoxa da tese da unidade da ciência teve como conseqüência o predomínio da experimentação. O fato de a psicologia, que desde o começo se inspirou nos métodos da física, já ter tido uma ampla tradição na utilização desse método facilitou sua incorporação à psicologia social.

No caso da psicologia social sociológica, entretanto, a situação foi diferente. A maior parte da pesquisa empírica realizada durante esse período aconteceu no contexto da Escola de Chicago, o que propiciou uma interpretação mais flexível da tese da unidade da ciência.

Inspirados pelo pragmatismo, os sociólogos da Escola de Chicago não renunciaram à idéia de que existia um método científico comum a todas as ciências, mas nunca utilizaram como referência os métodos experimentais da física ou da química, mas os métodos de pesquisa naturalista da biologia. Isso fez com que, sem abandonar a pretensão de obter um conhecimento científico sobre a realidade social, os psicólogos sociais procedentes da sociologia procurassem outros referenciais metodológicos.

A tendência experimental da psicologia social psicológica

Como vimos no capítulo anterior, no final do século XIX, a experimentação era concebida como o principal método de pesquisa da psicologia científica, o que deve ser considerado um reflexo da hegemonia que começava a exercer o positivismo durante esse período. O uso do método experimental não serviu, entretanto, para que os psicólogos tivessem a sensação de que sua ciência avançava no mesmo ritmo que as ciências naturais. Depois de meio século de experimentação, a psicologia do princípio do século XX tinha entrado em crise. Do ponto de vista metodológico, uma das manifestações dessa crise foi a polêmica provocada pelo uso do método experimental para abordar o estudo do pensamento e dos processos mentais superiores. Como já comentamos, quando Wilhelm Wundt propôs a experimentação como método de estudo da psicologia, estava restringindo sua aplicação à análise de processos mentais básicos, como a sensação e a percepção. Com isso, se mostrava de acordo com autores como Dilthey, que defendia que o método experimental era inadequado para conhecer o funcionamento de processos mentais mais complexos, como o pensamento ou a memória. Mas os psicólogos da época não aceitaram os limites que tanto Wundt como Dilthey trataram de impor ao uso da experimentação. As polêmicas que a questão provocou, que se encontram exemplificadas pelas fortes discussões entre Dilthey e Ebbinghaus (veja o Capítulo 1) e pelo enfrentamento entre Wundt e os psicólogos da Escola de Wurzburgo, foram uma característica central da psicologia do início do século XX.

A sensação de que a psicologia havia entrado em crise se viu reforçada, além disso, pela crescente suspeita de que a aplicação rigorosa do método experimental não estava servindo para obter um conhecimento objetivo sobre a mente. Ou, pelo menos, os dados derivados da experimentação psicológica não pareciam ter o mesmo grau de objetividade que o conhecimento das ciências naturais. A pesquisa psicológica estava dando lugar a profundas contradições, e os resultados experimentais não pareciam servir para resolver os debates teóricos que a psicologia havia proposto.

Essa situação foi dando lugar a uma rejeição cada vez mais generalizada da introspecção. O fato de o processo de introspecção não ser acessível a um observador externo, com a conseqüente dificuldade para contrastar os resultados derivados desta, transformou-a em um método incompatível com o tipo de objetividade que se buscava. Quando se publicou o manifesto behaviorista de Watson, o rompimento metodológico que apresentava com relação à psicologia anterior era uma rejeição total da introspecção. O método experimental, entretanto, foi mantido pelos behavioristas como único método válido da psicologia. Seguindo as formas mais radicais do positivismo, Watson propôs como critério geral válido para qualquer método de pesquisa a inclusão unicamente daquilo que é observável. E que se o fizesse, além disso, de maneira experimental.

Também as abordagens da Escola da *Gestalt* significaram, do ponto de vista metodológico, uma ratificação da tendência experimentalista da psicologia. Conquanto os representantes dessa escola fossem bastante ecléticos em suas abordagens, o certo é que, na prática, inclinaram-se em sua maioria pela experimentação. Uma prova da importância que os gestaltistas davam a esse método é o fato de no artigo de Wertheimer de 1912, considerado o ponto de partida da escola, o experimento sobre o *fenômeno phi* ser concebido como um *experimento crucial*, isto é, como uma evidência determinante com a qual se provava a inadequação da psicologia wundtiana e se avalizava sua substituição pela psicologia da *Gestalt*.

Na mesma época em que foram publicados os artigos de Watson e Wertheimer, com os quais se iniciavam as duas psicologias hegemônicas do século XX, começava a introduzir-se o método experimental em psicologia social. Embora contasse com o antecedente dos trabalhos de Norman Triplett (1897), o primeiro uso sistemático da experimentação em psicologia social aconteceu, segundo Danziger (1992), nos trabalhos de Walther Moede, realizados na Alemanha em 1913 e publicados em 1920. O fato de sua pesquisa se realizar precisamente na Alemanha e coincidir, além disso, com a publicação dos dez volumes da *Völkerpsychologie* de Wundt, ilustra a resistência dos primeiros psicólogos sociais a orientar sua disciplina para rumos diferentes aos dos experimentais. Nem mesmo os próprios discípulos de Wundt deram atenção às suas recomendações quanto às limitações do método experimental. Como destaca Lück (1987, p. 26), "se os primeiros psicólogos sociais empíricos fossem seguidores de Wundt, não foi o Wundt da *Völkerpsychologie*, mas o Wundt da psicologia fisiológica quem lhes serviu de modelo e foram seus métodos que, completamente contra sua vontade, se utilizaram para pesquisar processos sociais".

Assim, por exemplo, no trabalho experimental de Moede não se utilizaram como fonte teórica as idéias de Wundt, mas as derivadas da psicologia das massas. Os trabalhos experimentais de Moede foram utilizados, posteriormente, por Allport (1924) em seus estudos sobre facilitação social.

O objetivismo radical de Allport e a equiparação que se estabeleceu entre psicologia social e psicologia individual foram um passo decisivo para a orientação, definitivamente experimentalista, que seguiria a psicologia social na primeira metade do século XX. Fiel ao positivismo dominante naquele momento, cuja expressão máxima na psicologia foi o behaviorismo de Watson (1913, 1924), Allport investiu contra o conceito de *mente grupal*, por considerá-lo inatingível e elaborou uma proposta metodológica idêntica à do behaviorismo, em que a utilização objetiva do método experimental era considerada a única garantia do caráter científico da psicologia social. A proposta metodológica de Allport, que na realidade não tinha feito mais do que destacar de maneira explícita o caminho que a psicologia social já tomara havia tempo, foi amplamente aceita pelos psicólogos sociais de orientação psicológica.

A utilização do método experimental não teve como único fim a comprovação de hipóteses derivadas das teorias, mas teve também uma dimensão aplicada. Um dos exemplos mais ilustrativos do uso da experimentação com fins aplicados foram os estudos realizados por Elton Mayo nas instalações da Western Electric Company em Hawthorne, Chicago, entre 1924 e 1932 (Mayo, 1933).

A conclusão principal dos experimentos de Mayo foi que a produtividade dos trabalhadores estava mais afetada pelas relações que se estabeleciam entre eles do que por outro tipo de fatores, como as condições físicas nas quais executavam suas tarefas, os incentivos econômicos ou as horas de trabalho. A polêmica em torno desses experimentos não demorou a chegar. Além das críticas de caráter ideológico, em que Mayo era acusado de não considerar os interesses dos trabalhadores e de seguir as diretrizes marcadas pelos diretores da companhia, evidenciaram-se algumas irregularidades no desenvolvimento das pesquisas que afetavam, sobretudo, os critérios que se utilizaram para selecionar e excluir as trabalhadoras de um dos experimentos realizados. Também foi questionada a validade interna do experimento, não só pela falta de um grupo de controle mas também pelo denominado *efeito Hawthorne*: o fato de os trabalhadores saberem que estavam sendo observados pode ter sido a causa que provocou os resultados obtidos. Mas, independentemente das críticas recebidas, o certo é que as pesquisas realizadas por Elton Mayo nas instalações da Hawthorne constituem uma referência obrigatória na análise do desenvolvimento metodológico da psicologia social, não somente pelo conhecimento essencial que se derivou destas, que representou o reconhecimento da importância das relações pessoais no contexto do trabalho, mas também por constituir um exemplo recente da utilização do método experimental na pesquisa aplicada.

O ecletismo metodológico da psicologia social sociológica

Como já foi dito, a aceitação da tese da unidade da ciência, que no âmbito da psicologia culminou com o predomínio da experimentação, foi objeto de uma interpretação muito diferente no contexto da psicologia social sociológica, dominada, no período que estamos estudando, pelas pesquisas da Escola de Chicago. Assumindo a concepção de ciência derivada da filosofia pragmatista em que se inspiraram, os sociólogos dessa escola defenderam a aplicação do método científico ao estudo da realidade social, embora não concordassem com a idéia, tão forte na psicologia da época, de que os procedimentos experimentais utilizados pela física ou a química fossem um modelo adequado para as ciências sociais. Ainda que o ecletismo metodológico que caracterizou a Universidade de Chicago fizesse com que muitos de seus representantes não rejeitassem radicalmente o uso desse método, o certo é que a estratégia experimental resultava incompatível com os esquemas explicativos aos quais os autores davam prioridade, inspirados em idéias como a *introspecção simpática* de Cooley. Isso levou alguns deles a criticar a experimentação. Thomas e Znaniecki (1918-20), por exemplo, rejeitavam esse método por entender que ele obrigava o pesquisador a definir o comportamento como uma reação mecânica aos estímulos do meio. Segundo os autores, para entender as manifestações da consciência individual é preciso entender o significado que as pessoas dão a suas ações, e a não as isolar do meio social no qual são produzidas:

> Qualquer método que considera o indivíduo como uma entidade particular e o isola de seu meio social... para estudar experimentalmente seu comportamento como reação a um estímulo, somente necessita de fatores psicológicos, físicos ou biológicos essencialmente e de forma indissolúvel relacionados com indivíduos concebidos como realidades psíquicas, físicas ou, geralmente, biológicas.
>
> (Thomas e Znaniecki, 1918/84, p.62)

Mas a rejeição da experimentação não implicava a rejeição do método científico como única forma de acesso ao conhecimento da realidade social. Da concepção pragmatista da ciência da qual partiam, os representantes da Escola de Chicago estavam convencidos da superioridade do método científico, e de que sua aplicação ao estudo da sociedade levaria à resolução dos problemas sociais. O que os diferenciava dos partidários da experimentação não era, portanto, a crença no método científico, mas o modelo de ciência que consideravam mais adequado para a pesquisa social. Nesse sentido, rejeitavam o modelo da física e da química, e se inclinaram pelo modelo da biologia. Esta era, por exemplo, a visão de Mead. Em sua opinião, o surgimento da mente estava relacionado com o desenvolvimento da inteligência reflexiva. O método científico não era para ele mais do que uma conseqüência lógica do processo evolutivo que leva o ser humano a diferenciar-se das demais espécies: "A ciência é a expressão da forma mais elevada de inteligência, um método de contínuo ajuste ao que é novo" (Mead, 1936, p. 290). Esse ajuste a um meio em constante evolução é o que o levaria a defender um conhecimento empírico dos processos sociais identificado com o progresso científico. De acordo com sua visão dinâmica da sociedade, o conhecimento científico está em constante transformação:

> O cientista aceita sua teoria somente como um postulado válido para o presente e não como algo que tem que ser adotado de uma maneira dogmática... Não considera que as leis e as formas em que aparecem devam ser mantidas como algo que não deve ser tocado. Pelo contrário, está ansioso por encontrar uma exceção à formulação de tais leis.
>
> (Mead, 1936, p. 265)

Essa concepção pragmatista da ciência, compartilhada por outros membros da escola, fez com que a sociologia e a psicologia social desenvolvidas durante esses anos na Universidade de Chicago tivessem uma clara orientação empírica. A idéia de que o conhecimento científico devia ser comparado com a realidade, e a opinião de que a verdade das hipóteses científicas depende de suas conseqüências práticas, deram lugar a um enorme desenvolvimento da pesquisa aplicada. Esse tipo de trabalhos também se viu enormemente estimulado pelas demandas que a cidade de Chicago fazia à Universidade. Como já comentamos, durante o período que estamos analisando, a cidade estava vivendo um processo de rápida industrialização, que a convertera no destino de um número crescente de imigrantes procedentes de diferentes países. As dificuldades da cidade para absorver de forma tão rápida uma população cada vez mais numerosa tinham dado lugar a situações de grande precariedade e o surgimento de numerosos problemas sociais. Inspirando-se nos princípios do pragmatismo, os sociólogos da Escola de Chicago assumiram a tarefa de realizar uma análise científica desses problemas, como passo prévio a sua solução. A idéia fez com que as pesquisas realizadas por esses autores fossem além do âmbito da Universidade e se envolvessem na vida da cidade. A concepção pragmatista da ciência defendida pelos sociólogos da Escola de Chicago foi compatível com diferentes estratégias metodológicas. Como veremos a seguir, embora seja freqüente que os trabalhos da escola se identifiquem com o uso de métodos qualitativos de pesquisa, o certo é que eles coexistiram com o desenvolvimento de importantes estudos de caráter quantitativo.

Um dos traços mais característicos da metodologia utilizada pelos sociólogos da Escola de Chicago foi a importância que atribuíram à pesquisa etnográfica, onde se percebe a influência de Robert Park. A concepção que tinham da cidade, que consideravam um laboratório sociológico, fomentou a realização de numerosos estudos etnográficos destinados a analisar e, em última instância, resolver os problemas sociais que a rápida industrialização e o aumento da imigração estavam provocando. A convivência em Chicago de setores de população de diferentes procedências social e cultural, que apesar de compartilhar o mesmo espaço, não se relacionavam uns com outros, transformava a cidade em um amálgama de diferentes realidades. A situação levou autores como Park a conceber a cidade como uma justaposição de *áreas naturais*, muito diferenciadas umas de outras, e suscetíveis de ser estudadas do mesmo ponto de vista que adota o etnógrafo ao analisar outras culturas. A idéia inspirou a realização de uma grande quantidade de estudos orientados a conhecer a forma de vida em cada uma dessas áreas. De todos os trabalhos realizados cabe destacar, por sua relevância para a psicologia social, a pesquisa sobre as atitudes do grupo de camponeses poloneses, realizada por Thomas e Znaniecki (1918-20), já mencionada anteriormente. William Thomas foi um dos autores que mais influenciaram na orientação empírica que tomou a psicologia social sociológica. O estudo que realizou junto com Florian Znaniecki, cujo objetivo foi analisar a resposta dos imigrantes poloneses diante da mudança social que supunha sua integração na vida norte-americana, foi um marco para a pesquisa psicossociológica, e exerceu uma enorme influência na metodologia adotada pelos sociólogos da Escola de Chicago durante os anos 1920. O método utilizado por esses autores para obter informação sobre a situação dos imigrantes poloneses foi a análise de documentos procedentes de diversas fontes: cartas, notícias de jornais, registros de julgamentos, sermões, panfletos religiosos ou políticos etc. Mas a principal inovação metodológica que esse estudo trouxe para a pesquisa social foi a utilização de documentos pessoais, por meio dos quais se obtinha informação em primeira mão sobre diferentes aspectos da vida dos imigrantes e suas famílias.

A elaboração de histórias de vida e a análise das cartas que os imigrantes trocavam com familiares que ficaram na Polônia serviram para que os autores estudasssem a situação social dos imigrantes, adotando o ponto de vista destes. Uma posição metodológica coerente com a concepção de ação da qual partiam Thomas e Znaniecki, em que eram parte essencial a definição que a pessoa dava da situação e a forma pela qual entendiam a mudança social, como produto da interação entre a consciência individual e a realidade social objetiva.

O estudo de Thomas e Znaniecki é representativo de uma parte importante da pesquisa que se realizou durante as duas primeiras décadas do século XX no departamento de sociologia da Universidade de Chicago, onde se priorizava a utilização de técnicas de pesquisa qualitativas por entender que eram mais apropriadas para entender o ponto de vista do indivíduo. Entretanto, apesar da identificação que se estabeleceu com o tempo entre a sociologia dessa escola e a pesquisa qualitativa, não era esta a única metodologia utilizada. A pesquisa quantitativa não só não foi rejeitada pelos sociólogos da Escola de Chicago, mas também conheceu aí um grande desenvolvimento durante o período que estamos analisando. De fato, foi no contexto da Universidade de Chicago onde começaram a ser elaboradas, na segunda metade da década de 1920, as primeiras escalas de atitudes. Embora a pesquisa sobre atitudes realizada pela Escola de Chicago costume ser identificada mais com a análise qualitativa de Thomas e Znaniecki que com a pesquisa utilizando escalas, o fato é que foi aí onde surgiram as primeiras tentativas de medir o conceito de atitude.

Foi Emory F. Bogardus, vinculado ao departamento de sociologia da Universidade de Chicago, que, em 1925, desenhou o primeiro instrumento para medir as atitudes. Com o objetivo de analisar as atitudes da população norte-americana para com os imigrantes, Bogardus elaborou a denominada *Escala de Distância Social*, com a qual pretendeu quantificar a *distância social* que se desejava manter com pessoas de outros grupos. Essa distância, considerada um bom indicador da atitude para com outras pessoas, foi definida como o grau de intimidade que o indivíduo poderia aceitar em uma relação. A idéia que emerge da escala elaborada por Bogardus é que quanto maior for o grau de intimidade, menor é a distância social e mais positiva é a atitude. A escala consistia em apresentar à pessoa uma lista de diferentes grupos nacionais (canadenses, hispanos, gregos, servo-croatas) e perguntar que tipo de relação estaria disposta a manter com pessoas pertencentes a esses grupos. As possibilidades de resposta eram as seguintes: parentesco pela via matrimonial, como membros do mesmo clube, como vizinhos, trabalhando na mesma ocupação no próprio país, como cidadãos do país, somente como visitantes do país, não os deixaria entrar no país.

Se considerarmos o contexto científico dos anos 1920, temos que concluir que a proposta de Bogardus era engenhosa. Valendo-se de uma analogia entre a distância física e a distância social, elaborou uma escala com a qual situava as pessoas em uma graduação que ia da máxima distância (atitude negativa) até a máxima aproximação (atitude positiva). Evidentemente, a proposta de Bogardus tinha suas limitações. Uma delas era que as distâncias entre os diferentes pontos da escala não eram iguais. Por exemplo, a diferença de atitude que existe entre alguém que aceita outra pessoa como cônjuge e alguém que a aceita como membro de um clube parece ser maior que a que há entre quem aceita alguém como membro de um clube e quem o aceita como vizinho, apesar de a escala assumir distâncias iguais. Por outro lado, a ordem em que estão situados os pontos da escala não tem por que coincidir com a ordem no grau de intimidade. No entanto, independentemente das críticas que naquela época recebeu, não há dúvidas de que a escala foi uma importante contribuição para o desenvolvimento metodológico da psicologia social. O simples fato de contar com um instrumento para medir atitudes, impulsionou a pesquisa empírica sobre este tema e foi, além disso, um estímulo para a elaboração de outros instrumentos de medida.

Embora a *Escala de Distância Social* de Bogardus fosse o ponto de partida da pesquisa quantitativa sobre as atitudes, o verdadeiro desenvolvimento das escalas de atitude ocorreria durante os anos 1930. Como veremos no capítulo seguinte, foi Thurstone, pertencente também à Universidade de Chicago, quem deu um impulso definitivo ao estudo quantitativo das atitudes, com a elaboração de uma nova escala (Thurtone, 1927, 1929), com a qual solucionava alguns dos problemas da escala de Bogardus. Ainda que Thurtone pertencesse ao Departamento de Psicologia, onde permaneceu de 1924 a 1952, ele também exerceu uma notável influência no Departamento de Sociologia, onde teve alguns estudantes, como Samuel A. Stouffer, que contribuiriam posteriormente para o desenvolvimento, nesse departamento, de uma importante linha de pesquisa quantitativa.

Portanto, apesar de freqüentemente a sociologia da Escola de Chicago ser identificada com o uso de métodos de pesquisa qualitativos, o certo é que, desde seu início, a pesquisa qualitativa coexistiu com a realização de estudos de caráter quantitativo. Durante as primeiras décadas do século XX, a convivência entre ambas as formas de pesquisa não trouxe controvérsias, existindo inclusive algumas tentativas de integrar ambas as estratégias. Mas, infelizmente, o ecletismo metodológico que caracterizou a sociologia de Chicago, que poderia ter tido um efeito muito positivo na psicologia social sociológica, começou a desaparecer no final da década de 1930.

Como veremos nos capítulos seguintes, as disputas que começaram a surgir nesse período entre os defensores da pesquisa qualitativa, como Herbert Blumer, e os partidários da utilização de procedimentos quantitativos, como Samuel Stouffer (veja Bulmer, 1984), desde então acompanham o desenvolvimento metodológico da psicologia social.

RESUMO

Neste capítulo analisamos a forma pela qual a psicologia social foi se diferenciando como uma disciplina independente. Um processo que teve lugar durante as primeiras décadas do século XX e que aconteceu de forma simultânea tanto na psicologia quanto na sociologia. A simultaneidade com que foi se desenvolvendo o pensamento psicossociológico em ambas as disciplinas não é o único exemplo da pluralidade que caracterizou a psicologia social nessas etapas iniciais. Tanto na psicologia quanto na sociologia criaram-se diferentes linhas de desenvolvimento da psicologia social que significavam formas diferentes de entendimento da disciplina.

Um dos caminhos pelos quais seguiu o desenvolvimento da psicologia social na psicologia foi a *Völkerpsychologie* ou *Psicologia dos povos*, uma psicologia cultural que começou a se desenvolver na Alemanha na segunda metade do século XIX e que foi retomada, durante as duas primeiras décadas do século XX, por Wundt, que a considerou uma alternativa à psicologia experimental. Ao mesmo tempo, surge também na Alemanha a psicologia da *Gestalt*, uma corrente psicológica que exerceria uma grande influência no desenvolvimento posterior da psicologia social. Durante a primeira etapa, a principal linha de desenvolvimento da psicologia social psicológica foi a gerada em torno da teoria dos instintos. Sob a influência das teorias evolucionistas, surgiu na psicologia um crescente interesse pelo estudo das bases inatas do comportamento. O exemplo mais representativo dessa forma de entender a psicologia social é o trabalho do britânico William McDougall, autor do primeiro manual de psicologia social escrito por um psicólogo. A idéia de que grande parte do comportamento humano pode ser explicada recorrendo a fatores como o instinto ou a herança genética teve tanta influência que, nas primeiras décadas do século XX, a psicologia social chegou a ser identificada com as teorias dos instintos. Finalmente, essa linha de trabalho foi abandonada devido, entre outros fatores, ao surgimento de uma nova corrente teórica da psicologia, o behaviorismo, cujos princípios foram introduzidos na psicologia social por Floyd Allport.

No mesmo ano em que se publicou o manual de McDougall surgiu o primeiro manual de psicologia social procedente da sociologia. Trata-se do manual de Ross, um sociólogo norte-americano que, reunindo algumas das idéias da teoria social francesa de meados do século XIX, explica o comportamento social recorrendo ao conceito de *imitação*. Depois dos manuais de McDougall e Ross, foram aparecendo outros textos de psicologia social, a maior parte procedia da área da sociologia. Na análise da psicologia social das primeiras décadas do século XX é necessária uma menção particular aos trabalhos desenvolvidos por Cooley e por alguns sociólogos vinculados à Escola de Chicago. Fortemente influenciados pelo pragmatismo, os sociólogos da Escola de Chicago desenvolveram uma linha de trabalho que se converteria na base do interacionismo simbólico, principal teoria da psicologia social sociológica. Embora tenha sido nos Estados Unidos que a psicologia social começou a ser definida como uma especialidade da sociologia, também a sociologia européia de princípios do século XX nos oferece alguns antecedentes importantes da psicologia social. A microssociologia de autores como Weber ou Simmel são claros exemplos de um pensamento psicossociológico na sociologia.

CAPÍTULO 3

A EVOLUÇÃO DA PSICOLOGIA SOCIAL COMO DISCIPLINA CIENTÍFICA INDEPENDENTE

OS PRESSUPOSTOS EPISTEMOLÓGICOS DA PSICOLOGIA SOCIAL DURANTE OS ANOS 1930 E 1940

- O positivismo lógico e o Círculo de Viena
- Karl Mannheim e a sociologia do conhecimento

O DESENVOLVIMENTO TEÓRICO DA PSICOLOGIA SOCIAL NO CONTEXTO DA PSICOLOGIA

- O neobehaviorismo e sua influência no desenvolvimento da psicologia social
- A introdução dos princípios da psicologia da Gestalt na psicologia social
- O estudo dos processos cognitivos na psicologia social

O DESENVOLVIMENTO TEÓRICO DA PSICOLOGIA SOCIAL NO CONTEXTO DA SOCIOLOGIA

- O interacionismo simbólico
- O início do funcionalismo estrutural: a teoria sociológica de Talcott Parsons e seus vínculos com a psicologia social
- A Escola de Frankfurt e *La personalidad autoritaria*

O DESENVOLVIMENTO METODOLÓGICO DA PSICOLOGIA SOCIAL DURANTE OS ANOS 1930 E 1940

- O método experimental
- A mensuração das atitudes
- O desenvolvimento da pesquisa quantitativa

RESUMO

Como vimos no capítulo anterior, as tendências teóricas que confluíram na psicologia social durante as duas primeiras décadas do século XX eram inúmeras, e essa variedade contribuiu para enriquecer as bases de uma disciplina plural, tanto em suas orientações quanto em seus objetos de estudo. Tal situação começou a mudar durante a década de 1930 e podemos dizer que mudou radicalmente nos anos 1950 e 1960. A partir dos anos 1930, a psicologia social começou a ter um vínculo, cada vez maior, com a psicologia, enquanto a presença da disciplina na sociologia foi diminuindo. Um dos fatores que explicam a progressiva identificação da psicologia social com a psicologia é que esta se ajustava mais que a sociologia aos cânones científicos da época, determinados, como veremos a seguir, pelo positivismo lógico. Isso fez com que os psicólogos sociais, que tinham como um dos principais interesses, durante esse período, demonstrar o caráter científico da disciplina, se orientassem mais pelo modelo de ciência proporcionado pela psicologia.

Do ponto de vista teórico, a psicologia social desse período se desenvolveu ao redor das duas grandes correntes teóricas da psicologia, o neobehaviorismo e a Escola da *Gestalt*, cujos princípios foram introduzidos em nossa disciplina pela obra de Kurt Lewin. Como veremos, sob a influência dos dois grandes enfoques psicológicos, ficaram relegadas a segundo plano outras contribuições teóricas, como a de Frederic Bartlett, que desenvolveu na Grã-Bretanha uma importante linha de pesquisa sobre a memória, as da psicologia soviética, centradas no estudo da origem sócio-histórica dos processos cognitivos ou as procedentes do interacionismo simbólico.

A tímida influência que exerceram, durante esse período, os cientistas procedentes do âmbito da sociologia não foi conseqüência unicamente do domínio exercido pelos autores de procedência psicológica, mas também se viu determinada pela crise da sociologia da Escola de Chicago, que começou a ser substituída por outras correntes teóricas, como o funcionalismo estrutural, nas quais se enfatizavam mais fortemente os aspectos normativos e avaliativos do sistema social. Merece destaque especial a Escola de Frankfurt e os princípios denominados *Teoria Crítica*. Alguns de seus representantes mais destacados, como Theodore W. Adorno, manteriam uma concepção das ciências sociais particularmente relevante para a psicologia social, o que pode ser observado em uma de suas obras de maior importância: *La personalidad autoritaria*.

Como veremos neste capítulo, a orientação que tomou a psicologia social durante esse período de consolidação foi devida a diversas razões: em primeiro lugar, à substituição de autores sociológicos pelos de formação psicológica; em segundo, às tensões entre os psicólogos que enfatizavam os processos grupais diante de outros que destacavam a importância dos processos individuais na explicação do comportamento e, finalmente, à escassa influência que os sociólogos da Escola de Chicago tiveram na sociologia.

Tais tendências da psicologia, da sociologia e da psicologia social só podem ser entendidas no contexto mais amplo da pretensão das ciências sociais de ajustarem-se aos critérios de cientificidade regidos pelo positivismo lógico, corrente que dominava a filosofia da ciência durante esse período. Portanto, antes de apresentar as contribuições teóricas e metodológicas da psicologia social durante esse período, nos deteremos em uma análise das principais características da filosofia e epistemologia que lhes deu forma.

OS PRESSUPOSTOS EPISTEMOLÓGICOS DA PSICOLOGIA SOCIAL DURANTE OS ANOS 1930 e 1940

Nos dois primeiros capítulos analisamos a influência do positivismo no desenvolvimento das ciências sociais desde que estas começaram a se caracterizar como disciplinas independentes da filosofia. As idéias esboçadas por Auguste Comte no século XIX tiveram sua continuidade nas diferentes formas que o positivismo assumiu nos primeiros anos do século XX. Como veremos a seguir, as primeiras formas de positivismo convergiram, nos anos 1930, no neopositivismo ou positivismo lógico, uma corrente filosófica que dominou o âmbito da filosofia da ciência até a década de 1960. Os filósofos que se enquadravam nessa corrente não se limitaram a descrever os processos de desenvolvimento da atividade científica, mas elaboraram também uma proposta normativa com a qual quiseram ditar os critérios que as diferentes disciplinas científicas deviam respeitar. Tais critérios estavam inspirados na idéia de que existia uma unidade metodológica das ciências, isto é, que tanto as ciências naturais quanto as ciências sociais deviam obter seu conhecimento mediante a aplicação objetiva do método científico, comum a ambas. É claro que a concepção que os positivistas lógicos tinham da ciência influenciou enormemente a forma com que as ciências sociais foram se desenvolvendo durante esse período. A idéia de que era necessário cumprir os requisitos de cientificidade do positivismo levou muitos cientistas sociais a imitar, sem criticar, o modelo das ciências naturais, o que incidiu significativamente no desenvolvimento tanto teórico quanto empírico alcançado durante essa etapa.

A hegemonia do positivismo lógico não impediu, entretanto, que se desenvolvessem outras concepções da ciência. Na década de 1930, uma ds propostas foi a sociologia do conhecimento de Karl Mannheim, que analisaremos neste capítulo como exemplo de reflexão epistemológica que criticava as concepções do positivismo.

O positivismo lógico e o Círculo de Viena

A evolução das ciências sociais durante a primeira metade do século XX se viu fortemente determinada pelo predomínio adquirido pela concepção positivista da ciência durante esse período. A tese da unidade da ciência, que vinha se impondo progressivamente com o passar do século XIX e primeiros anos do século XX, recebeu um impulso definitivo nos anos 1930, com o surgimento do positivismo lógico, corrente filosófica desenvolvida pelos representantes do Círculo de Viena.

O Círculo de Viena surgiu por iniciativa de Moritz Schlick (1882-1936) que, depois de obter um posto de professor de uma disciplina de filosofia na Universidade de Viena em 1922, inaugurou uma famosa série de reuniões semanais, às quais assistiam pessoas procedentes de diversas disciplinas, como a filosofia, a matemática e as ciências naturais e sociais, para trocar opiniões sobre os traços distintivos da atividade filosófica e científica. Entre os filósofos que fizeram parte do Círculo destacam-se, além do próprio Schlick, Rudolf Carnap, Herbert Feigl e Otto Neurath. Embora tanto Ludwig Wittgenstein quanto Karl Popper tivessem certa influência sobre os membros do Círculo, nenhum deles pertenceu a ele nem chegou a participar daquelas reuniões (veja, por exemplo, Ayer, 1965; Echeverría, 1989, 1995; Oldroyd, 1986). O que, a princípio, se concebeu meramente como um centro de reuniões, foi adquirindo aos poucos a consistência de uma escola.

O Círculo de Viena foi constituído como uma corrente ou escola filosófica em 1929, data da publicação do manifesto teórico *Wissenschaftliche Weltauffassung, Der Wiener Kreis*, escrito por Carnap, Neurath e Hahn, e chegou à fase de maior atividade na primeira metade da década de 1930, quando o advento do nazismo e as circunstâncias pessoais de alguns de seus membros fizeram com que a escola deixasse de existir como tal. Apesar disso, a influência do positivismo lógico não diminuiu. O fato de os membros do Círculo de Viena se transferirem para outros países fez com que suas idéias começassem a se difundir e a adquirir maior eco internacional, o que deu lugar a uma segunda fase do positivismo lógico, conhecida como a *concepção herdada*.

O ataque à metafísica foi uma das principais características que definiram o pensamento dos membros do Círculo de Viena. Todos concordavam em que tanto a filosofia quanto a ciência deviam emancipar-se da metafísica se pretendiam constituir-se em autênticos ramos do conhecimento. Tal posição, na verdade, não era nova. Tanto Hume quanto Kant haviam feito fortes ataques contra a metafísica, e os positivistas do século XIX prosseguiram no mesmo caminho. A inovação na filosofia do Círculo de Viena era a incorporação da lógica como ferramenta capaz de banir definitivamente a linguagem metafísica do discurso filosófico e científico. Nisso, os positivistas lógicos se viram influenciados por Gotlob Fregue e Bertrand Russel, mas principalmente por Wittgenstein, que, com a publicação de *Tractatus Logico-Philosophicus*, em 1922, tornou-se o iniciador do que Schlick (1930/65, p. 61) denominou *a mudança definitiva da filosofia*. Esta "não deve ser atribuída à lógica por si só mas sim a algo completamente diferente que ela mesma estimulou e tornou possível, mas que atua em um plano muito mais profundo: o conhecimento da natureza da própria lógica". A acusação dos positivistas lógicos à metafísica é que ela viola as regras da lógica, as quais um enunciado deve satisfazer para ser significativo. Um dos trabalhos mais representativos dessa posição do Círculo é o de Carnap, que em seu artigo "La superación de la metafísica mediante el análisis lógico del lenguaje" (1932), afirma que as proposições pretendidas pela metafísica não têm sentido quando são analisadas do ponto de vista da lógica da linguagem. A proposta de Carnap, assinada por todos os membros do Círculo, é que do discurso científico sejam eliminadas as pseudoconsiderações próprias do discurso metafísico: as que contêm termos que não têm um significado real e as que estão mal construídas sintaticamente.

Um dos principais postulados do positivismo lógico foi o *verificacionismo*. Esse princípio considera que uma afirmação só tem sentido quando é possível provar, mediante a experiência, se ela é verdadeira ou falsa. Dado que as afirmações metafísicas não podem submeter-se a tal prova, elas são consideradas declarações sem significado e ficam fora do âmbito da ciência.

Seguindo o critério empirista de significado proposto pelos positivistas do Círculo de Viena, só existiriam dois tipos de enunciados que podem ser considerados científicos: as proposições analíticas das ciências formais (matemática, lógica), que não têm que ser verificadas, e as proposições observacionais das ciências empíricas, que devem cumprir o requisito da verificabilidade. A idéia de que todos os enunciados científicos têm que ser confirmáveis pela experiência sofreu diferentes modificações ao longo da existência do Círculo de Viena. Em um primeiro momento, os positivistas lógicos defendiam que qualquer enunciado científico tinha que dar lugar a proposições elementares verificáveis empiricamente. Com o tempo, entretanto, suas teses foram se tornando menos restritas. Finalmente, os positivistas lógicos admitiram a possibilidade de as leis e as teorias não serem diretamente testadas pela experiência, embora suas conseqüências lógicas deveriam sê-lo mediante a dedução lógica (para uma discussão detalhada dessa evolução, veja Echeverría, 1989, 1995).

Existiriam apenas duas possíveis fontes de conhecimento para os positivistas. Uma é o raciocínio lógico, que inclui a matemática e a lógica formal, que se baseia nas regras da linguagem. O raciocínio lógico nos permite determinar a veracidade de determinados enunciados sem necessidade de recorrer à experiência. Esses enunciados são *as proposições analíticas a priori*, cuja verdade deriva das regras da lógica. A outra fonte de conhecimento é a experiência empírica, e está baseada na observação. Nesse caso, que abrange o conhecimento que oferecem a física, a química, a biologia e a psicologia, não existe o conhecimento *a priori*, porém qualquer proposição deve ser verificada pela experiência.

Como já mencionado, quando o Círculo de Viena se dissolveu, com o advento do nazismo, o positivismo lógico manteve sua vigência mediante o que se denominou a *concepção herdada*. Entre as principais novidades dessa segunda fase do neopositivismo, destaca-se a diferença entre *contexto de descobrimento* e *contexto de justificativa*, introduzida por Hans Reichenbach. O *contexto de descobrimento* abrange os aspectos relativos à forma em que se chega aos resultados científicos, enquanto o *contexto de justificativa* se refere à forma em que esse resultado se expõe e se justifica. Para os filósofos da *concepção herdada*, as questões relativas ao *contexto de descobrimento* não são objeto da filosofia da ciência, mas sim da psicologia e da história. À filosofia da ciência interessa somente o resultado final, a forma com que as teorias são justificadas racionalmente. Posteriormente, iniciaram-se tendências nessa corrente mais dispostas a considerar a inter-relação entre o *contexto de descobrimento* e o *contexto de justificativa*. Tais tendências já eram uma tentativa de procurar a relação entre a filosofia e a sociologia da ciência, que continuaria com as contribuições de Thomas Kuhn (1962), Paul Feyerabend (1970) ou Imre Lakatos (1970, 1978), e culminaria com o desenvolvimento da sociologia da ciência nos anos 1970 (veja o Capítulo 5).

Sob a influência dos positivistas do Círculo de Viena, a tese da unidade da ciência se impôs definitivamente no âmbito da epistemologia. Contrariando aqueles que reivindicavam a especificidade epistemológica e metodológica das ciências sociais, os positivistas do Círculo de Viena rejeitaram a separação entre ciências naturais e ciências sociais, argumentando que embora para as últimas era mais difícil estabelecer leis científicas, esta era uma questão prática, não de princípio. Um dos membros do Círculo que defendeu essa tese com maior firmeza foi Hempel que, em seu enfrentamento com os historicistas destacou que o fato de as ciências sociais abordarem fenômenos únicos que não se repetem ou fenômenos estatísticos ou demográficos que devem ser tratados em termos de probabilidade, não implica necessariamente que existam diferenças epistemológicas essenciais entre as ciências naturais e as ciências sociais. A tese da unidade da ciência levaria muitos dos positivistas lógicos, mas não todos, a adotar o *princípio do fisicalismo*. Um dos maiores defensores do *fisicalismo* foi o filósofo austríaco Otto Neurath que, influenciado pelas idéias do físico Ernst Mach, propôs a redução dos enunciados da ciência à linguagem física como meio para obter a unificação de todas as ciências mediante a utilização de uma linguagem comum. Para os partidários do *fisicalismo*, somente as entidades físicas têm uma entidade real e observável e, portanto, somente os enunciados com um referencial observacional podem ser admitidos como base empírica da ciência. De acordo com seus argumentos, a unificação de todas as ciências é possível mediante a redução de todos os seus enunciados à linguagem fisicalista.

Não obstante, as dificuldades, cada vez mais evidentes, para propor enunciados observacionais que servissem como referência empírica de termos como *massa*, *elétron* e outros similares fizeram com que os filósofos da concepção herdada estabelecessem uma distinção entre os termos observacionais e os termos teóricos. As complexas discussões sobre o valor que se atribuiria a estes nas teorias científicas foi um dos aspectos mais característicos da evolução da *concepção herdada*. Conforme resume Echeverría

(1989), havia duas posições igualmente compatíveis com a *concepção herdada*. Alguns autores adotaram uma posição *realista* e afirmaram que termos teóricos como *força*, *massa* etc. se referiam a propriedades ou fenômenos realmente existentes. Outros, ao contrário, optaram por uma interpretação instrumentalista, e destacaram que os termos teóricos devem ser considerados simples instrumentos que, embora resultem úteis para fazer predições sobre o âmbito fenomênico, não têm um referente real. A partir deste ponto de vista, os termos teóricos eram considerados constructos bem elaborados, capazes de predizer novos fenômenos e de explicar os já conhecidos.

Outra das soluções apontadas pelos representantes da *concepção herdada* ao problema dos termos teóricos foi o operacionalismo. A idéia de que o significado de um conceito é semelhante ao conjunto de operações necessário para medi-lo, introduzida pelo físico americano Perci Williams Bridgman em seu livro *Lógica de la física moderna* (1927), foi uma das contribuições da *concepção herdada* que melhor acolhida recebeu no âmbito das ciências sociais.

Tanto as idéias dos representantes do Círculo de Viena quanto a continuação destas na *concepção herdada* representavam, afinal, uma concepção unificada da ciência que, seguindo o *princípio do verificacionismo* e o método hipotético-dedutivo próprio da física, defendia que a ciência avançava de maneira progressiva e autocorretiva. Essa concepção da ciência, que permaneceu até os anos 1960, exerceu uma influência decisiva na evolução das ciências sociais durante o período que estamos considerando. Em psicologia, a influência do positivismo lógico serve para reforçar a hegemonia do behaviorismo. A confluência entre as propostas metodológicas de Watson (1913, 1924) e os princípios derivados do positivismo lógico deu lugar ao neobehaviorismo, cujos principais representantes se orientaram pelo objetivo comum de fazer da psicologia uma ciência unificada mediante um método e uma linguagem comuns aos das ciências naturais. Como veremos a seguir, a influência do neobehaviorismo em psicologia social não teve o caráter hegemônico que havia tido em psicologia, pelo fato de as posições teóricas da Escola da *Gestalt* terem gozado de uma maior receptividade entre os psicólogos sociais da época. Isso não quer dizer, entretanto, que a psicologia social fosse totalmente alheia às suposições epistemológicas do positivismo. Embora os psicólogos gestaltistas não levassem a tese do *fisicalismo* ao extremo de renunciar ao estudo dos processos mentais, reproduziram alguns dos traços essenciais da concepção positivista da ciência. Tanto os principais representantes da Escola da *Gestalt* quanto Kurt Lewin, que se encarregou de introduzir alguns de seus princípios em psicologia social, foram guiados, em relação ao método, por uma concepção unificada da ciência e, da mesma forma que os positivistas lógicos e os neobehavioristas, consideraram que era o modelo experimental da física que devia servir de inspiração à psicologia e à psicologia social científicas.

Karl Mannheim e a sociologia do conhecimento

O claro predomínio do positivismo lógico na filosofia da ciência dos anos 1930 e 1940 não impediu o desenvolvimento de outras propostas que se mostravam críticas com relação à concepção positivista da ciência. Nesse sentido, resultam particularmente relevantes as idéias de Karl Mannheim, refletidas em seu livro *Ideología y utopia* (1929).

O propósito de Mannheim foi desenvolver uma sociologia do conhecimento. Para isso, partiu de uma distinção entre o conceito de *ideologia particular* e o de *ideologia total*. Enquanto o estudo da *ideologia particular* supunha analisar de um ponto de vista psicológico as idéias originadas no interesse particular do adversário, o conceito de *ideologia total* resultava do estudo da determinação social das mentes grupais ou coletivas. Depois dessa distinção, Mannheim defende que todo conhecimento, e não somente o de nossos adversários, é socialmente determinado. São várias as características que ele atribui ao pensamento, tal como acontece na vida real. Em primeiro lugar, sua origem social e situacional, da qual deriva a insuficiência de uma epistemologia individualista e a necessidade de um enfoque sociológico para compreender sua natureza:

> A tese principal da sociologia do conhecimento é que existem formas de pensamento que não se podem compreender devidamente enquanto permaneçam obscuras suas origens sociais. É indiscutível que somente o indivíduo é capaz de pensar. Não existe uma entidade metafísica, como seria o espírito de grupo, que pensa por baixo e por cima das cabeças dos indivíduos, ou cujas idéias o indivíduo se limita a reproduzir. Entretanto, seria um engano deduzir disto que todas as idéias e sentimentos que servem de motivação para um indivíduo têm uma origem nele mesmo e que podem explicar-se adequadamente em função somente da experiência de sua própria vida.
>
> (Mannheim, 1929/97, p.2)

Em segundo lugar, a seu ver, o pensamento se encontra ligado à ação social, e não pode ser separado dela. Essa concepção do pensamento como instrumento de ação coletiva o leva a adotar uma posição não muito diferente da do pragmatismo, corrente filosófica que já examinamos. Da mesma maneira que os filósofos pragmatistas, Mannheim critica o dualismo dos positivistas ao separar sujeito e objeto de conhecimento como duas entidades isoladas, enquanto defende que a validade das teorias se manifesta nem tanto por representar, como se de uma cópia fiel se tratasse, a realidade externa, mas sim por sua capacidade de nos proporcionar os meios necessários para nossa adaptação e uso do meio no qual se desenvolve nossa ação: "... uma teoria será equivocada quando, em determinada situação prática, aplica conceitos e categorias que, se levados a sério, impediriam que o homem se acomodasse àquela etapa histórica" (Mannheim, 1929/97, p.84). A sociologia do conhecimento de Mannheim rejeita tanto o objetivismo behaviorista, principal reflexo do positivismo em psicologia, quanto o subjetivismo. Separando-se de ambas as posições, defende, finalmente, a tomada de perspectivas e o relacionismo como métodos de análise de sua sociologia do conhecimento.

A tomada de perspectivas defendida por Mannheim responde à crítica ao conhecimento desenvolvido pelas ciências naturais, nas quais o método se guia pelas crenças em um mundo externo ao qual se tem acesso eliminando do ato de conhecer as circunstâncias, crenças e preconceitos do sujeito, idéia comum a todos os partidários da aplicação do positivismo às ciências sociais. A idéia de que o *contexto de descobrimento* pode desvincular-se do *contexto de justificação*, em que preponderam as leis da verificabilidade empírica, e que, portanto, o primeiro não influi na objetividade dos critérios de validação do conhecimento nem na verdade de suas proposições científicas, assim como a crença de uma *verdade em si* que o sujeito tem acesso isolando do ato de conhecer sua própria perspectiva histórico-social, encontram-se muito afastadas das teses defendidas por Mannheim em sua sociologia do conhecimento.

Ao contrário da epistemologia tradicional de linha positivista, a sociologia do conhecimento de Mannheim, ao revelar as condições sociais em que ele se constrói, indica os limites que toda condição histórica lhe impõe, e destaca que não há objetividade possível fora da perspectiva dos grupos sociais que constroem conhecimentos específicos sobre a realidade. Tais argumentos lhe fazem postular um método relacional que afirma que todo conhecimento só pode ser compreendido a partir da perspectiva de quem o formula. Esse perspectivismo não deve ser entendido como uma forma de relativismo já que não nega que existam critérios de verdade ou objetividade, embora tais critérios não possam ser absolutos e atemporais, nem dissociar-se da perspectiva que lhes deu origem. Vincular o conhecimento à estrutura social supunha para Mannheim substituir uma concepção estática da verdade por uma noção da verdade como processo relacional:

> ...as respostas que recebemos às perguntas que fazemos na matéria de nosso estudo são, em determinados casos pela própria natureza das coisas, somente possíveis na perspectiva do observador. O resultado, até aqui, não é o relativismo, no sentido de que uma afirmação vale tanto quanto qualquer outra. O relacionismo, como nós o entendemos, sustenta que toda afirmação só se pode formular em relação com algo. Torna-se relativismo somente quando está vinculado com o antigo ideal estático de verdades eternas, não perspectivas, independentes da experiência subjetiva do observador, e quando é julgado à luz desse ideal estranho da verdade absoluta.
>
> (Mannheim, 1929/97, p. 262)

Todas essas considerações sobre o perspectivismo o levam a defender um método interpretativo baseado na compreensão que os participantes em uma situação social têm dela e a criticar tanto uma psicologia explicativa, que exclui de sua análise tudo aquilo que não é mensurável, quanto uma sociologia formal interessada em analisar os mecanismos gerais que dão lugar à estrutura social. Em suma, o perspectivismo de Mannheim, que mantém semelhanças com o perspectivismo defendido por Ortega y Gasset (veja Jiménez Burillo, 1997), expõe uma teoria do conhecimento afastada tanto de um realismo ingênuo, herdeiro de uma concepção positivista da verdade cujo objetivo é a busca de leis gerais, quanto do relativismo, e se aproxima dos postulados do pragmatismo (veja o Capítulo 1).

O DESENVOLVIMENTO TEÓRICO DA PSICOLOGIA SOCIAL NO CONTEXTO DA PSICOLOGIA

As teses defendidas por Mannheim terão pouca influência tanto nas ciências sociais em geral quanto na psicologia social da época, onde houve uma clara hegemonia do positivismo lógico. O predomínio da filosofia neopositivista condicionou fortemente o desenvolvimento teórico da psicologia social durante a primeira metade do século XX. De todas as propostas teóricas surgidas até aquele momento, a que melhor se ajustava aos requisitos de cientificidade derivados do positivismo era, sem dúvida, o behaviorismo. Os princípios gerais enunciados por Watson, integrados nos esquemas epistemológicos do positivismo lógico, deram lugar ao neobehaviorismo, corrente teórica que teve uma influência quase hegemônica na psicologia até meados dos anos 1950. A psicologia social, que já tinha sido orientada para o behaviorismo por Floyd Allport (veja o Capítulo 2), não permaneceu alheia à influência dessa corrente. Como veremos a seguir, os exemplos mais ilustrativos da psicologia social neobehaviorista desse período foram a hipótese da frustração-agressão e a teoria da aprendizagem por imitação.

Entretanto, a influência do behaviorismo no desenvolvimento da psicologia social foi menor do que caberia esperar, considerando a sua hegemonia na psicologia. Quando se tentou generalizar os princípios utilizados pelos behavioristas para o âmbito da psicologia social, ficou clara a enorme dificuldade em explicar o comportamento social renunciando à análise da consciência e dos processos mentais superiores. Esta foi uma das razões pelas quais a psicologia social se viu mais influenciada pelos princípios da Escola da *Gestalt*.

A hegemonia do positivismo lógico, tanto entre os filósofos da ciência quanto entre os cientistas sociais, fez com que algumas importantes contribuições teóricas desenvolvidas com base em concepções epistemológicas diferentes fossem marginalizadas. Algumas dessas contribuições foram desenvolvidas por autores que, embora se enquadrassem no âmbito acadêmico da psicologia, situaram-se em um nível de análise claramente psicossocial. Neste capítulo, nos concentraremos nas pesquisas sobre a memória realizadas por Bartlett (1932) e nos estudos sobre o desenvolvimento dos processos cognitivos de Vygotski.

O neobehaviorismo e sua influência no desenvolvimento da psicologia social

No Capítulo 2, analisaram-se os princípios do behaviorismo e a incidência que essa corrente teve nas etapas de consolidação da psicologia social como disciplina científica independente. O objetivo básico do programa behaviorista, cuja primeira apresentação formal fora feita por Watson (1913), foi fazer da psicologia uma ciência objetiva que, seguindo o modelo das ciências naturais, se adaptasse aos critérios de cientificidade do positivismo. O resultado da primeira fase do behaviorismo foi uma mudança ao mesmo tempo do objeto de estudo da psicologia e de seus métodos de pesquisa. Watson levou até as últimas conseqüências o princípio positivista do fisicalismo, isto é, a exigência de eliminar do âmbito da ciência todos os conceitos que não fizessem referência a entidades diretamente observáveis. Isto o levou a rejeitar a mente como objeto de estudo da psicologia. O fisicalismo extremo do Watson fez com que ele adotasse o esquema S-R (Estímulo-Resposta) como única forma válida de explicar o comportamento. A psicologia, segundo Watson, deveria limitar-se a observar como determinados estímulos externos se relacionam com determinadas respostas, renunciando a incluir no esquema qualquer entidade que não fosse diretamente observável. Considerando que tanto o comportamento quanto o estímulo externo que o desencadeia são diretamente observáveis, a psicologia não precisava recorrer à introspecção, método que Watson rejeitou como não-científico. A proposta de Watson teve, desde o começo, uma grande aceitação, mas foi durante as décadas de 1930 e 1940, quando o behaviorismo conheceu seu maior desenvolvimento, que se viu favorecido pelo predomínio adquirido pelo positivismo lógico na filosofia da ciência. Sob sua influência, o behaviorismo se fez mais complexo. Aquilo que a princípio fora uma proposta metodológica, acabou se tornando um grande empreendimento teórico cujo objetivo principal era chegar a uma grande teoria psicológica capaz de explicar todo o comportamento humano. Tal pretensão era um reflexo do imperativo neopositivista de que todas as ciências deviam proceder seguindo o modelo da física. A tentativa de descobrir os princípios ou leis gerais que regem o comportamento humano deu lugar durante essa etapa às teorias da aprendizagem de Edwin R. Guthrie (1886-1959), Edward Chace Tolman (1886-1959), Clark Leonard Hull (1884-1952) e Burrhus Frederick Skinner (1904-1990), sendo as duas últimas as mais influentes na psicologia social.

A teoria da aprendizagem de Hull foi considerada o melhor exemplo de um sistema hipotético-dedutivo em psicologia durante a primeira metade do século XX (Hildgard e Bower, 1966). Reproduzindo fielmente o modelo de ciência importado da física, Hull elaborou um sistema teórico complexo, do qual foi deduzindo as hipóteses que a seguir demonstrava empiricamente mediante a experimentação. Partindo de um conjunto de conceitos básicos, enunciou uma série de postulados, dos

> **Clark Leonard Hull (1884-1952)**
>
> Clark L. Hull nasceu em 1884 em uma área rural do estado de Nova York. Depois de trabalhar durante algum tempo como professor, estudou psicologia nas universidades de Michigan e Wisconsin. Em 1929 começa a ministrar aulas no Instituto de Relações Humanas da Universidade de Yale, onde expõe sua versão do behaviorismo e cria uma importante linha de pesquisa sobre a aprendizagem. Hull foi muito influenciado pelo neopositivismo dominante em sua época, cuja concepção da ciência tentou reproduzir em psicologia. Aplicando de forma ortodoxa o método hipotético-dedutivo, Hull elaborou uma complexa teoria da aprendizagem, na qual a partir de vários postulados e corolários deduzia os teoremas que logo submetia a comprovação empírica mediante a experimentação. O modelo de Clark Hull está baseado nos princípios do reforçamento. A relação estímulo-resposta é vista em termos de impulsos, que atuam como estímulos, e do reforço daqueles comportamentos que provocam uma diminuição de tais impulsos. Os impulsos têm, na opinião de Hull, a capacidade de estimular o comportamento, mas não de dirigi-lo. Quando se tem um comportamento que serve para diminuir o impulso, surge um aprendizado que faz com que a probabilidade de emitir um comportamento semelhante aumente diante da presença de estímulos semelhantes. A força dos hábitos assim adquiridos dependerá do incremento no número de comportamentos reforçados. Hull propôs a classificação tanto para os impulsos quanto para os reforços. Assim, para ele, existiriam estímulos primários e secundários e reforços primários e secundários.
>
> Nos estímulos e reforços secundários é fundamental o papel da aprendizagem, tanto para que estímulos originariamente neutros tenham a capacidade de provocar comportamentos semelhantes aos provocados pelos estímulos primários quanto para que os reforços atuem para reduzir a intensidade de tais impulsos secundários.

quais logo derivava uma série de corolários e teoremas. O esquema S-R proposto por Watson, no qual os dois elos da cadeia comportamental (estímulo e resposta) tinham que ser diretamente observáveis, torna-se mais complexo no caso de Hull. Pelas observações das relações entre um estímulo (S) e uma resposta (R), Hull infere a existência de variáveis intermediárias de natureza fisiológica. O esquema passa a ser S-O-R. As diferenças que os positivistas lógicos haviam estabelecido entre os termos teóricos e os termos observacionais legitimaram os psicólogos neobehavioristas a introduzir processos não observáveis, de caráter cognitivo ou fisiológico, em suas explicações da conduta. Essa certa flexibilidade ao interpretar o esquema S-R fez com que o modelo behaviorista de Hull fosse um dos mais utilizados em psicologia social. Como veremos a seguir, durante os anos 1930 e 1940, as contribuições dos discípulos de Hull giraram ao redor da hipótese da frustração-agressão (Dollard e outros, 1939; Miller, 1941), e o estudo da aprendizagem por imitação (Miller e Dollard, 1941). Posteriormente, já na década de 1960, o neobehaviorismo daria lugar ao modelo da aprendizagem social de Bandura e Walters (1963) e a uma importante linha de pesquisa sobre comunicação persuasiva e mudança de atitudes (Hovland, Janis e Kelley, 1953). Em todos os casos, tratou-se de um behaviorismo com matizes, afastado dos pressupostos mais radicais dos psicólogos neobehavioristas. O modelo de Hull, ao admitir a existência de variáveis intervenientes, era mais apropriado para explicar o comportamento humano. Mas sua utilização no âmbito da psicologia social o fez ainda mais flexível. Quando os psicólogos sociais tentaram explicar a aprendizagem social, logo ficou evidente que não era possível fazê-lo sem recorrer à consciência. Dessa maneira, no esquema S-O-R, em que Hull tinha introduzido unicamente variáveis fisiológicas, come-

Assim, a constituição de hábitos como conseqüência da redução da intensidade dos impulsos daria lugar à aprendizagem pessoal. A primeira versão de seu sistema foi exposta no livro *Principles of behavior*, publicado em 1943. No entanto, a série de postulados e corolários proposta inicialmente foi se modificando à medida que Hull desenvolvia seus estudos experimentais. A última versão de sua teoria foi apresentada no livro *A behavior system: an introduction to behavior theory concerning the individual organism*, publicado em 1952, o mesmo ano de sua morte.

Embora Hull assumisse completamente a concepção da ciência derivada do positivismo lógico, não foi tão radical quanto outros representantes do behaviorismo ao interpretar o *princípio do fisicalismo*, isto é, a idéia de que todos os conceitos da ciência devem fazer referência a entidades do mundo físico ou, o que é o mesmo, a fenômenos diretamente observáveis. Hull admitiu a possibilidade de que na explicação da aprendizagem se considerassem variáveis intervenientes, situadas no interior do organismo e que mediariam a relação estímulo-resposta. Por isso, embora se dedicasse exclusivamente à experimentação com animais, seu sistema inspirou uma importante linha de pesquisa sobre a aprendizagem humana em psicologia social, que deu lugar ao modelo de aprendizagem por imitação de N. Miller e J. Dollard. Do mesmo modo, os princípios do behaviorismo de Clark Hull inspiraram as pesquisas de Carl I. Hovland sobre a mudança de atitude. Esses autores foram alguns dos psicólogos sociais que se formaram no Instituto de Relações Humanas de Yale, do qual também fizeram parte outros psicólogos, como O. H. Mowrer, K. Spence, E. Hilgard e D. Marquis.

Além das duas obras mencionadas, Hull apresentou uma versão resumida de seu sistema teórico no livro *Essentials of behavior* (1943). Dez anos depois de sua morte, em 1962, publicou-se um livro com as observações e anotações reunidas por Hull em seus cadernos ao longo de sua carreira. O livro é uma boa amostra da forma em que Hull foi desenvolvendo suas idéias com o passar do tempo.

çaram a introduzir-se constructos de caráter cognitivo, uma tendência que se consolidaria definitivamente nos anos 1960.

Diferentemente de Hull, Skinner não aceitou a distinção entre termos teóricos e observacionais. De uma concepção denominada behaviorismo radical, Skinner (1953) negou a validade científica de qualquer variável intermediária ou constructo hipotético não-observável inferido a partir do comportamento. Para o psicólogo, os processos cognitivos devem ser conceitualizados como comportamento privado ou interno, regido pelas mesmas leis que o comportamento observável. Sua consideração como objeto de estudo da psicologia somente pode ser admitida se lhes for dado o caráter de variáveis dependentes, isto é, se estas forem consideradas comportamentos que devem ser explicados, e não como fatores explicativos. Skinner tampouco aceitou a superioridade do método hipotético-dedutivo perante o indutivo. Contrário às grandes teorizações, Skinner se limitou a descrever as leis básicas da aprendizagem, às quais chegou de forma indutiva partindo de uma série de experimentos realizados com animais. A principal contribuição de Skinner foi a análise do condicionamento operante, uma forma de aprendizado em que o importante não é tanto a associação entre um estímulo e uma resposta, mas a associação entre uma resposta e um reforço. A idéia central de sua teoria é que, quando uma resposta vai seguida de um reforço, aumenta a probabilidade de que seja repetida no futuro. Segundo Skinner, a lei geral explica a maior parte do aprendizado tanto animal quanto humano. A influência de Skinner na psicologia social originou as teorias do intercâmbio, das quais existem exemplos tanto na psicologia social psicológica (Thibaut e Kelley, 1959) quanto na psicologia social sociológica (Homans, 1961).

> **Burrhus Frederick Skinner (1904-1990)**
>
> Nascido em Susquehanna, pequena cidade da Pensilvânia, em 1904, Burrhus F. Skinner sentiu desde muito jovem um grande interesse pela música e a literatura. De fato, sua primeira intenção após graduar-se no Hamilton College de Nova Iorque foi consolidar uma carreira como escritor, mas não conseguiu. A leitura de alguns trabalhos de Iván Pávlov e de John Watson despertou seu interesse pela psicologia, o que o levou a ingressar na Universidade de Harvard para estudar a matéria. Depois de obter o doutorado, em 1931, permaneceu na universidade até 1936, realizando trabalhos de pesquisa. Em 1936 obteve uma vaga de professor na Universidade de Minnesota, de onde saiu em 1945 para assumir o posto de diretor do Departamento de Psicologia da Universidade de Indiana. Nessa época já havia escrito uma de suas obras mais importantes, *The behavior of organisms: an experimental analysis* (1938), onde apresentou sua versão do behaviorismo, uma das mais importantes e influentes na psicologia.
>
> A principal contribuição de Skinner à psicologia foi a formulação dos princípios do condicionamento operante que, segundo ele, era o mecanismo mediante o qual ocorre a maior parte da aprendizagem humana. A lei básica do condicionamento operante é a *lei do reforço*, segundo a qual os comportamentos que são reforçados tenderão a repetir-se no futuro, enquanto os outros que não são reforçados tenderão a extinguir-se. Partindo dessa idéia, Skinner desenvolveu uma grande quantidade de experimentos dirigidos a identificar o restante das leis que explicam a aprendizagem.

Neste capítulo nos concentraremos nos enfoques neobehavioristas surgidos durante os anos 1940 (hipótese da frustração-agressão e da aprendizagem por imitação), enquanto as contribuições restantes do neobehaviorismo serão analisadas no capítulo seguinte.

A hipótese da frustração-agressão

Uma das primeiras tentativas de introduzir os princípios do behaviorismo na psicologia social foi realizada na Universidade de Yale, por alguns dos discípulos de Hull, e teve como resultado a formulação da hipótese da frustração-agressão (Dollard e outros, 1939; Miller, 1941). Algumas das idéias que serviram de apoio à hipótese da frustração-agressão já tinham sido esboçadas por Sigmund Freud.

Freud sugerira que quando a pessoa se encontra frustrada, isto é, quando lhe é impedido satisfazer um desejo, o resultado será a manifestação de hostilidade contra o agente que provocou a frustração. Nessas circunstâncias, segundo Freud, a expressão da agressividade tem uma função *catártica*, já que a pessoa se libera de uma tensão que, de outro modo, poderia ser dirigida contra ela mesma. A hipótese da frustração-agressão, cuja primeira formulação foi apresentada no livro *Frustration and agression* (Dollard e outros, 1939), era uma tentativa de expressar a idéia de tal maneira que pudesse ser submetida à análise experimental. Para isso, alguns conceitos derivados da teoria psicanalítica foram integrados no esquema proporcionado pela teoria da aprendizagem de Hull. A tentativa de integrar ambas as teorias pode resultar, em princípio, contraditória já que, se havia alguma teoria psicológica afastada das hipóteses de cientificidade do positivismo lógico e, portanto, do neobehaviorismo, essa era a psicanálise.

Da mesma maneira, dedicou uma grande parte de seus estudos à pesquisa das formas mais efetivas de reforço. A aplicação dos princípios do condicionamento operante à psicoterapia conduziu à *modificação do comportamento*, uma concepção de terapia psicológica contrária à psicanálise, que foi muito utilizada no tratamento de fobias. O condicionamento operante de Skinner também foi aplicado no campo da educação, onde teve como resultado o *ensino programado*. Por outro lado, os princípios do condicionamento operante podiam ser utilizados como mecanismos de controle social, idéia que o próprio Skinner desenvolveu em seu romance *Walden II*. Esse relato de ficção, com o qual Skinner tratou de recuperar-se do fracasso experimentado em sua carreira de escritor, é um retrato do que seria o funcionamento de uma sociedade utópica, moldada a partir dos princípios behavioristas, e cuja finalidade seria poder controlar o comportamento e planejar cientificamente a sociedade futura. A esse romance deve boa parte de sua fama, não toda favorável, pois ele gerou uma grande controvérsia e foi alvo de fortes críticas, procedentes muitas delas de setores religiosos de ideologia conservadora.

Em 1947, Skinner retorna como professor à Universidade de Harvard, onde permanece até sua aposentadoria. Morreu em 1990 de leucemia, tendo recebido diversos prêmios concedidos no campo da psicologia (Medalha Nacional da Ciência, distinções da APA, Humanistic Yearly Award etc.) e deixado como legado uma extensa lista de clássicos como *Science and human behavior* de 1953, *Verbal behavior* de 1957 e *Beyond freedom and dignity* de 1971, sua resposta às críticas feitas a *Walden II*, onde define os conceitos de liberdade e dignidade do ponto de vista behaviorista.

Sua influência mais notória em psicologia social foi a que exerceu na teoria do intercâmbio do sociólogo George C. Homans e na teoria da autopercepção de Daryl Bem.

O primeiro encontro entre a psicologia social e o neobehaviorismo realizou-se, portanto, sustentado numa posição neobehaviorista matizada, em que já se havia começado a aceitar conceitos procedentes de outros enfoques.

Em suma, a hipótese da frustração-agressão defendia, tal como foi formulada inicialmente (Dollard e outros, 1939, p.1), "que o aparecimento de um comportamento agressivo sempre significa a existência de frustração e, ao contrário, que a existência de frustração sempre leva a alguma forma de agressão". A hipótese tinha um caráter universal e envolvia uma dupla afirmativa. Por um lado, afirmava-se que o fator que desencadeia o comportamento agressivo é sempre um estado de frustração. Por outro, mantinha-se que a agressão é a única resposta possível diante de um estado de frustração. Os psicólogos da Universidade de Yale definiam a frustração como um estado interno individual provocado pela interrupção de um comportamento emitido com a intenção de conseguir um objetivo. A agressão era considerada como qualquer ato capaz de fazer mal a outro organismo. Segundo essa hipótese, quando o comportamento dirigido a um objetivo é interrompido, o indivíduo reage tentando atingir outro indivíduo. A tendência de causar dano será maior quanto maior for o grau de frustração sofrido. A agressão era considerada uma fonte de satisfação substituta capaz de reduzir a tensão provocada pela frustração. Somente quando o objeto da agressão era sentido como uma ameaça em potencial, a resposta agressiva podia ser inibida.

As numerosas críticas originadas por esse posicionamento levaram a uma reformulação da hipótese (Miller, 1941). Na nova versão, manteve-se a primeira das afirmações iniciais, isto é, a idéia de que um ato agressivo sempre tem sua explicação na existência de um estado prévio de frustração. Entretanto, matizou-se a segunda, ao destacar-se que a manifestação de hostilidade não é a única resposta possível diante da frustração. Para isso, estabeleceu-se uma distinção entre instigação à agressão e a ocorrência real do comportamento agressivo. Quando a pessoa vê frustrada a realização de um objetivo, surgirão diferentes possibilidades de resposta, uma delas é agredir o agente que causou a frustração. Mas o fato de que finalmente se produza ou não a agressão dependerá da força relativa dessa resposta. A frustração também pode servir como mecanismo instigador de respostas que inibem a agressão. Em nossa sociedade, destaca Miller (1941), por exemplo, a punição do comportamento agressivo faz com que freqüentemente a frustração leve a atos incompatíveis com a agressão. A antecipação da punição pode fazer com que a pessoa responda à frustração de outras formas, como a mudança de objetivo, por exemplo.

Uma das principais contribuições da teoria da agressão enunciada por esse autor foi a análise do deslocamento da *agressão*. O que tal conceito sugere é que, naqueles casos em que não é possível manifestar hostilidade contra a fonte de frustração, a agressividade pode dirigir-se a outra pessoa de características semelhantes. Miller (1948) analisou os fatores que determinam a probabilidade de que a hostilidade que se segue a uma frustração seja dirigida contra uma pessoa diferente daquela que provocou tal frustração. A transferência da agressão para outra pessoa, dependerá a) da força do impulso agressivo subseqüente à frustração, b) da força de outras possíveis respostas inibidoras da agressão, e c) do grau de semelhança entre a pessoa causadora da frustração e a pessoa para a qual poderia ser deslocada a agressão.

Embora a hipótese da frustração-agressão se tornasse o principal marco teórico em que se inspirou a pesquisa experimental sobre a agressão, foi objeto de numerosas críticas já desde sua formulação. A idéia de que a agressão é a resposta natural diante da frustração foi, desde o começo, um dos elementos mais discutidos. Os resultados de alguns experimentos realizados com crianças (Barker, Dembo e Lewin, 1941) e com animais (Mowrer, 1940) mostraram que a frustração não gerava um comportamento agressivo, mas uma regressão no processo de desenvolvimento. Por outro lado, em outros estudos se observou que a frustração pode dar lugar à busca de objetivos alternativos para onde direcionar o comportamento que foi interrompido (Levy, 1941). Alguns dos problemas encontrados ao comprovar a existência de uma associação entre a frustração e a agressão foram conseqüência da ambigüidade com a qual os autores da hipótese tinham definido o conceito de frustração. Alguns psicólogos sugeriram, por exemplo, que para que a frustração se transformasse em um comportamento agressivo não bastava que a pessoa frustrada tivesse sido impedida de alcançar um objetivo, mas ela poderia também ter sido objeto de uma ameaça ou de um ataque (Buss, 1961; Maslow, 1941).

Por outro lado, alguns autores questionaram o caráter universal que o grupo da Universidade de Yale tinha dado à hipótese da frustração-agressão. Tanto no livro de Dollard e outros (1939) quanto nas revisões posteriores da hipótese, parecia que se considerava que as afirmações contidas nela tinham validade transcultural. De fato, não se fazia referência ao contexto cultural onde se experimenta e se responde à frustração. Entretanto, como logo destacaram alguns psicólogos como Bateson (1941), é evidente que a frustração, tal como a definiram os autores da hipótese, não tem o mesmo significado nem desencadeia a mesma reação em todas as culturas. Por outro lado, no mesmo contexto cultural, existe uma variabilidade evidente na maneira de reagir diante da frustração.

Os teóricos da Universidade de Yale tampouco consideraram, como destaca Fromm (1975), que a forma em que se experimenta a frustração e a resposta que se dá a ela depende, em grande medida, de características de personalidade:

O fator mais importante para determinar a ocorrência e intensidade da frustração é o *caráter* da pessoa. Uma pessoa muito voraz, por exemplo, reagirá com cólera se não obtiver todo o alimento que quiser, e uma pessoa avara o fará se for frustrado seu desejo de comprar algo barato; a pessoa narcisista se sente frustrada quando não lhe atribuem os louvores e o reconhecimento que esperava. O caráter da pessoa determinará, em primeiro lugar, o que a frustrará, e em segundo lugar a intensidade de sua reação à frustração.

(Fromm, 1975, p. 81)

A hipótese da frustração-agressão foi submetida a diferentes revisões, das quais a mais conhecida é a realizada por Berkowitz (1969). Para esse autor, o estado de frustração não provoca por si só um comportamento agressivo. O resultado imediato da frustração é, segundo Berkowitz, uma reação emocional, a ira, que cria na pessoa uma disposição para manifestar hostilidade. Mas a resposta agressiva só chegará a existir se a pessoa encontrar *sinais* ou estímulos que *ativem* essa tendência de resposta. Nos experimentos realizados por Berkowitz se observou, por exemplo, que as manifestações de hostilidade eram mais prováveis quando as pessoas, depois de terem sido submetidas a uma experiência de frustração, encontravam ao seu alcance objetos associados à agressão, que podiam atuar como sinais para a manifestação desta. Por outro lado, Berkowitz matizou a afirmativa de que toda agressão pressupõe a existência prévia de um estado de frustração. Segundo o autor, a simples exposição a objetos associados à agressividade (por exemplo, armas) pode desencadear a manifestação de hostilidade.

Apesar das críticas recebidas, e embora a pesquisa posterior tivesse evidenciado a insuficiência da teoria para explicar tanto a conduta agressiva quanto as conseqüências da frustração (veja Martín-Baró, 1983), o certo é que ela foi um importante estímulo para a pesquisa psicossocial que desde então vem sendo realizada.

A aprendizagem por imitação

Outra importante contribuição do neobehaviorismo de Hull à psicologia social foi o modelo da aprendizagem por imitação elaborado por Miller e Dollard (1941). Sua relevância histórica se deve à análise que fazem da imitação como mecanismo central do aprendizado humano. Não era a primeira vez que se chamava a atenção para a importância da imitação como base do comportamento social. Devemos lembrar que Gabriel Tarde, cujas idéias foram analisadas no Capítulo 1, abordara o estudo da imitação e tentara enunciar as leis que explicam esse processo. Algumas das idéias de Tarde foram retomadas por Edward Ross (1908) no primeiro manual de psicologia social escrito por um sociólogo, onde a imitação ocupava um lugar central. Depois de Ross, a imitação continuou sendo um conceito fundamental na análise do comportamento social considerado pelos psicólogos sociais de procedência sociológica (veja o Capítulo 2). Mesmo tendo sido no âmbito da sociologia onde foi dada maior atenção ao estudo do comportamento por imitação, ele foi abordado também por psicólogos como Baldwin (1861-1934), que aplicou as idéias de Tarde sobre a imitação ao estudo da mente infantil. Do mesmo modo, no manual de McDougall (1908), por exemplo, concebia-se o comportamento por imitação como resultado de um processo inato ou instintivo e, posteriormente, Allport (1924) considerou a imitação resultado de um processo de condicionamento clássico. Mas, excetuando esses trabalhos, o interesse da psicologia e da psicologia social pelo estudo da imitação foi relativamente pequeno.

No início, o aparecimento do behaviorismo não favoreceu o estudo da imitação. Ocorreu justamente o contrário. Embora o ambientalismo que guiou os behavioristas os levasse a concentrar-se no estudo da aprendizagem, a imitação foi virtualmente ignorada. Provavelmente, o motivo do esquecimento foi que o comportamento por imitação dificilmente podia ser explicado sem considerar a intervenção de alguns processos cognitivos, como a atenção e a memória. Algo que, a princípio, não tinha espaço no esquema S-R adotado pelos behavioristas.

Foram Miller e Dollard (1941) os primeiros a chamar a atenção para a necessidade de considerar o papel central da imitação no aprendizado da fala e na socialização infantil. Na época em que Miller e Dollard começaram a estudar a imitação, o behaviorismo estava começando a entrar em crise. A dificuldade para chegar a uma teoria geral do comportamento levou alguns behavioristas a iniciar uma abertura para outros enfoques, tanto behavioristas quanto não-behavioristas. Essa tendência fez com que, entre os discípulos de Hull, por exemplo, começassem a desenvolver-se alguns estudos em que se analisavam comportamentos humanos socialmente relevantes. O modelo da aprendizagem social de Miller e Dollard (1941) é uma tentativa de aplicar os princípios do neobehaviorismo de Hull ao estudo da aprendizagem humana em contextos sociais. Sua importância se baseia em que o conceito de imitação ocupa um papel central e está totalmente integrado no marco da teoria do comportamento. Mas, embora na teoria se reconheça a importância da imitação como mecanismo da aprendizagem humana, a explicação da aprendizagem por imitação continua se apoiando nos princípios do condicionamento.

A aprendizagem acontece, segundo ambos os psicólogos, quando a imitação do comportamento do modelo é reforçada. Os conceitos básicos da teoria da aprendizagem de Miller e Dollard são *impulso*, *sinal*, *resposta* e *recompensa*. O impulso induz à resposta, os sinais determinam como, quando e onde se realizará a resposta e, realizada esta, ela se repetirá se for recompensada. Para que se produza a aprendizagem é preciso que a pessoa esteja motivada para obter algo; a aprendizagem consiste em uma cadeia de comportamentos em que a pessoa deve perceber algo, fazer algo e obter algo. As condições sociais que aumentam a possibilidade da imitação são aquelas em que existem diferenças de nível ou status, isto é, tendemos a imitar as pessoas que têm um maior status ou prestígio social e que, portanto, atuam como modelos que guiam nossa conduta. Imitar modelos que ocupam posições elevadas na hierarquia social é fundamental para reduzir os enganos nas respostas e aumentar a probabilidade de recompensa.

Miller e Dollard (1941) realizaram diferentes experimentos com animais e com crianças, tentando provar os princípios psicológicos expostos em sua teoria. Assim, por exemplo, em um dos experimentos traçados por eles ensinou-se a algumas crianças selecionadas aleatoriamente, que seriam os modelos, a encontrar guloseimas em duas caixas situadas em um quarto, no entanto, as guloseimas só estavam em uma das caixas. Os pesquisadores indicavam ao primeiro grupo em qual das duas caixas estavam as guloseimas. As crianças, depois de aprenderem onde estavam as recompensas, atuavam como modelos para um segundo grupo de crianças dividido em outros dois grupos. No primeiro (o grupo imitativo) o modelo escolhia sempre a caixa adequada, enquanto no segundo grupo (o não-imitativo) o modelo escolhia a caixa que não tinha em seu interior a recompensa esperada. Na primeira sessão do experimento, antes de saber se o comportamento do modelo era o adequado para obter a recompensa, somente uma pequena porcentagem de crianças imitou o comportamento do modelo. Nas sessões seguintes, todas as crianças do grupo imitativo seguiram o comportamento do modelo, obtendo a desejada recompensa, enquanto no grupo não-imitativo nenhum deles imitou o comportamento do modelo, obtendo também a esperada recompensa. Dessa forma, as diferentes condições de recompensa estabelecidas para os grupos imitativo e não-imitativo deram como resultado respostas diferentes nos dois grupos. Em termos dos conceitos utilizados na teoria, o comportamento das crianças que participaram do experimento pode ser explicado de acordo com a seguinte seqüência: *impulso,* tendência a reduzir a fome e o desejo de guloseimas e a obter aprovação por realizar o comportamento adequado; *sinal,* observar o modelo dirigir-se a uma das duas caixas; *resposta,* para o grupo imitativo reproduzir o comportamento do modelo, e para o grupo não-imitativo escolher a caixa oposta à selecionada pelo modelo; *recompensa,* obter a guloseima que se encontrava em uma das caixas.

Experimentos posteriores realizados pelos psicólogos mostraram que quando ambos os grupos de crianças se encontravam em uma situação semelhante à descrita no experimento anterior, reproduziam o mesmo tipo de comportamento, demonstrando, portanto, que os hábitos aprendidos tendem a generalizar-se. Como conclusão dos diferentes experimentos utilizados para comprovar a teoria, Miller e Dollar (1941/70, p. 131) concluem afirmando que:

> Os resultados dos experimentos realizados com crianças estão em consonância com os obtidos em experimentos com animais. Ambos confirmam as deduções que fazemos dos princípios da aprendizagem ao demonstrar que a imitação de uma resposta determinada será aprendida se for recompensada, e que o aprendido em uma situação se generalizará a situações novas ou de alguma forma semelhante.

Como resumo da teoria da aprendizagem por imitação, podemos dizer que as recompensas determinam a aprendizagem de um hábito e sua manutenção com o passar do tempo, assim como sua generalização para situações novas ou semelhantes. As respostas aprendidas que não são recompensadas tendem a extinguir-se. Como vemos, o fator principal continua sendo o reforço e não os processos cognitivos subjacentes. Como veremos em capítulo posterior, essa deficiência será criticada posteriormente por Bandura e Walters (1963), que apresentarão um modelo alternativo da aprendizagem por imitação, em que a simples observação do comportamento do modelo, mesmo que não se realize e, portanto, não seja reforçada, torna-se a chave da aprendizagem social.

A introdução dos princípios da psicologia da *Gestalt* na psicologia social

A principal linha de desenvolvimento teórico da psicologia social construiu-se ao redor das abordagens da psicologia da *Gestalt*, que era uma corrente teórica da psicologia surgida na Alemanha em 1913, como uma reação à psicologia de Wundt (veja o Capítulo 2).

Os princípios da Escola da *Gestalt* foram introduzidos na psicologia social pela teoria do campo de Kurt Lewin (1890-1947). Lewin passou os primeiros anos de sua carreira acadêmica na Universidade de Berlim, onde conviveu e colaborou fortemente com os três representantes clássicos da Escola da *Gestalt* (Wertheimer, Köhler e Koffka). Embora as diferenças entre Lewin e os três gestaltistas clássicos tivessem levado alguns autores (por exemplo, Deutsch e Krauss, 1965) a estabelecer uma separação clara entre a teoria do campo e a psicologia social gestaltista, acredita-se que tal separação esteja pouco justificada e que é mais acertado caracterizar Lewin como um pós-gestaltista ou um gestaltista pouco ortodoxo (Carpintero, 1993). De fato, Lewin não se identifica totalmente com os princípios da Escola da *Gestalt*; rejeita, por exemplo, o *princípio do isomorfismo,* isto é, o fato de que fenômenos psicológicos, como a percepção ou o pensamento, têm um substrato fisiológico; e tampouco compartilha plenamente a posição fenomenológica dos gestaltistas. Entretanto, a *teoria do campo* surge da aplicação de alguns dos princípios da mencionada escola nos campos da motivação, da personalidade e da psicologia social.

Os primeiros trabalhos de Lewin estão centrados na elaboração de suas concepções epistemológicas e metodológicas, ao mesmo tempo que se vão esboçando alguns dos conceitos que mais tarde formariam o núcleo da teoria do campo. Alguns desses trabalhos iniciais realizados na Alemanha foram reunidos por Blanco no livro *Epistemología comparada* (Lewin, 1991). Assim como outros intelectuais da época, a vida pessoal e intelectual de Kurt Lewin foi marcada pelos acontecimentos europeus que levariam Hitler ao poder e à perseguição de todos os intelectuais de origem judaica. Em 1931, como conseqüência da ascensão política dos nazistas e a repressão anti-semita, Lewin emigrou para os Estados Unidos, onde se instalaria definitivamente. Alguns autores, como Jiménez Burillo (1985) situam, precisamente, a chegada de Lewin aos Estados Unidos como o começo da etapa independente da psicologia social. No livro *A dynamic theory of personality*, publicado em 1935, apresentam-se traduzidos para o inglês alguns de seus primeiros artigos alemães. Um ano depois, em 1936, publicou-se *Princípios de psicología topológica*, primeira apresentação sistemática da teoria do campo. A aplicação dos princípios da teoria do campo à psicologia social se encontra reunida no livro *La teoria del campo en la ciencia social*, que foi publicado postumamente em 1951 e é uma recopilação de alguns dos trabalhos de Lewin sobre psicologia social. Antes do surgimento desse livro, cabe mencionar a publicação, em 1948, um ano depois de seu falecimento, de *Resolving social conflicts*, onde também se reúnem os trabalhos que realizou durante sua etapa norte-americana.

Kurt Lewin e a teoria do campo

Partindo da idéia gestaltista de que a psicologia deve estudar a totalidade da experiência, Lewin toma o conceito de *campo*, que os gestaltistas tinham utilizado no estudo da percepção, e o introduz na área da motivação e do desenvolvimento da personalidade, que foi, inicialmente, o objeto de sua *psicologia topológica*. O *campo* é a totalidade de fatos coexistentes que se concebem como mutuamente interdependentes, e que facilitam: a) entender o comportamento como uma função no conjunto de fatos que compõem o campo em dado momento; b) começar sua análise considerando a situação como totalidade, da qual a seguir podem diferenciar-se suas partes; e c) representar mediante constructos topológicos o espaço vital onde se desenvolve a conduta. A inclusão desse conceito e da idéia de totalidade leva ao conceito de *espaço vital*, definido como o conjunto de fatores mutuamente dependentes que fazem parte da experiência psicológica. No espaço vital estão incluídos tanto a posição da pessoa quanto seu ambiente psicológico, isto é, o ambiente conforme é recebido pela pessoa:

> ...não considero parte do campo psicológico em dado momento aquelas seções do mundo físico ou social que não afetam o espaço vital da pessoa nesse momento. O alimento que está atrás da porta no final de um labirinto de modo que nem o olfato nem a vista possam chegar até ele não é parte do espaço vital do animal. Se o indivíduo souber que o alimento está lá, este conhecimento, é óbvio, tem que se representar em seu espaço vital, porque afeta o seu comportamento... O princípio de representar no espaço vital tudo o que afeta o comportamento nesse momento, mas nada mais, impede a inclusão do alimento físico não percebido.

(Lewin, 1951/78, p. 66)

O postulado central da teoria do campo é que o comportamento é função da interação entre a pessoa e o ambiente, as duas partes integrantes do espaço vital. Isto é expresso mediante a fórmula:

Conduta = f(Pessoa, Ambiente)

Com isso, Lewin faz referência à importância dos fatores ambientais na determinação do comportamento, sem renunciar, como tinham feito os behavioristas, à consideração de variáveis de caráter cognitivo.

A explanação da teoria do campo não é tarefa fácil, devido à atitude pouco sistemática de Lewin e à ambigüidade com que ele utilizava alguns dos conceitos centrais. Segundo o próprio Lewin (1951/78, p. 68), as principais características da teoria do campo são as seguintes: "o uso de um método construtivo mais do que classificatório; o interesse pelos aspectos dinâmicos dos fatos; um enfoque psicológico mais do que físico; uma análise que parte da situação global; a distinção entre problemas sistemáticos e históricos; a representação matemática do campo".

Pode-se dizer que a teoria do campo é um produto da concepção epistemológica de Lewin, muito influenciada pelas idéias do neokantiano Ernst Cassirer, e que, como destaca Blanco (1991), é a chave para entender adequadamente o resto de sua obra. A idéia central do pensamento epistemológico de Lewin é que a psicologia deve seguir o mesmo processo de evolução que seguiram as demais ciências e que, para ele, consistiu na substituição progressiva de uma metodologia classificatória por um método construtivo. Em seu trabalho "El conflicto entre las perspectivas aristotélicas y galileanas em la psicologia contemporánea" (1931), Lewin toma como modelo a evolução da física e afirma que a psicologia deve realizar a mesma transição de uma perspectiva aristotélica, caracterizada pela utilização de conceitos classificatórios, pela adoção de procedimentos estatísticos e pela formulação de leis baseadas na freqüência da ocorrência dos fenômenos, para uma perspectiva galileana, caracterizada pela utilização de conceitos dinâmicos, pela análise de processos singulares e pelo uso de leis baseadas na utilização de modelos genéticos que façam referência à origem de tais processos. O método genético ou construtivo se caracteriza porque as relações entre os fenômenos não se estabelecem em virtude de sua semelhança, mas segundo a forma em que se derivam uns dos outros. Segundo Lewin, o uso desse método não só está exemplificado pela física de Galileu, mas também se observa na geometria (que deixou de agrupar as figuras por suas semelhanças para começar a agrupá-las segundo a forma pelas quais derivam umas das outras) e na biologia (que substituiu o sistema classificatório de Linneo pelo de Darwin). A pretensão de Lewin é que em psicologia se produza uma evolução semelhante, e esse é de fato o objetivo metodológico e epistemológico da teoria do campo:

> A essência do método construtivo é a representação de um caso individual com o auxílio de uns poucos "elementos" de construção. Em psicologia se podem usar como elementos a "posição" psicológica, as "forças" psicológicas e outros conceitos semelhantes. As leis gerais da psicologia são enunciadas sobre as relações empíricas entre estes elementos construtivos ou algumas de suas propriedades. É possível construir um número infinito de constelações de acordo com estas leis; cada uma destas constelações corresponde a um caso individual em dado momento. Dessa maneira, podem preencher o vácuo entre generalidades e especificidades, entre leis e diferenças individuais.
>
> (Lewin, 1951/78, p. 69)

O que Lewin pretendia, portanto, era encontrar os conceitos que pudessem servir como *elementos de construção* em psicologia ou, o que é o mesmo, chegar a identificar alguns constructos cuja combinação pudesse ajudar a explicar qualquer fenômeno psicológico.

Os conceitos utilizados por Lewin como elementos de construção podem ser divididos em dois grandes grupos: os derivados de sua representação topológica do espaço vital, que Deutsch e Krauss (1965) denominam *conceitos estruturais*, e os que têm sua origem em sua psicologia vetorial, os *conceitos dinâmicos*, segundo a classificação utilizada por esses psicólogos sociais.

A importância que Lewin atribuía a um enfoque que considerasse a natureza qualitativa dos conceitos e processos psicológicos analisados o levou a introduzir na psicologia a utilização da topologia:

> A psicologia deve ocupar-se de uma multidão de fatos coexistentes que estão inter-relacionados e em uma posição relativa um em relação ao outro; em termos matemáticos, tem que ser ocupado um "espaço"... Em psicologia, uma geometria não-quantitativa que começou a desenvolver-se recentemente, a "topologia", pode ser usada satisfatoriamente para tratar problemas de estrutura e posição no campo psicológico. Este espaço permite a representação dentro e fora de determinada região, a relação entre as partes e o todo, e um grande número de características estruturais.
>
> (Lewin, 1951/78, p. 146)

Dessa concepção topológica da psicologia, surge uma série de conceitos estruturais como os de *região, sub-regiões, vias de acesso, barreiras, posição* e *estrutura cognitiva*. Tanto a pessoa quanto o ambiente se encontram divididos, segundo Lewin, em *regiões*. No caso da pessoa, existem regiões centrais, menos acessíveis e que são as partes integrantes da personalidade, e um conjunto de regiões periféricas, mais superficiais e mais suscetíveis de serem afetadas pelo ambiente. Cada região se encontra, por sua vez, dividida em *sub-regiões* distintas. As *vias de acesso* simbolizam a possibilidade de passagem de uma região para outra, enquanto as *barreiras* representam obstáculos para ter acesso a elas. A *posição* é definida como a relação espacial das diferentes regiões (por exemplo, se uma pessoa faz parte de um grupo) e a *estrutura cognitiva* é a posição relativa das diferentes partes de um campo, tal como elas são percebidas pela pessoa.

Esses conceitos estruturais não resultam, entretanto, suficientes para explicar os fenômenos psicológicos de caráter dinâmico, por isso a psicologia topológica deve ser complementada com uma psicologia vetorial, em que os conceitos básicos são os de *locomoção, força, tensão* e *valência*. A *locomoção* é o movimento de uma região para outra. Esse movimento está determinado pela *valência*, definida como a atração ou repulsão das diferentes regiões do campo. Em função dessa valência, as regiões contêm vetores de diferentes intensidades que representam a *força* exercida por cada uma delas.

As mudanças na estrutura do campo desencadeiam uma *tensão* que a pessoa tratará de reduzir. Essa tendência ao equilíbrio é uma aplicação ao campo da motivação da *lei gestáltica da boa forma*, segundo a qual a pessoa tende a perceber os estímulos da melhor forma possível.

Esses conceitos, estruturais e dinâmicos, são considerados os elementos de construção adequados para explicar o comportamento. Um exemplo simples e interessante sobre o uso de diagramas topológicos para explicar o comportamento é o utilizado em um breve filme realizado pelo próprio Lewin, e que ele mesmo apresentou em suas primeiras visitas aos Estados Unidos nos anos 1930. O filme mostrava uma menina de três anos que contempla uma rocha, a acha atrativa e sobre a qual, ao mesmo tempo, ela quer se sentar. Como ambas as ações são "incompatíveis", decide virar-se, colocar a cabeça entre as pernas e olhar a rocha ao mesmo tempo que se dirige a ela para sentar-se.

Na Figura 3.1 podemos ver representado o *espaço vital* da menina P, que inclui a própria menina e a rocha. P é a menina e o círculo representa sua posição inicial. A meta é a rocha, e qualquer *locomoção* entre a posição inicial e a *meta* representa o comportamento da menina. O círculo delimita o *espaço vital* existente para a pessoa naquele momento. Fora dele se situam todos os fatores que não fazem parte dele. Contemplar a rocha e sentar-se sobre ela são duas *forças* que atuam sobre a menina *P* em direção à *meta*. Ambas envolvem *valências* positivas, uma vez que as duas são atrativas. Ambos os tipos de *forças* levam a pessoa *P* à *locomoção* em direção à *meta*. A *situação conflitiva* que representa a impossibilidade de se sentar sobre ela ao mesmo tempo que a observa é uma *barreira* que dificulta o acesso à meta.

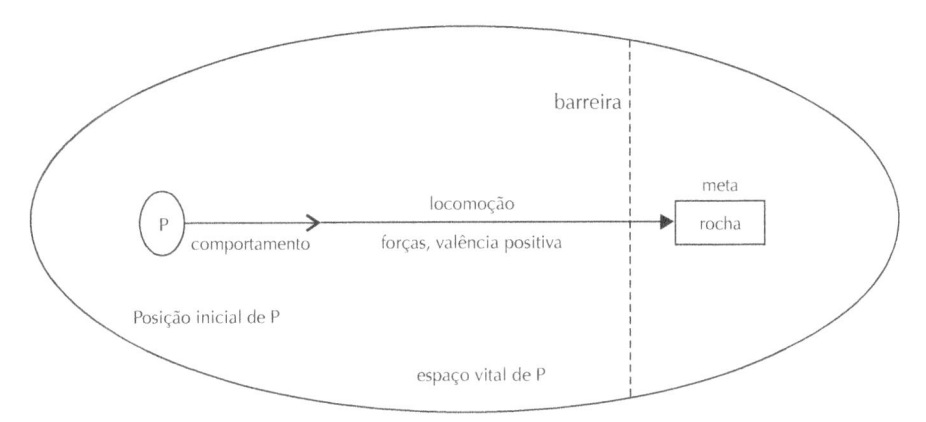

Figura 3.1 Representação da pessoa e seu espaço vital, segundo Kurt Lewin.

Dado que o conflito se dá entre duas *forças* de *valência* positiva, não há nenhuma pressão para que a menina abandone o *campo* e, portanto, ela tratará de alcançar ambas as metas. Finalmente, a menina consegue superar a *barreira* e sentar-se na rocha enquanto a contempla.

Além do conflito entre as duas forças com valência positiva semelhante, Lewin descreve outras duas situações conflitantes, que são aquelas representadas por duas *valências* negativas de *potência* semelhante, por exemplo, uma criança ameaçada com um castigo se não realizar uma tarefa desagradável, ou por uma *valência* positiva e uma negativa de igual *potência*, por exemplo, uma criança que recebe a promessa de uma recompensa por realizar uma tarefa desagradável. No primeiro caso, as *valências* negativas terão como resultado induzir a criança a abandonar o campo definitivamente, a não ser que exista uma barreira que a impeça. No segundo caso, a decisão passará por atingir a meta sem realizar a tarefa desagradável ou por trocar a valência da tarefa, de tal maneira que o resultado de sua execução se transforme em uma situação agradável.

Outro exemplo da utilização da teoria de campo está nos experimentos realizados entre 1924 e 1926 por uma de suas discípulas, Bluma Zeigarnik, relatados com precisão em *La teoria del campo en la ciencia social*. O objetivo desses experimentos era comprovar que as tarefas interrompidas são lembradas com maior precisão do que as tarefas já finalizadas. As premissas em que se baseia essa hipótese são três. A primeira é que a intenção de alcançar uma meta *M* corresponde sempre a um estado de tensão *t* na pessoa. A segunda premissa é que esse *t* se libera se a pessoa alcança a meta *M*. A terceira premissa é que a necessidade de alcançar *M* supõe a existência de uma força que atua sobre a pessoa provocando a *locomoção* em direção a *M*. Partindo dessas premissas da teoria do campo, podemos deduzir que o fato de não alcançar uma meta representa um estado de *tensão*, e que alcançá-la representa uma liberação da *tensão*. As pessoas que vêem interrompidas as tarefas que estão realizando não só terão uma tendência à *locomoção em direção à* meta *M* definida como a conclusão da tarefa, mas também ao pensamento ligado a tal atividade, isto é, a lembrança. A tensão daria lugar a forças que atuariam no interior do sistema da pessoa provocando a lembrança espontânea. As predições derivadas das premissas foram confirmadas, isto é, as pessoas se lembram melhor das tarefas incompletas do que das finalizadas. As tarefas que se interrompem para depois serem finalizadas não são lembradas mais do que aquelas que não foram interrompidas. Isso prova que o que influi na memória é o fato de não ter alcançado uma meta e a tensão que isso provoca no sistema da pessoa. De maneira semelhante, outra aluna de Lewin, Maria Ovsiankina (Lewin, 1935), também havia demonstrado experimentalmente que quando se interrompe a atividade de uma pessoa, ela tende, depois de um tempo, a retomá-la.

Outro exemplo descrito também por Lewin (1935, 1951) é o relacionado ao nível de aspiração. Em sua opinião, o nível de aspiração determina a escolha de metas e o tipo de comportamentos desenvolvidos para alcançá-las. O grau de dificuldade escolhido para a execução de uma meta está associado, segundo Lewin, às experiências de sucesso e fracasso presentes e passadas, e ao nível de aspiração. As experiências de sucesso ou fracasso dependem do nível de execução exigido segundo um marco de referência para o indivíduo, como são, por exemplo, os padrões do grupo ao qual pertence. As pessoas tentarão evitar os sentimentos de fracasso, por isso uma das alternativas possíveis quando não se consegue uma meta é mudar o marco de referência. Por outro lado, entre os fatores que determinam o nível de aspiração individual estão a competência ou habilidade adquirida, e as normas do grupo. As pessoas escolhem suas metas de acordo com a probabilidade de êxito ou fracasso e a *valência* ou importância atribuída a tal probabilidade. Um estudante, por exemplo, terá um nível de aspiração que variará de acordo com seus sucessos presentes e passados em relação aos padrões da classe a que pertence, ao seu nível de competência, e ao atrativo da meta que pretende conseguir.

Uma característica essencial da teoria do campo, que a separa do neobehaviorismo, é a utilização de um enfoque psicológico ao elaborar seus constructos. Lewin se mostrou totalmente partidário da utilização de definições operativas, o que o aproxima das abordagens dos psicólogos neobehavioristas, mas rejeitou radicalmente a definição fisicalista do ambiente por eles adotado. Também rejeitou o princípio do isomorfismo dos gestaltistas clássicos, que haviam estabelecido um paralelismo entre a experiência psicológica e os processos fisiológicos do organismo. Para Lewin, a elaboração de uma psicologia objetiva não deve envolver necessariamente uma renúncia à utilização de conceitos propriamente psicológicos. Já a partir de seus trabalhos iniciais, realizados entre 1911 e 1914 (veja Lewin, 1991), defenderá a ausência de identidade entre os objetos físicos e os objetos psíquicos. Uma vez que só os objetos físicos acontecem em um espaço, o que não ocorre com os objetos psíquicos, não é possível, a seu ver, inferir estes últimos dos primeiros. Em sua psicologia topológica, Lewin (1936) insiste nessa idéia ao referir-se aos fatos físicos e quase físicos para distinguir entre as características objetivas do mundo físico e sua representação fenomênica.

Outra característica central da teoria do campo é a inclusão do princípio gestaltista de *contemporaneidade*, em virtude do qual o comportamento é o resultado dos fatores estruturais e dinâmicos do espaço vital presente: "qualquer comportamento ou qualquer outra mudança em um campo psicológico depende somente do campo psicológico *nesse momento*" (Lewin, 1951/78, p. 55).

A consideração de que os únicos fatores que influem sobre o comportamento são os que estão presentes no campo em determinado momento fez com que a posição de Lewin fosse criticada pelo seu caráter não-histórico, embora haja autores, como Carpintero (1993), que não encontram justificativas nessas críticas. O próprio Lewin se adianta a elas destacando que tanto o passado quanto o futuro influem no comportamento, mas que essa influência é exercida pela representação que a pessoa tem daqueles: "É importante compreender que o passado e o futuro psicológicos são partes simultâneas do campo psicológico existente em dado momento *t*. A perspectiva temporal muda continuamente. De acordo com a teoria de campo, qualquer tipo de comportamento depende do campo total, incluindo a perspectiva temporal nesse momento, mas não adicionalmente, de qualquer campo passado ou futuro e de suas perspectivas temporais" (Lewin, 1951/78, p. 62). Em nossa opinião, o tratamento que se dá à história na teoria do campo é complexo, e sua adequada compreensão requer considerar sua relação com os conceitos lewinianos de casualidade e legalidade. É certo que Lewin rejeita a utilização de fatores do campo passado para explicar o comportamento atual, e nesse sentido sua posição é não-histórica e se encontra fortemente em oposição com a derivada de outros enfoques teóricos, como a psicanálise, que destacam a importância do passado no comportamento presente. Entretanto, a dependência que se estabelece entre o comportamento e os fatores presentes no campo em dado momento significa que o comportamento é produto da estrutura social em que a pessoa se encontra imersa, isto é, do momento histórico presente. Essa convicção é, precisamente, um dos motivos pelos quais Lewin rejeita as leis psicológicas baseadas na freqüência. O caráter universal e não-histórico das leis da teoria de campo deriva da natureza dos conceitos utilizados. *Força, região, valência* etc. podem servir para explicar o comportamento em qualquer momento histórico, embora as regiões que adquirem valência positiva ou negativa, as que criam tensão etc., só possam ser observadas no momento concreto em que se produz o comportamento. A aproximação de Lewin ao modelo da física é evidente nessa forma de entender a casualidade, em que se afasta claramente das explicações historicistas.

Kurt Lewin e o estudo experimental dos grupos

A influência decisiva de Lewin na psicologia social não vem, entretanto, da aplicação dos princípios de sua *psicologia topológica* e *vetorial*, mas de suas pesquisas sobre o comportamento dos grupos. Partindo dos princípios da psicologia da *Gestalt* era possível que os grupos fossem considerados unidade de análise básica da disciplina. A chegada de Lewin aos Estados Unidos propiciou o desenvolvimento da pesquisa sobre a dinâmica de grupos e o clima grupal que já havia se iniciado antes. Preocupado com diversos problemas sociais, como o preconceito, a produtividade no trabalho, a mudança nos hábitos alimentares e a violência, Lewin (1951/78, pp. 212-3) desenvolveu um conjunto de estudos em que partiu da convicção de que a origem desses problemas está nas relações que os indivíduos mantêm nos grupos sociais:

> ...a experiência no treinamento da liderança, na mudança de hábitos alimentares, produção de trabalho, criminalidade, alcoolismo, preconceitos. Tudo parece indicar que normalmente é mais fácil mudar os indivíduos constituídos em grupo do que qualquer um deles separadamente.

Sua convicção de que é mais fácil induzir a mudança em um grupo do que em um indivíduo isolado levou-o a desenvolver a idéia da mudança planejada. Esta se compõe de três fases: descongelamento do nível presente no grupo, substituição ou deslocamento para um novo nível, e permanência ou congelamento dos novos padrões grupais. A idéia inicial é que mudando os padrões do grupo é possível a mudança individual. Para ilustrá-lo, Lewin relata, entre outros, diferentes estudos sobre a mudança de hábitos alimentares. Em um deles, um nutricionista deu instruções individuais às mães do berçário da maternidade de um hospital sobre a forma adequada de alimentar seus bebês, comparando posteriormente seu comportamento com o de outro grupo de mães que, depois de receberem a informação pertinente, discutiram e decidiram em grupo a melhor forma de alimentá-los. Os resultados mostraram que no segundo grupo, era maior o número de mães que alimentavam corretamente seus filhos seguindo as indicações do nutricionista, e que esses padrões se mantinham durante um tempo mais prolongado. A idéia de que a mudança de atitudes é mais intensa e duradoura quando se considera o grupo e não o indivíduo de maneira isolada foi demonstrada em outras pesquisas de Lewin, o que devia provar que os indivíduos não se comportam da mesma forma quando estão sozinhos e quando se considera sua participação em um grupo.

O conceito de grupo foi, portanto, o que serviu de ligação a Lewin para passar da psicologia individual à psicologia social. Sua concepção gestáltica do *todo* como algo diferente da soma das partes lhe permitiu assumir de forma científica o polêmico conceito de grupo:

Kurt Lewin (1890-1947)

Kurt Lewin nasceu em 1890 em Mogilno, Prússia, hoje Polônia. Sua formação começou aos 15 anos ao mudar-se para Berlim para ingressar no *Gymnasium*. Posteriormente estudaria medicina em Friburgo, biologia em Munique e, finalmente, filosofia em Berlim. Depois de finalizar seu doutorado, e como conseqüência da Primeira Guerra Mundial, ingressou no exército em 1914, onde esteve dois anos na frente de batalha até que um ferimento o obrigou a retirar-se. Retornando da guerra, começou a lecionar na Universidade de Berlim, onde teve a oportunidade de entrar em contato com Max Wertheimer, Wolfgang Köhler e Kurt Koffka, os fundadores da Escola da *Gestalt*, cujas idéias influenciaram amplamente sua maneira de pensar.

O crescente prestígio devido a sua atividade docente na Universidade de Berlim e aos diversos artigos que publicou, atraiu a atenção dos psicólogos norte-americanos. Os vínculos de Lewin com a psicologia norte-americana se iniciaram em 1929, quando foi convidado pela Universidade de Yale para ministrar uma conferência. Três anos depois, em 1932, Lewin foi contratado como professor visitante na Universidade de Stanford, período que coincidiu com o auge do nazismo na Alemanha. Como muitos intelectuais judeus de seu tempo, Lewin se viu ameaçado pelo clima anti-semita da Alemanha do início do século XX, o que fez que em 1933 viajasse aos Estados Unidos para instalar-se definitivamente naquele país, obtendo a cidadania em 1940. Contratado inicialmente pela Universidade de Cornell, Nova Iorque, transferiu-se logo para a Universidade de Iowa, onde trabalhou intensamente em temas relacionados aos processos grupais e ao preconceito. Mais tarde, no fim da Segunda Guerra Mundial, Lewin se mudaria para Boston.

> O valor científico que poderia conter o conceito da mente grupal se resolve nos problemas concretos e familiares dos *todos dinâmicos* em sociologia e psicologia social. A concepção do grupo como um *todo dinâmico* deve incluir uma definição do grupo que se baseia na interdependência dos membros (ou melhor ainda, das subpartes do grupo). Considero muito importante este ponto, porque muitas definições de grupo tomam como fator constituinte a semelhança dos membros do grupo mais do que sua interdependência dinâmica.
>
> (Lewin, 1951/78, pp. 142-3)

Nessa definição de grupo se observa, novamente, o empenho de Lewin em substituir a perspectiva aristotélica por uma perspectiva galileana na psicologia social. O grupo não se define pela proximidade ou semelhança entre seus membros, mas pelas relações de interdependência entre eles. Essa forma de conceber o grupo lhe permite reconhecer suas propriedades emergentes, e com isso introduz conceitos como o de *atmosfera grupal* ou *clima grupal*. Do mesmo modo, a definição de grupo em função das relações de interdependência entre seus membros significa destacar a importância dos processos que ocorrem neles. Surge assim sua concepção da dinâmica de grupos, uma de suas principais contribuições à psicologia social. Na dinâmica de grupos destacam-se dois processos:

1) A interdependência do destino: o grupo não se consolida pelas semelhanças de seus membros, mas por considerar que o destino de cada um depende do destino do grupo como um todo. A situação dos judeus em 1939 é um dos exemplos de Kurt Lewin para mostrar que não são as semelhanças ou diferenças entre seus membros o fator que determina a constituição de um grupo, mas o destino comum compartilhado como judeus o que fazia que, como tais, formassem um grupo.

Tendo alcançado popularidade e reconhecimento como especialista em problemas sobre relações intergrupais, em 1945 foi bem-sucedido na tentativa de o Instituto Tecnológico de Massachussets (MIT) criar o Centro de Pesquisa em Dinâmica de Grupos, do qual seria diretor. Na equipe de pesquisadores que, junto com Lewin, iniciaram as atividades do Centro, se encontravam Leon Festinger, Dorwin Cartwright, Ronald Lippitt e Marian Radke. Nele estudaram numerosos psicólogos sociais como Morton Deutsch, John W. Thibaut e Harold H. Kelley, entre outros.

Entre as pesquisas que desenvolveram, destacam-se as dedicadas ao estudo da liderança, a influência social, a produtividade de grupo e a percepção social. Paralelamente, Kurt Lewin, junto com outro psicólogo social, Stuart Cook, dirigiria a Comissão de Relações Intercomunitárias financiada pelo *American Jewish Congress*. Embora o objetivo inicial da comissão fosse o estudo do anti-semitismo, logo seus trabalhos se orientaram ao estudo do preconceito. Apesar da ativa participação de Lewin em ambos os projetos, não pôde estar muito tempo à frente deles devido a sua morte repentina em 1947. As áreas que sofreram sua influência foram muito variadas: do desenvolvimento infantil, a psicologia da personalidade e a prática clínica apoiada na psicologia da *Gestalt*, até a teoria sobre grupos, um campo onde daria suas maiores contribuições à psicologia social. Suas pesquisas lhe possibilitaram, depois de obter a cidadania norte-americana em 1940, que o governo solicitasse seus serviços como consultor em vários temas relacionados com o empreendimento militar que começava.

Suas idéias se encontram reunidas nas obras *A dynamic theory of personality* (1935), *Principles of topological psychology* (1936), *Resolving social conflicts* (1948) e *Field theory in social science* (1951). Em 1991 o professor Amalio Blanco compilou um texto onde se incluem diversos artigos publicados por Kurt Lewin, com o título *Epistemología comparada*.

2) A interdependência de tarefas: um fator mais forte que o anterior é a dependência mútua para realizar uma tarefa ou um propósito, o qual consolida e une poderosamente o grupo.

As contribuições mais conhecidas de Lewin ao campo da dinâmica de grupos são seus estudos sobre os processos intragrupais, destacando especialmente as pesquisas sobre atmosfera de grupo e estilos de liderança realizadas durante sua permanência na Universidade de Iowa (Lewin, Lippitt e White, 1939; Lippitt e White, 1943). Esses trabalhos podem ser considerados um reflexo do compromisso de Kurt Lewin com o sistema democrático diante dos regimes autocráticos. Pensava que, diante da superioridade moral e material dos sistemas democráticos, sua manutenção resultava mais difícil, pelo fato de a democracia dever ser algo a ser aprendido de geração em geração, enquanto os regimes autoritários se impunham a seus membros. Os experimentos que deram lugar ao estudo da liderança foram os que provocaram o interesse pela dinâmica de grupos.

Os resultados desses experimentos, publicados por Lippitt e White (1943), vieram confirmar a superioridade dos grupos com líderes democráticos não só na execução da tarefa, mas também no grau de cooperação alcançado entre seus membros, nas iniciativas tomadas e na menor agressividade entre seus membros.

Além de suas contribuições teóricas, Kurt Lewin realizou um importante trabalho institucional que contribuiu definitivamente para a análise dos processos intergrupais por meio da criação de dois centros de pesquisa: A Comissão de Relações Comunitárias, criada em 1945, em Nova

Iorque, e o Centro de Pesquisa de Dinâmica de Grupos, fundado em 1944 e localizado no Instituto Tecnológico de Massachussets (MIT). Nesses centros colaboraram conhecidos psicólogos sociais, como L. Festinger, M. Jahoda, M. Deutsch e R. Lippitt.

Suas pesquisas principais tinham como objetivo diminuir o preconceito entre grupos e melhorar as relações intergrupais. Em 1946, pouco antes de seu falecimento, foi convidado a dar um curso para a Comissão Inter-racial do Estado de Connecticut para a formação de líderes. Seus assessores de pesquisa, por sugestão do próprio Lewin, discutiram suas observações com os participantes dos grupos, o que provocou um processo de *feedback* de grande ajuda na auto-análise da conduta dos participantes do curso. Os resultados desse processo serviram de estímulo para a criação, em 1947, dos denominados Laboratórios Nacionais de Treinamento na cidade de Bethel, Maine. Seu objetivo era o *treinamento de sensibilidade*, para por meio dele obter a mudança planejada e ajudar a pessoas, grupos, instituições ou diferentes classes da comunidade.

Por outro lado, o trabalho de Lewin também alcançou o campo da metodologia. Nesse sentido, sua influência foi decisiva para a consolidação definitiva da psicologia social como uma ciência experimental. A ampla aceitação do grupo como unidade de análise da psicologia social não só se devia à redefinição do autor acerca do conceito, mas à sua proposta de fundamentar a pesquisa sobre os processos grupais na experimentação. Nesse sentido, Lewin não somente defendeu a adequação do método experimental para o estudo dos pequenos grupos, mas também destacou a necessidade de "desenvolver também técnicas de pesquisa que nos permitam realizar experimentos reais nos grupos sociais 'naturais' existentes" (Lewin, 1951/78, p. 158). Lewin foi, de fato, um dos primeiros a introduzir o experimento de campo em psicologia (veja Yela, 1993).

As concepções epistemológicas e metodológicas de Lewin são, em alguns aspectos, semelhantes às dos psicólogos neobehavioristas. Da mesma maneira que eles, Lewin considera as ciências naturais, e mais concretamente a física, o protótipo de cientificidade e o modelo que devem seguir tanto a psicologia quanto a psicologia social para chegar a sua etapa de maturidade. Assim como os neobehavioristas, ele concebeu a psicologia como uma ciência unificada que, partindo de alguns conceitos ou elementos de construção, poderia chegar a formular leis gerais aplicáveis à explicação de qualquer fenômeno psicológico ou psicossocial. Do ponto de vista metodológico, Lewin defendeu a utilização de definições operacionais dos conceitos e o uso da experimentação. Essas coincidências, que foram destacadas também por outros autores (Carpintero, 1993), podem nos ajudar a explicar o fato de na evolução metodológica da psicologia social se observarem tantas semelhanças com o neobehaviorismo, apesar da tímida influência que este exerceu sobre a disciplina.

As semelhanças entre as abordagens de Lewin e as dos psicólogos neobehavioristas foram, certamente, muito menores que suas diferenças. Isso explica por que, sob sua influência, a psicologia social era, em grande medida, impermeável ao mecanicismo ambientalista extremo que dominou a psicologia durante o período de hegemonia behaviorista. A insistência de Lewin no ambiente psicológico, mais do que no ambiente material, resultou numa alternativa cognitivista ao neobehaviorismo, que a psicologia social aproveitou de imediato. Sua concepção gestaltista tornou possível uma reorientação da disciplina do estudo do indivíduo para o estudo dos grupos. Além disso, Kurt Lewin nunca desconectou sua contribuição teórica da resolução de problemas sociais relevantes de sua época. Sua opinião a respeito é muito clara:

Seria muita infelicidade se a tendência para a psicologia teórica se enfraquecesse pela necessidade de tratar com grupos naturais ao estudar certos problemas da psicologia social. Não devemos ser insensíveis, entretanto, ao fato de que este desenvolvimento oferece grandes oportunidades tanto quanto ameaças à psicologia teórica. A maior desvantagem da psicologia aplicada foi o fato de que, sem auxílio teórico adequado, teve que seguir o custoso, ineficaz e limitado método de tentativa e erro. Muitos psicólogos que hoje trabalham em um campo aplicado são firmemente conscientes da necessidade de uma estreita cooperação entre a psicologia teórica e a aplicada. Isto pode conseguir-se em psicologia, como na física, se o teórico não olhar para os problemas aplicados com aversão erudita ou com temor aos problemas sociais, e se o psicólogo aplicado compreender que não há nada mais prático que uma boa teoria.

(Kurt Lewin, 1951/78, p. 161)

Sua contribuição à psicologia social aplicada se concretizou em seu conceito de pesquisa-ação. Trata-se, na opinião de Kurt Lewin, de vincular a pesquisa à ação social. A pesquisa que só produz livros, ele nos dirá, não é suficiente. Uma boa amostra do interesse de Lewin pela aplicação do conhecimento social está em seu livro *Resolving social conflicts* (1948), onde se reúnem alguns artigos publicados entre 1935 e 1946, durante sua estada nos Estados Unidos. A idéia de Kurt Lewin é muito clara em relação ao papel das ciências sociais em geral e da psicologia social em particular: o estudo empírico da realidade social deve ser completado com estudos comparativos sobre a efetividade de diferentes técnicas e modelos de mudança social. A idéia da pesquisa-ação significa situar a pesquisa no contexto do planejamento e da ação social. Uma síntese entre pesquisa, diagnóstico e avaliação da mudança planejada. E tudo isso vinculado à análise teórica, como já vimos. Os artigos incluídos em *Resolving social conflicts* reúnem o essencial das preocupações de Kurt Lewin, tanto do ponto de vista teórico quanto aplicado. Neles, Kurt Lewin se propõe aplicar os conceitos desenvolvidos em sua teoria do campo a situações reais, mostrando a grande variedade de temas que abordou, assim como suas preocupações principais. Entre elas podemos destacar a importância atribuída ao sistema democrático na formação do caráter, e a importância da atmosfera grupal e da liderança democrática na formação de diferentes tipos de personalidade. Destaca, da mesma maneira, sua preocupação quanto a preconceitos dos grupos para com as minorias e, especialmente, para a minoria de origem judaica, assim como seu interesse pela resolução de conflitos, em que tem um papel determinante a definição que fazemos da situação.

Independentemente da forma com que se avalie, a influência de Lewin na psicologia social dos anos 1940 e 1950 é inequívoca.

Como veremos no capítulo seguinte, a maior parte do desenvolvimento teórico da disciplina até os anos 1960 procede direta ou indiretamente dos princípios da psicologia da *Gestalt* introduzidos por esse autor. De fato, a maior parte dos psicólogos sociais que maior influência tiveram no desenvolvimento posterior da psicologia social foram amigos e colaboradores de Kurt Lewin, como Fritz Heider, ou discípulos, como Leon Festinger.

O estudo dos processos cognitivos na psicologia social

Como acabamos de comentar, a dificuldade de abordar o estudo da aprendizagem humana sem fazer referência aos mecanismos explicativos de natureza cognitiva fez com que a psicologia social assumisse os princípios do neobehaviorismo de maneira menos dogmática do que a psicologia experimental. De fato, durante o período de hegemonia do behaviorismo, a psicologia social psicológica permaneceu usando termos com conotações claramente mentalistas e continuou prestando atenção ao estudo dos processos cognitivos. Algo que, embora estivesse muito associado à influência que exerceu na disciplina a Escola da *Gestalt*, não deve ser atribuído exclusivamente a essa corrente. De fato, durante o período que estamos analisando surgiram, na psicologia social psicológica, duas importantes linhas de pesquisa sobre os processos cognitivos que são atualmente uma referência obrigatória, não somente para a psicologia social, mas também para a própria psicologia cognitiva. Estamos nos referindo às pesquisas sobre a memória realizadas na Grã-Bretanha por Frederic Bartlett, e aos estudos sobre o desenvolvimento dos processos cognitivos da escola soviética.

Frederic Bartlett e a teoria dos esquemas

O predomínio do modelo behaviorista durante a primeira metade do século XX não impediu que se desenvolvessem outras linhas de pesquisa em que continuou se mantendo como objetivo da psicologia o estudo da consciência ou dos processos mentais superiores. Isso ocorreu com a pesquisa experimental sobre a memória realizada por Frederic Bartlett (1886-1969), um psicólogo social britânico cuja contribuição ao desenvolvimento da psicologia social foi relativamente ignorada até muito recentemente.

A importância das contribuições de Bartlett deve ser considerada a partir de dois pontos de vista. De um lado, em seu livro *Remembering* (1932) já se encontram presentes muitas das abordagens assumidas, posteriormente, pela psicologia e a psicologia social cognitivas.

Após a apresentação dos resultados de diferentes experimentos sobre a percepção, a formação de imagens e a memória, realizados durante os anos da Primeira Guerra Mundial, Bartlett oferece uma interpretação teórica deles, e expõe sua teoria sobre a memória utilizando conceitos obtidos da neurologia do movimento (os *esquemas*) e da antropologia social (a *convencionalização*). Bartlett organizou os resultados de seus estudos mediante o conceito de *esquema*. O sistema mnêmico humano inclui a formação de estruturas abstratas ou *esquemas*, que guiam a organização da informação que se percebe e a construção das lembranças. Como veremos em um capítulo adiante, o conceito de *esquema* foi retomado pela psicologia nos anos 1960 e ocupa atualmente um lugar central nas pesquisas sobre cognição social.

De outro lado, do ponto de vista da psicologia social, a principal contribuição de Bartlett é a de ter destacado a origem cultural dos *esquemas*. A idéia de que os *esquemas* são o resultado da interação da pessoa com o meio levou Bartlett a reivindicar um enfoque psicossocial no estudo dos processos cognitivos. Em um dos experimentos delineados para mostrar como operam os *esquemas* que adquirimos culturalmente, Bartlett pediu a uma pessoa que copiasse um hieróglifo egípcio cuja forma não guardava íntima relação com os esquemas ocidentais; em seguida, outra pessoa tinha que reproduzir a cópia, e assim sucessivamente. O resultado foi uma paulatina deformação da figura original, que acabou transformada em um gato, modelo para o qual os sujeitos do experimento já tinham um *esquema* definido. Em outro de seus *experimentos* pediu aos sujeitos que lessem e memorizassem uma história intitulada *A guerra dos fantasmas*, cuja origem se encontrava na tradição oral dos índios da América do Norte. A dificuldade para compreender uma história cujos conteúdos culturais resultavam estranhos levava as pessoas a cometerem erros, omitindo ou acrescentando elementos, e alterando o conteúdo. Todas essas transformações tinham como finalidade a adaptação da história contada aos *esquemas interpretativos* ocidentais, de tal maneira que parecesse coerente e inteligível. Bartlett provou que não só os conteúdos verbais se transformam em nossa memória, mas também as representações perceptivas de objetos sofrem um processo de transformação de acordo com os *esquema*s vigentes em uma cultura. Assim, por exemplo, diante da representação abstrata de um rosto humano, as pessoas tendem a lembrá-lo com traços que não estavam no original, de forma que se assemelhe a nossos *esquemas culturais* de um rosto humano característico (veja a Figura 3.2).

Figura 3.2 Transformação da imagem de um rosto humano, segundo Frederic Bartlett.

Frederic Bartlett (1886-1969)

Frederic Bartlett nasceu em 1886 em Gloucestershire, Inglaterra, e morreu em Cambridge em 1969. Devido às seqüelas de uma grave doença sofrida na adolescência, Bartlett realizou seus estudos na University Correspondence College, uma universidade a distância com sede em Cambridge vinculada à Universidade de Londres. Uma vez obtido o título de licenciado em filosofia, começou a trabalhar como tutor no mesmo centro em que se formou. Embora sua carreira acadêmica se desenvolvesse inicialmente no campo da filosofia, os interesses de Bartlett foram muito mais amplos, abrangendo a ética, a sociologia, a psicologia e a antropologia. Sua inclinação por essas matérias o levou a prosseguir sua formação no St. Johns College de Cambridge, onde estudou ciência moral sob a direção de W. H. Rivers. Aconselhado por ele, formou-se em psicologia experimental no laboratório de psicologia da Universidade de Cambridge, do qual era diretor Ch. S. Myers. Em 1914 obteve um posto de ajudante nesse laboratório. O trabalho de Bartlett não se viu afetado pelo início da Primeira Guerra Mundial, porque a doença de que tinha padecido o eximiu de incorporar-se ao exército. Durante os anos da guerra, Bartlett realizou parte do trabalho experimental sobre a percepção e a lembrança, que se tornaria, alguns anos depois, a base empírica de sua teoria sobre a memória. Em 1922 se tornou o primeiro professor de psicologia experimental da Universidade de Cambridge, e começou a desempenhar, além disso, o cargo de diretor do laboratório pois Myers o tinha deixado livre. Alguns anos depois, em 1931, Bartlett obteve a primeira cadeira de psicologia experimental dessa universidade.

As contribuições de Bartlett na pesquisa sobre a memória, o campo de estudo em que realizou suas contribuições mais relevantes para a psicologia social, devem ser compreendidas à luz dos trabalhos que até o momento haviam sido feitos sobre a maneira como nos lembramos dos eventos. O psicólogo Hermann Ebbinghaus havia inventado o *método das sílabas sem sentido* para medir a capacidade de memorizar conjuntos de palavras, e os efeitos que as variáveis externas que têm sobre a memória. Bartlett era contrário a essa forma de abordar o estudo da memória, por considerar que a maneira com que recordamos aconte-

A conclusão de Bartlett foi que os processos cognitivos como a percepção e a memória não são simples reproduções do mundo externo, mas envolvem um processo de construção de significado, que faz com que os conteúdos lembrados ou as imagens captadas do meio estejam determinados por influências sociais e culturais. Os *esquemas* são estruturas organizadas de conhecimento que são transmitidas culturalmente e possibilitam a incorporação de novas informações ao conhecimento previamente acumulado.

Os estudos de Bartlett sobre a memória são um reflexo de sua concepção da psicologia social. Em sua opinião, o objeto desta deve ser "o estudo sistemático das modificações na experiência e das respostas do indivíduo que se devem diretamente ao fato de pertencer a um grupo" (Bartlett, 1930/95, p. 311). Nas abordagens desse autor está presente a afirmação da entidade psicológica do grupo e de sua importância para entender o comportamento individual:

> ... quando dizemos que a psicologia social se refere às modificações da experiência e do comportamento humano devidas ao agrupamento social, queremos dizer que ela estuda as reações que são específicas aos grupos, encontradas neles, e que não se encontram fora deles. Em minha opinião, não há dúvida de que existem reações como estas, cujas modalidades nunca se diferenciaram claramente, nem

cimentos importantes em nossa vida difere do processo pelo qual aprendemos conteúdos sem significado. Para Bartlett, a memória era algo mais do que a simples lembrança de traços mnêmicos fragmentados sem nenhuma relação com a experiência; a memória devia ser entendida como um fenômeno social e cultural, amplamente determinado pelas experiências dos indivíduos. Bartlett supunha que a memória estava condicionada por aquilo que era relevante e significativo para as pessoas, mas não sabia como prová-lo experimentalmente. Foi Norbert Wiener, amigo de Bartlett, quem lhe deu uma das chaves para imprimir uma mudança definitiva na pesquisa sobre a memória. Wiener lhe sugeriu usar o jogo do *telefone sem fio*, em que uma mensagem era transmitida de pessoa para pessoa até que finalmente termina modificada. Observando a maneira pela qual uma pessoa alterava a mensagem, ele pôde ver que havia padrões recorrentes que dependiam da informação prévia que a pessoa tinha, resultado das experiências passadas e da cultura em que se socializou. A outra chave para a elaboração de sua teoria sobre a memória foi dada por Henry Head, com quem manteve um intenso intercâmbio científico. Durante os anos nos quais Bartlett realizou seus estudos sobre a memória, Head realizava uma importante investigação experimental no campo da psiconeurologia, que se articulava em torno do conceito de *esquema*. Bartlett tomou esse conceito para a elaboração teórica dos resultados experimentais.

As contribuições de Bartlett ao estudo da memória se encontram reunidas em sua obra *Remembering* (1932), em que se incluem os resultados dos estudos experimentais realizados no laboratório psicológico de Cambridge, assim como o material reunido durante uma viagem à África realizada em 1929. Além desses trabalhos sobre a memória, Bartlett iniciou nos anos 1940 uma importante linha de pesquisa sobre o pensamento cujos resultados se reúnem no livro *Thinking*, publicado em 1957, alguns anos depois de Bartlett ter se aposentado.

Além do trabalho docente universitário realizado entre 1922 e 1952, também foi editor do *British Journal of Psychology*, recebeu títulos honoríficos de sete universidades e foi nomeado sir em 1948. Atualmente, Bartlett é considerado um dos precursores das ciências cognitivas, e seu livro *Remembering*, de 1932, é um clássico no estudo da mente humana.

> seus condicionantes foram compreendidos; sem elas não haveria lugar para a psicologia social como ramo especial da ciência psicológica.
>
> (Bartlett, 1932/95, p. 313)

A aceitação do grupo como realidade psicológica não implica, entretanto, uma aceitação de conceitos como o de mente grupal ou inconsciente coletivo, que naquela época eram objetos de fortes controvérsias. A posição de Bartlett na polêmica sobre a mente grupal se situa em um ponto intermediário, no qual, sem negar o grupo como realidade psicológica, considera que a existência literal de processos psicológicos grupais é matéria de especulação. A seu ver, a possibilidade de que existam imagens grupais, lembranças grupais e idéias grupais deve manter-se como um interessante problema especulativo, embora pouco claro, pois não podemos afirmar ou negar sua existência. Todas estas circunstâncias, entretanto, não fazem mudar a certeza de que o grupo é uma unidade psicológica. Existe uma infinidade de formas de comportamento e de pensamento que são o resultado direto da organização social e que, tendo sido criadas pelo grupo, deixam de ser explicáveis quando o grupo não é considerado (Bartlett, 1932/95, pp. 373-4).

O âmbito da psicologia social não fica limitado, entretanto, ao estudo das influências do grupo sobre o comportamento da pessoa.

Também fazem parte do objeto da psicologia social outros dois tipos de fenômenos que aproximam a proposta de Bartlett das posições de uma psicologia social cultural. O primeiro dos fenômenos é constituído pelos comportamentos em que a influência social não se aplica de forma direta, pelo fato de pertencer a um grupo concreto mas, indiretamente, pelas crenças, tradições, costumes, sentimentos e instituições característicos de uma organização social.

O segundo elemento com o qual, segundo Bartlett, deve-se ampliar o âmbito da psicologia social são todos os fatos que fazem parte da *convencionalização*. A *convencionalização* é o processo pelo qual um tipo de expressão introduzido em um contexto novo é modificado pela influência das convenções enraizadas nesse contexto. Segundo Bartlett (1932/95, p. 318), o estudo do processo de *convencionalização* "põe em discussão todos os problemas de interesse e importância que têm ligação com os princípios pelos quais os elementos e sistemas de uma cultura que passam de um grupo para outro sofrem uma mudança e acabam como formas relativamente fixas e aceitas em qualquer grupo". A *convencionalização*, que Bartlett define como um dos motores da mudança social, pode ocorrer mediante diferentes processos. O primeiro deles é a *assimilação*, processo pelo qual um elemento cultural novo será interpretado no marco das peculiaridades do grupo cultural que o recebe. Um dos exemplos de Bartlett para explicar esse processo é a utilização que os nativos de Nova Granada faziam de alguns símbolos da religião cristã. Mesmo parecendo ter assumido completamente as formas de culto dos conquistadores, com o tempo se descobriu que existiam templos secretos onde se continuavam mantendo as formas de culto tradicionais. No entanto, alguns símbolos procedentes da religião cristã tinham sido assimilados no esquema do culto tradicional. Por exemplo, em um dos templos se encontraram alguns objetos, como um terço ou um missal, que se utilizavam como oferenda aos deuses nativos.

Um segundo processo pelo qual ocorre a convencionalização é a *simplificação*, que consiste na eliminação de todos os elementos que são muito específicos do grupo cultural de procedência. A *simplificação* não acontece de forma imediata, mas com o passar do tempo. Um exemplo desse processo é o modo como se desenvolveram as formas alfabéticas comuns. A *simplificação*, às vezes, é acompanhada pela retenção de elementos aparentemente pouco importantes, que é outro dos processos mediante os quais ocorre a *convencionalização*. Nesse caso, quando um elemento passa de uma cultura para outra, o grupo receptor não somente simplifica o material que recebe, mas também retém detalhes aparentemente pouco importantes, mas com uma relevância especial no novo contexto. O exemplo utilizado por Bartlett é um tipo de flecha decorada que se utiliza na Nova Guiné, onde o desenho original de um crocodilo perde uma série de elementos importantes, como a boca e os membros anteriores, mas conserva traços que, em princípio, poderiam parecer menos significativos, como o focinho e a boca.

Em resumo, a descrição que Bartlett faz do processo de *convencionalização* é uma transposição para o plano social e cultural das idéias que o autor tinha elaborado ao estudar a percepção e a memória individuais. Mediante o processo de *convencionalização*, qualquer informação que um grupo recebe é interpretada no contexto da informação que o grupo já tem.

A relevância das contribuições de Bartlett está na consideração que ele faz dos processos cognitivos, especialmente da memória, como processos que, necessariamente, devem ser analisados de uma perspectiva psicossocial. Para Bartlett, tanto o conteúdo da percepção quanto o da memória têm uma origem social, e a maior parte do material experimental que apresenta em seu livro constitui uma constatação do fato de que a percepção, a formação de imagens e a construção da memória se encontram sob a influência, direta ou indireta, de fatores sociais. As pesquisas psicossociais de Bartlett ficaram obscurecidas em seu tempo pela orientação da disciplina em direção a duas grandes correntes hegemônicas: o neobehaviorismo e a Escola da *Gestalt*.

Analisadas da perspectiva da psicologia social atual, as idéias de Bartlett sem dúvida têm uma grande relevância. A tarefa da psicologia social cognitiva, como se deduz das idéias desse autor, é a de analisar a forma pela qual o contexto social e cultural influencia os processos cognitivos. Afirmações como a de que "um sociólogo não tem por que ser psicólogo, mas o psicólogo social tem que dedicar atenção aos problemas sociológicos" (p. 316), ilustram a concepção não-reducionista que deriva dessa linha de pesquisa. Deve-se destacar o forte contraste existente entre essa concepção da psicologia social cognitiva e a derivada das propostas da psicologia da *Gestalt*.

Diante de uma análise psicossocial dos processos cognitivos, como propõe as posições de Bartlett, a psicologia social cognitiva gestaltista considera uma simples extrapolação dos princípios da psicologia cognitiva àquelas situações em que o objeto da cognição tem um caráter social.

Lev Vygotski e o estudo dos processos cognitivos

As referências a Lev Vygotski (1896-1934) nos livros de psicologia social são poucas. Sua obra esteve mais vinculada à bagagem teórica da psicologia do desenvolvimento do que ao da psicologia social. De fato, o próprio Vygotski não esteve completamente convencido da necessidade de que a psicologia social existisse como ciência à parte, já que, para ele, qualquer ramo da psicologia tinha que partir da base de que a mente humana é socialmente determinada (Lomov, 1984). Por isso, embora Vygotski não estivesse institucionalmente vinculado à psicologia social soviética (veja Strickland, 1984), o caráter psicossocial de sua teoria está fora de qualquer dúvida. Vygotski desenvolveu seu trabalho durante dez anos, entre 1924 e 1934. Faleceu em 1934, mas foi a partir dos anos 1960 que a psicologia ocidental começou a *descobrir* sua obra. O relativo isolamento da psicologia soviética e a hegemonia do behaviorismo naquela época sobre a psicologia norte-americana foram os principais motivos do desconhecimento da obra de Vygotski até datas relativamente recentes.

Apesar disso, e à medida que o tempo foi passando, a obra desse autor começou a ser reivindicada como uma referência básica para a psicologia social.

Entre as contribuições de Vygotski à psicologia destacam-se suas reflexões sobre as bases epistemológicas e metodológicas sobre as quais essa ciência devia estar fundamentada. De fato, para alguns autores (veja Kozulin, 1996 ou Riviere, 1994), as idéias de Vygotski sobre epistemologia são uma das chaves para entender o alcance de sua teoria. Para compreender o significado da posição epistemológica de Vygotski é necessário situá-lo no contexto da psicologia dos anos 1920, dominado pela polêmica entre os defensores de uma psicologia objetiva, baseada em esquemas explicativos semelhantes aos utilizados pelas ciências naturais, e uma psicologia interpretativa, construída sobre a base do idealismo filosófico. Como já comentamos, as ciências sociais estiveram imersas nessa polêmica desde o instante em que se constituíram como disciplinas independentes da filosofia. Nos anos 1920, essa tensão estava representada pelos debates sobre a validade do conceito de *consciência* e a polêmica gerada pelo uso da introspecção como método de estudo da psicologia. Para os psicólogos introspeccionistas, o objetivo da psicologia era a análise da consciência, que unicamente podia ser acessada mediante a auto-observação. Em oposição a esse posicionamento se situavam os partidários das denominadas psicologias objetivas, que pretendiam uma maior aproximação da psicologia com o modelo das ciências naturais e rejeitavam tanto o objeto quanto o método de estudo proposto pelos introspeccionistas. Esse posicionamento se viu reforçado pelos enormes avanços obtidos durante essa época no estudo da psicologia animal, e que foram atribuídos ao fato de essa especialidade da psicologia se ajustar perfeitamente ao modelo da ciência natural. Considerando que para estudar o comportamento animal não era necessário recorrer ao conceito de consciência nem, é obvio, à introspecção, os partidários da psicologia objetiva pretenderam eliminar também esse conceito do campo da psicologia humana. No contexto ocidental, tal tendência esteve representada fundamentalmente pelo behaviorismo. Como já mencionado, em sua pretensão de fazer da psicologia uma ciência objetiva, os behavioristas defenderam abandonar o estudo da consciência e concentrar-se no estudo do comportamento observável. No contexto soviético, onde o behaviorismo nunca chegou a ter a influência que teve na América do Norte, a psicologia objetiva dominante nos anos 1920 era a reflexologia. Sua figura principal era Iván M. Sechenov, que descreveu o comportamento como uma cadeia de reflexos que tinham sua localização no cérebro. As emoções e o pensamento eram considerados por Sechenov respostas suscetíveis de serem estudadas como reflexos diante dos estímulos do meio. Assim como os behavioristas, ele era contrário ao método introspectivo, e definia a psicologia como o estudo do comportamento observável.

Sechenov teria uma influência decisiva em Iván Pávlov, cujas pesquisas se centraram no estudo do reflexo condicionado, como vimos no Capítulo 2.

Vygotski não rejeitou radicalmente as abordagens da reflexologia, à qual de fato esteve vinculado durante as primeiras fases de sua carreira. Entretanto, considerou que tanto esta corrente quanto o behaviorismo resultavam claramente insuficientes para analisar a mente humana. Em sua opinião, qualquer estudo do comportamento humano que não considerasse a consciência não podia ser científico. A psiquê, ele diz, "não existe fora do comportamento, da mesma maneira que este não existe sem aquela" (Vygotski, 1926/91, p. 17). Por isso, embora defendesse uma psicologia científica, afastada do mentalismo que caracterizava as psicologias introspeccionistas, não aceitou as abordagens das psicologias objetivas de seu tempo. De fato, Vygotski sempre destacou a natureza interpretativa da psicologia. No entanto, isso não o levou a rejeitar o caráter científico do conhecimento psicológico nem sua função explicativa, como ele desenvolve em um extenso texto sobre a crise da psicologia, escrito em 1927, e onde destaca que sua resolução é de natureza metodológica.

Vygotski estava convencido de que era possível uma análise objetiva, tanto da consciência quanto dos processos mentais superiores, e acreditava que as dificuldades que a psicologia havia encontrado até aquele momento eram causadas por uma escolha inadequada, tanto da unidade de análise quanto dos métodos de pesquisa. A solução que ele propôs era uma redefinição de ambos. Quanto à metodologia, Vygotski defendia o método genético-experimental, centrado na análise dos processos mais do que no estudo dos produtos da consciência. O objetivo de Vygotski era explicar a origem dos processos psíquicos superiores em condições experimentais. Se a contribuição metodológica ao estudo dos processos psíquicos superiores representou um avanço no campo da cognição e da linguagem, também foram decisivas as idéias de Vygotski sobre o objeto da psicologia. Quanto à unidade de análise, Vygotski criticou a tendência da psicologia de sua época a dividir a totalidade em seus elementos constituintes, tendência esta que já havia chegado ao estudo de unidades que tinham perdido todo seu significado psicológico. Essa divisão em elementos havia levado, por exemplo, tanto o behaviorismo quanto a reflexologia a dividir o comportamento em seqüências de estímulos e resposta. Dessa maneira, chegou-se a utilizar como unidade de análise da psicologia o comportamento reativo, em que a consciência não tinha lugar. Vygotski rejeitou essa proposta e incorporou à psicologia o conceito de atividade, derivado do pensamento marxista.

A utilização dessa unidade de análise lhe permitiu abordar o que para ele era o verdadeiro objetivo da psicologia: o estudo da origem da consciência e dos processos mentais superiores.

A idéia de que é o estudo do processo de desenvolvimento da consciência o que nos dará a chave para conhecer sua natureza levou Vygotski a concentrar-se no estudo do desenvolvimento infantil. Isso tem feito com que suas contribuições sejam mais valorizadas no contexto da psicologia do desenvolvimento do que no contexto da psicologia social que, em geral, dedicou pouca atenção ao estudo do desenvolvimento humano. A maneira com que explica o desenvolvimento da consciência e dos processos mentais superiores é um claro exemplo do conteúdo psicossocial de sua teoria. Vygotski não se limitou a destacar que existem determinantes sociais e culturais que influenciam a origem dos processos psíquicos superiores, mas foi ainda mais longe, afirmando que tanto a consciência quanto os processos mentais que a acompanham são, em essência, processos histórico-sociais, mediados simbolicamente. A consciência surge na comunicação com o outro. Trata-se, portanto, de uma experiência socializada. Tomamos consciência de nós mesmos como parte do processo de tomar consciência do outro. A consciência que temos dos outros e de nós mesmos não é o resultado de um processo individual, mas surge no transcorrer da interação comunicativa. Os processos mentais superiores são, portanto, o resultado da transformação social das funções mentais básicas, no sentido de que para seu aparecimento é fundamental a comunicação com outros. Essa idéia fica expressa na *lei geral do desenvolvimento das funções mentais superiores* ou *lei da dupla formação*. Conforme essa lei, é mediante a comunicação com os demais que se constroem a consciência e as funções mentais superiores. Estas surgem no transcorrer das relações com outros e, posteriormente, se interiorizam, tornando-se processos individuais:

> No desenvolvimento cultural da criança, toda função aparece duas vezes: primeiro em nível social, e mais tarde em nível individual; primeiro entre pessoas (interpsicologia), depois, no interior da própria criança (intrapsicologia). Isto pode aplicar-se igualmente à atenção voluntária, à memória lógica e à formação de conceitos. Todas as funções superiores se originam como relações entre seres humanos.
>
> (Vygotski, 1930/79, p. 94)

Outro conceito que Vygotski (1925) utilizou para explicar a origem da consciência é o conceito de *experiência duplicada*, que se refere à capacidade do ser humano de reproduzir mentalmente a seqüência de atos que culminam em uma atividade, antes de tê-la realizado; tal capacidade representa uma adaptação ativa ao meio e não uma resposta passiva como ocorre no caso dos animais.

A simples atividade entendida como reflexo hereditário, característica dos animais, torna-se no ser humano uma atividade consciente ou reflexiva, mediada pela linguagem.

Do que foi dito, podemos deduzir que entre as principais contribuições de Vygotski à psicologia estão suas pesquisas sobre as relações entre consciência e linguagem. Elas estão reunidas, entre

Lev Vygotski (1896-1934)

Nascido na cidade de Orsha, na Bielorrúsia, no final do século XIX, Lev Vygotski foi o segundo de oito irmãos de uma família rica. Seu pai ocupava um cargo de responsabilidade no Banco Central da cidade de Gomel e sua mãe era uma pessoa que recebera uma educação refinada e a transmitiu a seu filho, a quem ensinou a falar corretamente o alemão. Realizou estudos de direito, filologia e psicologia, obtendo o título de licenciatura em 1917. A partir dessa data e até 1924 trabalhou como professor em diversas instituições da cidade de Gomel, para onde toda a família se transferiu quando ele tinha um ano de idade. Entre 1919 e 1920 teve tuberculose, tendo que ser internado em um sanatório.

Inicialmente, Vygotski se interessou por crítica literária, realizando alguns trabalhos que se tornariam mais tarde a base do livro *Psicología del arte*, publicado em 1926. No início dos anos 1920 fundou em Gomel um laboratório de psicologia, onde realizou alguns estudos experimentais que deram origem ao trabalho "La metodología de la investigación reflexológica y psicológica", apresentado em um congresso de psicologia realizado em Moscou em 1924. O interesse que essa comunicação despertou entre os presentes ao congresso fez com que oferecessem a Vygotski um lugar no Instituto de Psicologia da Universidade de Moscou, para onde se mudou em 1924.

Vygotski foi contemporâneo de Pavlov, Watson, Kholer, Koffka e outros psicólogos da escola de Berlim. Entretanto, nem o behaviorismo nem a psicologia da *Gestalt* lhe pareceram apropriados para o entendimento dos processos psíquicos superiores do ser humano. Influenciado pelas idéias de Marx e pelas de Dewey, cuja versão do pragmatismo teve uma grande difusão no contexto de ensino na Rússia, Vygotski enfatizaria aspectos que até o momento não tinham sido considerados. Para ele, o que caracterizava a espécie humana era a possibilidade de usar ferramentas simbólicas, mediante as quais criamos a cultura. A cultura é o que determina o que devemos aprender e o tipo de habilidades que necessitamos desenvolver.

outros relatos, no livro *Pensamiento y lenguaje*. O texto, publicado de maneira póstuma em 1934, não seria traduzido para o inglês até 1962, tornando-se, a partir desse momento, uma referência obrigatória da psicologia evolutiva. Na maneira em que Vygotski analisa a inter-relação entre o pensamento e a linguagem se faz patente uma vez mais o caráter psicossocial de sua teoria. Um aspecto fundamental dela é a explicação que oferece para justificar a origem de ambos os processos. Vygotski afirma que existem determinadas formas de pensamento que são independentes da linguagem e que surgem antes dela. Como exemplo, recorre aos resultados das pesquisas experimentais da Escola de Würzburg sobre o pensamento sem imagens e, sobretudo, aos estudos do psicólogo gestaltista Köhler sobre o comportamento dos chimpanzés (veja o Capítulo 2). Nos experimentos realizados por Köhler, os chimpanzés tinham que resolver uma situação problemática, como utilizar diferentes objetos para chegar até o alimento ao qual por seus próprios meios não tinham alcance. O que Köhler observou foi que, depois de várias tentativas realizadas para resolver a situação mediante tentativa e erro, o animal desistia; mas, passado um tempo, parecia realizar uma recomposição mental dos elementos da situação, que o levava a resolver o problema: colocar os objetos ao seu alcance para ter acesso à comida. O fato de os chimpanzés serem capazes de exibir esse tipo de comportamentos significava a existência de formas de inteligência independentes da linguagem. Segundo Vygotski, essas formas de pensamento são também evidentes nas crianças durante

Por isso, diferenciava as funções mentais elementares, que são comuns à espécie, e as funções mentais superiores, entre as quais se sobressaem a linguagem, a memória, a atenção, a percepção, o pensamento e a abstração, que são moldadas pela cultura. A linguagem tem um papel fundamental durante o processo da aprendizagem, e é por isso que Vygotski demonstra especial interesse no processo social mediante o qual se aprende uma língua. É só a partir do aprendizado de uma língua ou de um conjunto de símbolos que surge o pensamento; antes só há capacidades naturais puramente funcionais. O papel que desempenham os adultos no processo de desenvolvimento das crianças, portanto, é fundamental. Vygotski descreve o espaço que se constrói na relação entre adultos e crianças como *Zona de Desenvolvimento Proximal*, que pode ser definida como a distância entre o nível de desenvolvimento atual da criança e aquele ao que pode aspirar mediante a tutela de alguém que se encontre em estágios mais avançados de desenvolvimento.

Entre as contribuições de Vygotski à psicologia social se sobressai sua análise das relações entre pensamento e linguagem, na qual mostrou a influência que a linguagem e a cultura exercem sobre o pensamento e outras funções mentais. Suas abordagens mais importantes se encontram reunidas no livro *Pensamiento y lenguaje*, texto que, como o restante de sua obra, encontra-se traduzido para o espanhol.

Sua morte prematura, em 1934, o impediu de desenvolver completamente suas idéias. Não obstante, tiveram continuidade na obra de autores como Aleksander Románovich Luria (1902-1977), que realizou, no início dos anos 1930, uma série de pesquisas sobre as formas de raciocínio dos camponeses de diferentes zonas da Ásia Central. Esse trabalho, cujo objetivo era compreender a influência dos fatores socioculturais no desenvolvimento das capacidades psíquicas superiores, mostrou que se produziam mudanças na organização da atividade cognitiva das pessoas que estavam associadas às diferenças na organização social de sua vida laboral.

A vida de Lev Vygotski foi muito curta, mas isso não o impediu de ter uma atividade intelectual intensa, abrangendo campos diferentes como a literatura, a arte, a semiologia e a medicina.

o primeiro ano de vida. Entretanto, confluem em etapas posteriores do desenvolvimento, da linguagem e do pensamento. Vygotski repetiu os experimentos de Köhler com crianças de dois anos, e observou que enquanto tentavam resolver a situação, as crianças emitiam algumas palavras ou frases. Esse tipo de *linguagem egocêntrica*, sem fins de comunicação, já tinha sido descrito por Jean Piaget. Mas Piaget lhe atribuiu a simples função de acompanhamento da atividade, enquanto para Vygotski tinha uma função reguladora. A linguagem egocêntrica servia para guiar a atividade das crianças no decorrer da resolução do problema. À medida que transcorre o desenvolvimento, a linguagem, que aparece inicialmente com fins comunicativos, se interioriza, dando lugar ao pensamento. Para Vygotski, o pensamento surge inicialmente como resultado de um processo social, de comunicação, e com o tempo se transforma em um processo interno.

A teoria sobre a conexão entre linguagem e o pensamento difere tanto da apresentada pelos behavioristas quanto da apresentada por Piaget. A premissa básica de Vygotski é a da natureza originariamente social, tanto da linguagem quanto do pensamento. Assim, enquanto para Piaget a linguagem egocêntrica se apresenta antes da linguagem socializada, para Vygotski, ela é também uma forma socializada de comunicação:

> Até aqui nosso esquema de desenvolvimento (primeiro social, depois egocêntrico e mais adiante linguagem interiorizada) contrasta tanto com o tradicional esquema behaviorista (linguagem oral, cochicho, linguagem interiorizada) quanto com a seqüência de Piaget (a partir do pensamento autista, não-verbal até a linguagem socializada e até o pensamento lógico, através do pensamento e da linguagem egocêntricos). Em nossa opinião, a verdadeira direção do desenvolvimento do pensamento não vai do individual ao socializado, mas sim do social ao individual.
>
> (Vygotski, 1934/85, p. 43)

No esquema seqüencial proposto por Vygotski, o pensamento verbal tem sua origem na linguagem externa, vai se transformando em linguagem egocêntrica e termina na linguagem interiorizada. A linguagem egocêntrica se torna o elo entre as formas pré-intelectuais da linguagem da fala externa da criança e do pensamento.

A importância do pensamento teórico de Vygotski está também no fato de ter sido o precursor de duas importantes linhas de pesquisa centradas, uma delas no estudo do desenvolvimento cognitivo infantil, e a outra, na análise da determinação histórico-social dos processos psíquicos superiores. Dois exemplos tirados de um de seus discípulos, Aleksandr Románovich Luria (1902-1977), podem nos servir para constatar a influência das idéias de Vygotski nos dois campos de estudo. O primeiro é o estudo de A. Luria e F. Yudovich realizado no início dos anos 1950 e publicado em 1956 sobre o desenvolvimento intelectual e a linguagem da criança. Os dois psicólogos esboçaram um experimento em que observaram durante um período de tempo prolongado, dois gêmeos univitelinos de cinco anos de idade que sofriam de um atraso na fala. Depois de eliminar o atraso e de ensinar a um deles uma linguagem gramatical correta, os pesquisadores puderam observar que o aparecimento de uma linguagem narrativa permitia estruturar a atividade consciente, de forma que as crianças eram capazes de formular os objetivos de sua atividade e iniciar um jogo intencionado. Além disso, a aprendizagem correta da linguagem gramatical possibilitou a uma das crianças não só o uso de formas complexas de comunicação falada, mas também supôs um desenvolvimento do pensamento discursivo.

Outro exemplo da influência de Vygotski está nos experimentos de campo realizados por Luria em duas comunidades da Ásia Central: os uzbeques e os kirguizes. Durante o período em que foi realizada a pesquisa, entre 1931 e 1932, ambas as comunidades, de cultura muçulmana e onde a maior parte da população era analfabeta, estavam sendo submetidas a profundas mudanças sociais derivadas das políticas de instrução e transformação cultural e socioeconômica das autoridades soviéticas. O objetivo principal do trabalho de Luria foi mostrar como os processos cognitivos dos habitantes dessas comunidades eram afetados por tais mudanças. Considerando que no momento em que se realizou o estudo ainda havia setores da população de ambas as comunidades não afetados pelas políticas de intervenção estatais, foi possível comparar as pessoas desses grupos com as outras que tiveram acesso aos programas de instrução. Os resultados obtidos indicaram que as transformações introduzidas nas práticas sociais de ambas as comunidades tinham provocado alterações nas formas de percepção da cor e das figuras geométricas.

Também nos processos de abstração e generalização, em que os indivíduos eram capazes de selecionar os traços essenciais dos objetos e agrupá-los em categorias; ou nos processos de dedução, que lhes permitiam inferir conclusões apoiando-se na aquisição de uma linguagem articulada. Do mesmo modo, o nível de auto-análise, isto é, a capacidade de desenvolver um pensamento reflexivo sobre si próprio, via-se condicionado pelas mudanças na vida pessoal e intelectual. Por isso, as diferenças observadas entre os diferentes grupos que faziam parte da pesquisa reproduziam as diversas situações culturais em que se encontravam. Enquanto entre os indivíduos que viviam em aldeias afastadas, dedicados à agricultura ou à criação de gado, predominava um pensamento intimamente ligado à sua atividade prática, nos indivíduos com um nível maior de alfabetização e que realizavam um trabalho cooperativo e, de forma notória, nos indivíduos que tinham estudado de forma continuada, predominava um pensamento racional, capaz de abstrair-se de sua prática cotidiana e de sua própria experiência sensorial.

Como conclusão de seu estudo, Luria (1931-32/87, p. 188) afirma:

> Desmoronam-se as seculares representações segundo as quais as estruturas principais de percepção e representação, dedução e raciocínio, imaginação e autoconsciência eram formas de vida espiritual e não mudavam com o tempo. As principais categorias da vida psíquica do homem começam a ser compreendidas como produtos da história social que se modificam quando mudam as formas básicas da prática social e que têm, portanto, uma natureza social.

Se tivéssemos que resumir a extensa obra de Vygotski, poderíamos dizer que o objetivo central de sua psicologia foi analisar de que forma, com o passar do desenvolvimento histórico, as estruturas e processos mentais foram se tornando mais complexos, surgindo estruturas e processos novos a partir dos já existentes. A psicologia de Vygotski é, portanto, uma psicologia dialética, que estuda os fenômenos da consciência, não como realidades determinadas, mas como processos em contínua mudança e transformação. A idéia central defendida por Vygotski é que a mente se constrói de fora, isto é, a origem dos processos cognitivos superiores se encontra nas condições de vida social, historicamente determinadas, e nas relações da criança com o adulto. Nesse processo de construção social dos processos mentais, a linguagem tem um papel central, tornando-se o principal veículo pelo qual a interação com os outros vai dando lugar à consciência individual. É interessante destacar que se compararmos as teorias de George Herbert Mead (veja o Capítulo 2) e de Lev Vygotski, o paralelismo resulta assombroso, apesar de ambos terem construído seus modelos de forma absolutamente independente e com base em tradições intelectuais muito diferentes.

Como pudemos comprovar, a importância de Vygotski vai além da produção que nos legou em sua breve vida e que significa uma revolução no campo da psicologia. Suas idéias resistiram ao passar do tempo e são atuais para a psicologia social, tanto por sua forma de conceber e estudar os processos psíquicos superiores quanto pela relação que estabeleceu entre pensamento e linguagem.

O DESENVOLVIMENTO TEÓRICO DA PSICOLOGIA SOCIAL NO CONTEXTO DA SOCIOLOGIA

O fato de a evolução teórica da psicologia social ter sido inspirada, fundamentalmente, na psicologia não significa que as contribuições realizadas durante esse período pelos psicólogos sociais procedentes da sociologia fossem inexistentes. Como comentamos no capítulo anterior, a principal linha de pesquisa psicossociológica na sociologia começou a desenvolver-se no início do século XX na Universidade de Chicago, onde autores como John Dewey, Robert Park, William I. Thomas e George H. Mead estabeleceram as bases de uma psicologia social centrada na análise da interação social. As idéias dos sociólogos da Escola de Chicago, e mais concretamente as de Mead, deram lugar ao interacionismo simbólico, uma das principais linhas teóricas da psicologia social sociológica.

O interacionismo simbólico não foi a única contribuição teórica da sociologia para o desenvolvimento da psicologia social. A sociologia dos anos 1930 esteve marcada pela crise da Escola de Chicago e a emergência do funcionalismo, corrente teórica dominante durante esse período. Diferentemente da sociologia que se fez em Chicago, centrada no estudo de fenômenos microssociológicos, o funcionalismo situou a ênfase na estrutura social, o que não quer dizer que essa corrente teórica seja incompatível com a análise psicossociológica da realidade social. De fato, algumas das reflexões dos sociólogos funcionalistas foram incorporadas à psicologia social. Além das duas correntes mencionadas, devemos destacar as contribuições realizadas pelos representantes da Escola de Frankfurt, entre as quais se destaca o desenvolvimento do que se conheceria como *Teoria Crítica*. As atividades dessa escola, onde participaram filósofos, sociólogos e psicólogos sociais, tiveram uma profunda repercussão no âmbito das ciências sociais em geral e da psicologia social em particular.

O interacionismo simbólico

A sociologia da Escola de Chicago e, sobretudo, as idéias de George Herbert Mead, já analisadas no capítulo anterior, foram a origem do interacionismo simbólico, uma das principais correntes teóricas da psicologia social sociológica. Um dos continuadores da tradição iniciada por Mead foi Ellsworth Faris (1874-1953), que dirigiu o departamento de sociologia da Universidade de Chicago entre 1925 e 1939. Faris rejeitou tanto a concepção do comportamento humano derivada das teorias dos instintos, por situar as causas do comportamento no interior da pessoa, quanto a concepção derivada das teorias psicossociais, que consideravam a imitação como o mecanismo explicativo da conduta. A idéia de que o comportamento humano é resultado de um processo de conversação da pessoa consigo mesma e a concepção do grupo como configurador do comportamento individual e social foram as principais contribuições teóricas de Faris. Não obstante, sua influência para a psicologia social não se deve tanto às suas próprias idéias teóricas quanto ao fato de ter sido o principal divulgador das idéias de Mead entre os alunos da Universidade de Chicago, sendo, portanto, um dos principais responsáveis pelo desenvolvimento adquirido pelo interacionismo simbólico durante essa etapa.

Quando Faris abandonou a Universidade de Chicago, em 1939, a direção do departamento de sociologia foi entregue a Herbert Blumer (1900-1987), que manteve o cargo até 1952. Foi Blumer, cujas contribuições teóricas serão analisadas no próximo capítulo, quem cunhou a expressão *interacionismo simbólico* para apresentar seu próprio enfoque derivado das idéias de Mead.

Tanto Faris quanto Blumer contribuíram de forma significativa para manter vivo o pensamento de Mead na psicologia social sociológica. O importante trabalho de divulgação realizado por ambos fez com que Mead se tornasse um dos autores mais citados pelos psicólogos sociais de orientação sociológica nas duas décadas seguintes. Apesar disso, o interacionismo simbólico teve um papel apenas secundário na evolução da psicologia social durante este período.

Um dos fatores que podem ajudar a explicar a tímida influência do interacionismo simbólico durante os anos 1930 e 1940 foi a crise pela qual atravessava nesse período a sociologia da Escola de Chicago. A influência hegemônica da escola na sociologia dos anos 1920 começou a gerar um crescente mal-estar entre os sociólogos, que começaram a rebelar-se contra o domínio que a Universidade de Chicago exercia sobre a American Sociological Society e o *American Journal of Sociology*. Fruto desta "revolta contra Chicago" (veja Ritzer, 1996a) foi a criação da Eastern Sociological Society, em 1930, e de uma nova revista, a *American Sociological Review*, em 1935. Ao mesmo tempo que se verificava a decadência da Escola de Chicago, constituíam-se outros centros importantes da sociologia americana, como o da Universidade de Harvard. Quando a sociologia da Universidade de Chicago entrou em crise, os livros de Mead ainda não tinham sido publicados. O fato de o interacionismo simbólico ainda ser uma tradição oral e pouco elaborada foi, segundo Ritzer (1996a), uma das razões pelas quais se viu deslocado por um sistema teórico mais explicitamente organizado, como o funcionalismo estrutural.

A influência do positivismo nas ciências sociais nesse período também contribuiu fortemente para a crise da sociologia da Escola de Chicago. A tendência crescente dos sociólogos para utilizar métodos de pesquisa quantitativos com os quais, supostamente, ficaria garantido o caráter científico da sociologia, gerou logo uma forte rejeição da sociologia da Escola de Chicago, onde se havia dado uma orientação mais qualitativa à pesquisa.

A influência do positivismo foi também um dos principais motivos pelos quais o interacionismo simbólico ficou relegado a um segundo plano na psicologia social. O fato de a psicologia se ajustar mais aos critérios de cientificidade positivista fez com que os psicólogos sociais dessem mais atenção ao modelo de ciência proporcionado pelo neobehaviorismo ou a Escola da *Gestalt* do que ao modelo derivado das reflexões psicossociais procedentes da sociologia.

O início do funcionalismo estrutural: a teoria sociológica de Talcott Parsons e seus vínculos com a psicologia social

Durante os anos 1930, o eixo da sociologia norte-americana se deslocou da Universidade de Chicago para a Universidade de Harvard, onde em 1931 se criou o departamento de sociologia, cuja direção foi entregue a Pitirim Sorokin (1889-1968). A importância histórica da Universidade de Harvard para a sociologia da primeira metade do século XX está, entre outros fatores, em que foi nela onde começou a se desenvolver o funcionalismo estrutural, corrente teórica dominante em sociologia até os anos 1960.

São vários os motivos pelos quais é oportuno incluir uma análise do funcionalismo estrutural em uma reconstrução histórica da psicologia social. Por um lado, esse enfoque foi o grande modelo teórico dominante no pensamento sociológico durante o período que estamos tratando.

Um número importante de enfoques, como a teoria do intercâmbio de George Homans, o interacionismo simbólico de Herbert Blumer, as contribuições da sociologia fenomenológica de Alfred Schutz ou a etnometodologia de Harold Garfinkel, surgiu, por um lado, como resposta ao enfoque normativo de Talcott Parsons. Por outro lado, a ênfase nos aspectos estruturais da ação é um dos aspectos que uma psicologia social sociológica não pode ignorar. A preocupação básica de Parsons era procurar um modelo que integrasse a personalidade, o sistema social e o sistema cultural. Considerando os diferentes níveis de análise de sua teoria, assim como o impulso do funcionalismo estrutural na utilização de conceitos como os de *posição social*, *papel*, *valores*, *personalidade*, *grupo de referência* e *estrutura social*, entre outros, não parece justificado ignorar sua contribuição teórica à psicologia social sociológica. Fato já demonstrado por psicólogos sociais como Deutsch e Krauss (1965) e mais recentemente por Torregrosa (1998). Da mesma maneira, psicólogos sociais como Martín-Baró (1989) destacam que, embora o funcionalismo surja como teoria sociológica, sua compreensão da ação das pessoas e dos grupos como parte do sistema social vincula-o também ao âmbito do estudo próprio da psicologia social.

> **Talcott Parsons (1902-1979)**
>
> Talcott Parsons nasceu no Colorado em 1902. Depois de licenciar-se no Amherst College, realizou estudos de doutorado na London School of Economics, transferindo-se depois para Heidelberg, Alemanha, para escrever sua tese de doutorado, na qual dedicou uma parte à análise da teoria da ação de Max Weber. Em 1927 voltou para os Estados Unidos e começou a trabalhar como tutor no departamento de sociologia da Universidade de Harvard, da qual era diretor Pitirim Sorokin. As desavenças entre ambos foram um dos motivos pelos quais Parsons não obteve uma vaga de professor efetivo até 1939, dois anos depois de publicar *The structure of social action*, uma de suas obras mais importantes. Assim que Parsons consolidou sua posição no departamento, sua carreira deslanchou rapidamente. Em 1944 ocupou o posto de diretor do Departamento de Sociologia, substituindo seu desafeto P. Sorokin. Pouco depois, em 1946, criou o Departamento de Relações Sociais da Universidade de Harvard.
>
> Parsons foi o fundador de uma das grandes correntes teóricas da sociologia, o funcionalismo estrutural, que dominou o pensamento sociológico até a década de 1960. Os princípios do funcionalismo foram desenvolvidos em dois livros publicados em 1951: *The social system* e *Toward a general theory of action*, este último escrito em colaboração com Edward Shills e em que também colaboraram sociólogos como Samuel

Ainda com o risco de reduzir seus conteúdos, podemos definir o funcionalismo estrutural como a perspectiva teórica que explica os fenômenos sociais em termos das funções que executam para a manutenção da ordem social. Partindo dessa ampla definição do que é o funcionalismo, os primeiros antecedentes da perspectiva funcionalista em sociologia estão na obra de alguns autores clássicos, como Comte, Spencer ou Durkheim, que haviam insistido na necessidade de considerar a sociedade como um todo e de estudar a forma com que cada uma das partes contribuía para manter o equilíbrio do conjunto. Mas o primeiro desenvolvimento sistemático da perspectiva funcionalista aconteceu na antropologia, em que se destacam os trabalhos de autores como A. B. Radcliffe-Brown (1881-1955) ou Bronislaw Malinowsky (1884-1942). Em sociologia, o funcionalismo estrutural começou a desenvolver-se no final da década de 1930, com Talcott Parsons (1902-1979), e se tornou a corrente teórica dominante durante os anos 1950 e 1960.

Na obra de Parsons podemos distinguir duas grandes etapas. Na primeira, seu principal objetivo é a análise das condições que garantem a ordem social. Em sua primeira obra, *La estructura de la acción social* (1937), Parsons enfrenta o problema de explicar a ordem social sem renunciar à idéia de que o comportamento humano tem um importante componente intencional e voluntário. Ao dar uma solução para o problema, Parsons se afasta tanto das explicações do comportamento derivadas do idealismo, em que não se reconhecia o papel dos determinantes externos da conduta, como das propostas procedentes do behaviorismo, em que se negava a influência dos determinantes internos. Da mesma maneira, mostrou-se crítico com o utilitarismo liberal e sua ideologia do *laissez-faire*, incapaz de oferecer uma teoria adequada da ordem social. Inspirando-se na teoria da ação de Max Weber, Parsons escolheu como unidade de análise de sua teoria o *ato-unidade*. Como já tinha feito Weber, rejeitou o conceito de comportamento e reivindicou o uso do termo *ação*, mais apropriado porque implica considerar o papel da consciência e dos determinantes subjetivos do comportamento. Essas abordagens não o levaram, entretanto, a

A. Stouffer, psicólogos como Edward E. Tolman e psicólogos sociais como Gordon W. Allport. Quando as obras foram publicadas, o Departamento de Sociologia da Universidade de Harvard já tinha se tornado mais importante que a Escola de Chicago e tinha se tornado o eixo da sociologia norte-americana. Parsons já era uma das figuras mais influentes da sociologia americana. De fato, em 1949 foi nomeado presidente da *American Sociological Association*. Mas sua influência continuou aumentando durante toda a década de 1950. Tanto seu trabalho institucional quanto a expansão da escola teórica que ajudou a criar serviram para reforçar a posição de Parsons durante muito tempo. O funcionalismo estrutural começou a entrar em crise no início da década de 1960, quando a teoria sociológica de Parsons, centrada na análise da estrutura social, começou a ser discutida a partir de diferentes frentes. No próprio Departamento de Relações Sociais, a teoria do intercâmbio de George Homans apresentava-se como uma tentativa de análise sociológica alternativa ao funcionalismo. Fora do departamento, as idéias de Parsons serão rejeitadas pelo interacionismo simbólico, a sociologia fenomenológica ou a etnometodologia. É nesse contexto crítico que é publicado o livro de Parsons *Social structure and personality* (1970).

Parsons permaneceu na Universidade de Harvard durante toda sua carreira. Depois de sua morte, em 1979, muitos de seus discípulos continuaram seu trabalho e fizeram suas idéias se tornarem conhecidas. Isso fez com que o funcionalismo não desaparecesse completamente, e tivesse chegado até os nossos dias, mantendo-se na teoria sociológica.

ignorar o fato de a ação humana estar também fortemente condicionada por fatores externos à pessoa. Dessa maneira, Parsons nunca negou que os indivíduos tivessem interesses e motivos que os levam a agir como atores racionais; mas considerou que, a partir dessa concepção individualista da ação social, não era possível dar uma explicação satisfatória da ordem institucional. Existem, na opinião de Parsons, elementos estruturais que facilitam ou restringem a ação e fogem ao voluntarismo de pessoas racionais em busca de fins ou metas particulares.

As situações em que a pessoa se encontra indicam os limites para a ação, restringindo, em ocasiões, a capacidade de agir mediante sistemas normativos.

Nessa primeira etapa, Parsons explicou a manutenção da ordem social valendo-se dos conceitos de *consciência coletiva* e *representação coletiva* de Durkheim (veja o Capítulo 1). A manutenção da ordem é explicada pelo fato de a pessoa interiorizar, durante o processo de socialização, as normas e valores da sociedade da qual faz parte. Essas normas e valores ficam integrados na estrutura da personalidade individual, de tal maneira que quando a pessoa atua impulsionada por suas próprias metas, está respondendo inconscientemente a demandas que recebe de fora. O enfoque de Parsons, centrado inicialmente na análise de fenômenos microssociológicos e no estudo da ação, evoluiu progressivamente para abordagens macrossociológicas, em que os determinantes externos da ação humana foram adquirindo um peso cada vez maior.

Como resultado dessa evolução, surge uma segunda etapa na obra de Parsons, caracterizada pelo desenvolvimento de sua teoria funcionalista, que teve uma influência quase hegemônica na sociologia norte-americana até o fim dos anos 1960. Os traços que definem a segunda etapa da obra de Parsons serão analisados no capítulo seguinte, junto com outros desenvolvimentos teóricos da sociologia dos anos 1950 e 1960.

Por ora faremos referência à enorme influência que o funcionalismo, em geral, e a obra de Parsons, em particular, tiveram no desenvolvimento da sociologia durante as décadas de 1930 e 1940. E a psicologia social não foi alheia a essa influência. O Departamento de Sociologia da Universidade de Harvard originou, em 1946, o Departamento de Relações Sociais, cuja direção foi assumida por Parsons. A mudança de denominação refletia uma tentativa de criar um departamento multidisciplinar, onde conviveriam destacadas figuras da sociologia e também da psicologia e da antropologia. De especial relevância para o desenvolvimento da psicologia social foi a presença nesse departamento de George Homans, cuja teoria do intercâmbio será analisada no próximo capítulo, ou de Gordon Allport, a quem devemos, além de seu trabalho sobre o preconceito (1954b), os capítulos do *Handbook of Social Psychology* sobre atitudes (1935) e sobre a história da psicologia social (1954a, 1968 e 1985).

A Escola de Frankfurt e *La personalidad autoritaria*

A situação em relação à teoria sociológica na Europa durante o período analisado foi influenciada, principalmente, pelo marxismo, cujo desenvolvimento principal na sociologia virá com a Escola de Frankfurt. Embora a Escola de Frankfurt não recebesse essa denominação até 1950, sua origem se encontra na criação, em 1923, do Institut für Socialforschung (Instituto de Pesquisa Social), da Universidade de Frankfurt, cujo primeiro presidente foi K. A. Gerlach. Em 1930, assumiu a presidência Max Horkheimer. Três anos mais tarde, quando Hitler foi eleito como chanceler alemão, os nazistas fecharam o Instituto e a maioria de seus integrantes teve que se exilar, primeiro em outros países da Europa e, posteriormente, nos Estados Unidos. Em 1935, o Instituto se mudaria para Nova Iorque. Entre seus membros destacam-se Theodor W. Adorno, Max Horkheimer, Herbert Marcuse e Walter Benjamin. Este último se suicidou em 1940 em Port-Bou, quando fugia da Gestapo. Também fizeram parte do Instituto de Pesquisa Social Wilhelm Reich e Erich Fromm. A obra da Escola de Frankfurt é realmente impressionante, e nela influenciaram, principalmente, as obras de Karl Marx, junto com as de Max Weber e Sigmund Freud. Objeto de seu interesse foram os estudos sobre o autoritarismo, a *Indústria Cultural*, entre outros.

Entre as principais contribuições dos representantes da Escola de Frankfurt, se encontra a revisão crítica que realizam do marxismo, em que se afastam de uma leitura economicista deste e incorporam uma análise ideológica da razão técnica, ao mesmo tempo que introduziram conceitos como o de alienação para descrever a repressão psíquica e realizaram uma análise pormenorizada da *Indústria Cultural* e sua influência no consumo de massas (Horkheimer e Adorno, 1947). Do mesmo modo, de uma análise crítica do positivismo e da sociedade capitalista, os frankfurtianos foram capazes de realizar uma crítica à Ilustração sem renunciar aos princípios que tinham servido de guia para esta. O comentário de algumas das obras emblemáticas dessa escola nos servirá para dar uma idéia de suas contribuições às ciências sociais em geral e à psicologia social em particular.

Muito provavelmente, uma das obras mais importantes da Escola de Frankfurt é *Dialéctica de la ilustración* de Max Horkheimer e Theodor W. Adorno, publicada em 1947, o mesmo ano em que Adorno e seus colaboradores terminaram de reunir o material para realizar o estudo de *La personalidad autoritaria*, livro publicado em inglês em 1950. O objetivo da *Dialéctica de la ilustración* era compreender as razões do drama vivido na Europa com a ascensão de Hitler ao poder. Adorno e Horkheimer pretendiam explicar como os valores preconizados pela Ilustração não tiveram como conseqüência a instauração da igualdade, a solidariedade e o progresso, mas da barbárie nazista (da qual os membros da escola tornaram-se vítimas, por serem muitos deles de ascendência judaica) que tinha conseguido instalar-se em pleno coração da culta sociedade alemã e se expandia pela Europa. Na opinião de Horkheimer e Adorno, a Ilustração tinha fundamentado sua idéia da emancipação do ser humano no domínio da Natureza, acreditando que a razão humana estava determinada pela sua instrumentalidade. Essa mesma idéia, opinam, é a que fez com que as relações entre os homens fossem reduzidas a um processo de domínio, submissão e manipulação. É nessa crítica à razão instrumental em que devemos situar a contribuição mais relevante dos frankfurtianos à psicologia social. Trata-se da pesquisa que Adorno e seus colaboradores realizaram sobre a personalidade autoritária e as raízes psicológicas do anti-semitismo. Um texto que dá continuidade à preocupação que Adorno já havia manifestado em *Dialéctica de la Ilustración*.

As origens de *La personalidad autoritaria* devem ser situadas na colaboração que Adorno havia estabelecido com o Comitê Judeu Americano e nos trabalhos de pesquisa que realizou para o Departamento de Pesquisa Científica desse Comitê, do qual Horkheimer era diretor. Fruto dessa colaboração foi a pesquisa que Adorno empreendeu sobre o preconceito. *La personalidad autoritaria* foi um estudo realizado na Universidade da Califórnia, cidade para onde se mudou em 1941, três anos depois de se refugiar nos Estados Unidos, seguindo a trilha de outros membros do Instituto, como o próprio Horkheimer. O objetivo inicial desse estudo era analisar as raízes do anti-semitismo, que foi definido da seguinte maneira:

> Esta ideologia consiste em opiniões segundo as quais os judeus são perigosos, imorais e não pertencem à mesma categoria que os não-judeus, e em atitudes hostis que postulam distintas formas de restrição, exclusão e supressão, como meio de resolver o problema judeu.
>
> (Adorno e outros, 1950/65, p. 89)

O objetivo inicial de *La personalidad autoritaria* foi ampliado ao longo da pesquisa para concentrar-se, finalmente, na análise do preconceito contra as minorias sociais e sua relação com a ideologia e a personalidade. De fato, a associação encontrada entre o anti-semitismo e o etnocentrismo levou os autores do estudo a considerar o preconceito anti-semita como uma faceta da ideologia etnocêntrica, mesmo que conservasse traços que lhe eram próprios. Em suma, Adorno e seus colaboradores pretendiam relacionar as crenças, atitudes e valores das pessoas que fizeram parte do estudo com traços da personalidade autoritária. No estudo participaram mais de 2 mil pessoas e se utilizou uma metodologia plural na qual se incluíram questionários, assim como entrevistas e técnicas de análise projetiva. No estudo quantitativo utilizaram-se diferentes escalas para a medição das variáveis objeto de estudo. Além da escala de anti-semitismo (*AS*), os autores elaboraram outras escalas para a medição da ideologia etnocêntrica (*E*), o conservadorismo político e econômico (*CPE*) e as tendências antidemocráticas implícitas, a escala (*F*) de fascismo.

As conclusões do estudo revelavam que as pessoas que apresentavam um maior grau de anti-semitismo eram também as mais etnocêntricas e as que mostravam uma tendência antidemocrática mais forte. Em outras palavras, os pesquisadores verificaram que existia uma correlação positiva entre as pontuações na escala de anti-semitismo, a escala de etnocentrismo e a escala *F* de tendências antidemocráticas implícitas ou de potencialidade para o fascismo. Dessa maneira, os sujeitos que declaravam maior preconceito contra os judeus mostravam maior hostilidade contra outros grupos minoritários de caráter étnico, religioso ou cultural, assim como uma maior tendência antidemocrática.

> **Theodor W. Adorno (1903-1969)**
>
> Theodor Ludving Wiesengrund Adorno nasceu em Frankfurt de Main em 11 de setembro de 1903. Seu pai, judeu alemão, dedicava-se ao comércio de vinhos, e sua mãe, de origem italiana, era cantora profissional. Por influência de sua mãe e sua tia, professora de piano, iniciou os estudos de música. Depois de finalizar sua formação básica, matricula-se na Universidade Joham Wolfgang Goethe, em 1921. Nela realiza os estudos de filosofia, psicologia, sociologia e música, obtendo seu doutorado em 1924 com uma tese sobre a fenomenologia de Edmund Husserl dirigida pelo neokantiano Hans Cornelius. Nessa época, conhece Max Horkheimer e Walter Benjamin, com os quais manterá uma estreita relação intelectual e de amizade. Depois de terminar seus estudos de doutorado, passa uma breve temporada em Viena, dedicando-se à composição e à crítica de obras musicais. Em 1927 volta para Frankfurt, estreitando seus vínculos com o recém-criado Instituto de Pesquisa Social, onde ingressa em 1930, quando Max Horkheimer assume sua direção. Dois anos mais tarde, inicia sua participação na revista do Instituto Zeitschrift für Sozialforschung, criada em 1932 e da qual seria diretor em 1958. Durante sua estada em Frankfurt, se interessa por ampliar sua formação no pensamento marxista e na psicanálise. Em 1933, diante da perseguição dos nazistas, que acabam lhe retirando sua *vênia docendi*, emigra para a Inglaterra, instalando-se em Oxford e prosseguindo seus estudos sobre a filosofia de Husserl. Embora viaje ocasionalmente para a Alemanha, o clima social e político em que vive o país o convencem a abandonar a Europa em 1938 e mudar-se para os Estados Unidos, assim como muitos outros membros do Instituto. Com a sua chegada, incorpora-se a diferentes projetos de pesquisa sociológica sobre a produção e difusão musicais, financiados pelas universidades de Princeton e Columbia.

Essa descoberta permitia prever o preconceito etnocêntrico por meio das pontuações obtidas na denominada escala *F*.

Outro resultado de interesse é a relação que Adorno e seus colaboradores encontraram entre o conservadorismo político e econômico e as medidas de etnocentrismo, de anti-semitismo e a medida incluída na escala *F*. As pessoas conservadoras mostravam um preconceito etnocêntrico mais acentuado e uma menor aceitação dos valores democráticos que as pessoas liberais. Embora as correlações obtidas nesse caso fossem moderadas, acabaram por ser significativas. Além desses resultados, os pesquisadores verificaram que a educação e a inteligência estavam associadas de maneira também moderada, porém significativa, com etnocentrismo, sendo as mais etnocêntricas as pessoas com uma formação cultural mais baixa e com um menor nível de inteligência.

Em seus comentários sobre alguns desses dados, Adorno e colaboradores concluem afirmando:

> Aparentemente, conseguimos concretizar com bastante êxito nossa idéia de construir uma escala que, sem evidenciar seus propósitos nem mencionar nenhum detalhe, servisse para medir os preconceitos. A correlação de 0.75 entre as escalas *E* e *F* significa que, baseados na pontuação da última, podem prever-se os da primeira com regular precisão. Falta provar se conseguimos o segundo objetivo da escala *F*, isto é, criar um instrumento que proporcione uma estimativa da receptividade fascista do ponto de vista da personalidade. Enfrentamos diretamente numerosas variáveis de cenários que não incluem os estudos das ideologias políticas, econômicas e sociais; e encontramos que tais variáveis formam uma síndrome que está em significativa correlação com as tendências antidemocráticas de campos englobados pelas escalas *AS*, *E* e *CPE*. De tudo isto se deduz, pelo menos, que o conceito de um padrão do

Em 1941 se muda para a Califórnia, onde colabora com Max Horkheimer na direção do Instituto. Durante os anos sucessivos e sob o patrocínio do Comitê Judeu Americano, realiza seus principais estudos sobre o anti-semitismo, que culminariam em 1950 com a publicação de *La personalidad autoritaria*, um trabalho de pesquisa no qual Adorno, junto com uma equipe de colaboradores, estuda as raízes do anti-semitismo e o etnocentrismo e sua relação com a ideologia política conservadora. Nesse trabalho, Adorno e colaboradores desenvolverão a famosa escala *F de tendências antidemocráticas implícitas ou de potencialidade para o fascismo*. Pode-se considerar *La personalidad autoritaria* uma continuação de seus interesses pelo preconceito anti-semita que já tinham aparecido em outra de suas principais obras, publicada conjuntamente com Max Horkheimer em 1947: *Dialéctica de la ilustración*. Em 1949 retorna à Alemanha e pouco depois se incorpora à vida universitária, ocupando uma cadeira de filosofia e sociologia na Universidade de Frankfurt até seu falecimento em 1969. Desde sua volta participa ativamente na vida cultural, social e política alemã, distanciando-se cada vez mais de uma concepção *ortodoxa* do marxismo e dos novos setores da esquerda alemã. Ao mesmo tempo, continua sua atividade intelectual, publicando diversas obras entre as que se podem destacar *Mínima moralia* (1951) e *Dialéctica negativa* (1966). Em 1961, preside o Congresso organizado pela Sociedade Alemã de Sociologia realizado em Tübingen, onde participam, entre outros, além do próprio Adorno, Karl Popper, Ralph Darendorff e Jürgen Habermas. O resultado de tal participação será a obra *La disputa del positivismo en la sociología alemana*, onde Adorno se mostrará muito crítico com a sociologia empírica e a natureza coisificada de seus métodos e técnicas estatísticas de análise probabilística. Nos últimos anos de sua vida manteve seu compromisso político e participou das revoltas estudantis de Maio de 1968. Um ano depois, em 6 de agosto de 1969, falecia na cidade de Zermatt, na Suíça, de um ataque cardíaco.

> fascismo latente pode ampliar-se grandemente. Do mesmo modo, nossa hipótese de que este padrão é produto de predisposições centrais da personalidade se vê confirmada em boa parte.
>
> (Adorno e outros, 1950/65, p. 276)

Além dessas escalas de atitudes, o estudo tratava de uma parte clínica em que se realizaram entrevistas, e se aplicaram técnicas de pesquisa projetivas, entre as quais se encontrava o *Teste de Apercepção Temática* (TAT). Diferentemente do estudo quantitativo, em que participou um grande número de pessoas brancas de classe média, o estudo clínico foi restrito a dois grupos reduzidos de pessoas selecionadas por terem pontuações extremamente altas ou baixas na escala de etnocentrismo. Das conclusões do estudo clínico se destaca, entre outras, o fato de as pessoas que mostravam preconceitos mais fortes contra outros grupos minoritários refletirem uma rígida adesão a valores convencionais, assim como uma atitude negativa contra a ciência, eram mais supersticiosos e com tendências a mostrar um caráter mais sugestionável. Também mantinham uma imagem idealizada de si próprias e de seus pais, e se declaravam preocupados com o êxito, ao mesmo tempo que eram menos *intraceptivas*, isto é, manifestavam uma mentalidade não imaginativa e oposta ao sentimental com tendências a um maior impulso agressivo contra grupos minoritários, projetando seus próprios defeitos nos demais. Do mesmo modo, se mostravam partidárias da divisão de papéis entre o homem e a mulher, manifestavam uma rejeição moralista do erotismo e da sensualidade, e concebiam as relações com o outro sexo como uma forma de ascensão social, um meio para a obtenção de status. Com o estudo clínico, os autores de *a personalidade autoritária* completavam sua análise vinculando a personalidade autoritária à ideologia. Como o próprio Adorno destaca:

> Não era possível indagar sobre a ideologia dos sujeitos considerando unicamente fatores externos como o status econômico, os grupos aos quais pertencem ou a religião; pelo contrário, tudo indicava, sem deixar lugar a dúvidas, o papel que cumpriam as forças motivacionais da personalidade.
>
> (Adorno e outros, 1950/65, p. 568)

O estudo de *a personalidade autoritária* foi objeto de diversas críticas metodológicas, entre as quais se devem destacar as distorções na escolha da amostra, a tendência dos indivíduos a concordar com as escalas formadas por enunciados redigidos em uma única direção, e o conhecimento das pessoas encarregadas de fazer as entrevistas sobre as respostas dadas pelos indivíduos aos questionários (Brown, 1972). Apesar dessas críticas, o certo é que o estudo realizado pelos pesquisadores de Berkeley representa um brilhante exemplo de como vincular a ideologia à estrutura da personalidade, mediante a análise psicossocial do preconceito contra minorias. Uma pesquisa que se pode considerar como o ápice de outros esforços prévios de membros da escola, como o de Wilhelm Reich (1933) em *Psicología de masas del fascismo* ou o de Erich Fromm (1939) em *El miedo a la libertad*, estudos em que esses membros da Escola de Frankfurt analisam a estrutura do caráter das pessoas autoritárias, pessoas de ideologia fascista ou etnocêntrica. Essas pesquisas serviriam para estudos posteriores como o de Rokeach (1960) sobre o dogmatismo. Seu trabalho não contradizia as teses de Adorno, mas revelava que o autoritarismo não é uma característica exclusiva das pessoas que têm uma ideologia conservadora ou antidemocrática, mas pode sim encontrar-se também entre pessoas de ideologia liberal. O dogmatismo, embora signifique autoritarismo e intolerância, é um fenômeno que não pode reduzir-se somente a essas características.

O DESENVOLVIMENTO METODOLÓGICO DA PSICOLOGIA SOCIAL DURANTE OS ANOS 1930 E 1940

A definição das hipóteses metodológicas da psicologia social durante o período que tratamos encontrou-se fortemente condicionada pela influência hegemônica do neopositivismo no âmbito da filosofia da ciência. A descrição dos filósofos neopositivistas da atividade científica, inspirada fundamentalmente no modelo da física, teve um caráter normativo para as ciências sociais. Os cientistas sociais, em geral, consideravam que a aplicação das regras metodológicas elaboradas pelos neopositivistas era o único procedimento possível para validar o conhecimento. A aceitação de que existe um único método científico ao qual todas as ciências devem ajustar-se, junto com a aceitação de que a física era a melhor encarnação desse método, significou uma intensificação da tendência experimentalista que se iniciou no período anterior (veja o Capítulo 2). Uma tendência que, além disso, foi favorecida pela orientação psicologista que tomou a disciplina durante esse período. Ao lado do enorme desenvolvimento adquirido pela experimentação, outras duas tendências serão definidoras da metodologia da psicologia social durante esses anos: o desenvolvimento das escalas de atitude e a realização dos primeiros estudos quantitativos em grande escala. Assim como o predomínio da experimentação, o aumento das pesquisas quantitativas é um reflexo da tendência das ciências sociais em ajustar-se ao modelo de cientificidade positivista.

A aceitação geral desses critérios não foi, entretanto, impedimento para que se desenvolvessem algumas correntes críticas com essa concepção da ciência. Os teóricos da Escola de Frankfurt, por exemplo, concentrariam seus ataques na concepção positivista da ciência como sustentação de uma razão instrumental que confundia, em suas opiniões, os meios instrumentais com os fins. Por outro lado, a teoria funcionalista de Talcott Parsons se mostrava mais interessada no desenvolvimento de uma teoria global sobre o sistema social do que no desenvolvimento de determinada linha metodológica. Do mesmo modo, no contexto da Escola de Chicago, iniciou-se no final da década de 1930 uma corrente que criticava a utilização de métodos de pesquisa quantitativos, que se intensificará a partir dos anos 1960.

O método experimental

Como já destacamos durante todo este capítulo, o fato de as concepções epistemológicas dos anos 1930 e 1940 estarem tão fortemente determinadas pelo positivismo lógico, condicionou fortemente o desenvolvimento metodológico das ciências sociais. Em psicologia social, um dos resultados da influência dos neopositivistas foi o auge da pesquisa experimental. Se realmente havia algum método de pesquisa com o qual pudessem imitar os procedimentos da física, que era o modelo de ciência consagrado pelo positivismo lógico, esse método era o experimental. A aceitação desse modelo de cientificidade levou a psicologia social psicológica a confiar na direção experimentalista que tinha tomado durante as primeiras décadas do século XX.

Embora tivesse sido a influência da psicologia o que fez com que a psicologia social se consolidasse como uma disciplina experimental, o desenvolvimento da experimentação não foi sempre uma imitação acrítica de tendências iniciadas previamente em psicologia. Esse período se abre, por exemplo, com a reflexão de um psicólogo social, Bartlett (1932), sobre a inadequação dos delineamentos *sistemáticos* no laboratório (manipulação sistemática de uma variável mantendo as restantes constantes) como método de pesquisa da psicologia e da psicologia social. Adiantando-se a algumas das críticas que atualmente são feitas à utilização do experimento de laboratório em psicologia social, que serão analisadas mais adiante, Bartlett (1932) advertiu que a artificialidade dos delineamentos utilizados pela psicologia experimental estava levando à pesquisa de fenômenos que não tinham interesse essencial para a psicologia. Da perspectiva da psicologia social atual, que evoluiu conforme as predições de Bartlett, é interessante analisar o uso que esse autor fazia da experimentação. Suas pesquisas sobre a construção social e cultural da memória, realizadas em aldeias tradicionais e com população pouco instruída, tinham como principal objetivo reduzir a artificialidade da situação fazendo com que esta fosse o mais parecida possível com as situações do dia-a-dia da pessoa. Para obter esse objetivo, Bartlett se integrava na vida dessas aldeias, de modo que sua interação com os indivíduos se desenvolvesse da maneira mais natural possível; da mesma forma, ajustava as tarefas experimentais às pautas culturais das populações objeto de estudo, a fim de que se mostrassem significativas para o indivíduo. Os resultados obtidos por Bartlett em seus experimentos eram integrados finalmente em um esquema *interpretativo*, onde se incluíam dados procedentes da pesquisa etnográfica. Alguns autores (veja Jones, 1985) chamaram a atenção sobre a falta de rigor com que Bartlett utilizou o método experimental, algo que fica especialmente evidente se analisarmos seus experimentos mediante os critérios de validade introduzidos na década de 1960 por Campbell e Stanley (1966) (veja o Capítulo 4). Bartlett não utilizava grupos de controle, nem distribuía aleatoriamente os indivíduos nos grupos. Além disso, renunciou explicitamente à homogeneidade das condições experimentais. Rompendo a tradição iniciada por Ebbinghaus, que criou o *método das sílabas sem sentido* para garantir que o material que teria que ser memorizado fosse idêntico para todos os sujeitos, Bartlett pretendeu justamente o contrário. Em seus estudos sobre a memória, a informação que se apresentava aos participantes não só tinha sentido como também partia do princípio de que o significado do material era diferente para cada pessoa. O aparente pouco rigor dos estudos desse autor não era fruto de seu escasso conhecimento do delineamento experimental, mas sim uma conseqüência direta de seus objetivos teóricos. Uma vez que o significado que a pessoa atribui aos objetos que percebe é um dos fatores que mais determinam a sua retenção na memória, sua eliminação da situação experimental não faz sentido, a menos que decidamos estudar processos diferentes dos que realmente acontecem na mente humana.

Outro exemplo de que a experimentação em psicologia social não tem por que cair na artificialidade e na falta de relevância que caracterizam muitos dos experimentos de laboratório atuais, está nas pesquisas realizadas por Luria entre 1931 e 1932 na região soviética do Uzbequistão. Partindo das premissas epistemológicas do materialismo dialético e inspirado pelas pesquisas, também experimentais, de Vygotski, Luria tratou de verificar a hipótese da origem sócio-histórica dos processos cognitivos, para o qual comparou as formas de pensamento de diferentes grupos de população.

Embora todos eles se caracterizassem por não ter formação cultural, havia grupos que viviam em aldeias afastadas e estavam, portanto, muito atrasados, e outros que se incorporaram ativamente à vida social e se encontravam influenciados pelas transformações sociais trazidas pela revolução soviética. Luria (1931-32/87, p. 29) reconhece explicitamente sua adesão ao método experimental ao afirmar que sua pesquisa "podia ser suficientemente convincente somente no caso em que não se limitasse à simples observação, mas sim alcançasse o caráter de um estudo psicológico-experimental completo". Não obstante, também reconhece a necessidade de adaptar o plano do experimento às características da situação que estava analisando:

> Se acabando de chegar a uma aldeia ou a um povoado de pastores, propuséssemos aos indivíduos participantes do nosso estudo tarefas desconhecidas, sem relação alguma com suas atividades cotidianas, logicamente se produziriam reações de perplexidade e desconfiança, devido à falta de intimidade conosco e, logicamente, ao desconhecimento de nossas intenções; por outro lado, a pesquisa psicológica realizada mediante testes isolados podia conduzir à obtenção de dados que não correspondessem à realidade e às possibilidades reais dos submetidos às provas. Por isso, como em qualquer "trabalho de campo" desenvolvido com pessoas reais, se devia prestar especial atenção ao contato prévio com a população: era necessário manter relações amistosas que fizessem do experimento um ato normal e não provocassem a desconfiança que pudesse incomodar no trabalho.
>
> (Luria, 1931-32/87, p. 29)

A convicção de Luria de que o experimento não devia introduzir artificialidade na situação que se estava pesquisando o levou a adotar a regra geral de evitar qualquer experimento no qual a tarefa não resultasse familiar e significativa à pessoa, e viesse imposta por um pesquisador desconhecido. Para que a pessoa não se sentisse completamente isolada do contexto no qual normalmente se desenvolvia, os experimentos realizados por Luria começavam com um extenso bate-papo entre o experimentador e o sujeito. Esse bate-papo se desenvolvia em lugares familiares para ele e, às vezes, na presença de outras pessoas da comunidade. Somente quando se conseguia criar um ambiente natural, começava a tarefa experimental propriamente dita. Durante a realização da tarefa, o experimentador não se limitava a registrar a resposta do indivíduo, mas ela provocava outras perguntas que também eram discutidas, estabelecendo-se, portanto, uma conversação clínica.

O próprio experimentador nunca fazia anotações. Essa tarefa era designada a um observador que, integrado ao grupo, procurava não chamar a atenção. Como destaca Luria (1931-32/87, p. 37), "esta forma de trabalho era muito custosa (requeria-se meio dia para um pequeno experimento), mas era a única adequada às condições concretas em que estávamos".

Os estudos a respeito da forma com que as diferentes culturas, e nas culturas as diferentes pessoas, classificam as coisas, desafiaram as supostas "leis universais" da percepção que acreditaram ter descoberto os psicólogos da *Gestalt*. Nas entrevistas que Luria manteve com camponeses com pouca educação básica, verificou que estabeleciam uma clara diferença entre a figura do círculo e a figura do círculo semi-aberto, que segundo a *Gestalt* deviam ser classificados sob a mesma categoria devido à *lei de proximidade visual*. Entretanto, os camponeses não encontraram nenhuma relação entre as duas formas, pois a primeira "parecia-se com uma moeda" e a segunda "com uma lua", coisas que não tinham nenhuma relação entre si. Esse estudo mostra que embora seja possível que os objetos se classifiquem a partir de propriedades ideais, como sugerem os gestalistas, não é uma tendência inata da mente humana.

Assim como os trabalhos de Bartlett (1932), os experimentos de Luria e, em geral, os realizados pelos psicólogos da escola soviética, constituem um exemplo de que a experimentação nem sempre significa o isolamento do indivíduo experimental e o descuido do contexto sociocultural, e tampouco significa, necessariamente, uma adesão aos pressupostos epistemológicos do positivismo nem do empirismo lógico, e não sempre se encaminha à procura de leis universais.

Mas a identificação da experimentação psicossocial com os traços que acabamos de mencionar não necessita de base, já que, infelizmente, as pesquisas mencionadas têm um caráter excepcional na história da experimentação em psicologia e em psicologia social, cujo desenvolvimento esteve dirigido freqüentemente pela pretensão de adaptar-se às hipóteses explicativas das ciências naturais. Tanto o neobehaviorismo quanto a psicologia da *Gestalt* foram considerados um passo definitivo nesse sentido, embora se deva destacar que os gestaltistas não foram tão dogmáticos nesse aspecto quanto os behavioristas. Os psicólogos da *Gestalt*, da mesma maneira que Wundt e seus discípulos, trocavam seus papéis de experimentadores por indivíduos experimentais. Assim, por exemplo, como destaca Ash (1995, p. 40): "para Wundt o propósito do experimento em geral não era prever a conduta de pessoas ingênuas, ou determinar diferenças individuais em suas respostas, mas caracterizar de uma forma precisa o objeto submetido a discussão. A meta essencial do treinamento científico era criar uma elite de pesquisadores peritos que pudessem observar e dar conta precisa de suas próprias experiências".

A participação dos experimentadores como indivíduos de seus próprios experimentos não foi exclusiva de Wundt e seus discípulos, mas aconteceu também no contexto da Escola da *Gestalt*.

A atitude dos representantes do neobehaviorismo foi diferente. Para eles, o experimento de laboratório era o *único* método válido de pesquisa psicológica. Fiéis ao *fisicalismo* neopositivista, todos os psicólogos neobehavioristas utilizaram o comportamento observável como única variável dependente, embora houvesse discrepâncias entre eles sobre a utilização de variáveis intervenientes. Os behavioristas metodológicos, especialmente Hull, aceitaram a existência de constructos hipotéticos que mediavam o estímulo e o comportamento, e que não tinham por que ser diretamente observáveis. A inclusão dessas variáveis nos planos experimentais se viu favorecida pela publicação dos livros de Fischer *Statistical methods for research workers* (1925), onde se introduzia a técnica da análise de variância e *The design of experiments* (1935), com o qual se iniciava a implantação dos planos fatoriais. Nem a estatística fisheriana nem a complexidade dos planos afetaram o experimento padrão realizado por Skinner, que se caracterizou sempre por sua posição antiestatística e sua negativa em contemplar a existência de variáveis intervenientes. Embora em psicologia social já se realizassem alguns estudos experimentais (Moede, 1920), a introdução das abordagens do behaviorismo foi um impulso decisivo para o desenvolvimento da pesquisa experimental, para o qual contribuíram, fundamentalmente, os discípulos de Hull, na Universidade de Yale. No período que estamos analisando temos que destacar, concretamente, as pesquisas experimentais sobre a hipótese da frustração-agressão e a aprendizagem por imitação.

Mas não foram os behavioristas os únicos a considerar que a cientificidade da psicologia vinha avalizada pela utilização do método experimental. Os psicólogos gestaltistas, que tinham sido ecléticos quanto ao método de estudo, na prática apoiaram suas pesquisas de forma quase exclusiva na metodologia experimental. O impulso de Lewin foi definitivo nesse sentido. Antes de descrever a influência de Kurt Lewin no uso da experimentação em psicologia social, convém destacar que para ele a experimentação era vista como um processo interativo. Nesse sentido, como nos lembra Ash (1995, p. 272), Kurt Lewin "concebia a relação entre experimentador e indivíduo em termos morais; o objetivo devia ser uma sincera colaboração e um esforço comum". O objetivo final dos experimentos se encontrava em consonância com a idéia dos gestaltistas de que as situações experimentais refletissem as leis com as quais os fenômenos observados pudessem ser explicados.

Para Lewin (1951/78, p. 131), a crença de que os fenômenos psicológicos não estão submetidos a leis e não podem ser estudados experimentalmente está baseada em preconceitos metafísicos. A superação desses preconceitos e a busca de uma forma adequada de utilizar o método experimental sem alterar, com isso, a natureza de seu objeto de estudo era, em sua opinião, uma das principais tarefas que a psicologia social tinha pendente. A defesa que fez do método experimental para estudar o comportamento dos grupos foi, talvez, um dos motivos pelos quais durante essa etapa começou a se impor o modelo de experimento em que se utilizavam amostras de indivíduos (normalmente estudantes) e se prescindia do sujeito único, típico da experimentação alemã. A utilização de amostras de sujeitos foi dando lugar, além disso, à utilização do grupo controle, da qual somente existia o precedente de um estudo realizado por Thorndike e Woodworth em 1901 (veja Algarabel e Soler, 1991).

A concepção de Lewin da experimentação, e mais concretamente sua posição antiestatística, pode ser também o motivo pelo qual os experimentos realizados durante esse período em psicologia social não faziam uso das técnicas de análise de variância e análise fatorial recentemente introduzidas por Fisher (1925, 1935), que foram a outra grande inovação que se produziu no âmbito da experimentação psicológica durante esse período.

Em suma, durante os anos 1930 e 1940 se perfilaram duas formas diferentes de entender a experimentação nas ciências sociais. A primeira, representada pelos psicólogos sociais neobehavioristas e gestaltistas, caracterizava-se por uma interpretação mais ortodoxa do método e uma submissão do objeto de estudo às exigências do projeto experimental; a segunda, representada por autores como Bartlett e Luria, baseava-se em uma aplicação mais flexível do método, e na submissão dele à natureza do objeto de estudo. Como veremos nos capítulos seguintes, foi a primeira forma de entender a experimentação a que acabou se impondo, seguindo os critérios de cientificidade ditados pelo neopositivismo.

A mensuração das atitudes

Outra importante contribuição ao desenvolvimento metodológico da psicologia social durante os anos 1930 e 1940 foi o desenvolvimento da pesquisa empírica sobre as atitudes, que foi enormemente impulsionado pelo aparecimento das primeiras escalas. Como vimos no Capítulo 2, foi Emory Bogardus, um sociólogo vinculado à Escola de Chicago, quem projetou, em 1925, a *Escala de Distância Social*, primeiro instrumento para medir quantitativamente as atitudes. O impacto que a aparição dessa escala teve no desenvolvimento da psicologia social foi enorme. O fato de as atitudes poderem ser medidas criou, entre os psicólogos sociais, a sensação de que a disciplina começava a adquirir um verdadeiro status científico.

Por outro lado, a possibilidade de falar sobre as atitudes em termos quantitativos aumentou a aceitação desse conceito por parte dos psicólogos sociais, o que significou um importante impulso para a pesquisa empírica.

Pouco depois de Bogardus apresentar sua Escala de Distância Social, publicou-se na revista *American Journal of Sociology* o artigo de Thurstone "Attitudes can be measured" (1927), onde se descrevia um novo método para a medição de atitudes, o denominado método das *comparações binárias*. Uma apresentação mais elaborada desse método se oferece em *The Measurement of Attitudes* (Thurstone e Chave, 1929), onde a escala é aplicada para analisar as atitudes relacionadas com a Igreja. Thurstone considerava que uma boa forma de medir a atitude de uma pessoa relacionada com um objeto, por exemplo a Igreja, era perguntar se estava de acordo com uma série de afirmações, tanto negativas quanto afirmativas, sobre o referido objeto. Alguns dos enunciados utilizados por Thurstone em sua escala foram os seguintes: "Acredito que pertencer a uma Igreja é quase essencial para viver uma vida ótima", "Às vezes penso que a Igreja e a religião são necessárias e às vezes duvido disso" ou "Acredito que a Igreja é um parasita da sociedade". As diferenças entre os três enunciados são evidentes; enquanto o primeiro representaria uma atitude muito positiva ante a Igreja, o segundo representa uma posição intermediária e o terceiro uma atitude negativa. Thurstone acreditava que para extrair uma conclusão sobre a atitude de uma pessoa, não era suficiente um enunciado, mas era necessário que a pessoa indicasse sua posição perante diferentes afirmativas. Seu objetivo foi construir um conjunto de enunciados com os quais se pudessem situar às pessoas em um contínuo. A pretensão de Thurstone foi que cada um dos enunciados do conjunto correspondesse a determinado valor numérico, e que as distâncias entre as afirmativas representassem distâncias iguais em atitude. A questão era determinar qual era o valor numérico exato de cada enunciado, como decidir se determinada afirmativa sobre a Igreja, por exemplo, receberia o valor 2 ou o valor 3. Para resolver o problema, Thurstone se inspirou nos experimentos sobre percepção realizados no campo da psicofísica. Nesses experimentos, pedia-se à pessoa que comparasse dois estímulos físicos, como a intensidade de duas luzes ou o peso de dois objetos. Os resultados obtidos mostravam que as pessoas nem sempre discriminam corretamente entre os dois estímulos que lhe são apresentados. Isso foi interpretado como uma prova de que às vezes a discriminação entre dois objetos não está relacionada com a diferença real que existe entre eles, mas com a diferença psicológica que a pessoa percebe. Partindo desses resultados, Thurstone idealizou a técnica das comparações binárias.

A técnica consistia em elaborar uma relação de enunciados o mais ampla possível, onde houvesse afirmativas representativas não só das posições extremas que pode adotar a atitude, mas também de todos os pontos intermediários entre os extremos afirmativo e negativo do contínuo. No caso do estudo sobre a atitude com relação à Igreja, por exemplo, Thurstone e Chave (1929) partiram de 130 declarações que, na opinião dos autores, abrangiam todos os possíveis graus de aceitação ou rejeição da Igreja. Esses enunciados eram lidos por um grupo de 300 pessoas, que tinham que classificá-los em 11 categorias, de A a K. Os enunciados que expressassem o maior grau de apoio à Igreja deviam ser incluídos na categoria A, enquanto os enunciados que indicavam a atitude mais negativa deviam ser incluídos na categoria K. O que a pessoa devia fazer era decidir quais enunciados indicavam uma atitude mais positiva. Para decidir quais enunciados formavam parte da escala, Thurstone usava como critério a porcentagem de pessoas que havia decidido incluí-los em determinada categoria. Segundo Thurstone, a proporção de pessoas que havia decidido que determinado enunciado indicava uma atitude mais negativa que outro podia ser expressa como a distância psicológica entre ambos os enunciados. Por exemplo, suponhamos que 80% dos juízes decidissem que o enunciado A indica uma atitude mais negativa para a Igreja que o enunciado B, e 60% dissesse que B é mais negativo que C. Isso permitiria ordenar os três enunciados, A, B e C, e atribuir a cada um deles um valor numérico.

Uma nova contribuição ao desenvolvimento das técnicas de medição de atitudes foi a de Likert (1932). Da mesma maneira que nos casos anteriores, o objetivo da escala Likert era situar a pessoa em um contínuo que ia de uma atitude muito positiva até uma atitude muito negativa com relação a algo. Diferentemente do que acontece no caso da escala Thurstone, onde a pessoa unicamente tem que indicar se está ou não de acordo com cada afirmativa, no caso da escala Likert, a pessoa pode expressar seu grau de acordo ou desacordo com os enunciados. Um exemplo do tipo de enunciados utilizados por Likert era o seguinte: "As casas dos negros deveriam estar segregadas das casas dos brancos". As respostas possíveis para esse enunciado eram "Concordo plenamente", "Concordo", "Não estou seguro", "Discordo" e "Discordo plenamente". Os enunciados eram pontuados de 1 a 5. Para escolher quais enunciados faziam parte da escala, Likert seguia um procedimento semelhante ao de Thurstone, isto é, elaborava uma ampla relação de enunciados que representassem atitudes tanto negativas quanto positivas. A diferença entre ambos os instrumentos é que Likert não apresentava seus enunciados a um grupo de juízes, mas a uma amostra de indivíduos que deviam responder aos enunciados como se se tratasse da escala final. Para construir a escala final, se analisavam as correlações entre os diferentes enunciados e se selecionavam aqueles que apresentassem maior correlação. O que se tratava, portanto, era de chegar a uma medida com consistência interna.

Um terceiro tipo de instrumento para medir atitudes foi desenhado por Guttman (1944), que elaborou uma escala que tinha algumas características em comum com a de Thurstone, mas que se diferenciava desta em um aspecto fundamental. Diferentemente de Thurstone, Guttman não acreditava que as opiniões pudessem ser distribuídas de maneira contínua e que cada uma delas representasse um valor diferente em uma escala de intervalos iguais. Para Guttman, as opiniões e crenças sobre determinado tema podem situar-se de maneira contínua em função de seu grau de aceitação. Nos extremos da escala estariam os enunciados mais fáceis e mais difíceis de aceitar para a maioria das pessoas. Diferentemente do que ocorria no caso da escala Thurstone, os enunciados são acumulativos, ou seja, o fato de mostrar concordância com determinado enunciado significa que a pessoa também deveria estar de acordo com todos os enunciados da escala que fossem mais fáceis de aceitar.

Nenhuma das escalas que acabamos de descrever esteve isenta de críticas no momento em que foram projetadas, nem o estão agora, quando sua utilização gerou um número enorme de estudos empíricos sobre atitudes. Como veremos no Capítulo 5, quando a psicologia social entrou em crise, nos anos 1970, a utilização de escalas para medir as atitudes foi um dos traços metodológicos da disciplina que maiores críticas geraram.

O desenvolvimento da pesquisa quantitativa

Outra característica que definiu o desenvolvimento metodológico da psicologia social durante esse período foi o importante crescimento da pesquisa mediante pesquisas de opinião. No entanto, não foi nessa época que começou a utilização do questionário como ferramenta de pesquisa social. Na Europa, a utilização do questionário por parte dos cientistas sociais teve seu início no século XIX, sendo *El suicidio* de Durkheim, publicado em 1897, um dos exemplos mais representativos dessa tradição metodológica da sociologia. Em psicologia social, entretanto, a utilização da pesquisa de opinião como método de pesquisa começa a adquirir importância nos finais da década de 1920, sendo nos anos 1930 quando assistimos ao primeiro grande desenvolvimento desse tipo de metodologia. Um dos fatores que contribuíram para o aumento da pesquisa quantitativa durante esse período foi o aparecimento das primeiras escalas de atitude (Bogardus, 1925a,b; Guttman, 1944; Likert, 1932; Thurstone, 1927). Como já comentamos anteriormente, no contexto onde havia uma aceitação majoritária do positivismo como marco de referência da pesquisa social, a possibilidade de medição das atitudes se tornou um importante impulso para a realização de estudos quantitativos baseados na aplicação dessas escalas.

Entre as pesquisas realizadas por psicólogos sociais durante esse período destacam-se as de Katz e Allport (1931) sobre as atitudes sociais dos estudantes universitários, ou a de White (1932) sobre as atitudes dos funcionários públicos (veja Murphy, Murphy e Newcomb, 1937). Também cabe destacar o estudo longitudinal realizado por Newcomb (1943) entre alunas de classe alta pertencentes a um colégio universitário de idéias liberais, mas que em sua maioria tinham uma ideologia conservadora ao entrar na universidade. Newcomb estudou suas atitudes ao longo de um período compreendido entre 1935 e 1939. Para isso elaborou uma escala do tipo Likert denominada *Progressismo Econômico e Político,* onde se incluíam questões relacionadas com o desemprego, a segurança social, os direitos dos trabalhadores etc. Os resultados obtidos indicavam que as alunas tinham atitudes menos conservadoras à medida que aumentava seu período de permanência na universidade. A explicação de Newcomb era que a maior permanência na universidade fazia com que a comunidade universitária do colégio atuasse como *grupo de referência* positivo.

O outro fator que influiu no crescimento das pesquisas durante esse período foi a estreita colaboração nessa época entre psicólogos e sociólogos. A pesquisa utilizando enquetes (surveys) é uma herança que a psicologia social recebeu da sociologia, mais do que da psicologia. Sua utilização, durante os anos 1930 e 1940, foi mais freqüente naqueles psicólogos sociais que trabalharam em âmbitos interdisciplinares, nos quais existia uma estreita colaboração com cientistas procedentes de diferentes áreas das ciências sociais.

Um exemplo dessa interdisciplinaridade são as atividades desenvolvidas durante esse período no *Bureau of Applied Social Research*, fundado em 1941 e integrado à Universidade de Columbia em 1944. As pesquisas realizadas neste centro foram uma das contribuições mais importantes ao desenvolvimento da pesquisa quantitativa em ciências sociais. Durante 30 anos, o Bureau foi dirigido por Paul Lazarsfeld (1901-1976), um cientista social de origem austríaca que tinha emigrado para os Estados Unidos em 1933 fugindo do nazismo. Antes de sua etapa norte-americana, Lazarsfeld já tinha ministrado aulas de psicologia social e realizado algumas pesquisas nessa área. A mais importante foi, sem dúvida, o estudo sobre os desempregados de Marienthal (Jahoda, Lazarsfeld e Zeisel, 1933), cujo objetivo era a análise dos efeitos sociais e psicológicos do desemprego em uma comunidade que sofreu desemprego maciço como conseqüência da crise de 1929. Mas é nos Estados Unidos, e mais concretamente na Universidade de Columbia, que Lazarsfeld se torna impulsionador da pesquisa social quantitativa.

Mesmo que o *Bureau of Applied Social Research* não seja freqüentemente citado como exemplo de pesquisa em psicologia social, é um dos casos mais ilustrativos da colaboração entre cientistas procedentes da psicologia e da sociologia. Por um lado, entre as áreas de conhecimento às que esta instituição estava explicitamente vinculada, estava a psicologia social, junto com a psicologia e a sociologia. Por outro lado, foram numerosos os estudos em que, sem se fazer menção explícita à psicologia social, se defendia a necessidade de colaboração entre psicólogos e sociólogos. Um exemplo ilustrativo foi o estudo *The people's choice* (Lazarsfeld, Berelson e Gaudet, 1944), uma das primeiras pesquisas quantitativas sobre a influência dos meios de comunicação nas atitudes políticas e no comportamento eleitoral. O objetivo do estudo, realizado em uma cidade de Ohio durante a campanha presidencial de 1940, foi analisar os fatores que incidiam na mudança de atitude durante uma campanha eleitoral, e estudar o efeito que a informação transmitida pelos meios de comunicação tinha no voto. São várias as razões pelas quais o estudo deve ser considerado em uma análise da evolução histórica da psicologia social. Do ponto de vista metodológico, foi uma das primeiras pesquisas em que se aplicaram técnicas quantitativas para o estudo do comportamento eleitoral. É, além disso, a primeira pesquisa em que a mudança nas intenções de voto foi analisada mediante um desenho longitudinal, em que se aplicando a técnica do *painel*, entrevistou-se uma amostra de 600 pessoas em sete ocasiões, ao longo de toda a campanha eleitoral. Do ponto de vista teórico, os resultados do estudo foram o início do que posteriormente se denominaria *paradigma dos efeitos limitados* dos meios de comunicação. A pesquisa apresentada em *The people's choice* mostrou que somente uma minoria da população tinha mudado sua opinião e seu voto devido à influência dos meios de comunicação. Naqueles casos onde se observou uma mudança nas atitudes políticas durante a campanha eleitoral, ela foi conseqüência principalmente da influência de outros fatores, como a comunicação direta com outras pessoas (amigos, colegas de trabalho etc.), do que da informação que se recebia pela imprensa ou pelo rádio. A conclusão dos autores foi que a influência dos meios de comunicação não é direta, mas se exerce indiretamente, mediante um processo de influência pessoal, em que algumas pessoas, por exercer uma liderança de opinião, influem diretamente nas atitudes das outras. Estas idéias foram desenvolvidas posteriormente por Lazarsfeld e Katz no livro *Personal influence* (1955), onde se analisou a relação entre os meios de comunicação de massas e a comunicação pessoal durante o processo de formação da liderança.

Outro importante exemplo da pesquisa mediante levantamentos de opinião realizados durante esse período foi o estudo *The american soldier*, realizado entre 1941 e 1945 sob a direção do sociólogo Samuel Stouffer (Stouffer e colaboradores, 1950). No transcurso desta pesquisa, cujos resultados voltaram a ser analisados quando terminou a Segunda Guerra Mundial, coletaram-se dados procedentes de mais de 170 estudos sobre as atitudes e opiniões dos soldados do exército norte-americano. Na análise dos dados, foram utilizadas as escalas de atitudes de Guttman e de Likert. O objetivo do estudo foi obter informação sobre o moral dos soldados e a forma com que estes sentiam sua situação, assim como as atitudes que tinham para com aliados e inimigos. A importância deste estudo para o desenvolvimento da pesquisa mediante questionário está no fato de ser o primeiro estudo em que a pesquisa não serve unicamente para fins descritivos, mas dela derivou informação analítica, estabelecendo-se, mediante a análise estatística, conexões entre variáveis dependentes e independentes (veja Picou, 1998).

The american soldier e *The people's choice* são somente dois dos muitos exemplos que poderíamos ter utilizado para ilustrar o desenvolvimento da pesquisa quantitativa durante esta etapa. A pesquisa sobre compreensão e aceitação do rádio por parte da população norte-americana (Lazarsfeld e Field, 1946; Lazarsfeld e Merton, 1943); o estudo sobre absenteísmo trabalhista realizado em 1943 por Katz e Hyman, pertencentes também à Universidade de Columbia; a pesquisa sobre *La personalidad autoritaria* (Adorno e outros, 1950), comentada na seção dedicada à Escola de Frankfurt, são outros exemplos do desenvolvimento da pesquisa mediante levantamento de opinião durante os anos 1930 e 1940. Estes exemplos destacam a importante contribuição que estas pesquisas representaram para o desenvolvimento metodológico da psicologia social, assim como a influência da sociologia na consolidação da pesquisa quantitativa em psicologia social.

RESUMO

Neste capítulo analisou-se o desenvolvimento teórico da psicologia social durante os anos 1930 e 1940. Do mesmo modo, realizou-se uma análise das principais características metodológicas da pesquisa empírica conduzida durante este período. Como foi destacado, o desenvolvimento tanto teórico quanto metodológico da psicologia social foi muito influenciado pelo predomínio adquirido durante esta etapa pelo positivismo lógico.

Esta corrente, que dominou a filosofia da ciência até os anos 1960, significou a aceitação definitiva da tese da unidade da ciência, segundo a qual não havia distinção entre ciências sociais e ciências naturais ao ajustar-se aos requisitos de cientificidade ditados pelo positivismo. Segundo os positivistas lógicos, o conhecimento derivado das ciências sociais, como o derivado das ciências naturais, tinha que cumprir o requisito de verificabilidade e devia proceder da aplicação rigorosa do método hipotético-dedutivo próprio da física. O nascimento da sociologia do conhecimento questionaria muitas das premissas básicas do positivismo. Mannheim (1929) ocupa um lugar central nesta crítica ao positivismo e sua crença em uma ciência objetiva, independentemente da ideologia e da perspectiva do observador. Do mesmo modo, os teóricos da Escola de Frankfurt se aprofundaram na crítica à concepção positivista da ciência, e defenderam um pensamento dialético que superasse a idéia de ciência como técnica, como simples conhecimento analítico obtido pela operacionalização de conceitos.

Em psicologia, a corrente teórica que melhor se ajustava aos requisitos neopositivistas de cientificidade era o behaviorismo. Durante os anos 1930 e 1940, o programa esboçado por Watson em 1913 gerou o neobehaviorismo, que teve uma influência hegemônica na psicologia até os anos 1960. A maioria de seus representantes teve a pretensão de chegar a uma teoria geral do comportamento, e abordou o estudo da aprendizagem sem considerar, em geral, a intervenção da consciência ou dos processos mentais superiores. A psicologia social permaneceu relativamente alheia à influência desta corrente, o que não quer dizer que não houvesse tentativas de aplicar os princípios do neobehaviorismo à análise do comportamento social. No entanto, tratou-se de um neobehaviorismo matizado, em que tiveram espaço alguns conceitos de natureza mentalista. As contribuições mais representativas da psicologia social neobehaviorista durante este período foram a teoria da frustração-agressão (Dollard e outros, 1939), em que no esquema behaviorista se integraram alguns conceitos derivados da psicanálise, e a teoria da aprendizagem por imitação (Miller e Dollard, 1941).

A dificuldade de abordar o estudo do comportamento social rejeitando a intervenção neste da consciência ou dos processos mentais superiores fez com que a psicologia social fosse mais influenciada pela Escola da *Gestalt*, cujos princípios foram introduzidos pela teoria de *campo* de Kurt Lewin e, sobretudo, pelo estudo experimental que este autor fez do comportamento grupal. Outras contribuições teóricas, como o estudo experimental da memória realizado por Frederic Bartlett na Grã-Bretanha, ou as pesquisas de Lev Vygotski e seus discípulos sobre a gênese cultural da consciência e dos processos cognitivos, tiveram uma influência menor, e foi necessário esperar até os anos 1960, quando o behaviorismo entrou em crise, para que a psicologia social iniciasse sua recuperação.

Diferentemente do que ocorreu até os anos 1920, época em que a psicologia social adquiriu maior desenvolvimento na sociologia, a partir dos anos 1930 é a psicologia social psicológica que experimenta uma evolução mais rápida. O fato de a psicologia se ajustar mais aos cânones de cientificidade do positivismo lógico foi um dos fatores que explicam a evolução diferencial das duas disciplinas. O interacionismo simbólico, por exemplo, experimentou pouco desenvolvimento durante esta etapa. Isso foi conseqüência da decadência da Escola de Chicago e do fato de, na sociologia, surgir outra corrente teórica que terminaria adaptando-se mais aos pressupostos de cientificidade do positivismo, como foi o funcionalismo estrutural.

CAPÍTULO 4

A EVOLUÇÃO DA PSICOLOGIA SOCIAL ATÉ OS ANOS 1970

AS MUDANÇAS NA FILOSOFIA DA CIÊNCIA DOS ANOS 1950 E 1960

O DESENVOLVIMENTO TEÓRICO DA PSICOLOGIA SOCIAL NO CONTEXTO DA PSICOLOGIA

- A influência da Escola da *Gestalt* na psicologia social
- A influência do neobehaviorismo na psicologia social

O DESENVOLVIMENTO TEÓRICO DA PSICOLOGIA SOCIAL NO CONTEXTO DA SOCIOLOGIA

- O auge do funcionalismo estrutural
- As teorias do intercâmbio na psicologia social sociológica
- O interacionismo simbólico
- A análise da interação social de Erving Goffman
- Sociologia fenomenológica e psicologia social: Alfred Schutz
- A Etnometodologia

O DESENVOLVIMENTO METODOLÓGICO DA PSICOLOGIA SOCIAL DURANTE OS ANOS 1950 E 1960

RESUMO

A psicologia social, que durante a primeira metade do século XX se consolidou como disciplina científica independente, passou por um crescimento espetacular durante os anos 1950 e 1960. A evolução da psicologia social durante esse período confirmou as tendências que se iniciaram na etapa anterior. Por um lado, a psicologia social européia foi perdendo espaço para uma psicologia social norte-americana cada vez mais desenvolvida. É certo que a maior parte das correntes teóricas surgidas durante essa época no contexto americano eram herdadas da tradição européia, e em muitos casos foram desenvolvidas por psicólogos sociais europeus que se exilaram nos Estados Unidos fugindo do nazismo e da Segunda Guerra Mundial. Também é certo que o desenvolvimento de tais idéias chegou a ser maior nos Estados Unidos do que na Europa. Isso levou alguns autores ao extremo de afirmar que a psicologia social é um fenômeno norte-americano (veja Jones, 1985). Outra das tendências que podem ser identificadas quando se analisa a evolução da disciplina durante os anos 1950 e 1960 é a expansão da psicologia social psicológica e a diminuição dos vínculos com a sociologia.

O período que analisamos termina com a publicação da segunda edição do *Handbook of social psychology* (1968), cujo conteúdo é uma boa amostra do crescimento da psicologia social psicológica durante esse período. Se compararmos esse texto com a edição anterior, surgida em 1954, concluímos que durante os 14 anos que transcorreram entre as duas edições, a psicologia social tinha conseguido consolidar-se como uma disciplina diferenciada na psicologia. Do ponto de vista teórico, a principal característica da psicologia social psicológica durante esse período foi ter se desenvolvido relativamente à margem do behaviorismo, a corrente teórica dominante da psicologia. Como veremos, apesar de terem existido importantes desenvolvimentos teóricos derivados do behaviorismo, a principal fonte de inspiração teórica da psicologia social continuou sendo a Escola da *Gestalt*. Tanto os psicólogos sociais neobehavioristas como os gestaltistas assumiram os princípios metodológicos da corrente da psicologia com a qual estavam vinculados, o que fez com que a experimentação adquirisse um grande desenvolvimento durante esse período, tornando-se o principal método de pesquisa da psicologia social psicológica.

O fato de a psicologia social psicológica ter experimentado um maior desenvolvimento não quer dizer que a disciplina se desligasse completamente da sociologia. Durante esse período, a corrente teórica mais influente na sociologia foi o funcionalismo estrutural, centrado na análise das grandes estruturas sociais. Embora, no início, os objetivos do funcionalismo pudessem resultar incompatíveis com o desenvolvimento da psicologia social, a verdade é que a teoria funcionalista contém elementos que, por representarem a integração de fenômenos macro e micro, são pertinentes para o desenvolvimento de uma perspectiva psicossociológica (veja o Capítulo 3). Por outro lado, na sociologia dos anos 1960 se iniciou uma tendência de retorno ao estudo dos processos microssociológicos, o que fez com que surgissem correntes teóricas propriamente psicossociológicas na sociologia, como as teorias do intercâmbio, o interacionismo simbólico, o enfoque dramatúrgico, a etnometodologia e a sociologia fenomenológica.

Antes de analisar a evolução teórica e metodológica da psicologia social durante essa etapa, apresentaremos, assim como no capítulo anterior, uma descrição das mudanças que durante esse período ocorreram no âmbito da filosofia da ciência, considerando a influência que tiveram na evolução das ciências sociais.

AS MUDANÇAS NA FILOSOFIA DA CIÊNCIA DOS ANOS 1950 E 1960

A influência que os filósofos da *concepção herdada* exerceram na filosofia da ciência tinha chegado virtualmente a seu fim no início da década de 1960. As críticas de Popper (1934) ao *princípio de indução* foram definitivas nesse sentido. Embora *La lógica de la investigación científica* tivesse sido publicada em 1934, foi sua versão em inglês, em 1959, que determinou a imensa difusão do falsificacionismo popperiano e sua vigência durante toda a década de 1960.

Da mesma maneira que os positivistas lógicos, Popper (1934) estava convencido de que era necessário encontrar um critério de demarcação que permitisse distinguir entre hipóteses científicas e enunciados metafísicos ou, em outras palavras, que permitisse demarcar a fronteira entre a ciência e as outras formas de conhecimento. Popper também compartilhava com os positivistas lógicos e com os filósofos da *concepção herdada* a idéia de que os enunciados da ciência devem ser contrastáveis mediante a experiência. Entretanto, e nisso se opõe abertamente ao positivismo lógico, põe em dúvida a validade do *princípio de indução* e rejeita, portanto, o critério de verificabilidade, inclusive o de confirmação, como critérios de demarcação científica. Para Popper, nenhum enunciado é verificável mediante a experiência, tal como pretendiam os empiristas lógicos. Porém, ainda que a experiência não possa nos dizer nada sobre a verdade de um enunciado, pode nos dizer alguma coisa a respeito de sua falsidade, o que lhe leva a propor o critério do *falsificacionismo* como alternativa ao critério empirista de significado. Para Popper, o requisito fundamental que toda teoria científica deve cumprir é que seja falseável ou, o que é o mesmo, que dela derive, mediante dedução lógica, uma série de hipóteses que possam ser refutadas mediante a experiência.

Segundo a teoria da demarcação de Popper, uma teoria é científica somente se dela puderem ser deduzidos dois tipos de afirmações: aquelas com as quais a teoria é inconsistente e que, se comprovadas, a teoria seria refutada (os falsificacionistas *potenciais*) e as afirmações com as quais é consistente ou que provam sua veracidade uma vez que se confirmam na experiência. Os empiristas consideravam que a verdade de uma proposição estava na possibilidade de verificação empírica. Diante dessa idéia, Popper destacou que o critério de verificabilidade era insuficiente para determinar a veracidade de uma teoria, já que o fato de uma hipótese ter sido confirmada, não significa que não exista evidência que a refute. Isso o levou a substituir esse critério pelo do falsificacionismo, segundo o qual uma teoria é científica quando em seus postulados se estipulam certas condições que, se ocorressem, a refutariam.

O falsificacionismo deveria vir acompanhado, em sua opinião, de um processo de discussão racional e de crítica entre os membros da comunidade científica. Essa concepção da ciência o levou a rejeitar a cientificidade de algumas teorias, como a psicanálise, já que não deriva dela nenhuma hipótese falseável que, submetida a estudo empírico, possa refutar a teoria.

Do ponto de vista do *falsificacionismo* popperiano, o desenvolvimento da ciência se apresenta como um processo racional em que as teorias científicas são consideradas válidas somente de maneira provisória, até que as hipóteses derivadas delas sejam falseadas mediante a experimentação controlada. Para Popper, a ciência tem que ser empírica e evolutiva. Os enunciados científicos devem nos dar informa-

> ### Karl Raimund Popper (1902-1994)
>
> Karl Popper nasceu em Viena em 28 de julho de 1902, no seio de uma família modesta e em um momento histórico que fazia da cidade um dos epicentros culturais e intelectuais mais visíveis do Ocidente. Em 1918 se matriculou na Universidade de Viena e logo foi atraído pelo marxismo e pelas teorias psicanalíticas de Sigmund Freud e Alfred Adler. Em 1919 assistiu a uma conferência que Albert Einstein proferiu em Viena, que lhe causaria um grande impacto e seria fundamental para o posterior desenvolvimento de seu pensamento, devido às diferenças que pôde encontrar entre a formulação da Teoria da Relatividade e as da psicanálise e o marxismo. Popper percebeu que a teoria de Einstein se diferenciava das outras duas basicamente porque em lugar de contribuir com evidências que confirmassem sua validade, apresentava casos que, se chegassem a se confirmar, a refutariam. Enquanto a psicanálise ou o marxismo podiam adequar-se a todo fenômeno para explicá-lo com base em suas premissas, a Teoria da Relatividade estabelecia claramente que determinadas ocorrências provariam a falsidade de seus postulados.
>
> Essa idéia se tornaria uma das bases de sua filosofia da ciência, que apresentaria posteriormente em seu livro La lógica de la investigación científica (1934). Para Popper, a cientificidade de um postulado não é dada pelo fato de ele ser verificável, uma vez que qualquer teoria é suscetível de ser provada empiricamente, mas pela sua falseabilidade. Uma teoria é científica quando é falseável, quer dizer, quando são explícitas as condições que levariam a refutá-la.

ções a respeito da experiência, terão de ser hipotéticos e ter um caráter progressivo, isto é, devem facilitar um desenvolvimento real de nosso conhecimento e devem nos dar uma explicação da experiência.

Embora Popper defenda que o princípio da casualidade deva ser eliminado da ciência, pois é um conceito metafísico, considera que devemos adotar uma regra metodológica que corresponda a esse princípio. Devemos procurar sempre a explicação da experiência. A ciência não deve renunciar à busca de leis universais que permitam explicar casualmente todo tipo de acontecimentos.

Embora Popper fosse um dos maiores críticos do positivismo lógico, as semelhanças entre algumas de suas posições e as derivadas do positivismo são evidentes. Como destaca Oldroyd (1986), as modificações que Popper introduziu na filosofia da ciência foram, na realidade, uma revolução interna, em que permaneceram intactas algumas das características mais definidoras da concepção neopositivista da ciência. De fato, apesar de Popper rejeitar o princípio da indução e o critério de verificabilidade, concordava com os positivistas lógicos de que existe um critério claro de demarcação entre a ciência e outras formas de conhecimento, que os enunciados científicos devem ser contrastáveis mediante a experiência e que o método hipotético-dedutivo garante a unidade de todas as ciências. Tanto os filósofos da *concepção herdada* como Popper transmitiram, afinal, uma imagem racional do desenvolvimento da ciência.

A publicação, em 1963, do livro de Popper *Conjeturas y refutaciones* fez com que a concepção popperiana da ciência continuasse vigente durante toda a década de 1960. Apesar disso, a hegemonia do falsificacionismo também estava chegando ao fim. Um ano antes da publicação do novo

Sua posição filosófica é conhecida como Racionalismo Crítico, e se caracteriza por conceber o conhecimento como um empreendimento constante e inacabado, que requer o esforço crítico de toda a comunidade acadêmica para sua expansão. A crítica e a refutação são fundamentais para que o conhecimento se desenvolva.

A rejeição do princípio da verificabilidade o afastou do positivismo lógico cultivado no Círculo de Viena, e de toda forma de historicismo. Criticou com veemência todas as teorias sociais e políticas, incluído o marxismo, que pretendiam ter descoberto as leis da história, mostrando como todas elas se apoiavam em uma utilização errônea da lógica das teorias científicas para prever transformações nas sociedades.

Popper foi professor da Universidade de Canterbury (Nova Zelândia), onde se refugiou durante a ocupação nazista, da London School of Economics e da Universidade de Londres. Ao longo de sua vida recebeu numerosas condecorações e reconhecimento por sua contribuição em áreas tão diversas do conhecimento como a filosofia da ciência, a lógica matemática, a política, a história, a sociologia e o estudo da mente. Em 1965 seria nomeado *sir* pela rainha Elizabeth II da Inglaterra. Karl Popper faleceu em 17 de setembro de 1994 depois de uma intensa vida pessoal e acadêmica. Entre suas obras mais importantes, além da já mencionada, destacam-se *La miseria del historicismo* (1944/5), *La sociedad abierta y sus enemigos* (1945), *Conjeturas y refutaciones* (1963), *Conocimiento objetivo* (1972), *Búsqueda sin término. Una autobiografía intelectual* (1976) e *The self and its brain* (1977). Entre seus livros mais recentes se encontram *In search of a better world* (1992), *A world of propensities* (1990), *Knowledge and the body-mind problem* (1994) e *The mith of the framework. In defence of science and rationality* (1994).

livro de Popper, Kuhn tinha tornado públicas suas idéias no livro *La estructura de las revoluciones científicas* (1962), onde se opunha abertamente ao falsificacionismo popperiano e reivindicava também a análise do contexto do descobrimento como objeto da filosofia da ciência. No entanto, foi somente na década de 1970 que as idéias de Kuhn começaram a se difundir.

O DESENVOLVIMENTO TEÓRICO DA PSICOLOGIA SOCIAL NO CONTEXTO DA PSICOLOGIA

O desenvolvimento da psicologia social psicológica continuou associado, durante esse período, aos dois grandes marcos teóricos da psicologia: o neobehaviorismo e a Escola da *Gestalt*, embora seja necessário destacar que as contribuições dos psicólogos sociais começaram a adquirir uma maior autonomia com relação a esses marcos teóricos. Os psicólogos sociais neobehavioristas foram se afastando, cada vez mais, das premissas epistemológicas e teóricas das quais se originava o neobehaviorismo, o que veio determinado pela própria natureza do objeto de estudo da psicologia social, e foi acelerado pela crise do neobehaviorismo nos anos 1950 e 1960. Por sua vez, os psicólogos sociais gestaltistas mantiveram, durante esse período, sua condição de máximos inspiradores do desenvolvimento teórico da psicologia social, embora no final dos anos 1960 já se iniciasse um distanciamento dos psicólogos sociais com relação à Escola da *Gestalt* e se iniciasse a convergência para a psicologia do processamento da informação. Como veremos no Capítulo 5, as teorias da atribuição servirão de ponte para que psicologia social psicológica passe de uma orientação teórica para outra.

A influência da Escola da *Gestalt* em psicologia social

Durante o período que estamos tratando, a psicologia da *Gestalt*, que fora introduzida na psicologia social por Kurt Lewin (veja o Capítulo 3), tornou-se o principal enfoque teórico da psicologia social psicológica. Sob a influência das abordagens teóricas dessa escola, o âmbito da disciplina se ampliou consideravelmente, com o aparecimento de novos temas de estudo e com a reinterpretação de fenômenos que já tinham sido analisados em etapas anteriores. As principais contribuições teóricas dos psicólogos sociais *gestaltistas* se desenvolveram, principalmente, ao redor de três grandes linhas temáticas: a percepção social, a influência social e a consistência cognitiva. Como veremos a seguir, os fortes vínculos que se estabeleceram com a Escola da *Gestalt* fizeram com que a psicologia social se mantivesse relativamente alheia à influência do neobehaviorismo. Durante todo o período em que essa corrente dominou o cenário da psicologia, os psicólogos sociais continuaram utilizando conceitos *mentalistas* e mantiveram, como objetivo central de suas pesquisas, o estudo de processos internos de caráter cognitivo. De fato, em alguns manuais de história da psicologia, é apresentada a psicologia social como uma das principais alternativas ao behaviorismo durante os anos 1950 (veja Leahey, 1982).

A percepção social

O estudo da percepção social foi uma das grandes linhas de pesquisa surgidas a partir da introdução dos princípios da Escola da *Gestalt* em psicologia social durante os anos 1950. Como veremos a seguir, o estudo da percepção social pelos psicólogos sociais classificados sob essa orientação apoiou-se na hipótese de que as leis enunciadas pelos psicólogos da *Gestalt* para explicar a percepção dos objetos físicos eram aplicáveis igualmente à percepção das pessoas e do comportamento social. Dessa maneira, nas pesquisas realizadas desses pontos de vista, o adjetivo *social* se referia, geralmente, mais ao conteúdo da percepção do que à perspectiva adotada para seu estudo.

Uma das contribuições mais importantes para o desenvolvimento dessa linha de pesquisa foi a de Fritz Heider (1944, 1958), cujo objetivo global foi analisar a forma com que as pessoas percebem as relações interpessoais. Seguindo os princípios da *Gestalt*, Heider defende que a pessoa tende a perceber seu meio de forma organizada, como um todo estruturado e coerente. Da mesma maneira que no caso da percepção dos objetos físicos, a pessoa procura a consistência e tende a perceber determinadas características como se fossem propriedades permanentes dos objetos. Os estudos sobre percepção da Escola da *Gestalt* haviam mostrado que determinadas características dos objetos, como a cor ou o tamanho, são percebidas como propriedades estáveis, mesmo mudando as condições de iluminação e a distância. Segundo Heider, no caso da percepção de pessoas, não somente notamos como invariáveis suas características físicas, mas também outros tipos de traços, como as crenças, a capacidade intelectual, a personalidade etc. Mas, para Heider, a diferença fundamental entre a percepção dos objetos físicos e a percepção das pessoas é que as pessoas são percebidas como causa de suas próprias ações. A causalidade é, portanto, uma forma de organização cognitiva que surge quando se percebe o meio social, composto pelas pessoas e suas ações. A pessoa e suas ações constituem uma unidade perceptiva, na qual a primeira é a causa e a segunda o efeito. Uma das principais contribuições de Heider (1958) é ter enfatizado que a pessoa, ao perceber o meio social, vai além dos dados comportamentais e tenta encontrar relações que possam ajudar a explicar os acontecimentos variáveis. Segundo Heider, a forma com que percebemos o mundo social é o reflexo de uma *psicologia ingênua,* que nos orienta em nossas relações com os demais, nos permitindo prever as ações de outras pessoas e influir nestas. Para Heider, e para os psicólogos da *Gestalt* em geral, o ser humano é motivado pela necessidade de organizar e dar sentido ao mundo físico e social onde se encontra imerso. Daí vem a tendência da pessoa a buscar as causas das próprias ações e do comportamento dos outros. A importância de Heider (1958, p. 16) à atribuição de causalidade nas relações interpessoais é manifesta:

> De grande importância para a nossa imagem do meio social é a atribuição da causalidade aos acontecimentos. As atribuições em termos de causas impessoais e pessoais, considerando essas em termos de intencionalidade, são aspectos cotidianos que determinam uma grande parte de nossa forma de entender e reagir diante do meio. Um fato adicional importante é que a causalidade pessoal não somente influi nas mudanças do meio físico, mas também tem implicações sociais.

Nessa tentativa de explicar o comportamento dos demais, a pessoa pode atribuir o comportamento a fatores internos (a personalidade, a capacidade intelectual, as atitudes etc.) ou a fatores externos (a situação, o azar etc.). Um exemplo utilizado por Heider (1958, p. 56) para ilustrar a diferença entre ambos os modelos de atribuição são as explicações sobre o fracasso:

> O fracasso, por exemplo, pode ser atribuído à falta de habilidade, uma característica pessoal, ou à suposição de que a tarefa a ser realizada envolve uma grande dificuldade, uma condição do meio. O fato de a atribuição se realizar sobre uma ou outra causa dependerá de outros fatores como, por exemplo, a informação sobre o sucesso ou o fracasso de outras pessoas e a tendências a atribuir as conseqüências das ações à pessoa.

Um aspecto central de sua teoria da atribuição é a noção de intencionalidade. Para que exista uma atribuição pessoal de causalidade deve haver intenção por parte de uma pessoa p de causar x. As atribuições de causalidade pessoal incluem, portanto, somente as ações de caráter propositivo.

Essa forma de representar o ser humano é a antítese da imagem que têm em mente os behavioristas, para quem a pessoa é um ser passivo, moldado pelas forças do ambiente; para a Escola da *Gestalt*, pelo contrário, é a pessoa que se antepõe ao ambiente para categorizá-lo, ordená-lo e fazê-lo consistente e previsível.

A *psicologia ingênua* de Heider e sua análise da percepção da causalidade foram o ponto de partida das teorias da atribuição, que se tornaram uma das principais linhas de pesquisa da psicologia social durante os anos 1970 (veja o Capítulo 5).

Os estudos sobre a formação de impressões de Solomon Asch

Outra aplicação dos princípios gestaltistas da percepção ao campo da psicologia social está nos trabalhos de Asch sobre formação de impressões (1946, 1952). De uma perspectiva gestaltista, Asch rejeita a idéia de que as impressões que fazemos das pessoas sejam a somatória de todas as características que notamos nelas, e afirma que as qualidades pessoais constituem um todo organizado, no qual cada parte está inter-relacionada com todas as demais. As tentativas de extrapolar as *leis gestálticas da percepção* ao âmbito da percepção das pessoas foram a base de diferentes trabalhos experimentais sobre a formação de impressões. Em um dos experimentos de Asch, lia-se para dois grupos de indivíduos a descrição de uma pessoa mediante a relação de uma série de características. A relação de características era idêntica para ambos os grupos, com a exceção de um termo. Para o grupo A, se dizia que a pessoa era inteligente,

Solomon E. Asch (1907-1996)

Nascido em Varsóvia em 1907, Solomon Asch chegou a Nova Iorque aos 13 anos. Nessa cidade cursou seus estudos, primeiro no College of the City of New York e, posteriormente, na Universidade de Columbia, onde obteve seu doutorado em 1932. Sua carreira como docente começou no Brooklyn College, onde conheceu o psicólogo da *Gestalt*, Max Wertheimer que, como os outros membros do grupo de Berlim, fundadores da Escola da *Gestalt* (Kohler e Koffka), tiveram que emigrar para os Estados Unidos após a chegada de Hitler ao poder. Wertheimer seria uma influência fundamental para o desenvolvimento intelectual de Asch. Suas idéias gestálticas seriam posteriormente utilizadas por Asch em suas pesquisas sobre percepção social.

Assim como outros psicólogos influenciados pela psicologia da *Gestalt*, como Heider, Asch tratou de analisar a forma com que as pessoas dão sentido à informação que recebem do exterior. Segundo as idéias

---

hábil, *afetuosa*, decidida, prática e precavida. Para o grupo B, se atribuía uma relação com as características inteligente, hábil, *fria*, decidida, prática e precavida. Depois de escutar as descrições da pessoa, os participantes no experimento tinham que relatar sua impressão sobre esta e selecionar, de uma lista de pares de traços, o traço de cada par que se ajustava mais à impressão que se formou. Os resultados mostraram que cada grupo formou uma impressão diferente. Os membros do grupo A, a quem lhes disseram que a pessoa era *afetuosa*, tinham uma imagem muito mais positiva que os do outro grupo, em que esse adjetivo fora substituído por *fria*. Como foi resumido por Deutsch e Krauss (1985, p. 34), as conclusões do experimento de Asch são as seguintes:

> 1) tendemos a formar uma impressão de uma pessoa, mesmo com poucas evidências, 2) as características de uma pessoa são percebidas de forma inter-relacionada, 3) as impressões estão estruturadas, 4) cada traço possui a propriedade de uma parte de um todo, exerce influência sobre a organização total e é influenciado por ela, 5) as impressões existentes determinam o contexto em que se formam outras impressões, 6) as incongruências manifestadas levam à busca de uma noção mais profunda que resolva a contradição.

Em resumo, os trabalhos de Asch sobre formação de impressões são uma extensão, para o âmbito da percepção de pessoas, de algumas das *leis gestálticas* sobre a percepção do mundo físico. Tanto suas contribuições como as de Heider constituem uma análise psicológica da percepção social, em que não se consideram suficientemente os fatores sociais que influenciam na percepção. O social é definido pelo conteúdo da percepção, isto é, pela natureza social do estímulo que se percebe.

A influência social: a psicologia social das normas e da influência majoritária

Com a expressão "influência social" se designa um amplo campo de pesquisa que inclui o estudo da forma com que se constróem as normas sociais, a conformidade social, a persuasão e a mudança de atitudes, os efeitos do poder e a submissão, a obediência à autoridade e a influência social das minorias.

da *Gestalt*, quando percebemos a realidade não reparamos nos elementos isolados, mas nas relações que se estabelecem entre eles; não percebemos entidades dispersas, mas a totalidade, os conjuntos ordenados.

Baseando-se nesse postulado, Asch realizou uma série de pesquisas sobre a formação de impressões. Daí, concluiu que os princípios da percepção enunciados pela Escola da *Gestalt* podiam ser aplicados com o mesmo êxito para explicar a forma com que percebemos características da personalidade. Asch desenvolveu também uma importante linha de pesquisa sobre a influência social, cujo objetivo foi analisar os efeitos da pressão grupal na expressão de opiniões. Em seus estudos sobre influência majoritária e conformismo, realizou experiências com grupos onde a maioria de seus membros, exceto o indivíduo em estudo, emitiam intencionalmente um julgamento errado sobre o comprimento de algumas linhas que lhes eram apresentadas. O objetivo era analisar a reação do indivíduo em estudo diante da influência do grupo. Na maioria das vezes a pessoa dava a mesma resposta que os demais membros do grupo, apesar de saber que estava dando uma resposta errada.

Suas contribuições mais relevantes à psicologia social estão reunidas em seu livro *Social psychology*, de 1952.

Todos esses trabalhos estavam voltados à observação de como as crenças, os valores, as opiniões e as atitudes pessoais variam sob a influência de outras pessoas.

A análise dos processos de influência social recebeu um importante impulso durante os anos 1930 com os estudos experimentais realizados por Muzafer Sherif (1936).

As pessoas que participaram dos experimentos delineados por esse psicólogo social tinham que responder, de maneira isolada ou em grupos, a uma tarefa perceptiva relativamente simples. Esse estudo foi um dos primeiros em que se tentou reproduzir uma situação social recorrendo à presença de algumas pessoas que, embora parecessem ser indivíduos experimentais, eram em realidade cúmplices do experimentador. O procedimento se tornaria uma estratégia habitual da experimentação em psicologia social. No estudo de Sherif, os participantes teriam que observar uma luz fixa, enquanto permaneciam em um quarto completamente escuro; nessas condições se produz uma ilusão perceptiva muito comum (*efeito autocinético*) que provoca uma falsa sensação de movimento. A tarefa da pessoa era indicar quando a luz começava a se mover e estimar qual distância percorria. O que se observou é que nos casos em que a tarefa se realizava individualmente, cada pessoa mostrava uma tendência de resposta relativamente estável, situando seus julgamentos em determinada faixa, o que Sherif denominou *norma individual*. Os resultados do estudo indicaram que, nessas condições, havia notáveis diferenças individuais, de modo que algumas pessoas percebiam o movimento da luz mais claramente que outras. Quando a tarefa se realizava em grupo e cada pessoa sabia quais eram as respostas que haviam sido dadas pelos demais, suas opiniões tendiam a aproximar-se das do grupo. Embora os níveis de estimativa do movimento variassem significativamente de um sujeito para outro nas sessões individuais, na situação grupal acontecia uma tendência à concordância com o grupo. Dessa maneira, cada sujeito se afastava de sua percepção inicial e tendia a aproximar-se de um nível de estimativa comum, o qual dava lugar a uma *norma grupal*. Essa norma continuava influenciando quando a pessoa voltava a observar a luz de maneira individual, de tal forma que o nível estabelecido previamente na sessão grupal permanecia em ocasiões sucessivas (veja a Figura 4.1). Partindo desses resultados, Sherif concluiu que o contato com outras pessoas dá lugar ao

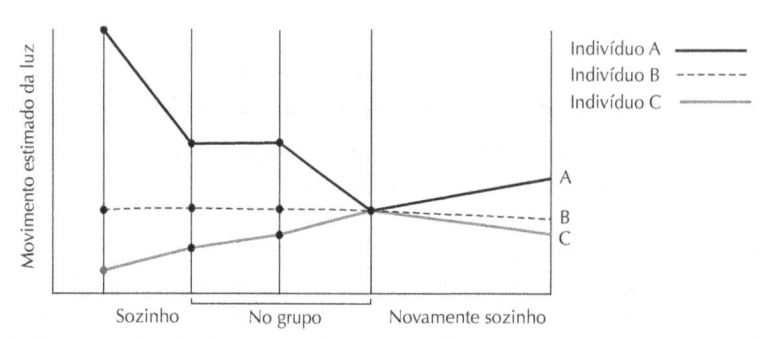

Figura 4.1 Exemplo dos resultados do *efeito autocinético* de Sherif.

aparecimento de *marcos de referência* comuns, sendo esse a base psicológica das normas sociais. Mais concretamente, quando as pessoas emitem seus julgamentos em presença de outras, o grupo estabelece um ponto de referência comum a todos os seus membros.

As conclusões de Sherif se situam em franca contradição em relação às teses de F. Allport, que defendia que a única realidade à qual a psicologia devia dar atenção era o indivíduo, e que a idéia de os grupos terem propriedades que não estão nos indivíduos não é mais do que a manifestação que denominou *falácia grupal* (veja o Capítulo 2). Pelo contrário, Sherif afirmava, partindo da tese gestaltista de que as propriedades de um elemento são determinadas pela totalidade da qual ele faz parte, que a experiência e o comportamento se modificam como conseqüência de nossa participação em grupos sociais.

Transferido esse princípio da psicologia da *Gestalt* à produção de normas sociais, entre as quais se incluem os valores, Sherif (1936, p. 104-5) chega à conclusão de que:

> Quando um indivíduo se encontra em uma situação-estímulo, que é instável e não estruturada estabelece um nível ou norma, um ponto de referência na norma... Quando os indivíduos enfrentam a mesma situação instável e não estruturada como membros de um grupo, pela primeira vez, estabelecem um nível e uma norma (padrão) no nível estabelecido, que é próprio do grupo. Se para o grupo ocorre um aumento ou uma diminuição das normas estabelecidas em sucessivas sessões, nos encontramos diante de um efeito do grupo... O fato de a norma assim estabelecida ser peculiar ao grupo sugere a existência de uma base psicológica real nos argumentos de psicólogos sociais e sociólogos que defendem que qualidades novas e supra-individuais surgem nas situações grupais... Depois, quando um membro do grupo enfrenta sozinho a mesma situação, depois de a norma de seu grupo ser estabelecida, irá perceber a situação em função do nível e da norma que traz da situação grupal anterior.

Sem dúvida, as conclusões do autor deram um novo rumo ao estudo dos grupos sociais, e suas conseqüências teóricas seriam desenvolvidas em seu livro *An outline of social psychology*, publicado em 1946, e nele dedica uma grande atenção à influência dos grupos nas atitudes, nos valores e na conduta de seus membros. Sua psicologia dos grupos sociais culminaria com suas pesquisas sobre a *Cooperación y el conflicto de grupo*, obra publicada em 1966 e que influenciaria os estudos sobre relações intergrupais realizados por Henri Tajfel (veja o Capítulo 5). Do mesmo modo, suas pesquisas sobre a formação de normas serviram de inspiração a numerosos estudos sobre os processos de influência social desenvolvidos durante as décadas seguintes.

O estudo da influência social teve um impulso definitivo com a publicação dos trabalhos de outro psicólogo social de orientação gestaltista que acabamos de mencionar, Solomon Asch. Os resultados

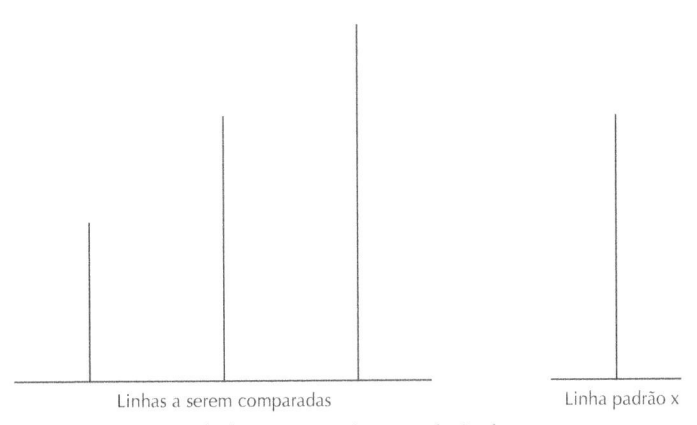

Figura 4.2 Exemplo da comparação entre linhas no experimento de Asch.

dos experimentos de Asch (1951, 1952) sobre a influência do grupo na manifestação e modificação de julgamentos podem ser considerados uns dos mais importantes nesse campo. Seu objetivo era elaborar uma teoria da influência social que controlasse as forças psicossociais que operam para que as pessoas atuem de forma contrária a suas crenças e valores. No experimento inicial de Asch, reunia-se em uma sala de aula um grupo de sete a nove pessoas, em que todas eram cúmplices do experimentador exceto uma, que era o verdadeiro indivíduo experimental, ou *indivíduo crítico*. O experimento começava com a apresentação, em um quadro, de dois cartões: no primeiro havia três linhas verticais e no segundo, uma quarta linha, também vertical (Figura 4.2).

A tarefa dos participantes era decidir qual das três linhas do primeiro cartão tinha o mesmo comprimento que a linha que lhes era mostrada no segundo cartão. Escolher as duas linhas de igual comprimento era algo muito simples, pois das três linhas apresentadas no primeiro cartão de cada par, duas eram claramente diferentes em comprimento (ou mais curta ou mais comprida) do que a linha padrão mostrada no segundo cartão. Os indivíduos deviam comunicar sua decisão em voz alta e na presença do grupo todo. Após dar sua resposta, os dois cartões eram substituídos por um novo par de cartões de conteúdo similar. No total havia 12 pares de cartões sobre os quais os indivíduos deviam emitir seus julgamentos. Para os dois primeiros pares, os cúmplices do experimentador emitiam julgamentos corretos; para o restante dos pares, emitiam, de forma unânime, em sete ocasiões um julgamento errado. Deixando de lado os cúmplices do experimentador, nesse experimento participaram 60 pessoas, das quais 35 foram *sujeitos críticos* que realizaram a tarefa na condição experimental e 25 foram incluídos em um grupo controle, e emitiram suas opiniões de forma privada e por escrito. A porcentagem de erros nesse grupo foi muito pequena, situando-se aproximadamente em 7%. Na condição experimental, entretanto, a porcentagem de erros foi muito mais alta: 33% dos *sujeitos críticos* aderiram às opiniões erradas manifestadas pela maioria do grupo. Obviamente, os erros não se distribuíram de igual maneira entre todos os *sujeitos críticos*. Alguns se mantiveram totalmente independentes em suas respostas e outros concordaram sempre com os erros da maioria. Asch também analisou a forma com que os erros dos *sujeitos críticos* variavam como conseqüência da introdução de algumas mudanças na situação experimental inicial. Assim, por exemplo, em um dos experimentos, um dos cúmplices do experimentador dava sempre respostas corretas, diante dos demais membros do grupo. Nessa nova condição experimental os julgamentos errados dos *indivíduos críticos* se reduziram de forma significativa.

As conclusões de Asch desses experimentos o levaram a propor uma reformulação de processos como a imitação e a sugestão. Para Asch, o fato de a pessoa submetida à condição experimental sustentar a opinião da maioria não pode ser explicado mediante um mecanismo imitativo. A explicação de Asch é que os indivíduos experimentam um conflito entre a informação procedente de duas fontes que para eles são igualmente confiáveis: seus próprios sentidos e os julgamentos dos outros. A tendência a obter o acordo com o grupo não se deve, portanto, a uma tendência imitativa e sim a uma necessidade objetiva de resolver a contradição diante da qual se encontravam. Uma grande parte dos *sujeitos críticos* se submeteu aos julgamentos da maioria reestruturando cognitivamente a situação. Dessa forma, tais indivíduos acreditavam que estavam errados em suas percepções, e que a maioria emitia julgamentos corretos. Asch também reconheceu que alguns dos sujeitos críticos se submeteram à maioria para não parecerem diferentes e serem excluídos do grupo. Finalmente, a reação mais incomum foi o indivíduo crítico responder que, na verdade, via o comprimento das linhas da mesma maneira que o restante dos membros do grupo. A forma com que Asch interpretou seus resultados deu origem a estudos posteriores em que se analisaram dois tipos de processos mediante os quais se produz a convergência com a maioria: a *influência informativa* e a *influência normativa*. Deutsch e Gerard (1955) afirmavam que o efeito descrito por Asch podia ser explicado como um processo cognitivo ou como um processo emocional. Na primeira situação, estaríamos diante do desejo de formular julgamentos acertados sobre a realidade; nessa condição, os *indivíduos críticos* acreditam no julgamento da maioria como uma fonte de evidência objetiva a respeito da realidade, nesse caso do comprimento real das linhas comparadas (*influência informativa*). Na segunda situação, os indivíduos críticos aceitam o julgamento da maioria para obter a aprovação do grupo e reduzir o medo à desaprovação social (*influência normativa*). Deutsch e Gerard (1955) consideravam que a conformidade com os julgamentos do grupo se reduziria se o estímulo apresentado aos indivíduos não fosse ambíguo, se o indivíduo mantivesse seu anonimato e se a resposta fosse privada. Os resultados experimentais desses dois psicólogos sociais confirmavam que quando, ao repetir o experimento de Asch, os indivíduos davam suas respostas sem que o grupo pudesse conhecê-las nem exercer nenhuma influência direta, a conformidade com os julgamentos da maioria diminuía, embora continuasse existindo uma porcentagem de 23% dos indivíduos que emitiam seus julgamentos na mesma direção dos demais membros do grupo. Deutsch e Gerard explicam esses resultados como um efeito da *influência informativa*.

Os experimentos de Asch serviram como estímulo a uma importante linha de pesquisa em psicologia social, voltada a analisar mais profundamente as condições em que se produz esse fenômeno de convergência entre nossos julgamentos e os do grupo. Mais concretamente, os estudos atuais (veja o Capítulo 5) trataram de provar não só os mecanismos pelos quais uma maioria exerce influência em uma minoria, mas também como uma minoria pode influir em uma maioria.

A obediência à autoridade

Tanto os estudos realizados por Muzafer Sherif como os realizados por Solomon Asch inspiraram Stanley Milgram a realizar um dos estudos experimentais que maior difusão alcançou. Trata-se de sua pesquisa sobre a *Obediencia a la autoridad*, cujos resultados foram publicados em forma de livro em 1973, mas que foi iniciado em 1960 na Universidade de Yale. Apesar das influências já destacadas de Sherif e Asch, às quais poderíamos acrescentar as de Kurt Lewin e seus estudos sobre liderança, o enfoque de Milgram não pode enquadrar-se na tradição gestaltista desses autores. Sua inclusão nesta seção está motivada pela sua importância nos estudos sobre influência social. Além dos psicólogos sociais já citados, o livro de Milgram se viu também influenciado pelos estudos de Adorno e colaboradores sobre a *Personalidad autoritaria*, os de Erich Fromm sobre o autoritarismo e os de Hannah Arendt sobre o criminoso de guerra nazista Adolf Eichmann. As pessoas que participaram do experimento de Milgram, homens e mulheres de diferentes idades, procediam de classes sociais distintas, variando, portanto, em seu nível de educação e profissional. Os participantes, que eram designados como *professores*, acreditavam fazer parte de um estudo sobre a memória e o aprendizado. A tarefa que deviam realizar era ler uma lista de pares de adjetivos (por exemplo, *caixa/azul, forrmoso/dia, pato/selvagem* etc.) para outro indivíduo, *que seria o aprendiz* que deveria memorizá-los e associá-los corretamente depois de uma primeira leitura. Posteriormente, cada um dos participantes-*professores* no experimento leria uma palavra, por exemplo, *azul* e dava quatro possíveis respostas ao indivíduo-*aprendiz*: *céu, tinta, caixa, abajur*. O *aprendiz* deveria indicar a palavra associada ao adjetivo *azul*, nesse caso *caixa*. Se o *aprendiz* não respondesse corretamente, o experimentador indicava ao indivíduo que lhe administrasse uma descarga elétrica.

Para isso, posicionava-se o indivíduo (*professor*) diante de um gerador de descargas ligado ao pulso do *aprendiz*. Conforme avançava o experimento, os erros eram castigados com descargas de maior intensidade até chegar a uma zona indicada no gerador como intensa e perigosa. Logicamente, os *professores* não administraram nenhuma descarga real, nem o *aprendiz* sofreu dano algum. Na verdade, o *aprendiz* era um cúmplice do experimentador e fingia receber as descargas. O experimento não foi delineado para estudar os efeitos do castigo sobre o aprendizado e a memória, mas para a obediência à autoridade. Milgram estava interessado em conhecer sob que condições uma pessoa estaria disposta a obedecer a outra, e a aplicar um castigo a uma terceira que não lhe representasse nenhuma ameaça e que, anteriormente, não lhe tivesse feito mal algum. Os resultados obtidos por Milgram foram bastante desanimadores. As porcentagens de desobediência oscilaram de acordo com as variações introduzidas nas condições experimentais. Assim, quando o *professor* não via nem ouvia a vítima, somente 35% dos indivíduos desobedeceram ao experimentador e não se administrou a descarga máxima disponível. Quando o *professor* podia escutar as queixas do indivíduo-*aprendiz*, a desobediência aumentou até 37,5%. Quando se colocou a vítima no mesmo quarto e somente a alguns passos do *professor*, a desobediência seguiu aumentando até 60% e, finalmente, quando o indivíduo que acreditava administrar as descargas tinha contato físico com a vítima (devia colocar sua mão em uma placa para receber a descarga), 70% se negou a obedecer às ordens do experimentador até o final. Esses resultados contrastam com as respostas que Milgram obteve depois de perguntar a 100 pessoas, entre as quais se incluíam psiquiatras, sobre a porcentagem de indivíduos que, na opinião deles, obedeceriam ao experimentador. A resposta foi que só um 1% ou 2% chegariam até o final na administração das descargas e que esse comportamento poderia ser qualificado de patológico. O fato de as pessoas que participaram do experimento serem cidadãos normais levou Milgram (1973/80, p.194) a concluir em seu livro que:

> ... a psicologia social do nosso século nos mostra uma lição fundamental: muitas vezes não é o tipo de pessoa que é o indivíduo concreto, mas o tipo de situação em que se encontra, o que vai determinar como atuará.

Entre os mecanismos psicológicos que explicam, segundo Milgran, o comportamento submisso de seus indivíduos experimentais, estão o sentido de obrigação que experimentamos diante da autoridade, a absorção nos aspectos técnicos do experimento que deixam em um segundo plano as conseqüências de nossos comportamentos, a negação do caráter humano e, portanto, imoral de algumas normas sociais,

> **Fritz Heider (1896-1988)**
>
> Fritz Heider nasceu em Viena em 1896, mas logo se mudaria para a cidade austríaca de Graz, onde seu pai trabalhava como arquiteto e onde passaria sua infância e adolescência. Durante seus estudos, interessou-se por diferentes matérias como história da arte, filosofia e psicologia. Enquanto estudava em Graz, conheceu Alexius von Meinong, que exerceu sobre ele uma influência decisiva. Von Meinong tinha uma concepção da psicologia muito próxima à da Escola da *Gestalt*. De fato, tinha sido aluno de Franz Brentano, cujas idéias serviram de inspiração, mais tarde, para os psicólogos gestaltistas. Posteriormente, foi professor de Christian von Ehrenfels, que influenciou a Escola da *Gestalt* com seu conceito de *qualidades gestálticas* ou *qualidades ehrenfels*, nas quais se destacam as propriedades das totalidades como diferentes da soma de suas partes; quando escutamos uma melodia, o que nossos sentidos percebem não é a soma das notas musicais que a compõem, mas sua organização. Alexius von Meinong, que acabaria sendo o orientador da tese de Heider, começara a desenvolver em Graz uma concepção da psicologia muito semelhante à da Escola da *Gestalt* de Berlim, da qual pode considerar-se um antecedente. Portanto, quando Heider chegou à Universidade de Berlim, em 1921, já tinha uma concepção da psicologia muito próxima daquela que aí se estava gerando. Em Berlim, assistiu às aulas de Max Wertheimer, que foi professor nessa cidade entre 1916 e 1929, e de Wolfgang Köhler, que acabava de ser nomeado diretor do Instituto de Psicologia. Também assistiu aos seminários ministrados por Kurt Lewin, com quem estabeleceria uma profunda amizade e colaboração intelectual.

a culpabilização da vítima como merecedora do castigo sofrido, e o deslocamento da responsabilidade moral pelos atos cometidos a uma autoridade ou instituição.

Independentemente das críticas recebidas por Milgram sobre os aspectos éticos de seu experimento, o certo é que seu trabalho de pesquisa nos alerta sobre os perigos da obediência à autoridade. Sua publicação teve uma influência decisiva em estudos posteriores, como o de Herbert C. Kelman (1972), onde são analisados três processos de influência social como a *submissão*, a *identificação* e a *internalização*. Enquanto a primeira forma de influência social significa a adaptação do comportamento a um conjunto de regras e a adesão às normas do sistema social, a segunda significa a integração do comportamento em um conjunto de papéis. Finalmente, a *internalização* resulta da participação nos valores do sistema, de maneira que estes e os do indivíduo acabam por ser os mesmos. Posteriormente, Kelman, em colaboração com V. Lee Hamilton, prosseguirá seus estudos sobre influência em um trabalho iniciado na década de 1970 e publicado em 1989, sobre os *Crímenes de obediencia*; uma análise histórica dos limites da autoridade e a responsabilidade, na qual com base na psicologia social os autores estudam os obstáculos que fazem com que, em dadas ocasiões, não questionemos nem as ordens recebidas de uma autoridade, mesmo que sejam imorais, nem as causas que nos levam a realizar atos que violam os direitos humanos.

Consistência cognitiva: a teoria do equilíbrio de Fritz Heider

O terceiro resultado da confluência entre a psicologia da *Gestalt* e a psicologia social durante os anos 1950 é constituído pelas teorias da consistência cognitiva. Uma das primeiras e mais importantes contribuições nessa área de pesquisa foi a teoria do equilíbrio de Heider (1944, 1958).

Em 1927 obteve uma vaga de professor assistente na Universidade de Hamburgo onde conheceria Ernst Cassirer. Pouco depois, em 1930, transferiu-se para os Estados Unidos, ao aceitar uma vaga de pesquisador em um colégio para surdos de Northampton, Massachusetts. Aí conheceria outro grande representante da psicologia da *Gestalt*, Kurt Kofka, que desde 1927 era professor do Smith College, onde ambos se conheceram e iniciaram uma grande amizade até o falecimento deste último em 1941. Durante seus primeiros anos de permanência nos Estados Unidos, a família Heider manteve uma estreita relação com a família de Kurt Lewin, a ponto de compartilharem a casa durante uma das breves estadas de Kurt Lewin na Alemanha em 1933. Os Heider se encarregariam da tradução do livro de Lewin, *Principles of topological psychology* (1936) para o alemão. Heider publicou sua principal obra, *The psychology of interpersonal relations* (1958), aos 62 anos, sendo professor da Universidade de Kansas. Foi somente após a publicação dessa obra que a psicologia social de Heider começou a exercer a influência que teria mais tarde. Até esse momento, viveu relativamente isolado e sua *psicologia do senso comum* não teve nenhum impacto relevante. Quando, em 1946, ministrou uma conferência sobre os princípios de sua *psicologia do senso comum*, na Universidade de Harvard, seu impacto foi virtualmente nulo, apesar de estarem presentes alguns membros destacados da psicologia social americana como Gordon Allport. Mas, como resultado da publicação de seu livro, a situação mudou. Sua teoria do equilíbrio teria uma influência decisiva na teoria da dissonância cognitiva de Leon Festinger, e sua análise da atribuição de causalidade aos acontecimentos e às ações das pessoas seria o principal ponto de referência das teorias da atribuição posteriores, como a teoria das inferências correspondentes de E. E. Jones e K. E. Davis, ou a teoria da atribuição de Harold H. Kelley. Dois anos depois da publicação do livro de Heider, o próprio Kelley se encarregaria de fazer uma resenha extremamente elogiosa do livro de Heider.

O postulado básico da teoria do equilíbrio de Heider é que as relações interpessoais, assim como as que se estabelecem entre as pessoas e os objetos e instituições do meio, tendem a um estado de equilíbrio. A quebra desse equilíbrio provoca, em sua opinião, um estado de tensão que a pessoa tende a reduzir mediante mudanças introduzidas por meio da ação ou de uma reorganização cognitiva:

> Existe uma tendência para estar em harmonia com as exigências da ordem objetiva. Dessa maneira, uma situação está em equilíbrio quando alguém gosta de fazer aquilo que deveria fazer, e quando alguém gosta ou desfruta das coisas que considera valiosas, se a felicidade e a bondade vão juntas, se *p* admira a pessoa que ele gosta, e se gosta da pessoa com quem compartilha os mesmos valores, se o que deveria ser se realiza conforme o que realmente é etc.
>
> (Heider, 1958; p.233)

Para Heider, as relações podem ser de dois tipos, de *afeto* ou de *unidade*. As primeiras se caracterizam por atitudes positivas ou negativas de uma pessoa *p* para outra pessoa *o*, ou de uma pessoa *p* para uma entidade impessoal *x*. Exemplos dessas relações são *p quer, ama, estima, valoriza* ou lhe *agrada o* ou *x*. Uma relação positiva se representa por *L* e uma relação negativa por *DL*. As relações de unidade se representam pela letra *U* e as de caráter negativo por *nãoU*, e se referem a relações de semelhança, casualidade, pertencer a um mesmo grupo ou possessão estabelecidas entre uma pessoa *p* e outra *o*, ou entre uma pessoa *p* e um objeto ou entidade *x*. Exemplos dessas relações de unidade são os membros de uma família e as ações ou posses de uma pessoa. A formação de unidades resulta de uma extensão dos princípios da psicologia da percepção à análise das relações interpessoais. Assim, por exemplo, a formação de unidades nas relações interpessoais segue os mesmos princípios encontrados pelos psicólogos da *Gestalt* na percepção de figuras e que percebem os fatores que determinam a formação de unidades como a proximidade, a semelhança, o destino comum etc. Por exemplo, na linha de estrelas representadas a seguir (Heider, 1958, p. 177) tendemos a formar (*lei da aproximação*) grupos de duas em função de sua proximidade.

★★ ★★ ★★ ★★ ★★ ★★

Os exemplos expostos por Heider fazem todos referência ao espaço vital da pessoa *p*. Uma relação de equilíbrio existe quando as partes que a constituem têm o mesmo caráter dinâmico em todos os aspectos de tal relação. Em outras palavras, no caso de duas entidades (*p,o/p,x*) um estado de equilíbrio ocorre quando a relação entre elas é positiva ou negativa em todos os aspectos de tal relação. Assim, por exemplo, se *p* gosta das coisas que ele faz e se *p* quer possuir as coisas que valoriza (*pLx*) + (*pUx*), estamos diante de uma relação equilibrada. No caso das relações triádicas, um estado de equilíbrio existe se as relações são todas positivas ou duas são negativas e uma positiva. Assim, por exemplo, se *p* se sente atraído por *o*, porque *o* admira as ações que *p* realiza (*pLo*) + (*oLx*) + (*pUx*), estamos diante de uma relação de equilíbrio. Segundo Heider, para entender tanto a conduta humana como os processos que determinam a percepção social, devemos estudar as diferentes configurações provocadas pelas relações de *afeto* e *unidade*. Na Figura 4.3 podemos ver as diferentes relações triádicas que conduzem às relações de desequilíbrio ou equilíbrio. A primeira tríade (a) representa uma relação desequilibrada. O restante são relações de equilíbrio.

O seguinte exemplo, tirado de Heider (1958, p. 176), serve para ilustrar a situação de equilíbrio entre sentimentos interpessoais e a organização cognitiva de unidades. Suponhamos que uma pessoa *p* pensa que a outra pessoa *o* é pouco inteligente (*pDLo*). Um dia, *p* lê uma poesia de que gosta muito (*pLx*), e descobre que tal poesia foi escrita por *o* (*oUx*). De acordo com a teoria, estamos diante de uma relação *desequilibrada*. Diante dessa situação, *p* tentará restabelecer o equilíbrio e diminuir a tensão provocada pela falta de harmonia na relação. O restabelecimento do equilíbrio pode produzir-se de duas formas: *p* pode mudar sua opinião sobre *o* e começar a reconhecê-lo como uma pessoa inteligente (*pLo*), e nesse caso estaríamos diante de três relações positivas, ou pode mudar sua opinião sobre a poesia, que deixaria de lhe agradar (*pDLo*), e nesse caso teríamos duas relações negativas e uma positiva. Essa situação foi apresentada a um grupo formado por 101 indivíduos aos quais se perguntou qual seria em sua opinião o resultado mais provável dessa situação. Os indivíduos responderam de diferentes maneiras, mas uma grande parte das respostas indicava que *p* mudaria a relação de tal maneira que o resultado final o levasse a obter uma situação de equilíbrio. Assim, a grande maioria das pessoas questionadas respondeu que *p* mudaria sua opinião sobre *o* (*pLo*); ou, em segundo lugar, que *p* mudaria sua opinião sobre o valor da poesia (*pDLx*). Resumindo, de acordo com a teoria, as relações entre sentimentos e formação de unidades tendem sempre a uma situação de equilíbrio. Quando tal equilíbrio é questionado, as pessoas tentarão, com os meios de que dispõem, mudar o sentido de algum dos elementos da relação para que todas as suas partes se encontrem em harmonia.

Segundo Heider, tanto a conduta interpessoal como a percepção social estão determinadas por configurações cognitivas e de sentimentos como as que acabamos de descrever. A teoria do equilíbrio de Heider serviria para a formulação da teoria da dissonância de Festinger, um discípulo destacado de Kurt Lewin. Antes de mostrar tal teoria, vamos descrever outra das teorias desenvolvidas por Festinger: a teoria da comparação social.

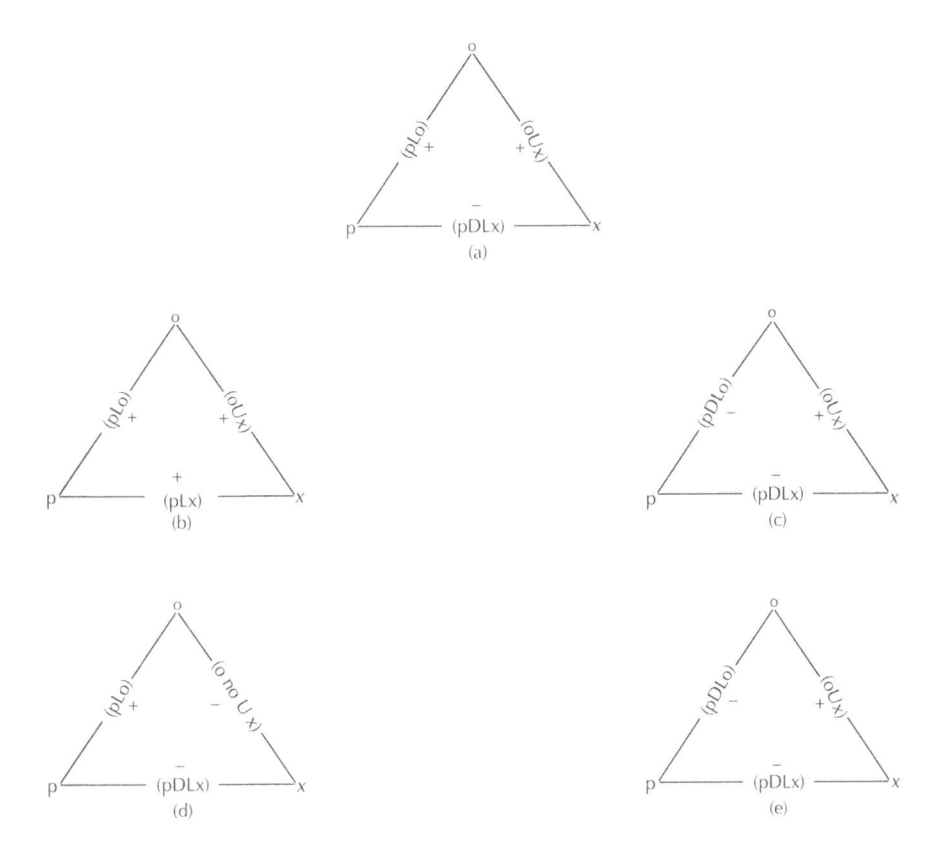

Figura 4.3 Exemplo de situações de equilíbrio e desequilíbrio (Heider, 1958, p. 208).

A teoria da comparação social de Leon Festinger

A teoria da comparação de Festinger tem sua origem em um estudo realizado por Festinger, Schachter e Back (1950) com o objetivo de analisar o processo mediante o qual os membros de grupos informais tendem a manter opiniões e crenças semelhantes.

Segundo esses psicólogos, as pessoas têm a necessidade de validar seu conhecimento comparando-o com a realidade física. Por exemplo, se pensarmos que o tempo está esfriando, podemos comprovar a validade desse julgamento medindo a temperatura. Mas é evidente que nem todo nosso conhecimento é suscetível de ser verificado dessa maneira. No caso de querermos avaliar a validade de nossas crenças, atitudes ou valores, não existem critérios objetivos externos que nos permitam realizar tal avaliação. Nesses casos, a única realidade disponível para comparar nossos julgamentos e crenças são os julgamentos e crenças dos outros. O fato de outras pessoas manterem as mesmas opiniões que nós costuma ser utilizado como uma prova da validação destas. Festinger, Schachter e Back (1950) argumentam que quando a pessoa se sente atraída por um grupo social, esse grupo se tornará a realidade social com a qual compara suas crenças. Nossa identificação com esses grupos e a necessidade de validar nosso conhecimento faz surgir, nos grupos, uma pressão pela uniformidade.

A teoria da comparação social (Festinger, 1954) é formada por um conjunto de hipótese e corolários, do mais puro estilo do modelo hipotético-dedutivo que estava em voga durante os anos 1950. Como acabamos de destacar, a premissa da qual partiu Festinger é que as pessoas têm uma tendência a avaliar suas opiniões e suas habilidades, e que quando não há padrões objetivos que sirvam como critério, tal avaliação se realizará mediante a comparação com os demais. A constatação de que outras pessoas como nós compartilham nossas opiniões será interpretada, segundo Festinger, como uma confirmação destas, e lhes dará estabilidade. Nas situações em que não temos a possibilidade de estabelecer comparações com outras pessoas ou com um padrão objetivo, as avaliações que fazemos de nossas opiniões e habilidades terão um caráter instável. A necessidade do indivíduo de obter uma avaliação positiva, tanto de suas crenças e opiniões como de suas habilidades, o levará a procurar situações em que as demais pessoas sejam parecidas com ele, e a evitar grupos de características diferentes. Essa tendência a nos compararmos com outras pessoas de opiniões e habilidades semelhantes tem como conseqüência a formação de grupos sociais diferentes entre si, mas internamente uniformes em opiniões e habilidades.

Segundo Festinger, os grupos sociais exercerão pressão sobre seus membros para que haja uniformidade, tanto nas opiniões e crenças como nas habilidades. Quando entre os membros de um grupo há divergência de opinião, o mais freqüente, segundo Festinger, é que aquelas pessoas com idéias divergentes sejam pressionadas para mudar de opinião, de tal maneira que se ajustem às do restante do grupo.

Quando as divergências entre os membros de um grupo não conseguem ser resolvidas, resta uma última estratégia que consiste em rejeitar os membros do grupo que mantêm diferenças com respeito a outros. Nesse caso, a pessoa pode deixar de comparar-se com os membros do grupo, o que pode vir acompanhado de sentimentos de hostilidade e uma tendência a procurar outros grupos que satisfaçam sua necessidade de estabelecer comparações com pessoas semelhantes a ela.

Em resumo, a teoria da comparação social de Festinger postula que existe uma tendência universal de avaliar nossas crenças e habilidades, que confiamos na comparação com outras pessoas quando não existe à nossa disposição uma fonte objetiva de comparação, e que tendemos a nos comparar com as pessoas que percebemos como próximas ou semelhantes a nós.

A teoria de Festinger foi substituída, posteriormente, por todo um conjunto de pesquisas sobre atração interpessoal, coesão grupal e nível de aspiração, entre outros temas. Entre as influências que podemos atribuir à teoria da comparação social, cabe destacar a teoria da identidade social de Henri Tajfel, que veremos no próximo capítulo. A comparação social é um dos três conceitos-chave dessa teoria. Segundo Tajfel, os processos de comparação social têm um importante papel para manter uma auto-imagem positiva. Como membros de um grupo social, tendemos a nos comparar com os membros de outros grupos sociais de status inferior ao nosso, de tal maneira que a imagem de nosso grupo seja favorecida.

A teoria da dissonância cognitiva de Leon Festinger

A teoria do equilíbrio de Heider, tal como destacamos anteriormente, pode ser considerada o antecedente mais próximo e que maior influência teve no desenvolvimento da teoria da dissonância cognitiva de Festinger (1957). Assim como a teoria do equilíbrio de Heider, a teoria da dissonância cognitiva se apóia na suposição de que a pessoa tende a permanecer em uma situação de equilíbrio ou consistência interna. Segundo Festinger (1957), é um fato comprovado que as opiniões e atitudes de uma pessoa são, ou tendem a ser, congruentes umas com as outras, e que as crenças de uma pessoa tendem a ser consistentes com o que faz. O próprio Festinger afirma que, se substituir-mos a expressão *em equilíbrio* pela palavra *congruente,* e a expressão *em desequilíbrio* pela palavra *dissonância*, a fórmula de Heider é quase igual à sua.

Os termos dissonância e congruência se referem às relações que podem existir entre dois *elementos de cognição*. Os elementos de cognição, como outros conceitos centrais da teoria, são definidos de forma muito vaga, como "o que uma pessoa sabe sobre si própria, sobre sua conduta e sobre seu ambiente" (Festinger, 1957/75, p. 24). Segundo Festinger, as relações possíveis entre dois elementos de cognição são de três tipos: a *relação de irrelevância* ou falta de importância, que se dá quando os elementos não guardam nenhum vínculo entre si, a *relação de dissonância*, que ocorre quando os dois elementos são psicologicamente contraditórios, e a *relação de congruência*, que se dá quando não há contradição entre os dois elementos.

A dissonância cognitiva é, portanto, aquela situação em que a pessoa percebe a existência de uma contradição entre dois elementos de cognição. Para ilustrar a existência desse tipo de situações, Festinger propõe, entre outros exemplos, o caso de uma pessoa que fuma apesar de saber que o tabaco é prejudicial para a saúde. Nesse exemplo, a situação de dissonância seria provocada pela contradição entre o conhecimento da pessoa sobre sua conduta e sobre as conseqüências desta.

O postulado básico da teoria é que a situação de dissonância tem um efeito psicológico negativo e, portanto, a pessoa tenderá a eliminá-la, isto é, a restabelecer a congruência. Tal como formula Festinger (1957/75, p. 15), as hipóteses básicas da teoria são as seguintes:

> 1) A existência da dissonância, por ser psicologicamente incômoda, faz com que a pessoa trate de reduzi-la e de obter a congruência. 2) Quando a dissonância está presente, além de tentar reduzi-la, a pessoa evita ativamente as situações e informações que poderiam provavelmente aumentá-la.

Conforme a concebe Festinger, a dissonância é, portanto, um fator motivacional, isto é, a existência de cognições dissonantes levará a pessoa a atuar para reduzir a dissonância.

A redução da dissonância pode ser obtida, segundo Festinger (1957/75, pp. 35-41), introduzindo mudanças nos elementos de cognição (modificando o comportamento, as atitudes, as crenças etc.) ou acrescentando elementos de cognição novos que contribuam para reduzir as contradições existentes. No exemplo que citávamos anteriormente, a dissonância experimentada por uma pessoa fumante, que sabe que o tabaco é prejudicial à saúde, poderia ser reduzida deixando de fumar (mudança no comportamento) ou procurando informação que prove que o tabaco não é nocivo para a saúde (acrescentando elementos cognitivos novos). Além de recorrer aos diferentes mecanismos de redução da dissonância, a pessoa tentará, segundo Festinger, evitar situações e informações que contribuam para aumentá-la.

A pessoa fumante do exemplo evitaria qualquer informação sobre os efeitos nocivos do tabaco.

As primeiras pesquisas sobre o fenômeno da dissonância cognitiva, realizadas no final da década de 1950 e início da de 1960, concentraram-se principalmente na *dissonância pós-decisional*, provocada pela escolha entre diferentes alternativas igualmente atrativas (Brehm, 1956; Ehrlich e outros, 1957). Festinger (1957) aponta que, nessas situações, a magnitude da dissonância dependerá da importância atribuída à decisão, das diferenças de atrativo entre as alternativas e do número de elementos que elas tenham em comum (*sobreposição cognitiva*). Os estudos experimentais realizados pelos colaboradores de Festinger, assim como os de Brehm (1956), indicavam que as pessoas tendem a reduzir a dissonância provocada pela escolha entre duas alternativas de valor semelhante aumentando sua confiança na decisão tomada, ou aumentando as diferenças de atrativo entre a opção escolhida e a rejeitada. Do mesmo modo, Festinger (1957) destaca nossas dificuldades para revogar uma decisão uma vez tomada, o que indica a importância da redução da dissonância após ter realizado a escolha entre dois objetos de características semelhantes.

Outra das situações analisadas por Festinger e seus colaboradores está centrada na dissonância devida a situações de *condescendência forçada*, em que a pessoa se vê obrigada a comportar-se de forma oposta a suas opiniões ou a afirmar algo contrário a suas crenças. Este último aspecto foi abordado em um experimento já clássico realizado por Festinger e Carlsmith (1959), cujo objetivo foi avaliar as conseqüências da conduta contra-atitudinal. As pessoas que participaram do experimento se viram obrigadas a realizar uma série de tarefas monótonas, depois da qual lhes era solicitado que convencessem outras pessoas, que supostamente iriam participar também do estudo, de que as tarefas tinham sido amenas. Em troca disso, alguns dos participantes receberam 1 dólar (grupo de baixa justificação) e outros, 20 dólares (grupo de alta justificação). O grupo-controle era constituído por pessoas que expressavam sua opinião sobre as tarefas em uma entrevista. Segundo a teoria de Festinger, a dissonância deveria ser maior para as pessoas do grupo de baixa justificação, já que a quantidade de dinheiro que recebiam não era suficientemente elevada para justificar uma mentira. Uma forma de reduzir a dissonância era que essas pessoas se convencessem a si mesmas de que a tarefa tinha sido agradável, mudando, portanto, sua atitude para com ela. O resultado do experimento foi que as pessoas que tinham recebido 1 dólar mostraram uma atitude mais favorável para a tarefa do que as que receberam 20 dólares. As conclusões do estudo de Festinger e Carlsmith (1959), que resultaram totalmente opostas às hipótese derivadas das teorias do reforço (comportamentais), desencadearam uma grande polêmica teórica em torno do papel do reforço na mudança de atitude. O fato de em alguns dos estudos realizados não se confirmarem as previsões do modelo de Festinger (Janis e Gilmore, 1965; Rosenberg, 1965) fez com que fossem surgindo explicações alternativas do fenômeno da dissonância cognitiva, entre as quais se destaca a teoria da autopercepção de Daryl Bem (1965, 1967), que supõe uma reformulação da dissonância cognitiva em termos comportamentais.

Segundo Bem, se conhecemos nossas atitudes é porque as inferimos de nosso comportamento manifesto. Nesse sentido, procedemos com respeito ao nosso próprio comportamento do mesmo modo que procederíamos diante do comportamento de outros. Observando determinada ação, inferimos as atitudes da pessoa que a realizou. Em outras palavras, é o comportamento que determina as atitudes, e não o contrário. Partindo dessa idéia, Bem reinterpreta os resultados do experimento de Carlsmith e Festinger, e sugere que o fato de a pessoa afirmar que a tarefa é interessante significaria uma atitude positiva com relação à tarefa, sempre que não existirem outras possíveis causas para realizar tal afirmação. Por exemplo, a pessoa que afirmou que a tarefa lhe parecia interessante e recebeu 1 dólar inferirá de tal resposta que a tarefa em realidade foi interessante, enquanto que a pessoa que recebeu 20 dólares por assegurar a outra pessoa que a tarefa era interessante terá motivos para inferir que tal declaração foi motivada pela recompensa recebida, e não porque a tarefa tivesse realmente sido interessante. Experimentos realizados posteriormente (Zanna e Cooper, 1974) indicam que em condições de *condescendência forçada*, quando a pessoa tem que defender opiniões que estão em contradição com suas atitudes, a teoria da dissonância é capaz de predizer melhor os resultados obtidos que a teoria da autopercepção.

Os estudos experimentais sobre a *dissonância pós-decisional* e a *condescendência forçada* significaram um importante estímulo para o desenvolvimento da pesquisa sobre a dissonância cognitiva que, como veremos mais adiante, foi posteriormente ampliada com a inclusão de outros fenômenos.

Nem toda a evidência acumulada por Festinger procedia de estudos experimentais. É de destacar, nesse sentido, o estudo realizado por Festinger, Riecken e Schachter (1956). Durante um período de três meses, os autores observaram um grupo de pessoas, com 25 a 30 membros de classe média, que mostravam uma grande fé nas mensagens recebidas por uma mulher que assegurava estar em contato com os anjos. Em uma das mensagens recebidas, assegurava-se que haveria uma inundação que arrasaria uma grande região do planeta. Uma parte dos membros do grupo se preparou para receber juntos a chegada do cataclismo, enquanto o restante esperou em suas casas. Foi-lhes anunciado que um disco voador viria buscá-los, salvando-os da inundação anunciada.

Quando isso não aconteceu, produziram-se dois tipos de reação. Os membros do grupo que tinham esperado de forma individual a chegada do disco voador abandonaram suas crenças, enquanto aqueles que esperaram em grupo as reforçaram. Esse grupo afirmava ter recebido uma mensagem divina que lhes comunicava que, graças a sua fé, a inundação não se produziu e o mundo pôde salvar-se, começando uma ativa campanha de propaganda de suas crenças e de proselitismo. Festinger, Riecken e Schachter (1956) explicam esses fatos como uma conseqüência da redução da dissonância. Em ambos os grupos, a absoluta discrepância entre as crenças individuais e os acontecimentos provocou uma forte dissonância e uma tendência a sua redução. Sem um apoio social, os membros do grupo que permaneceram isolados foram abandonando suas crenças, enquanto os indivíduos que permaneceram em grupo obtiveram o apoio social necessário para reduzir a dissonância, incrementando a força de suas crenças.

Também a teoria da comparação social (Festinger, 1954) é utilizada pelo mesmo autor em apoio à sua teoria da dissonância cognitiva. Como acabamos de examinar, os processos de comparação social servem para avaliar nossas opiniões e nossas habilidades. Quando a realidade física não oferece uma base sobre a qual avaliar nossas crenças, tendemos a validá-las estabelecendo um processo de comparação com outras pessoas cujas habilidades ou crenças sejam parecidas com as nossas. O atrativo de tais pessoas será maior quanto maior for a semelhança das crenças. Para Festinger, quando se produz uma divergência de opiniões entre duas pessoas surgirá a dissonância. Ele propôs três estratégias para sua redução. Essas estratégias são idênticas às que caracterizam os estudos realizados na década de 1950 sobre os modelos de influência social e pressão para a uniformidade do grupo (Singer, 1980): comunicação, mudança de opinião e rejeição. Com a primeira se pretenderia mudar as opiniões dos demais e aproximá-las das nossas. A segunda consistiria em mudar nossas crenças tornando-as próximas daquelas que consideramos que são mantidas pelas pessoas com quem nos comparamos. Finalmente, uma terceira forma de reduzir a dissonância consiste em rejeitar a outra pessoa, descartando a possibilidade de comparação com ela.

A teoria da dissonância cognitiva de Festinger (1957) foi a principal linha de desenvolvimento empírico da psicologia social durante os anos 1960. Inspirada por esse tipo de modelo, a pesquisa psicossocial desenvolvida durante esse período se caracterizou pelo predomínio de estudos experimentais em que se utilizava o fenômeno da dissonância cognitiva para explicar uma grande variedade de aspectos do comportamento social, como a mudança de atitudes, a submissão ou a tomada de decisões. Do mesmo modo, proliferaram durante esse período os estudos direcionados a analisar as condições que tornam mais provável o aparecimento da dissonância cognitiva. A liberdade de escolha, as conseqüências posi-

> **Leon Festinger (1919-1989)**
>
> Leon Festinger nasceu em Nova Iorque em 1919, em uma família de imigrantes de origem russa. Depois da primeira etapa da sua formação no City College de Nova Iorque, onde estudou Ciências, formou-se como psicólogo na Universidade de Iowa. Cursando seu doutorado, conheceu Kurt Lewin, que lhe comunicou seu interesse pelo estudo dos processos cognitivos complexos. Embora inicialmente Festinger não se sentisse atraído pela psicologia social, em 1945, depois de ter finalizado seu doutorado, ingressou no recém-criado Centro de Pesquisa em Dinâmica de Grupos do Instituto Tecnológico de Massachusetts, dirigido por Lewin. Trabalhando como professor nesse centro, começou a interessar-se pela psicologia social e realizou alguns estudos sobre influência social e comunicação. Quando Kurt Lewin morreu, em 1947, Festinger abandonou o centro e se transferiu para o Centro de Dinâmica de Grupos da Universidade de Michigan. Pouco tempo depois, começou a trabalhar como professor de psicologia na Universidade de Minnesota. Durante essa época, desempenhou um papel decisivo na consolidação da psicologia social como uma disciplina experimental. Seu interesse pela metodologia aparece refletido no livro *Research methods in behavioral sciences* (1953), escrito em colaboração com Daniel Katz.

tivas ou negativas da ação, o grau com que a pessoa se sente responsável por estas, a magnitude e o tipo de incentivo foram algumas das variáveis nas quais se centrou a pesquisa sobre a dissonância cognitiva desenvolvida durante o período que estamos analisando (Aronson e Carlmisth, 1963; Brehm e Cohen, 1962; Carlsmith e Freedman, 1968; Rosenberg, 1965).

A teoria da dissonância cognitiva não foi isenta de críticas. Do ponto de vista metodológico, as pesquisas de Festinger e seus colaboradores foram fortemente criticadas pelo uso pouco ortodoxo que faziam do método experimental e a natural dificuldade para repetir as condições sob as quais haviam se desenvolvido seus estudos (Zajonc, 1968). Do mesmo modo, destacou-se a falta de ética de muitos dos experimentos realizados para provar as hipótese da teoria, nos quais era freqüente recorrer ao engano e forçar as pessoas a realizar ações ou a manter opiniões que entravam em conflito com suas crenças (Kelman, 1968).

Enquanto se formulavam as críticas às idéias de Festinger, outros psicólogos sociais introduziam modificações nos postulados iniciais da teoria. Alguns autores destacaram, por exemplo, que a dissonância só aparece quando a pessoa se comporta de maneira inconsistente com a imagem que tem de si própria. Por exemplo, Aronson (1969) apontava que a dissonância observada no experimento de *condescendência forçada* de Festinger e Carlsmith só se produzia quando a pessoa se autodefinia como alguém honesto. Mas não haverá dissonância quando a pessoa não considera desonesto o fato de manter uma opinião contrária a suas crenças, ou quando a honestidade não for um traço central da definição de que a pessoa faz de si própria. Da mesma maneira, Brehm e Cohen (1962) destacaram que se espera que um requisito prévio para que a dissonância seja experimentada é que a pessoa se sinta envolvida no comportamento que realiza.

Em 1955, Festinger se transferiu para a Universidade de Stanford, onde se encontrava quando, dois anos depois, o livro *A theory of cognitive dissonance* (1957) foi publicado, o qual seria sua contribuição mais notável para a psicologia social, junto com sua teoria da comparação social. A hipótese central da teoria da dissonância é que quando se apresentam duas idéias ou cognições contraditórias ou inconsistentes entre si sobre a própria pessoa, ou sobre a conduta que se assume ou o seu entorno, cria-se uma tensão psicológica que motiva a pessoa a fazer o possível para reduzi-la. Embora aparentemente simples, a hipótese gerou numerosas pesquisas com as quais se tentou examinar todas as suas possibilidades. Entre os numerosos estudos que Festinger realizou, se sobressaem as experiências a respeito da forma com que se manifesta a dissonância cognitiva na tomada de decisões (situações em que devemos escolher entre dois objetos de características semelhantes) e nas situações de *condescendência forçada* ou *aceitação induzida* (aquelas em que nos vemos obrigados a manifestar algo contrário a nossas crenças). Além do seu já comentado livro sobre a dissonância cognitiva, podemos destacar a publicação de *When profecy fails*, em que se aplicou a teoria para analisar o comportamento dos membros de uma seita que pregavam que haveria um grande dilúvio que acabaria com a humanidade. Obrigados pelos fatos a refazerem suas crenças, a dissonância provocada foi pequena, na maioria dos casos, não abandonando as crenças e sim reforçando-as.

Em 1968, Festinger voltou para Nova Iorque como professor do *New School for Social Research* de Nova Iorque, onde permaneceu até sua morte, em 1989.

No entanto, e apesar das insuficiências do modelo para explicar o comportamento social, é obrigatório reconhecer, na teoria da dissonância cognitiva, o mérito de ter significado um impulso definitivo para o desenvolvimento da psicologia social durante as décadas seguintes ao seu aparecimento. A enorme quantidade de pesquisas empíricas em que se analisou o fenômeno da dissonância cognitiva é uma prova da influência das abordagens de Festinger no desenvolvimento posterior da disciplina. Nesse mesmo sentido, o fato de esse autor ser o mais citado pelos psicólogos sociais de orientação psicológica durante as décadas de 1960, 1970 e 1980, e o sexto autor mais citado pelos autores de orientação sociológica durante a década de 1970 (veja Collier, Minton e Reynolds, 1991), não é de causar estranheza. Além disso, os desenvolvimentos teóricos gerados pelo modelo de Festinger influenciaram no aparecimento de outras teorias motivacionais em psicologia social, como a da reatância psicológica de Brehm (1966). Segundo essa teoria, se uma pessoa vê ameaçada ou suprimida a escolha de um comportamento, experimentará reatância psicológica. Como conseqüência da reatância, viria a motivação de a pessoa tentar restabelecer a liberdade ameaçada. Segundo Brehm, quanto maior for a reatância, maior será a tendência da pessoa a restaurar o comportamento eliminado.

Alguns autores (Aronson, 1997) percebem atualmente um ressurgimento da teoria da dissonância cognitiva, mediante teorias de médio alcance que sob diversos nomes reúnem os postulados básicos daquela.

O fato de a teoria da dissonância cognitiva ser o enfoque ao redor do qual se articulou a maior parte da pesquisa psicossocial durante esse período e durante a década posterior, afiançou a posição da psicologia social como uma disciplina que, relativamente alheia à influência do behaviorismo, continuou com uma orientação cognitivista durante o período de sua hegemonia. Não devemos esquecer, entretanto, que embora a teoria da dissonância cognitiva se articulasse em torno de conceitos mentalistas e recorresse a processos cognitivos para explicar as bases motivacionais do comportamento, o uso que se fazia desses era, de certo modo, ambíguo, o que dificultou sua aceitação como alternativa cognitivista ao behaviorismo, além da esfera da psicologia social. Por outro lado, e no âmbito da disciplina, a influência da teoria da dissonância cognitiva contribuiu para consolidar o desenvolvimento de uma psicologia social cognitiva fortemente reducionista, direcionada a analisar a influência dos processos psicológicos universais sobre o comportamento social. Sob a influência desse tipo de modelos, a psicologia social cognitiva se desenvolveu, portanto, ignorando o estudo dos fatores sociais e culturais que influem na cognição. Essa linha, como vimos no capítulo anterior, fora iniciada por Bartlett nos anos 1930.

A influência do neobehaviorismo na psicologia social

Embora a maior parte do desenvolvimento teórico da psicologia social durante essa etapa acontecesse sob a influência da Escola da *Gestalt*, também existiram importantes contribuições realizadas a partir do paradigma neobehaviorista. No momento de analisar a influência neobehaviorista na psicologia social dos anos 1950 e 1960, deve se levar em conta, entretanto, que se tratava de um neobehaviorismo que tinha entrado em crise. As profundas divergências entre as quatro grandes teorias da aprendizagem (Tolman, Guthrie, Hull e Skinner) deram lugar a um importante debate interno que, ao invés de se resolver à medida que se desenvolvia o trabalho experimental, foi aumentando com o tempo. No início da década de 1950, a situação da psicologia era, de certo modo, semelhante à que tinha servido de justificativa para o surgimento do behaviorismo: os resultados da experimentação não estavam servindo para resolver as diferenças teóricas que separavam os behavioristas. E isso acontecia apesar de a introspecção ter sido virtualmente abolida da pesquisa psicológica, e de ela tentar ajustar-se escrupulosamente aos critérios de verificabilidade do positivismo lógico. Após duas décadas de pesquisa, começava a ser evidente que a psicologia não chegara a ser uma ciência unificada ao redor de uma teoria geral do comportamento. A publicação do livro *Modern learning theory* (Estes e outros, 1954), onde se analisavam criticamente os diferentes sistemas neobehavioristas, é uma prova de que no início da década de 1950 o behaviorismo já começava a perder a hegemonia que tivera até aquele momento. As críticas, cada vez mais numerosas, às premissas sobre as quais se baseava deram lugar a um período de reajustes intraparadigmáticos (veja Caparrós, 1984), quando se produziu uma convergência entre os behavioristas e os representantes de outras correntes teóricas.

A abertura dos psicólogos neobehavioristas foi observada, especialmente, entre os discípulos de Clark Hull, que renunciaram ao fisicalismo radical dos behavioristas, integraram a suas pesquisas alguns conceitos procedentes de outros modelos teóricos e começaram a considerar o papel que os processos cognitivos superiores desempenham no aprendizado. O fato de grande parte dos discípulos de Hull se dedicar à psicologia social foi um dos fatores que propiciaram essa maior abertura. Por questões óbvias, os psicólogos sociais de orientação neobehavioristas não se limitaram a reproduzir os experimentos sobre o aprendizado animal realizado no âmbito da psicologia, mas trataram de aplicar as leis gerais sobre o comportamento ao estudo do aprendizado e o comportamento humano. Uma pretensão que não se viu legitimada pelos resultados da experimentação. O estudo experimental da aprendizagem por imitação, realizado pelos discípulos de Hull, imediatamente revelou que não era possível explicar o aprendizado humano sem considerar a intervenção da consciência ou de processos de caráter cognitivo, como a atenção, a compreensão ou a lembrança. Surge assim o denominado *behaviorismo mediacional*, cuja principal contribuição foi a integração, no esquema neobehaviorista, dos processos cognitivos. Esse behaviorismo mediacional, do qual os trabalhos iniciais de Albert Bandura são um bom exemplo, é o passo prévio da psicologia social cognitiva. Pode-se afirmar, portanto, que o desenvolvimento da psicologia social neobehaviorista foi um dos fatores que aceleraram a crise do behaviorismo e forçaram a virada da psicologia para o estudo da cognição.

Essa tendência à integração dos processos cognitivos como variáveis mediadoras entre o estímulo e a resposta não foi, entretanto, a única resposta que os psicólogos neobehavioristas deram à crise. Skinner, por exemplo, longe de mostrar essa atitude integradora, radicalizou sua posição. A publicação do livro *Ciencia y conducta humana*, em 1953, onde se utilizam as leis do condicionamento operante para explicar todas as dimensões do comportamento humano, é uma clara mostra disso. O behaviorismo radical de Skinner também influiu no desenvolvimento teórico da psicologia social durante essa etapa, dando lugar a diferentes modelos teóricos centrados no estudo do intercâmbio social. Do mesmo modo, suas leis do condicionamento operante seriam o marco a partir do qual se desenvolveria a teoria do desamparo aprendido, de Martin Seligman.

A comunicação persuasiva: Carl Hovland e o programa de pesquisa da Universidade de Yale

A perspectiva a partir da qual a psicologia social abordava o estudo das atitudes passou por uma importante mudança depois da Segunda Guerra Mundial. A pesquisa realizada antes da guerra se centrou na mensuração das atitudes e no descobrimento das técnicas usadas para manipular a opinião pública, para conseguir que fosse menos suscetível à propaganda. A partir de então, o interesse se centrou no estudo experimental da persuasão e o objetivo final que se perseguia com as pesquisas era maximizar os efeitos da comunicação persuasiva (veja Collier, Minton e Reynolds, 1991). Os trabalhos realizados por Carl Hovland (1912-1961) e seus colaboradores no Instituto de Relações Humanas da Universidade de Yale têm um papel central nessa mudança de enfoque.

Depois de realizar, durante os anos 1930, uma série de estudos sobre aprendizado inspiradas na teoria da aprendizagem de Hull, Hovland colaborou nas pesquisas sobre a hipótese da frustração-agressão desenvolvidas na Universidade de Yale (veja o Capítulo 3) e realizou, durante os anos 1950, alguns estudos sobre a aquisição de conceitos e a resolução de problemas. Mas, sem dúvida, foi sua pesquisa sobre comunicação persuasiva e mudança de atitudes que teve maior influência no campo da psicologia e da psicologia social. A maior parte dessas pesquisas se desenvolveu na Universidade de Yale, onde Hovland permaneceu durante toda sua carreira, com a única exceção do período da Segunda Guerra Mundial. Em 1942, Hovland abandonou temporariamente a Universidade de Yale para mudar-se para Washington, onde realizou, a pedido do governo, uma série de pesquisas sobre as atitudes dos soldados norte-americanos relacionadas com a guerra. O objetivo desses estudos, realizados em colaboração com o sociólogo Samuel Stouffer, foi avaliar os efeitos que os programas e filmes preparados pelo Departamento de Informação e Educação tinham na atitude das tropas americanas instaladas na Europa e nos Estados Unidos. Sua colaboração nos volumes de Stouffer, *Studies in social psychology during World War II,* resultou na publicação, em 1949, do terceiro de tais volumes, com o título *Experiments on mass communication*. Esses trabalhos pioneiros resultaram, na sua volta à Universidade de Yale, em 1945, na implantação do *Yale Communication and Attitude Change Program*, dedicado ao estudo da formação e mudança das atitudes.

> ### Carl Hovland (1912-1961)
>
> Carl Hovland nasceu em Chicago em 1912, em uma família de origem escandinava. Estudou na Universidade de Northwestern, onde recebeu uma sólida formação em matemática, física, biologia e psicologia experimental. Em 1936 se doutorou em Psicologia pela Universidade de Yale, onde realizou sua tese de doutorado sob a orientação de Clark Hull, um dos quatro grandes teóricos do neobehaviorismo. Durante a primeira fase de sua carreira, Hovland colaborou diretamente com Hull, trabalhando na elaboração de alguns dos princípios básicos de sua teoria do aprendizado. Uma boa amostra disso é sua participação no livro *Mathematico-deductive theory of rote learning* (Hull, Hovland, Ross, Hall, Perkins e Fitch, 1940). Ao mesmo tempo, Hovland fez parte ativa da equipe interdisciplinar que desenvolvia a pesquisa sobre a hipótese da frustração-agressão. Fruto desse trabalho é um artigo publicado em 1940, em colaboração com Robert Sears, onde se analisava a correlação entre alguns indicadores econômicos, como o aumento dos preços do algodão, e o aumento dos linchamentos.
>
> No mesmo ano em que finalizou seus estudos de doutorado, Hovland assumiu uma vaga de professor no Instituto de Relações Humanas da Universidade de Yale, onde permaneceu até o final de sua carreira, com uma única interrupção de três anos, durante a Segunda Guerra Mundial. Em 1942 foi contratado pelo governo dos Estados Unidos para realizar uma série de pesquisas sobre a atitude dos soldados norte-americanos durante a Segunda Guerra Mundial. Com isso, mudou-se para Washington, onde ficou até 1945, realizando uma série de estudos para a Divisão de Informação e Educação da Armada.

Segundo Hovland, as atitudes podem ser definidas como uma disposição ou tendência a responder positiva ou negativamente a certa classe de objetos (idéias, pessoas ou situações). Hovland, Janis e Kelley (1953) desenvolveram um conjunto de estudos experimentais em que se oferece um dos enfoques teóricos que mais influenciaram no estudo da mudança de atitudes. Partindo da teoria da aprendizagem de Hull, Hovland propõe um modelo teórico sobre a mudança de atitudes em que ela é concebida como uma mudança de hábitos verbais que se produz como resultado do aprendizado. Segundo o modelo, a aquisição e a manutenção de opiniões e atitudes acontecem porque sua expressão ostensiva ou sua repetição interna são seguidas de um reforço positivo, que pode ser experimentado ou simplesmente antecipado. A importância do reforço antecipado no modelo leva Hovland a substituir o conceito de *reforço* pelo de *incentivo*, que se converte na noção central do modelo.

A maior parte das pesquisas realizadas pelo grupo de Yale foram experimentos de laboratório, que analisavam os efeitos da comunicação persuasiva sobre a mudança de atitudes. Ao analisar tais efeitos, o processo de persuasão era dividido em três componentes básicos: o comunicador, a mensagem e a audiência. O objetivo das pesquisas realizadas em Yale era determinar os efeitos, sobre a mudança de atitudes, das mudanças em cada um desses três elementos.

De maneira resumida, as principais conclusões extraídas das pesquisas de Hovland e seus colaboradores são as seguintes. Sobre a influência das características do comunicador sobre a mudança de atitudes, os resultados dos trabalhos realizados na Universidade de Yale mostravam que a mudança de atitude é mais provável quando a pessoa que transmite a mensagem é vista como inteligente e confiá-

Os estudos de Hovland faziam parte de um projeto mais amplo dirigido pelo sociólogo Samuel Stouffer, no qual também participaram outros cientistas sociais de diferentes áreas. Os resultados do projeto resultaram na obra *The American soldier*, publicada em quatro volumes a partir de 1949. A participação de Hovland no projeto consistiu na análise experimental dos efeitos dos programas de treinamento e os filmes bélicos nos soldados. Os filmes que Hovland utilizou faziam parte de uma série de 12 documentários que o governo americano encarregara a Frank Capra, que receberam o título *Why we fight*. Depois de realizar mais de 50 experimentos, Hovland concluiu que o fato de ver filmes sobre a guerra fazia com que os soldados aumentassem a informação que tinham sobre o assunto, mas não tinha efeitos na atitude para com os inimigos nem no comportamento.

Quando Hovland voltou para a Universidade de Yale, em 1945, foi nomeado diretor do departamento e do laboratório de psicologia. Naquela ocasião, criou o *Yale Communication and Attitude Change Programme*, para o qual obteve financiamento da fundação Rockefeller. Sob esse programa, Hovland realizou na Universidade de Yale uma série de estudos sobre a mudança de atitudes, que são considerados sua contribuição mais importante para a psicologia social. Além desse programa, Hovland desempenhou papel central na criação do Bell Telephone Laboratorie's Behavioral Research Center, um centro dedicado à pesquisa em psicologia organizacional. No final de sua carreira, Hovland dedicou grande atenção ao estudo dos processos cognitivos, iniciando alguns estudos sobre formação de conceitos e resolução de problemas.

Hovland desenvolveu uma intensa atividade científica e institucional. Em 1950 foi presidente da *New England Psychological Association*. Foi também membro da *American Philosophical Society*, em 1950; da *American Academy of Arts and Sciences*, em 1956, e da *National Academy of Sciences*, em 1960.

vel (Hovland e Weis, 1951). Os estudos em que se analisaram os efeitos das características da mensagem mostraram que quando esta provoca um alto grau de temor na audiência, o processo de persuasão é menos efetivo, a menos que se apresentem à pessoa os métodos para reduzir esse temor (Janis e Feshbach, 1953). Outra conclusão derivada desses estudos é que a efetividade da mensagem é maior quando nela se incluíam as conclusões do que quando a audiência deveria tirar as conclusões (Hovland e Mandell, 1952). Do mesmo modo, as pesquisas realizadas pelo grupo da Universidade de Yale mostraram que as mensagens unilaterais, em que se apresenta um único aspecto de um problema, são mais efetivas se a audiência não tiver informação sobre o tema, ou se já estiver inclinada à opinião expressa pelo comunicador. Caso contrário, prova-se mais efetiva a apresentação de pontos de vista diferentes. Os resultados obtidos por Hovland e seus colaboradores mostravam, além disso, que a apresentação de dois pontos de vista contrapostos sobre um problema tinha um *efeito de inoculação*, deixando a audiência mais resistente a contrapersuasão no futuro (Hovland, Lumsdaine e Sheffield, 1949). Sobre as características da audiência, os trabalhos do grupo de Yale chegaram à conclusão de que, embora a inteligência não influa na efetividade da comunicação persuasiva, outras características pessoais, como o neuroticismo ou a auto-estima, realmente têm efeitos (Janis, 1954). Finalmente, é necessário destacar as conclusões de Hovland e seus colaboradores sobre o papel da recompensa na mudança de atitudes, e que podem resumir-se na idéia de que quanto maior for a recompensa que a pessoa espera obter, maior será a probabilidade de que se produza uma mudança de atitude. Como vimos anteriormente, essa conclusão foi amplamente rebatida pelos autores que analisaram a mudança de atitudes da teoria da dissonância cognitiva (Festinger, 1957), cujas previsões sobre o papel do reforço eram justamente opostas, isto é, que quanto menor for o reforço, maior será a probabilidade de que se produza a mudança de atitudes.

A proposta teórica de Hovland, enquadrada na tradição neobehaviorista de Hull, está construída sobre a hipótese geral de que a mudança de atitude depende do reforço contingente desta. No entanto, a substituição do conceito de *reforço* pelo de *incentivo* significou dar maior ênfase à antecipação que a pessoa faz das conseqüências do que à sua obtenção real, o que a afasta, de certo modo, da rigidez dos esquemas neobehavioristas mais tradicionais. Apesar disso, a influência neobehaviorista na teoria da aprendizagem por incentivos é clara. O modelo contribui para reforçar a imagem de que a pessoa responde de forma passiva às influências unidirecionais do meio. Em sua análise dos efeitos da comunicação persuasiva, Hovland somente deu atenção aos componentes do circuito de comunicação (comunicador, mensagem e audiência), isolando-o do contexto sociocultural onde acontece a transmissão da informação. Isso contribui para criar uma imagem muito simples da mudança de atitudes, em que se ignora que elas são um produto social e cultural.

Do ponto de vista metodológico, a principal deficiência dos trabalhos realizados por Hovland é seu intento de aplicar em situações de persuasão reais as conclusões extraídas de estudos realizados em laboratório. As diferenças entre os resultados obtidos por Hovland e os derivados de algumas pesquisas de campo realizadas durante esse período, em que se observou que a mudança nas atitudes era, na realidade, muito pequena, são uma clara prova dessa deficiência.

A pretensão de encontrar princípios gerais que explicassem a mudança de atitudes acabou por ser abandonada diante da evidência obtida em pesquisas cujos resultados eram contraditórios entre si.

Parece obrigatório destacar, no entanto, que os estudos realizados por Hovland e seus colaboradores foram um importante estímulo para o desenvolvimento da pesquisa sobre a mudança de atitudes. Para esse impulso contribuiria o próprio Hovland, que desenvolveria um novo modelo teórico da mudança de atitudes em colaboração com Sherif (Sherif e Hovland, 1961). Esse enfoque está apoiado no julgamento de estímulos sociais, particularmente formulações verbais de temas sociais. Quando apresentam uma série de enunciados atitudinais que envolvem uma gradação de posições, as pessoas criam uma zona de rejeição, uma de aceitação e uma zona neutra. A amplitude relativa dessas zonas variará conforme o grau de familiaridade com o conteúdo da comunicação, o envolvimento pessoal do indivíduo nos enunciados apresentados e o grau de extremismo em suas posições. Quanto mais extremas forem as posições do indivíduo com relação aos enunciados atitudinais apresentados, maior será a zona de rejeição e, conseqüentemente, maiores probabilidades existirão de que a comunicação seja ignorada, a menos que seu conteúdo seja muito próximo das atitudes pessoais do tema em particular. Quando o conteúdo da comunicação não provoca uma atitude prévia claramente definida, a amplitude da zona de aceitação aumenta e as possibilidades de mudança também se incrementam. Dessa maneira, os efeitos da comunicação dependem da forma com que seus conteúdos são categorizados pela pessoa.

Embora o estudo da comunicação persuasiva e a mudança de atitude habitualmente seja associado às pesquisas realizadas no Instituto de Relações Humanas da Universidade de Yale, o certo é que essa linha de pesquisa não foi exclusiva da psicologia social psicológica, mas também teve um notável desenvolvimento na sociologia. De fato, como se comentou anteriormente, Hovland colaborara com alguns sociólogos no desenvolvimento de uma série de pesquisas multidisciplinares sobre as atitudes dos soldados norte-americanos durante a Segunda Guerra Mundial. Por outro lado, durante os anos 1950 e 1960, continuava aberta a linha de pesquisa sobre a mudança das opiniões políticas que Lazarsfeld iniciara na Universidade de Columbia na década de 1940 (veja o Capítulo 3). Em 1955, Katz e Lazarsfeld publicam o livro *Personal influence*, onde se resumem algumas das conclusões dessas pesquisas. Segundo esses autores, os efeitos dos meios de comunicação não são diretos, mas se encontram mediados pelas relações sociais e por nossas pertenças grupais. Katz e Lazarsfeld observaram que as mensagens dos meios de comunicação não são recebidas da mesma maneira por todos os ouvintes, pois algumas pessoas são mais ativas que outras. A audiência não constitui um todo homogêneo. Nela, destacam-se algumas pessoas, que atuam como líderes de opinião, difundindo a informação procedente dos meios de comunicação entre as pessoas de seu ambiente. Essas pessoas se caracterizam por utilizar os meios de comunicação com uma maior freqüência, por ter relações sociais mais variadas e por considerar-se e serem consideradas influentes. O modelo de Katz e Lazarsfeld, apesar de ter recebido críticas, continua sendo utilizado no âmbito da publicidade e da comunicação persuasiva.

A teoria da facilitação social de Robert Zajonc

A influência dos princípios do neobehaviorismo de Hull não se limitou às teorias propostas pelos psicólogos da Universidade de Yale, mas também teve efeito em outros psicólogos, como Robert Zajonc (1965, 1967) e sua teoria da facilitação social. Antes de descrever a origem e os objetivos dessa teoria, convém analisar a definição do autor da psicologia social:

> A psicologia social tem como objetivo a dependência e interdependência do comportamento entre os indivíduos. Definimos dependência do comportamento como uma relação entre o comportamento de determinado número de indivíduos, de tal maneira que o comportamento de um ou mais provoque ou possa provocar uma alteração no comportamento de outros.

Mantendo-se nos parâmetros behavioristas definidos por Allport em 1924 (veja o Capítulo 2), Zajonc considera a psicologia social um ramo experimental da psicologia, centrada na análise do comportamento social. O comportamento social, definido como a parte do comportamento que depende do comportamento de outras pessoas, e que por sua vez exerce influência nelas, segue as mesmas leis que explicam o comportamento individual. Partindo desses conceitos, Zajonc continua os estudos experimentais realizados por Allport no laboratório de psicologia da Universidade de Harvard. Nesses experimentos, realizados entre 1916 e 1919 e apresentados em seu livro *Social psychology* de 1924, Allport submeteu seus sujeitos experimentais à realização de diversas tarefas em duas condições diferentes. Na primeira, os indivíduos deviam trabalhar separadamente, enquanto na segunda deviam fazê-lo coletivamente. O objetivo dos experimentos era comprovar os efeitos da execução das tarefas na presença de outras pessoas. As tarefas consistiam, entre outros exercícios, em realizar diversos testes sobre associação de palavras, supressão de vogais em artigos jornalísticos, exercícios de perspectiva reversível, execução de multiplicações, solução de problemas com silogismos e apreciação de aromas e pesos. Os resultados de Allport foram contraditórios, pois, embora algumas tarefas fossem favorecidas pela presença de outras pessoas que realizavam os mesmos exercícios (associação de palavras, supressão de vogais e exercícios de perspectiva), outras (resolução de problemas e testes de apreciação de aromas e pesos) eram prejudicadas. Em resumo, tanto a mera presença de espectadores como a presença de outras pessoas realizando a mesma atividade facilitavam o desempenho da tarefa em alguns casos (*facilitação social*) e o inibia em outros (*inibição social*).

A teoria da facilitação social de Zajonc, cujos princípios sofrem influência da teoria da aprendizagem de Hull (veja o Capítulo 3), pretende dar uma explicação a esses resultados contraditórios. A idéia fundamental da teoria é que o impulso, ou a motivação (*drive*), tem um efeito sobre o organismo, de tal maneira que as respostas emitidas por ele em condições normais (*respostas dominantes*) aumentam seu nível de ativação, por aumentar seu nível de atividade fisiológica. Esses incrementos provocam uma maior tensão no organismo, estimulando a atenção e a responsabilidade no exercício da atividade. O impulso (*drive*, (D)) excita (E) todas as respostas presentes em uma situação de forma diferenciada, em função da força do *hábito* (H) ($E=DxH$). Isso explica, segundo Zajonc (1965), por que a presença de outros aumenta a motivação e, em conseqüência, o desempenho das respostas de domínio, isto é, já adquiridas, enquanto dificulta o aprendizado. A presença ou co-participação de outras pessoas provocaria um aumento no nível de tensão que, por sua vez, prejudicaria a aquisição de novos conhecimentos e favoreceria a expressão dos já adquiridos (*predominantes*). Zajonc (1967, pp. 23 e 31) resume sua teoria da seguinte maneira:

> A presença de observadores serve de obstáculo para a aquisição de novos conhecimentos, enquanto favorece a expressão dos já adquiridos. A aquisição de novos conhecimentos denomina-se aprendizagem, e a expressão dos adquiridos previamente denomina-se domínio. A presença de espectadores dificulta a aprendizagem e favorece o domínio. Assim como a presença de testemunhas, a co-atividade favorece o domínio e dificulta a aprendizagem.

A facilitação social impulsionou um conjunto de pesquisas em psicologia social, que podem ser consultadas em Gómez e Leão (1994).

A teoria do intercâmbio social de John Thibaut e Harold Kelley

Outro exemplo da influência do neobehaviorismo na psicologia social está nas teorias do intercâmbio. Sob o rótulo global de teorias do intercâmbio se enquadra uma série de modelos teóricos que tinham como objetivo comum encontrar os princípios gerais que explicam as relações sociais cotidianas. Como destaca Morales (1981, p. 31), todas as teorias do intercâmbio compartilham duas premissas. A primeira delas é a consideração do *hedonismo* como traço essencial da natureza humana e como determinante fundamental das relações sociais, que se mantêm em função dos resultados ou das recompensas que proporcionam. A segunda premissa sobre a qual se apóiam as teorias do intercâmbio é o convencimento de que o *individualismo* é o princípio explicativo mais adequado em ciências sociais. Como conseqüência disso, todas as teorias do intercâmbio partem do princípio de que as relações sociais devem ser compreendidas à luz das motivações das pessoas que participam delas.

Embora fortemente influenciadas pelo neobehaviorismo, pode-se afirmar que as teorias do intercâmbio são um produto tipicamente sociológico. No entanto, a teorização sobre as relações de intercâmbio não foi inexistente na psicologia social psicológica, sendo o exemplo mais representativo o modelo de Thibaut e Kelley (1959), ampliado e desenvolvido posteriormente pelos mesmos autores (Kelley e Thibaut, 1978).

A teoria de Thibaut e Kelley (1959) é um exemplo da integração de alguns conceitos neobehavioristas, como o do reforço, com idéias procedentes da psicologia da *Gestalt*, a exemplo da consideração do reforço em termos da experiência que o indivíduo tem da situação. A unidade de análise utilizada por esses autores para explicar as relações interpessoais é a interação, definida como a situação em que duas pessoas "emitem comportamentos na presença mútua, provocam efeitos em direção recíproca ou se comunicam entre si... há interação se existir pelo menos a possibilidade de que as ações de um afetem o outro, e vice-versa" (1959, p. 10). O tipo de relação social elementar que ambos os psicólogos analisam é a díade, e os princípios teóricos obtidos de seu estudo são aplicados a distintos tipos de relações sociais, como a amizade, o amor ou as relações comerciais. Embora o ponto de partida seja a análise das relações entre duas pessoas, Thibaut e Kelley também estendem sua teoria ao estudo das relações grupais.

A influência do behaviorismo se faz evidente no fato de o modelo de Thibaut e Kelley estar construído sobre a base dos conceitos centrais das teorias do reforço. Um dos conceitos fundamentais para analisar as relações interpessoais é, segundo Thibaut e Kelley, o da recompensa, definido como qualquer aspecto positivo que deriva de uma relação; por exemplo, expressar uma opinião favorável sobre outra pessoa tem um valor de recompensa para quem é objeto de tal opinião. Além de ser fonte de recompensas, as relações sociais supõem custos, o outro conceito central do modelo, definidos como qualquer fator negativo que impede ou limita a realização de uma seqüência de comportamento; por exemplo, os esforços físicos ou mentais que temos que realizar para conseguir uma meta, as situações embaraçosas ou de ansiedade que acompanham o desempenho de uma atividade, ou os fatores que fazem com que a realização de um comportamento entre em conflito com outras respostas. A manutenção de uma relação de intercâmbio social dependerá da relação entre as recompensas que se obtêm e os custos que envolve. Um comportamento social tenderá a manter-se ou se repetirá quando as recompensas forem superiores aos custos. Em caso contrário, tenderá a extinguir-se ou a não se produzir. Ao valorizar os resultados de uma relação de intercâmbio, a pessoa utiliza, segundo Thibaut e Kelley, dois critérios ou padrões de comparação subjetivos: o *nível de comparação* — CL — e o *nível de comparação de alternativas* — CL_{alt} —.

O nível de comparação é definido por Thibaut e Kelley (1959, p. 21) como "o padrão em relação ao qual o indivíduo avalia quanto uma relação é atraente ou satisfatória para ele". Esse padrão seria um valor modal que a pessoa estabelece avaliando as recompensas e os custos obtidos, e comparando esse resultado com o que acredita que merece obter em tal relação. Também é definido como "um valor zero ou neutro em uma escala de resultados" (Thibaut e Kelley, 1959, p. 97). Acima do nível de comparação, a pessoa avaliará o resultado como satisfatório. Para estabelecer o nível de comparação para uma situação social dada, a pessoa leva em conta os resultados obtidos nessa situação no passado, mediante sua própria experiência ou de forma simbólica. Dessa forma, o nível de comparação se define como "algum valor modal ou média de todos os resultados conhecidos pela pessoa, cada um deles ponderado por seu saliência" (Thibaut e Kelley, 1959, p. 21).

O nível de comparação de alternativas -Cl_{alt}- é "o nível mínimo de resultados que uma pessoa aceitará diante de outras alternativas disponíveis" (Thibaut e Kelley, 1959, p. 21). Quando a pessoa avalia os resultados de uma relação, estabelecerá uma comparação entre os resultados que obtém dela e os que obteria com outras relações alternativas, conhecidas ou imaginadas. Presumivelmente, uma pessoa não manterá uma relação com outra quando considera que outras relações alternativas podem lhe proporcionar melhores resultados. O nível de comparação de alternativas é um mínimo, e abaixo dele a pessoa abandonará a relação.

Do mesmo modo, embora os resultados de uma relação sejam insatisfatórios, essa se manterá se das relações alternativas se espera menos ainda.

Thibault e Kelley (1959) ilustram sua teoria com numerosos exemplos sobre as relações de amizade e outras relações diádicas. A premissa básica para a manutenção de todas elas é que devem oferecer recompensas superiores às obtidas em outras relações possíveis. A explicação sobre o êxito ou fracasso em uma relação está fundamentada, portanto, na relação entre custos e benefícios. Quando os primeiros superam os segundos, a relação tende a desaparecer. Por isso, as pessoas escolhem seus amigos ou colegas de trabalho considerando a ajuda que lhes podem proporcionar (benefícios) e o nível de ansiedade que lhes provocam (custos). As pessoas que introduzem um alto grau de ansiedade e/ou oferecem um baixo nível de colaboração (especialmente se podem oferecer ajuda mas não a oferecem) tendem a ser rejeitadas. Do mesmo modo, os resultados gerados pelas primeiras impressões em uma relação diádica (*efeito de primazia*) influem, de maneira decisiva, na manutenção da relação. Logicamente, em qualquer interação entre duas pessoas podem existir interferências que incrementam os custos e reduzem os benefícios esperados na interação. Nesses casos, só a sincronização entre os comportamentos das pessoas envolvidas na relação, ou a eliminação de demandas incompatíveis, pode fazer que tal relação perdure no tempo.

Outro aspecto importante tratado na teoria do intercâmbio de Thibaut e Kelley é o dos diferentes tipos de influência possíveis em uma interação entre duas pessoas. Inspirando-se na teoria de jogos e para ilustrar diferentes tipos de poder, os autores propõem um conjunto de matrizes em que se representam as diversas formas de influência em que podem ver-se envolvidas duas pessoas A e B. Estas matrizes podem ser resumidas da seguinte forma:

a. A tem *controle do destino* sobre B. Nessa situação, A controla os resultados do comportamento de B, independentemente do que faça B.
b. A tem *controle do comportamento* sobre B. Nessa situação, B pode controlar os resultados de seu comportamento, se o ajusta aos requerimentos de A.
c. *Controle do destino mútuo* entre A e B. Nessa situação, o comportamento de A determina os resultados de B. E vice-versa, o comportamento de B determina os resultados de A. Estabelece-se, portanto, uma relação de interdependência.

O esquema teórico de Thibaut e Kelley (1959) ficaria incompleto sem uma referência às normas e aos papéis que acompanham às relações de intercâmbio. As normas, de acordo com ambos os psicólogos, introduzem regularidade na interação, comportam soluções aos possíveis conflitos que surgem nas relações interpessoais, reduzem os custos e melhoram os resultados. Essas normas são de especial importância nos grupos sociais, pois facilitam a ausência de interferências entre os comportamentos dos membros do grupo e possibilitam assim o consenso entre estes. Os papéis representam colocar em prática as normas, à medida que tornam possível a divisão de tarefas entre as pessoas.

Embora a teoria do intercâmbio de Thibaut e Kelley centre-se na díade, ambos os autores também analisam as relações de interdependência nas tríades e nos grupos sociais mais extensos. No caso dos grupos sociais, sua sobrevivência depende da necessidade de seus membros cooperarem para conseguir metas e obter recompensas adequadas para eles. Em termos da teoria de Thibaut e Kelley (1959), o grupo se manterá se as recompensas que obtiver cada um de seus membros superarem o nível de CL_{alt} pessoal estabelecido.

A teoria do intercâmbio, apresentada por ambos os autores em seu livro de 1959, tem continuação em um novo texto publicado por Kelley e Thibaut em 1978, intitulado *Interpersonal relations. A theory of interdependence*. Nele, os psicólogos desenvolvem sua nova perspectiva teórica considerando algumas das críticas quanto a seu enfoque anterior do intercâmbio. Mais concretamente, o modelo de ator racional do primeiro livro é atenuado ao considerar outros motivos, como o altruísmo, o bem-estar comum e a justiça, como valores sociais que afetam a relação de intercâmbio. O novo modelo teórico apresentado por Kelley e Thibaut (1978) distingue entre dois conceitos que são os de *matriz dada* e *matriz efetiva*. A *matriz dada* é aquela em que os resultados que, por exemplo, duas pessoas A e B podem obter são dados por fatores externos à relação de interdependência. A *matriz efetiva* é aquela em que as pessoas envolvidas na relação de intercâmbio consideram não só seus próprios resultados, mas também os da outra pessoa, sendo possível uma ação conjunta entre ambas. Essa ação conjunta significa um *processo de transformação* da *matriz dada* inicial que dá lugar a uma *matriz efetiva*, responsável pelo comportamento das pessoas envolvidas na relação de intercâmbio. Na Figura 4.4, temos a *matriz dada* e a *matriz efetiva* do dilema do prisioneiro.

Como podemos observar na matriz da esquerda, se duas pessoas A e B decidem atuar de forma independente em função de seu próprio benefício, escolherão a segunda alternativa da matriz. Nesse caso, A escolherá a_2 e B escolherá b_2. O resultado dessa opção é que ambos recebem resultados baixos (5/5). No processo de transformação que resulta na *matriz efetiva* eles podem, por exemplo, maximizar os benefícios de suas ações (a soma em cada célula) de tal maneira que possam coordenar uma ação conjunta (a_1 b_1) mais satisfatória para ambos, se a compararmos com a que conseguiriam na *matriz dada*.

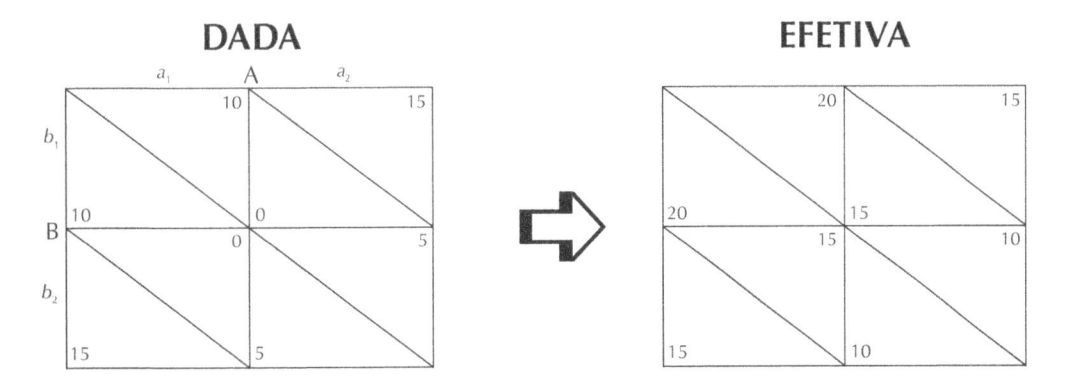

Figura 4.4 O dilema do prisioneiro e sua possível transformação (Kelley e Thibaut 1978, p. 21).

Em suma, podemos dizer que o estudo das relações de interdependência proposto por esses psicólogos facilita a compreensão dos processos de interação e intercâmbio que se produzem tanto nas relações interpessoais como nas relações grupais, embora tenda a naturalizar tais processos e a não considerar os fatores estruturais e culturais, que limitam o tipo de intercâmbios possíveis entre os indivíduos, e que determinam os conteúdos de tais relações.

A aprendizagem social

Um dos principais desenvolvimentos teóricos que resultou na introdução do neobehaviorismo na psicologia social teve como objetivo central o estudo da aprendizagem social e, mais concretamente, da aprendizagem por imitação. Como foi comentado no Capítulo 3, essa linha de pesquisa da psicologia social neobehaviorista foi iniciada por Miller e Dollard (1941). A forma com que esses autores explicaram a aprendizagem por imitação foi, posteriormente, objeto de crítica por parte de Bandura e Walters (1963). As críticas se referiam principalmente à dificuldade do modelo para explicar o aparecimento de respostas novas, a impossibilidade de distinguir entre aquisição e execução, e a excessiva ênfase no reforço.

Foi precisamente a crítica a essas abordagens que serviu a Bandura e Walters (1963) como ponto de partida para apresentar seu modelo da aprendizagem social.

As principais contribuições desses autores ao campo das teorias da aprendizagem foram o deslocamento do centro de gravidade do processo do reforço até a aprendizagem por observação, o estabelecimento de uma distinção entre aprendizagem e execução, e a introdução de variáveis mediadoras de caráter cognitivo.

O papel central ocupado pelo reforço nas teorias anteriores da aprendizagem é questionado no modelo de Bandura e Walters, que alegavam que, embora o reforço facilite a aprendizagem, não é absolutamente necessário para que ocorra. Se cada um de nós tivesse que aprender pelos efeitos positivos ou negativos de suas ações, uma grande parte da aprendizagem necessária para viver em sociedade não ocorreria. A importância crescente dos meios de comunicação de massa reside, precisamente, em que proporcionam modelos simbólicos pelos quais aprendemos uma grande variedade de condutas e normas sociais. O aprendizado humano ocorre, principalmente, de forma secundária, mediante a observação de modelos, e tem três efeitos sobre o comportamento: o efeito modelador (aquisição de respostas novas, que previamente não se encontravam no repertório de respostas do indivíduo), o efeito inibitório ou desinibitório (aumento ou diminuição da freqüência, latência ou intensidade de respostas adquiridas previamente pelo observador, mais ou menos semelhantes às que mostra o modelo), e o efeito de provocação (a observação das respostas do modelo serve como sinal para que o observador *dispare* respostas semelhantes, que não são completamente novas nem estão inibidas como resultado de uma aprendizagem prévia).

O modelo da aprendizagem social de Bandura e Walters considera, além disso, uma revisão e ampliação do conceito de reforço utilizado nos modelos tradicionais da aprendizagem. A constatação experimental de que a produção e a manutenção do comportamento imitativo não dependem somente do reforço direto, mas também do reforço administrado ao modelo, os leva a incluir no marco conceitual da aprendizagem o conceito de *reforço secundário*. Um exemplo de reforço secundário está nos anúncios da publicidade. A propaganda utiliza, regularmente, a antecipação de recompensas para influenciar em nosso comportamento. Os meios de comunicação nos mostram, constantemente, os efeitos positivos derivados da compra ou utilização dos produtos anunciados. A apresentação dos benefícios e recompensas obtidos com os modelos apresentados na propaganda publicitária serve para incentivar a imitação dos comportamentos propostos. Consumimos determinado produto ou compramos um objeto pensando nas recompensas futuras ou nos efeitos gratificantes que previamente observamos em outros.

Uma das maiores contribuições do modelo da aprendizagem social de Bandura e Walters (1963) é a diferença que estabelecem entre aprendizagem e execução, em que se justifica a perda de importância do reforço, e em que se pressupõe, além disso, o caráter cognitivo do processo de aprendizagem. Ambos os autores realizaram diferentes experimentos com meninos, que deviam observar um modelo que mostrava diferentes tipos de comportamentos agressivos. Em um caso, a resposta agressiva era recompensada; em outro, punida, e em uma terceira condição, a conduta agressiva não tinha conseqüências para o modelo. Durante a primeira fase do experimento, os meninos se limitavam a observar o modelo, não tinham que executar nenhuma conduta e tampouco recebiam reforço. Depois da aprendizagem que, por observação ou de forma secundária, se realizou nos três grupos, constatou-se que a execução de uma conduta imitativa por parte dos meninos dependia, em um primeiro momento, da antecipação do reforço. Os meninos que tinham observado o castigo no modelo mostraram menos condutas agressivas que os meninos dos outros grupos. Entretanto, quando se ofereceram recompensas a todos os meninos por imitar a conduta do modelo, as diferenças observadas com antecedência entre os três grupos na execução de comportamentos agressivos desapareceram. Enquanto a aprendizagem era independente das contingências do reforço positivo ou negativo, a execução dependia deste.

A influência do reforço secundário e o fato de nem este nem o reforço direto afetarem necessariamente a aprendizagem, mas sim a execução, pressupõem a existência de representações e imagens da conduta e do reforço. O estímulo não provoca diretamente o comportamento do observador, mas a aquisição de um padrão cognitivo encoberto por esse comportamento, independentemente de ele ser executado. Isso faz com que a teoria da aprendizagem social proposta por Bandura e Walters tenha um claro matiz cognitivo, que se tornará cada vez mais evidente nas elaborações posteriores do modelo por parte de Bandura:

> As premissas essenciais da teoria da aprendizagem social são que as influências modeladoras originam a aprendizagem devido fundamentalmente a suas funções informativas, e que os observadores adquirem principalmente representações simbólicas das atividades do modelo, mais do que associações estímulo/resposta específicas.
>
> (Bandura, 1977a/82, p. 67)

A aprendizagem por imitação é controlada por quatro processos, os dois primeiros de caráter cognitivo: processos de atenção e discriminação do comportamento do modelo, processos de retenção do comportamento observado, processos de motivação e processos de reprodução motora. Além disso, a prova experimental (Bandura e Mischel, 1965) de que o comportamento não é uma réplica exata do modelo significa a existência de um processo de elaboração cognitiva.

De acordo com o mencionado até aqui, o modelo de Bandura resiste em ser incluído na tradição behaviorista. Caparrós (1984) o inclui em uma "orientação behaviorista mais aberta ao reconhecimento simbólico em sua especificidade", que denomina behaviorismo de "terceira geração". Em alguns manuais de psicologia ou de psicologia social se encontra classificado no paradigma cognitivista (veja Collier, Minton e Reynolds, 1991; García Vega e Moya Santoyo, 1993).

A evolução de Bandura para posições claramente cognitivistas se observa também em um gradual afastamento do determinismo ambientalista em que se enquadrou em um primeiro momento, que culmina com sua concepção do determinismo recíproco:

> Da perspectiva da aprendizagem social, o funcionamento psicológico é uma interação recíproca contínua entre determinantes pessoais, comportamentais e ambientais.
>
> (Bandura, 1977a/82, p. 229)

Suas contribuições mais recentes sobre o determinismo recíproco, o autocontrole e a auto-eficácia serão tratadas no Capítulo 5, dedicado à psicologia social atual.

A contribuição de Bandura, não somente na psicologia social, mas também no desenvolvimento das teorias da aprendizagem, é inegável. Amplia os mecanismos da aprendizagem postulados pelo behaviorismo anterior (condicionamento clássico e condicionamento operante), com a inclusão da aprendizagem secundária. A insuficiência, tanto do condicionamento clássico como do operante, para explicar a aprendizagem que tem lugar em contextos sociais, leva Bandura a centrar-se na aprendizagem por observação, em que necessariamente terá de considerar a intervenção de processos cognitivos como a atenção, a compreensão ou a lembrança. Esse é um dos exemplos da influência da psicologia social na psicologia.

A teoria do desamparo aprendido de Martin E. P. Seligman

Outro exemplo da influência das teorias da aprendizagem na psicologia social está na teoria do desamparo aprendido, de Martin E. P. Seligman. Embora as pesquisas que serviram de apoio a essa teoria tivessem se iniciado na década de 1960, não será até meados dos anos 1970, como resultado da publicação do livro *Helplessnes* (1975), que obterão um amplo reconhecimento. Em sua formulação inicial, o modelo teórico de Seligman era uma continuação, ou melhor, uma ampliação, do modelo de aprendizagem mediante condicionamento operante de Skinner. Este estava centrado na análise da aquisição de respostas voluntárias (denominadas operantes ou instrumentais), isto é, de comportamentos que têm certo grau de controle sobre o meio e podem ser modificados pelo reforço.

Para Skinner, mediante o estudo de tais respostas operantes ou instrumentais é possível conhecer as leis que regem o comportamento humano. Partindo da lei geral de que os comportamentos que são reforçados tendem a repetir-se no futuro, Skinner dedicou uma grande parte de suas pesquisas experimentais à identificação das formas mais efetivas de reforço. Isso o levou a distinguir entre o reforço contínuo, que tem lugar quando uma resposta vai seguida sempre de um reforço, e oscilante, que se produz quando a uma resposta segue um resultado de forma ocasional. Nas pesquisas de Skinner, a aprendizagem se produzia quando o organismo estabelecia uma associação entre determinada resposta e um reforço, que pode ser positivo (obtenção de uma recompensa) ou negativo (retirada de um estímulo aversivo). Também há aprendizagem, segundo Skinner, quando consegue ser estabelecida a associação entre uma resposta e a ausência de reforço. Nos casos em que determinada resposta nunca vai seguida de um reforço, a resposta tenderá a extinguir-se. Em todas as situações analisadas por Skinner, a aprendizagem se produz porque há uma contingência entre as respostas que o organismo emite e os reforços que ele obtém.

O esquema proposto por Skinner foi ampliado por Seligman, que se concentrou nas situações nas quais não há contingência entre a resposta e os reforços que se obtêm. Nesses casos, a probabilidade de que ocorra ou não determinado resultado é independente da resposta do organismo. Skinner já havia tratado essas situações de incontrolabilidade para explicar a origem das *condutas supersticiosas*. Ele mesmo dá esse nome às condutas de um animal que se realizam de forma repetitiva embora não influam objetivamente na obtenção do reforço. A conduta supersticiosa se deve, segundo Skinner, ao estabelecimento de uma conexão errônea entre um determinado comportamento e a obtenção do reforço. Nos experimentos que Skinner realizou com animais, observou-se essa conexão quando, devido a problemas técnicos no mecanismo que administrava os reforços, eles eram obtidos por acaso, sem necessidade de que o animal emitisse a resposta que se lhe estava tentando ensinar. O resultado foi que os animais estabeleciam uma associação entre o reforço e qualquer um dos comportamentos que, de forma acidental, emitiam no momento em que ele era obtido, o que provocava a realização de tais comportamentos de maneira repetitiva.

Ao contrário de Skinner, que acreditava que esse tipo de situações não gera aprendizado, Seligman considera que os organismos podem aprender daquelas situações em que o resultado não depende do comportamento. Os efeitos da incontrolabilidade, em sua opinião, provocam o aprendizado de tal incontrolabilidade e desamparo:

> Quando a probabilidade de um resultado é a mesma, ocorrendo ou não determinada resposta, o resultado é independente dessa resposta. Se essa resposta for voluntária, o resultado é incontrolável. Inversamente, se quando acontece uma resposta a probabilidade de um resultado for diferente de sua probabilidade quando a resposta não acontece, então o resultado é dependente dessa resposta: o resultado é controlável. Uma pessoa ou um animal estão indefesos diante de determinado resultado quando ele acontece independentemente de todas as suas respostas voluntárias.
>
> (Seligman, 1975/81, p. 37)

O desamparo é, portanto, um tipo de aprendizagem que ocorre quando o reforço é independente da resposta emitida pelo organismo. As conseqüências de tal aprendizado são diversas, e a elas Seligman dedica (1975) grande parte de seus estudos experimentais. Três são os tipos de déficit que provoca o desamparo. Em primeiro lugar, estão os déficits motivacionais. A não-contingência entre resposta e reforço provoca uma diminuição na motivação para iniciar respostas. Quando o indivíduo aprende que os acontecimentos são incontroláveis, a iniciação de respostas para mudá-los se vê debilitada e, em conseqüência, deixa de emitir alguma resposta que tente transformar sua situação. Em segundo lugar, para que exista aprendizado, na opinião de Seligman, deve-se dar um processamento da informação que leve o indivíduo a desenvolver uma representação, idéia, crença ou percepção de que a resposta e o resultado são independentes. A expectativa de que o comportamento é independente do resultado provoca dificuldades no aprendizado de respostas eficazes para mudar os acontecimentos. Como vemos, a teoria do desamparo inclui conseqüências de tipo cognitivo que não se encontram no behaviorismo radical de Skinner. O reconhecimento dos aspectos cognitivos do desamparo levará à reformulação da teoria em termos atributivos, como veremos no Capítulo 5. Finalmente, o desamparo provoca déficits emocionais que podem terminar em experiências traumáticas de ansiedade e depressão. O próprio Seligman resume assim sua teoria:

> Portanto essa é a nossa teoria do desamparo: a expectativa de que determinado resultado seja independente das próprias respostas (1) reduz a motivação para controlar esse resultado; (2) interfere no aprendizado de que as respostas controlam o resultado; e se o resultado for traumático (3) produz medo durante o tempo em que o sujeito não está seguro da controlabilidade do resultado e, depois, a depressão.
>
> (Seligman, 1975/81, p.88)

A teoria que acabamos de expor não se limita ao estudo da incontrolabilidade nos animais, mas também na espécie humana. Os exemplos em que podemos aplicar a teoria são numerosos, e entre eles se incluem os sentimentos de desamparo provocados pela pobreza ou a morte de um ente querido (Seligman, 1975). As conseqüências do desamparo e seus efeitos sobre a saúde mental foram também objeto de estudo nas pesquisas sobre as conseqüências psicossociais do desemprego (veja Álvaro, 1992). A maior deterioração emocional observada nas pessoas desempregadas pode ser considerada um efeito das experiências de incontrolabilidade que acompanham o fato de não ter um posto de trabalho remunerado.

O desamparo aprendido é, portanto, uma teoria que, partindo do neobehaviorismo skinneriano, amplia e reformula criticamente seus princípios, ao mesmo tempo que inclui elementos cognitivos que não se encontravam presentes no condicionamento operante. Pouco depois, esse último fator motivou o fato de a teoria do desamparo aprendido ter sido reformulada em termos atributivos.

O DESENVOLVIMENTO TEÓRICO DA PSICOLOGIA SOCIAL NO CONTEXTO DA SOCIOLOGIA

Como viemos destacando, embora a psicologia social tivesse começado com maior destaque na sociologia do que na psicologia, esta situação foi mudando com o tempo. Durante os anos 1950 e 1960 assistimos a um crescimento sem precedentes da psicologia social psicológica, e a uma certa paralisação da psicologia social sociológica. Isto não quer dizer, entretanto, que as contribuições realizadas para o desenvolvimento da psicologia social na sociologia tivessem sido escassas ou pouco importantes. De fato, durante o período em que tratamos, a teoria sociológica experimentou um rápido desenvolvimento, surgindo nela algumas correntes que, tanto nesse momento como posteriormente, terminaram fazendo parte do corpo teórico da psicologia social. As teorias de intercâmbio de Blau (1964) e de Homans (1961), por exemplo, apesar da sua influência behaviorista, são desenvolvimentos teóricos que a psicologia social herdou da sociologia. Também se desenvolveram durante esse período o interacionismo simbólico de autores como Blumer (1969) e Kuhn (1964), o enfoque dramatúrgico de Goffman (1959) e a sociologia fenomenológica de Schutz (1962, 1964), que embora permanecessem, no princípio, como desenvolvimentos teóricos marginais, tornariam-se durante a década de 1970 os principais referenciais teóricos da psicologia social sociológica. Finalmente, embora não costume ser analisado como uma corrente teórica influente em psicologia social, o funcionalismo estrutural, principal modelo teórico da sociologia dos anos 1950 e 1960, também defende uma articulação teórica dos sistemas social, cultural e pessoal que deve ser considerada ao se fazer uma reconstrução histórica da psicologia social que culmine em uma concepção menos reducionista da disciplina e em que fiquem reconhecidas as contribuições sociológicas.

O auge do funcionalismo estrutural

Como vimos no capítulo anterior, quando a Escola de Chicago entrou em crise, seu lugar na sociologia norte-americana foi ocupado pelo Departamento de Sociologia da Universidade de Harvard, onde se desenvolveu o funcionalismo estrutural. Essa mudança institucional no protagonismo do cenário da sociologia representou para ela uma mudança de rumo, que se deslocou das abordagens microssociológicas, derivadas do pragmatismo da Escola de Chicago, para a análise macrossociológica das grandes estruturas sociais. Nessa mudança foi fundamental a figura de Talcott Parsons. No capítulo anterior já foi analisada a primeira etapa da obra de Parsons, onde o objetivo central era a elaboração de uma teoria da ação, muito influenciada pela sociologia de Max Weber. Neste capítulo nos deteremos na segunda etapa, em que teve lugar o verdadeiro desenvolvimento da concepção funcionalista.

Os traços da teoria funcionalista de Parsons aparecem completamente enunciados em dois textos publicados em 1951: *Towards a general theory of action*, editado juntamente com Edward A. Shils, e onde participam entre outros E. Tolman, G. Allport e S. Stouffer e *The social system*. Em ambos os livros, Parsons diferencia três níveis da ação social: o pessoal, o social e o cultural. Embora esses três sistemas sejam analiticamente independentes, mostram-se inseparáveis da ação social. O ponto de partida da teoria é a ação, definida como um processo no qual as pessoas perseguem a consecução de metas que lhes são gratificantes. Mas isso não significa que a ação seja entendida como uma simples propriedade dos indivíduos. Pelo contrário, sua análise significa estabelecer um vínculo de união entre a cultura, o sistema social e a personalidade:

> A idéia de que a personalidade emerge do nível biológico do organismo, que os sistemas sociais emergem da personalidade e de que a cultura emerge dos sistemas sociais está errada. No seu lugar, temos defendido a idéia de que a personalidade, a cultura e o sistema social são analiticamente iguais, cada um deles envolvendo os outros dois.
>
> (Parsons e Shils, 1951, p.239)

Nesse sentido, a teoria funcionalista de Parsons vincula os valores aos sistemas motivacionais dos atores e aos requisitos do sistema social.

Não é suficiente, destacam Parsons e Shils (1951), afirmar que somente aquelas condutas recompensadas persistem; também é necessário conhecer como a estrutura de recompensas de uma sociedade se relaciona com o seu sistema de valores e com as estruturas de papéis requeridas pelo sistema social. Os padrões de significado e valores culturais são, em sua opinião, institucionalizados através dos sistemas sociais que guiam os atores, além de formar parte constitutiva da personalidade. Os sistemas social, cultural e pessoal se organizam, segundo Parsons, ao redor de uma rede de papéis sociais. Esses papéis prescrevem formas de interação associadas a sanções positivas e negativas, que fazem com que os atores adaptem suas necessidades a um sistema de obrigações que termina em uma certa estabilidade do sistema social. Por sua vez, o sistema cultural legitima, por meio de valores compartilhados, o equilíbrio social e a satisfação de necessidades da personalidade.

Embora Parsons tivesse dedicado uma grande atenção ao estudo do sistema cultural e ao sistema da personalidade individual, seu interesse principal foi a análise do sistema social, o qual define do seguinte modo:

> Portanto, o sistema social, em resumo, consiste em um pluralismo de atores individuais que interagem em uma situação que tem, pelo menos, um espaço físico ou do meio ambiente, atores motivados por uma tendência em "obter uma ótima gratificação" e cujas relações, incluindo os demais atores, são mediadas e definidas por um sistema de símbolos culturais estruturados e compartilhados.
>
> (Parsons, 1951/84, p.17)

Para estudar o funcionamento do sistema social, a sociologia não deve utilizar como unidade de análise a pessoa isolada, mas a pessoa em relação com outras pessoas. A unidade da análise de Parsons é o *status-papel*, em que se encontra implícita a participação do ator na interação cotidiana com outros atores. Essa participação tem duas dimensões: o *status*, ou posição que um ator ocupa com relação a outros atores, e o papel que o ator desempenha em sua relação com os outros. O conceito de *papel* usado por Parsons é de caráter normativo. Nisso segue a perspectiva iniciada por Ralph Linton (1936) em *The study of man*, onde define papel como o conjunto de comportamentos atribuíveis a determinada posição social. O *papel*, assim definido, é o vínculo entre a estrutura social e a conduta. Um aspecto fundamental na articulação entre o sistema social e a personalidade é o de *expectativa de papel*. Com esse conceito, Parsons faz referência às definições normativas da ação. As interações são apoiadas em expectativas mútuas sobre as condutas apropriadas em uma dada situação. Quando tais condutas satisfazem tais expectativas, são recompensadas, e quando não conseguem satisfazê-las, são punidas. O *papel* se torna, assim, a unidade básica de análise dos sistemas sociais.

Um dos objetivos das reflexões de Parsons foi a identificação dos requisitos funcionais do sistema social, isto é, das condições que devem ser cumpridas para que um sistema social exista. A primeira dessas condições é que esse sistema seja compatível com as necessidades dos atores individuais que fazem parte dele. A segunda condição é que o sistema social seja compatível com as normas e valores do sistema cultural em que está inserido. O primeiro requisito funcional do sistema social é, portanto, que exista uma *motivação adequada dos atores*, isto é, que exista um número suficiente de pessoas motivadas para cumprir as exigências do sistema, o que significa cumprir com as expectativas associadas a seus papéis e evitar condutas desviantes. O segundo requisito é que exista *compatibilidade das pautas culturais*, o que quer dizer que as normas e valores sociais não apresentem às pessoas demandas impossíveis de cumprir, gerando desta forma o desvio e o conflito.

Dessa maneira, surge o problema da ordem social, que ocupou um lugar central na primeira etapa do trabalho de Parsons (veja o Capítulo 3) e que volta a ser o objetivo prioritário de suas reflexões nesta segunda etapa. Conforme o próprio Parsons (1951/84, p. 39) expõe, o problema é o seguinte:

> Fundamentalmente o problema é este: Será que personalidades desenvolvidas em um sistema social, em qualquer estado de seu ciclo vital, atuarão espontaneamente de tal maneira que cumpram os pré-requisitos funcionais dos sistemas sociais dos quais fazem parte? Ou será necessário buscar mecanismos relativamente específicos, isto é, modos de organização dos sistemas motivacionais das personalidades, que possam ser compreendidos em relação direta com o nível de conduta do papel socialmente estruturado? O antigo ponto de vista psicológico, do qual as sociedades são resultantes dos traços dos indivíduos determinados independentemente, escolheria a primeira alternativa. O moderno ponto de vista sociológico tende a destacar a segunda alternativa.

Parsons tenta construir uma teoria da ação social em que vincula a estrutura social à ação humana, os processos micro aos processos macro, a interação à ordem social. Segundo Parsons, os motivos pelos quais se cumprem as normas podem situar-se em um contínuo que vai da conveniência (o ator atua em função de interesses instrumentais) até a introjeção ou interiorização do critério (atuar conforme a norma se torna uma necessidade dos atores). A forma mais adequada de conciliar as motivações individuais com as normas e valores sociais é a interiorização destes, que acontece por meio de processo de socialização, que se estende ao longo de todo o ciclo vital.

Se na primeira fase de sua carreira Parsons tinha recorrido ao conceito de representação coletiva de Durkheim para ilustrar a institucionalização das normas e valores sociais, nesta segunda fase recorre à teoria psicanalítica de Freud. As motivações dos atores sociais acontecem em um contexto normativo que regula o significado dos objetos e seus efeitos para a ação. As normas e valores compartilhados são interiorizados pela pessoa e passam a fazer parte da consciência individual, dando lugar ao *superego*. Este processo de internalização ou introjeção das normas e valores sociais, que é um dos resultados da socialização, não é somente a base sobre a qual se forma a personalidade, mas também a própria sociedade. Nesse sentido, o enfoque parsoniano defende a inclusão do sistema de orientação cultural como parte integral da ação social. A cultura, como sistema simbólico, não é compreendida por Parsons como algo independente da estrutura social e da personalidade. À medida que os valores se internalizam, passam a fazer parte do sistema da personalidade.

Uma das críticas que com mais insistência se fez à teoria parsoniana é que deixa uma estreita margem para o estudo da mudança social, característica das sociedades contemporâneas (Martín-Baró, 1989). Parsons não se opõe à possibilidade de analisar as interações face a face como um produto da capacidade das pessoas de construir e determinar a interação como resultado de processos de interpretação situacionais; mas sua dependência dos conteúdos culturais e normas sociais leva, em alguns momentos, a uma teoria supersocializada do indivíduo. É também certo que se trata de uma teoria que põe a ênfase nos processos normativos, de institucionalização do sistema de valores e de controle social mais que nos processos de mudança social, de subjetividade e de interpretação. Mas isto não significa que do funcionalismo não seja possível derivar princípios de caráter psicossociológico de grande valor teórico e heurístico. Assim, por exemplo, o fato de a ação social ser o núcleo da análise da teoria faz com que este enfoque resulte extremamente interessante para a psicologia social sociológica. Em toda análise da ação social é preciso considerar três tipos de fatores: a personalidade, o sistema social e o sistema cultural. Para explicar o funcionamento de cada um deles é imprescindível considerar os outros dois. Por exemplo, se partirmos do estudo da personalidade, devemos considerar como as motivações individuais e suas orientações para a ação se relacionam com o sistema de papéis normativamente prescritos por cada sistema social e com o sistema de valores e crenças socialmente compartilhados. E vice-versa, se partirmos da análise do sistema social, devemos considerar os aspectos motivacionais dos atores sociais e os sistemas simbólicos em que se insere a ação. Isto é, devemos considerar tanto os processos de institucionalização dos sistemas simbólicos e papéis sociais como a internalização de ditos sistemas valorativos e normativos na personalidade.

Como já foi destacado, a teoria funcionalista exerceu uma influência quase hegemônica na sociologia até o início da década de 1960. Embora as idéias de Parsons não estivessem isentas de críticas, o certo é que também foram a fonte de inspiração para o desenvolvimento de outros modelos que, tanto fora como dentro do funcionalismo estrutural, tentaram dar resposta a algumas das questões que Parsons tinha deixado sem resolver. Entre as alternativas que surgiram para Parsons dentro do funcionalismo destaca-se a teoria de Robert Merton. Merton (1949), que fora discípulo de Parsons, não compartilhou com ele a idéia de que todas as estruturas ou instituições que formam um sistema social sejam funcionais para sua manutenção. Diferentemente da maior parte dos teóricos do funcionalismo, Merton não se limitou ao estudo do ajuste entre as diferentes partes do sistema, mas também mostrou interesse pelo estudo do desajuste. Uma de suas principais contribuições teóricas foi, precisamente, a introdução do conceito de *disfunção*, com o qual destacava a possibilidade de que determinadas instituições sociais tivessem conseqüências negativas para o sistema. Por outro lado, Merton considerava que algumas instituições sociais, sem ter conseqüências negativas para o sistema, tampouco contribuem para a sua manutenção, não sendo portanto funcionais para ele. Esse é o caso, por exemplo, daquelas instituições que seguem existindo como reminiscências do passado, mas que deixaram de cumprir suas funções. Isso o levou a introduzir o conceito de *conseqüências não-funcionais*:

> As funções são aquelas conseqüências observadas que contribuem para a adaptação ou o ajuste a determinado sistema; disfunções são aquelas conseqüências observadas que prejudicam a adaptação ou o ajuste ao sistema. Também existe a possibilidade empírica das *conseqüências não-funcionais*, que são simplesmente irrelevantes para o sistema considerado.
>
> (Merton, 1949/57, p. 51)

Merton (1949) também estabeleceu uma diferença entre as *funções manifestas* de um sistema ou instituição social e suas *funções latentes*. As funções manifestas de uma instituição social são aquelas que resultam intencionais e conhecidas para as pessoas que participam dessa instituição. Trata-se de práticas que os atores conhecem e perseguem de forma consciente. As funções latentes são as conseqüências não-intencionais ou não-reconhecidas derivadas do fato de fazer parte de determinada instituição social. Um dos principais objetivos da sociologia, segundo Merton, é descobrir as funções latentes das instituições sociais. Outro dos conceitos mencionados por Merton (1949) é a *profecia auto-realizadora*, com a qual faz referência àquelas crenças errôneas que acabam por auto-realizar-se.

Tanto as *funções latentes* como as *profecias auto-realizadoras* são dois dos tipos que Merton denominou como *conseqüências não-antecipadas da ação*. Com esse conceito Merton fazia referência às conseqüências não-previstas da ação social propositiva. Ambos os conceitos foram desenvolvidos e são utilizados na atualidade. Por exemplo, Giddens, em sua teoria da estruturação social, refere-se às conseqüências não-intencionais das ações como um aspecto de grande importância em sua teoria (veja o Capítulo 5).

Por outro lado, em psicologia social, o enfoque funcionalista de Merton foi utilizado para analisar o significado para a pessoa da participação em determinadas atividades ou instituições sociais. Um exemplo da aplicação da diferenciação realizada por Merton entre *funções manifestas* e *funções latentes* é a análise psicossociológica de Jahoda (1987) das funções de emprego. Sua função manifesta seria a de proporcionar à pessoa alguns ganhos econômicos, enquanto suas funções latentes seriam as de impor uma estrutura temporária; alargar o campo das relações sociais além das relações familiares, que freqüentemente levam uma grande carga emocional; provar, graças à divisão de trabalho, que os propósitos e as realizações de uma coletividade vão além dos objetivos individuais; dar um status social e esclarecer a identidade pessoal, e desenvolver uma atividade regular. A obra de Merton resultou, portanto, em uma revisão dos postulados básicos do funcionalismo estrutural que se viu ampliado com a introdução dos conceitos de *disfunção* e de *conseqüências não-funcionais*, e com a diferenciação entre *funções manifestas* e *latentes*. Os conceitos de *disfunção* e *função latente* supuseram uma abertura da análise funcionalista ao estudo da dinâmica e da mudança social. Tudo isso sem abandonar o nível de análise própria dessa perspectiva sociológica.

Por outro lado, Merton (1949) contribuiu de maneira importante para o desenvolvimento do conceito de *grupo de referência* utilizado previamente por Newcomb (1943) e por outro sociólogo, Stouffer, no *The American soldier* (1949). A introdução, por parte de Stouffer e colaboradores, do conceito de *privação relativa* para explicar os sentimentos de satisfação e privação de diferentes grupos de soldados os levou a incluir em sua explicação os processos de comparação que eles estabeleciam com outros *grupos de referência*. A principal contribuição de Merton para o desenvolvimento da teoria sobre os grupos de referência consiste em uma diferenciação precisa do conceito de grupo diante do conceito de categoria ou agregado, em uma diferenciação entre *grupos de referência positivos* e *negativos,* e na análise dos fatores que determinam a seleção dos grupos de referência. Entre os fatores que explicam a influência dos *grupos de referência* sobre as pessoas, Merton destacou a capacidade desses grupos para outorgar uma situação de privilégio; a situação de isolamento que ocupa o indivíduo nos seus *grupos de pertença*, o que o levaria a identificar-se com determinados *grupos de não-pertença*; a mobilidade social do próprio sistema social, que influi na pessoa para que selecione certos *grupos de referência* diferentes daqueles aos quais pertence; e, finalmente, as características de personalidade e o status dos indivíduos, que atuariam como fator motivacional para a escolha entre diferentes *grupos de referência*. Finalmente, Merton (1949/57, p. 369) exerceu influência na teoria do papel com seu conceito de conjunto de papéis que define como "aquele complemento das relações de papéis de uma pessoa pelo fato de ocupar um status social concreto". Assim, por exemplo, um estudante de medicina terá, em função de seu status, um conjunto de papéis que o relacionam com seus professores, seus colegas de estudos, enfermeiras, assistentes sociais etc. Quando as demandas de diferentes membros envolvidos nas relações definidas em um conjunto de papéis são incompatíveis, surge o conflito. Este pode se resolver por parte do ocupante de um status confrontando as demandas incompatíveis dos membros do *conjunto de papéis*, redefinindo as demandas associadas ao referido conjunto de papéis ou abandonando certas relações, e assim determinadas demandas deixam de existir. As contribuições de Merton tiveram influência nos desenvolvimentos da teoria de papéis na psicologia social, como veremos na próxima seção.

O funcionalismo estrutural, especialmente a obra de Parsons, foi objeto de numerosas críticas e questionamentos, assim como de reformulações no mesmo enfoque funcionalista, entre as quais se destaca, além da de Merton, a de Alexander (1987/97, pp. 296-7), que resume a situação atual com relação à teoria de Parsons da seguinte maneira:

> O problema sistemático, ou analítico, predominante tem sido a reintegração do voluntarismo subjetivo e a restrição objetiva. Como em boa parte da teoria pós-parsoniana, a subjetividade se concebe de maneira individualista, não é surpreendente que esse novo esforço sintético esteja orientado para a construção, ou restauração da ligação entre o macro e o micro. O esforço para fechar a distância macro/micro é uma vontade de relacionar a ação individual e a interação com a teorização sobre a estrutura... entendemos que essa recente insistência em relacionar a ação com a estrutura, a objetividade com a subjetividade, marca um esforço para superar os termos do debate anterior. Também é uma tentativa que reflete diretamente a ambição inicial do próprio Parsons.

O neofuncionalismo de Alexander pode ser considerado um intento de resgatar o funcionalismo de sua queda como teoria hegemônica no campo da sociologia. O tratamento de Alexander a essa teoria pretende acentuar seus aspectos integradores, isto é, tenta articular diferentes níveis de análise, como são os configurados em torno dos sistemas social, cultural e de personalidade, afastando-se de uma visão em que prepondere um dos sistemas sobre os outros. Como orientação teórica, podemos considerar o neofuncionalismo uma tentativa de integração de níveis de análise e, por outro lado, de esforço de síntese teórica. Para Alexander, é possível integrar em um mesmo modelo teórico aspectos diversos de teorias contrapostas. Assim, por exemplo, a integração micro/macro se refere não só aos sistemas parsonianos e ao vínculo ação/estrutura, mas também à integração de diferentes teorias em que existe uma ênfase tanto na ação social e nos indivíduos como na estrutura e suas instituições.

Independentemente de se aceitar ou não os postulados do funcionalismo, é necessário reconhecer nesse enfoque a tentativa que se fez de vincular a ação social a processos mais amplos do sistema social em que essa ação transcorre. Nesse sentido, a perspectiva funcionalista, assim como as reformulações de autores como Merton e Alexander, resulta indispensável para que a psicologia social se abra às ciências sociais e não permaneça enclausurada em definições que limitam seu campo de ação ao da psicologia. Desse modo, o funcionalismo tem uma importância que não fica refletida nos textos de psicologia social, mas que deveria ser reconhecida. Sem uma noção do sistema social, das normas e valores como elementos estruturais constitutivos da ação, a psicologia social esteve à deriva de muitas teorias de alcance médio em que a dimensão estrutural da ação se reduz, no melhor dos casos, a uma menção das ações individuais em um contexto social. Este enfoque é incapaz de oferecer uma visão dos processos sociais envolvidos em uma ordem social e cultural. Sem uma idéia da forma pela qual a estrutura social determina a ação social, a psicologia social corre o risco de ficar ancorada em uma concepção herdada do individualismo metodológico.

As teorias do intercâmbio na psicologia social sociológica

Originariamente, a interpretação da conduta em termos de intercâmbio se devia a antropólogos como Bronislaw Malinowski, Claude Lévi-Strauss e Marcel Mauss, cuja influência foi registrada pela teoria sociológica contemporânea. Mais concretamente, a tradição funcionalista e neodurkheimiana representada por Lévi-Strauss (1949), para quem as relações de intercâmbio cumprem uma função simbólica e de estabelecimento de vínculos sociais, foi objeto das críticas de George Homans.

Como acabamos de comentar, o funcionalismo estrutural se tornou o enfoque dominante na sociologia, especialmente no contexto norte-americano, até que entrou em crise em meados dos anos 1960. Mas, antes que essa crise se manifestasse, já haviam começado a surgir, na sociologia, correntes teóricas alternativas ao enfoque funcionalista. Uma dessas correntes se desenvolveu ao redor das teorias de intercâmbio. Em geral, as teorias de intercâmbio partem da premissa de que o funcionamento da sociedade pode ser explicado partindo da análise das relações interpessoais cotidianas. No momento de analisar essas relações, os teóricos do intercâmbio consideram que a interação social humana é um intercâmbio em que cada uma das partes procura o benefício máximo. O interesse pela análise desse tipo de relação social surge ao mesmo tempo na psicologia e na sociologia, podendo-se até afirmar que as teorias do intercâmbio constituem o maior espaço de interseção teórica entre a psicologia social psicológica e a sociológica. Na primeira parte deste Capítulo já se descreveu a teoria do intercâmbio de Thibaut e Kelley (1959). Em seguida, analisaremos os dois principais modelos de intercâmbio surgidos na sociologia: o de Blau (1964) e o de Homans (1961).

A teoria de intercâmbio de George Homans

Embora a idéia de intercâmbio social não seja nova em sociologia, pode-se afirmar que a primeira apresentação formal de uma teoria de intercâmbio foi feita por George Homans em um artigo publicado em 1958 no *American Journal of Sociology*. O fato de o número da revista onde se publicou esse artigo ter sido dedicado a Simmel não foi casual, já que o que Homans apresentava, afinal, era uma volta da sociologia ao estudo dos processos microssociológicos, como tinha feito o sociólogo alemão, que o menciona como uma de suas fontes de inspiração. Esssa reivindicação da microssociologia representava uma rejeição das abordagens derivadas do funcionalismo, teoria que dominava a sociologia daquele período, e cujas premissas Homans havia compartilhado no início. De fato, Homans tinha se formado na Universidade de Harvard e colaborado com Parsons durante os primeiros anos de sua carreira. Entretanto, a influência que o positivismo lógico exerceu sobre ele o levou a rejeitar, por falta de rigor científico, a sociologia funcionalista. Segundo Homans, a excessiva abstração das formulações de Parsons e a grande profusão de conceitos que continha sua teoria limitavam seu poder explicativo. A incapacidade que ele via no funcionalismo estrutural para explicar o comportamento humano o levou a concentrar-se na análise de processos microssociológicos, o qual representou uma mudança qualitativa importante, tanto do objeto de estudo da sociologia como de sua unidade de análise. O objetivo da sociologia de Homans era procurar os princípios que explicam as interações cotidianas, e se baseava na unidade de análise que era a forma mais simples de interação, isto é, a relação entre duas pessoas.

A pretensão de Homans, no entanto, era explicar o funcionamento da sociedade por meio da análise dos indivíduos e seus comportamentos, algo que somente pode acontecer partindo da premissa de que os princípios que explicam o funcionamento da sociedade são os mesmos que regem o comportamento individual. É uma idéia que compartilhava plenamente, e que era o núcleo central do individualismo metodológico que os funcionalistas haviam rejeitado. Embora aceitasse que no transcurso da interação social emergem fenômenos novos, que não estão presentes quando a pessoa atua de maneira isolada, não admitia que para explicar tais fenômenos tivesse que recorrer a princípios diferentes dos que usamos para explicar o comportamento individual. Essa idéia o levou a procurar os fundamentos de sua teoria de intercâmbio na psicologia. Desafiando uma importante tradição da sociologia, preocupada com a análise da sociedade como um todo, Homans aceitou sem reservas este reducionismo psicológico:

> Usaremos proposições que procedem do estudo da conduta de indivíduos isolados para explicar a conduta social de vários indivíduos que estão em contato uns com os outros. Consideramos que, embora na conduta social surjam muitas coisas, não há nada que não possa ser explicado mediante proposições sobre os indivíduos. As características dos grupos sociais e das sociedades são as resultantes, sem dúvida resultantes complexas mas resultantes, da interação entre indivíduos ao longo do tempo. E não são mais do que isso. Assumindo isto, desafiamos uma tradição intelectual que em sociologia remonta pelo menos até *Las reglas del método sociológico* de Émile Durkhein. Durkhein acreditava que os grupos e a sociedades eram realmente algo mais do que as resultantes das interações entre indivíduos. Ele acreditava que suas características não poderiam ser explicadas completamente pelas ações combinadas das pessoas. Enquanto Durkhein afirmava que a sociologia não era um corolário da psicologia, que suas proposições não poderiam ser derivadas daquelas da psicologia, nós assumimos aqui a posição oposta e confessamos ser o que foi denominado um reducionismo psicológico.
>
> (Homans, 1961, p. 12)

Nas diferentes correntes teóricas da psicologia do momento, eram as idéias de Skinner as que melhor se encaixavam no esquema metateórico de Homans, em que também ocupava um lugar central o modelo do homem da economia clássica e, mais concretamente, da teoria da escolha racional. De fato, para Homans (1987), as teorias da escolha racional não eram mais do que a aplicação do behaviorismo psicológico.

Devemos lembrar que, para Skinner, o comportamento humano é o resultado de reforços externos.

Os comportamentos reforçados tenderão a aparecer com mais freqüência, e os comportamentos pelos quais não se obtém nenhum reforço tenderão a desaparecer. O próprio Skinner deu uma interpretação do comportamento social em termos de intercâmbio antes mesmo de que Homans o fizesse. Definindo o comportamento social como "o que mantém duas ou mais pessoas quando interagem ou em relação com um meio ambiente comum" (Skinner, 1953/69, p. 323), sustentava que esta forma de comportamento está regulada pelas mesmas leis que regem o comportamento individual. O primeiro passo para a análise do comportamento social deveria ser, portanto, a definição dos traços diferenciadores do meio ambiente social. Skinner transferiu as leis do condicionamento operante para aqueles casos em que se requer a intervenção de outra pessoa para que o comportamento seja reforçado (reforço social) e é outra pessoa a fonte de estímulo (estímulo social). Essa foi também a tarefa que realizou Homans em seu livro, *Social behavior* (1961). De fato, não considerava sua teoria de intercâmbio uma teoria no sentido estrito, mas sim uma simples aplicação dos princípios teóricos derivados da psicologia behaviorista à análise do comportamento social. A concepção teórica de Homans (1987) corresponde a uma idéia fisicalista das ciências sociais, em que se adota a *lei da inclusão*. Segundo Homans, a explicação de um comportamento sempre responde a um sistema dedutivo. Esse sistema pode ser descrito mediante uma série de proposições das quais é possível deduzir um conjunto de princípios. Tais princípios (Homans, 1961, pp. 15-43) são as leis de condicionamento operante:

Proposição de êxito:
Para todas as ações humanas, quanto mais freqüentemente for recompensada a ação de uma pessoa, mais provável será que ela realize essa ação.

Proposição de estímulo:
Se a presença de determinado estímulo ou de uma série de estímulos propiciou no passado que a atividade de uma pessoa fosse recompensada, então quanto mais semelhantes forem os atuais estímulos aos passados, mais provável será que essa pessoa realize agora a atividade ou alguma atividade semelhante.

Proposição de valor:
Quanto mais valiosa for a recompensa por uma atividade para uma pessoa, mais provável será que ela realize essa atividade.

Proposição da privação-saciedade:
Quanto mais uma pessoa tenha recebido determinada recompensa em um passado imediato, menos valiosa lhe resultará toda unidade ulterior dessa recompensa.

Proposição da frustração-agressão:
Se uma pessoa não receber por sua atividade a recompensa que esperava, ou se recebe um castigo que não esperava, ficará aborrecida. E, por estar zangada, os efeitos de um comportamento agressivo lhe servirão de recompensa.

Proposição da racionalidade:
Ao escolher entre ações alternativas, uma pessoa escolherá aquela para a qual percebe que o valor, V, de resultado, multiplicado pela probabilidade, p, de obter o resultado, for maior.

Essas proposições, que haviam sido aplicadas em psicologia à análise do comportamento individual, foram extrapoladas para o âmbito das relações sociais. Como já foi destacado, a unidade de análise utilizada por Homans é a relação social mais básica, isto é, a díade. Nas relações diádicas, cada pessoa atua na presença e sob o estímulo de outra pessoa. Homans considerava que as relações entre duas pessoas podiam ser analisadas como um caso particular de condicionamento em que cada pessoa se tornaria em estímulo e fonte de reforços para o comportamento da outra. Segundo esta idéia, em uma relação diádica, cada pessoa atua em função das recompensas e castigos que a outra lhe proporciona. O valor das recompensas que derivam das ações não é absoluto, mas relativo, já que realizar uma ação significa deixar de fazer outras atividades alternativas e renunciar, portanto, às recompensas que poderiam ter sido obtidas desse modo. Cada ação significa, portanto, uma recompensa e um custo. A diferença entre ambas é o benefício. A relação diádica pode ser, portanto, explicada, se observarmos a forma com que as pessoas intercambiam recompensas e castigos, isto é, se aplicarmos as leis de condicionamento operante.

Para ilustrar a forma com que tais leis podem aplicar-se à análise do intercâmbio social, Homans utiliza um exemplo extraído de um estudo sobre o funcionamento da burocracia realizado por Blau (1955). Como se verá, mais adiante, foi a interpretação de Homans de alguns dos dados desse estudo o que impulsionou o próprio Blau a elaborar uma teoria de intercâmbio. Mediante a observação do comportamento de um grupo de funcionários, Blau comprovara que era muito freqüente que eles fizessem consultas sobre assuntos relacionados com o trabalho. Apesar de estar expressamente proibido se dirigirem aos colegas para resolver os problemas que surgiam no trabalho, perguntar a um colega era mais freqüente do que perguntar aos superiores. Homans explicou esse comportamento mediante as proposições derivadas de condicionamento operante. Para isso, partia do exemplo de dois funcionários que desempenham seu trabalho em um escritório. Um deles, a quem denomina *Pessoa*, é novo e tem pouca experiência, por isso necessita da ajuda de outras pessoas para realizar melhor e mais rapidamente seu trabalho. Apesar disso, não quer dirigir-se a seu superior, como indicam as normas, porque acredita que, ao fazê-lo, irá expor sua falta de competência e isso diminuirá suas oportunidades de promoção. No mesmo escritório há outra pessoa, a quem denomina *Outro*, que há anos trabalha ali e, portanto, tem conhecimentos sobre o tipo de trabalho que se faz. O que faz o novo funcionário é pedir ajuda a seu colega. Este proporciona a ajuda pedida, e a outra pessoa lhe corresponde dando-lhe sua aprovação através de uma expressão de agradecimento.

A situação que acabamos de descrever pode ser analisada, segundo Homans, partindo das leis do condicionamento operante. O funcionário novo obtém o reforço de receber ajuda sem ter de consultar o superior, enquanto seu colega ganha reconhecimento e aprovação social. Segundo a *proposição do êxito*, esse intercâmbio de recompensas fará com que essas ações se repitam no futuro. Segundo essa mesma lei, as ações deixarão de realizar-se se não obtiverem em troca uma recompensa. O novo funcionário não voltará a pedir conselho a seu colega se ele não lhe proporcionasse a ajuda solicitada, e o colega deixará de resolver as dúvidas que se apresentam se não perceber agradecimento e aprovação. Em virtude da *proposição do estímulo*, as ações tenderão a repetir-se em situações semelhantes. Isso quer dizer que se o novo funcionário obtiver de seu colega a resposta que procurava, voltará a pedir ajuda no futuro a outros colegas que tenham características semelhantes às que tinha a primeira pessoa com a qual interagiu. E o colega tenderá a prestar ajuda a pessoas semelhantes.

Cada uma das pessoas torna-se, para a outra, o tipo de indivíduo com o qual se pode estabelecer uma relação de intercâmbio. Segundo a *proposição do valor*, a probabilidade de que os dois colegas voltem

> **George Gaspar Homans (1910-1989)**
>
> George Homans nasceu em 1910, em Boston, Massachusetts, no seio de uma família de grandes recursos econômicos. Inicialmente, sua carreira universitária se orientou para a literatura, licenciatura que terminou em 1932 na Universidade de Harvard. Nesse mesmo ano, começou a interessar-se por sociologia, influenciado pelo fato de ter conhecido em Harvard o fisiologista L. J. Henderson e o psicólogo E. Mayo. Henderson estava apresentando um seminário sobre a obra de Vilfredo Pareto, ao qual Homans assistiu, interessou-se pelo tema a ponto de publicar, em 1934, o livro *An introduction to Pareto*. Por outro lado, Elton Mayo, que naquela época dirigia a pesquisa sobre a *Planta Hawthorne* da *Western Electric Company*, em Chicago, organizou um curso de leituras, onde Homans conheceu a obra dos antropólogos funcionalistas B. Malinowski e A. B. Radcliffe-Brown.
>
> A partir de 1934, Homans compatibilizou sua formação em sociologia com a responsabilidade pelo posto de ajudante no Departamento de Sociologia da Universidade de Harvard. O departamento, dirigido por Pitirim Sorokim, funcionava havia somente três anos, mas já estava começando a substituir a Escola de Chicago como principal cenário da sociologia americana. Depois de alguns anos como ajudante, teve que abandonar a Universidade para alistar-se durante a Segunda Guerra Mundial. Quando retornou a Harvard, em 1946, Parsons havia substituído Sorokim como diretor do departamento, e já havia criado o Departamento de Relações Sociais.

a manter uma relação de intercâmbio semelhante aumentará à medida que aumente o valor da recompensa que se obtém. Se o trabalho que o funcionário novo está realizando for muito importante, o valor da ajuda que o colega pode proporcionar aumenta, aumentando também a probabilidade de que ele solicite ajuda. De forma semelhante, será mais provável que o colega proporcione ajuda se valorizar muito a aprovação social e o reconhecimento. A *proposição da satisfação* nos diz que o valor de uma recompensa diminui quando a pessoa a obtém com muita freqüência. O novo funcionário valorizará menos a ajuda proporcionada pelo colega se a obteve muito freqüentemente durante um longo período de tempo, enquanto o colega valorizará menos o reconhecimento se já o obteve. A manutenção de intercâmbio entre os dois funcionários faz com que ambos gerem expectativas sobre a interação futura.

Se o funcionário novo estiver acostumado a receber ajuda quando a busca, e em determinado momento não a obtém, sentirá aborrecimento em virtude da *proposição da frustração-agressão*. O mesmo ocorrerá se o outro funcionário deu ajuda e não recebeu em troca o esperado reconhecimento.

Finalmente, a *proposição da racionalidade*, que também chama de princípio da escolha racional, não é derivada do condicionamento operante, mas da economia clássica. Tal proposição implica que a pessoa, ao atuar, maximiza a utilidade esperada de suas ações, isto é, não se atém somente ao resultado esperado, mas também às probabilidades que tem de obtê-lo. É possível que a recompensa derivada de uma ação seja maior, mas também mais difícil de se obter que outra que pode ser obtida com uma ação alternativa. Homans critica a tendência das ciências sociais a considerar somente um fator na hora de explicar o comportamento, quando na maioria das vezes é função dos dois fatores mencionados: a probabilidade de obter uma recompensa e seu valor. Embora Homans pretenda interpretar esse princípio em termos

Homans se incorporou ao novo departamento nos anos em que o funcionalismo estrutural era o modelo teórico dominante em sociologia. Entretanto, sem se integrar nessa linha, desenvolveu um ponto de vista afastado da macrossociologia e mais centrado na análise dos processos microssociológicos que subjazem às relações interpessoais. Uma vez finalizada a guerra, Homans começou a trabalhar em seu livro *The human group* (1950), onde esboçou um esquema conceitual que pretendia aplicar, como marco teórico geral, ao estudo dos grupos sociais. Nessa época, Homans já divergia abertamente de Parsons. De acordo com sua concepção da ciência, o funcionalismo estrutural não era uma verdadeira teoria, mas unicamente um esquema conceitual onde se enunciavam proposições que estabelecessem alguma relação entre os conceitos básicos. Foi na psicologia, e mais concretamente no behaviorismo de Skinner, que Homans encontrou o conjunto de proposições que lhe serviriam para explicar o comportamento social. Surge, desse modo, sua teoria do intercâmbio, desenvolvida no livro *Social behavior: its elementary forms* (1961). O objetivo da sociologia, segundo Homans, é explicar a estrutura social partindo da análise das relações sociais mais básicas. Sem negar a existência da estrutura social nem a influência que tal estrutura exerce no comportamento das pessoas, Homans afirma que para conhecer o funcionamento da sociedade basta aplicar as leis que explicam o comportamento individual. Isso o levou a concentrar-se no estudo das relações cotidianas de intercâmbio, que explicou mediante as leis do condicionamento operante de Skinner.

Homans permaneceu na Universidade de Harvard até se aposentar, em 1980, ano em que foi nomeado professor emérito. Morreu em 1989.

behavioristas, como uma combinação das três primeiras leis de Skinner, essa interpretação é problemática. No behaviorismo skinneriano, por definição, elimina-se da explicação do comportamento qualquer elemento que faça referência a estados internos da pessoa que determinem seu comportamento. A proposição do êxito não faz referência às expectativas de êxito recebidas pela pessoa, mas à freqüência com que determinado comportamento foi recompensado no passado. A *lei do êxito* nos fala da relação entre dois elementos externos e observáveis: o comportamento e a quantidade de vezes que ele foi recompensado. Mas quando Homans pretende englobar essa lei na *proposição da racionalidade,* relaciona o comportamento com um estado interno, como a comparação que a pessoa faz da probabilidade futura de obter diferentes recompensas. Nesse sentido, o comportamento que Homans descreve não é somente um simples comportamento operante, mas uma ação planejada.

Uma das contribuições mais relevantes de Homans para o desenvolvimento das teorias de intercâmbio social é a introdução do conceito de *justiça distributiva* e a análise que faz deste conceito. Segundo Homans, as pessoas utilizam quatro regras para decidir se determinado intercâmbio é justo. A primeira delas é que deve existir proporcionalidade entre as recompensas que se dão e as que se recebem. A segunda é que as recompensas que se recebem em um intercâmbio devem ser proporcionais aos investimentos, isto é, a todas aquelas contribuições que uma pessoa faz em uma relação, e que derivam de características pessoais como a idade, a raça, o nível de educação etc. A terceira regra é que tem de haver proporcionalidade entre as recompensas que uma pessoa recebe e os custos gerados pelo intercâmbio, definidos como tudo aquilo que a pessoa perde por contribuir para determinada relação. Uma quarta regra, que engloba as três anteriores, estabelece que deve haver proporcionalidade entre os benefícios (custo/benefício) e o investimento.

A semelhança entre as propostas de Homans e as de Skinner é clara. As quatro primeiras proposições de Homans são uma tradução, quase literal, das leis do condicionamento operante skinneriano: lei de efeito, discriminação operante, efeitos da privação e a saciedade. A utilização de princípios psicológicos para explicar o comportamento individual e social e sua pretensão de estabelecer leis gerais de comportamento humano o aproximam bastante do behaviorismo radical skinneriano. No entanto, e apesar da insistência do autor em que seu modelo não é mais do que a aplicação dos princípios do behaviorismo à análise do comportamento social, o certo é que ao integrar alguns elementos da teoria econômica clássica, como, por exemplo, o princípio da escolha racional, Homans ultrapassa claramente os limites do behaviorismo.

A teoria do emergentismo social de Peter Blau

Outra importante contribuição para o desenvolvimento das teorias do intercâmbio social durante a década de 1960 foi a teoria do emergentismo social de Blau (1964), que surge como uma tentativa de supcrar as limitações dos modelos de Homans e de Thibaut e Kelley.

Blau começara a estudar o intercâmbio social de maneira casual quando, na década de 1950, realizava um estudo sobre a burocracia, voltado à realização de sua tese de doutoramento. Nesse estudo, em que o principal método de pesquisa utilizado era a observação, Blau percebeu que os funcionários freqüentemente se consultavam entre si, e comentavam assuntos relacionados com o desempenho do trabalho, apesar de as consultas entre colegas estarem expressamente proibidas. Descreveu esses comportamentos como intercâmbios sociais no decorrer dos quais a pessoa recebia ajuda de um igual, sem ter que consultar o superior; dessa maneira, também melhorava o status informal da pessoa que dava a ajuda. Como o próprio Blau lembra (1982), foi Homans quem interpretou esse trabalho em termos da teoria de intercâmbio, tornando-se esta interpretação um estímulo para a elaboração de seu próprio modelo teórico sobre o intercâmbio.

Diferentemente de Homans, Blau acredita que o intercâmbio tem uma natureza estritamente social e, portanto, sua explicação não pode estar apoiada em princípios psicológicos.

Seu objetivo não é analisar as bases psicológicas da interação humana, mas utilizar o estudo da interação social para obter uma melhor compreensão das estruturas sociais complexas. Nesse sentido, afasta-se de outros teóricos do intercâmbio, como Homans e Thibaut e Kelley, mesmo reconhecendo a influência que eles exerceram em sua teoria.

Uma contribuição importante do modelo de Blau é a idéia de que as relações sociais podem ser organizadas segundo o nível de complexidade que carregam. A forma básica de relação social é a associação, que precede necessariamente o intercâmbio, e que se encontra fundamentada em três processos psicológicos básicos: a atração interpessoal, a apresentação de uma imagem desejável, e a aprovação social. Somente quando esses processos psicológicos atuarem, determinando a formação de uma associação, poderão surgir formas de relação mais complexas. Concretamente, propõe a existência de seis tipos de relações sociais, organizadas da menor para a maior complexidade: as associações elementares, o intercâmbio social, os processos de poder, o intercâmbio secundário, o intercâmbio indireto e o intercâmbio nas grandes associações. Cada uma dessas relações contribui com algo novo para a relação anterior, isto é, tem uma série de propriedades *emergentes*. Para Blau (1964/82, p. 77), o intercâmbio social "se refere às ações voluntárias dos indivíduos que são motivadas pela correspondência que se espera que proporcionem e que, em geral, proporcionam outras pessoas". Em uma relação de intercâmbio, a pessoa que obtém um benefício contrai, ao mesmo tempo, a obrigação de devolvê-lo. Desse modo, quem contribuiu com algo para uma relação espera uma correspondência futura. Diferentemente do intercâmbio econômico, o intercâmbio social gera sentimentos de obrigação pessoal, gratidão e confiança. Segundo Blau, nem todas as recompensas que nos proporcionam as relações com outros podem ser objeto de intercâmbio.

Uma das diferenças entre esse modelo e os anteriores é, precisamente, a análise mais detalhada que faz do que pode ser objeto de intercâmbio. Para Blau, as recompensas que se obtêm de uma relação podem ser classificadas atendendo a três dimensões. A primeira dimensão, que faz referência a seu grau de intencionalidade, permite-nos diferenciar entre aquelas recompensas que surgem de forma espontânea, como as manifestações de afeto, e as que são o produto de ações calculadas. Uma segunda dimensão nos leva a estabelecer uma diferenciação entre recompensas que são intrínsecas a uma associação, como a atração, e recompensas que são extrínsecas, como a aprovação. Finalmente, as recompensas podem ser unilaterais, quando somente uma das partes as proporciona, ou recíprocas. Para que se possa falar de intercâmbio social, segundo Blau, as recompensas têm que ser recíprocas, calculadas e extrínsecas.

Portanto, na opinião de Blau, dos seis tipos de recompensa que uma pessoa pode obter de uma relação (obediência, respeito, aprovação social, aceitação social, atração e serviços instrumentais), somente a última pode ser objeto de intercâmbio.

Quando analisa as relações de intercâmbio que acontecem em grupos pequenos, Blau parte de premissas semelhantes às de Homans. Como Homans, acredita que a pessoa tenta obter o máximo de benefício de suas relações de intercâmbio, o que faz com que se sinta atraída pelos grupos em que sua conduta seja mais recompensada. A consolidação dos grupos dependerá, portanto, de que as recompensas obtidas por seus membros sejam maiores que os custos de fazer parte daqueles. Do mesmo modo, a posição da pessoa em um grupo dependerá de sua capacidade para oferecer recompensas a outros. O resultado dessa capacidade faz com que algumas pessoas sejam consideradas líderes de grupo. Mas, diferentemente de Homans ou de Thibaut e Kelley, Blau não admite que os princípios que guiam as relações de intercâmbio mais elementares possam ser utilizados, simplesmente, para explicar as relações interpessoais que ocorrem no contexto das grandes coletividades. Segundo Blau, os princípios psicológicos derivados das teorias de intercâmbio podem ser utilizados no estudo de grupos pequenos, onde há uma interação direta entre os membros do grupo. Mas, quando a interação direta não acontece, é necessário recorrer a outros mecanismos explicativos. Os mecanismos que ele utiliza são as normas e os valores. A conduta da pessoa nas grandes coletividades não está determinada pelas relações de intercâmbio direto com outras pessoas, mas pelas normas e valores que a coletividade impõe. É o grupo que recompensa ou pune a conduta de seus membros. Um dos exemplos utilizados pelo autor para analisar as relações de intercâmbio indireto é o do comportamento altruísta nas grandes organizações, que comparava com as relações de caridade tradicionais. Em seu sentido tradicional, a caridade é um intercâmbio direto entre pessoas. A pessoa caridosa dá algo material e recebe em troca o agradecimento e o apreço de outra pessoa. Nas organizações atuais não há contato direto entre as pessoas que dão e as que recebem. Quem faz uma doação para uma organização não tem uma relação direta com os receptores da ajuda. Quem contribui economicamente com uma organização o faz por ajustar-se à norma social e por receber o reconhecimento do grupo, não para ganhar a gratidão de quem se beneficia de sua ajuda.

A teoria do intercâmbio de Blau tem, sem dúvida, um maior alcance que os modelos de Homans e de Thibaut e Kelley, em que o intercâmbio parece acontecer em um vácuo social. Enquanto nesses modelos a unidade de análise ficava reduzida à conduta individual e às relações de intercâmbio, na teoria do emergentismo social se considera também o papel da estrutura social.

Blau reconhece que ela é o resultado das relações de intercâmbio mais elementares, mas destaca que, uma vez criadas, as estruturas sociais acabam tendo vida própria e exercendo um papel determinante na ação social. Portanto, não somente reconheceu as propriedades emergentes das relações sociais, como fez Homans, mas também foi além ao afirmar que, para explicar os processos que acontecem no nível estrutural, são necessários princípios diferentes dos utilizados para explicar a conduta individual. Ao abordar a análise das relações de intercâmbio dessa perspectiva estruturalista, Blau criou um enfoque diferente que se encaixava mais na teoria estrutural do que na teoria do intercâmbio. De fato, Blau esperava utilizar a teoria do intercâmbio para passar do nível microssociológico para o macrossociológico. No entanto, ele mesmo reconhece que a teoria do intercâmbio teve mais êxito na análise dos processos microssociológicos de intercâmbio. Daí que suas últimas contribuições (Blau, 1987) à teoria sociológica se situem, de fato, no nível macro.

O interacionismo simbólico

Outra importante linha de desenvolvimento teórico da psicologia social sociológica durante os anos 1950 e 1960 foi o interacionismo simbólico. Essa corrente, que havia tido uma influência marginal na psicologia social dos anos 1930 e 1940, ganha um novo impulso durante esse período, com autores como Herbert Blumer (1900-1987) e Manford Kuhn (1911-1963). Ambos representam duas tradições conflitantes no interacionismo simbólico, a da Escola de Chicago e a da Escola de Iowa, cujas diferenças se centram no fato de que, enquanto a primeira enfatiza os *processos interpretativos* por meio dos quais as pessoas atuam em sociedade e considera o indivíduo um ser ativo e não determinado por fatores externos, a segunda dá maior atenção à influência da posição social sobre a identidade individual e, portanto, às determinações da estrutura sobre as atitudes da própria pessoa (veja Meltzer, Petras e Reynolds, 1975).

Como se destacou no capítulo anterior, a influência hegemônica que a Escola de Chicago exercera na sociologia durante os anos 1920 começou a decair na década de 1930, período em que o funcionalismo estrutural começou a se tornar a corrente teórica dominante em sociologia. Apesar disso, o *interacionismo simbólico* não desapareceu. Um dos principais responsáveis para que essa corrente teórica se mantivesse viva durante esses anos foi Herbert Blumer, que foi, de fato, quem criou o termo interacionismo simbólico, em 1937, para denominar uma teoria que ele considerava uma extensão direta das idéias de Mead. Esse aspecto, como veremos mais adiante, foi questionado por diversos autores (Lewis e Smith, 1980; McPhail e Rexroat, 1979).

Segundo Blumer (1969/82, p. 3), o interacionismo simbólico parte das seguintes premissas:

> A primeira é que o ser humano orienta seus atos para as coisas em função do que significam para ele. A segunda é que o significado dessas coisas deriva ou surge como conseqüência da interação social que cada um mantém com o próximo. A terceira é que os significados se manipulam e se modificam mediante um processo interpretativo desenvolvido pela pessoa ao se deparar com os fatos à medida que eles surgem.

Nessas premissas estão contidas as idéias básicas ou *imagens radicais* da pessoa, da ação e da interação, dos objetos e da sociedade nas quais, segundo Blumer (1969), se baseia o interacionismo simbólico.

Rejeitando abertamente a concepção mecanicista da pessoa, que deriva tanto do behaviorismo como do funcionalismo estrutural, Blumer (1969) sublinha como característica essencial do interacionismo simbólico a concepção da pessoa como agente de seus próprios atos. Diante do determinismo que atribui a ambas as correntes, ressalta o fato de que a ação social é o produto da interpretação da pessoa de seu ambiente, e não da atuação de fatores externos. Com isso, afasta-se do conceito de conduta, em que sublinha o caráter reativo de comportamento, e se concentra no conceito de ação, em que enfatiza seu caráter reflexivo. Seguindo o pensamento de G. H. Mead, Blumer (1969/82, p. 60) destaca que a característica essencial do ser humano é que possui um *self*. A capacidade da pessoa para atuar com respeito a si própria, autoformulando-se indicações, é o principal mecanismo com o qual conta para desenvolver-se no mundo:

> Isso nos apresenta o ser humano como um organismo que enfrenta seu mundo utilizando um mecanismo com o qual faz indicações a si próprio. É o mesmo mecanismo que intervém na interpretação das ações dos demais. Interpretar as ações alheias é indicar para si próprio que essas ações possuem um ou outro caráter ou significado.

Mas o conceito central de interacionismo simbólico não é tanto a ação, mas a interação. A vida em grupo necessariamente significa uma interação entre seus membros, já que "as atividades de cada membro se produzem primordialmente em resposta ou em relação às dos outros" (Blumer, 1969/82, p. 5).

No interacionismo simbólico, o conceito de interação tem um papel central, já que não é simplesmente um marco para a expressão do comportamento humano, mas o processo onde ele *se forma*. Quando interage com os demais, a pessoa tem que considerar, necessariamente, o que cada um está fazendo ou está a ponto de fazer. Como a pessoa é obrigada a orientar seus atos em função das atitudes dos demais, estes se tornam fatores essenciais para a formação do próprio comportamento.

É no decorrer da interação social que os objetos adquirem significado para a pessoa. Essa idéia estabelece uma diferença essencial entre o interacionismo simbólico e outros enfoques, já que supõe uma nova forma de abordar a análise do sentido que a realidade social adquire para a pessoa. A descrição que esse autor faz da natureza do significado é, entretanto, bastante contraditória. Blumer (1969) diz afastar-se tanto de uma interpretação realista, em que o significado é considerado uma propriedade inerente das coisas, como de uma posição idealista, em que se assume que o significado é algo acrescentado às coisas pela pessoa. Em sua concepção de interacionismo simbólico, o significado é fruto do processo de interação entre as pessoas:

> A expressão interação simbólica faz referência, naturalmente, ao caráter peculiar e diferenciador da interação, do modo que esta acontece nos seres humanos. Sua peculiaridade está no fato de que os seres humanos interpretam ou definem as ações alheias, sem se limitarem a reagir diante delas. Sua resposta não é elaborada diretamente como conseqüência das ações dos demais, mas está baseada no significado dado a elas.
>
> (Blumer, 1969/82, p. 58)

Mesmo que Blumer afirme situar-se no meio do caminho entre o realismo e o idealismo, o certo é que sua posição é essencialmente idealista, já que, em alguns momentos, a idéia de que o significado dos objetos é produto da interação simbólica dá lugar à afirmação de que os próprios objetos são produto dessa interação.

> De acordo com o ponto de vista do interacionismo simbólico, os "mundos" existentes para os seres humanos e para os grupos formados por eles são formados por "objetos" que são o produto da interação simbólica. Um objeto é tudo aquilo que pode ser indicado, tudo o que pode ser assinalado ou que pode ser referenciado.
>
> (Blumer, 1969/82, p. 8)

Essa maneira de aceitar não somente o significado dos objetos, mas também os próprios objetos, é uma das razões pelas quais as estruturas sociais têm um papel marginal no interacionismo simbólico de Blumer (1969). Sua *imagem radical* sobre a natureza da vida em sociedade se opõe à ênfase da sociologia dominante às estruturas. Para esse sociólogo, qualquer análise empírica da realidade social tem que partir da consideração da sociedade humana como ação, já que tanto a cultura como a estrutura social (posição social, status, função, autoridade) derivam do que as pessoas fazem:

> Um dos princípios fundamentais do interacionismo simbólico é que todo este esquema de sociedade humana empiricamente enfocada, seja qual for sua origem, deve respeitar o fato de que em primeira e última instância a sociedade se compõe de pessoas envolvidas na ação. Para que um esquema seja empiricamente válido, tem que ser conseqüente com a índole da ação social dos seres humanos.
>
> (Blumer, 1969/82, p. 5)

Essa idéia o leva a rejeitar as análise sociológicas do funcionalismo estrutural. Para Blumer, a explicação do comportamento mediante fatores tais como o sistema social, a estrutura social, a cultura ou o status ignora que os seres humanos possuem um *si mesmo,* e que atuam formulando auto-indicações. Não há duvidas de que Blumer (1969) reconhece as propriedades emergentes da sociedade, e destaca que a ação social não é uma simples soma de atos individuais, mas uma *ação conjunta*. Entretanto, ao ressaltar o fato de que a ação conjunta não é externa ou coercitiva para os atores, mas uma criação deles, tende a ignorar o papel das instituições sociais na determinação do comportamento individual. Não há dúvida de que o significado que a pessoa dá à realidade social, que surge no transcurso da interação simbólica, é um determinante essencial da ação. Mas também é certo que existe uma estrutura social externa à pessoa cujo papel não pode ficar reduzido ao de mero contexto em que acontece a interação. Como destaca Ritzer (1996b), embora Blumer não pretendesse ir tão longe, sua análise nos sugere que a sociedade é algo excessivamente flexível, isto é, que pode converter-se virtualmente em algo que desejam os atores. O esquecimento das grandes estruturas sociais custou a Blumer (1969) as críticas de outros interacionistas simbólicos, como Stryker (1980), que nos lembra que a sociedade é uma organização complexa em que existem estruturas de classe social e de poder que determinam as interações concretas e afetam à probabilidade de que ocorram.

Porém, o aspecto mais controvertido da obra de Blumer (1969) foi, possivelmente, sua proposta metodológica, que ele considera um desenvolvimento das idéias que estavam implícitas na obra de Mead, mas que outros autores consideram profundamente divergentes das concepções epistemológicas e metodológicas dele (Lewis e Smith, 1980; McPhail e Rexroat, 1979). Para Blumer (1969), a psicologia social é uma ciência empírica e, como tal, deve partir do fato de que existe um mundo empírico suscetível de observação, estudo e análise. A especificidade do seu estudo, entretanto, leva-o a criticar os procedimentos metodológicos convencionais que pretendem reduzir a pesquisa a um sistema de relações entre as variáveis dependentes e independentes, ignorando os processos interpretativos dos sujeitos pesquisados. Da mesma maneira, critica tanto o conceito de atitude, por sua ambigüidade, como os diferentes instrumentos usados em sua medição. Diante da metodologia vigente, propõe uma metodologia que, seguindo o modelo também das ciências naturais (cita Darwin como exemplo), tem duas fases: exploração e inspeção. A ênfase de Blumer (1969) na pesquisa exploratória e indutiva, no estudo direto do mundo social mediante o uso de procedimentos qualitativos como a observação, a entrevista ou as discussões de grupo, e a utilização de *conceitos sensibilizadores,* que indicam ao pesquisador a direção em que deve concentrar sua análise, foi um dos motivos que o afastaram da perspectiva de M. Kuhn (1964), o principal representante do interacionismo simbólico da Escola de Iowa.

M. Kuhn, partindo também das idéias teóricas de Mead sobre a origem social do eu, considerou necessário o uso de métodos científicos convencionais com o fim de analisar os determinantes estruturais da identidade. Fruto dessa perspectiva, Kuhn e McPartland (1954) delinearam um indicador específico para a medida das *atitudes para o eu.* Trata-se de uma escala do tipo Guttman, em que a pessoa devia responder à pergunta "Quem sou eu?", escrevendo, em um tempo limitado, 20 enunciados que a definissem. As respostas eram analisadas em função da presença ou ausência de seu caráter consensual. As respostas consensuais eram consideradas aquelas referentes a pertencer a grupos ou classes conhecidas. Essa forma de operacionalizar a identidade o levou a defini-la como "uma interiorização das posições que alguém ocupa nos sistemas sociais" (Kuhn e McPartland, 1954, p. 72). Kuhn (1964) argumenta que a teoria da identidade de Mead pode ser interpretada a partir da *determinação* ou da *indeterminação* do *eu.* A ambigüidade na interpretação de Mead vem de sua definição do *eu* e do *mim* (veja o Capítulo 2). O *eu* é considerado por Mead a parte imprevisível e indeterminável da pessoa, e o *mim,* sua parte determinada e previsível. A ênfase em uma ou outra perspectiva levou, em sua opinião, a que o interacionismo simbólico estivesse dividido entre quem enfatiza os determinantes sociais do eu e sua influência sobre a conduta (*determinação),* e os outros para quem a conduta se origina nas decisões internas da pessoa, que tem a capacidade para indicar a si própria o curso de ação mais adequado e modificar o meio (*indeterminação*). A Escola de Iowa, centrada na vinculação entre o eu e a estrutura social, advoga pela primeira forma de interpretar o interacionismo simbólico de Mead (Kuhn, 1964). Sua perspectiva, próxima da teoria dos papéis, considera que os papéis têm uma grande influência sobre as práticas cotidianas das pessoas e que, embora não determinem completamente seu comportamento, fazem com que manifestem condutas previsíveis segundo as expectativas do papel geradas. Kuhn aceita o fato de que a estrutura social é um produto da interação simbólica de seus membros, mas, ao mesmo tempo, destaca que esta determina a maneira de organizar nossa conduta. A teoria do *self* de Kuhn trata, portanto, de incorporar uma noção de estrutura social no estudo da identidade, ausente na perspectiva interacionista de Blumer.

Junto com os desenvolvimentos teóricos de Blumer e Kuhn, também destacam-se, durante esse período, as contribuições de outros interacionistas simbólicos, como Lindesmith e Strauss (1968) e Tamotsu Shibutani (1961), que elaboram dois manuais de psicologia social a partir de um enfoque interacionista simbólico. Também Arnold Rose, que sistematiza as premissas básicas da teoria interacionista (1962), e Anselm Strauss (Strauss e outros, 1963), que descreve a organização da sociedade em termos de uma ordem negociada. Este sociólogo estabelece uma diferenciação entre o contexto estrutural e o contexto da negociação. O primeiro faz referência aos aspectos institucionais e organizativos que constituem o marco geral onde acontecem os processos de negociação, enquanto o segundo faz referência às

> **Herbert Blumer (1900-1987)**
>
> Herbert Blumer foi o responsável pelo fato de o interacionismo simbólico ter sobrevivido à crise que invadiu a Escola de Chicago depois da morte de Mead e da saída de outras figuras importantes do Departamento de Sociologia da Universidade de Chicago. Foi ele quem criou a expressão *interacionismo simbólico* para designar o conjunto teórico herdado de Cooley, Park, Thomas e, principalmente, de Mead. Além de ser o principal expoente dessa corrente durante a segunda metade do século XX, ocupou posições importantes em instituições acadêmicas, como a Sociedade Americana de Sociologia, da qual foi tesoureiro e depois presidente, e no *American Journal of Sociology*, do qual foi editor; isso lhe permitiu fomentar a publicação de artigos e a difusão de textos referentes aos problemas e temas abordados por seus antecessores da Escola de Chicago.
>
> Blumer sofreu duas fortes influências que marcaram o desenvolvimento de suas idéias. De um lado John Dewey, o filósofo pragmatista, e de outro, George Herbert Mead. Do primeiro adotou sua insistência na importância de entender o homem em relação com o meio ambiente que o rodeia; a pessoa interage dinamicamente com seu entorno, e a função do pensamento é conseguir o equilíbrio entre os dois.

situações específicas em que se desenvolvem. Strauss e colaboradores (1963) dão como exemplo de ordem negociada sua pesquisa sobre uma instituição hospitalar onde, embora existam diferenças de status e poder, normas a cumprir e metas a alcançar, como em qualquer outra instituição, nenhuma dessas características está definida de tal forma que não seja possível estabelecer mudanças, acordos, negociações, que levem a um estrutura dinâmica de transformações que envolvam seus diferentes atores, como são os médicos, os psiquiatras, as enfermeiras e os pacientes. A perspectiva interacionista simbólica de Strauss tem um forte caráter processual, ao enfatizar as transformações e mudanças sociais das instituições como fruto das interações entre as pessoas que pertencem a elas, mais do que como resultado das determinações estruturais. Uma perspectiva semelhante é a adotada por Ralph Turner (1962) quando critica alguns aspectos da teoria dos papéis, como é desenvolvida no enfoque de Ralph Linton e no funcionalismo de Talcott Parsons. Em sua opinião, a orientação do papel sustentada por esses autores enfatiza os aspectos mais mecanicistas da conduta e suas determinações normativas.

O conceito de papel utilizado por Turner faz referência àqueles aspectos processuais da conduta, embora não negue sua conexão estrutural. Sua proposta é a de diferenciar entre *adoção do papel* e *execução do papel*:

> Devemos fazer uma diferenciação inicial entre tomar a existência de papéis diferenciadores e identificáveis como ponto de partida de uma teoria dos papéis, e postular uma tendência de criar e modificar as concepções dos papéis de si mesmo e dos demais como processos que orientam a conduta interativa.
>
> (Turner, 1962, p. 21-2)

A perspectiva de Turner supõe uma concepção interacionista da importância desempenhada pelos papéis na interação social. Nesse sentido, parte da diferenciação estabelecida por Mead entre o *eu* e o *mim* na *assunção do papel do outro* como princípio regulador da vida em sociedade (veja o Capítulo 2).

De Mead retomou a idéia de que os atores sociais são conscientes de suas ações, e permanentemente auto-regulam seu comportamento em função da interação com outros.

Com base na rejeição que manifestou pelas teorias psicológicas e sociológicas, que não contemplavam o papel dos significados simbólicos no comportamento, que consideravam que o significado é intrínseco nas coisas, ou que é o resultado da organização psicológica das pessoas, estabeleceu as três premissas fundamentais sobre as quais se baseia sua concepção do interacionismo simbólico: a) os seres humanos atuam em relação ao significado que as coisas têm para nós; b) esses significados emergem na interação; e c) ocorre um processo interpretativo cada vez que temos que nos desenvolver em nosso ambiente.

Blumer usou essas idéias para abordar uma série de fenômenos que constituiriam a coluna vertebral do interacionismo simbólico: os grupos humanos e sociedades, a interação social, as pessoas como atores sociais, a ação humana e a interconexão entre as ações individuais e as coletivas. A premissa que perpassa todo seu pensamento é que o homem é um ser ativo que afeta o ambiente, os demais e a si próprio com suas ações.

Blumer foi professor em Chicago até 1952, ano em que se transfere para Berkeley para tentar promover, em companhia de Erving Goffman, o interacionismo simbólico na costa oeste dos Estados Unidos. Seu texto mais conhecido é, sem dúvida, *Interaccionismo simbólico. Perspectiva y métodos* (1969).

Portanto, embora nossas condutas correspondam a um roteiro preestabelecido segundo as expectativas normativas de um sistema social, na prática os indivíduos realizam mudanças ou modificações nas condutas relevantes de um papel, as adaptam às demandas da situação, ajustam seus atos às condutas de outros e à idéia que têm de si mesmos, em um processo que envolve certo grau de liberdade e criatividade. O conceito de *desempenho do papel* introduz a idéia da pessoa como ator e não como simples ocupante de uma posição social. Longe de considerar a conduta como um simples reflexo das expectativas normativas, a articulação de condutas envolvidas na interação supõe a *preparação* para um conjunto de respostas que cobram significado na própria interação. Ao destacar as insuficiências de um modelo normativo de papel, esse sociólogo introduz ao mesmo tempo uma perspectiva inovadora e complementar, em que o conceito de papel continua tendo uma importância fundamental para a compreensão da interação e da estrutura social. De forma semelhante, McCall e Simons (1966) desenvolvem uma teoria interacionista simbólica a partir do modelo de *identidade do papel*. Assim como Turner, esses autores partem de uma concepção de papel diferente da que desenvolvem os funcionalistas como Robert Merton e Talcott Parsons. Mais concretamente, a perspectiva desses psicólogos sociais representa uma crítica ao conceito do papel social compreendido como o conjunto de expectativas que temos com relação ao ocupante de determinada posição social. A conduta do papel, de acordo com os teóricos funcionalistas, consiste no conjunto de ações que se adaptam às expectativas normativas geradas socialmente e que têm como finalidade conseguir as recompensas ou evitar as sanções que acompanham o correto ou incorreto desempenho de tais condutas. Essa concepção mecanicista de papel é substituída por McCall e Simons (1966/78, p. 65) pelo conceito de *identidade de papel* que esses autores definem como:

> ... o caráter e o papel que uma pessoa delineia para si própria como ocupante de uma posição social. Intuitivamente, essa identidade de papel consiste na imagem que tem de si própria, como gostaria de pensar e agir como ocupante desta posição.

Finalmente, devemos destacar a contribuição de Erving Goffman ao desenvolvimento da perspectiva interacionista e à teoria do papel. A originalidade de sua obra e a dificuldade de incluí-la em uma única perspectiva teórica fazem com que lhe dediquemos a próxima seção deste capítulo.

A análise da interação social de Erving Goffman

A obra de Erving Goffman é extensa e, embora seja possível identificar nela a influência de diferentes correntes da teoria sociológica, sua originalidade faz com que seja difícil enquadrá-la claramente em qualquer uma das grandes escolas do pensamento sociológico. Embora seja notória a influência do interacionismo simbólico, suas obras contêm também elementos provenientes da etnometodologia, da sociologia fenomenológica e da filosofia analítica. Goffman era, além disso, um profundo conhecedor da obra de sociólogos como Durkheim e Simmel, entre outros clássicos.

Um dos principais objetivos da obra de Goffman é o estudo das interações face a face. Embora alguns autores tivessem destacado uma evolução nas diferentes etapas de seu pensamento, em que seria perceptível a transição da análise microssociológica até a incorporação das estruturas sociais em seu estudo de ordem social, o fato é que a obra de Goffman exemplifica de forma nítida a integração do micro (as interações cotidianas, os encontros, a apresentação da pessoa, as relações entre pessoas normais e estigmatizadas) e o macro (a ordem social).

Sem dúvida, o livro de Goffman que teve maior impacto, tanto na sociologia como na psicologia social sociológica, é *La presentación de la persona en la vida cotidiana*, publicado em 1959. Seu objetivo é definido da seguinte maneira:

> Neste estudo utilizamos a perspectiva da atuação ou representação teatral; os princípios resultantes são de índole dramática. Nas páginas seguintes considerarei de que maneira o indivíduo se apresenta e representa sua atividade diante dos outros, nas situações do trabalho do dia-a-dia, como guia e como controla a impressão que os demais têm dele, e que tipo de coisas pode ou não pode fazer enquanto atua diante deles.
>
> (Gofman, 1959/87, p.11)

Neste livro, claramente influenciado pelo interacionismo simbólico, Goffman utiliza a metáfora do teatro para realizar um estudo da vida social em que o uso das impressões entre as pessoas se torna o aspecto essencial das interações cotidianas. Seu mérito consiste em elaborar uma análise detalhada da estrutura das interações sociais. A identificação de Goffman entre a vida social e o teatro deve ser entendida, entretanto, como uma ferramenta analítica da qual se vale para desenvolver seu enfoque dramatúrgico. É, definitivamente, a idéia de mundo como um grande cenário de que se serve este sociólogo original para analisar como influenciamos os outros dando uma imagem que esteja em consonância com as expectativas que imaginamos que outros têm de nós. A principal conclusão desse trabalho de Goffman é que, no transcurso de nossa interação com os outros, tentamos manipular as impressões que provocamos e oferecer nossa melhor imagem. A interação face a face é, dessa maneira, uma representação de caráter cênico. Essa preocupação pelas interações face a face é objeto de outros trabalhos dele, como *Encounters* (1961a), *Stigma* (1963) e *Behaviour in public places* (1966). Em todas essas obras, sua preocupação se centra em desenvolver uma sociologia da interação. Diante da análise de comportamento coletivo, ou o estudo dos grupos sociais, Goffman expõe a necessidade de realizar uma análise dos encontros (*encounters*) em que é preciso considerar a presença mútua das pessoas e em que elas realizam atuações (*performances*) para se influenciar mutuamente.

Os cenários escolhidos por Goffman para realizar suas observações contêm um amplo elenco de situações: uma mesa de jogo em torno da qual se reúnem as pessoas que mantêm uma relação durante um período de tempo, como em *Encounters*; as interações cotidianas entre pessoas normais e pessoas com alguma deficiência física ou comprometimento psicológico, como em *Stigma*; ou as interações entre os pacientes e o pessoal de uma *instituição total*, caso de um centro psiquiátrico, como faz em *Internados*, outra de suas obras desse primeiro período, publicada em 1961.

Continuando com a descrição de seu enfoque dramatúrgico, Goffman destaca que no desempenho do papel, a pessoa pode situar-se em dois extremos diferenciados. Em um dos extremos está o atuante sincero, aquele que acredita na imagem que passa no desenvolvimento de sua atuação dramática. No outro extremo encontramos o cínico, aquele que se apresenta a si mesmo de maneira idealizada, com a finalidade de preservar seus interesses. A ocultação ou manipulação dos fatos, a manutenção da distância social e o artifício são formas de atuação de quem representa um papel diante da audiência sem acreditar em seu conteúdo. Nesse caso, a máscara é utilizada para projetar sobre o cenário uma imagem desejada da pessoa; essa máscara se torna, finalmente, parte integrante da maneira de comportar-se do indivíduo. Essa visão crua de indivíduo foi objeto de numerosas críticas, entre as quais se destaca a realizada pelo sociólogo Alvin Gouldner (1970), que acusa Goffman de vulgarizar as explicações do comportamento cotidiano, ignorando aspectos-chave da interação, como as estruturas de poder e as desigualdades sociais entre as pessoas que intervêm. Apesar dessas críticas, o enfoque dramatúrgico de Goffman nos apresenta uma profunda e detalhada análise dos aspectos rituais da interação social, em que a manipulação de impressões é um elemento essencial para a compreensão situacional da identidade. Em *La presentación de la persona en la vida cotidiana* encontramos todos os elementos dramatúrgicos necessários para a manipulação cênica das impressões. *Atores*, *audiência*, *roteiro*, *ensaios*, *atuações* etc. são conceitos utilizados em diferentes momentos de seu estudo. Entre esses conceitos, destaca-se o de *fachada*, que se refere tanto ao meio, ou *setting*, onde se desenvolve a ação, como à *fachada pessoal*, formada pela aparência e as maneiras, incluindo as expressões faciais, o aspecto, as pautas da linguagem etc.

Um aspecto importante na descrição de Goffman das pautas de ação que se consideram corretas no cenário é que o ator pode mostrar sua própria identidade, adequando-se aos aspectos ritualizados da representação, ou distanciando-se deles. Essa diferenciação registra a diferenciação que Mead estabelece entre o *mim* e o *eu*, e que foi exposta no Capítulo 2. Em nossas realizações dramáticas tendemos, segundo Goffman, a encobrir aquelas ações que não são compatíveis com a imagem que queremos transmitir; e com as quais tentamos não perder *a manutenção da ordem expressiva*, isto é, tendemos a eliminar da interação todo elemento que questione a imagem que desejamos transmitir de nós mesmos ou do papel que representamos. A manipulação de impressões cumpre, do mesmo modo, a função de evitar a ruptura da interação. Nesse sentido, o ator social está orientado para o consenso. Goffman também amplia seu estudo para as *equipes*, e destaca que, em numerosas ocasiões, as pessoas colaboram entre si não para mostrar uma imagem de si próprias, mas sim do serviço que oferecem ou de seu trabalho profissional.

Embora o principal objetivo de Goffman seja a análise microssociológica da interação social, é importante destacar que o nível de análise utilizado em suas publicações não tem um caráter individualista. Compreende que os papéis que representamos e as máscaras que utilizamos para realizar nossa represen-

> **Erving Goffman (1922- 1982)**
>
> O sociólogo Erving Goffman nasceu em 11 de junho de 1922 em Alberta, Canadá. Realizou sua formação universitária nas Universidades de Toronto, onde obteve sua licenciatura em 1945, e de Chicago, onde concluiu seu doutorado em 1953 com uma tese sobre uma comunidade agrícola das Ilhas Shetland. Sua tese de doutorado pôde ser realizada graças à sua permanência no Departamento de Antropologia Social da Universidade de Edimburgo entre 1949 e 1951. Sua passagem pela Universidade de Chicago fez com que sua obra sofresse influência de Herbert Blumer e outros membros da Escola de Chicago. Embora nunca considerasse a si mesmo um interacionista simbólico, manteve, principalmente no começo de sua fase de pesquisador, fortes vínculos com esse enfoque teórico, orientando seu campo de interesses para o estudo das interações face a face, e desenvolvendo uma microssociologia interessada nas redes de significado que mantêm a ordem da interação e os processos que o acompanham, como a construção da identidade e a dinâmica das relações interpessoais. A influência de Herbert Blumer e sua formação antropológica se deixam notar também na metodologia que utilizou em suas pesquisas. Goffman realizou numerosos trabalhos de campo e utilizou a observação participante, aproximando-se assim do tipo de metodologia defendida por Blumer como a mais apropriada em ciências sociais.
>
> Em 1958, Goffman conseguiu um lugar no Departamento de Sociologia da Universidade da Califórnia, em Berkeley. Um ano depois publicou *The presentation of self in everyday life*, sua obra mais conhecida e onde desenvolveu o que se conhece por *enfoque dramatúrgico*, segundo o qual a conduta das pessoas é analisada como se se tratasse da atuação de um ator em um cenário.

tação/apresentação diante dos outros estão prescritos socialmente, ao mesmo tempo que são produto dos acordos aos quais chegamos no decorrer da interação. Goffman não nega a existência de normas sociais que regulam nossa interação, mas considera que não determinam, necessariamente, a ação das pessoas.

Em uma obra posterior, *Behavior in public places*, Goffman (1966) é muito claro a esse respeito, quando destaca que, para o estudo da conduta individual, podemos analisar a posição que essa pessoa ocupa na organização social, mas que, entretanto, os *encontros, ocasiões sociais* ou *compromissos* que acontecem nas interações face a face requerem uma análise específica, que não exclui a análise das estruturas sociais básicas, mas que tem sua dinâmica própria.

A sociologia da interação iniciada em *La presentación de la persona en la vida cotidiana* tem sua continuidade em obras posteriores. Assim, por exemplo, em *Encounters* (1961a) realiza uma análise das interações cotidianas entre as pessoas, e que supõem algo mais que a simples presença física de seus participantes. Nesse livro, depois de realizar uma crítica às concepções tradicionais dos papéis como determinantes da conduta, Goffman incorpora o conceito de *distância do papel* para referir-se àquelas situações nas quais as pessoas põem distâncias entre si e o papel que exercem. A *distância do papel* supõe, por parte do indivíduo, não uma negação do papel que se desempenha, mas da imagem que suportaria sua aceitação. Assim, uma pessoa rica pode vestir roupas de baixa qualidade para mostrar que é alguém que não deve ser notada meramente em função de sua riqueza, um cirurgião pode realizar comentários sarcásticos enquanto realiza uma operação para mostrar que, embora aceite as regras do hospital, não está satisfeito

A influente obra, pela qual recebeu o prêmio Mc Iver de sociologia e o reconhecimento geral, abriu-lhe definitivamente as portas de Berkeley, onde foi professor até 1968. Nesse ano se transferiu para a Universidade da Pensilvânia, mas curiosamente não para o Departamento de Sociologia e sim para o de Antropologia, onde foi catedrático de antropologia e sociologia. Durante sua permanência em Berkeley, Goffman foi professor de destacados etnometodólogos como Harvey Sacks e Enmanuel A. Schegloff, e publicou suas obras mais conhecidas. Além de *The presentation of self in everyday life* (1959), dois anos mais tarde, em 1961, publicaria *Encounters* e *Asylums* e, pouco depois, em 1963, *Stigma* e *Behavior in public places*. Um ano antes de sua incorporação à Universidade da Pensilvânia, em 1967, surgiria sua obra *Interaction ritual*. Suas últimas obras, *Strategic interaction* (1969), *Relations in public* (1971), *Frame analysis* (1974) e *Gender advertisements* (1979), são publicadas sendo já catedrático na Universidade da Pensilvânia. Sua última obra, *Forms of talk*, foi publicada em 1981, no mesmo ano em que foi nomeado presidente da Associação Americana de Sociologia, em reconhecimento a sua extensa produção intelectual.

A originalidade de suas idéias se deve, em parte, às múltiplas influências que recebeu, entre as quais podemos destacar o interacionismo simbólico e a teoria de papéis, a etnometodologia e a teoria da linguagem, entre outras. Embora a obra de Goffman recebesse críticas, como as do sociólogo Alvin W. Gouldner ou as de seu discípulo, o etnometodólogo Enmanuel A. Schegloff, seu legado é um exemplo de criatividade na interpretação psicossociológica da interação social. Sociólogos como Thomas Scheff consideram Erving Goffman um reformador das ciências sociais que foi capaz de criar uma nova ciência social.

Erving Goffman morreu em 1982, na Pensilvânia, quando preparava seu discurso como presidente da Associação Americana de Sociologia.

com as condições em que tem de realizar seu trabalho, e uma pessoa que considera que realiza uma atividade pouco apropriada pode mostrar *distância do papel* para preservar sua imagem. Da mesma maneira, um menino suficientemente grande para montar nos cavalinhos de carrossel pode adotar certa *distância do papel* montando de uma maneira pouco convencional, mostrando que é suficientemente maduro para poder realizar atividades mais arriscadas. Todos esses exemplos que Goffman utiliza para tratar da *distância do papel*, supõem que a pessoa tem certa margem de liberdade entre as prescrições do papel e o desempenho real deste.

Outro exemplo de sua teoria sobre os processos envolvidos nas relações face a face são seus estudos sobre a segregação social. Mais concretamente, seus trabalhos sobre as relações entre as pessoas estigmatizadas e as pessoas normais deram lugar à publicação de *Stigma*, em 1963. Nessa obra, Goffman descreve como as pessoas, nos *intercâmbios sociais rotineiros*, se relacionam com as outras em função do que denomina *identidade social virtual*. Esse conceito faz referência às expectativas normativas que temos sobre as pessoas que têm algum tipo de estigma; expectativas que afetam a sua identidade e o tipo de vida que levam.

Goffman diferencia três categorias de estigma: as derivadas das deformidades físicas, as relacionadas com perturbações mentais, vícios em drogas, reclusões, tendências sociais consideradas antinaturais ou politicamente radicais e, finalmente, as relativas a estigmas relacionados com a raça, a religião ou a origem social. Outra obra já comentada anteriormente é dessa mesma época. Trata-se de *Asylums*, publicada em 1961, que analisa a vida cotidiana nas *instituições totais*, definidas como aqueles lugares onde um grande número de pessoas permanece isolado do resto da sociedade compartilhando uma rotina diária. Esse livro nos oferece um detalhado estudo dos efeitos da institucionalização na vida social das pessoas reclusas e da adaptação de sua conduta às exigências da instituição. Embora Goffman realize sua análise etnográfica sobre um hospital psiquiátrico, sua intenção é a de descrever as condutas dos indivíduos e os efeitos que as instituições totais têm sobre a imagem dos internos.

Destaca-se nessa obra o que Goffman denomina como *carreira moral do paciente*, isto é, a trajetória de todo membro de uma instituição total quando começa a fazer parte dela, e como sua antiga posição social e identidade ficam profundamente alteradas e substituídas por sua condição de membro da instituição. Outro aspecto destacado em sua obra é o conceito de ajuste, e sua diferenciação entre *ajuste primário* e *ajuste secundário*. No primeiro caso, Goffman se refere ao cumprimento das expectativas institucionais e às formas de adaptar-se aos papéis prescritos institucionalmente. Com o conceito de *ajuste secundário*, Goffman se refere aos meios que utilizam os internos para obter objetivos não-autorizados.

Para terminar a apresentação da obra de Goffman, cabe destacar outras duas obras, *Frame analysis* (1974) e *Forms of talk* (1981), com as que culmina sua contribuição à sociologia e à psicologia social sociológica.

No primeiro caso, Goffman se afasta do interacionismo simbólico, assim como da importância atribuída por W. Thomas (veja o Capítulo 2) à definição da situação para compreender a conduta social. Sem negar que a definição da situação tenha conseqüências sobre a ação, afirma que elas têm um efeito marginal, já que, na realidade, o que as pessoas fazem é atuar de acordo com o que se espera que façam segundo as definições sociais da situação previamente estabelecidas e sobre as quais elas têm pouco o que dizer. Da mesma maneira, Goffman se distancia de seu enfoque dramatúrgico das relações sociais ou, pelo menos, o matiza ao afirmar que nem tudo na vida social é um cenário. Finalmente, seu último livro *Forms of talk* (1981) examina os rituais sociais e convenções que se observam nas conversas.

Em conjunto, a obra de Goffman representa uma detalhada análise da interação social, dos aspectos da vida social que têm um efeito sobre a identidade das pessoas. Nesse sentido, sua concepção da identidade põe em questão a imagem de um indivíduo auto-suficiente ao situá-lo como um produto das relações estabelecidas entre os membros de um sistema social. A identidade não é uma propriedade que podemos atribuir a certos indivíduos, nem algo que ocupa um lugar físico, mas o produto das relações situadas das pessoas. Desse ponto de vista, uma parte da obra de Goffman dá continuidade ao trabalho da psicologia social sociológica iniciado por George Herbert Mead.

Sociologia fenomenológica e psicologia social: Alfred Schutz

Além do interacionismo simbólico, no campo da sociologia e em contraposição ao enfoque normativo de Parsons, desenvolveram-se outras perspectivas derivadas, em parte, da sociologia pormenorizada de Max Weber, mas em consonância com as postulações pragmatistas e interacionistas de Mead. Este é o caso da sociologia fenomenológica de Alfred Schutz (1899-1959).

Inspirando-se na filosofia fenomenológica de Edmund Husserl, Alfred Schutz afirma que o objeto das ciências sociais deve ser a análise do sentido da vida cotidiana, para o qual propõe uma *fenomenologia da atitude natural*. O cenário da ação social é o *mundo do sentido comum, mundo da vida diária* ou *mundo cotidiano*. Não somente temos presença no mundo, mas também atuamos sobre ele. A conduta humana se transforma em ação quando tem um sentido subjetivo para quem a realiza. A partir desse construcionismo fenomenológico, Schutz rejeita o funcionalismo de Parsons, centrado na análise das grandes estruturas sociais, e se aproxima da sociologia pormenorizada de Max Weber e da concepção pragmatista da ação de autores como John Dewey, William James e George Herbert Mead. A partir dessas abordagens, elabora uma psicossociologia da ação social, cujo principal objetivo é a *interpretação subjetiva do sentido*, isto é, a compreensão da ação humana segundo o sentido que o ator lhe atribui. Alguns conceitos, como os de *situação biográfica, acervo de conhecimento à mão, intersubjetividade, predecessores, contemporâneos, associados e sucessores, definição da situação, projetos e papéis, motivos "porque" e motivos "para", significância*, entre outros, são a chave para entender sua epistemologia, suas idéias sobre a metodologia em ciências sociais e sua teoria da ação como ação intersubjetiva. Dado que essas três dimensões de sua obra são imprescindíveis para conhecer o alcance de sua teoria, serão tratadas nesta mesma seção. Semelhantes a outros sistemas teóricos, como o funcionalismo estrutural, as contribuições de Schultz devem ser consideradas, principalmente, do ponto de vista da análise da ação social, em vez de um conjunto de postulados que tenham que ser verificados por meio de estudos específicos em que se deve contrastar a validade das proposições derivadas deles.

Schutz define a ação como conduta manifesta ou latente dotada de sentido. Toda ação surge, em sua opinião, de um projeto preconcebido e tem um caráter propositivo. A idéia da ação como projeto preconcebido é retomada por Schutz de Dewey, para quem toda ação se origina em um projeto prévio mentalmente idealizado. Os motivos que orientam a ação podem ser de dois tipos. Os *motivos para* são as razões que guiam a ação, e os *motivos porque* são as causas que levam o ator a atuar de determinada maneira (Schutz, 1964). O cenário onde transcorre a ação social é o *mundo do sentido comum* ou *mundo da vida diária*. Para Schutz, ao compreender a ação, o mundo dos objetos externos não é tão importante como o mundo fenomênico, aquele que forma parte do conteúdo de nossa experiência. A realidade social não é independente das definições que os atores dão desta, mas é construída pelas nossas experiências. Para entender as ações dos atores, é preciso partir da definição que estes dão da realidade social, o que equivale a considerar a experiência dos atores biograficamente determinada. A idéia de William I. Thomas de que "o que se define como real é real em suas conseqüências" é retomada por Schutz para argumentar que a compreensão da ação social deve partir do sentido subjetivo que os atores dão para ela. Nesse aspecto, é notória a influência de Max Weber e sua noção de *Verstehen* como forma de conhecimento do mundo social.

Um dos processos característicos do pensamento de sentido comum é a *tipificação*. Schutz tomou esse conceito da filosofia fenomenológica de Husserl, para quem a experiência do mundo se constrói sobre a *tipicidade* dos objetos ou sucessos da vida cotidiana. Partindo dessa idéia, Schutz descreveu a tipificação como um processo perceptivo mediante o qual os objetos de mundo exterior não são percebidos como únicos e diferentes uns dos outros, mas são agrupados em classes ou *tipos* de objetos. Esse processo de *tipificação* faz com que, ao perceber a realidade, nos inclinemos a ignorar os traços particulares dos diferentes objetos e nos concentremos mais em suas características gerais, as que compartilham com outros objetos. O processo de *tipificação* permite que, quando percebemos a realidade, não percebamos um amálgama de objetos individuais, totalmente diferentes uns de outros, mas um mundo ordenado, onde cada objeto faz parte de um *tipo*. "Por exemplo, o mundo exterior não é experimentado como um ordenamento de objetos individuais únicos, dispersos no espaço e no tempo, mas como 'montanhas', 'árvores', 'animais', 'homens' etc." (Schutz, 1962/95, p. 39). A relação entre a *tipificação* e a linguagem é evidente, já que uma forma de tipificar um objeto é atribuir-lhe um nome. Por exemplo, quando dizemos que determinado objeto em particular é um livro, estamos considerando que possui as características que definem o tipo de objeto denominado livro. Essa conexão entre a linguagem e a *tipificação* faz com que ela seja um processo de natureza social. As tipologias que usamos provêm do sistema de significados do endogrupo lingüístico, e são transmitidas pelos processos de socialização, mediante a linguagem cotidiana.

Essa idéia é estendida por Schutz à análise da vida social, em que a noção de *tipicidade* faz referência à experiência antecipada das conseqüências que derivam da ação: "Ao colocar uma carta na caixa do correio, estou prevendo que pessoas a quem não conheço, chamadas funcionários do correio, atuarão de uma maneira típica não totalmente inteligível para mim, com o resultado de que minha carta chegará ao destinatário em um tempo tipicamente razoável" (Schutz, 1962/95, p. 47). As *tipificações* de sentido comum constituem *meu conhecimento à mão*, o qual surge da experiência cotidiana. Essas *tipificações* dão lugar a *receitas* com as quais enfrentamos os acontecimentos e as situações problemáticas, que têm sua origem em *minha situação biograficamente determinada*. A ordem social, segundo Schutz, estaria assim apoiada em um sistema de tipificações que faz previsível a conduta dos outros. A ação racional pressupõe que o ator conhece os meios e os fins de seu comportamento, e pressupõe também que os outros com quem interage têm este mesmo conhecimento. Somente assim é possível a vida social. A referência aos outros é especialmente importante no esquema conceitual de Schutz, no qual diferencia *os contemporâneos*, com os quais se dá uma interação face a face, *dos predecessores*, que podem influenciar minhas ações, e *dos sucessores*, que podem guiar minha ação. A interação com *os contemporâneos* só pode acontecer em um sistema compartilhado de *tipificações*, que faz previsível a resposta dos outros aos nossos atos. Mas a previsão que fazemos do comportamento dos outros não é de natureza matemática, mas subjetiva, o que explica que a racionalidade das ações não seja absoluta.

Além disso, a interpretação subjetiva do sentido da ação, seu caráter propositivo e sua origem na consciência junto com a definição da situação que realiza o ator fazem com que a ação não esteja absolutamente determinada. Isso explica a distância existente entre os modelos de ação racional dos atores e os tipos ideais de ação elaborados pelo pesquisador social. Essas considerações levam Schutz a propor que tanto o pensamento científico como o conhecimento do sentido comum são construções, e que somente podem ser analisadas como conteúdos da experiência. Todo ato de conhecer pressupõe a existência de um mundo de fatos, *a realidade do mundo*, de que nossa consciência extrai certos elementos. Schutz nega a existência de fatos puros ou neutros, e parte da base de que todo fato é um *fato interpretado*. O que diferencia as ciências naturais das ciências sociais não é o caráter construído e socialmente distribuído do conhecimento, traço que ambas compartilham, nem seu embasamento na experiência, do qual ambas participam, mas a idéia de que as ciências sociais são construções de segundo grau:

> Os objetos do pensamento construídos pelos especialistas em ciências sociais referem-se aos objetos de pensamento construídos pelo pensamento de sentido comum do homem que vive sua vida diária entre seus semelhantes, e baseiam-se nesses objetos. As construções utilizadas pelo especialista em ciências sociais, portanto, poderíamos dizer que são de segundo grau, isto é, construções das construções feitas pelos atores da própria sociedade, atores cuja conduta o pesquisador observa e trata de explicar de acordo com as regras de procedimento de sua ciência.
>
> (Schutz, 1962/95, p. 37-8)

Mas, antes de entender a forma com que se constrói o pensamento científico, devemos entender como se dá o conhecimento do senso comum. Para isso, Schutz recorre à noção de *intersubjetividade*, um dos conceitos centrais de sua sociologia. O conhecimento que temos do mundo não é o resultado de um processo privado ou pessoal, mas de natureza interpessoal. O conhecimento do senso comum se cria intersubjetivamente por meio de três processos diferenciados, como a *socialização estrutural de conhecimento*, que permite a reciprocidade de perspectivas, a *socialização genética*, que se identifica com sua origem social e, por último, sua *distribuição social*. A seguir, descreveremos brevemente cada um desses três processos.

Mediante a *socialização estrutural do conhecimento* se superam as diferenças existentes entre as diferentes perspectivas individuais. Isso é possível mediante a hipótese de que nosso ponto de vista e o das demais pessoas são intercambiáveis. A crença de que nossas interpretações dos mesmos sons, no substancial, compartilhadas, permite o entendimento e a comunicação.

A reciprocidade de perspectivas se torna assim uma condição necessária da intersubjetividade e da construção de uma realidade compartilhada.

O segundo processo que torna possível a existência de um conhecimento intersubjetivo é a *socialização genética*. Como se destacou, a linguagem é um dos principais veículos pelos quais se realiza o processo de *tipificação* da realidade. Atribuir um nome a um objeto é atribuir-lhe um significado. A construção de significado do mundo, por estar indissoluvelmente ligada à linguagem, tem uma origem social no endogrupo ou grupo ao qual pertencemos e com o qual nos identificamos:

> O meio *tipificador* por excelência que permite transmitir o conhecimento de origem social é o vocabulário e a sintaxe da linguagem cotidiana. A gíria da vida cotidiana é principalmente uma linguagem de coisas e acontecimentos nomeados, e qualquer nome inclui uma *tipificação* e generalização que se refere ao sistema de significados predominantes no grupo lingüístico que atribui à coisa nomeada importância suficiente para estabelecer um termo específico para ela.
>
> (Schutz, 1962/95, p. 44)

Em suas publicações *El forastero. Un ensayo de psicología social* (Schutz, 1945) e *La vuelta al hogar* (Schutz, 1944), Schutz nos proporciona dois magníficos exemplos de até que ponto nossa percepção do mundo está determinada pelo grupo social ao qual pertencemos. O forasteiro que chega a um país estranho ou o emigrante que volta para o lar experimentam a discrepância entre as pautas culturais e as *receitas* de endogrupo e as do novo contexto, por isso têm dificuldades para definir uma situação inovadora em um marco de *tipicidade* estranho. Esta situação explica, segundo Schutz, a conduta de desconfiança e os sentimentos de distanciamento e incerteza de quem é forasteiro ou as experiências típicas de quem retorna ao lar.

Finalmente, esse conhecimento do senso comum é *socialmente distribuído* e difere, tanto no conteúdo como na forma, de um indivíduo para outro (veja seu estudo *El ciudadano bien informado. Ensayo sobre la distribuición social del conocimiento*, de 1946). Do mesmo modo, o grau de competência de um mesmo indivíduo não é estável, mas varia conforme seja o objeto desse conhecimento. Em resumo, o conhecimento do senso comum e a ação social se articulam por meio das interações simbólicas com nossos semelhantes, o que permite uma reciprocidade de perspectivas e uma construção intersubjetiva de sentido da ação.

> **Alfred Schutz (1899-1959)**
>
> Alfred Schutz nasceu em Viena, em 1899, três anos depois de seu conterrâneo o psicólogo vienense Fritz Heider. Realizou estudos de direito e ciências sociais na Universidade de Viena, onde teve como professores Ludwing von Mieses e Friedrich von Wieser. Embora inicialmente não estivesse vinculado à Universidade, era assíduo freqüentador dos círculos intelectuais de Viena dos anos 1920. Em 1932 foi publicada, em Viena, sua primeira obra, *Der sinnhafte aufbau der sozialen welt. Eine einleitung in die verstehende soziologie*, que não seria traduzida para o inglês antes de 1967, com o título *The phenomenology of the social world*. Nela Schutz tentava estabelecer uma ponte entre a fenomenologia de Edmund Husserl e a sociologia pormenorizada de Max Weber. Husserl elogiou muito o conteúdo do livro e ofereceu ao seu autor um posto a seu lado como auxiliar. Embora Shutz não pudesse aceitar o oferecimento, ficaria muito agradecido e visitaria Husserl em Friburgo em diversas ocasiões, mantendo correspondência com o fundador da fenomenologia até seu falecimento, em 1938. Em 1939, depois de uma breve estada em Paris, decide emigrar para os Estados Unidos, fugindo do nacional-socialismo e da invasão da Áustria pelas tropas de Hitler. Na sua chegada aos Estados Unidos, participa como membro fundador da *Sociedade Fenomenológica Internacional* e faz parte do comitê de redação da revista da sociedade, *Philosophy and Phenomenological Research*. Ao mesmo tempo, começa a dar aulas como professor do Departamento de Ciências Políticas e Sociais do New School for Social Research da cidade de Nova Iorque. Até quase o final de sua vida nos Estados Unidos, compatibilizou sua dedicação ao ensino com seu trabalho no mundo das

Uma vez elaborada uma teoria sobre a construção social do conhecimento cotidiano, Schutz apresenta, novamente, a construção do pensamento científico, o que o leva a apresentar dois problemas. O primeiro refere-se a como captar cientificamente o sentido subjetivo da ação social; o segundo é como captar estruturas subjetivas de significado com um método objetivo.

Como vimos, ao analisar o desenvolvimento do conhecimento cotidiano, Schutz adota uma perspectiva semelhante à de Mead, com quem compartilha a idéia de que a interação social pressupõe a existência de construções do senso comum sobre a ação do outro. Em sua análise do conhecimento derivado das ciências sociais, entretanto, as postulações de Schutz se aproximam mais das de Max Weber. Assim, o fato de que o cientista social como observador seja capaz de interpretar o sentido que os atores sociais dão a sua ação se origina da possibilidade que se abre a ele de construir um modelo de ação racional *ideal*. Esse modelo permite inscrever a ação subjetiva em sucessos tipificados significativos para o pesquisador social e elaborar métodos objetivos e verificáveis para interpretar o sentido subjetivo da ação social. O modelo proposto por Schutz envolve "… construir pautas típicas de ação correspondentes aos acontecimentos observados" (Schutz, 1962/95, p. 65). A construção de *tipos ideais* de ação racional como método do cientista social lembra a proposta weberiana de *tipos ideais*. O modelo de ação racional constitui um tipo ideal de ação em que se supõe que tais atores são capazes de escolher entre diferentes cursos de ação de maneira racional. A técnica de que Schutz se utiliza para elaborar modelos pormenorizados da ação social é a *Verstehen* (veja o Capítulo 2). Com isso, se refere tanto à forma em que o ator atribui sentido à sua ação e à dos outros como a um método das ciências sociais mediante o qual o pesquisador social interpreta as ações dos atores. Finalmente, como experiência vivida, a *Verstehen* se refere ao mundo da vida ou *lebenswelt*, na terminologia de Husserl. Chegamos assim à proposta de

finanças bancárias. Sua obra demoraria a alcançar o reconhecimento que adquiriria posteriormente e que, em parte, deveu-se à difusão que dela fizeram alguns de seus discípulos, como os sociólogos Peter Berger e Thomas Luckmann, cuja obra *The social construction of reality* (1967) é inspirada, em parte, na sociologia fenomenológica de Schutz. A obra de Schutz também influiria na etnometodologia de Harold Garfinkel, o que motivou que, em determinadas ocasiões, fossem tratadas juntas como *sociologías de la vida cotidiana*. As raízes do pensamento de Schutz são muito variadas, o que nos dá uma idéia de suas preocupações intelectuais. Além dos já mencionados Edmund Husserl e Max Weber, a obra de Schutz foi influenciada por alguns representantes da Escola de Chicago, como William Thomas e George Herbert Mead, por filósofos como Henri Bergson e por sociólogos como Georg Simmel.

Embora seu trabalho seja de caráter fundamentalmente teórico, Schutz soube aplicar sua sociologia interpretativa ao estudo fenomenológico de diferentes situações sociais; a adaptação e ajuste social de quem quer ser aceito por um grupo alheio ao dele, como o forasteiro ou o imigrante (*The stranger: An essay in social psychology*, 1944); as experiências típicas de quem volta ao lar definitivamente, depois de ter vivido afastado (*The homecomer*, 1945); e a estrutura das relações sociais na execução musical (*Making music together: A study in social relationship*, 1951). Essas são algumas das situações às quais Shutz aplicou sua teoria.

Alfred Schutz faleceu em 1959 em Nova Iorque, cidade onde viveu e ensinou durante os últimos anos de sua vida.

Schutz de criar modelos de ação racional caracterizados por certos postulados, como são a *coerência lógica*, a *interpretação subjetiva* e a *adequação*. O primeiro postulado estabelece que os modelos do cientista social devem ser de caráter lógico, objetivamente válidos; o segundo postulado faz referência aos modelos da mente individual, a partir dos quais é possível estabelecer a compreensão das ações racionais; mediante o terceiro postulado, Schutz nos indica que os modelos do cientista social devem ser compatíveis com as interpretações que os atores dão de suas ações.

A teoria da ação de Schutz se apresenta como uma crítica tanto ao empirismo sensorial como ao positivismo lógico. A proposta de analisar a ação social a partir do sentido que os atores dão a suas ações, utilizando a *Verstehen* como método de análise, afasta sua teoria tanto das pretensões positivistas de analisar o comportamento observável mediante métodos objetivos como do introspeccionismo subjetivista. Para isso, a fenomenologia sociológica de Schutz expõe a análise da ação social partindo de um modelo do ator racional em que a análise do cientista social considera o sentido que os atores sociais dão a seus atos. Desse modo, é preciso descrever não somente a forma com que as pessoas adquirem um conhecimento da realidade social, mas também o processo mediante o qual o próprio pesquisador chega a interpretar esses mesmos fatos onde se inscreve a vida cotidiana. Assim compreendida, a ciência não é simplesmente um processo autocorretivo em que a interação simbólica é mera consideração com relação à realidade social, mas essa interação simbólica se transforma em objeto de análise e, a linguagem, na ferramenta para sua compreensão. As ciências sociais se tornam, dessa maneira, construções de segundo grau cujo objetivo é captar o sentido subjetivo que os atores dão a suas ações, mas sem abandonar por isso a pretensão de elaborar teorias objetivas, empiricamente verificáveis, *sobre as estruturas subjetivas de sentido*.

Resumindo, Schutz defende uma teoria do conhecimento do senso comum suscetível de gerar hipóteses generalizáveis e verificáveis apoiadas em construções objetivas de tipos ideais de ação racional que tenham coerência lógica e adequação, isto é, que sejam compreensíveis para o ator.

A concepção do conhecimento como construção social, e a definição da ação social como conduta manifesta ou latente dotada de sentido para o ator, justifica a reivindicação do caráter psicossociológico da perspectiva adotada por Schutz, que transcende sua concepção fenomenológica, com a inclusão de autores como Charles H. Cooley, Geoge Herbert Mead, Georg Simmel, John Dewey, Max Weber, Talcot Parsons, William James, ou, W.I. Thomas, entre outros. Dessa maneira, sua concepção das ciências sociais como construções de segundo grau, capazes de captar a estrutura do significado da vida cotidiana, mas sujeitas a verificação segundo os princípios das ciências empíricas, faz da obra de Alfred Schutz um exemplo de teoria psicossociológica da ação em que se tenta superar os dualismos subjetividade/objetividade, indivíduo/sociedade, ciência e mundo cotidiano, pensamento/ação. Sua contribuição às ciências sociais teve continuidade, principalmente, por meio de dois de seus discípulos, Peter. L. Berger e Thomas Luckmann, que citam a sociologia fenomenológica de Schutz em seu livro *La construcción social de la realidad*, publicado em 1967, e onde analisam como os indivíduos constroem, por meio das interações, a realidade da vida cotidiana e como, por sua vez, as instituições fazem parte da consciência individual pelos papéis que desempenhamos.

A Etnometodologia

Outra das correntes teóricas da sociologia que se encontram fortemente vinculadas à psicologia social sociológica é a etnometodologia. Influenciada pela sociologia fenomenológica de Schutz, a etnometodologia significa também uma reivindicação da análise microssociológica da realidade social. Trata-se, portanto, de outra das correntes que surgiram como oposição ao funcionalismo estrutural. Como teoria sociológica, a etnometodologia também teve influência em outros enfoques teóricos procedentes da sociologia, como a teoria da estruturação de Giddens, ou a análise coloquial de Sacks (1989,1992), ou da psicologia social elaborada no contexto da psicologia, como a análise de discurso, de Potter e Wetherell (1987), e o enfoque retórico de Billig (1991).

Um dos objetivos principais dos etnometodologistas é analisar os procedimentos mediante os quais as pessoas dão sentido e ordenam o mundo social e simbólico em que vivem. Ao contrário da concepção durkheimiana, em que a ordem social era concebida em termos de forças externas que acabam por impor-se aos indivíduos, para Harold Garfinkel, principal representante da etnometodologia, os fatos sociais são o resultado das ações dos indivíduos. Os seres humanos não estão à mercê nem de fatos externos nem de motivações internas, mas constantemente criam seu mundo social na interação com outras pessoas. Para Garfinkel, as estruturas sociais não são algo externo que se realize independentemente de nossas interações:

> Em contraste com algumas opiniões do pensamento de Durkheim, de acordo com as quais a realidade objetiva dos fatos sociais é o princípio fundamental da sociologia, iremos propor como política de pesquisa fundamental para os sociólogos, que a realidade objetiva dos fatos sociais deve ser entendida como realização contínua das atividades concentradas da vida cotidiana de seus membros, que conhecem, utilizam e consideram como óbvios os procedimentos ordinários e engenhosos para esta realização.

(Garfinker, 1967, p. VII)

De maneira semelhante, Garfinkel e os etnometodologistas se opõem à idéia funcionalista de considerar a ordem social o resultado do consenso que faz com que as pessoas se adaptem às normas. Ao contrário de Parsons, Garfinkel considera que a ordem social não é algo estável, mas uma realidade que deve ser constantemente construída por meio das práticas interpretativas dos indivíduos. Os etnometodologistas rejeitam a idéia de que a conduta das pessoas é o resultado da interiorização de normas ou valores preestabelecidos; seu objetivo real é analisar como os membros de uma sociedade se organizam para fazer inteligíveis suas decisões, realizações, planos; em resumo, as propriedades racionais de suas atividades práticas.

O objetivo de Garfinkel é estudar as instituições sociais como uma construção dos indivíduos realizada pelas suas interações cotidianas. A ordem social, para esse sociólogo, não é outra coisa que as regras sociais com as quais os membros de uma sociedade enfrentam as tarefas do dia-a-dia. Tais regras não são fixas, mas instáveis, e devem ser constantemente refeitas no curso das interações cotidianas. Nesse sentido, a etnometodologia pode ser considerada uma psicossociologia da vida cotidiana em que a ação é entendida como algo prático e não racional.

Para os etnometodologistas, as pessoas dão sentido ao seu mundo social por meio de um processo psicológico que consiste em selecionar aqueles aspectos de uma situação social que nos dão um padrão ou norma a partir da qual somos capazes de estabelecer o sentido da interação e interpretar qualquer acontecimento que possa ocorrer durante o transcurso desta.

A partir da definição dada por Garfinkel de etnometodologia, podemos desenvolver algumas das principais idéias deste enfoque teórico:

> Utilizo o termo etnometodologia para me referir à pesquisa das propriedades racionais das expressões *indexicais* e outras ações práticas como partes das contínuas realizações que conseguimos graças à nossa destreza na organização das práticas da vida diária.
>
> (Garfinkel, 1967, p.11)

A noção de *indexicalidade*, que Garfinkel menciona, é utilizada para tratar tanto as declarações e manifestações que empregamos no curso da conversação como as atividades de ordem prática que realizamos cotidianamente. Do ponto de vista coloquial, a *indexicalidade* se refere à necessária compreensão de nossas manifestações ou conversações, como parte de um processo coloquial em que aquelas cobram sentido. Mediante as expressões *indexicais*, os membros de uma sociedade constroem e dão sentido a suas atividades cotidianas. Para Garfinkel, não existe uma definição definitiva da situação, porque o significado das palavras com as quais a definimos sempre é o resultado de sua relação com outras palavras e do contexto coloquial no qual são utilizadas. No curso da interação sempre podemos fazer a pergunta "*o que você quer dizer?*", com a qual podemos questionar, constantemente, o sentido de nossas locuções. É assim que vamos construindo nosso conhecimento prático e de sentido comum de mundo, e reconstruímos incessantemente a ordem social.

O interesse dos etnometodologistas pelos procedimentos interpretativos utilizados por diferentes grupos sociais para obter a ordem e a estabilidade em sua vida cotidiana leva-os a dar uma grande importância à *análise coloquial*. Seu objetivo é mostrar como os membros de uma sociedade utilizam a conversação como uma atividade reflexiva que lhes permite compreender a realidade.

Harold Garfinkel (1917)

Garfinkel nasceu em 1917, em Newark, Nova Jersey. Iniciou sua formação como sociólogo no University College dessa mesma cidade, onde obteve seu mestrado. Depois de servir no exército dos Estados Unidos durante a Segunda Guerra Mundial, transferiu-se para a Universidade de Harvard, onde foi aluno de Talcott Parsons entre 1946 e 1952. Nesse ano defende sua tese de doutorado com o título *The perception of the other: A study of social order*, reflexo de suas preocupações como sociólogo. Depois de um curto período na Universidade de Ohio, incorporou-se à Universidade da Califórnia, Los Angeles (UCLA), onde permaneceu até sua aposentadoria em 1987. Bastante influenciado por teóricos de orientação fenomenológica, especialmente pelo sociólogo Alfred Shutz, Garfinkel concentrou suas pesquisas na maneira com que as pessoas dão sentido ao seu mundo social. A crítica ao sistema normativo de Parsons e seu interesse pelo interacionismo simbólico são os outros dois pilares básicos de sua teoria social, que desenvolverá a partir da segunda metade dos anos 1950, quando publica suas pesquisas sobre os processos de deliberação dos jurados. Em 1959 participa do Congresso Mundial de Sociologia, apresentando uma conferência com o título *Aspects of the problem of common sense knowledge of social structure*, onde deixa claros seus interesses intelectuais. Sua perspectiva microssociológica está voltada a examinar os métodos e as práticas mediante as quais os indivíduos em sua vida cotidiana ordenam a realidade e dão sentido a suas ações. Esse enfoque é conhecido como etnometodologia, e suas abordagens estão resumidas no livro de Garfinkel *Studies in ethnometodology* (1967), onde expõe sua intenção de considerar os *fatos sociais como realizações práticas*, como o produto da atividade humana.

No curso das conversações cotidianas, às vezes acontecem rupturas no conhecimento comum compartilhado pelos falantes que dão lugar a esforços para manter e compartilhar o sentido de nossas ações. Um dos exemplos que Garfinkel utiliza para sustentar as propriedades do discurso comum que permitem a interação é aquele referente ao questionamento que um estudante (E) de Garfinkel faz a uma mulher (S) sobre o sentido de suas observações:

(S): – O pneu acabou de furar.
(E): – O que é que você quer dizer com "o pneu acabou de furar"?

Ela parecia momentaneamente aturdida. Então me respondeu de uma maneira hostil: "O que significa isso, 'o que é que você quer dizer'?" Um pneu furado é um pneu furado. É isso o que eu quero dizer. Nada especial. Sua pergunta é absurda.

(Garfinkel, 1967, p. 42)

Uma característica importante da etnometodologia é a equiparação que estabelece entre o conhecimento dos cientistas sociais e o conhecimento do senso comum. Essa idéia leva os etnometodologistas a acusar as ciências sociais convencionais de não sustentarem suas próprias explicações da realidade social. As explicações de que se utilizam os cientistas sociais devem ser, por sua vez, objeto de explicação. A etnometodologia não se interessa pelos fundamentos epistemológicos do conhecimento, mas pelas práticas que o raciocínio sociológico e o conhecimento do senso comum compartilham.

Partindo do postulado fenomenológico segundo o qual a realidade é um fenômeno construído e compartilhado social e intersubjetivamente, Garfinkel se interessa pelos modos com que organizamos a experiência para dar sentido a situações e interações sociais que, aparentemente, não o têm. A maneira pela qual é dado significado ao mundo social está determinada por um processo psicológico que Garfinkel chama *método documental* (*documentary method*). Esse método consiste em selecionar determinados fatos de uma situação que parecem corresponder a um padrão, para então dar sentido à situação do ponto de vista desse esquema. Os esquemas ou padrões estão determinados pela experiência prévia, pelo fato de o modo pelo qual construímos os significados de situações semelhantes em ocasiões anteriores ser a base para dar sentido às situações que acontecem posteriormente. O contexto em que ocorre a situação também afeta os significados que lhe atribuímos.

Garfinkel sugere que constantemente fazemos uso do método documental na vida cotidiana para criar um mundo estável onde nos sentimos seguros. A continuidade das percepções do mundo é o resultado dos padrões, construídos para enfrentarmos a variabilidade das experiências e dos contextos onde transcorre a interação. Essa sensação de continuidade oferece segurança porque nos permite o desenvolvimento em muitos contextos diferentes, com a sensação de que nos encontramos em uma situação social sempre familiar.

A etnometodologia é uma perspectiva microssociológica, que da mesma maneira que o interacionismo simbólico tenta compreender como se organiza o conhecimento que as pessoas têm das atividades comuns de sua vida diária e como se negociam no dia-a-dia os significados que moldam a realidade. A obra de Garfinkel teve continuidade por meio de outros destacados etnometodólogos, como Aaron Cicourel e Harvey Sacks.

Tanto os cientistas sociais como os demais membros de uma sociedade utilizam os mesmos procedimentos para fazer com que seus raciocínios práticos sejam também passíveis de serem narrados e descritos.

Para analisar tanto o conhecimento do senso comum como o conhecimento científico, os etnometodologistas propõem uma atitude de *indiferença etnometodológica*. Trata-se de abandonar nossas categorias de análise e hipótese sobre o mundo social e analisar, sem preconceito nem categorias prévias, os processos que fazem possível as atividades cotidianas dos membros de uma comunidade. Nesse sentido, os etnometodologistas estão mais interessados na maneira com que as pessoas descrevem ou explicam o que está acontecendo no curso da interação, do que no que realmente acontece.

Tanto os sociólogos como os psicólogos sociais utilizamos e fazemos uso de nossa "reflexividade para produzir, realizar, reconhecer ou demonstrar a adequação-racional-para-todo-propósito-de-caráter-prático de nossos procedimentos e descobrimentos" (Garfinkel, 1967, p. 8). Desse ponto de vista, os etnometodologistas são muito críticos com respeito a diferentes concepções procedentes de diferentes campos das ciências sociais, como a psicologia social, a antropologia ou a sociologia, que dão uma idéia da pessoa como *idiota cultural* (*cultural dope*). Um exemplo desse tipo de teoria estaria no funcionalismo de Parsons, que pretende explicar a ação social sobre a base de normas interiorizadas:

> Entendo que um idiota cultural é uma pessoa que, na sociedade do sociólogo, torna possível os traços estáveis dessa sociedade de acordo com o que estabelecem as alternativas legítimas para a ação que oferece a cultura comum.
>
> (Garfinkel, 1967, p. 68)

Tanto os cientistas sociais como outros membros de uma sociedade têm a competência comunicativa necessária para fazer compreensíveis ou descritíveis (*accountable*) os procedimentos que utilizam para realizar as atividades cotidianas. Ambos utilizam o mesmo método em sua compreensão do mundo social: o *método documental*. Como método de interpretação, o utilizamos para conhecer o significado de nossas ações, o padrão subjacente a estas e a maneira com que chegamos a dar conta dos acontecimentos da vida cotidiana.

Para provar o funcionamento do método documental, Garfinkel delineou um *experimento* no Departamento de Psiquiatria de sua universidade, e nele participaram dez estudantes e um falso conselheiro. Os estudantes foram informados de que iriam participar de uma nova forma de psicoterapia. Cada estudante discutia individualmente seus problemas pessoais com o suposto conselheiro.

O conselheiro devia responder com um sim ou um não a cada pergunta que lhe fizesse o estudante através de um microfone que conectava as duas salas em que ambos se encontravam. As respostas do conselheiro às perguntas dos estudantes seguiam uma seqüência aleatória, de maneira que não dependiam da pergunta realizada. A conclusão de Garfinkel é que as pessoas tentavam dar sentido à situação de intercâmbio pelas respostas do falso conselheiro; para isso, cada estudante entendia cada resposta como parte de um padrão ou esquema de interpretação que ia estabelecendo no curso da conversação. A aleatoriedade das respostas do falso conselheiro provocava contínuos esforços, por parte do estudante, para reordenar seu sentido, de forma que cada resposta alterava o sentido da anterior, até construir um modelo interpretativo com o qual pudesse entender o conjunto de respostas e orientar assim sua ação futura.

A descrição das regras que governam nossos encontros cotidianos é estudada pelos etnometodologistas por meio dos *experimentos de ruptura* (*breaching experiments*). Não se trata de experimentos propriamente ditos, mas de provas sobre a ruptura do curso normal de uma interação em situações da vida cotidiana. Esses *experimentos* mostram como as pessoas se esforçam para restaurar a ordem da interação sobre a base de um conhecimento social compartilhado. Também permitem estudar as propriedades de todo intercâmbio coloquial e as regras que dão sentido a nossas interações cotidianas. Um dos experimentos delineado por Garfinkel consistia em que seus próprios estudantes se comportassem como estranhos em sua própria casa e registrassem as reações de seus pais na tentativa de dar sentido a essa ruptura da ordem estabelecida na interação entre pais e filhos.

Nos estudos etnometodologistas podemos diferenciar vários tipos de preocupações e interesses. Entre eles, podemos destacar a análise coloquial (veja o Capítulo 5) desenvolvida por Harvey Sacks, Emmanuel Schegloff e pelo próprio Garfinkel, entre outros, e a sociologia cognitiva de Aaron Cicourel.

Os analistas da conversação têm como objetivo estudar as propriedades das conversações cotidianas: seu caráter interativo, sua ordem seqüencial e sua inteligibilidade contextual. No curso das conversações cotidianas damos por seguras todas essas características que somente se manifestam quando pedimos a um dos interlocutores, em uma conversação qualquer, que explique o sentido de cada intervenção. Um breve relato de uma conversa familiar descrita por um dos alunos de Garfinkel nos serve para ilustrar como, no transcurso da conversação, vamos construindo o sentido do que dizemos, e desenvolvemos um conhecimento do caráter prático que permite a interação com os outros sobre a base de um entendimento mútuo:

Marido	O Dana conseguiu colocar uma moeda no parquímetro sem ajuda.	Esta tarde, voltando da escola, Dana, nosso filho de 4 anos, conseguiu introduzir uma moeda no parquímetro (...), Antes, eu sempre tinha de ajudá-lo.
Esposa	Você o levou à loja de discos?	Se ele conseguiu introduzir uma moeda, significa que você parou enquanto ia com ele. Eu sei que você parou na loja de discos na ida, antes de pegá-lo, ou na volta.
Marido	Não, à loja de calçados.	Não, parei na loja de discos quando ia pegá-lo, e na loja de calçados quando voltava para casa e ele estava comigo.
Esposa	Para quê?	Eu conheço um motivo para que você fosse à loja de calçados, mas, qual foi exatamente esse motivo?
Marido	Comprei cadarços para os sapatos.	Você deve lembrar-se que um dos cadarços dos meus sapatos marrons arrebentou há alguns dias. Resolvi parar para comprar outros novos (...).

(Garfinkel, 1967, p. 25/26)

A análise dessa conversação nos revela um aspecto fundamental de nossas práticas cotidianas: as pessoas partem, para sua mútua compreensão, de um conjunto de aspectos *pressupostos* que possibilitam a comunicação. Para fazer inteligível o significado da conversação, as pessoas utilizam aspectos da situação conhecidos por elas e que não são mencionados no decorrer da interação.

Quanto à sociologia cognitiva de Aaron Cicourel, ele compartilha com Garfinkel sua crítica à concepção funcionalista da ordem social e aos conceitos próprios deste enfoque como são os de status, papel ou expectativa de papéis. Sua opinião a respeito fica claramente expressa na seguinte citação:

> A idéia segundo a qual a ação é possível graças a um conjunto de normas e orientações de valor comuns que tenham a capacidade de gerar consenso foi um tema particularmente persistente ao longo do tempo nas ciências sociais. O argumento apresentado anteriormente afirma que as pessoas são capazes de uma ação na ausência de consenso, ou em uma situação de conflito, como no caso dos meninos que não têm uma noção clara das normas e muito menos dos elementos de um sistema de valores compartilhados. Com isso, não pretendo afirmar que os valores sejam irrelevantes ou desnecessários, mas o papel que têm na origem, manutenção ou mudança no cenário da ação depende das propriedades dos recursos interpretativos.

(Cicourel, 1973, p. 72)

A principal característica do enfoque de Cicourel, que o diferencia de outros etnometodologistas, é a relação que estabelece entre processos cognitivos e processos lingüísticos. Cicourel, sem afastar-se do enfoque etnometodológico, interessa-se pelo vínculo entre processos cognitivos, como a memória, por exemplo, e processos de caráter simbólico. Ao contrário, os analistas da conversação de raiz etnometodológica se concentram nas propriedades do discurso sem relacioná-lo com processos mentais, esquecendo-se da reflexibilidade como característica básica de toda interação.

Na opinião de Cicourel, o teórico das ciências sociais utiliza, da mesma maneira que o ator social, procedimentos interpretativos, por meio dos quais cria um mundo de significados compartilhados com os que dá sentido a suas interações com outras pessoas.

A aquisição desses procedimentos interpretativos nos permite guiar nossas ações e influir nas ações de outros. Esses procedimentos interpretativos nos quais se apóia a interação servem para dar aos membros de uma comunidade uma *competência interacional* que lhes ajuda a programar suas atividades de maneira socialmente aceitável.

A etnometodologia, logicamente, foi objeto de diversas críticas entre as quais podemos destacar a escassa relevância social dos temas que aborda, sua explicação incompleta da ordem social e das estruturas de poder, assim como seu caráter descritivo e não-explicativo da ação social. Apesar destas críticas, a etnometodologia tem considerado a incorporação de diversas abordagens de outras perspectivas teóricas, como a sociologia fenomenológica e o interacionismo simbólico, com as quais realiza uma análise da interação social, e dos procedimentos pelos quais damos sentido a nossa vida cotidiana.

O DESENVOLVIMENTO METODOLÓGICO DA PSICOLOGIA SOCIAL DURANTE OS ANOS 1950 E 1960

O fato mais relevante da evolução metodológica da psicologia social psicológica durante esse período é sua consolidação definitiva como disciplina experimental. A criação da Sociedade de Psicologia Experimental é uma prova clara de que a psicologia social acadêmica norte-americana não só não estava disposta a abandonar o uso da experimentação, mas também parecia decidida a reforçá-lo. Em 1965, o *Journal of Abnormal and Social Pychology* passou a denominar-se *Journal of Personality and Social Psychology*. Essa mudança de nome foi acompanhada por um aumento na produção de estudos experimentais publicados pelas revistas: A porcentagem dos trabalhos experimentais que se publicavam passou de 63% para 87% no ano de 1969. A psicologia social européia, que começava a ressurgir durante esses anos, seguiu a mesma evolução. Em 1964 criou-se a Associação Européia de Psicologia Social Experimental e alguns anos depois, em 1971, fundou-se o *European Journal of Social Psychology*, de orientação claramente experimentalista (veja Sarabia,1983).

A convicção de que o objetivo da ciência era a explicação nomológica-dedutiva e a crença de que a experimentação, especialmente o experimento de laboratório, era o único método de pesquisa mediante o qual era possível estabelecer relações causais entre as variáveis estudadas determinaram o auge do método na psicologia social dos anos 1960. A manipulação direta das variáveis independentes, ou fatores, por parte do experimentador e a possibilidade de controlar a influência de variáveis estranhas possibilitavam, pelo menos essa era a opinião generalizada, garantir que as mudanças observadas em uma variável dependente eram o resultado da manipulação experimental.

Entretanto, alguns trabalhos realizados nos anos 1960 começaram a questionar a validade interna dos experimentos realizados até aquele momento.

O trabalho de Rosenthal (1966) sobre o *efeito do experimentador* e o de Orne (1962) sobre as *características da demanda* começaram a levantar sérias suspeitas de que os resultados da maioria dos experimentos psicológicos e psicossociais poderiam resultar da atuação de variáveis diferentes das variáveis experimentais, e que não somente não estavam sendo controladas pelos projetos experimentais, mas também eram dificilmente controláveis.

Rosenthal (1966) utilizou a expressão *efeito de experimentador* para referir-se ao fato de os resultados obtidos nos experimentos sofrerem forte influência das hipóteses ou expectativas do experimentador do que vai ocorrer. Segundo Rosenthal, o experimentador comunica de forma dissimulada aos indivíduos a hipótese experimental, fazendo com que eles atuem da maneira esperada. As conclusões de Rosenthal estavam apoiadas em 31 estudos realizados entre 1962 e 1967, nos quais, segundo o autor, confirmava-se não só a existência do efeito, mas também sua generalização. Embora revisões posteriores dos estudos de Rosenthal levassem alguns autores a destacar que o efeito do experimentador, embora existente, não é tão geral como este autor pretendia (veja Alvira e outros, 1981), e apesar de terem proposto diferentes estratégias para controlar sua influência (Aronson, Brewer e Carlsmith, 1976), o certo é que o trabalho de Rosenthal deixava evidente que o estabelecimento de relações causais mediante a experimentação com pessoas era, pelo menos, mais complexo do que até então se pensava.

Rosenthal (1966) não foi o primeiro a perceber que a validade interna dos experimentos psicológicos não era tão alta como até então se havia pensado. Alguns anos antes, Orne (1962) já destacara que o comportamento das pessoas em um experimento não responde somente à manipulação experimental das variáveis, como sempre se tinha considerado, mas também às características da situação. Conforme Orne, qualquer situação experimental resulta ambígua para as pessoas que participam dela, e esta ambigüidade leva os indivíduos a procurarem pistas ou indícios que lhes ajudem a fazer uma idéia da situação. Dessa maneira, os participantes no experimento consideram qual é a hipótese que o experimentador está tentando contrastar, e atuam em consonância com ela. Com a expressão *características da demanda*, Orne (1962) referia-se ao conjunto de indícios que transmitem à pessoa a hipótese experimental, cujo efeito sobre os resultados experimentais não só é muito geral, mas também, segundo este autor, não pode ser eliminado.

Os partidários do método experimental, entretanto, não se viram muito afetados pelas conclusões obtidas nessas pesquisas. Em resposta aos resultados encontrados por Orne, Kruglanski (1975) destaca que as características da demanda constituem mais uma forma de artefato experimental.

Um artefato é qualquer fator que, ao variar ao mesmo tempo que a variável independente ou com as *condições de fundo* de uma pesquisa, impede de identificar com segurança a causa de um acontecimento observado. Segundo Kruglanski, nenhum dos procedimentos disponíveis para testar a existência desse artefato provou a generalização das características da demanda, o que levou o autor à conclusão de que essa ameaça à validade interna não se encontra em todos os projetos experimentais. Não obstante, e como destacam Alvira e outros (1981), a existência das características da demanda é indubitável e exerceu algumas influências tão negativas em alguns projetos experimentais, que provocaram seu abandono. Os autores dão como exemplo as pesquisas sobre a *condescendência forçada* de Festinger e os experimentos sobre o efeito das armas nos estudos sobre a agressão realizados por Berkowitz (1969).

Tanto o *efeito do experimentador* como as *características da demanda* constituem dois exemplos de que os resultados obtidos nos estudos experimentais podiam, algumas vezes, não resultar do acontecido na situação prevista pelo pesquisador, mas de fatores externos. Evidentemente, existe a possibilidade de controlá-los e, de fato, houve um número considerável de pesquisas nesse sentido. A preocupação pela validade interna dos experimentos se viu reforçada pelo trabalho de Campbell e Stanley (1966), principal contribuição ao estudo do projeto experimental durante a década de 1960. A partir desse trabalho, distingue-se freqüentemente entre validade interna e validade externa. A validade interna é definida pelos autores como "a mínima imprescindível sem a qual é impossível interpretar o modelo", enquanto a validade externa "expõe a dúvida sobre a possibilidade de generalização" (Campbell e Stanley, 1966/82, p.16). Como destacam os dois autores, "ambos os critérios são sem dúvida importantes, embora com freqüência se contradigam, no sentido de que certos aspectos que favorecem um deles prejudicam o outro. Embora a validade interna seja o *sine qua non*, e a questão da validade externa, como a da inferência indutiva, nunca se pode responder completamente, é óbvio que nosso ideal é a escolha de delineamentos fortes em uma e na outra validade". A conclusão do trabalho de Campbell e Stanley é que a validade interna é o requisito fundamental da pesquisa, o que colocava a experimentação acima de qualquer método de pesquisa.

Apesar das críticas recebidas, os projetos experimentais continuavam sendo a ferramenta metodológica dominante durante esse período. A reação dos psicólogos sociais experimentalistas diante das críticas foi uma preocupação, cada vez maior, por garantir a validade interna, o que levou à utilização de projetos cada vez mais sofisticados que diminuíam muito a validade externa.

Como veremos no capítulo seguinte, esse foi um dos fatores que desencadearam a crise da psicologia social nos primeiros anos da década de 1970.

Além da consolidação do método experimental, outra tendência no desenvolvimento das técnicas de pesquisa durante esse período foi o predomínio da pesquisa quantitativa. O aumento do tamanho das amostras utilizadas nos estudos e da complexidade e sofisticação das técnicas de análise de dados empregadas são algumas das pautas de desenvolvimento nos instrumentos de medida característicos desse período. A utilização de enquetes (surveys) e de técnicas quantitativas foi mais freqüente na sociologia que na psicologia. Nesse sentido, é de destacar a influência que continuou tendo o sociólogo Paul Lazarsfeld (veja o Capítulo 3) do *Bureau of Applied Social Research* da Universidade de Columbia.

O predomínio da metodologia experimental e das técnicas de pesquisa quantitativas não foi tão destacado no âmbito da psicologia social sociológica, em que se abriram mais espaços para a pesquisa qualitativa e para os estudos de campo. Um exemplo disso é a obra de Erving Goffman, que realizou trabalhos de campo utilizando a técnica da observação participante. No interacionismo simbólico se desenvolveriam concepções díspares. Por um lado, interacionistas simbólicos, como Kuhn (1964), eram partidários da operacionalização de variáveis e da utilização de técnicas de análise quantitativa. Por outro lado, interacionistas como Blumer realizavam uma forte crítica à identificação das ciências sociais com as ciências naturais e à aplicação dos métodos derivados delas. Blumer (1969), seguidor da tradição weberiana da *Verstehen*, enfatizava o caráter reflexivo da conduta humana e criticava as metodologias convencionais em que se utilizava a operacionalização das variáveis e a busca de relações de causalidade entre variáveis independentes e variáveis dependentes. Por sua parte, tanto a etnometodologia como a sociologia fenomenológica partiam do princípio de que a metodologia adequada às ciências sociais não pode prescindir de um estudo da linguagem e dos processos de significação com os quais as pessoas dão sentido a sua realidade cotidiana. Logicamente, essa forma de entender os métodos estava em franca contradição não só com a metodologia experimental, mas também com o uso de pesquisa. Um exemplo da crítica sociológica à metodologia tradicional está na publicação, em 1964, do livro de Aaron Cicourel *El método y la medida en sociología*, onde se faz uma revisão dos métodos de pesquisa utilizados pelos psicólogos sociais e da pesquisa por enquetes (survey) utilizada pelos sociólogos, e destaca seu esquecimento da dimensão subjetiva da conduta. Cicourel analisa os experimentos de Asch, Festinger e Kelley, Sherif e Thibaut e os critica por não considerar os sentidos que os indivíduos experimentais dão às variáveis operacionalizadas pelo psicólogo social. Como exemplo de experimento capaz de captar esse sentido, Cicourel (1964) propõe os *experimentos* projetados por Garfinkel, em que se consideram as definições da situação dadas pelos atores. Cicourel também critica a pesquisa utilizando enquetes (surveys), por considerar de maneira errada que as perguntas do pesquisador têm os mesmos significados para todos os indivíduos entrevistados, e que a atribuição de valores numéricos às respostas se corresponde com o significado atribuído por eles às mesmas.

Como vimos neste breve resumo, na psicologia social sociológica se observava, no período analisado, uma maior pluralidade metodológica que na psicologia social psicológica, dominada pelo experimento de laboratório.

RESUMO

Neste capítulo se analisou a evolução da psicologia social durante as décadas de 1950 e 1960. Um dos traços que definem esse período é que, tanto na psicologia como na sociologia, começou a ficar claro que a pretensão de chegar a uma grande teoria explicativa que pudesse dar conta do comportamento humano não havia obtido os resultados esperados. Na psicologia, esse momento coincidiu com a crise do behaviorismo, enquanto na sociologia se refletiu na crise do funcionalismo estrutural. De certo modo, pode-se afirmar que a psicologia social se viu favorecida pela crise de ambos os sistemas.

O behaviorismo não teve na psicologia social a influência que havia tido no restante da psicologia. Nem mesmo durante o tempo que durou sua hegemonia se observou um predomínio dessa corrente teórica na psicologia social. A dificuldade envolvida em chegar a uma explicação do comportamento social sem referir-se à consciência ou à intervenção dos processos mentais fez com que os psicólogos sociais se mantivessem afastados das posições neobehavioristas e procurassem seus referenciais teóricos nas idéias da Escola da *Gestalt*. Quando os princípios derivados dos estudos gestaltistas sobre percepção foram aplicados ao âmbito da psicologia social, surgiu uma importante linha de pesquisa sobre percepção social, que se iniciou com os trabalhos de Asch e Heider, e que gerou, por influência deste último, na década de 1960, as teorias da atribuição (veja o Capítulo 5). Por outro lado, no marco da psicologia social gestaltista surgiu também uma importante linha de pesquisa sobre a influência social que, de forma indireta, já nos anos 1960, seria motivo de reflexão nos estudos sobre obediência à autoridade de Milgram.

Também, fruto da influência dessa escola, através de Heider, desenvolveu-se a teoria da dissonância cognitiva de Festinger, que foi o modelo teórico que inspirou a maior parte da pesquisa da psicologia social psicológica durante os anos 1960.

Mas o fato de a Escola da *Gestalt* ter sido a principal fonte de inspiração teórica da psicologia social durante essa etapa não quer dizer que a psicologia social se mantivesse totalmente alheia à influência do behaviorismo. No contexto da psicologia neobehaviorista surgiram algumas importantes linhas de pesquisa empírica que contribuíram de forma significativa para o desenvolvimento não só empírico mas também teórico da psicologia social. Os estudos sobre a mudança de atitudes realizados por Hovland e seus colaboradores na Universidade de Yale são um exemplo das contribuições da psicologia social neobehaviorista. O mesmo se pode dizer da teoria da facilitação social de Zajonc. Também é um bom exemplo da influência do neobehaviorismo em psicologia social a teoria da aprendizagem social de Bandura, assim como os trabalhos sobre o desamparo aprendido de Seligman. Em todos esses casos, trata-se de um behaviorismo matizado, em que já se integraram conceitos procedentes de outros enfoques, e em que já se estava começando a admitir que a aprendizagem humana não pode ser explicada ignorando-se completamente a intervenção da consciência e dos processos mentais superiores. Tratava-se, de fato, de um behaviorismo que tinha começado a entrar em crise. Uma crise que, de certo modo, viu-se acelerada quando os psicólogos sociais realizaram as primeiras tentativas de utilizar os princípios do behaviorismo para explicar a aprendizagem social humana.

A influência do neobehaviorismo originou também o desenvolvimento das teorias de intercâmbio, um desenvolvimento teórico que surgiu ao mesmo tempo na psicologia (Thibaut e Kelley, 1959) e na sociologia (Blau, 1964, Homans, 1961). As teorias do intercâmbio tiveram um significado diferente para a psicologia social psicológica e para a psicologia social sociológica. A aceitação dos princípios do behaviorismo representava, no primeiro caso, a aceitação do enfoque dominante na psicologia. No segundo caso, pelo contrário, a análise do intercâmbio social a partir das premissas do behaviorismo significava um desafio à concepção teórica mais desenvolvida na sociologia, que era o funcionalismo estrutural.

Embora, como se viu neste capítulo, o enfoque funcionalista não seja necessariamente incompatível com a adoção de uma perspectiva psicossociológica, o certo é que durante o tempo em que teve uma influência hegemônica na sociologia, a psicologia social sociológica teve um pequeno desenvolvimento.

O predomínio da perspectiva macrossociológica, que o funcionalismo priorizava, fez com que durante esse período ficassem relativamente marginalizadas, na sociologia, todas aquelas perspectivas que enfatizavam a análise da interação social e dos processos microssociológicos. Algo que, sem dúvida, afetou a psicologia social sociológica. Durante os anos 1950 e 1960, antes até que o funcionalismo entrasse em crise, começaram a desenvolver-se algumas correntes teóricas que favoreceram o desenvolvimento da microssociologia ou, o que é o mesmo, da psicologia social sociológica. Além das teorias do intercâmbio que acabamos de mencionar, analisaram-se neste capítulo o desenvolvimento do interacionismo simbólico nas Universidades de Chicago e Iowa, a sociologia fenomenológica de Schutz, o enfoque dramatúrgico de Goffman e a etnometodologia de Garfinkel. Em seu conjunto, essas perspectivas teóricas da sociologia contribuíram para o desenvolvimento da microssociologia, interessada na análise da interação social e nos significados que as pessoas dão a sua ação. Uma tradição de pensamento cujas raízes estão nas contribuições de Simmel, Thomas e Mead (veja o Capítulo 2). Do mesmo modo, podemos destacar que algumas das teorias sociológicas descritas contribuíram de forma decisiva para o estudo dos papéis sociais. Funcionalistas como Merton e Parsons, e interacionistas simbólicos como Blumer, McCall, Simons e Turner, e o próprio Goffman, seriam os responsáveis, entre outros sociólogos, por desenvolver no período analisado o que conhecemos como teoria de papéis, e que em grande medida se trata de uma contribuição sociológica à psicologia social. Algo similar podemos afirmar das contribuições de sociólogos como Merton e Stouffer à utilização do conceito de grupo de referência, tradição iniciada tempo atrás por sociólogos como Charles Horton Cooley e William Grahan Summer.

CAPÍTULO 5

A PSICOLOGIA SOCIAL ATUAL

AS MUDANÇAS NA CONCEPÇÃO DA CIÊNCIA

- As mudanças na filosofia da ciência durante os anos 1970
- A nova sociologia da ciência

A PSICOLOGIA SOCIAL NO CONTEXTO DA PSICOLOGIA

- A pesquisa sobre os processos de atribuição causal
- Psicologia (social) cognitiva e cognição social
- Albert Bandura: do behaviorismo mediacional à teoria cognitiva social
- Da teoria da ação racional à teoria da ação planejada
- As pesquisas sobre categorização social e relações intergrupais da Universidade de Bristol
- A teoria das representações sociais
- A influência minoritária e a teoria da conversão
- A pesquisa psicossocial sobre o desenvolvimento cognitivo da Escola de Genebra

O DESENVOLVIMENTO DA PSICOLOGIA SOCIAL NA AMÉRICA LATINA

- A psicologia social de Martín-Baró: em direção a uma psicologia social da liberação
- A psicologia social comunitária

A PSICOLOGIA SOCIAL PÓS-MODERNA

- O construcionismo social de Kenneth Gergen
- O enfoque etogênico de Rom Harré
- O enfoque retórico de Michael Billig
- A análise do discurso e a psicologia social
- A análise das conversações

A PSICOLOGIA SOCIAL NO CONTEXTO DA SOCIOLOGIA

- O interacionismo simbólico: A concepção estrutural de Sheldon Stryker
- A teoria da estruturação de Anthony Giddens
- A sociologia figurativa de Norbert Elias
- O construtivismo estruturalista de Pierre Bourdieu

O DESENVOLVIMENTO METODOLÓGICO DA PSICOLOGIA SOCIAL ATUAL

- Críticas à experimentação
- A polêmica com relação à metodologia quantitativa ou qualitativa

RESUMO

Após o rápido crescimento experimentado pela psicologia social durante os anos 1960, a década de 1970 iniciou-se com uma importante crise que afetou as bases teóricas, metodológicas e epistemológicas da disciplina, e que deve ser situada no contexto de uma crise mais ampla, que todas as ciências sociais experimentaram. Esta situação foi um reflexo das mudanças que estavam acontecendo naquela época no âmbito da filosofia da ciência, como conseqüência da diminuição da influência do positivismo lógico.

Como veremos nas próximas páginas, a conseqüência imediata da crise do positivismo lógico foi a crise do behaviorismo, que já se manifestava nos anos 1960, mas se tornou muito mais aguda quando no contexto da filosofia da ciência começaram a questionar as bases epistemológicas em que se assentava. Embora a psicologia social tivesse permanecido relativamente alheia à influência desta corrente, o fato de o behaviorismo ter perdido a hegemonia teórica na psicologia teve uma profunda repercussão na disciplina. Mesmo que a psicologia social não tivesse renunciado completamente ao uso de conceitos mentalistas nem ao estudo dos processos cognitivos, viu-se muito mais legitimada para fazê-lo quando a psicologia voltou a estudá-los de forma prioritária. Isso gerou um crescimento sem precedentes na pesquisa empírica, que se desenvolveu em um primeiro momento em torno dos processos de atribuição de causalidade, e depois foi convergindo para a área da cognição social, mais próxima dos estudos da psicologia cognitiva. Como veremos a seguir, nem a psicologia nem a psicologia social cognitivas representaram uma ruptura total com a psicologia anterior. Tanto os estudos sobre atribuição causal como a pesquisa sobre cognição social mantiveram a concepção científico-natural da psicologia social e a idéia de que a experimentação era o método de pesquisa mais adequado, dando assim continuidade aos modos de atuar tradicionais da disciplina.

Entretanto, durante a década de 1970, e como conseqüência da crise da psicologia social, foram surgindo outras propostas, tanto teóricas como metodológicas, que ao consolidarem-se contribuíram para mudar a fisionomia da psicologia social. Entre as mudanças observadas, temos que destacar, em primeiro lugar, o surgimento, no início dos anos 1970, de uma psicologia social européia que reivindicava não somente uma identidade própria e diferenciada da psicologia social norte-americana, mas principalmente um maior reconhecimento da dimensão social da disciplina (Israel e Tajfel, 1972; Tajfel, Jaspars e Fraser, 1984). Sem transpor totalmente os limites da psicologia social tradicional, pelo menos no que se refere à metodologia, os psicólogos sociais europeus defenderam a realização de pesquisas mais relevantes do ponto de vista social. Por outro lado, destaca o desenvolvimento, dentro do contexto latino-americano, de uma psicologia social com traços próprios de identidade, que procura um maior compromisso com a realidade social dos países latino-americanos. Desta maneira, junto com o desenvolvimento que na América Latina continua tendo a psicologia social tradicional, surgem novas propostas mais voltadas ao trabalho com as comunidades e com a mudança social.

Em segundo lugar, assistimos nos últimos anos ao desenvolvimento da denominada psicologia social pós-moderna, na qual se agrupam diversas correntes articuladas em torno de um relativismo epistemológico, a partir do qual se questionam as bases da psicologia social tradicional e se propõe uma nova forma de entender a disciplina, tanto de um ponto de vista teórico como metodológico (Gergen, 1989).

Em terceiro lugar, precisamos destacar o desenvolvimento que adquiriram durante esta etapa algumas correntes da psicologia social sociológica que permaneceram relativamente marginalizadas durante a hegemonia do positivismo lógico, como o interacionismo simbólico. Nesse sentido, ocorre não somente a revitalização desta corrente teórica, mas também o aparecimento de novas idéias que contribuíram para o enriquecimento do interacionismo simbólico, com a introdução de um nível de análise em que se consideram os fatores de caráter estrutural.

Esses tipos de enfoques, em que o reconhecimento da capacidade de agir não deixa esquecer a influência da estrutura social, têm um enorme interesse para a psicologia social. Esta foi a razão pela qual incluímos neste capítulo alguns modelos teóricos procedentes da sociologia que, por obter uma articulação entre o individual e o coletivo, situam-se em um nível de análise propriamente psicossociológico. Este é o caso da teoria da estruturação de Anthony Giddens, da sociologia figurativa de Norbert Elias ou do construcionismo estruturalista de Pierre Bourdieu.

AS MUDANÇAS NA CONCEPÇÃO DA CIÊNCIA

Durante a década de 1970 se produziu uma série de mudanças no âmbito da filosofia da ciência que provocaram uma profunda revisão de algumas das premissas que até esse momento eram a base da análise da atividade científica. Depois do longo período em que a filosofia da ciência esteve dominada pelo positivismo, este começou a entrar em declínio. A concepção da ciência como uma atividade racional, a crença na objetividade do conhecimento científico ou a idéia de que existe um método comum a todas as ciências foram algumas das premissas do positivismo que começaram a ser questionadas pelos representantes da *nova filosofia da ciência*. Esta não era, como foi o positivismo lógico, uma corrente de pensamento compacta, pois nela se aglutinavam diferentes propostas, entre as quais destacou-se especialmente a de Thomas Kuhn, e também as de Imre Lakatos e Paul Feyerabend. Embora existam diferenças evidentes na concepção do conhecimento científico que esses autores defenderam, os três concordam quanto a destacar a importância que têm os determinantes sociais e históricos no desenvolvimento da atividade científica, algo que até então não tinha sido considerado como tarefa da filosofia da ciência.

A crise do positivismo lógico não teve efeitos unicamente no âmbito da filosofia da ciência. Como veremos, se até então a sociologia da ciência se interessou somente pelos fatores sociais e históricos que influenciam a origem das idéias científicas, a partir da obra de Kuhn começou a interessar-se também pela análise dos métodos de validação do conhecimento científico. Surge dessa forma uma série de correntes, como o *programa forte* em sociologia do conhecimento, a etnometodologia ou o programa empírico do relativismo, que questionam, a partir de diferentes considerações, a concepção da ciência como um empreendimento racional.

Dada a profunda repercussão que essas mudanças tiveram no desenvolvimento das ciências sociais, ofereceremos uma descrição delas antes de analisarmos a situação atual da psicologia social.

As mudanças na filosofia da ciência durante os anos 1970

O começo da crise da concepção positivista da ciência foi marcado pela publicação, em 1962, do livro de Kuhn, *La estructura de las revoluciones científicas*, em que ele se opôs abertamente à visão da ciência defendida pelos representantes da *concepção herdada* e do *falsificacionismo* popperiano. Uma das mudanças mais importantes derivadas das idéias de Kuhn foi a reivindicação do *contexto de descobrimento* como objeto da filosofia da ciência. O *contexto de descobrimento* é o conjunto de fatores externos à ciência (valores e interesses dos cientistas, recursos econômicos disponíveis, normas e valores sociais predominantes etc.) que influenciam em diferentes aspectos da atividade científica, como a elaboração de teorias, a seleção de problemas de pesquisa etc. O *contexto de justificação* é o conjunto de regras mediante as quais se justifica ou se valida o conhecimento científico, como o contraste empírico das hipóteses teóricas. A distinção

> **Thomas Samuel Kuhn (1922-1996)**
>
> Thomas S. Kuhn nasceu em Cincinnati, em 1922. Estudou física na Universidade de Harvard, onde se doutorou em 1949. Foi professor nas Universidades de Harvard e Berkeley, e depois começou a dar aulas em Princeton, em 1964. Entre 1978 e 1979 foi membro do *New York Institute for the Humanities*. Embora nunca tivesse tido uma formação como filósofo, seu livro *La estructura de las revoluciones científicas* marcaria uma nova forma de entender o pensamento e o avanço científico. Com esse livro, Kuhn revolucionou o campo da epistemologia, ao mostrar a importância das considerações históricas e sociológicas para a compreensão da forma em que se geram e se desenvolvem as teorias científicas.
>
> Sua primeira aproximação sistemática à história da ciência ficou registrada em seu livro de 1959 *La revolución Copernicana*. Mas com a publicação de *La estructura de las revoluciones científicas*, em 1962, atrairia a atenção mundial, não somente devido às críticas que realizava ao positivismo lógico e ao falsificacionismo de Popper, mas também porque colocava em dúvida noções muito arraigadas na comunidade científica como *verdade última* e *progresso científico*, ao mesmo tempo em que questionava a imagem do homem de ciência como um ser neutro e independente.

entre ambos os contextos, introduzida por Hans Reichenbach, fora aceita pelos filósofos da *concepção herdada* (veja o Capítulo 3) para delimitar as fronteiras entre a filosofia da ciência e outras disciplinas interessadas na análise do conhecimento científico, como a história, a sociologia ou a psicologia. Os neopositivistas tinham admitido que existem fatores alheios à atividade científica que podem influenciar na seleção dos problemas de pesquisa, na formulação inicial de uma idéia teórica ou no descobrimento de alguns fatos.

Esses fatores não afetavam, entretanto, o modo com que se justifica o conhecimento científico. Por muito irracional que seja a forma em que se chegou a determinada idéia teórica, ao comprovar sua veracidade, é necessário que o cientista se ajuste aos princípios racionais do método científico. Daí que a filosofia da ciência não se interessasse pelo que acontece no *contexto de descobrimento*.

A forma com que Kuhn (1962) descreveu a história da ciência foi um desafio a esta visão do conhecimento científico. Para começar, Kuhn renunciou ao conceito de *teoria* como unidade de análise da evolução da ciência, substituindo-o pelo de *paradigma*, uma idéia que teve grande acolhida entre os cientistas, apesar da ambigüidade com que definiu o conceito. Masterman (1970), por exemplo, identificou até 21 sentidos diferentes daqueles que Kuhn utilizava para o termo. Do ponto de vista estritamente científico, o conceito de *paradigma* faz referência a uma unidade de análise mais ampla que a *teoria*. Trata-se de um conjunto de explicações teóricas sobre determinados fenômenos, de dados empíricos sobre as questões que já foram pesquisadas, assim como de problemas que estão por resolver. Mas o conteúdo de determinado *paradigma* vai além do seu caráter estritamente científico, e inclui algumas premissas metateóricas básicas assumidas pela comunidade científica em dado momento. Finalmente, também tem um significado sociológico, pois se refere ao desenvolvimento institucional que se produz ao redor do paradigma dominante (revistas e sociedades científicas, apoio a determinadas linhas de pesquisa, manuais utilizados etc.). Sendo uma rede de relações sociais, o paradigma cria estruturas de poder para evitar que o desenvolvimento da atividade científica o ponha em perigo.

Nesse texto, Kuhn tenta mostrar como o desenvolvimento histórico da ciência não foi o resultado da sucessiva refutação de teorias, como considerava Popper. As revoluções científicas e as mudanças de paradigma que provocam surgem não somente por razões científicas, mas também pela capacidade de persuasão de grupos relevantes na comunidade científica. Quando dois paradigmas científicos entram em debate a respeito de sua escolha, cada grupo de cientistas defende sua posição conforme postulados de seu próprio paradigma. Uma vez que os critérios de avaliação de um paradigma são *incompatíveis* com os critérios de avaliação de um paradigma alternativo, apresenta-se um problema de incomensurabilidade de paradigmas. A decisão final sobre a possível aceitação de um novo paradigma não depende, segundo Kuhn, de critérios estritamente lógicos ou racionais, mas de critérios sociais que induzam uma comunidade científica a abandonar sua concepção do mundo e da natureza, e aceite as mudanças propostas pelo novo paradigma científico.

O livro *La estructura de las revoluciones científicas* influenciou amplamente na forma com que se analisa o avanço das teorias e a acumulação do conhecimento. Ao vincular o desenvolvimento da ciência às práticas de grupos sociais, Kuhn questionou as teses da filosofia racionalista sobre o avanço científico, dando um passo à introdução das críticas posteriores da sociologia da ciência sobre a aparente neutralidade dos cientistas sociais na validação de suas teorias.

Segundo Kuhn, a evolução da ciência acontece mediante a alternância de períodos de *ciência normal*, em que determinado paradigma guia a pesquisa, e *revoluções científicas*, que provocam o aparecimento de um novo paradigma. Nos períodos de *ciência normal*, a pesquisa científica se encontra guiada pelo paradigma dominante. As premissas teóricas e metateóricas sobre as quais o paradigma se baseia são as que determinam as questões a ser investigadas, que tipo de fatos devem ser observados e de que modo precisa ser realizada a pesquisa. À medida que o novo paradigma vai se assentando, os membros da comunidade científica vão aderindo a ele, até o ponto em que as explicações alternativas diminuam e, até mesmo, desapareçam. Ao redor do novo paradigma vão surgindo estruturas de poder que garantem sua hegemonia. Nos períodos de *ciência normal*, segundo Kuhn (1962), a atividade cotidiana dos cientistas não está dirigida ao contraste de hipóteses falseadoras, como pretendia Popper.

De fato, os cientistas que aderem ao paradigma dominante ignoram as *anomalias*, isto é, os fatos que não podem ser explicados ou que contradizem claramente as considerações comumente aceitos. Unicamente quando as anomalias vão se acumulando, o paradigma dominante entra em crise. Nesses momentos de crise, começará um período de ajustes intraparadigmáticos no qual, às vezes, para solucionar as anomalias se chega a renunciar a alguns dos postulados básicos. Ao mesmo em tempo que o paradigma dominante tenta se manter, surgem tentativas isoladas de solucionar as anomalias a partir de diferentes considerações. Alguma dessas propostas obterá aceitação por parte da comunidade científica e surgirá um novo paradigma, o que envolve uma *revolução científica*.

Uma das idéias de Kuhn que maior polêmica suscitou foi a idéia da *incomensurabilidade de paradigmas*. Os paradigmas rivais não se diferenciam porque explicam de diferente modo os mesmos fatos. Na verdade, cada paradigma parte de algumas considerações filosóficas e metateóricas diferentes, o que faz que também sejam diferentes os problemas que se estudam e os conceitos que se utilizam. Isso significa que os resultados da pesquisa empírica não podem servir para decidir entre um paradigma e outro, o que põe em questão uma das premissas fundamentais do positivismo lógico, que era a crença de que existe uma base empírica comum que os cientistas utilizam racionalmente para substituir algumas teorias por outras. A idéia da *incomensurabilidade* dos paradigmas significava uma rejeição da concepção da ciência entendida como um processo unidirecional e progressivo, voltado a descobrir a verdade como correspondência entre nosso conhecimento teórico e a realidade. A ciência, da mesma maneira que a construção do pensamento humano, está determinada pela história.

As idéias de Kuhn inauguraram um novo período da filosofia da ciência, cuja principal característica foi o desenvolvimento de teorias e modelos sobre o contexto de descobrimento (Estany, 1993). Entre os principais representantes desta nova filosofia da ciência se destacam Lakatos (1970, 1978), situado em uma posição mais racionalista que a de Kuhn, e Feyerabend (1970), que leva até o extremo a idéia do relativismo e a *irracionalidade* do conhecimento científico.

As mudanças que se produziram durante a década de 1970 no âmbito da filosofia da ciência significaram, definitivamente, o abandono dos rígidos critérios de demarcação impostos pela *concepção herdada* e pelo falsificacionismo popperiano, e a aceitação do *contexto de descobrimento* como objeto de análise da filosofia da ciência. O interesse, cada vez maior, que começaram a gerar a história da ciência e os condicionantes psicológicos e sociais que afetam seu desenvolvimento evidenciou o fato de que a ciência não era um empreendimento tão racional como pretendiam os positivistas lógicos, os filósofos da *concepção herdada* e o falsificacionismo popperiano.

A nova sociologia da ciência

Se as idéias de Kuhn significaram uma mudança profunda das concepções dominantes no âmbito da filosofia da ciência, as mudanças foram ainda maiores no contexto da sociologia da ciência, que até esse momento somente se ocupou do *contexto de descobrimento*. Para o fato de a sociologia não ter dado atenção até então à análise do *contexto de justificação* foi determinante a influência de Robert Merton (1942). Para este sociólogo funcionalista, cujas algumas contribuições teóricas foram analisadas no Capítulo 4, a análise da metodologia da ciência, assim como do processo mediante o qual acontece a validação do conhecimento científico, é uma tarefa que compete exclusivamente à filosofia. A sociologia, por sua parte, deve encarregar-se unicamente do estudo dos condicionantes sociais, econômicos e políticos que rodeiam o desenvolvimento da atividade científica. Deste modo, Merton estabeleceu uma clara diferença entre a filosofia da ciência, cujo objeto de estudo eram os métodos de validação do conhecimento científico, e a sociologia da ciência, concentrada na análise do *ethos* da ciência. O *ethos* da ciência era, para Merton, o conjunto de valores e normas que guiam a atividade dos cientistas. Essas normas, que se expressam em forma de *prescrições* e *proscrições*, encontram-se legitimadas pelo sistema de valores dominante, e são transmitidas aos cientistas mediante o exemplo e por intermédio de regulamentos. A consciência científica é o resultado da interiorização dessas normas por parte dos cientistas.

Em sua análise do *ethos* da ciência, Merton distinguiu quatro tipos de imperativos institucionais: o *universalismo*, o *comunalismo*, o *desinteresse* e o *ceticismo organizado*. O *universalismo* é o princípio mediante o qual todas as afirmações científicas devem ser avaliadas por critérios impessoais previamente estabelecidos. Ou, o que é o mesmo, a aceitação ou a rejeição das hipóteses científicas não devem ver-se influenciadas por critérios externos à ciência, como as qualidades pessoais do cientista. Mediante o princípio do *comunalismo*, faz-se referência ao fato de a atividade científica estar baseada na cooperação e seus resultados deverem ser comunicáveis.

A regra do *desinteresse* significa que a atividade do cientista não deve estar influenciada pelos seus interesses pessoais. Finalmente, o imperativo do *ceticismo organizado* significa que os cientistas devem manter uma atitude crítica diante das idéias, e estar abertos à polêmica.

As idéias de Merton foram um impulso para o desenvolvimento de numerosos estudos sociológicos sobre a ciência, cujo objetivo fundamental era a análise dos valores e normas que regem a atividade dos cientistas. Os imperativos descritos por Merton eram utilizados como critério para avaliar o desenvolvimento da ciência, assim como para analisar os casos em que a atividade científica não respeitava o código ético proposto por ele. Tratava-se de uma sociologia da ciência que evoluía de forma paralela à filosofia, sem fazer incursões em seu âmbito. Como já comentamos, esta situação começou a mudar a partir dos anos 1970, devido, entre outros fatores, à enorme influência das idéias de Kuhn. Ressaltando o fato de que o aparecimento de evidência contrária a um *paradigma* não é um critério suficiente para que o paradigma seja abandonado, Kuhn questionava a racionalidade da atividade científica, inclusive no *contexto de justificativa*. Ao deixar evidente que os critérios mediante os quais se estabelecem as verdades científicas não são tão racionais como se pensava, a obra de Kuhn convidava os sociólogos da ciência a fazer incursões em um terreno que até então lhes fora vetado. Surge assim, no âmbito da sociologia da ciência, uma série de correntes cujo objetivo é a análise dos fatores sociais que determinam a própria produção do conhecimento científico.

Uma das primeiras propostas foi o denominado *Programa Forte em Sociologia do Conhecimento Científico*, desenvolvido na Universidade de Edimburgo e cujos principais representantes são David Bloor e Barry Barnes. A tese central do *programa forte*, apresentada pela primeira vez no livro de Bloor, *Knowledge and social imagery* (1976), é que toda a atividade do cientista é influenciada pelos fatores próprios do contexto social, político e econômico em que desempenha seu trabalho, o que impede a existência da racionalidade científica. O *programa forte* se articula ao redor de quatro princípios básicos: *causalidade, imparcialidade, simetria* e *reflexibilidade*. Segundo o *princípio de causalidade*, a sociologia da ciência deve ter a pretensão de identificar os fatores sociais que provocam determinadas crenças ou formas de conhecimento científico. A função da sociologia da ciência é explicar como e por que surgem, se aceitam ou se rejeitam determinadas teorias científicas. Segundo o *princípio de imparcialidade*, a sociologia da ciência deve explicar a gênese de qualquer crença científica, independentemente de ser considerada verdadeira ou falsa. Do mesmo modo, é necessário que se mantenha uma *simetria* nas formas de explicação, aplicando os mesmos tipos de fatores causais, independentemente de o conhecimento que se esteja explicando ser considerado verdadeiro ou falso. Segundo este princípio, a reflexão sobre os fatores sociais que dão lugar ao conhecimento científico não deve ficar limitada àqueles casos em que as crenças são consideradas falsas, mas também deve afetar as hipóteses que se definem como verdadeiras. Finalmente, segundo o *princípio de reflexibilidade*, a sociologia da ciência deveria aplicar esses padrões explicativos à própria sociologia (veja Bloor, 1976).

Os defensores do *programa forte* partem do critério de que a objetividade do conhecimento científico não é possível, pois mesmo no caso de poder chegar a obter dados empíricos objetivos, sempre poderiam ser interpretados a partir de diferentes perspectivas teóricas. A evidência empírica, portanto, não pode ser um critério para escolher entre teorias contrapostas. Com base no *programa forte*, defende-se a idéia de que a escolha entre enfoques teóricos alternativos não é produto da racionalidade dos cientistas, mas depende de fatores sociais, políticos ou econômicos, externos à ciência. Um dos exemplos mencionados por Bloor para ilustrar sua concepção da ciência é o experimento realizado por Pasteur para provar que a matéria não-viva não podia gerar nenhuma forma de vida. Segundo Bloor, a comunidade científica aceitou os resultados do experimento e a explicação de Pasteur, porque eram compatíveis com as crenças religiosas da França do século XIX, assim como com as condições sociais e políticas da época. A aceitação das teses de Pasteur não foi, portanto, o resultado da avaliação racional dos resultados de seus experimentos.

O *programa forte*, que significou uma radicalização das idéias de Kuhn, foi objeto de numerosas críticas. Alguns autores questionam sua essência como teoria sociológica, pois não se especificam quais são os fatores sociais concretos que influenciam na produção do conhecimento científico, nem se esclarece como atuam esses fatores para determinar nossas crenças (Gordon, 1991). Por outro lado, o *programa forte* não pode explicar por que algumas crenças científicas são aceitas em contextos sociais diferentes daqueles em que surgiram, nem por que o relativismo epistêmico que defendem deve ter um estatuto privilegiado diante de outras concepções epistemológicas (Sokal e Bricmont, 1999).

Se o *programa forte* tinha como principal objetivo a explicação sociológica da forma com que se produz o conhecimento científico, outras correntes da sociologia da ciência surgidas durante os anos 1970 renunciaram a esta pretensão explicativa, e se limitaram a realizar uma análise descritiva da atividade dos cientistas. Uma dessas correntes foi a etnometodologia, cujos principais representantes da sociologia da ciência foram Bruno Latour e Steve Woolgar. Os etnometodólogos acreditam que o conhecimento científico não é diferente de outras formas de conhecimento, nem a atividade dos cientistas se rege por princípios distintos dos que regem o restante das atividades humanas (veja o Capítulo 4).

Em seus estudos sobre a ciência, os etnometodólogos partem da observação detalhada da atividade dos cientistas, tomando nota de tudo o que acontece nos centros de pesquisa. O sociólogo deve observar a atividade dos cientistas da mesma maneira que um antropólogo observa os nativos de outras culturas. O ponto de partida deste enfoque é o livro de Latour e Woolgar, *Laboratory life*, publicado em 1979. Nele se encontram os resultados de uma pesquisa cujo objetivo foi coletar informações, mediante a técnica da observação participante, sobre a atividade cotidiana em um laboratório de pesquisa biológica. O estudo visava a observar não somente os padrões de interação em que ocorre a atividade científica, mas a forma com que o próprio conhecimento científico se produz e se justifica. As conclusões do estudo ressaltavam que a atividade dos cientistas é motivada, em muitas ocasiões, por fatores alheios ao desenvolvimento da ciência. Era freqüente, por exemplo, os cientistas afirmarem que o objetivo de sua atividade era publicar artigos, mais do que obter conhecimento sobre determinada teoria. Do mesmo modo, a observação da atividade do laboratório levou aos autores à conclusão de que a atividade dos cientistas não segue padrões racionais. Os fatos que devem ser observados, assim como as interpretações dos resultados ou a crença no caráter lógico e objetivo da ciência, vão surgindo ao longo das relações interpessoais entre os cientistas.

Outra das correntes surgidas no âmbito da sociologia da ciência depois da crise do positivismo lógico foi o denominado *programa empírico do relativismo*, desenvolvido durante a década de 1980 na Universidade de Bath. A idéia central desta corrente é que a ciência é, acima de tudo, uma construção social e, como tal, seu desenvolvimento não é o resultado da aplicação de métodos racionais de validação do conhecimento. A partir desta posição construcionista, os defensores deste ponto de vista rejeitam a suposta superioridade dos métodos de pesquisa consagrados pelo positivismo, especialmente a experimentação. Como os resultados derivados dos experimentos podem receber diferentes interpretações, não deveriam ser utilizados como critérios empíricos para determinar a validade das teorias científicas. Esta idéia está apoiada na tese da subdeterminação das teorias pelos dados empíricos, e afirma que nossos dados finitos são compatíveis com diferentes teorias, o que impede que sejam a prova definitiva da sua validade. As *verdades científicas* não seriam, segundo o programa empírico do relativismo, o resultado da aplicação racional do método científico, mas o produto do consenso na comunidade científica, um consenso que depende de fatores sociais, como a distribuição do poder entre diferentes grupos, os mecanismos retóricos com os quais cada um conta etc.

Como é lógico, as mudanças que se produziram durante os anos 1970 e 1980 no âmbito da filosofia e da sociologia da ciência tiveram uma enorme influência no desenvolvimento das ciências sociais durante este período. A queda do positivismo lógico criou um contexto favorável para a expressão de um mal-estar com as premissas epistemológicas e metodológicas que as ciências sociais haviam assumido como próprias. Em psicologia social, este mal-estar terminou em uma profunda crise, que fez com que durante a década de 1970 fossem questionadas as realizações alcançadas até aquele momento. A falta de relevância do conhecimento gerado pela pesquisa psicossocial, a orientação psicologizante e individualista da disciplina, com o conseqüente esquecimento do contexto histórico e social, os problemas derivados da utilização do experimento de laboratório como único método válido de pesquisa e os abusos éticos em que se incorria com freqüência na pesquisa experimental foram alguns dos temas que suscitaram maior mal-estar entre os psicólogos sociais durante este período de crise (veja Collier, Minton e Reynolds, 1991; Jackson, 1988; Jiménez Burillo, 1985; Martín-Baró, 1998).

Nesse contexto, a tensão entre o objetivismo e o subjetivismo, que tinha acompanhado a psicologia social desde o momento de seu nascimento, voltou a ocupar o primeiro plano. Diante dos partidários da estratégia positivista, para quem o estabelecimento de generalizações mediante a formulação de leis universais era a única finalidade do conhecimento científico, os defensores de uma estratégia abrangente começaram a reivindicar, cada vez de forma mais contundente, a adoção de métodos de pesquisa mais adequados, em que se desse prioridade ao caráter particular dos fenômenos que as ciências sociais estudam. A pretensão de estabelecer leis gerais sobre a realidade social começou a ser fortemente rejeitada (Bar-Tal e Bar-Tal, 1988; Gergen, 1973, 1982), na mesma época em que começava a reivindicar-se para a psicologia social um modelo antropomórfico de ciência, no qual a pessoa fosse tratada *como um ser humano* (Harré e Secord, 1972).

Como veremos mais adiante, a rejeição dos postulados do positivismo tem atualmente um de seus principais canais de expressão nas correntes teóricas que se aglutinam na psicologia social pós-moderna. Inspiradas pelos novos desenvolvimentos da sociologia do conhecimento científico, e pelas idéias de alguns filósofos neopragmatistas, como Richard Rorty (1979), essas correntes compartilham uma concepção da ciência em que a rejeição do positivismo não significa mais uma reivindicação de esquemas metodológicos mais apropriados, mas desembocou em um relativismo epistêmico.

Isso não quer dizer, entretanto, que se tenha produzido uma ruptura total com a psicologia social tradicional. Nem a crise do positivismo lógico representou o completo desaparecimento das concepções positivistas da ciência (veja Estany, 1993), nem a crise da psicologia social gerou uma rejeição generalizada dos esquemas epistemológicos e metodológicos dominantes. De fato, como veremos ao longo deste capítulo, uma parte importante da psicologia social se manteve alheia à crise da disciplina, e seguiu desenvolvendo-se em torno das premissas cientistas derivadas do positivismo.

A PSICOLOGIA SOCIAL NO CONTEXTO DA PSICOLOGIA

Como acabamos de destacar, as ciências sociais não permaneceram alheias às mudanças que se produziram no âmbito da filosofia e da sociologia da ciência durante os anos 1970. Na psicologia, a queda do positivismo lógico acelerou a crise do behaviorismo que, como comentamos no capítulo anterior, começara a ser gerada no final dos anos 1950. A conseqüência imediata desta crise foi a reorientação da psicologia para o estudo dos processos cognitivos. Depois da denominada revolução cognitiva do final dos anos 1950, o *paradigma do processamento da informação* foi consolidando-se, durante a década de 1960, como o modelo predominante no estudo dos processos mentais.

Embora a psicologia social nunca tivesse renunciado completamente ao estudo dos processos cognitivos, a crise do behaviorismo favoreceu enormemente o desenvolvimento da psicologia social cognitiva. A maior tolerância com a utilização de conceitos *mentalistas* foi um impulso para a realização de pesquisas em que se analisavam alguns dos processos cognitivos estudados pela psicologia social de influência *gestaltista*, como a dissonância cognitiva ou as atribuições causais. Como vimos no Capítulo 4, esta tendência se iniciou já nos anos 1960, mas foi nos anos 1970, coincidindo com a orientação cognitivista da psicologia, que o estudo dos processos cognitivos se tornou um dos principais temas de interesse para a psicologia social. A pesquisa sobre o fenômeno da dissonância cognitiva, que fora central durante a década de 1960, perdeu protagonismo durante a década de 1970, e seu lugar foi ocupado pelas teorias da atribuição. Os modelos de Jones e Davis (1965) e de Kelley (1967) inspiraram uma das principais linhas do desenvolvimento empírico da psicologia social psicológica. Como se verá mais adiante, a pesquisa sobre o processo de atribuição causal, e mais especificamente a que foi desenvolvida ao redor dos vieses do processo de atribuição, foi um importante ponto de interseção entre a psicologia social e a psicologia cognitiva, cujos resultados foi a consolidação da pesquisa sobre *cognição social*, centrada no estudo dos processos cognitivos, a partir do enfoque do processamento da informação dominante na psicologia.

Como veremos, existe outra importante linha de pesquisa sobre os processos cognitivos que tem sua origem no próprio behaviorismo e que é fruto da reorientação cognitivista que esta corrente experimentou da mão de autores como Albert Bandura, cujas algumas contribuições foram descritas no capítulo anterior. Neste capítulo, concluiremos a análise das contribuições de Bandura à psicologia social, analisando sua evolução, do behaviorismo mediacional para a teoria cognitiva social, um dos exemplos mais ilustrativos da convergência entre o behaviorismo e a psicologia cognitiva. Outra amostra desta adaptação do behaviorismo ao novo cenário da psicologia é a reformulação da teoria do desamparo aprendido de Seligman no marco das teorias da atribuição.

Por outro lado, e este é outro dos traços que caracterizam a psicologia social atual, a partir dos anos 1970 assistimos ao surgimento e desenvolvimento de uma psicologia social européia que começa a reivindicar um espaço próprio perante a psicologia social norte-americana. Centrada também no estudo dos processos cognitivos, a psicologia social européia se caracteriza, entre outras coisas, por sua exigência de uma maior atenção ao caráter social da disciplina. A teoria da identidade social de Henri Tajfel, as pesquisas da Escola de Genebra e as contribuições teóricas de Serge Moscovici são alguns dos desenvolvimentos mais representativos da psicologia social européia.

Finalmente, deve-se destacar o desenvolvimento de uma psicologia social pós-moderna, na qual se enquadram diversas perspectivas teóricas que, até mesmo divergentes entre si em numerosos aspectos, têm em comum sua autocaracterização como correntes críticas diante da concepção positivista da ciência e diante da psicologia social tradicional.

A pesquisa sobre os processos de atribuição causal

A teoria da dissonância cognitiva, que fora uma das principais fontes de inspiração da psicologia social durante os anos 1960, começou a ser substituída durante a década de 1970 pelas teorias da atribuição, cuja origem se encontra também nas idéias de Heider (1944, 1958).

A transição entre ambos os modelos se iniciou na metade dos anos 1960, com o aparecimento da *teoria da inferência correspondente* (Jones e Davis, 1965) e do *modelo da covariação* (Kelley, 1967). O enorme êxito que tiveram essas teorias se deveu, entre outros fatores, à forma com que descreviam o processo de atribuição causal permitindo que este fosse abordado a partir da perspectiva do processamento da informação, o modelo de cognição que acabou por se impor no contexto da psicologia. A atribuição causal era concebida como o resultado de um processo racional de inferência, no qual a pessoa produz a resposta que mais se ajusta à informação disponível. O fato de a análise da atribuição causal permitir aos psicólogos sociais situar-se nas coordenadas da psicologia do processamento da informação gerou uma grande proliferação de pesquisas (veja Hewstone, 1992; Ross e Fletcher, 1985), a maioria delas de caráter experimental, cujo objetivo comum era a confirmação das hipóteses derivadas de ambos os modelos. Como veremos a seguir, embora inicialmente tivessem sido as duas teorias que guiaram a pesquisa, à medida que esta se desenvolvia foram surgindo novos enfoques e novas linhas de pesquisa, entre as quais se destaca o estudo dos vieses no processo de atribuição.

A teoria da inferência correspondente

O primeiro desenvolvimento das idéias de Heider sobre os processos de atribuição causal é a teoria da *inferência correspondente* de Jones e Davis (1965). Segundo estes autores, quando vemos alguém executando uma ação, especialmente se for uma ação anômala, necessitamos dar algum tipo de explicação. Por isso, supomos que a resposta se apóia em algum traço de sua personalidade que está determinando esse tipo de comportamento. Nessa situação, a atribuição causal se traduz em afirmações do tipo: "X faz essas coisas porque X é...". Os traços de personalidade atribuídos se tornam a fonte de explicação da conduta. O conceito central da teoria é o de *inferência correspondente*, definido como o resultado de *inferir* do comportamento dos outros alguma característica pessoal estável, procurando uma *correspondência* entre o comportamento observado e os traços pessoais de quem o emitiu.

O objetivo de Jones e Davis (1965) era descrever o processo mediante o qual um observador faz uma *inferência correspondente*, isto é, atribui o comportamento de outra pessoa às características ou disposições estáveis desta. Para isso, os autores partem de um modelo de processamento da informação que consta de duas fases: a atribuição de intenções e a atribuição de disposição (Figura 5.1).

Segundo Jones e Davis (1965), para que determinado comportamento seja atribuído às características do ator, é necessário que tenha sido intencional. Portanto, na primeira fase do processo atributivo, o observador tenta atribuir o comportamento do ator às suas intenções. Segundo o modelo, o processo de atribuição começa quando o observador nota os efeitos de determinada ação; a partir desta informação, tratará de determinar se a pessoa que a executou tinha capacidade para realizá-la e conhecia as conse-

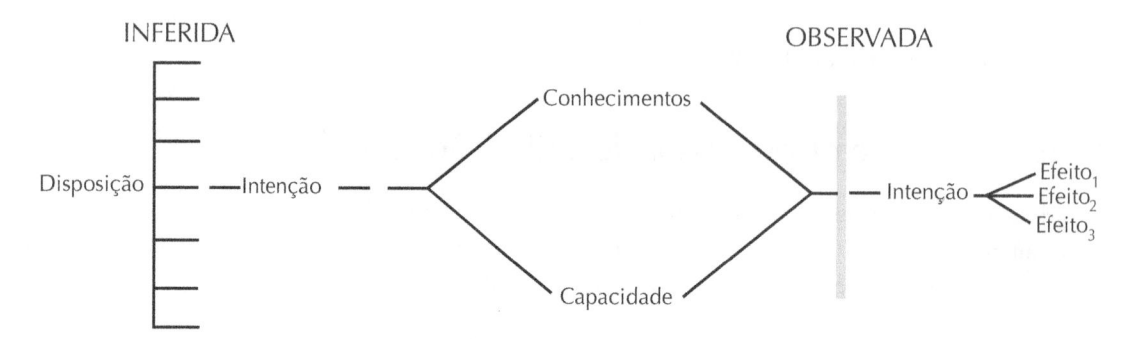

Figura 5.1 Fases do processo de atribuição segundo a teoria da inferência correspondente (Jones e Davis, 1965, p. 222).

qüências que podiam derivar daquela. Somente se ambas as condições são cumpridas, o comportamento é considerado intencional.

Uma vez que se decidiu que a ação era intencional, começa a segunda fase do processo de atribuição, em que o observador tentará atribuir o comportamento do ator a uma característica estável dele. Para que o observador chegue a realizar esta *inferência correspondente*, atuam dois princípios: o dos *efeitos não comuns da ação* e o de sua *desejabilidade social*. Os *efeitos não comuns* da ação são as conseqüências que não se produziram no caso de o ator ter escolhido um comportamento alternativo. Quanto menor for o número de *efeitos não comuns*, maior será a probabilidade de que o comportamento seja atribuído a características pessoais do ator.

A probabilidade de uma *inferência correspondente* será também maior quanto menor seja a desejabilidade social da ação. Se as conseqüências do comportamento forem pouco desejáveis socialmente, é mais provável que este seja atribuído a alguma característica estável do ator. Esta idéia foi modificada posteriormente (Jones e McGillis, 1976), e substituída pela idéia mais geral de que, mesmo que as conseqüências do comportamento sejam desejáveis, se contradisserem as expectativas do observador serão atribuídas às características do ator. Portanto, a probabilidade de que o comportamento seja atribuído a disposições pessoais do ator aumenta quando não se cumprem as expectativas do observador.

Embora a teoria da *inferência correspondente* significasse, de certo modo, que a atribuição do comportamento a causas internas era o resultado de um processo racional de processamento da informação, os estudos realizados em torno deste modelo evidenciaram que, ao explicar o comportamento dos outros, a pessoa que o observa não utiliza sempre toda a informação disponível, mas em muitas ocasiões comete *erros* que parecem ser o resultado de uma tendência sistemática a ignorar determinado tipo de informação. Alguns desses enganos ou vieses já haviam sido analisados no trabalho original de Jones e Davis (1965), que eram conscientes de que em algumas ocasiões o observador faz uma *inferência correspondente*, até no caso de não se cumprirem as condições necessárias para realizar este tipo de atribuições. O primeiro tipo de viés, que denominam *relevância hedonista*, está relacionado com os efeitos, tanto positivos como negativos, que o comportamento do ator tem para o observador. No caso de a relevância hedonista ser alta, o observador mostrará uma maior tendência a fazer uma *inferência correspondente*. O outro viés atribucional é o *personalismo*, pelo qual a probabilidade de *inferência correspondente* aumenta nos casos em que o observador percebe que a ação lhe é dirigida.

Um dos primeiros estudos realizados para testar as hipóteses derivadas da teoria da inferência correspondente foi o experimento sobre atribuição de atitudes realizado por Jones e Harris (1967). A tarefa dos participantes era decidir se as opiniões expressas por uma pessoa refletiam sua atitude ou eram causadas pela situação. A pessoa cujo comportamento teria que ser explicado expressava opiniões favoráveis ou contrárias à política de Fidel Castro. Por outro lado, os observadores recebiam dois tipos de informação sobre a pessoa que falava. Em alguns casos, eram informados de que falava livremente (condição de alta escolha). Em outros casos, de que fora *obrigada* pelos pesquisadores a expressar essa opinião (situação de baixa escolha). Os resultados, que se resumem na Figura 5.2, mostraram que até naqueles casos em que a pessoa fora obrigada a expressar a opinião que estava mantendo, o observador atribuía as opiniões à atitude de quem as expressava, mais do que à situação. Isso se observava especialmente no caso de se expressarem opiniões favoráveis a Fidel Castro, isto é, quando o comportamento não era normativo.

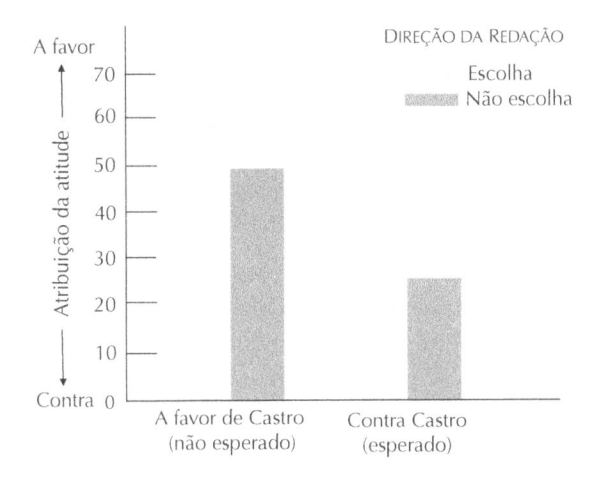

Figura 5.2 Resultados do estudo sobre atribuição de atitudes (Jones e Harris, 1967).

O fato de esta tendência ter sido observada freqüentemente nas pesquisas sobre atribuição fez que fosse considerada um viés ou erro do processo de atribuição, provocado por uma tendência sistemática do sistema cognitivo para processar de determinada maneira a informação que recebe. Como veremos mais adiante, o estudo deste e de outros vieses se tornou uma das principais linhas de pesquisa sobre a atribuição causal.

Embora a teoria da *inferência correspondente* contasse com um apoio relativo procedente da pesquisa experimental que suscitou, suas limitações foram repetidamente assinaladas. Um dos aspectos da teoria que receberam um maior número de críticas é a afirmação de que a atribuição de intenções é uma condição necessária para atribuir o comportamento do ator a um traço pessoal estável. Como destaca Eiser (1978), há situações em que o comportamento pode ser atribuído a características pessoais do próprio ator, mesmo quando este não tenha procurado as conseqüências obtidas. Por exemplo, existem comportamentos não-intencionais que podem ser atribuídos à pessoa, como o descuido, a falta de jeito ou o esquecimento. Por outro lado, como destaca Hewstone (1992; Hewstone e Antaki, 1990), a teoria não descreve de maneira precisa a forma com que as pessoas realizam atribuições. Segundo o modelo, um aspecto básico do processo atributivo é a comparação que o observador faz entre o comportamento percebido e outras condutas alternativas que, de fato, não ocorrem. Entretanto, existe evidência que demonstra que, ao perceber e interpretar o comportamento dos outros, as pessoas dão atenção, quase exclusivamente, ao que, de fato, aconteceu e muito pouca atenção ao que não aconteceu (Nisbett e Ross, 1980).

Uma terceira crítica é que a teoria só considera o comportamento que não responde às expectativas, apesar de os comportamentos que se ajustam a elas também poderem ser uma importante fonte de informação no processo atributivo (veja Hewstone e Antaki, 1990).

Apesar destas limitações, a teoria de Jones e Davis (1965) serviu de impulso aos estudos posteriores sobre os processos de atribuição e, mais concretamente, à pesquisa sobre os *vieses atributivos*, um dos temas centrais da psicologia social cognitiva a partir da década de 1980.

O modelo de covariação de Harold Kelley

Outra importante contribuição para o desenvolvimento das teorias da atribuição durante a década de 1970 foi o modelo proposto por Harold Kelley, cuja primeira versão foi publicada em 1967. Partindo de algumas idéias que estavam já presentes na obra de Heider, Kelley (1967) elaborou uma explicação do processo de atribuição baseada no *princípio de covariação*, segundo o qual um efeito será atribuído à determinada causa quando ambos variam conjuntamente ao longo do tempo.

Este princípio é aplicável à análise do processo de atribuição causal nos casos em que a pessoa conta com informações sobre o ator procedente de diferentes observações de seu comportamento. Nesses casos, o processo de atribuição causal pode ser explicado mediante a analogia da análise da variância. A idéia central da proposta de Kelley (1967) é que a pessoa, ao tentar procurar as causas do comportamento de outros, utiliza uma versão ingênua da análise da variância que lhe permite determinar se suas inferências são válidas. As fontes de informação de que a pessoa dispõe ao atribuir o comportamento dos outros a diferentes tipos de causas são, segundo Kelley, as seguintes: o *consenso*, a *distintividade* e a *consistência*. O *consenso* é o grau em que o comportamento do ator em determinada situação é considerado semelhante ao da maioria das pessoas na mesma situação. Existirá um alto grau de *consenso* quando o observador pensar que a maioria das pessoas atuará, nessa situação, como atuou o ator. A *distintividade* é o grau em que um comportamento se encontra associado de forma específica a determinado estímulo ou situação. Existirá uma alta *distintividade* quando o observador acreditar que o ator não reagirá da mesma maneira em outro tipo de situação. A *consistência* é o grau em que o comportamento diante de determinado estímulo se mantiver constante em diferentes situações e períodos de tempo. Existirá um alto grau de *consistência* quando o ator responder sempre do mesmo modo a estímulos ou situações semelhantes.

Por exemplo, imaginemos uma ação, *o riso*, realizada por uma pessoa, *Juan,* e uma causa potencial da ação de Juan, *a atuação de um humorista*. O observador atribuirá o comportamento do ator às suas características pessoais quando houver alta consistência (no passado, Juan sempre ria com a atuação do mesmo humorista), baixa distintividade (Juan também ri com outros humoristas) e baixo consenso (Juan é o único que ri com a atuação deste humorista). Isto é, a pessoa será vista como responsável pela ação quando o observador acreditar que o comportamento diante de determinado estímulo é sempre o mesmo, quando esse comportamento se apresenta também em situações diferentes, e quando a maioria das pessoas não se comportaria desse modo na mesma situação.

Quando a consistência é alta (Juan sempre ri com a atuação do mesmo humorista), a distintividade alta (Juan somente ri com as atuações do mesmo humorista) e o consenso alto (todas as pessoas riem com este humorista), o comportamento do ator será atribuído ao estímulo que o provocou, nesse caso a atuação do humorista.

Por último, quando a ação é altamente distintiva (Juan não ri com nenhum outro humorista), mas baixa em consenso (outras pessoas não riem com a atuação deste humorista), e baixa também em consistência (somente algumas vezes Juan ri com a atuação deste humorista), será atribuída à situação.

Segundo Kelley, as pessoas fariam permanentemente uma recontagem das ocasiões e circunstâncias em que um ator realiza ou deixa de realizar uma ação. Por intermédio do processamento da informação recebida, uma pessoa pode determinar se o comportamento do ator é atribuível à sua personalidade, ao estímulo ou à situação em que se encontra.

A principal crítica dirigida ao princípio de covariação é que está elaborado sobre a base das atribuições causais que as pessoas realizam em uma situação experimental, em que recebem toda a informação necessária para realizar as inferências sobre o comportamento dos demais, informação que provavelmente não se procura quando se tenta explicar o comportamento de outras pessoas em situações cotidianas.

Como já foi destacado, a analogia da análise da variância unicamente é válida quando a informação que o observador tem sobre o ator procede de diferentes observações de seu comportamento. Entretanto, é freqüente que as pessoas façam inferências sobre as causas do comportamento dos demais partindo de uma única observação. Segundo Kelley, naqueles casos em que o observador tem uma informação limitada sobre o ator, o processo de atribuição se realiza mediante a atuação dos *esquemas causais*.

Como é definido por Kelley (1972a, p. 151), "um esquema causal é o conhecimento geral que uma pessoa tem do modo em que certas classes de causas interagem para produzir uma classe específica de efeito". Os esquemas causais procedem da experiência da pessoa com o mundo externo, e a capacitam para integrar a informação que tal experiência proporciona. Uma vez formados, os esquemas podem ser ativados em diferentes momentos, o que significa que são versáteis. Quando é ativado, um esquema proporciona um marco ou sistema no qual se realizam certas operações. Embora Kelley adote o conceito de esquema dos trabalhos de Jean Piaget, reconhece as semelhanças entre sua forma de entender os esquemas e a utilização que outros psicólogos sociais, como Bartlett, faziam deste conceito (veja o Capítulo 3).

Kelley propôs dois tipos básicos de esquemas causais. O primeiro é o *esquema de causas suficientes múltiplas*, aplicável quando diferentes causas —, cada uma delas poderia ser suficiente para produzir o comportamento —, encontram-se presentes no momento em que ele acontece. Este esquema vem do conhecimento da pessoa da existência de causas diferentes que produzem o mesmo efeito, e que o efeito ocorrerá se qualquer uma delas estiver presente. O esquema é apresentado na Figura 5.3. Dadas duas causas A e B, o efeito E pode ocorrer quando qualquer uma das duas causas estiver presente ou quando ambas estiverem presentes. Por exemplo, o sucesso de uma pessoa em um exame pode ter múltiplas causas, como o esforço que realizou, sua capacidade, a facilidade das perguntas ou a sorte. Nesses casos, a explicação do comportamento acontece mediante o *princípio do desconto*, segundo o qual, "o papel de uma determinada causa para produzir um dado efeito diminui quando outras possíveis causas estão também presentes" (Kelley, 1972a, p. 8). No exemplo que acabamos de expor, a atribuição do sucesso no exame à capacidade do estudante será menos provável se outra possível causa, como a baixa dificuldade das perguntas, estiver também presente.

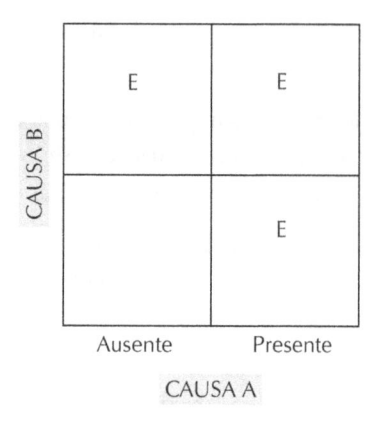

Figura 5.3 Esquema de causas suficientes múltiplas (Kelley, 1972b, p. 152).

O segundo tipo de esquema é o de *causas necessárias múltiplas*, que opera naquelas ocasiões em que é necessária a atuação conjunta de várias causas para que determinado comportamento se produza. Como se observa na Figura 5.4, para que se produza o efeito E é necessário que tanto a causa A como a causa B estejam presentes. Por exemplo, se tivermos que explicar o êxito de uma pessoa em uma tarefa muito difícil (causa inibidora), é possível que não seja suficiente atribuí-lo ao esforço que a pessoa realizou, mas também à sua capacidade. Nesse caso, operaria o *princípio do aumento*, segundo o qual, "se quando se produz um determinado efeito estão presentes tanto uma causa inibidora plausível como uma causa facilitadora plausível, à causa facilitadora se atribuirá um papel maior na produção do efeito do que se estivesse sozinha como possível causa" (Kelley, 1972a, p. 12).

Com relação ao princípio de configuração, as principais objeções ao modelo de Kelley têm a ver com a forma com que utiliza o conceito de *esquema*, a qual retira o conteúdo que psicólogos como Bartlett (1932) tinham-lhe atribuído. Como destaca Fiedler (1982), o conceito de esquema, que autores anteriores tinham concebido como uma estrutura de conhecimentos organizados baseados na experiência cultural, fica reduzido, no modelo de Kelley, a uma relação abstrata entre causas e efeitos.

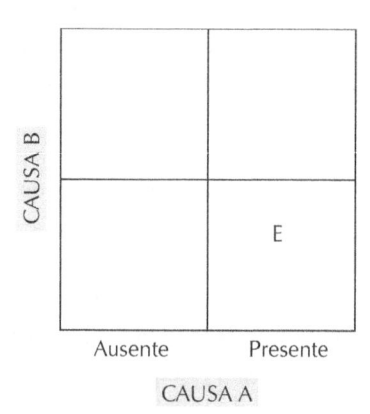

Figura 5.4 Esquema de múltiplas causas necessárias (Kelley, 1972b, p. 156).

Assim como na teoria da *inferência correspondente,* o modelo de Kelley significou uma importante contribuição ao desenvolvimento teórico e empírico da psicologia social psicológica durante os anos 1970 e 1980. Entretanto, também é necessário ressaltar que o nível adotado de análise para abordar o estudo da atribuição reflete um ponto de vista mais psicológico do que psicossocial. No modelo de Kelley dá-se mais atenção à descrição da estrutura dos esquemas causais do que à análise de sua origem social e cultural.

Em geral, o aspecto social vem determinado pela natureza do estímulo que põe em funcionamento o processo de atribuição (o comportamento dos demais). A atribuição não é considerada o resultado de um processo social, mas o resultado de processos individuais de inferência que são supostamente ativados pela observação do comportamento de outras pessoas.

Atribuição do êxito e do fracasso

Às duas teorias clássicas sobre atribuição foram se acrescentando durante os anos 1970 e 1980 algumas novas propostas teóricas, cuja principal contribuição foi incluir na pesquisa sobre atribuições uma reflexão sobre as funções motivacionais e afetivas que realizam. Um desses novos modelos foi o de Weiner (1972, 1986), que situa a análise dos processos de atribuição causal no contexto da motivação para o resultado. Algumas de suas idéias estavam já presentes na obra de Heider (1958), que tinha dedicado uma especial atenção à análise das explicações causais que se seguem ao êxito e ao fracasso na resolução de tarefas. Embora a dimensão fundamental que Heider utilizou em sua análise fosse a diferença entre causas internas e causas externas, também esboçara a idéia de que as causas utilizadas para explicar o comportamento diferiam no grau de estabilidade, e que esta era uma dimensão central quando a pessoa explicava o lucro pessoal. Por exemplo, tanto a capacidade como o cansaço são causas internas, mas a primeira é mais estável que a segunda. Weiner ampliou esta idéia propondo três dimensões para classificar as atribuições. A primeira delas é a *localização* das causas, que nos permite distinguir entre causas internas e externas. A segunda é a *estabilidade*, que faz referência à permanência das causas ao longo do tempo, e nos permite distinguir entre causas estáveis e instáveis. A terceira dimensão é a *controlabilidade*, que se refere ao grau de controle que a pessoa pode exercer sobre os fatores que provocaram seu comportamento.

O significado que tem a dimensão de *controlabilidade* para a pessoa depende, segundo Weiner, do lugar, externo ou interno, em que se situam as causas da realização pessoal. Por exemplo, o fracasso acadêmico poderia ser atribuído à falta de capacidade ou à preguiça; em ambos os casos, está-se utilizando uma causa interna e estável, embora a segunda causa seja mais controlável que a primeira. A percepção de *controlabilidade* opera de maneira diferente quando a realização pessoal é atribuída a causas externas, como a sorte ou o preconceito dos demais, visto que, por definição, a pessoa não tem controle sobre este tipo de fatores. Neste caso, a percepção de controle não se refere à própria pessoa, mas a outras pessoas. Por exemplo, uma pessoa pode atribuir seu fracasso em um exame a um engano do examinador ou ao azar; em ambos os casos está utilizando uma causa externa que se encontra, portanto, além de seu controle. Entretanto, no primeiro exemplo a causa está sob o controle de outra pessoa (o examinador), enquanto no segundo caso é totalmente incontrolável. As Tabelas 5.1 e 5.2 são um resumo da estrutura de casualidade proposta por Weiner.

A idéia central no modelo de Weiner é que o tipo de fator que a pessoa utiliza para explicar o êxito ou o fracasso exerce uma grande influência na motivação e tem importantes conseqüências emocionais. A *localização* das causas afeta principalmente a auto-estima, de tal forma que a atribuição do êxito a fatores internos, como a capacidade, reforçará a auto-estima. Ao contrário, a auto-estima se verá ameaçada se utilizarmos este tipo de fator para explicar o fracasso. A dimensão de *estabilidade* determinará as expectativas que se tenham sobre a atitude no futuro. A atribuição do êxito a uma causa estável contribuirá para aumentar as expectativas do êxito, enquanto se se utiliza a mesma causa estável para explicar o fracasso, as expectativas de êxito no futuro diminuirão. O grau de controle que a pessoa sente também influi nas conseqüências emocionais do êxito ou do fracasso. No caso de se tratar de atribuições externas, que estejam fora do próprio controle, a pessoa sentirá aborrecimento se acreditar que as causas de seu fracasso estão sob o controle de outras pessoas.

	ESTÁVEL	INSTÁVEL
INCONTROLÁVEL	Aptidão	Cansaço
CONTROLÁVEL	Esforço Preguiça Laboriosidade	Esforço ocasional

Tabela 5.1 Causas internas do êxito e do fracasso, classificadas segundo a dimensão da estabilidade e do controle (Weiner, 1986, p. 49).

	ESTÁVEL	INSTÁVEL
CONTROLÁVEL	Preconceitos dos empregadores	Política atual do governo
INCONTROLÁVEL	Tecnologia	Recessão econômica

Tabela 5.2 Causas externas do desemprego (Weiner, 1986, p. 50).

A teoria de Weiner foi uma irrefutável contribuição ao desenvolvimento das teorias da atribuição, pois voltou a trazer para o primeiro plano a dimensão motivacional e emocional das atribuições causais. Apesar disso, a proposta de Weiner introduz certa ambigüidade na classificação das possíveis causa do êxito e do fracasso. Embora o autor considere segura a forma com que determinadas causas serão recebidas pela pessoa, o certo é que não existem critérios objetivos para decidir qual é o grau de estabilidade ou controlabilidade de determinadas causas.

Algumas das idéias do modelo de Weiner foram utilizadas por Abramson, Seligman e Teasdale (1978), em sua reformulação da teoria do desamparo aprendido de Seligman (1975). Como vimos no Capítulo 4, o postulado central deste modelo era que a exposição da pessoa a situações incontroláveis provoca uma diminuição das respostas, interfere na aquisição de novos aprendizados e dá lugar ao aparecimento de sintomas depressivos. O desamparo aprendido, que Seligman equiparou à depressão reativa, é o estado psicológico caracterizado por este triplo déficit, motivacional, cognitivo e emocional. Apesar de não se estabelecer explicitamente uma relação entre os esquemas causais utilizados para explicar o fracasso e o sentimento depressivo, as abordagens de Seligman sugeriam que a percepção de que os acontecimentos estão além do controle pessoal é o que provoca sentimentos depressivos. Deste ponto de vista, é a utilização de causas externas para explicar o fracasso que está associada a conseqüências emocionais negativas.

Na reformulação da teoria se considerou não apenas a diferença entre causas internas e externas, mas também a diferença entre causas estáveis e instáveis. A utilização da dimensão interna/externa na atribuição das causas do fracasso leva estes autores a propor uma separação entre as situações de desamparo, em que a incontrolabilidade das conseqüências é atribuída a deficiências pessoais (*desamparo pessoal*), e aquelas em que a pessoa nota que as conseqüências são incontroláveis também para outros (*desamparo universal*). Enquanto no primeiro caso, a situação de desamparo significaria uma diminuição da auto-estima, esse déficit não surgiria no segundo tipo de desamparo. Mediante a utilização da dimensão estabilidade/instabilidade pode estabelecer-se, além disso, uma diferença entre os casos em que os sintomas de depressão têm um caráter crônico e os casos em que o sentimento depressivo é transitório. O primeiro caso costuma estar associado à utilização de causas estáveis para explicar o fracasso, enquanto o segundo é mais freqüente quando se utilizam causas instáveis. Além dessas duas dimensões, Abramson, Seligman e Teasdale (1978) introduzem uma terceira, que se refere à globalidade ou especificidade dos fatores utilizados pela pessoa para explicar sua situação.

Dependendo de as causas serem globais ou específicas, os déficits próprios do estado de desamparo se generalizarão em diferentes situações (desamparo global) ou ficarão circunscritos em uma situação concreta (desamparo específico). A consistência da pessoa ao utilizar as dimensões de internalidade/externalidade, estabilidade/instabilidade e globalidade/especificidade pode originar diferentes estilos atributivos, alguns dos quais foram relacionados com a depressão. Por exemplo, aqueles indivíduos que se caracterizam por um *estilo atributivo* interno, estável e global diante de acontecimentos negativos têm uma maior probabilidade de sofrer sintomas depressivos (veja Hewstone e Antaki, 1990; Peterson e Seligman, 1984).

Vieses no processo de atribuição causal

Como já comentamos, no transcurso da pesquisa sobre os processos de atribuição causal tornou-se claro que a forma com que se explica o comportamento dos outros não é produto de um processamento da informação puramente racional, mas o fato é que a pessoa não utiliza todos os dados que tem ao seu dispor. A pesquisa iniciada a partir da teoria da inferência correspondente mostrou, por exemplo, que a pessoa tende a atribuir o comportamento dos outros a fatores disposicionais do ator, mesmo que receba informações sobre as circunstâncias externas que poderiam levá-lo a atuar da maneira como tem atuado. Esta tendência foi observada repetidas vezes nas pesquisas sobre atribuição; é o que se conhece como o *erro fundamental da atribuição* (Ross, 1977, p. 183), definido como "a tendência das pessoas a subestimarem o impacto dos fatores situacionais, e a superestimarem o papel dos fatores disposicionais no controle do comportamento".

A maior parte das explicações que se tem dado a este fenômeno destacou sua natureza cognitiva. Heider (1958), por exemplo, que já ressaltara que as pessoas costumam utilizar causas internas para explicar o comportamento dos demais, explicava esta tendência pelo fato de que para o observador, a pessoa e seus atos constituem uma unidade perceptiva global, em que a primeira é, normalmente, a causa dos segundos. Outro tipo de explicação cognitiva foi oferecida por Jones (1979), destacando que, do ponto de vista de um observador externo, a pessoa é um elemento mais proeminente que as características da situação. Utilizando a terminologia dos estudos da psicologia da *Gestalt*, a pessoa seria a *figura*, enquanto a situação seria o *fundo*. Isso faz as características da situação serem subvalorizadas como causas do comportamento. Em outro tipo de explicação, ressaltou-se a origem social das atribuições causais e o fato de que o *erro fundamental da atribuição* é um reflexo da forma com que determinados contextos culturais reforçam a utilização de causas internas para explicar o comportamento. O fato de a maior parte dos estudos sobre este viés atribucional ter sido realizada nos Estados Unidos, onde há certo consenso social ao redor da idéia de que a pessoa é responsável por seus atos, não deve ser ignorado ao explicar por que esta forma de atribuição é tão generalizada. Como destacam Nisbett e Ross (1980), a crença de que o comportamento é produto das disposições pessoais está profundamente arraigada na ética protestante. Apesar da importância que este tipo de fator deveria ter para a psicologia social, a pesquisa sobre os vieses do processo de atribuição causal desenvolvida durante os anos 1980 deu mais atenção à dimensão cognitiva de tais vieses que às suas funções sociais.

Um segundo viés no processo da atribuição é o descrito pela hipótese do *ator diante do observador* (Jones e Nisbett, 1972), ou do *eu diante dos outros* (Watson, 1982). Esta hipótese sugere que existem diferenças sistemáticas entre a forma como as pessoas explicam seu próprio comportamento e a forma como explicam o comportamento dos demais. Como destacam Jones e Nisbett (1972, p. 80), "os atores têm uma tendência persistente a atribuir suas ações a solicitações da situação, enquanto os observadores tendem a atribuir as mesmas ações a disposições pessoais estáveis". Jones e Nisbett reconhecem que esta tendência se deve, em parte, à necessidade das pessoas de às vezes justificar sua própria conduta. Entretanto, em suas explicações dão prioridade a fatores de caráter cognitivo, como o diferente nível de informação que uma pessoa tem sobre si mesma e sobre os outros. Como a pessoa tem informação de primeira mão sobre a forma com que seu comportamento varia, é mais fácil atribuí-lo às características da situação, do que quando observa o comportamento de outras pessoas. Nesses casos, a falta de informação sobre a variabilidade faz que o comportamento seja atribuído às características estáveis da outra pessoa. Por outro lado, Jones e Nisbett (1972) sugerem que há diferenças na forma como atores e observadores processam a informação. O ator e o observador têm diferentes perspectivas diante da mesma informação. Quando uma pessoa observa o comportamento de outra, o estímulo mais importante é a pessoa observada. Para o observador, a causa mais próxima do comportamento é o ator. Mas para o ator que observa a si mesmo, a causa mais próxima é a situação.

Outro viés muito freqüente do processo atributivo, que se observou no contexto da pesquisa sobre as atribuições causais da realização pessoal, é o de *autocomplacência*, que consiste em uma tendência a atribuir o próprio êxito a fatores pessoais, enquanto o fracasso se atribui a causas externas. Esta tendência, que foi constatada repetidas vezes em diferentes tipos de situações (veja Zuckerman, 1979), é um reflexo da influência de alguns fatores não-racionais no processo de atribuição. Os mecanismos utilizados para explicar esta tendência foram três. Um deles é a necessidade da pessoa de oferecer aos outros a melhor imagem possível. A partir deste ponto de vista, a atribuição seria o resultado de um esforço consciente para agradar. Outra explicação que se atribui a este erro é que sua existência é uma manifestação do princípio do prazer. A partir deste ponto de vista, segundo o qual o viés de *autocomplacência* tem uma base motivacional, destaca-se que a atribuição do êxito a fatores internos cumpre a função de reforçar o ego, enquanto a atribuição do fracasso a causas externas serve para proteger a auto-estima. Finalmente, também há explicações do caráter cognitivo derivado de processos de inferência racionais. Miller e Ross

(1975), por exemplo, sugerem, que na maioria das vezes, as pessoas tiveram êxito no passado e esperam tê-lo no futuro, o que faz com que quando em uma situação experimental aparece uma situação hipotética de realização, a atribuição do êxito a fatores internos é mais consistente com a informação que se tem sobre as realizações passadas. Esta explicação é especialmente aplicável aos experimentos em que os indivíduos participantes são estudantes universitários com trajetórias vitais em geral bem-sucedidas.

A análise da evolução experimentada pela pesquisa sobre os processos de atribuição causal a partir dos anos 1970 mostra a existência de um deslocamento evidente do estudo das etapas do processamento da informação que leva às atribuições, até a análise dos vieses na atribuição. Os primeiros estudos, centrados na confirmação das hipóteses derivadas dos modelos teóricos sobre atribuição causal surgidos em meados de 1960, dão lugar a uma nova forma de compreender a pesquisa sobre atribuições, em que o aspecto mais sobressalente é a análise dos erros que a pessoa comete. O volume alcançado pela pesquisa sobre os vieses do processo de atribuição levou autores como Taylor (1981) a considerar este tipo de pesquisa como o início de uma terceira etapa da psicologia social cognitiva, caracterizada pela concepção da pessoa como um processador imperfeito de informação. De fato, o estudo dos vieses no processo de atribuição foi um dos antecedentes dos estudos sobre os processos de inferência, um dos temas centrais da psicologia do processamento da informação.

Psicologia (social) cognitiva e cognição social

Como se destacou reiteradamente ao longo deste livro, a psicologia social nunca renunciou completamente ao estudo dos processos cognitivos. Até mesmo nas épocas de maior hegemonia do behaviorismo, a reflexão sobre a mente e a consciência foi objeto de estudo da psicologia social, tanto psicológica como sociológica. O início do behaviorismo coincidiu com o advento do interacionismo simbólico, com as pesquisas de Frederic Bartlett sobre a memória, e com os estudos sobre o desenvolvimento cognitivo realizados pela escola soviética (veja o Capítulo 3). Posteriormente, quando o positivismo lógico favoreceu a hegemonia do neobehaviorismo na psicologia, a psicologia social, sob a influência da Escola da *Gestalt*, centrou-se no estudo de processos como a formação de impressões, a comparação social ou a influência social. E um pouco mais tarde, na década de 1960, quando o behaviorismo já começara a entrar em crise, a psicologia social vivenciou um de seus maiores desenvolvimentos sobre a teoria da *dissonância cognitiva*, cujo conteúdo mentalista é evidente (veja o Capítulo 4). Finalmente, e ao mesmo tempo em que a psicologia voltava a ter como objetivo prioritário o estudo dos processos cognitivos, a psicologia social conhecia um desenvolvimento espetacular em torno das teorias da atribuição. Levando tudo isso em consideração, só podemos afirmar que a psicologia social foi sempre *cognitiva*. Por isso, é imprescindível esclarecer, antes de prosseguir, quais são as razões pelas quais dedicamos uma seção específica à psicologia social cognitiva, e qual é a diferença em relação a outras formas de abordar o estudo dos processos mentais.

Quando se fala de *psicologia social cognitiva* e, sobretudo, quando se utiliza o rótulo *cognição social*, faz-se referência a uma forma determinada de abordar o estudo dos processos cognitivos, cuja característica principal é a analogia entre esses processos e os processos computacionais do processamento da informação. Esta forma de abordar o estudo da mente surgiu no final dos anos 1950, no contexto das denominadas ciências cognitivas, e foi assumida pela psicologia como o paradigma mais atrativo para abordar o estudo dos processos mentais depois da crise do behaviorismo. A psicologia social, apesar de contar com uma grande tradição no estudo da mente, acabou ajustando-se a este modelo, que começou a ser incorporado à pesquisa psicossocial no final dos anos 1970. Dado que as pesquisas sobre cognição social são uma extensão, no âmbito da psicologia social, dos princípios sobre os quais se elaborou a psicologia do processamento da informação, convém especificar quais são esses princípios, antes de entrarmos na análise da psicologia social cognitiva.

A revolução cognitiva da psicologia e o paradigma do processamento da informação

Em uma aplicação das idéias de Thomas Kuhn (veja a primeira seção deste capítulo) à história da psicologia, a crise do behaviorismo e a volta ao estudo dos processos cognitivos costumam ser descritas como o resultado de uma *revolução científica* que pôs fim ao período de *ciência normal* behaviorista e gerou um novo paradigma, centrado desta vez no estudo dos processos cognitivos. A chamada *revolução cognitiva* da psicologia começou a gerar-se na década de 1950, e teve um de seus pontos máximos em 1956, quando se celebrou o *Segundo Simpósio sobre Teoria da Informação* do Instituto Tecnológico de Massachusetts. Nesse simpósio, apresentaram-se alguns trabalhos considerados os marcos da ciência cognitiva: *La máquina de la lógica teórica*, de A. Newell e H. A. Simon, *Tres modelos de lenguaje*, de Noam Chomsky e, no campo da psicologia, *El mágico número siete, más o menos dos*, de George A. Miller. No ano de 1956 se publica, além disso, o livro de Bruner, Goodnow e Austin, *Un estudio del pensamiento*, que teve uma influência decisiva na psicologia do processamento de informação durante os anos 1960.

A década de 1960 começa com a publicação do livro de Miller, Galanter e Pribram, *Planes y estructura de la conducta*, no qual se anuncia o fim do behaviorismo e se propõe a analogia mente/computador como centro do novo programa científico da psicologia. A enorme influência do livro, que propunha, entre outras coisas, a recuperação da linguagem mentalista (*imagem mental, planos, estratégias*) eliminada da psicologia pelos behavioristas, colocou-o no mesmo nível de importância do *Behaviorism* de Watson (1925) para o behaviorismo (veja de Vega, 1984). À grande acolhida desse trabalho, deve ser acrescentada a enorme influência que, durante a década de 1960, exerceram os estudos de Bruner sobre o processo de categorização e as pesquisas geradas sobre o conceito de *esquema* (Bartlett, 1932). A publicação do livro de Neisser, *Cognitive psychology* (1967), em que se oferecia uma integração das pesquisas desenvolvidas até aquele momento no marco do processamento da informação, foi o impulso definitivo para a consolidação do novo enfoque.

Do ponto de vista da definição do objeto de estudo, a adoção do enfoque do processamento da informação significou uma nova mudança no desenvolvimento histórico da psicologia, que depois de mais de quatro décadas de behaviorismo, voltou a visar prioritariamente ao estudo dos processos cognitivos. Mas é importante considerar que esta nova psicologia cognitiva não só representou uma ruptura com relação ao behaviorismo, mas também com relação à forma com que previamente se abordou o estudo da mente.

Uma das premissas do paradigma do processamento da informação era que o estudo dos processos cognitivos devia ser abordado mediante a *metáfora do computador*, isto é, mediante o estabelecimento de uma analogia entre processos mentais e processos computacionais. Embora nem todos os psicólogos cognitivos utilizassem explicitamente tal analogia, virtualmente todos conceberam a mente humana como um sistema de processamento de informação, e se centraram no estudo dos processos computacionais que têm lugar entre a apresentação de um estímulo (*input*) e a emissão de uma resposta (*output*). A grande acolhida dedicada à metáfora do computador foi devida à crença generalizada de que esta era a única possibilidade de abordar o estudo da mente de uma forma objetiva. De certo modo, o estudo dos processos cognitivos se recuperou quando se encontrou a maneira de fazê-los empiricamente observáveis, mesmo que de forma aproximada. Nesse sentido, a ruptura com o behaviorismo não foi tão profunda como em princípio pudesse parecer.

Do ponto de vista metodológico, os psicólogos de orientação cognitivista mantiveram as mesmas características pelas quais definiram a psicologia anterior. A nova psicologia cognitiva representou uma rejeição ao princípio positivista do fisicalismo, no sentido de que já não era necessário que a psicologia se concentrasse na análise de fenômenos diretamente observáveis. Entretanto, mantiveram-se algumas características da concepção positivista da ciência. Os psicólogos cognitivos não discutiram, por exemplo, a tese da unidade metodológica da ciência, e assumiram a superioridade do método hipotético-dedutivo. A psicologia continuava sendo concebida como uma ciência experimental e, embora a física deixasse de ser o modelo a imitar, os psicólogos cognitivos transformaram as ciências da computação no paradigma de objetividade científica.

Além de seu possível valor heurístico, a adoção da metáfora do computador como modelo da mente humana tem importantes conseqüências, tanto teóricas como ontológicas. Em primeiro lugar, a utilização desta analogia levou a psicologia cognitiva a estudar uma mente computacional que não se identificava completamente com a mente que tradicionalmente tinha sido estudada pela psicologia. O relato de Jerome Bruner, que acabamos de mencionar como um dos principais precursores da *revolução cognitiva*, é extremamente esclarecedor das intenções iniciais e do resultado final desta:

> Acreditávamos que se tratava de um esforço decisivo para instaurar o *significado* como o conceito fundamental da psicologia; não os estímulos e as respostas, nem o comportamento abertamente observável, nem os impulsos biológicos e sua transformação, e sim o *significado*. Não era uma revolução contra o behaviorismo, animada pelo propósito de transformá-lo em uma versão mais adequada que permitisse prosseguir com a psicologia acrescentando-lhe um pouco de mentalismo. Edward Tolman já o tinha feito, com poucos resultados. Era uma revolução muito mais profunda que tudo isso. Sua meta era descobrir e descrever formalmente quais *significados* os seres humanos criavam a partir de seus encontros com o mundo, para em seguida propor hipóteses a respeito dos processos de construção de significado em que se baseava. Centrava-se nas atividades simbólicas utilizadas pelos seres humanos para construir e dar sentido não só ao mundo, mas também a eles mesmos.
>
> (Bruner, 1995, p. 20)

Esta preocupação inicial que menciona Bruner foi se transformando em um interesse crescente pelo estudo do processamento da informação e em um afastamento da construção do significado. A mente como processo e produto da comunicação simbólica situava-se como epifenômeno de uma mente computacional em que a intencionalidade e a ação eram conceitos retirados do esquema teórico dos cognitivistas. Nesse mesmo sentido, Riviere (1991) destaca que as estruturas da informação e os processos computacionais estudados pela psicologia cognitiva não são equiparáveis à linguagem da mente fenomênica, ou da experiência interna, constituída pela fala interna, as imagens mentais etc. Esses fenômenos, que os behavioristas tinham rejeitado, tampouco foram abordados pela nova psicologia cognitiva.

Por outro lado, a metáfora do computador obrigou os psicólogos cognitivistas a passarem por cima do papel das emoções, do contexto social, da cultura e da história. A concepção dos processos cognitivos como um produto da interação social foi perdendo cada vez mais espaço no contexto de uma psicologia cognitiva preocupada, fundamentalmente, com a descrição das fases do processamento da informação e a análise de processos cognitivos intra-individuais. A adoção de uma perspectiva evolutiva, com a qual fosse possível analisar o papel que o meio social tem no desenvolvimento dos processos mentais, também foi virtualmente inexistente no âmbito da psicologia cognitiva. De fato, autores como Jerome Bruner, interessados na gênese social dos processos cognitivos, acabaram desenvolvendo seu trabalho de pesquisa no âmbito da psicologia evolutiva, apesar de ter sido um dos impulsionadores da *revolução cognitiva*. O estudo dos processos cognitivos foi realizado, portanto, sob a suposição de que tais processos surgiam por geração espontânea, operavam no vácuo social, e não se relacionavam com outras dimensões do comportamento humano.

Todos estes traços da psicologia cognitiva foram assumidos quase sem modificações quando a psicologia social adotou o paradigma do processamento da informação, o que representou uma importante mudança de orientação no estudo dos processos cognitivos.

A importância que tradicionalmente é dada em psicologia social aos componentes motivacionais e emocionais da cognição começou a diminuir, e os modelos nos quais este tipo de fatores desempenhava um papel central, como a teoria da dissonância cognitiva, cederam o protagonismo a teorias em que os processos cognitivos eram analisados sem considerar sua relação com outro tipo de processos que fazem parte indissolúvel da ação humana. A transição da teoria da dissonância cognitiva para as teorias da atribuição é um exemplo desta mudança, provocada pela utilização de um modelo de cognição que, de certo modo, era incompatível com o reconhecimento do caráter social da mente.

Edificada sobre as premissas que acabamos de descrever, a psicologia social cognitiva assumiu como próprias as perguntas que a psicologia cognitiva se fez. Desta maneira, um dos objetivos prioritários das pesquisas sobre cognição social foi a análise da forma como o conhecimento da realidade se encontra representado no sistema cognitivo humano. Em geral, os psicólogos sociais de orientação cognitivista compartilham a idéia de que o sistema cognitivo conta com uma organização interna dos conhecimentos sobre o mundo, e que a tarefa da psicologia social é determinar como estão estruturados estes conhecimentos. Um segundo objetivo da pesquisa sobre cognição social é descrever os processos computacionais que tornam possível o processamento da informação.

O enorme desenvolvimento adquirido pela pesquisa sobre cognição social, que levou alguns autores a defini-la como a área dominante da psicologia social (veja Páez, Marques e Insúa, 1996), dificulta uma apresentação sistemática dos diferentes temas abordados. O objetivo desta seção não é, portanto, fazer uma revisão exaustiva dos estudos realizados na área da cognição social, mas descrever as principais características deste tipo de pesquisas e mostrar quais foram os principais temas abordados. Uma ampliação da informação desta seção pode ser obtida consultando algumas das revisões sobre cognição social (Echebarría, 1991; Fiske e Taylor, 1991; Higgins, 2000; Kunda, 1999; Markus e Zajonc, 1985; Smith, 1998; Schwartz, 2000).

O estudo das estruturas cognitivas: protótipos e exemplares

Um dos conceitos mais utilizados para descrever as estruturas cognitivas é o da *categoria*. A categorização é o processo mediante o qual simplificamos e ordenamos a informação que chega aos sentidos, de tal maneira que a realidade não é notada como um amálgama de objetos únicos e singulares, mas como um conjunto ordenado de *classes de objetos* ou *categorias*. Até os anos 1970, o estudo da categorização se inspirou na *concepção clássica* das categorias, que em psicologia social se encontra representada pelos trabalhos de Bruner (Bruner, Goodnow e Austin, 1956). Os estudos de Bruner e seus colaboradores apoiavam a idéia de que as categorias são agrupamentos arbitrários de traços, que a pessoa vai aprendendo mediante um processo de confirmação de hipótese. Do mesmo modo, os resultados desses estudos endossavam a conclusão de que as categorias são conjuntos de atributos bem definidos, de modo que pertencer a essas categorias é uma questão de tudo ou nada.

No contexto da psicologia, esta forma de entender as categorias foi questionada nos anos 1970, como resultado dos trabalhos de Eleanor Rosch (Rosch, 1973, 1975, 1978; Rosch e Mervis, 1975). Os resultados desses trabalhos sugeriam que as categorias não são arbitrárias mas naturais, isto é, são produto da forma como se encontra organizado o mundo perceptivo. Por exemplo, o fato de que determinados objetos de nosso mundo perceptivo sejam agrupados na categoria "aves" não é fruto de uma arbitrariedade cultural, mas reflete a existência desta categoria na realidade empírica. Determinados atributos, como "ter bico" ou "ter penas" tendem a vir junto, e rara vez se associam com outros, como "ter patas". Da mesma maneira, os resultados obtidos por Rosch mostravam que as categorias não são conjuntos de atributos bem definidos, mas têm um caráter difuso, que se deve a que nem todos os membros de uma categoria compartilham todas as características que a definem. Conforme for o número de traços que compartilhem, os membros serão mais ou menos representativos da categoria. Por exemplo, na categoria *mamíferos*, um cão é mais representativo que uma baleia. As categorias não são, portanto, conjuntos homogêneos, mas têm uma estrutura interna, que faz com que os membros estejam organizados em um contínuo de tipicidade ou representatividade. Em cada categoria existem alguns membros que são muito representativos: são os *protótipos*, que funcionam como pontos de referência da categoria. Finalmente, outra conclusão importante a que levaram os trabalhos de Rosch foi a idéia de que as categorias estão organizadas hierarquicamente, existindo três níveis de abstração: as *categorias básicas*, que são os objetos que fazem parte de nosso mundo perceptivo ("cão", "mesa"), as *categorias supra-ordenadas*, que se encontram em um nível superior de abstração, e englobam uma série de categorias básicas ("mamífero", "móvel") e as *categorias subordinadas*, cujo nível de abstração é menor do que o das categorias básicas ("pastor alemão", "mesa de escritório").

As conclusões derivadas das pesquisas sobre o processo de categorização foram extrapoladas logo para o âmbito da percepção social, dando lugar a uma série de pesquisas em que se pretendia confirmar se esta concepção das categorias era aplicável ao âmbito da percepção de pessoas e de situações sociais. Os trabalhos de Rosch têm servido de inspiração a uma linha de pesquisa da psicologia social cognitiva centrada no estudo dos *protótipos* como estrutura básica sobre a qual se articula o conhecimento humano. Esta linha de pesquisa, que tem um caráter fundamentalmente descritivo, teve como objetivo prioritário comprovar se o funcionamento das categorias sociais se ajusta ao esquema de Rosch. Em geral, as pesquisas realizadas levaram à conclusão de que as categorias sociais, como as categorias físicas, estão organizadas hierarquicamente, existindo diferentes níveis de abstração. Um dos estudos mais clássicos sobre este tema é o de Cantor e Mischel (1979), que analisaram a forma em que está estruturado o conhecimento sobre outras pessoas. Partindo do exemplo das categorias que se utilizam para descrever diferentes tipos de compromisso, esses autores destacam que, como ocorre no caso das categorias de objetos físicos, as categorias sociais funcionam em diferentes níveis de inclusividade (veja a Figura 5.5). As categorias básicas como "religioso" ou "ativista político" ficariam incluídas na categoria "*supra-ordenada*" "pessoa comprometida" e, por sua vez, incluiriam categorias subordinadas como "católico" ou "judeu".

Outra das conclusões derivadas deste tipo de pesquisa é que as categorias sociais são conjuntos difusos, que se estruturam ao redor de um *protótipo*; essas conclusões não são somente aplicáveis à percepção de pessoas, mas também à percepção de situações (Cantor e Mischel, 1979). Do mesmo modo, estes estudos destacam que existe uma relação entre a classificação de pessoas e a de situações sociais, de tal forma que os membros protótipos de uma categoria social exibem os atributos típicos com particular intensidade e consistência nas situações apropriadas. Uma vez que as pessoas pertencem a múltiplas categorias e que o comportamento muda para se ajustar aos diferentes contextos, a forma mais útil de categorização social pode ser uma combinação pessoa/situação (Cantor, Mischel e Schwartz, 1982).

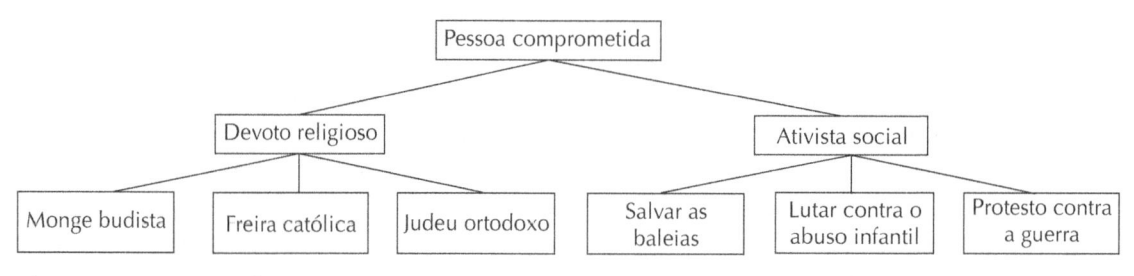

```
                     ┌─────────────────────┐
                     │ Pessoa comprometida │
                     └─────────────────────┘
                       /                 \
        ┌──────────────────┐        ┌────────────────┐
        │ Devoto religioso │        │ Ativista social│
        └──────────────────┘        └────────────────┘
         /       |       \            /      |      \
┌──────────┐ ┌──────────┐ ┌──────────┐ ┌────────┐ ┌──────────┐ ┌──────────┐
│  Monge   │ │  Freira  │ │  Judeu   │ │Salvar as│ │Lutar contra│ │Protesto contra│
│ budista  │ │ católica │ │ortodoxo  │ │ baleias │ │ abuso infantil │ │ a guerra │
└──────────┘ └──────────┘ └──────────┘ └────────┘ └──────────┘ └──────────┘
```

Figura 5.5 Hierarquia de categorias para uma pessoa comprometida (Cantor e Mishel, 1979).

O predomínio desta concepção das categorias fez que os *protótipos*, isto é, os membros mais representativos das categorias, fossem considerados durante muito tempo como a forma básica da estrutura cognitiva. Segundo esta idéia, o conhecimento que temos sobre o mundo, tanto físico como social, encontra-se armazenado na memória em forma de *protótipos*. O *protótipo* seria, portanto, um membro ideal no qual se resumem os atributos que melhor definem as categorias. Diante dessa concepção das estruturas cognitivas, alguns autores sugerem que o conhecimento não se encontra representado nas estruturas da memória em forma de *protótipos,* mas de *exemplares*. A partir deste ponto de vista, o conhecimento que temos sobre determinada categoria não estaria representado por uma abstração das características mais representativas dos membros dessa categoria, mas pelo conjunto de todos os *exemplares* concretos que conhecemos. Por exemplo, a informação que temos sobre as "pessoas inglesas" não se encontraria representada por um *protótipo* abstrato, em que se resumiriam os traços mais característicos das pessoas inglesas conhecidas, mas por exemplares concretos, isto é, pela imagem específica de todas as pessoas inglesas conhecidas, direta ou indiretamente, por intermédio de outras pessoas, dos meios de comunicação etc.

A idéia de que o conhecimento se encontra representado em forma de *exemplares* teve uma grande aceitação na psicologia social, e mais especificamente na pesquisa sobre a percepção de pessoas. Um dos primeiros trabalhos realizados foi o de Smith e Zárate (1992), que utilizaram este conceito para descrever a forma como a informação sobre outros grupos se encontra estruturada na memória. Segundo esses autores, alguém que manifesta preconceito contra pessoas negras não necessariamente tem uma imagem negativa geral e estereotipada sobre este grupo, mas poderia ter armazenadas em sua memória, em forma de *exemplares*, informações específicas sobre pessoas negras que cometeram um delito, sendo tais exemplos os que se ativam quando se pede à pessoa que formule um julgamento sobre uma pessoa negra a que acaba de conhecer. Uma imagem negativa não seria, portanto, o reflexo de uma percepção estereotipada, mas o fato de que a informação negativa está mais representada na memória. Desde então, são numerosos os trabalhos realizados para comparar a adequação do conceito de *exemplar* diante do de *protótipo*, como modelo de representação do conhecimento nas estruturas da memória. Entretanto, esses estudos não conseguiram reunir evidências que permitissem escolher um dos dois modelos, o que levou alguns autores a sugerir que provavelmente seja um modelo misto, no qual estão combinados protótipos e exemplares, o que melhor descreve a forma como está organizado o conhecimento (veja Fiske e Taylor, 1991; Kahneman e Miller, 1986; Kunda, 1999; Smith, 1998).

Mesmo reconhecendo a indubitável contribuição que esta linha de pesquisa tem representado para a análise da percepção das pessoas, é preciso chamar a atenção sobre a pouca consideração dada nesses estudos aos fatores sociais, motivacionais e afetivos envolvidos na percepção estereotipada. Por outro lado, cabe perguntar se a psicologia social deve limitar-se a indagar sobre a forma em que se encontra estruturado o conhecimento social, ou deve ir mais à frente, e descrever quais são os processos sociais que dão lugar a esse conhecimento. Voltando ao exemplo de Smith e Zárate (1992), independentemente de o conhecimento que temos de outras pessoas estar organizado em forma de exemplares ou de protótipos, a psicologia social deveria estar mais interessada em analisar os processos sociais mediante os quais se formam e se transmitem as imagens positivas e negativas dos diferentes grupos sociais.

Esta linha de pesquisa não é a única que se desenvolveu em torno do processo de categorização. Como veremos em seção posterior, no contexto da psicologia social européia também surgiu uma linha de pesquisa em que o processo de categorização é considerado um dos mecanismos explicativos da percepção social. Referimo-nos aos estudos de Tajfel (1981), que considera o processo de categorização uma das bases cognitivas do preconceito, e à continuidade que esses estudos tiveram na teoria da autocategorização (Turner, 1987), que assume como considerações básicas algumas das idéias centrais dos trabalhos de Rosch.

O estudo das estruturas cognitivas: os esquemas

Outro conceito muito utilizado para fazer referência às estruturas cognitivas é o do *esquema*. Embora tivesse sido em meados da década de 1970 que os esquemas adquiriram um papel central na psicologia cognitiva (Minsky, 1975), a idéia de que a pessoa conta com uma estrutura cognitiva interna que a ajuda a perceber e a orientar-se no mundo é anterior ao desenvolvimento da psicologia do processamento da informação. Piaget (1926), por exemplo, já havia utilizado o termo esquema para referir-se à forma como o conhecimento adquirido previamente pelas crianças sobre o mundo influencia a aquisição de novas formas de conhecimento. Pouco depois, Bartlett (1932) utilizou-o no contexto da psicologia social. Tomando este conceito das pesquisas desenvolvidas por Henry Head (1920) no campo da neurologia, Bartlett definiu *esquema* como uma organização ativa da experiência passada que determina a forma pela qual a nova informação é adquirida. Valendo-se deste conceito, Bartlett desenvolveu uma importante linha de pesquisa psicossocial sobre a memória que questionou a concepção associacionista da memória dominante durante aquela época (veja o Capítulo 3).

Do mesmo modo, no contexto do *New Look* no estudo da percepção, Jerome Bruner e seus colaboradores (Bruner e Postman, 1948) introduziram o conceito de *hipótese* para fazer referência ao fato de a percepção não ser um processo passivo, mas a forma como se percebe a nova informação se encontra orientada pelas estruturas do conhecimento que a pessoa já possui. A *hipótese* é uma disposição para perceber os estímulos de determinada maneira. A pessoa tem uma idéia do que vai perceber antes que toda a informação seja processada. Por último, e já na década de 1970, Kelley (1972a, 1972b) utilizou o conceito de *esquemas causais* para explicar a forma pela qual transcorre o processo de atribuição causal quando a pessoa tem pouca informação sobre o comportamento dos outros. Entretanto, somente no final dos anos 1960 o conceito de esquema foi introduzido na psicologia cognitiva (Neisser, 1967). E terá que esperar ainda mais para que o conceito seja plenamente integrado nas pesquisas da psicologia social cognitiva.

Paradoxalmente, embora o conceito de esquema tivesse feito parte do acervo teórico da psicologia social desde os anos 1930, não começou a receber atenção até ser introduzido na psicologia cognitiva. Este pode ser um dos fatores que explicam a enorme semelhança entre as pesquisas sobre *esquemas* realizadas pela psicologia cognitiva e as realizadas pela psicologia social. Semelhante ao que ocorre em psicologia experimental, um dos objetivos da pesquisa sobre os esquemas sociais foi a classificação e identificação dos diferentes tipos de esquema existentes. Este tipo de pesquisas levou a diversas classificações e taxonomias, com as quais se pretendem controlar todas as formas que podem ser adotadas pelos esquemas. Os *esquemas de pessoa*, os *roteiros*, os *esquemas de papel* e os *auto-esquemas* são alguns dos mais utilizados em psicologia social.

Os *esquemas de pessoa* contêm informações sobre as características de tipos específicos da pessoa, e cumprem a função de facilitar a compreensão do comportamento e dos traços psicológicos das pessoas com as quais interagimos. Por exemplo, o conhecimento de que determinada pessoa é religiosa fará despertar em nossa memória o *esquema da pessoa* correspondente, com o qual acessaremos automaticamente uma série de informações sobre os traços e o tipo de comportamento de uma pessoa religiosa. Isso facilitará nossa compreensão do comportamento da pessoa concreta com quem estamos interagindo, e nos permitirá orientar nosso comportamento com relação a ela.

Os *roteiros* são esquemas que contêm informações sobre a seqüência de comportamentos e atuações que fazem parte de determinada situação social.

Um exemplo ilustrativo de um *roteiro* é o conhecimento que temos do tipo de comportamento que envolve a ida a um restaurante. Se alguém nos disser que foi a um restaurante, ativa-se automaticamente o correspondente *roteiro*, que nos proporciona informações sobre determinadas seqüências de comportamento que a pessoa seguiu (escolher mesa, sentar-se, consultar o cardápio, escolher o prato, pedir, pagar etc.) sem a necessidade de que quem nos fala especifique uma por uma. O conceito de *roteiro* foi aplicado a diversas situações em que a pessoa tem que gerar expectativas sobre a sucessão de acontecimentos que vão ocorrer. Situações como a vivência da doença, a antecipação de uma guerra nuclear e a persuasão foram analisadas da perspectiva deste tipo de esquema (Fiske e Taylor, 1991).

Os *esquemas de papel* são conjuntos de conhecimentos e expectativas sobre a forma como determinadas pessoas se comportarão em situações específicas. Continuando com o exemplo do restaurante, nossos esquemas do que são os papéis de um garçom farão que esperemos dessas pessoas uma série de comportamentos já determinados.

Finalmente, os *auto-esquemas* são as estruturas de conhecimento que temos sobre nós mesmos. O *auto-esquema* se refere à forma como se encontra estruturada a informação que temos sobre nossos próprios traços, comportamentos e capacidades. O *auto-esquema* é, deste ponto de vista, a estrutura cognitiva resultante da informação procedente do autoconceito e da auto-imagem.

Esta maneira de classificar os denominados *esquemas sociais* é, de certo modo, arbitrária, e fica relativamente fácil imaginar tipos de esquemas diferentes dos que acabamos de mencionar. Por outro lado, como destacam Fiske e Taylor (1991), é muito freqüente a sobreposição entre os diferentes tipos de esquema. A isto se acrescenta a dificuldade que, às vezes, envolve determinar as vantagens do conceito quando se compara a conceitos que parecem semelhantes, como o de *categorias*. De fato, alguns autores utilizam o termo esquema para se referir às estruturas cognitivas em geral, e não a um tipo particular de estrutura diferenciado de outros (veja Markus e Zajonc, 1985, ou Smith, 1998).

A pesquisa sobre as estruturas cognitivas não somente visou à forma e à natureza destas estruturas, mas também às funções que elas executam. Em geral, a conclusão que pode se extrair dos numerosos estudos realizados sobre esse tema é que as estruturas cognitivas satisfazem a quatro tipos de funções.

Em primeiro lugar, os *esquemas* (assim como outros tipos de estruturas cognitivas) determinam o tipo de informação à qual a pessoa dá atenção e a forma como essa informação é codificada e organizada. Em segundo lugar, como derivadas da teoria sobre a memória de Bartlett (1932), as estruturas cognitivas preexistentes têm uma função seletiva na retenção, recuperação e organização da informação na memória. Uma terceira função das estruturas cognitivas é a de proporcionar à pessoa um marco interpretativo a partir do qual se dá o significado e se constrói o conhecimento sobre a realidade. Os esquemas já existentes permitem à pessoa interpretar a informação que recebe. Finalmente, influenciam nas avaliações, nos julgamentos, nas previsões e nas inferências, e também no comportamento (Markus e Zajonc, 1985; Smith, 1998).

A pesquisa sobre estruturas cognitivas é possivelmente uma das áreas da cognição social, e também da psicologia cognitiva, em que se observa uma maior ambigüidade e indefinição no uso de termos. A profusão de conceitos utilizados para descrever a forma como a informação procedente do mundo social se encontra representada nas estruturas da mente computacional contrasta fortemente com a falta de rigor com que cada um deles é utilizado na pesquisa sobre cognição social. O conceito de esquema, despojado completamente das características que tinha na análise de Bartlett, coexiste com conceitos tais como *marco, script, protótipo, estereótipo, teoria implícita, categoria* ou *exemplar*, que aparentemente são sinônimos. Mas o problema não é tanto a proliferação de termos utilizados para fazer referência às estruturas cognitivas como a incapacidade da psicologia social do processamento da informação para eliminar as dúvidas sobre a utilização adequada de cada um deles. Neste sentido, são numerosos os autores que pedem um maior esforço voltado à elaboração conceitual e à precisão no uso dos termos (Markus e Zajonc, 1985; Sangrador, 1991).

Em parte, as dificuldades para se obter esta maior precisão são devidas ao caráter fortemente especulativo da pesquisa sobre cognição social. Mesmo podendo resultar paradoxal, considerando os esforços metodológicos realizados para obter uma aplicação rigorosa do método experimental, os resultados obtidos na pesquisa sobre cognição social não se ajustam aos requisitos de objetividade que o próprio paradigma impôs na pesquisa. Devido ao fato de as estruturas cognitivas das quais se falam deverem ser inferidas a partir da resposta que a pessoa dá diante de determinados estímulos, não existe nenhuma evidência que nos permita esclarecer que tipo de estrutura foi ativada para produzir determinada resposta. Os mesmos dados (normalmente, tempos de reação, erros cometidos na resolução de problemas etc.) podem ser explicados postulando diferentes tipos de estruturas.

Em princípio, o caráter especulativo que caracteriza esta área de pesquisa não é, por si só, problemático. De fato, são numerosos os avanços científicos que, tanto no contexto das ciências sociais como no âmbito das ciências naturais, são resultado da especulação e da imaginação de quem interpreta os dados empíricos. Na verdade, trata-se muito provavelmente de que os processos sobre os quais se está especulando não sejam centrais para a psicologia social. Sem desmerecer a contribuição destes estudos, acreditamos que talvez seja o momento de perguntar se a forma como o conhecimento se encontra representado nas estruturas cognitivas da mente é um objetivo prioritário de pesquisa para a psicologia social. Provavelmente, a pesquisa psicossocial sobre os processos cognitivos deveria ter dado mais atenção ao processo de formação dessas estruturas, e aos fatores sociais e culturais que se encontram na sua base.

Em geral, a pesquisa realizada em torno das estruturas cognitivas na área da cognição social, em relação com os objetivos, métodos e conclusões, é muito semelhante à que se faz em psicologia cognitiva, a ponto de ambas as áreas não poderem ser diferenciadas. Nesse sentido, a principal crítica aos estudos sobre estruturas cognitivas realizados em psicologia social é a de ter deixado de lado o estudo dos determinantes sociais e culturais do conhecimento. Em geral, os estudos realizados a partir da perspectiva da cognição social situam o ponto de partida em estruturas cognitivas, chamadas de *esquemas*, *marcos*, *categorias* etc., já existentes, que parecem ter surgido por geração espontânea. O esquecimento generalizado dos processos sociais que dão lugar a essas estruturas é uma das maiores objeções a serem feitas à pesquisa realizada nessa área.

O estudo dos processos de inferência e dos processos heurísticos

Outra das áreas relevantes na pesquisa sobre cognição social é a que se desenvolveu em torno do estudo do raciocínio e dos processos de inferência. Alguns dos desenvolvimentos da psicologia cognitiva dos anos 1970 geraram uma mudança na concepção que até aquele momento se tinha do sistema cognitivo humano. A pessoa, concebida nos primeiros estudos sobre cognição como um sistema racional de processamento da informação, começou a ser considerada um sistema imperfeito e propenso a erros sistemáticos. Um dos fatores que desencadearam esta mudança foram as pesquisas sobre o processo de inferência e, mais concretamente, os trabalhos sobre *heurísticos* de Tversky e Kahneman (1974; Kahneman e Tversky, 1973).

O que esses autores destacaram é que, no processo de resolução de problemas, as pessoas às vezes não processam de forma racional todas as informações disponíveis para chegar à melhor solução. Freqüentemente usam atalhos, formas de inferência que requerem pouco esforço, e reduzem a resolução do problema a poucas operações simples. Estes *atalhos* ou *heurísticos*, que não são utilizados de forma voluntária, mas são produto das peculiaridades do sistema cognitivo, podem ser de vários tipos.

O *heurístico de representatividade* se usa quando temos que estimar a probabilidade de que uma pessoa pertence a determinado grupo ou categoria social, ou quando temos de estimar a probabilidade de que um fato foi causado por determinados fatores. Em um dos estudos de Kahneman e Tversky (1973), os participantes eram informados de que fora selecionada uma pessoa ao acaso entre um grupo de 100, das quais 30 eram engenheiros e 70 eram advogados. Em seguida, recebiam a seguinte informação a respeito da suposta pessoa:

> Pedro é um homem de 45 anos. É casado e tem quatro filhos. Apresenta um perfil conservador, cuidadoso e ambicioso. Não demonstra interesse pela política nem pelos temas sociais, e passa a maior parte de seu tempo livre concentrado nos seus *hobbies*, entre os quais estão a marcenaria, a vela e os problemas matemáticos.

Após passar esta informação, pedia-se aos participantes que estimassem a probabilidade de que a pessoa fosse um engenheiro. Embora a probabilidade fosse de 30%, a maioria dos participantes a estimou em 90%. Isto indica, segundo ambos os psicólogos, que ao resolver a tarefa a pessoa não considera toda a informação que lhe foi passada, mas o estereótipo das pessoas pertencentes à categoria, e é esta imagem estereotipada a que se utiliza como atalho para dar uma resposta.

O *heurístico de disponibilidade* é utilizado quando deve ser estimada a freqüência ou a probabilidade de que algo ocorra, e tal estimativa depende da facilidade com que podem chegar à mente determinados exemplos ou associações (Tversky e Kahneman, 1973). Em muitas ocasiões, a resposta a este tipo de tarefa está determinada pelos exemplos que vêm à mente com maior facilidade. Embora pareça evidente que não haja razão para os eventos de que se lembram facilmente não terem mais probabilidade de ocorrer, as pessoas às vezes parecem incorrer nesse erro quando precisam fazer estimativas estatísticas em condições de incerteza. Por exemplo, quando se julga a importância relativa de diferentes causas de morte, a pessoa costuma mencionar como mais importantes aquelas causas que vêm rapidamente à mente por estarem mais presentes nos meios de comunicação, por exemplo, os acidentes de trânsito (Markus e Zajonc, 1985).

O *heurístico de ancoragem* é utilizado no momento de resolver problemas quantitativos, embora possa ser usado também em outros contextos. Se não temos informações suficientes para fazer um julgamento, situamo-nos em um ponto de partida que pode servir de referência, e nos ajustamos a ele. O exemplo utilizado por Tversky e Kahneman (1974) é o seguinte. Os participantes no experimento tinham que dizer quantos países africanos estão na ONU. O ponto de referência indicado pelos pesquisadores era um número escolhido ao acaso na presença dos participantes. As pessoas que haviam recebido números baixos estimaram em 25 o número de países, enquanto aquelas que tinham recebido números altos, deram o valor de 45. Alguns autores interpretaram o *erro fundamental da atribuição* como um exemplo do *heurístico de ancoragem* (veja Kunda, 1999).

A pesquisa psicossocial sobre os processos de inferência gerou numerosos estudos que tentaram mostrar a forma como operam essas regras heurísticas nos casos em que a informação se refere a situações sociais (veja Fiske e Taylor, 1991; Kunda, 1999; Markus e Zajonc, 1985). O desenvolvimento desta linha de pesquisa representou uma mudança importante na concepção da pessoa sobre a qual se foi construindo a psicologia social cognitiva. As teorias da atribuição reforçaram, no princípio, a imagem da pessoa como um ser racional que avalia toda a informação que tem disponível antes de extrair qualquer conclusão sobre as causas do comportamento. Esta imagem foi mudando à medida que foi evoluindo a pesquisa sobre este tipo de processo. A própria pesquisa desenvolvida sobre a *teoria da covariação* (Kelley, 1967) e a da *inferência correspondente* (Jones e Davies, 1965) rapidamente mostrou que existem tendências sistemáticas a cometer "erros" no processo de atribuição. Os estudos sobre os erros atribucionais foram a ponte entre a pesquisa sobre atribuições e a área da cognição social propriamente dita, centrada na análise dos heurísticos e dos processos de inferência. Um exemplo disto está no livro de Nisbett e Ross (1980), *Human Inference: strategies and shortcomings in social judgment*. Inicialmente enquadrado na linha de pesquisa desenvolvida sobre a *teoria da inferência correspondente*, o trabalho desses autores começou a focar-se na análise dos erros do processo de atribuição e das falhas do processo de inferência.

Alguns trabalhos recentes, entretanto, põem em dúvida o caráter universal das regras heurísticas que acabamos de descrever. Schwartz (2000), por exemplo, destaca que as situações criadas artificialmente nos experimentos de laboratório, onde se trata a pessoa como se fosse um ser que permanece isolado enquanto acontece o processamento da informação, podem provocar uma superestimação da freqüência com a qual se utilizam esses *atalhos cognitivos.*

O experimento é uma situação de comunicação à qual a pessoa chega munida de uma série de suposições básicas na interação cotidiana. Isto a leva a considerar relevante toda a informação que o experimentador lhe passar, e a elaborar suas respostas de acordo com essa informação. A constatação de que as regras heurísticas que se observam no laboratório não são tão freqüentes fora dele e as diferenças que se observam entre diferentes culturas (Fiske e outros, 1998) levam-nos a pedir uma maior atenção ao contexto social e cultural, assim como aos componentes afetivos e motivacionais do raciocínio.

O estudo da cognição social: presente e futuro

Os estudos sobre a representação do conhecimento e sobre os processos de inferência são duas das linhas de pesquisa mais representativas na área da cognição social. Ambas representam uma mesma forma de entender a mente humana, concebida como um sistema de processamento da informação. Embora a analogia do computador mostrasse ser, em princípio, um caminho frutífero e um importante estímulo para o estudo dos processos cognitivos, o certo é que à medida que as pesquisas se desenvolviam, verificou-se claramente a insuficiência deste paradigma para abordar a análise da mente humana. As limitações que o modelo provou ter em psicologia tornaram-se mais evidentes quando ele foi aplicado no âmbito da psicologia social. Tendo em vista que o paradigma do processamento da informação ignorou, e muito, a natureza social dos processos mentais, acabou sendo virtualmente impossível a área da cognição social se diferenciar da psicologia cognitiva. O viés psicologizante da pesquisa atual sobre cognição social fez alguns autores expressarem suas dúvidas sobre a validade de utilizar o qualificativo social para se referir a estudos em que não se consideram os contextos grupais e sociais onde atuam as pessoas, em que se utiliza um nível de explicação claramente psicológico e não se aplica o conhecimento a nenhuma questão social relevante (veja Sangrador, 1991).

Assim como a psicologia cognitiva, pode-se afirmar que a psicologia social considera que os processos cognitivos surgem e se constroem de dentro para fora. É certo que, como destacam alguns autores (Gardner, 1988), a exclusão deste tipo de fator do ponto de vista do estudo da psicologia cognitiva pode ter respondido mais às necessidades metodológicas de simplificação dos delineamentos de pesquisa utilizados, do que à convicção de que sua influência real não seja significativa. Entretanto, por serem aspectos centrais para entender a cognição humana, sua exclusão só poderia levar a uma psicologia cognitiva muito desenvolvida metodologicamente, mas socialmente irrelevante, que é o que, de fato, ocorreu.

Apesar de continuar sendo central na área da cognição social, o paradigma do processamento da informação entrou em uma crise que parece, atualmente, irreversível. Tanto no contexto da filosofia da mente como no âmbito da ciência cognitiva, é cada vez maior o número de autores que questionam a adequação da analogia computacional para explicar a mente humana, e propõem a busca de novos modelos.

Do ponto de vista da psicologia social, existem diversos elementos que não deveriam ser ignorados na elaboração de um novo enfoque para o estudo da mente humana. Por um lado, é necessário superar a separação que a psicologia cognitiva havia estabelecido entre processos cognitivos e, por outro, processos motivacionais e afetivos. A psicologia social deve partir do reconhecimento da estreita interdependência existente entre estes tipos de processos, uma tendência que já começou (veja Fiske e Taylor, 1991; Kunda, 1999; Schwartz, 2000), mas é preciso consolidar-se.

Do mesmo modo, é necessário um maior reconhecimento da natureza social dos processos mentais, que não deriva unicamente do caráter social dos estímulos que se tornam objeto do nosso conhecimento, mas, principalmente, da natureza social dos processos pelos quais se constrói a mente. Neste sentido, em um novo enfoque para o estudo psicossocial dos processos cognitivos deveriam incluir-se algumas perguntas que, de certo modo, foram evitadas pela psicologia social cognitiva. Da mesma maneira, como em seu momento expuseram autores como George Herbert Mead, Lev Vygostski ou Frederic Bartlett, a psicologia social deve partir da premissa de que os conteúdos da mente não são o produto do processamento da informação, mas o resultado de processos interpretativos que têm uma origem cultural e que aprendemos no decurso da interação social. A análise desses processos deveria tornar-se um dos objetivos prioritários da psicologia sociocognitiva.

Albert Bandura: do behaviorismo mediacional à teoria cognitiva social

A recuperação dos processos cognitivos como objeto de estudo da psicologia não provocou, no início, o completo desaparecimento do behaviorismo. Entre os próprios psicólogos de orientação behaviorista começou a surgir, mesmo antes que a crise do behaviorismo se manifestasse, uma abertura progressiva que permitiu a incorporação, no esquema S-R, de variáveis que faziam referência a processos cognitivos.

Nesta abertura, observada especialmente entre os discípulos de Clark Hull, teve muita influência o encontro entre o behaviorismo e a psicologia social, pois foi precisamente o estudo da aprendizagem social humana que deixou evidente a insuficiência do esquema explicativo utilizado pelos behavioristas. Para poder compreender algumas formas de aprendizado, como a imitação, os psicólogos sociais neobehavioristas tiveram de considerar a intervenção de alguns processos de caráter cognitivo como a atenção, a compreensão e a lembrança. A integração desses processos como variáveis intermediárias entre os estímulos ambientais e a resposta do organismo começou a dar lugar ao denominado *behaviorismo mediacional*, tendo sido Albert Bandura um de seus principais representantes. Como já vimos no Capítulo 4, as primeiras contribuições de Bandura (Bandura e Walters, 1963) significaram uma ampliação dos mecanismos do aprendizado postulados pelo behaviorismo anterior.

A primeira formulação da teoria da aprendizagem social (Bandura e Walters, 1963) continuava enquadrada no *behaviorismo mediacional* mais tradicional, pois apesar do reconhecimento da natureza cognitiva de alguns dos processos envolvidos no aprendizado, eles apenas desempenhavam um papel mediador. No entanto, a partir deste esquema, Bandura começou a evoluir para um reconhecimento, cada vez maior, do papel da mente na determinação do comportamento, até adotar finalmente uma posição que ele denomina *teoria cognitiva social*. A nova posição de Bandura, que se apresenta integrada no livro *Social foundations of thougth and action: a social-cognitive theory* (1986), é um exemplo desta evolução do determinismo ambientalista próprio do behaviorismo para o reconhecimento, cada vez mais explícito, da influência que a pessoa exerce sobre o meio. Este reconhecimento o leva a adotar o *determinismo recíproco* como modelo de causalidade sobre o qual se apóia sua teoria:

> A teoria cognitiva social defende um conceito de interação baseado em uma reciprocidade triádica (...). Segundo este modelo de determinismo recíproco, (...) o comportamento, os fatores cognitivos e demais fatores pessoais e as influências ambientais agem de forma interativa como determinantes recíprocos. Neste determinismo recíproco triádico, o termo recíproco faz referência à ação mútua desenvolvida entre os fatores causais.
>
> (Bandura, 1986, p. 44)

Este novo esquema significa algo mais do que o reconhecimento dos processos cognitivos como parte da explicação do comportamento. Bandura não só rejeita o modelo de pessoa adotado pelo behaviorismo, em que o sujeito é um ser passivo à mercê das influências do meio, mas também o modelo sobre o qual se apóia a psicologia do processamento da informação, em que a mente humana é um sistema automático de processamento da informação.

Para Bandura, a pessoa não responde de maneira mecânica aos estímulos do ambiente, nem a mente humana é um simples sistema computacional, onde o processamento automático da informação (*input*) gera determinado resultado (*output*), sem que aparentemente intervenha a consciência. No determinismo recíproco assume-se que a pessoa é um ser ativo que responde às influências do ambiente, mas também atua reflexiva e conscientemente sobre o meio. A *teoria cognitiva social* de Bandura se baseia na idéia de que a pessoa é agente de seu próprio comportamento. Esta capacidade de ação vem de cinco capacidades básicas que caracterizam os seres humanos: a) capacidade simbólica, mediante a qual podemos dar sentido, forma e contigüidade à experiência, além de memorizá-la para antecipar acontecimentos; b) capacidade vicária, que nos permite aprender mediante a observação dos comportamentos dos outros; c) capacidade de previsão, que guia e motiva antecipadamente as ações e forma expectativas sobre as conseqüências da ação; d) capacidade auto-reguladora, que assume que podemos ter controle sobre nossos pensamentos, sentimentos, motivações e ações, e permite substituir os controles externos por controles internos; e e) capacidade auto-reflexiva, mediante a qual tomamos consciência de nossa experiência e de nosso próprio pensamento.

Segundo Bandura, de todos os mecanismos pelos quais se exerce a ação humana, nenhum é tão central como a *auto-eficácia*, um conceito que foi introduzido pela primeira vez no artigo "Self-efficacy: toward a unifying theory of behavioral change" (1977b) e que orientou o trabalho desenvolvido por este autor até o momento atual. Uma boa integração da denominada *teoria da auto-eficácia*, em que se reúne grande parte da pesquisa que o conceito inspirou, é a oferecida pelo próprio Bandura no livro *Self-efficacy: the exercise of control* (1997). A auto-eficácia é a percepção que a pessoa tem de sua capacidade para realizar determinados comportamentos e para conseguir determinados níveis de execução, em âmbitos da atuação que são importantes em sua vida. Em situações em que a pessoa deve enfrentar tarefas que envolvem certo nível de dificuldade e que são importantes, essas percepções de eficácia influenciam nos padrões de pensamento que a pessoa adota, nas reações emocionais que experimenta, na motivação e no comportamento. Bandura destaca também que a auto-eficácia não é um simples mecanismo previsível do comportamento futuro, mas tem influência sobre ele, isso é, a auto-eficácia faz da pessoa produtora de seu próprio comportamento. A percepção da eficácia pessoal determinará o tipo de comportamento escolhido, a quantidade de esforço dedicado a enfrentar situações difíceis e o tempo que se persistirá na tentativa de solucioná-las.

As pessoas que têm um alto nível de auto-eficácia, isto é, que acreditam que são capazes de obter determinado nível de rendimento em uma atividade concreta, farão um maior esforço para obter metas relacionadas com essa esfera de atividade. A idéia central da teoria é que as pessoas com altas expectativas de auto-eficácia acabam por ter um maior nível de execução e maior probabilidade de êxito que aquelas com baixas expectativas. Esta diferença não se deve, segundo Bandura, às maiores probabilidades de êxito das pessoas com alto grau de auto-eficácia, mas aos efeitos negativos da baixa auto-eficácia: a autoconfiança não implica assegurar o êxito, mas a falta de confiança em si próprio certamente provoca o fracasso (Bandura, 1977b, p.77).

Segundo Bandura, as crenças da pessoa sobre sua própria eficácia vêm principalmente de quatro fontes: os resultados alcançados na execução, a experiência vicária, a persuasão verbal e o conhecimento da pessoa de seu estado fisiológico. A história pessoal de êxitos e fracassos em determinada atividade é, segundo Bandura, a principal fonte de conhecimento sobre nossa eficácia. Enquanto os êxitos contribuem para construir um forte sentimento de autoconfiança, os fracassos vão dilapidando esse sentimento, especialmente se vêm antes que a auto-eficácia tenha se formado. Para que a pessoa adquira uma percepção sólida de sua eficácia, é necessário que a experiência do êxito tenha sido o resultado da perseverança no esforço, mais do que de uma sucessão rápida de resultados facilmente conseguidos. A segunda fonte de informação sobre a auto-eficácia é, como acabamos de destacar, a *experiência vicária* proporcionada por modelos sociais. O fato de verificar que pessoas semelhantes tiveram êxito na tarefa fortalecerá a crença na auto-eficácia, que, entretanto, se verá diminuída se as pessoas que atuam como modelos fracassam. Quanto maior é a semelhança entre a pessoa e o modelo, mais influência ele terá na criação de sentimentos de auto-eficácia. A terceira fonte de conhecimentos sobre auto-eficácia é a informação oriunda da *comunicação persuasiva*. Segundo Bandura, as pessoas persuadidas de que podem

Albert Bandura (1925)

Albert Bandura nasceu em Alberta, Canadá, em 12 de dezembro de 1925, em uma família de origem ucraniana. Em 1949 se licenciou em psicologia pela Universidade de British Columbia (Vancouver), e depois iniciou seus estudos de doutorado na Universidade de Iowa. A presença de Kenneth Spence, no Departamento de Psicologia, e a enorme admiração que ele sentia por Clark Hull, fez que os trabalhos ali desenvolvidos sofressem forte influência das pesquisas sobre aprendizagem que estavam sendo realizadas naquela época na Universidade de Yale. Daí que, durante seu período de formação como psicólogo clínico nessa universidade, Bandura familiarizou-se com as teorias behavioristas e com os trabalhos sobre a aprendizagem por imitação realizados por Miller e Dollard (1941). Entretanto, apesar das tentativas de Spence de introduzir o neobehaviorismo de Hull na Universidade de Iowa, a concepção da aprendizagem como o resultado de estímulos e respostas lhe pareceu excessivamente simplista.

Em 1953, um ano depois de obter o grau de doutor, Bandura começou a dar aulas na Universidade de Stanford. Quando chegou a essa universidade, o diretor do Departamento de Psicologia era Robert Sears, que teve sobre ele uma notável influência. Afastado já totalmente das rígidas abordagens da teoria da aprendizagem de Hull, Bandura iniciou na Universidade de Stanford uma importante linha de pesquisa sobre a aprendizagem por imitação. Em colaboração com Richard Walters, seu primeiro orientando de doutorado, realizou uma série de experimentos em que mostraria como as crianças podem aprender imitando modelos sem necessidade de receber nenhum tipo de reforço. Com isso, ficavam evidentes algumas das conclusões às quais se chegou anteriormente na Universidade de Yale. A colaboração com Walters, interrompida por sua morte prematura, resultou em dois importantes livros: *Adolescent agression* (1959) e *Social learning and personality development* (1963).

Esses estudos foram a base para sua teoria da aprendizagem social, apoiada na premissa de que aprendemos mediante a observação.

conseguir determinados sucessos farão maiores esforços para executar as tarefas, sendo a persuasão mais eficaz para diminuir a auto-eficácia do que para aumentá-la. Um sentimento de eficácia pouco realista obtido através da persuasão é rapidamente desmascarado se a pessoa fracassar na execução da tarefa; entretanto, aquela que foi persuadida de que necessita de determinadas capacidades para realizar algumas tarefas, tende a evitá-las. Finalmente, o conhecimento que a pessoa tem de seu estado fisiológico é outra fonte de informação sobre a capacidade pessoal para realizar determinadas tarefas. A informação procedente dessas fontes externas é selecionada, avaliada e integrada pela pessoa, por isso a análise do processamento cognitivo da informação ocupa também um papel central na teoria cognitiva social.

Um aspecto central da teoria da auto-eficácia é o papel causal que Bandura dá a essa crença na determinação do comportamento. Alguns autores (veja Hawkins, 1992) reconhecem que existe uma relação empírica solidamente estabelecida entre a auto-eficácia e o comportamento; entretanto, isto não quer dizer que exista uma relação causal entre ambos. Bandura (1995) responde a essas críticas defendendo o papel causal do pensamento em todas as ações humanas e descrevendo os mecanismos pelos quais essa influência causal se torna possível. A auto-eficácia tem influência no comportamento e no funcionamento da pessoa por meio de quatro tipos de processos: cognitivos, motivacionais, afetivos e seletivos. Do ponto de vista cognitivo, a influência que as crenças de eficácia têm no comportamento vem da possibilidade de antecipação dos resultados da execução, que influenciam diretamente o tipo de

Os reforços podem influenciar na aplicação da aprendizagem, mas não na aquisição do modelo de conduta. A diferença entre aprendizagem e execução da conduta o separa dos postulados nitidamente behavioristas, e o aproximam dos interesses dos cognitivistas. O interesse de Bandura pelos processos cognitivos envolvidos na aprendizagem social se reflete na importância que dá à atividade simbólica, mediante a qual se dá sentido ao meio e se determina o que é um estímulo e o que não é; na ênfase dada às expectativas que sustentamos a respeito das conseqüências de nossos atos; e em suas idéias a respeito da auto-regulação, em que operações mentais como o registro, a comparação e o autoconceito desempenham um papel fundamental. Bandura torna complexa a fórmula behaviorista estímulo-resposta, reconhecendo que nada no ambiente é um estímulo se antes não foi simbolizado e tenha adquirido sentido para a pessoa. Isso lhe permite entender que a resposta a um estímulo não é uma simples reação do organismo, mas o resultado de um complexo processamento de informações. Sua teoria da auto-eficácia, que significa que as pessoas são capazes de regular suas ações pelos julgamentos que fazem sobre suas próprias capacidades, também está relacionada com a inclusão da dimensão simbólica na explicação da conduta.

As idéias de Bandura também tiveram aplicação no campo clínico, especialmente no tratamento de fobias. O mesmo sistema de aprendizado por imitação (ou modelagem) mediante o qual pesquisou a aquisição de condutas agressivas em crianças, serviu para que pacientes com fobias aprendessem condutas que eliminassem o temor. Observando um ator que lentamente se vai aproximando do objeto da fobia, o paciente aprende por imitação e é capaz de repetir as ações que viu, superando seu temor inicial.

Albert Bandura, que continua atualmente na Universidade de Stanford, recebeu ao longo de sua carreira numerosos reconhecimentos, entre os quais se destacam a *Homenagem da Associação de Psicologia Americana à Contribuição Científica*, em 1980, ou o *Lifetime Achievement from the Association for the Avancement of Behavior Therapy*, em 2001. Bandura foi também nomeado *doutor honoris causa* por 12 universidades, entre as quais se incluem, na Espanha, a de Salamanca e a Jaume I de Castellón. Entre as principais obras de A. Bandura destacam-se *Teoría del aprendizaje social* (1971), *Pensamiento y acción. Fundamentos sociales* (1986) e *Autoeficacia: cómo afrontamos los cambios de la sociedad actual* (1995).

objetivos que a pessoa pretende alcançar. Segundo Bandura (1995, p. 24), a ação organiza-se inicialmente no pensamento: "as crenças das pessoas em sua eficácia modelam os tipos de cenários antecipadores que constroem e ensaiam. As pessoas com um alto senso de eficácia visualizam os cenários de êxito que contribuem com pautas e apoios positivos para a execução. As que duvidam de sua eficácia visualizam os cenários de fracasso e meditam sobre as coisas que poderiam dar errado. É difícil obter algo quando se luta contra as dúvidas em relação a nós mesmos". Por outro lado, a resolução de determinadas tarefas complexas torna-se difícil se a pessoa tiver que lutar contra seus sentimentos de ineficácia. Torna-se errática em seu pensamento analítico e reduz suas aspirações, e por isso a eficácia de sua execução diminui.

Do ponto de vista motivacional, a auto-eficácia se torna um importante fator que influi na auto-regulação do comportamento. Bandura parte da idéia de que a maior parte da motivação humana é gerada cognitivamente, mediante a antecipação das metas que vão ser alcançadas. As crenças de auto-eficácia têm influência nas atribuições causais, que por sua vez influem na motivação e nas reações afetivas derivadas do êxito e do fracasso. O tipo de expectativa que a pessoa tem sobre sua execução futura determinará o tipo de meta estabelecida, a quantidade de esforço investido para alcançá-la, o tempo dedicado diante das dificuldades e a resistência diante dos fracassos. As pessoas com baixas expectativas de eficácia reduzirão o esforço ou abandonarão rapidamente uma tarefa quando experimentam um fracasso nas primeiras tentativas.

Do ponto de vista afetivo, a auto-eficácia tem influência na quantidade de estresse e depressão que experimentamos em situações ameaçadoras. A falta de autoconfiança pode gerar ansiedade quando a pessoa está envolvida na resolução de tarefas que carregam determinado grau de dificuldade, o qual por sua vez tem influência na execução.

Finalmente, a auto-eficácia determina o tipo de comportamento que selecionamos: as pessoas com baixas expectativas de eficácia em determinados âmbitos de sua vida evitarão as tarefas difíceis e terão menor nível de aspiração e de compromisso com as metas que adotam.

A concepção da pessoa sobre a qual se baseia a teoria cognitiva social, em que a dimensão central do comportamento é a capacidade de ação, não fica relegada ao âmbito individual, mas se estende ao comportamento social e coletivo.

Segundo Bandura (2002), a teoria cognitiva social distingue três formas de ação: a ação pessoal direta; a ação delegada, quando se confia em outros que atuarão para conseguir as conseqüências desejadas; e a ação coletiva exercida através da ação dos grupos. Desta última depende, segundo Bandura, a força dos grupos, das organizações e até mesmo das nações. No entanto, a análise que faz desta não é tão detalhada como a que faz da auto-eficácia individual.

Uma das críticas feitas à teoria da auto-eficácia é a excessiva ênfase dada aos fatores individuais que determinam o comportamento, descuidando, de certa maneira, da análise dos fatores estruturais. Bandura (2001, 2002) rejeita as concepções dualistas em que as teorias que enfatizam a ação são contrapostas às teorias socioestruturais. A ação pessoal e a estrutura social agem de forma interdependente, mais do que como entidades desconectadas entre si. A ação pessoal acontece em uma rede de influências socioestruturais. Nestas transações, as pessoas são produtoras e produtos dos sistemas sociais. Seguindo Giddens, Bandura assume a idéia de que as estruturas sociais são criadas pela atividade humana para organizar, guiar e regular os assuntos humanos em âmbitos específicos, mediante regras e sanções. Mas, uma vez criada, a estrutura social impõe limitações e proporciona oportunidades e recursos para o desenvolvimento e o funcionamento pessoal. Segundo Bandura, uma compreensão adequada da adaptação e da mudança humanas requer um esquema causal integrado, em que a estrutura social afeta o comportamento através dos mecanismos do sistema do *self*. Neste esquema causal integrado, o *self* não é um simples receptor das influências externas; ele está socialmente constituído, mas, mediante o exercício da influência diretiva, a ação humana opera generativa e proativamente sobre os sistemas sociais.

Da teoria da ação racional à teoria da ação planejada

Entre as propostas teóricas desenvolvidas dentro da psicologia social psicológica, depois da crise do behaviorismo, destaca-se a teoria da ação racional[1] (Ajzen e Fishbein, 1975; Ajzen e Fishbein, 1980), que surgiu no contexto da pesquisa psicossocial sobre as atitudes, como uma tentativa de esclarecer o papel que desempenham as atitudes na determinação do comportamento. Com exceção de alguns estudos realizados nos anos 1930 (LaPiere, 1934), a pesquisa psicossocial sobre as atitudes desenvolvida durante a

---

1. N. R.T.: A "Theory of reasoned action", teoria da ação racional, de Ajzen (1985, 1988, 2002, 2005), também tem sido traduzida para o português como *teoria da ação refletida*.

primeira metade do século XX assumiu de maneira generalizada o princípio da coerência entre atitudes e comportamentos. Entretanto, a idéia de que existe uma correspondência entre as atitudes que uma pessoa expressa e o comportamento que exibe começou a ser questionada no final da década de 1960 e início da década de 1970, quando começaram a surgir os trabalhos que chamavam a atenção sobre as grandes contradições encontradas nas pesquisa sobre as atitudes e na pouca utilidade desse conceito para prever o comportamento (Ehrlich, 1969; Zimbardo e Ebbesen, 1970). Depois de ter sido um dos conceitos centrais da psicologia social durante mais de 30 anos, a validade do conceito de atitude começou a ser questionada a partir de diferentes ângulos, chegando alguns autores ao extremo de pedir que deixasse de ser utilizado pela psicologia social (Wicker, 1969). Diante desta postura, outros autores começaram a ver a necessidade de realizar uma análise crítica das pesquisas em que se havia utilizado o conceito de atitude, com o objetivo de identificar os problemas que impediam uma integração adequada dos resultados.

Destacam-se neste sentido os trabalhos realizados por Martin Fishbein e Icek Ajzen (Ajzen e Fishbein, 1970, 1972; Fishbein e Ajzen, 1967), que identificaram três grandes problemas na pesquisa psicossocial sobre as atitudes. O primeiro deles foi a ambigüidade com que se utilizava o termo atitude e os poucos esforços realizados para isolá-lo de outros conceitos afins. O segundo problema que caracterizava a pesquisa sobre atitudes era a falta de correspondência entre as medidas utilizadas para avaliar as atitudes e o comportamento. A tentativa de prever comportamentos muito específicos partindo da atitude geral relacionada a objetos era, segundo esses autores, uma das causas do pouco poder preditivo das atitudes. Finalmente, foi apontada a necessidade de dar atenção a outras variáveis que poderiam estar interferindo nas relações entre atitudes e comportamento. É neste contexto que surge a teoria da ação racional (Fishbein e Ajzen, 1975).

A idéia de que uma parte dos problemas da pesquisa sobre atitudes vem de uma definição inadequada do conceito de atitude levou os autores a estabelecer uma clara diferenciação entre quatro conceitos centrais que freqüentemente haviam sido usados indistintamente: atitude, crença, intenção e comportamento. A atitude é definida como a avaliação favorável ou desfavorável que uma pessoa faz de um objeto, destacando, portanto a dimensão afetiva como um dos traços que mais o define. As crenças, pelo contrário, têm um caráter fundamentalmente cognitivo, e se referem à informação disponível sobre um determinado objeto ou, o que é a mesma coisa, às associações que a pessoa estabelece entre um objeto e determinados atributos. Finalmente, as intenções são predisposições para executar um determinado comportamento. Esses quatro elementos são o marco conceitual sobre o qual se elabora o modelo teórico proposto inicialmente por Fishbein e Ajzen (1975), que aparece esquematizado na Figura 5.6.

Na teoria da ação racional, o antecedente imediato de um determinado comportamento é a intenção que a pessoa tem de realizá-lo. Esta intenção depende, por sua vez, de dois fatores. O primeiro, de natureza pessoal, é a atitude para com o próprio comportamento ou, o que é o mesmo, a avaliação favorável ou desfavorável que a própria pessoa faz dele. O segundo fator que contribui para a formação de uma intenção é a norma subjetiva, que representa a influência social, e é definida como o grau de pressão que a pessoa sente ao seu redor para se comportar de uma determinada maneira.

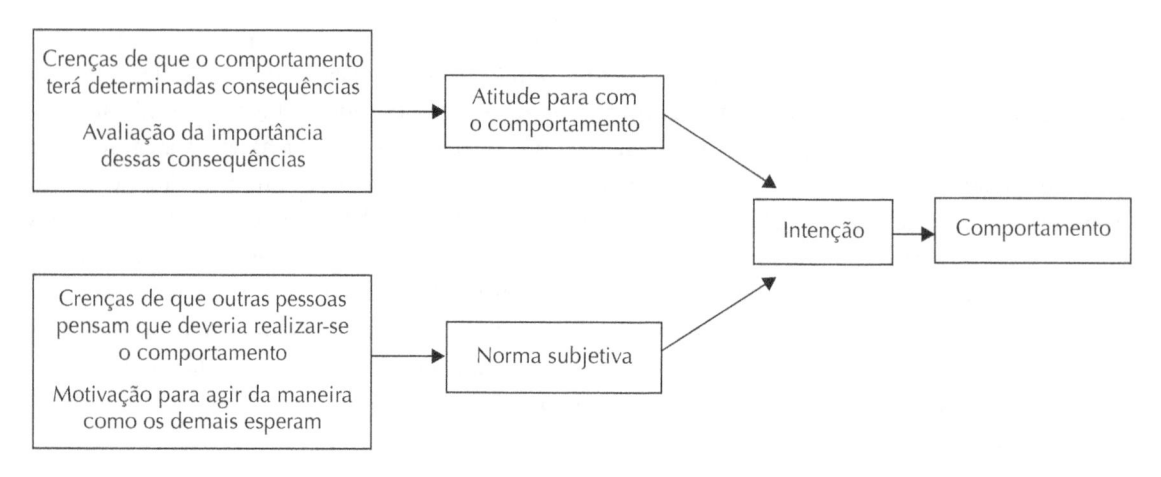

```
┌─────────────────────────┐
│ Crenças de que o        │
│ comportamento           │      ┌──────────────┐
│ terá determinadas       │─────▶│ Atitude para │
│ consequências           │      │ com o        │
│                         │      │ comportamento│
│ Avaliação da importância│      └──────────────┘
│ dessas consequências    │                    \
└─────────────────────────┘                     \
                                                 ▼
                                          ┌──────────┐     ┌──────────────┐
                                          │ Intenção │────▶│ Comportamento│
                                          └──────────┘     └──────────────┘
┌─────────────────────────┐                     ▲
│ Crenças de que outras   │      ┌──────────────┐
│ pessoas pensam que      │      │              │
│ deveria realizar-se     │─────▶│ Norma        │
│ o comportamento         │      │ subjetiva    │
│                         │      │              │
│ Motivação para agir da  │      └──────────────┘
│ maneira como os demais  │
│ esperam                 │
└─────────────────────────┘
```

Figura 5.6 A teoria da ação racional (Ajzen e Fishbein, 1980; p. 8).

A *atitude para com o comportamento* é o grau com que esse comportamento é avaliado pela pessoa de maneira positiva ou negativa. Esta atitude é determinada por dois fatores: a) Um conjunto de crenças sobre as conseqüências que terá a realização desse comportamento, e b) A importância que essas conseqüências têm para a pessoa. Por exemplo, para saber qual é a atitude de uma pessoa em relação a um determinado comportamento, por exemplo, votar em um determinado partido político, será necessário conhecer suas crenças sobre as conseqüências que terá o fato de votar nesse partido ("O partido A fará esforços para proteger o meio ambiente", "A política do partido A fará com que diminua o desemprego", "O partido A aumentará os impostos"). Mas também será necessário obter informações sobre a importância que essas conseqüências têm para a pessoa ("A proteção do meio ambiente é, ou não é, importante para mim", "O desemprego é, ou não é um problema importante para mim", "É importante — não é importante — para mim que aumentem os impostos"). Embora uma pessoa possa ter muitas crenças em relação a um determinado comportamento, só um número reduzido delas (crenças salientes) está presente em um dado momento. É este conjunto de crenças acessíveis, ou evidentes, junto com o valor que têm para a pessoa as conseqüências de seu comportamento o que determina a atitude desse comportamento.

A norma subjetiva é o grau de pressão social que a pessoa sente para ter ou não um determinado comportamento. A norma subjetiva é determinada por dois elementos: a) Um conjunto de crenças sobre o comportamento que os membros de seu entorno, que servem como referência (família, amigos, colegas etc.), esperam da pessoa, e b) A motivação da pessoa para corresponder às expectativas que outros têm dela. Continuando com o exemplo anterior, a norma subjetiva para votar no partido A viria determinada pelas crenças que a pessoa tem sobre o que os demais esperam dela ("Meus pais pensam que devo — não devo — votar no partido A", "Meus amigos pensam que devo — não devo — votar no partido A"), assim como pela sua motivação para corresponder a essas expectativas.

Resumindo, a teoria da ação racional afirma que o fator que melhor prevê um determinado comportamento é a intenção que a pessoa tem de realizá-lo, que por sua vez depende da avaliação que se faz desse comportamento e da pressão percebida no ambiente para agir de uma determinada maneira.

Seguindo os postulados da teoria da ação racional, pode-se dizer que, em geral, se uma pessoa avalia positivamente um determinado comportamento e pensa que é aprovado e apreciado pelas pessoas significativas de seu ambiente, será bastante provável que o acabe realizando. Ao contrário, se a pessoa avalia negativamente o comportamento e não nota a pressão no ambiente para realizá-lo, a probabilidade de que o faça será baixa. A concepção de pessoa que se desprende desta teoria é a de um ser racional que atua intencionalmente, depois de processar toda a informação disponível sobre um determinado comportamento. O comportamento é concebido como um ato voluntário, que se produz como resultado de um processo racional de formação de intenções. Entretanto, é evidente que nem todas as intenções que as pessoas elaboram a partir deste processo lógico de processamento da informação levam finalmente à execução de um determinado comportamento. Pensemos, por exemplo, no caso dos comportamentos aditivos, como fumar. Segundo a teoria da ação racional, uma pessoa terá a intenção de deixar de fumar se sua atitude para o consumo de tabaco for negativa, pelo fato de a pessoa considerar que o fumo tem conseqüências negativas para sua saúde e ela dar muita importância à saúde; e também se ela sente em seu ambiente pressão para deixar de fumar (norma subjetiva). Entretanto, é muito freqüente que a simples intenção de deixar de fumar não seja suficiente para abandonar de fato este hábito. Como ficou provado na pesquisa sobre a teoria da ação racional (veja Ajzen, 1988), as predições da teoria cumpriam-se mais facilmente no caso dos comportamentos voluntários do que nos casos em que a pessoa tem pouco controle sobre o comportamento que tenta ter ou evitar.

A tentativa de aplicar a teoria da ação racional àqueles casos em que o comportamento está além do controle volitivo levou os autores a introduzir no modelo algumas modificações que geraram uma nova proposta teórica, a teoria da ação planejada (Ajzen, 1985; 1988; Ajzen e Madden, 1986), cujo esquema aparece na Figura 5.7.

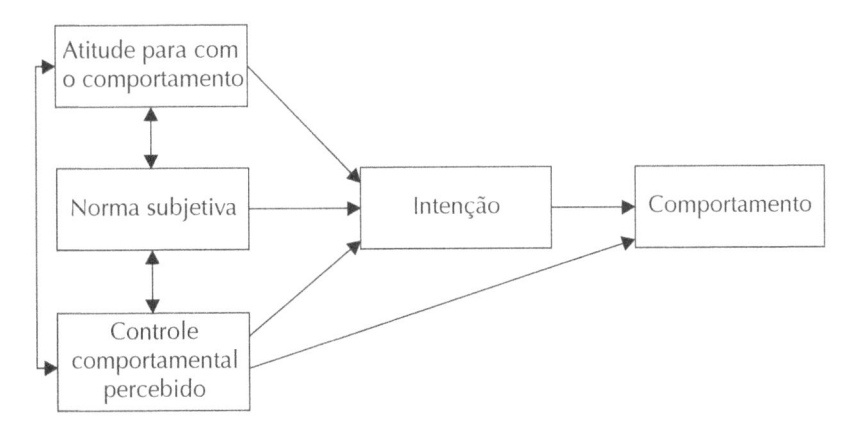

Figura 5.7 Teoria da ação planejada. Adaptação de Ajzen (1988, p. 133).

Nesta nova proposta, a intenção de realizar um determinado comportamento não é unicamente o produto da atitude para com o comportamento e da norma subjetiva, mas também intervém um terceiro elemento, o controle comportamental percebido, que é definido como o grau de facilidade ou de dificuldade que a pessoa acredita que tem para executar (ou deixar de executar) o comportamento em questão. O controle percebido é produto da experiência passada na realização desse comportamento e da antecipação que a pessoa faz dos obstáculos que vai encontrar para realizá-lo. É importante considerar que, quando na teoria da ação planejada se fala do controle comportamental, não se faz referência ao controle objetivo que a pessoa tem sobre seu comportamento, mas à percepção do controle. O controle percebido influi no comportamento tanto de forma direta como indireta, através da formação de intenções. A probabilidade de que uma pessoa mantenha a intenção de executar (ou de deixar de executar) um determinado comportamento será menor naqueles casos em que a pessoa acredita que terá muitas dificuldades para alcançar seus objetivos. É evidente a semelhança entre essa abordagem e a teoria da auto-eficácia de Bandura, analisada anteriormente (veja Ajzen, 2002).

A teoria da ação planejada não substitui a teoria da ação racional. Ela a abrange, no sentido de que esta última continua sendo válida para os casos em que o comportamento que se pretende predizer está sob o controle volitivo da pessoa (Ajzen, 1988). Em ambos os modelos, o comportamento é função, em última instância, da informação que a pessoa tem sobre um determinado comportamento ou, o que é a mesma coisa, de suas crenças. As crenças são a base para a formação posterior das atitudes, as normas subjetivas e o controle percebido:

> Mediante a análise das informações sobre as quais se sustentam as atitudes, as normas subjetivas e o controle comportamental percebido, é possível conseguir um conhecimento essencial dos determinantes de tendências de ação específicas. As crenças sobre as conseqüências prováveis do comportamento e a avaliação subjetiva dessas conseqüências nos revelam por que uma pessoa mantém uma atitude favorável ou desfavorável em relação a um comportamento; as crenças sobre as expectativas normativas de pessoas ou grupos de referência e a motivação para responder a essas expectativas proporcionam informações sobre a pressão social que a pessoa sente para executar ou não o comportamento; e as crenças sobre os fatores que podem facilitar ou dificultar a consecução de uma meta revelam a forma como se produzem as percepções de alto ou baixo controle sobre o comportamento. Consideradas em seu conjunto, essas bases informativas revelam uma detalhada explicação da tendência de uma pessoa para executar, ou não executar, um comportamento específico.
>
> (Ajzen 1988; p. 144)

A análise da relação entre atitudes e comportamento se situa, portanto, em uma perspectiva cognitivista, em que se percebe certo esquecimento dos condicionamentos sociais do comportamento. O lugar proeminente que ocupam as crenças normativas e as crenças de controle, em detrimento da influência social e do controle real que a pessoa tem sobre seu comportamento, faz esses modelos teóricos caírem em certo reducionismo psicologizante. A pessoa é considerada como um sistema racional de processamento da informação que opera em um certo vazio social, e o comportamento é reduzido a unidades muito específicas que são isoladas, para sua análise, do resto das ações da pessoa. No entanto, e apesar destas limitações, tanto a teoria da ação racional como a teoria da ação planejada foram um importante incentivo para a pesquisa psicossocial sobre as atitudes nas últimas décadas, e originaram uma importante linha de pesquisa aplicada, onde ambos os modelos foram utilizados para predizer e explicar o comportamento em áreas tão diferentes como o cuidado com a saúde, a educação, o comportamento político, os estilos de vida ou o comportamento aditivo (Armitage e Conner, 2001; Conner e Armitage, 1998; Godin, Conner e Sheeran, 2005).

As pesquisas sobre categorização social e relações intergrupais da Universidade de Bristol

Se compararmos a situação atual da psicologia social com aquela que caracterizava a disciplina antes da década de 1970, um dos aspectos a destacar é o surgimento, durante esses anos, de uma psicologia social européia que se rebelava contra a hegemonia que até então as correntes norte-americanas tinham exercido. Sem ultrapassar totalmente os limites da psicologia social tradicional, a psicologia social européia representou uma rejeição a alguns dos traços que tinham caracterizado até esse momento a disciplina, junto com a reivindicação de alguns traços de identidade próprios, entre os quais se encontrava a pretensão de destacar o caráter social da disciplina (Israel e Tajfel, 1972; Tajfel, Jaspars e Fraser, 1984). Entre as linhas de pesquisa mais representativas da psicologia social européia dos anos 1970 encontra-se a que começou a se desenvolver na Universidade de Bristol sob a direção de Henri Tajfel (1919-1982).

O interesse de Tajfel pela psicologia social começou, como ele mesmo destaca (Tajfel, 1981/84, p. 18), enquanto trabalhava em uma série de programas dirigidos à reabilitação das vítimas da Segunda Guerra Mundial. Embora já naquele momento estivesse interessado na análise do preconceito, suas primeiras pesquisas foram uma série de estudos sobre percepção inspirados no denominado *New Look* no estudo da percepção. A partir desta corrente (alguns de seus representantes mais destacados foram Jerome Bruner e Gordon Allport) destacava-se o caráter ativo da percepção e a forma como este processo se encontrava determinado pelas expectativas, a motivação e as emoções. As conclusões desses estudos, que logo comentaremos, foram aplicadas posteriormente à análise da percepção social, tornando-se uma das bases do estudo do preconceito e dos estereótipos. Uma análise que deve ser situada no contexto mais amplo da reflexão sobre as relações intergrupais. A seguir, analisaremos as principais contribuições de Tajfel, com ênfase em cada uma das linhas pelas quais se desenvolveu seu trabalho.

Categorização social e estereótipos

Como acabamos de destacar, o ponto de partida do trabalho de Tajfel foi uma série de pesquisas experimentais em que se analisava o fenômeno da superestimação perceptiva, cujo estudo já fora abordado no final dos anos 1940 por Jerome Bruner e seus colaboradores, no contexto do *New Look* no estudo da percepção. A superestimação perceptiva consistia na ampliação da importância dos objetos que têm valor para a pessoa. Um dos primeiros estudos em que se observou este fenômeno foi um experimento realizado por Bruner e Goodman (1947), em que a tarefa experimental consistia em estimar o tamanho de um número determinado de objetos pertencentes a duas séries diferentes: na primeira série, formada por moedas, as diferenças de tamanho estavam associadas a diferenças de valor; na segunda série, formada por círculos equivalentes em tamanhos às moedas da série anterior, os estímulos eram neutros. Os resultados indicaram que a pessoa tendia a acentuar as diferenças de tamanho que havia entre as moedas, algo que não ocorria no caso da série de círculos. Os trabalhos iniciais de Tajfel, que se inscreveram nessa linha de pesquisa sobre percepção, levaram o autor a uma nova interpretação do fenômeno da superestimação perceptiva, em termos de acentuação das diferenças entre os estímulos. A conclusão, a partir dos experimentos de Bruner, segundo Tajfel, era que quando os objetos de uma série têm valor para a pessoa, as diferenças de tamanho entre eles se acentuam. Partindo deste dado, Tajfel realizou uma série de estudos para determinar em que condições ocorre essa acentuação.

Entre os primeiros estudos realizados destacam-se os de Tajfel e Wilkes (1963), em que a pessoa tinha que emitir julgamentos sobre o comprimento de diferentes linhas. O objetivo desses experimentos era comprovar o efeito que tinha na percepção das linhas o fato de elas terem sido agrupadas em diferentes categorias. Para tanto, eram apresentadas à pessoa oito linhas que variavam em comprimento, em uma proporção constante de 5%. A mais curta media 16,2 cm e a mais longa, 22,9 cm. Cada linha foi desenhada diagonalmente em uma lâmina de cartolina branca de 63,5 x 50,8 cm. As oito linhas eram mostradas uma a uma, até um total de seis vezes de maneira aleatória. A tarefa da pessoa consistia em determinar o comprimento de cada linha. Os participantes foram divididos em três grupos. No primeiro grupo, cada linha tinha uma etiqueta, de tal maneira que para as quatro linhas mais curtas foi colocada a etiqueta A, e para as quatro linhas mais longas, a etiqueta B. No segundo grupo, também se colocou uma etiqueta para as linhas, mas desta vez a etiqueta não era fixa. Agora, cada linha era etiquetada como A na metade das apresentações, e como B na outra metade. Finalmente, ao terceiro grupo as linhas foram mostradas sem etiquetas. Os resultados sugeriam que as pessoas do primeiro grupo destacavam as diferenças que havia entre a linha maior da classe A e a menor da classe B, o que não acontecia quando a classificação das linhas era feita ao acaso ou quando elas não tinham nenhuma etiqueta. Ou seja, os resultados indicavam que quando a inclusão de um objeto em uma classe (A ou B) tem relação com alguma dimensão física (comprimento), acentuam-se as diferenças existentes entre as duas classes de objetos. Do mesmo modo, depois de o experimento ter sido repetido várias vezes com as mesmas pessoas, também se observava que aquelas que formavam o primeiro grupo tendiam a diminuir as diferenças do comprimento das linhas dentro de cada classe. A conclusão de Tajfel foi que a forma como se percebe o mundo exterior é o resultado da interação entre a informação que chega aos sentidos e a organização interna ativa desta informação por parte da pessoa. Um dos princípios desta organização interna é a acentuação das diferenças existentes entre objetos que pertencem a diferentes classes e a minimização das diferenças entre os objetos da mesma classe. Este princípio, segundo Tajfel, tem uma importância especial quando passamos do âmbito da percepção dos objetos para o âmbito da percepção das pessoas, e quando as classes de objetos são, na verdade, grupos sociais, que surgem como resultado da aplicação de critérios classificatórios carregados de valor.

Um dos objetivos do trabalho de Tajfel foi aplicar, no âmbito da percepção de pessoas, os resultados obtidos nestes primeiros estudos sobre percepção. O objetivo principal desta extrapolação era comprovar se os princípios cognitivos que levavam a destacar as diferenças entre os objetos podiam ser utilizados também como fator explicativo dos estereótipos.

Em termos gerais, podemos definir o estereótipo como uma crença compartilhada de que determinados traços são característicos de um grupo social. A hipótese inicial de Tajfel em alguns de seus experimentos sobre percepção de pessoas foi que os indivíduos de um grupo étnico são percebidos como sendo mais parecidos entre si com relação aos traços que fazem parte do estereótipo do grupo do que em relação com os traços que não se consideram representativos do estereótipo. O título de seu artigo "Cognitive aspects of prejudice", publicado em 1969, já é indicativo da orientação cognitivista que Tajfel quis dar ao estudo do preconceito. Diante das correntes teóricas que explicavam este fenômeno recorrendo às tendências motivacionais inconscientes, como a hipótese da frustração-agressão ou a psicanálise, Tajfel enfatizou uma série de processos cognitivos e sociais, como os processos da categorização, o da assimilação e o da busca de coerência.

Para Tajfel, a visão estereotipada da realidade, isto é, a atribuição de determinados traços comuns a grandes grupos humanos, mergulha suas raízes no processo de categorização, uma idéia que já fora esboçada por Allport (1954b) em seu clássico trabalho sobre o preconceito. A categorização é o processo mediante o qual a informação que recebemos de fora é organizada e ordenada. Este processo permite que a realidade não seja percebida como um amálgama de objetos individuais e isolados, mas como um conjunto ordenado de classes de objetos ou categorias. A categorização tem a função de poupar os esforços do sistema cognitivo ao processar a informação que nos proporciona os estímulos externos e facilita a orientação da pessoa no mundo. Quando percebemos determinado objeto não agimos diante dele como se fosse único e não repetível, mas o percebemos como membro, mais ou menos representativo, de uma categoria. Desta maneira, o incorporamos a todos os outros objetos de sua classe, e o diferenciamos daqueles que pertencem a diferentes classes. A categorização ocorre mediante a atuação de dois tipos de processos. O processo indutivo, que torna possível a identificação de um objeto a partir de uma informação insuficiente, e o processo dedutivo, mediante o qual se atribuem a um objeto ou a um acontecimento as propriedades da categoria a que pertence. Segundo Tajfel, este processo de categorização também atua quando vemos as demais pessoas, que nós incluímos em determinado grupo ou categoria social. Com isso, atribuímos às pessoas os traços característicos da categoria social à qual pertencem. Esta percepção estereotipada, fruto da tendência cognitiva de simplificar a informação processada, faz que exageremos as diferenças entre as pessoas que pertencem a diferentes grupos e que minimizemos as diferenças existentes em cada grupo. Este fenômeno de acentuação de diferenças acontecerá unicamente naquelas dimensões ou traços significativos para determinado estereótipo.

Por exemplo, se a dimensão "agressividade" fizer parte do estereótipo que temos dos homens, tenderemos a acentuar as diferenças existentes entre homens e mulheres nesta dimensão, e a minimizar a forma como tanto homens como mulheres diferem entre si.

O conteúdo das categorias sociais, isto é, o conjunto de traços que se consideram característicos dos diferentes grupos sociais, é o resultado de um longo processo histórico. Segundo Tajfel, compete à história social a análise da forma como se definiram historicamente as relações e imagens recíprocas entre os grupos sociais, enquanto a psicologia social deve concentrar-se no estudo das pautas de transmissão dessas imagens de uma geração para outra. Aqui é onde entra o processo de assimilação. Segundo Tajfel, a forma como a pessoa percebe as diferentes categorias sociais não é fruto de um processo universal e autogenerativo, mas produto da assimilação dos valores e normas sociais da cultura da qual faz parte. As avaliações, positivas ou negativas, que fazemos dos grupos sociais são fruto do aprendizado, e sua transmissão ocorre mediante um processo de assimilação que começa muito cedo, durante a infância. Se as avaliações que tivermos dos diferentes grupos fossem o resultado de um processo cognitivo de caráter universal, diz Tajfel, os meninos se identificariam com seu próprio grupo, independentemente de sua avaliação social. Mas isto não é assim. O exemplo utilizado pelo autor para ilustrar este ponto é um estudo realizado por Goodman (1964), no qual se estudaram as preferências de um grupo de meninos entre três anos e meio e cinco anos e meio em relação a pessoas brancas e negras. Os resultados mostraram que 92% dos meninos brancos expressaram uma preferência por seu próprio grupo, mas só 26% dos meninos negros mostraram uma preferência semelhante. O fato de os meninos negros com essa idade preferirem as pessoas brancas é um reflexo da rápida e prematura assimilação de normas e valores do contexto social em que vivem, onde alguns grupos são mais valorizados do que outros.

O terceiro processo que intervém na formação e manutenção dos estereótipos é a busca de coerência, que surge da necessidade de compreender o fluxo de acontecimentos que diariamente enfrentamos. A pessoa pertence simultaneamente a diferentes grupos e, ao longo da vida, sua posição neles vai mudando, como também mudam as relações que se mantêm com os demais grupos. Na hora de explicar essas mudanças, é necessário construir uma estrutura cognitiva que contribua para preservar a integridade pessoal e simplificar a informação que chega de fora. Assim como o comportamento individual, em geral atribuem-se o comportamento e a situação dos grupos às suas características inerentes, e isto serve para simplificar a realidade e prever acontecimentos futuros. As mudanças nas relações intergrupais geram ideologias, que têm a função de deslocar a responsabilidade pela mudança do indivíduo para o grupo, ou do endogrupo para o exogrupo.

Como exemplo, Tajfel destaca aquelas situações em que um grupo consegue melhorar sua posição à custa de manter outro grupo em situação de desvantagem.

> A melhoria da posição do grupo e o fortalecimento resultante da filiação ao grupo por parte de seus membros freqüentemente são obtidos à custa de utilizar a capacidade do grupo para manter o outro grupo em situação de desvantagem. Naturalmente, isto é, em suma, a história do colonialismo e das formas de expansão relacionadas a ele. Um dos melhores exemplos pode ser encontrado no apogeu da Inglaterra vitoriana. O principal beneficiário daquela bem-sucedida expansão foi uma classe social que também havia assumido um código muito definido de valores e de moral. As vantagens obtidas pelos lucros coloniais tiveram de ser explicadas de forma que não entrassem em conflito com o código. Assim apareceu a ideologia da "carga do homem branco", com suas concepções de superioridade e inferioridade inerentes. As próprias ideologias podem variar em conteúdo conforme o momento cultural no qual surgem, por exemplo, os elementos religiosos na hierarquia dos grupos construída pelos primeiros *boers* da África do Sul, que levavam com eles a Bíblia, a "degeneração" dos outros povos nos mitos do sangue da Alemanha nazista baseando-se nos antecedentes dos séculos XVIII e XIX, as justificativas "morais" da escravidão...; mas seus traços formais permanecem constantes.
>
> (Tajfel, 1981/84, p. 168)

A orientação cognitivista que Tajfel deu ao estudo dos estereótipos não representou um esquecimento do caráter social do fenômeno da estereotipia e da formação do preconceito. O fato de que a percepção estereotipada tenha sua base, em grande parte, no processo cognitivo geral da categorização, cuja função é simplificar a complexidade da informação externa processada, não significa que a estereotipia seja um processo pura e exclusivamente cognitivo. Por um lado, o que faz que possamos falar da existência de preconceitos e estereótipos sociais, segundo Tajfel, é o fato de que sejam compartilhados. Por outro lado, os estereótipos atendem a uma série de funções, que não poderiam ser analisadas de forma adequada se partirmos de uma definição estritamente cognitiva do processo.

As funções dos estereótipos

Segundo Tajfel (1981), os estereótipos atendem a quatro tipos de funções: função cognitiva, função de preservação do sistema de valores, função ideológica e função de diferenciação com relação a outros grupos.

As funções cognitivas dos estereótipos são semelhantes às da categorização. Os estereótipos minimizam as diferenças entre pessoas pertencentes ao mesmo grupo social e acentuam as diferenças entre os membros de diferentes grupos.

Nesse sentido, têm a função cognitiva de ordenar e simplificar a informação procedente do meio social, economizando esforços no seu processamento. Mas esta não é sua única função. Se fosse assim, os erros cometidos pelas pessoas no processo de categorização social poderiam ser corrigidos à medida que ela fosse encontrando informações adicionais, como acontece no caso da percepção de objetos físicos. É evidente, entretanto, que isto não ocorre, e ainda os estereótipos são muito resistentes à mudança, até mesmo naqueles casos em que há uma forte evidência que os contradiz. Segundo Tajfel, esta resistência à mudança se deve a dois motivos.

Em primeiro lugar, a natureza da informação com a qual se contrasta a validade da categorização é diferente no caso do mundo físico e no caso do mundo social. No primeiro caso, a atribuição de um objeto a uma categoria a qual não pertence poderia ser também não adaptativa e, com isso, a pessoa corrigiria os erros cometidos ao receber informação sobre eles. No caso do meio ambiente social, a informação é mais ambígua; além disso, o fato de os estereótipos serem compartilhados faz que o consenso social sobre eles possa ser utilizado como um critério de validade. Nesse sentido, a mera confirmação de que outras pessoas mantêm as mesmas crenças que nós sobre determinados grupos serviria como confirmação da sua adequação.

O segundo motivo pelo qual os estereótipos são tão resistentes à mudança é resultado, segundo Tajfel, das conseqüências que têm para a pessoa cometer erros no processo de categorização social. Os erros que podem ser cometidos na categorização são de dois tipos: a inclusão em uma categoria de um objeto que não pertence a ela, e a exclusão de um objeto que a ela pertence. Quando as categorias são neutras, este tipo de erro não é importante, e poderia ainda levar a uma modificação dos estereótipos. Entretanto, quando as categorias têm conotações de valor, uma identificação equivocada do grupo ao qual uma pessoa pertence tem conseqüências subjetivas importantes. Por exemplo, se uma pessoa que demonstra preconceito em relação a determinado grupo comete muitos erros ao identificar os membros desses grupos, isto poderia questionar seu sistema de valores. Os estudos experimentais realizados até o momento sugerem que o primeiro tipo de erro é mais evitado do que o segundo. Esta é a conclusão de uma série de estudos realizados nos Estados Unidos nos anos 1950, em que se comparou a exatidão no reconhecimento de judeus por parte de anti-semitas e de não anti-semitas. Os resultados indicaram que as pessoas preconceituosas mostraram uma maior exatidão no reconhecimento de judeus, embora isto se devesse a um viés em

> **Henri Tajfel (1919-1982)**
>
> Henri Tajfel nasceu em 1919, em uma família judia de origem polonesa. Sua juventude, e toda sua vida, esteve marcada pela Segunda Guerra Mundial e o anti-semitismo do nacional-socialismo. Depois de ter estado em um campo de concentração, Tajfel foi transferido para a França em 1945, junto com outros prisioneiros de guerra. A partir de então, dedicou-se durante seis anos a trabalhar para organizações de diferentes países europeus, encarregadas da reabilitação das vítimas da guerra. Segundo relata o próprio autor, esse foi o começo de seu interesse pela psicologia social, que se consolidou anos depois, quando cursava seu último ano no *Birkbeck College* de Londres e recebeu uma bolsa de estudos do Ministério de Educação britânico. O ensaio com o qual obteve essa bolsa tinha como título *Preconceito*, o que já antecipa o interesse posterior do autor pelo tema. Uma vez obtida a bolsa, estudou nas universidades de Durham e Oxford, onde começou a desenvolver suas primeiras pesquisas experimentais, centradas no tema da acentuação perceptiva. Depois disso, começaria a interessar-se pelo preconceito e pelos comportamentos intergrupais e interpessoais, mas não seria antes dos anos 1970 que desenvolveria uma série de experimentos com a intenção de compreender a forma como surge a discriminação entre grupos. Com seus colaboradores, tentou determinar as condições mínimas necessárias para que se produzam condutas discriminatórias entre grupos. Com essa finalidade, delineou um experimento que daria lugar ao que conhecemos como *paradigma do grupo mínimo*. Nesse experimento, dividiu os participantes em dois subgrupos, mantendo seu anonimato, segundo um critério trivial, como a escolha entre dois pintores, Paul Klee e Vasili Kandinsky. Posteriormente, depois de especificar que a segunda parte do experimento não

suas respostas: classificavam como judias as fotografias em um número relativamente maior (Scodel e Austin, 1957).

A conclusão de Tajfel é que a manutenção de um sistema de categorias sociais tem uma importância que vai além da simples função de organização e sistematização do meio ambiente. Representa uma forte proteção do sistema de valores sociais existente, e qualquer "engano" cometido é um engano à medida que põe em perigo esse sistema. O alcance, a freqüência e a enorme diversidade da caça às bruxas em diversos períodos históricos (incluindo o nosso), cujo princípio básico é não deixar escapar ninguém que pudesse estar incluído na categoria negativa, são um testemunho tanto da importância social do fenômeno como da importância dos processos psicológicos que asseguram a proteção dos sistemas ou diferenças de valor existentes (Tajfel, 1981/84, p 182-3). Daqui surge outra importante função dos estereótipos, que é a preservação do sistema de valores da pessoa.

Além das duas funções que acabam de ser descritas, os estereótipos e preconceitos têm a função de ideologização das ações coletivas diante de membros de outros grupos. Nem todas as situações sociais ou históricas são igualmente propícias para o desenvolvimento das imagens estereotipadas dos exogrupos. Estas imagens aparecerão e se difundirão rapidamente naqueles casos em que a pessoa tenta compreender acontecimentos sociais de grande escala, e naquelas situações nas quais é necessário justificar um comportamento negativo para outros grupos. No primeiro caso, os estereótipos cumprem a função de proporcionar à pessoa uma estrutura causal que a ajude a enfrentar fatos complexos e, em muitas ocasiões, dolorosos ou negativos, que estão além de seu controle. Tajfel dá

tinha nenhuma relação com a divisão inicial, dava-lhes a oportunidade de dividir recompensas entre todos os participantes sem que pudessem recompensar a si próprios. Os resultados mostraram que existe uma tendência a recompensar mais os membros do próprio grupo (os que supostamente escolheram o mesmo pintor) que os do outro grupo. A partir desses experimentos, desenvolveu sua teoria da identidade social, que visa a examinar o que acontece na percepção que uma pessoa tem de si própria quando passa a fazer parte de um grupo. Tajfel percebeu que, logo que cria vínculo com um grupo, a pessoa tende a pensar que esse grupo é uma opção melhor que qualquer outro (distintividade positiva de grupo), cuja finalidade é a de manter uma imagem positiva de si mesmo. A formação de grupos, seja em função de raça, religião, classe social etc., faz as pessoas estabelecerem comparações com membros de outros grupos sociais, tendendo a considerar-se melhores ou superiores ao restante. Surgem assim os preconceitos em relação com o próprio grupo e com os estranhos: em relação com o próprio grupo, tende a haver uma sobrevalorização, ou favoritismo endogrupal. Com os demais, acontece a formação de estereótipos negativos, ou discriminação exogrupal.

Na interação social ocorre um processo de categorização, mediante o qual pretendemos identificar as pessoas. Tajfel mostrou a forma como fazemos classificações e atribuímos certas características a determinados grupos, e como a seguir categorizamos as pessoas nos grupos que estereotipamos. As pesquisas permitiram compreender o processo mediante o qual surgem os estereótipos e se manifestam condutas hostis para os membros de outros grupos sociais com os quais nos comparamos. Um de seus livros mais importantes é *Human groups and social categories*, de 1981. Uma grande parte de seu trabalho em psicologia social foi realizada na Universidade de Bristol, da qual foi catedrático de psicologia social até seu falecimento em 1982.

como exemplo desta função de causalidade o fato de, em 1636, os escoceses terem sido acusados de envenenar os poços de Newcastle para explicar uma epidemia. Um exemplo mais próximo está em algumas explicações sobre o desemprego, em que se responsabiliza os imigrantes pela falta de trabalho. Além desta função de causalidade, os estereótipos servem para justificar ações violentas, intensionais ou não, contra membros de outros grupos. A colonização, por exemplo, justificava-se normalmente destacando a necessidade de ajuda dos povos primitivos. Finalmente, os estereótipos têm a importante função de diferenciação do próprio grupo com relação a outros.

O elo que Tajfel utiliza para analisar as relações entre as funções individuais dos estereótipos (economia cognitiva e preservação do sistema de valores) e suas funções sociais (causalidade, justificação e diferenciação) é a identidade social.

Categorização e identidade social

Segundo Tajfel, o papel da categorização social não se reduz à sistematização e ordenação do entorno social e à orientação da ação. Diferentemente do que acontece no caso da categorização dos objetos do mundo físico, na categorização social a pessoa não é unicamente o sujeito do processo de categorização, mas também o objeto. À medida que a pessoa se percebe como membro de determinado grupo social, a categorização social é um dos processos básicos mediante os quais se constrói a identidade social. Segundo Tajfel (1978, p. 376):

A identidade social de uma pessoa se encontra relacionada com o conhecimento de sua filiação a certos grupos sociais e com a significação emocional e valorativa que resulta desta filiação.

Para Tajfel, a identidade social não é unicamente o resultado de pertencer a determinados grupos sociais, mas, principalmente, da comparação que a pessoa estabelece entre os grupos aos quais pertence e aqueles que considera alheios. Esta idéia o leva a retomar alguns dos postulados da teoria da comparação de Festinger (1954), que, como vimos no capítulo anterior, havia destacado o caráter motivacional da auto-avaliação, ressaltando a tendência da pessoa a avaliar suas opiniões e crenças, contrastando-as com algum critério externo. Segundo Festinger, quando não existem critérios externos objetivos para validar nossas crenças, a forma de obter uma avaliação destas é compará-las com as que mantêm outras pessoas. Esta comparação estará orientada pela tendência da pessoa a eliminar as discrepâncias, de tal maneira que suas crenças se ajustem o máximo possível às das pessoas com as quais se compara.

Partindo dessas idéias, Tajfel vai além, afirmando que este processo não só afeta a comparação entre pessoas, mas também a comparação entre grupos. A avaliação de uma pessoa do grupo do qual faz parte é resultado da comparação com outros grupos e contribui, além disso, para a auto-avaliação; isto é, a avaliação que uma pessoa faz de si própria depende, em grande medida, da que faz de seu grupo.

A importância da análise de Tajfel não se deve ao fato de a identidade social ser concebida como o resultado da filiação a determinados grupos, uma idéia que tem ampla tradição em psicologia social. A identidade social é entendida, além disso, como um mecanismo causal que determina as relações entre os grupos. Tanto o favoritismo do próprio grupo como a discriminação dos membros de outros grupos são uma expressão da necessidade da pessoa de reforçar sua própria identidade. Esta tendência a reforçar a identidade valendo-se da ênfase nas diferenças com outros grupos é um dos mecanismos que determinam as relações intergrupais.

Considerando a ligação existente entre a filiação a determinados grupos e a identidade, a avaliação que se faz destes grupos terá conseqüências sobre a própria filiação ao grupo. Segundo Tajfel (1981/84, p. 293), a pessoa tenderá a permanecer em um grupo se ele contribuir de forma positiva com sua identidade. Quando o grupo não satisfaz este requisito, ela tentará abandoná-lo, a menos que existam motivos objetivos que a impeçam, ou que o fato de deixar o grupo entre em conflito com valores importantes. Quando o abandono do grupo é difícil, a pessoa tentará mudar a sua avaliação, justificando ou aceitando suas características negativas, ou comprometendo-se em uma ação social que mudaria a situação no sentido desejado.

Identidade social e relações intergrupais

Como acabamos de destacar, as idéias de Tajfel sobre a identidade social devem ser situadas no contexto mais amplo de sua análise das relações intergrupais. A identidade social é um dos mecanismos que explicam a discriminação das pessoas de outros grupos. Como a identidade se constrói através de um processo de comparação social, sua avaliação não dependerá unicamente do conhecimento que temos dos grupos aos quais pertencemos, mas sim da avaliação relativa que fazemos destes grupos quando os comparamos com outros. Assim para que exista uma discriminação intergrupal, não é necessária a existência de um conflito de interesses entre os grupos. Nesse sentido, a teoria da identidade social representava uma explicação das relações entre os grupos, como alternativa à teoria do conflito real que anteriormente havia sido apresentada por Muzafer Sherif.

Os experimentos de campo realizados por Sherif na década de 1950 (Sherif e Sherif, 1953; Sherif, White e Harvey, 1955; Sherif e colegas, 1961), que são um dos antecedentes das pesquisas de Tajfel sobre relações intergrupais, apoiavam a idéia de que a discriminação e o preconceito em relação aos membros de outros grupos se devem à existência de um conflito objetivo de interesses. Esses estudos foram realizados em três acampamentos de verão situados em diferentes áreas geográficas dos Estados Unidos, e participaram meninos de 12 anos de idade, que foram selecionados de tal maneira que se evitasse a influência das características familiares ou pessoais no comportamento posterior. Os experimentos, em que foi utilizado um delineamento longitudinal, foram realizados em três fases. O objetivo da primeira fase era a formação dos grupos. Os meninos foram divididos em dois grupos, tendo em vista que já estavam havia alguns dias no acampamento e tiveram tempo de iniciar entre eles algum tipo de entrosamento. Para garantir que os membros dos grupos não tivessem nenhuma relação entre si, os meninos que haviam se relacionado entre si durante os primeiros dias foram distribuídos entre diferentes grupos. Durante alguns dias, os dois grupos tiveram pouco contato entre si e, em cada um deles, começaram a surgir uma estrutura interna e uma série de normas e regras de comportamento. Os pesquisadores observaram também que, embora nenhum dos dois grupos desse muita importância à presença do outro, começaram a manifestar-se casos de comparações com o outro grupo em que sempre se favorecia o endogrupo. A segunda fase do experimento consistiu na criação de um conflito de interesses entre ambos os grupos. Para tanto, foram organizados diversos jogos e competições esportivas em que ambos os grupos competiam para conseguir diferentes troféus e prêmios. O comportamento dos meninos mudou de maneira notável como conseqüência da nova situação. Começou a surgir uma clara hostilidade entre os dois grupos, e os meninos começaram a mostrar um forte favoritismo intragrupal. Do mesmo modo, aconteceram mudanças em cada grupo, que culminaram em uma maior coesão e em algumas mudanças de liderança, que fizeram os meninos mais agressivos dominarem o grupo. Na fase final do experimento, cujo objetivo era a redução do conflito, os pesquisadores criaram situações em que os interesses de ambos os grupos eram comuns, e era necessária a cooperação para obter uma meta que cada grupo isoladamente não poderia conseguir. Por exemplo, os experimentadores provocaram a necessidade de que grupos rivais tivessem de trabalhar unidos para consertar e restabelecer o sistema de fornecimento de água danificado, ou para conseguir dar a partida num caminhão que traria mantimentos para ambos os grupos. A conseqüência foi uma diminuição da hostilidade e dos comportamentos agressivos, assim como do favoritismo endogrupal, o que levou a uma maior cooperação entre aqueles que antes faziam parte de grupos rivais.

Os resultados dos estudos de Sherif e seus colaboradores mostravam que a discriminação dos membros do exogrupo e o favoritismo quanto aos membros do próprio grupo eram o resultado do conflito de interesses entre os grupos. Diante dessa conclusão, os estudos de Tajfel sobre as bases cognitivas do preconceito sugeriam que o conflito não era necessário e que o simples conhecimento da afiliação a um grupo bastava para que a pessoa favorecesse os membros desse grupo e revelasse discriminação diante de membros de outros grupos. Com o objetivo de provar esta hipótese, Tajfel e seus colaboradores iniciaram uma série de pesquisas (Billig e Tajfel, 1973; Tajfel e colegas, 1971), que foram o início do denominado *paradigma do grupo mínimo*. O objetivo desses experimentos foi determinar quais são as condições mínimas necessárias para que uma pessoa se sinta membro de um grupo e se diferencie de um exogrupo. Nestes experimentos, não só se eliminou o conflito de interesses entre os grupos, mas todas aquelas variáveis que normalmente levam ao favoritismo intragrupal e à discriminação dos membros de outros grupos, como a interação face a face, a hostilidade prévia entre os grupos etc. Na primeira fase do experimento, os sujeitos eram divididos em dois grupos utilizando um critério arbitrário e pouco importante para eles. Em um dos estudos, por exemplo, o critério para distribuir os indivíduos nos grupos era a preferência que eles mostravam por uma série de quadros de Paul Klee ou Vasili Kandinsky (Tajfel e colegas, 1971), enquanto em outro experimento se chegou ao mínimo possível, e os experimentadores lançaram uma moeda ao alto, em presença dos indivíduos, para distribuí-los entre os dois grupos (Billig e Tajfel, 1973). Na segunda fase do experimento, cada um dos participantes tinha que resolver isoladamente uma tarefa de tomada de decisões. Concretamente, as instruções que a pessoa recebia eram: dividir diversas quantidades de dinheiro entre diferentes pares de pessoas cuja identidade era desconhecida. A única informação que os indivíduos recebiam sobre tais pessoas era um número de identificação e o grupo ao qual pertenciam, que podia ser o próprio grupo ou o exogrupo. Para a realização dessa tarefa, os indivíduos recebiam uma caderneta onde se mostravam algumas matrizes com as quantidades que podiam ser distribuídas para as duas pessoas. Um exemplo do tipo de cadernetas utilizado está representado na Figura 5.8.

Os pares de números representam as quantidades atribuídas a cada uma das pessoas designadas na caderneta. No caso da Figura 5.8, uma das pessoas pertencia ao endogrupo (Klee) e a outra ao exogrupo (Kandinsky). Em outros casos, o indivíduo tinha que distribuir o dinheiro entre duas pessoas de seu próprio grupo, ou entre duas pessoas do exogrupo.

Antes que tomassem suas decisões, os indivíduos eram informados de que cada um receberia, no final do experimento, a quantidade que lhe seria atribuída anonimamente pelos outros. Várias eram as possíveis estratégias de decisão. Na estratégia de *máximo ganho conjunto*, a pessoa escolhia a opção que representava o máximo de ganho para as duas pessoas, de tal maneira que todos os sujeitos em conjunto podiam obter a máxima quantidade possível de dinheiro. No caso do exemplo exposto na Figura 5.8, esta estratégia está representada pela opção 25/19. A estratégia de *máximo ganho endogrupal* significava conceder o máximo possível aos membros do endogrupo, independentemente da quantidade concedida aos do outro grupo. No exemplo, também esta opção se encontra representada no extremo esquerdo da matriz. Outra estratégia possível era a *máxima diferença a favor do endogrupo*, que consistia em escolher a opção que significasse uma maior distância entre as quantidades atribuídas ao endogrupo e ao exogrupo. Outra estratégia era a imparcialidade, que consistia em atribuir às duas pessoas a mesma quantidade. Finalmente, uma última estratégia possível era a de favorecer os membros do exogrupo. Os resultados do experimento mostraram que uma das estratégias mais utilizadas consistia em discriminar positivamente o endogrupo, dando-lhe uma recompensa superior, mesmo à custa de receber menos do que se poderia fazendo que ambos os grupos obtivessem o máximo possível: *estratégia de máxima ganho conjunto*.

Caderneta para o grupo que prefere Klee

Estes números são prêmios para:

O membro nº 74 do grupo Klee	25	23	21	19	17	15	13	11	9	7	5	3	1
O membro nº 44 do grupo Kandinsky	19	18	17	16	15	14	13	12	11	10	9	8	7

Por favor, complete nos espaços da parte inferior
os números correspondentes ao campo escolhido

	Quantidade
Prêmio para o nº 74 do grupo Klee	21
Prêmio para o nº 44 do grupo Kandinsky	17

Figura 5.8 Exemplo das cadernetas utilizadas nos experimentos do grupo mínimo (Tajfel e outros, 1971).

Segundo Tajfel, os resultados desses experimentos mostram que a diferenciação intergrupal não é produto de um conflito de interesses, como sugerira previamente Sherif, mas da necessidade que a pessoa tem de dar significado à situação intergrupal, de forma que a identidade social fique fortalecida. Por esse motivo, maximizam-se as diferenças entre os grupos, ou criam-se diferenças que, de fato, não existem. A teoria da identidade social pretende explicar a tendência de as pessoas favorecerem sistematicamente membros de seu grupo, até em situações em que não existe conflito com outros grupos. A pessoa favorece o seu e discrimina outros grupos, porque com isso sua identidade se vê reforçada. Um resultado observado também em outros estudos, como o realizado por Brown (1978) em uma empresa aeronáutica, onde se utilizaram matrizes similares às descritas nos experimentos do grupo mínimo, foi que os trabalhadores dessa empresa estavam dispostos a ganhar menos se com isso incrementassem suas diferenças salariais com relação a outros grupos.

Na situação artificial criada nos experimentos do grupo mínimo, os membros de um grupo atuam com relação aos membros de outro grupo como se fossem seres idênticos e indiferenciados de um grupo homogêneo. É o simples fato de as pessoas pertencerem a um grupo o que faz que sejam tratadas mais ou menos favoravelmente. Uma situação artificial que Tajfel compara com algumas situações naturais, é o comportamento dos soldados na guerra. Em ambos os casos, a percepção das demais pessoas como membro do exogrupo leva ao anonimato e à despersonalização. O estágio seguinte é, em muitas ocasiões, a desumanização.

Segundo Tajfel (1978), o comportamento social pode ser descrito utilizando um contínuo, que vai do extremo puramente interpessoal até o extremo puramente intergrupal. No primeiro caso, o comportamento é determinado exclusivamente pelas características individuais e as relações pessoais entre os indivíduos. No extremo intergrupal, todo o comportamento mútuo é determinado pela filiação das pessoas a grupos distintos. Todas as situações sociais podem ser situadas em algum ponto deste contínuo, e o comportamento das pessoas se verá influenciado pela proximidade dos extremos que perceberem na situação. Quanto mais perto estiver a situação do extremo interpessoal, maior variabilidade se observará no comportamento dos membros dos exogrupos. Ao contrário, se a situação se aproximar do extremo intergrupal, os membros do endogrupo tenderão a ignorar as diferenças individuais existentes entre os membros do exogrupo. Isto facilitará o desenvolvimento de uma consciência clara da dicotomia endogrupo/exogrupo. Como conseqüência disso, serão atribuídos aos membros do exogrupo certos traços que se supõem serem comuns ao grupo como um todo, serão formuladas opiniões correspondentes a esses traços, e os membros reagirão emocionalmente de acordo com essas avaliações.

Segundo Tajfel, a condição básica para o aparecimento de formas extremas de comportamento intergrupal é a percepção de que entre o endogrupo e o exogrupo existem fronteiras nítidas e imutáveis. Inversamente, para que as relações entre indivíduos pertencentes a grupos distintos se aproximem do extremo interpessoal impõe-se a condição de que as fronteiras intergrupais sejam percebidas como flexíveis e que não existam obstáculos fortes que impeçam a mobilidade social de um grupo para outro. Nesse sentido, Tajfel fala de outro contínuo que pode nos ajudar a entender as relações intergrupais. Trata-se de um contínuo de estruturas de crenças que vai do extremo de mobilidade social até o extremo de mudança social. O extremo de mobilidade social representa a crença de que, como pessoa, podemos melhorar ou mudar nossa posição social. Esta crença reflete, segundo Tajfel, uma estruturação subjetiva do sistema social em que a premissa básica é a de que esse sistema é flexível e permite certa liberdade para ir de um grupo para outro. O extremo de mudança social se refere à crença de que alguém está absolutamente condicionado para permanecer no grupo social do qual é membro, que não tem a opção individual de abandonar esse grupo e que, portanto, a única possibilidade de alterar estas condições é atuar conjuntamente com seu grupo como um todo.

> Os resultados dos estudos experimentais até agora descritos, junto com a consideração de algumas situações sociais "reais", levam-nos à conclusão de que, para a determinação do comportamento no sentido grupal mais do que no sentido pessoal, são básicas as duas condições independentes: a dicotomização do mundo social em categorias distintas mas próximas; e a impossibilidade ou grande dificuldade de "passar" de um grupo para outro. Há sem dúvida muitas outras condições que também são importantes quanto a aumentar ou diminuir o grau em que a filiação a um grupo é relevante. Mas não se pode esperar que o fato de atuar em função do grupo, mais do que em função de si próprio, tenha um papel predominante no comportamento de um indivíduo, exceto se está presente uma estrutura cognitiva clara de "nós" e "eles", e que não se perceba que esta estrutura é suscetível de ser alterada facilmente em uma diversidade de condições sociais e psicológicas.
>
> (Tajfel, 1981/84, p. 325)

A necessidade de reforçar a identidade social é, segundo Tajfel (1981/84, p. 314), o mecanismo causal que dá lugar a situações de mudança social objetiva. Existem três situações especialmente relevantes nesse sentido: 1) aquelas em que um grupo se encontra em uma posição ambígua ou marginal, o que faz com que as pessoas tenham dificuldades para definir seu lugar no sistema social, 2) aquelas em que a posição de um grupo que foi definido por consenso como superior se vê ameaçada por uma mudança que se está produzindo ou pelo conflito de valores inerente à sua superioridade, 3) aquelas em que os grupos que foram definidos por consenso como inferiores tomam consciência de que sua situação não é legítima ou pensam que é possível tentar mudá-la.

Nas situações descritas, os membros de uma categoria tenderão a estreitar seus vínculos e reforçar sua identidade como grupo social. A associação entre a busca de uma identidade social positiva e as relações intergrupais deu lugar a um modelo para explicar os diferentes tipos de resposta que as pessoas pertencentes a grupos sociais desfavorecidos podem adotar para melhorar sua auto-imagem. Acabamos de destacar que, segundo Tajfel, as crenças sobre a legitimidade das diferenças intergrupais e a permeabilidade entre grupos favorecerão a mobilidade ou a mudança social. Quando os membros de um grupo acreditam que não há alternativas para obter uma identidade social positiva passando a um grupo de *status* superior, desenvolverão diferentes estratégias de mudança social. Por um lado, podem mudar os grupos com os quais se comparam, redefinir as dimensões incluídas na comparação ou, finalmente, os valores com os quais avaliam essas dimensões. Por outro lado, podem questionar a legitimidade da posição de privilégio dos grupos sociais com os quais se comparam (Hogg e Abrams, 1988; Tajfel e Turner, 1979).

Do ponto de vista teórico, os trabalhos de Tajfel significaram uma virada importante no estudo do preconceito, das relações intergrupais e da identidade social. É verdade que em suas pesquisas experimentais ele dedicou mais atenção aos aspectos cognitivos, mas também sua obra vai além. Sua contribuição para o desenvolvimento da psicologia social, em geral, e da psicologia social européia, em particular, é indubitável. Partindo de uma série de pesquisas sobre o fenômeno da superestimação perceptiva, utilizou os resultados desses estudos para analisar um caso muito específico, e especialmente relevante, de categorização: referente à inclusão das pessoas em grupos sociais. O processo de categorização é uma das bases dos estereótipos e do preconceito. Como destaca Billig (2002), a ênfase de Tajfel nos aspectos cognitivos do preconceito pode ser devida a seu interesse em afastar-se das explicações que anteriormente foram dadas a este fenômeno, em que se enfatizavam os fatores relacionados com a personalidade ou as emoções. O interesse pela explicação cognitiva pode vir determinado também pelo contexto em que Tajfel realizou suas pesquisas, caracterizado pela volta da psicologia ao estudo dos processos cognitivos. É possível que a euforia desencadeada pela crise do behaviorismo e a ênfase cognitiva da psicologia o tivessem levado a esquecer ou a dar menos atenção a outro tipo de fatores que também são imprescindíveis em uma explicação do preconceito e das relações intergrupais, como os de caráter emocional e motivacional.

Mas, independentemente das críticas que provocou, não há dúvida de que sua obra contribuiu muito para o desenvolvimento da psicologia social. Prova disso são as numerosas pesquisas que sua obra continua proporcionando na atualidade (veja Abrams e Hogg, 1999; Bourhis, Leyens, Morales e Páez, 1996; Worchel, Morales, Páez e Deschamps, 1998).

Entre os desenvolvimentos atuais, podemos destacar quatro tipos de contribuições principais (veja Brown, 2000). Em primeiro lugar, a integração das premissas derivadas da teoria do conflito real de Sherif e aquelas derivadas da teoria da identidade social de Tajfel. A identificação com o endogrupo facilita a hostilidade para com outros grupos sociais quando existe um conflito de interesses. Em segundo lugar, a vinculação entre os processos de identificação grupal e os sentimentos de privação relativa para explicar a participação em ações coletivas encaminhadas à mudança social. Os sentimentos de privação relativa não somente aumentam com a filiação a grupos sociais distintos, mas também a participação em movimentos sociais aumenta quando os sentimentos de privação relativa são unidos à identificação das pessoas como grupo social com interesses compartilhados. Em terceiro lugar, os processos de categorização não têm um caráter exclusivamente cognitivo. São, principalmente, processos sociais com a função de justificar nossas relações com referência a outros grupos e de manter nossa identidade. Finalmente, a pesquisa desenvolvida a partir da teoria da identidade de Tajfel revelou a necessidade de considerar diferentes estratégias para reduzir o preconceito e a discriminação intergrupal. Entre essas estratégias podemos destacar a descategorização, que consiste em introduzir dimensões de comparação intergrupal diferentes daquelas que são objeto de preconceito ou discriminação; a inclusão do endogrupo e o exogrupo em uma categoria social mais ampla pela qual se crie uma nova identidade grupal comum e, finalmente, a manutenção das diferenças intergrupais, favorecendo, ao mesmo tempo, o contato entre os membros dos grupos envolvidos. Ao lado do desenvolvimentos dessas premissas iniciais de Tajfel, diferentes estudos mostraram que algumas das teses centrais da teoria, como a relação entre auto-estima positiva e processos de comparação intergrupal, geraram resultados contraditórios. É ainda objeto de debate em que medida o viés de diferenciação favorável ao endogrupo diante de outros grupos reforça a auto-estima, ou em que grau uma auto-estima negativa favorece este viés comparativo como estratégia para conseguir melhorar a auto-imagem, considerando os resultados contraditórios encontrados nas pesquisas realizadas (veja Abrams e Hogg, 1988). Do ponto de vista metodológico, as principais críticas levantadas pelo trabalho de Tajfel centravam-se na artificialidade dos experimentos do grupo mínimo.

Entretanto, a identificação entre o trabalho deste autor e o paradigma do grupo mínimo não faz justiça à concepção metodológica que deriva de sua obra. Por um lado, como veremos na seção dedicada à metodologia, suas críticas à escassa relevância social da maioria dos experimentos realizados em psicologia social foram um importante impulso para o debate e a autocrítica durante a crise da disciplina. Por outro, as reflexões teóricas de Tajfel nem sempre são acompanhadas de dados experimentais, pois em numerosas ocasiões utiliza exemplos extraídos da realidade social. Finalmente, é preciso destacar o papel que desempenhou no surgimento e no desenvolvimento da psicologia social européia. Sua teoria da identidade propiciou o surgimento de outros modelos teóricos, entre os quais podemos destacar a teoria da auto-categorização de Turner.

A teoria da auto-categorização

Os trabalhos de Tajfel significaram um impulso para outras pesquisas, como as realizadas por John Turner (1982, 1987; Turner e Oakes, 1997), que levaram à teoria da auto-categorização. Como o próprio Turner destaca, esta teoria é formada por um conjunto de premissas e hipóteses sobre o funcionamento do autoconceito social que, embora relacionadas com a teoria da identidade social de Tajfel, não coincidem totalmente. Segundo Turner (1987/90, p. 74), enquanto o objetivo de Tajfel era explicar a discriminação intergrupal e sua hipótese central cognitivo-motivacional (a pessoa distingue seu próprio grupo dos outros grupos para obter uma identidade positiva), a teoria da auto-categorização "centra-se na explicação não de um tipo específico de comportamento grupal, mas do modo como os indivíduos são capazes de chegar a atuar como um grupo. A hipótese básica é uma elaboração cognitiva (ou sociocognitiva) da natureza da identidade social como nível de abstração de ordem superior na percepção do eu e dos outros".

Depois de uma enumeração das premissas de partida, que procedem, segundo o autor, de idéias amplamente compartilhadas sobre o processo de categorização e sobre o autoconceito, Turner (1987/90, pp. 82-3) formula três hipóteses centrais da teoria da auto-categorização, que são as seguintes:

> 1. Existe uma tendência a uma relação inversa entre a saliência dos níveis pessoal e social da categorização do eu. A autopercepção social tende a variar ao longo de um contínuo, que vai da percepção do eu como pessoa única (máxima identidade intrapessoal e máxima diferença percebida entre o próprio eu e os membros do endogrupo) até a percepção do eu como categoria endogrupal (máxima semelhança com os membros do endogrupo e máxima diferença em relação aos indivíduos do exogrupo).
>
> 2. Os fatores que realçam a saliência das categorizações endogrupo/exogrupo tendem a incrementar a identidade percebida (semelhança, equivalência, intercambiabilidade) entre o eu e os membros do endogrupo (e a diferença em relação aos indivíduos do exogrupo) e, portanto, a *despersonalizar a percepção do eu* individual nas dimensões estereotípicas que definem a filiação ao endogrupo relevante. A *despersonalização* se refere ao processo de "estereotipação do eu", mediante o qual as pessoas se percebem a si próprias mais como exemplares intercambiáveis de uma categoria social do que como personalidades únicas definidas por suas diferenças individuais em relação com os outros.
>
> 3. A despersonalização da percepção do eu é o processo básico subjacente aos fenômenos de grupo (estereótipo social, coesão grupal, etnocentrismo, cooperação e altruísmo, contágio emocional e empatia, ação coletiva, normas compartilhadas e processos de influência social etc.).

Essas três hipóteses gerais, expostas em uma linguagem pouco esclarecedora, são o resultado de extrapolar para o âmbito do autoconceito os princípios utilizados por Tajfel em sua análise das relações intergrupais. Na primeira hipótese, Turner utiliza uma dimensão muito parecida com o *contínuo interpessoal/intergrupal* de Tajfel, para afirmar que o grau de identificação da pessoa com os grupos aos quais pertence não é constante, mas varia ao longo de um contínuo. No extremo de *máxima identidade intrapessoal*, estarão aquelas situações em que a pessoa se percebe a si própria como um ser individual, enquanto no outro extremo estarão as situações em que a pessoa sente a máxima identificação com determinado grupo, sendo a filiação a este o que define sua identidade nesse momento específico. Consideremos, por exemplo, os torcedores de uma equipe de futebol e como sua autopercepção como torcedores dessa equipe varia em função da situação.

O processo de *despersonalização* do eu, comentado na segunda hipótese, é o resultado da percepção estereotipada dos grupos gerada pela categorização social. Segundo Turner, quando a situação leva a pessoa a perceber a si própria como membro de um grupo (*categorizações endogrupo/exogrupo*) mais do que como indivíduo (*auto-categorização pessoal*), tenderá a ignorar as diferenças individuais que a separam de outros membros do grupo e a destacar suas semelhanças com eles. No exemplo que acabamos de ver, se nossa equipe está jogando, nos identificaremos com os outros torcedores, ignorando momentaneamente as diferenças que nos separam. A forma de entender o processo de *despersonalização* é um dos aspectos em que Turner se afasta claramente das idéias de Tajfel.

Quando Tajfel falava de despersonalização, estava se referindo à percepção dos outros como membros indiferenciados e anônimos de um grupo. A despersonalização do outro, e o caso extremo de desumanização, como era descrito por Tajfel, era um processo claramente negativo. No caso de Turner, entretanto, a despersonalização não se refere à percepção de outras pessoas, mas à própria percepção, e não é um processo necessariamente negativo. A *despersonalização do eu*, esclarece Turner, não significa necessariamente uma perda de identidade individual, mas pode reforçá-la. As situações em que a pessoa se percebe mais como membro de um grupo do que como um ser individual podem dar lugar a um aumento positivo da importância relativa da dimensão social da identidade. Este processo cognitivo de despersonalização do eu está na base, segundo Turner, do comportamento grupal (hipótese 3).

Embora a teoria da auto-categorização seja inspirada na teoria da identidade social de Tajfel, a continuidade entre ambas é relativa. Se Tajfel dera certa prioridade aos fatores cognitivos do preconceito, na análise de Turner somente se consideram esses fatores. Neste sentido, suas pesquisas significam uma contribuição importante em uma das linhas que Tajfel deixou aberta, mas não explora as demais. Por exemplo, não há referências nos trabalhos de Turner aos processos de assimilação e de busca de coerência, nem às funções dos estereótipos, que são, provavelmente, os elementos mais propriamente psicossociológicos da obra de Tajfel.

A teoria das representações sociais

Se os trabalhos de Henri Tajfel significaram um avanço na psicologia social européia de grande valor teórico e conceitual, a contribuição de Serge Moscovici é, sem dúvida, outro dos pilares onde se assenta o desenvolvimento europeu da disciplina. Por exemplo, na psicologia social atual, a teoria das representações sociais é, provavelmente, a que maior difusão teve entre os psicólogos sociais europeus e latino-americanos, e seu impacto começa a ser percebido também entre os psicólogos sociais norte-americanos (veja Duveen, 2001). No estudo que daria origem à teoria das representações sociais, Serge Moscovici (1961/79, p.18) dá a seguinte definição de representação social:

> Sistema de valores, noções e práticas que proporcionam aos indivíduos os meios para orientar-se no contexto social e material, para dominá-lo... um *corpus* organizado de conhecimentos e uma das atividades psíquicas graças às quais os homens se integram em um grupo ou em uma relação cotidiana de intercâmbios, liberam os poderes da imaginação.

O início da teoria das representações sociais está na investigação realizada por Serge Moscovici (1961) sobre a difusão da psicanálise na população francesa dos anos 1950. A pesquisa visava, através da análise do conteúdo das notícias publicadas na imprensa e dos resultados obtidos em um levantamento realizado a partir de uma grande amostra da população francesa, conhecer como os conceitos gerados na teoria psicanalítica eram utilizados no dia-a-dia por diferentes grupos sociais franceses. A difusão da psicanálise através dos meios de comunicação provocara o uso cotidiano de idéias procedentes dela, mas sem referência à sua fundamentação teórica original. Por isso, conceitos como o de *repressão* ou *inconsciente*, originados na teoria psicanalítica, tornaram-se idéias de senso comum, em um conhecimento acessível, cuja utilização era útil para dar sentido à realidade e descrever a conduta psicológica. O seguinte extrato, obtido de dois teóricos das representações sociais, Wagner e Elejabarrieta (1994, p. 832), oferece-nos uma imagem bastante ilustrativa do processo descrito por Moscovici:

> O que antes eram conceitos e termos particulares, próprios de uma forma de conhecimento específico, a psicanálise, agora é uma representação social da atividade e do funcionamento psicológico humano. Determinadas noções da psicanálise cristalizam-se socialmente porque permitem interpretar e dar sentido à vida cotidiana. Os conceitos se estendem socialmente em um espaço que não estava previsto originalmente para eles, e tornam compreensível e objetivo o que de outra maneira resultaria estranho. Quem não viu, por exemplo, a histeria coletiva que toma conta dos torcedores de futebol quando sua equipe ganha um campeonato, ou essa mesma histeria coletiva quando começam as liquidações? A teoria e seus conceitos originais obtêm autonomia e extensão variáveis quando se transformam em representações sociais. Algumas noções nessa transformação obtêm corpo, materializam-se, outras se perdem, eliminam-se ou se negam, e outras adquirem uma significação diferente da original. O importante não é em nenhum caso a referência original, a psicanálise, mas sua nova funcionalidade social.

Quando do surgimento da teoria das representações sociais, suas origens teóricas devem ser diferenciadas das funções e dos processos que dão lugar à sua construção. Quanto às suas origens teóricas, destaca-se tanto a separação entre representação coletiva e representação social como a diferença entre os conceitos de atitude e representação; finalmente, é necessário mencionar a ênfase dos teóricos das representações sociais em sua construção social e simbólica. Sobre o primeiro aspecto, devemos destacar que a teoria das representações sociais começa com a discussão de Moscovici (1984, 1998) sobre o conceito de representação coletiva do sociólogo Émile Durkheim.

Já vimos (veja Capítulo 1) que Durkheim definia a sociologia como o estudo dos fatos sociais, e que os considerava algo externo à consciência individual sobre a qual exercem seu domínio. Esses fatos sociais são formas de pensar, sentir e atuar externas ao indivíduo, formas de consciência coletiva cuja realidade não pode ser reduzida à psique individual. Na opinião de Moscovici, as representações coletivas são mecanismos explicativos, irredutíveis por si mesmos a nenhuma análise posterior. São os elementos constitutivos da sociedade e, portanto, devem ser estudados como são. Os mitos, a religião ou a ciência, que Durkheim cita como representações coletivas, são os fatores explicativos da sociedade. Ao contrário, nas sociedades contemporâneas, as representações, não são somente um produto da idealização grupal, mas também um processo, *uma forma de entender e comunicar o que sabemos* (Moscovici, 1984).

Moscovici também se distancia do conceito de representação coletiva por ser algo estático, por isso propõe mudar o termo *coletivo* pelo termo *social*; com esta substituição terminológica pretende dar uma idéia das representações como algo dinâmico. Portanto, as representações sociais, em contraposição às representações coletivas, são entendidas como explicações de senso comum, formas de entender e comunicar as teorias científicas. Em sua opinião (Moscovici, 1998), as representações sociais se encontram na linha divisória entre o conhecimento científico (*universo reificado*) e o conhecimento popular ou de senso comum (*universo consensuado*). Moscovici (1984, p. 19) resume as diferenças entre os conceitos de representação coletiva e representação social da seguinte maneira:

> As representações coletivas são um mecanismo explicativo e se referem a uma classe geral de idéias e crenças (ciência, mito, religião etc.), enquanto para nós são fenômenos que precisam ser descritos e explicados. São fenômenos específicos que se relacionam com uma forma particular de entender e comunicar: um modo que cria tanto a realidade como o senso comum. Para destacar essa diferença, utilizarei o termo social em vez do termo coletivo.

Em segundo lugar, a teoria das representações sociais origina-se como uma crítica ao conceito de atitude. Esta crítica é mais implícita que explícita, e está apoiada na consideração da atitude como um conceito de caráter individualista, pelo menos quanto à sua evolução ao longo da história da psicologia social. Farr (1984, p. 132-3) destaca como característica fundamental da teoria das representações sociais:

> A crítica à pesquisa mais convencional em psicologia social que trata as opiniões, as atitudes, os constructos pessoais, as imagens etc., como representações individuais.

Nesta linha, Moscovici destaca que o que diferencia as atitudes das representações sociais é o fato de que as atitudes relacionadas com um objeto da realidade social são, de qualquer maneira, o resultado de representações prévias sobre esse objeto.

Desta maneira, o conceito de atitude corresponderia a uma reação diante de um estímulo, enquanto a representação social incluiria as dimensões cognitivo-avaliativas e simbólicas que estão presentes em toda forma de conhecimento da realidade social; deste ponto de vista, as representações sociais constroem o estímulo ao mesmo tempo que determinam a resposta. Jaspars e Fraser (1984) destacam que as diferenças entre as atitudes e as representações sociais se referem, precisamente, à concepção dominante na psicologia social psicológica, que considera as atitudes disposições psíquicas que se encontram no indivíduo.

Em terceiro lugar, a teoria das representações sociais foi apresentada por Moscovici (1961, 1981) como uma alternativa à psicologia social cognitiva tradicional, da qual critica seu caráter individualista. No seu desejo de enfocar o estudo dos processos cognitivos a partir de uma perspectiva psicossocial, Moscovici propõe uma mudança na unidade de análise da psicologia social cognitiva, cuja atenção não deve se concentrar nos processos cognitivos individuais, mas nas formas de conhecimento grupais, socialmente compartilhadas e recriadas no decorrer das conversações cotidianas, de onde vem a sua dimensão simbólica além da cognitiva. Desta maneira, a teoria das representações sociais pretende ser uma recuperação da dimensão social e simbólica do conhecimento como objeto de estudo da psicologia social. As representações sociais compartilham, portanto, três características fundamentais: sua formação na interação social, o fato de serem sempre representações de algo ou de alguém e, finalmente, terem um caráter simbólico.

O segundo aspecto central na teoria são os processos mediante os quais se geram as representações sociais: a *ancoragem* e a *objetivação*. Como o define Moscovici (1981, p. 193), o processo de ancoragem é o que "nos permite que algo pouco familiar e problemático, que desperta nossa curiosidade, seja incorporado em nosso sistema de categorias e seja comparado com o que consideramos um membro típico dessa categoria". As duas fases deste processo são a *classificação* e a *denominação*. Ao classificar e dar nomes às pessoas ou aos objetos do meio, lhes conferimos alguns atributos ou características com relação aos quais nos comportamos de determinada maneira. Um exemplo de *ancoragem* é o estudo realizado por Denise Jodelet (1986, 1989/91) sobre as representações sociais da doença mental dos habitantes de uma pequena cidade rural francesa, que tinham relação com doentes mentais. Sua representação correspondia a uma teoria ingênua em que os doentes mentais eram associados a conceitos como os de *idiota, vagabundo, malandro* etc. O conceito de *louco* é, desta maneira, incluído em outro grupo de conceitos familiares através da ancoragem (veja Moscovici, 1984). Por isso, nossas atitudes para com as pessoas variam em função de como classificamos e nomeamos tais pessoas através da linguagem.

Quanto à *objetivação*, podemos considerá-la o processo mediante o qual conceitos abstratos obtêm entidade como experiências concretas, palpáveis. Mediante este processo, o invisível se torna perceptível. Segundo Moscovici (1981, p. 198), "a objetivação enche de realidade conceitos não familiares". O processo de objetivação consta de duas fases: a *transformação icônica*, que consiste em estabelecer uma associação entre determinado conceito e uma imagem, e a *naturalização*, mediante a qual as imagens se tornam realidades concretas. O primeiro processo origina o que Moscovici (1984, p. 38) denomina *núcleo figurativo* e que define como "um complexo de imagens que reproduzem um complexo de idéias". Um exemplo de objetivação é o estudo de Moscovici sobre a psicanálise, em que o núcleo figurativo seria formado por uma imagem da mente dividida entre o inconsciente e o consciente. Esta imagem reproduz as imagens populares onde se divide a alma e o corpo, o interno e o externo etc. Entre ambos, situados no espaço um em cima do outro, se situaria a repressão, a *rejeição*, e o resultado seria o complexo (veja Jodelet, 1986, p. 482).

Esquema:

```
        Inconsciente
            ↑ ↘
Rejeição ↕     Complexo
            ↓ ↗
        Consciente
```

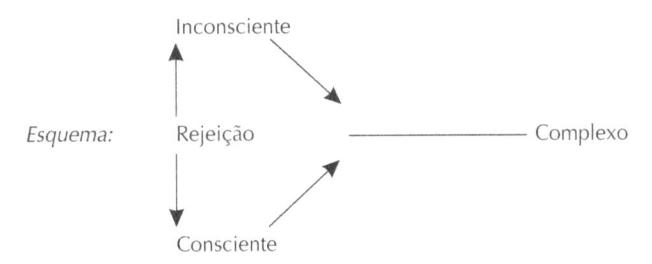

Figura 5.9 Formação do núcleo figurativo.

Uma vez formado o núcleo figurativo, a representação se naturaliza, de modo que conceitos abstratos, como inconsciente, repressão e complexo, adquirem uma realidade objetiva. Mediante esses conceitos, abstraídos de sua origem científica e sem referência à sua relação com a sexualidade ou a libido, as pessoas são capazes de reconhecer os aspectos *reprimidos* do comportamento, os *complexos* pessoais ou as razões *inconscientes* que explicam determinado ato como se se tratasse de realidades materiais. Com esses conceitos os indivíduos podem recriar sua realidade cotidiana e organizar os acontecimentos em um mundo de referências familiares.

Descritos os processos mediante os quais se constroem as representações sociais, o resumo da teoria ficaria incompleto se não nos referíssemos à forma como elas surgem.

Qual é a função dos processos de objetivação e ancoragem descritos? Segundo Moscovici (1984, p. 24), tal função seria a de *transformar algo que não é familiar em algo conhecido e familiar*. De acordo com esta hipótese, preferimos viver em um mundo de representações familiares de forma que evitemos a sensação de estarmos emocionalmente perturbados pelo desconhecido. Depois desta análise descritiva, poderíamos resumir os aspectos centrais da teoria da seguinte maneira:

1. As representações sociais podem ser definidas como:

> uma forma de conhecimento específico, o saber de senso comum, cujos conteúdos manifestam a operação de processos generativos e funcionais socialmente caracterizados. No sentido mais amplo, designam uma forma de pensamento social. As representações sociais são modalidades de pensamento prático voltadas à comunicação, à compreensão e ao domínio do ambiente social, material e ideal.

(Jodelet, 1986, p. 474)

2. As representações sociais não podem ser consideradas, simplesmente, processos individuais de caráter cognitivo, mas de natureza social.

> Em primeiro lugar, as representações são sociais a partir do momento em que possibilitam a produção de certos processos claramente sociais. Assim, por exemplo, as comunicações sociais seriam dificilmente possíveis se não se desenvolvessem no contexto de uma série, suficientemente ampla, de representações compartilhadas. Em segundo lugar, pode-se afirmar que as representações sociais são sociais simplesmente porque são coletivas, isto é, porque são compartilhadas por grupos mais ou menos numerosos de pessoas. Em terceiro lugar, o papel que desempenham as representações sociais na configuração dos *grupos sociais*, e especialmente na conformação de sua identidade, institui as representações como fenômenos sociais.
>
> (Ibáñez, 1988, p.43)

3. O propósito das representações é o de transformar aqueles aspectos da realidade que nos são estranhos ou nos perturbam em um conhecimento de senso comum conhecido e manejável.

> (…) transformar algo que não nos é familiar ou que nos é desconhecido em algo que nos seja familiar.
>
> (Moscovici, 1984, p. 24)

4. Os processos pelos quais se realiza essa transformação são a ancoragem e a objetivação.

> O primeiro mecanismo luta por fixar as idéias estranhas, por reduzi-las a categorias e imagens ordinárias, por situá-las em um contexto familiar. Assim, por exemplo, uma pessoa religiosa trata de relacionar uma nova teoria ou a conduta de uma pessoa estranha com uma escala de valores religiosos. O propósito do segundo mecanismo é sua objetivação, isto é, transformar algo abstrato em algo quase concreto, transferir algo que está na mente em algo que existe no mundo físico. Estes mecanismos fazem do não-familiar algo familiar. O primeiro, transferindo o não-familiar para nossa esfera particular, em que somos capazes de compará-lo e interpretá-lo. O segundo, reproduzindo o não-familiar entre as coisas que podemos tocar e, conseqüentemente, controlar.
>
> (Moscovici, 1984, p.29)

5. A estrutura das representações é formada por diferentes conteúdos referentes a *imagens, sistemas de referência, categorias, teorias* etc.

> A representação social se define por um conteúdo: informações, imagens, opiniões, atitudes etc.
>
> (Jodelet, 1986, p. 475)

6. Embora o campo de pesquisa da teoria das representações sociais tivesse expandido seu estudo para diferentes aspectos da vida social, como a doença mental, a inteligência, o desemprego etc. (veja Duveen, 2001; Ibáñez, 1988; Wagner e Elejabarrieta, 1994), a transformação do conhecimento científico (*conhecimento reificado*, na terminologia utilizada por Moscovici) em *conhecimento consensuado* de caráter prático continua sendo um aspecto central do estudo das representações sociais.

> Enquanto o universo reificado está sempre aberto às lições da experiência, o universo consensual está limitado pelo poder das crenças. Esta diferença tão clara entre o universo reificado da ciência e o universo consensual do senso comum é, segundo Moscovici, o reflexo de uma poderosa representação do conhecimento em nossa era moderna, em que a ciência substituiu a religião como origem de legitimação.
>
> (Duveen, 2001, pp. 277-278)

7. As representações sociais se distinguem de outros conceitos centrais em psicologia social pela sua natureza social e simbólica e por apresentar uma alternativa ao conceito psicológico de atitude.

> Se as representações sociais são processos coletivos, deveriam ser entendidas como o que está por trás de atitudes específicas ou individuais, isto é, as atitudes particulares só podem ser entendidas se as consideramos elementos que fazem parte de outras formas mais gerais em que os significados sociais são organizados.
>
> (Duveen, 2001, p. 284)

A difusão da teoria das representações sociais causou também certo número de críticas entre as quais podemos destacar duas. Em primeiro lugar, alguns psicólogos sociais destacaram que a definição de representação social deveria ser mais precisa, de maneira que permita uma delimitação clara do seu campo de estudo. Nesse sentido, Billig (1991, p.70-71) afirma:

> Os teóricos das representações sociais devem estudar também o que não são representações sociais. O paradoxo consiste em que os teóricos das representações sociais devem procurar aqueles aspectos das crenças compartilhadas que não podem ser classificados como representações sociais, assim como se preocupam em estudar as representações sociais. Isto significaria uma mudança no rumo da pesquisa. Sem uma estratégia que induza o pesquisador a estabelecer contrastes, ele se deixará levar pela tendência de deslizar-se para uma concepção cada vez mais universal de representação social, à medida que fenômenos de todo tipo começam a denominar-se representações sociais. Desta maneira o conceito se tornará mais e mais amorfo.

Uma segunda crítica corresponde, com suas aparentes diferenças, ao conceito de atitude. Alguns autores, como Fraser (1986/94), argumentam que o conceito de representação social não se diferencia daquele da atitude social, propondo que o estudo das representações centre-se no que se denomina sistemas de crenças compartilhadas, e que podemos entender como sistemas estruturados de atitudes sociais (Fraser, 1994; Fraser e Gaskel, 1990). Segundo Fraser, os estudos sobre representações sociais não foram capazes de confirmar a existência dessas representações. Na sua análise do trabalho original de Moscovici, destaca:

> O estudo de Moscovici sobre a representação social da psicanálise... não apresenta seus dados de maneira que nos force a admitir a existência de uma representação social da psicanálise, além de um conjunto heterogêneo de atitudes sobre a psicanálise.
>
> (Fraser, 1986/94, p. 9)

Provavelmente, a polêmica entre os psicólogos sociais partidários de utilizar o conceito de atitude ou o de representação social em suas pesquisas depende mais da perspectiva psicológica ou sociológica da qual abordamos seu estudo. Por isso, a utilização do conceito de atitude é plenamente social se considerarmos a definição oferecida por Thomas e Znaniecki (1918), apresentada no Capítulo 2. Uma concepção mais sociológica do conceito de atitude em psicologia social seria certamente muito semelhante ao conceito de representação social. Por exemplo, Torregrosa (1968, p.157) descreve as atitudes da seguinte maneira:

> Quero declarar que muitas atitudes não são somente sociais no sentido de que seu objeto seja um valor social cuja contrapartida são as atitudes, ou que estas sejam socialmente determinadas (aprendidas nos processos de interação social), mas também no sentido de que representam propriedades ou

características de grupos e situações sociais, suas crenças e modos de avaliação, independentemente de que sejam dos membros individuais desses grupos e situações; e que, portanto, a perspectiva teórica adequada para sua compreensão e explicação deve ser uma perspectiva sociológica.

A polêmica que a teoria das representações sociais gerou entre os psicólogos sociais não impede, entretanto, considerar que, com sua elaboração, Moscovici tenha aberto um campo de pesquisa dinâmico que continue gerando uma grande quantidade de pesquisas em psicologia social (veja Flick, 1998 ou Paredes Moreira, 2001).

A influência minoritária e a teoria da conversão

Outra das contribuições teóricas de Serge Moscovici de maior interesse entre os psicólogos sociais é o desenvolvimento de um modelo psicossocial para explicar os mecanismos pelos quais uma minoria pode influenciar uma maioria. Na opinião de Moscovici (1976), os processos de influência social foram interpretados, pela psicologia social, a partir de um enfoque que denomina *funcional*, caracterizado por estudar os mecanismos de controle social das maiorias, a uniformização dos indivíduos e sua submissão às normas do grupo. Contra este enfoque, ele propõe um modelo *genético* caracterizado por considerar o sistema social um produto dos indivíduos e suas ações. Na tabela 5.3 podemos ver as diferenças existentes entre ambos os modelos.

O primeiro aspecto diferencial entre ambos os enfoques é o tipo de relação que se estabelece entre as pessoas. No primeiro, as pessoas são tratadas da perspectiva da influência unilateral, realizada a partir de uma fonte (por exemplo, uma maioria) para um alvo (por exemplo, uma minoria). Deste modo, estuda-se como os indivíduos têm de aceitar as normas do grupo, e o grupo aceitar as normas do sistema social. O grupo exerce influência sobre o indivíduo, mas este não é considerado fonte de influência (*relações assimétricas*). Ao contrário, no modelo genético, considera-se que cada indivíduo que faz parte do grupo não somente é receptor de influência, mas também pode exercer influência sobre o grupo; da mesma maneira, uma minoria não só recebe influência de uma maioria, mas também pode influenciá-la.

	Modelo funcionalista	**Modelo genético**
Natureza das relações entre a fonte e o alvo	Assimétricas	Simétricas
Objetivos da interação	Controle social	Mudança social
Fator de interação	Incerteza e redução da incerteza	Conflito e negociação do conflito
Tipo de variáveis independentes	Dependência	Estilos de comportamento
Normas determinantes da interação	Objetividade	Objetividade, preferência, originalidade
Modalidades de influência	Conformidade	Conformidade, normalização, inovação

Tabela 5.3 Influência social: modelos funcionalista e genético (Moscovici, 1976/1981, p. 261).

As minorias *nômicas* ou ativas podem afetar as crenças das maiorias *anômicas* ou passivas. No modelo genético se explica a influência, não em função do poder do grupo, nem pelo fato de este ser majoritário ou minoritário, mas sim por seu caráter nômico ou anômico (*relações simétricas*). Em segundo lugar, no modelo funcional só se consideram os mecanismos de redução das diferenças entre os membros do grupo e o ajuste dos indivíduos ao grupo (*controle social*), enquanto no modelo genético, acentua-se a importância do conflito para obter a inovação do sistema social (*mudança social*).

A terceira diferença é que no modelo funcional a influência se explica pela necessidade dos indivíduos de reduzirem a insegurança com relação a seus julgamentos ou atitudes quando enfrentam situações ambíguas (*redução da incerteza*); ao contrário, no modelo genético a influência é estudada como um efeito da confrontação e do desacordo entre perspectivas divergentes, e a incerteza é vista como uma conseqüência das alternativas propostas (*conflito e negociação do conflito*).

Em quarto lugar, o modelo funcional explica as mudanças em opiniões e julgamentos como um efeito da submissão à maioria (*dependência*) diante da explicação do modelo genético, para o qual a influência é um efeito do estilo de comportamento da minoria.

Mais especificamente, é atribuída uma maior probabilidade de provocar uma mudança social àqueles comportamentos que refletem um compromisso pessoal com os julgamentos ou opiniões mantidas, que são apresentados como voluntários, mas, principalmente, de maneira consistente. Seja por um mesmo indivíduo ao longo do tempo (consistência *intra-individual*), seja por parte dos indivíduos que formam um grupo (consistência *interindividual* ou consenso entre os membros do grupo minoritário: *estilos de comportamento*).

Em quinto lugar, o modelo funcionalista explica a influência como um processo de ajuste à *norma de objetividade*, isto é, nos estudos que se guiam por este modelo delineiam-se situações em que as pessoas que participam delas são levadas a acreditarem que, quando é dada uma opinião ou é emitido um julgamento sobre algo, só há uma possível resposta correta e, deste modo, sentem-se obrigadas a tentar procurar um consenso com as opiniões da maioria (*objetividade*). Os estudos que se realizam da perspectiva do modelo genético, além da *norma de objetividade*, consideram a *norma da preferência* e a *norma da originalidade*. A *norma da preferência* se refere ao consenso obtido sobre as diferenças que surgem nos julgamentos que expressam preferências, enquanto a norma da originalidade se refere ao consenso obtido sobre os julgamentos que expressam o insólito ou original de nossas opiniões ou julgamentos. Enquanto nas situações em que predomina a *norma da objetividade* o consenso só acontece através da redução de qualquer desvio e da obtenção da uniformidade, nas situações em que predomina qualquer uma das outras duas normas, os julgamentos são emitidos em função de uma escala de valores e preferências ou em função de estilos pessoais, abrindo-se assim a possibilidade da influência de uma minoria sobre uma maioria sobre critérios diferentes aos ditados pela norma de *objetividade* (*objetividade, preferência e originalidade*).

Finalmente, os processos de influência no modelo funcional incidem na submissão às normas do grupo (*conformismo*), enquanto no modelo genético, embora não se exclua a conformidade como forma de redução do conflito, o interesse se centra em outros processos de redução e absorção do conflito, como a *normalização*, quando uma maioria pretende chegar a um compromisso com uma minoria para evitar o conflito, e a *inovação*, quando uma minoria consegue influenciar a maioria criando novos julgamentos ou crenças, ou transformando os existentes (*conformidade, normalização e inovação*).

A teoria de Moscovici reflete claramente a polêmica existente em sociologia entre os enfoques funcionalistas (veja os Capítulos 3 e 4), que explicam a ordem social, e os enfoques em que se enfatizam o conflito e a mudança social.

Por outro lado, registra-se a polêmica entre as teorias estruturalistas, nas quais não se considera o papel dos indivíduos nas transformações sociais, e as teorias que destacam o papel ativo dos indivíduos e sua capacidade de transformar a sociedade. A seguinte entrevista resume sua perspectiva teórica:

> Há vários anos vem surgindo uma psicologia das minorias ativas que constitui ao mesmo tempo uma psicologia da resistência e da dissidência. Rompendo com uma série de idéias preconcebidas, esta psicologia pressupõe que um indivíduo ou um grupo, qualquer que seja seu *status* ou seu poder ou falta de poder, é capaz de exercer influência sobre a coletividade da qual faz parte. Tudo isto sob três condições: primeiro, optar por uma posição própria visível; segundo, tratar de criar e de manter um conflito com a maioria em que a maior parte se sente normalmente tentada a evitá-lo; e terceiro, ter um comportamento consistente, mostrando o caráter irrevogável da opção, por um lado, e a rejeição do compromisso com o essencial, por outro.
>
> (Moscovici, 1976/81, p. 264)

Os seguintes exemplos podem nos ajudar a compreender melhor esses aspectos. Nós nos referiremos, em primeiro lugar, a uma série de experimentos realizados por Moscovici e colaboradores (veja Moscovici, 1976) sobre a percepção de cor.

Estes experimentos (Moscovici, 1976) consistiam na realização de uma tarefa de discriminação de cores: verde e azul. Para sua realização, foi solicitada a participação de estudantes universitários, que foram primeiro submetidos a uma prova de discriminação cromática realizada para detectar pessoas com problemas visuais e também para que todos os indivíduos soubessem que os demais companheiros tinham uma visão normal. Depois da realização da prova, foi apresentado aos indivíduos que participavam dos experimentos um grupo de seis slides, todos azuis, três dos quais eram mais luminosos que os demais. Foram realizados seis ensaios para cada grupo de slides, variando a ordem da apresentação. No total, portanto, foram apresentados 36 slides, todos azuis. Antes de mostrar os slides foi solicitado aos indivíduos que dissessem em voz alta a sua cor (verde ou azul) e sua intensidade luminosa, em uma escala que ia de zero (escura) a cinco (muito luminosa). Cada grupo experimental era formado por seis pessoas: dois cúmplices do experimentador que declaravam sempre de forma consistente que a cor dos slides era verde e quatro indivíduos ingênuos. Estes se posicionavam em fila diante da tela de projeção das cores. Em um segundo experimento, foi solicitado aos mesmos indivíduos que haviam participado do anterior que declarassem sua opinião sobre um conjunto de slides. A mudança fundamental neste segundo experimento consistia em que os indivíduos não apresentassem publicamente suas respostas. Ao contrário, eram isolados e deviam anotar as respostas em um papel.

Finalmente, em um terceiro experimento os indivíduos se submeteram às mesmas provas, mas os cúmplices do experimentador foram inconsistentes em suas respostas; em alguns casos, um dos cúmplices respondia verde enquanto o outro respondia azul e, em outros casos, ambos respondiam verde em uma porcentagem determinada de ocasiões, e azul em outra porcentagem. Os resultados obtidos nestes três experimentos demonstram a importância de uma minoria consistente na mudança dos julgamentos; assim, na condição de minoria consistente, 8,24% dos indivíduos mudaram seus julgamentos no sentido da minoria, enquanto na condição de minoria inconsistente esta porcentagem caiu para 1,25%, pouco superior ao 0,25% obtido na condição controle, em que não existia nenhum cúmplice do experimentador. Do total de sujeitos que participaram dos experimentos, 32% deram a resposta *verde* pelo menos uma vez, e entre os indivíduos que foram submetidos à influência de uma minoria, 43,75% deram quatro vezes ou mais a resposta *verde*. As mudanças perceptíveis observadas não foram de indivíduos isolados, pois havia grupos em que ninguém se submeteu à influência dos cúmplices do experimentador, e outros em que foram influenciados vários sujeitos. Nestes últimos, 57% deram as mesmas respostas que os cúmplices. No segundo experimento, observou-se que a influência da minoria não foi somente sobre os julgamentos expressos publicamente, mas, o que é mais importante, sobre a percepção real mantida. Detectou-se uma ampliação na percepção da cor verde em slides que, anteriormente, haviam sido percebidos como azuis pelo grupo experimental. Finalmente, no terceiro experimento observou-se que a inconsistência na minoria não provocava mudanças nos julgamentos da maioria.

Três são as conclusões que podemos tirar desses estudos experimentais. Em primeiro lugar, a influência de uma minoria depende do estilo de comportamento adotado, de tal maneira que somente aquelas minorias que não só se identificam com as idéias manifestadas, mas também as mantêm com convicção e compromisso de forma constante, são capazes de exercer influência. Através da consistência, a posição minoritária, independentemente de seu poder e competência, não só obtém notoriedade, mas também mostra que as idéias que defende são dignas de ser defendidas (Doms e Moscovici, 1985; Moscovici, 1985b). Em segundo lugar, nos experimentos mostrados observa-se que, quando a minoria é capaz de provocar tensão e conflito, quebra-se a uniformidade nos julgamentos da maioria. A criação de um conflito é o requisito básico para que uma maioria questione seus julgamentos e, eventualmente, os modifique. Na confrontação com a maioria, a minoria consegue que suas crenças sejam conhecidas e disseminadas, e possam acabar mudando as opiniões da maioria. Finalmente, observamos que a influência da minoria resulta em algo mais do que uma mudança na resposta emitida em público, e afeta a opinião ou o julgamento interno.

Nesse caso, a influência não é superficial, revelando não um simples *efeito de complacência* ou submissão, mas um *efeito de conversão*. Moscovici (1976) prova que a minoria não exerce apenas uma mudança nos julgamentos manifestados, mas também nos processos internos que acompanham esses julgamentos. Até pessoas que não haviam exprimido em público um julgamento verde, de acordo com o da minoria, mudaram quando expressaram seu julgamento em particular. Estes resultados são elaborados por Moscovici (1980) para desenvolver sua teoria da *conversão*. O fato diferencial básico entre uma minoria e uma maioria, em relação ao tipo de influência que exercem, é que, enquanto a maioria provoca a *aceitação* de seus postulados sem provocar uma mudança real nas opiniões dos indivíduos, as minorias provocam mudanças mais profundas relacionadas com a *conversão* daqueles que são objeto de sua influência.

Os resultados experimentais sobre influência perceptiva antes descritos (veja Moscovici, 1976, 1985b; Moscovici, Lage e Naffrechoux, 1969) levaram Moscovici e Personnaz (1980) a desenvolver um interessante experimento para provar que a influência da minoria afeta os julgamentos pessoais. Neste experimento, a tarefa consistiu em identificar a cor de um conjunto de slides, todos eles azuis, depois que um cúmplice do experimentador declarasse sempre que a cor dos slides era verde.

Em um dos casos, os indivíduos foram induzidos a acreditar que a resposta do cúmplice era a mesma que a da maioria das pessoas que participaram do experimento. Em outro caso, a acreditar que era a resposta que fora escolhida pela minoria. Para saber se a minoria tinha influenciado as respostas internas

> **Serge Moscovici (1928)**
>
> Nascido na Romênia e de origem judia, Serge Moscovici sofreu durante sua infância com as leis anti-semitas de seu país, que o obrigariam a abandonar seus estudos no Liceu de Bucareste, em 1938. Três anos mais tarde, em 1941, é condenado a trabalhos forçados, sendo libertado em agosto de 1944 depois da chegada das tropas soviéticas à Romênia. Até 1947, trabalhou em uma fábrica como operário especializado. Nesse mesmo ano abandona a Romênia e, após percorrer diferentes países europeus, chega à França, instalando-se definitivamente em Paris, em 1948. Depois de realizar diversos trabalhos para poder sobreviver e começar seus estudos de psicologia, obtém, em 1950, uma ajuda econômica para continuar seus estudos na Sorbone. Posteriormente trabalhará na redação de sua tese de doutorado sobre a representação social da psicanálise: *La Psychanallyse, son image et son public* (1961). Sua tese pode ser considerada o começo da teoria das representações sociais. Baseada no conceito de representações coletivas de Durkheim, a teoria de Moscovici é uma ferramenta cujo objetivo é compreender o processo de construção do conhecimento no decorrer das relações sociais. Uma representação social, segundo Moscovici, é um conjunto de conhecimentos organizados, que inclui conceitos, imagens e explicações mediante as quais as pessoas fazem compreensível o mundo social e físico que as envolve. Esses conhecimentos têm sua origem no senso comum e na interação e comunicação entre as pessoas, o que significa que mudam e se transformam à medida que os significados que acrescentamos à realidade vão se modificando. Segundo Moscovici, o que motiva o surgimento de uma representação social é a necessidade de dar sentido ao que parece distante, tornando-o algo familiar. O estranho torna-se conhecido à medida que a representação consegue englobar o fenômeno desconhecido em um marco compreensível. Esse processo se constrói com base na *ancoragem* e na *objetivação*. A *ancoragem* consiste em projetar sobre o mundo um sistema de categorias conhecido, para incluir em uma trama familiar as pessoas e os fenômenos do ambiente. Mediante o processo de *objetivação*, as entidades abstratas ou categorias encontram um material de referência ao qual se vinculam.

dos sujeitos, foi-lhes solicitado que declarassem em particular a cor percebida ao fixar o olhar em uma tela branca depois de ter observado com atenção a cor mostrada em cada slide. Neste caso, acontece um efeito chamado *imagem pós-cromática*, isto é, percebemos na tela branca a cor complementar da cor vista no slide. Neste caso, a *cor complementar* do azul é o amarelo-alaranjado, e a do verde o vermelho-púrpura.

Como as respostas sobre a *imagem pós-cromática* se davam em privado e na ausência do cúmplice, uma mudança autêntica na percepção da cor provocada por uma minoria consistente seria a que se situasse na faixa do vermelho-púrpura dessa escala cromática. Embora se observasse uma porcentagem pequena de respostas verdes (5%), os sujeitos que acreditaram que sua reposta verde era minoritária perceberam com uma maior freqüência o complementar do verde (vermelho-púrpura) do que aqueles outros que acreditavam que sua percepção era a que mantinha a maioria que havia participado do experimento. Como podemos observar nesses estudos experimentais, a influência que uma minoria provoca é mais profunda que a de uma maioria. Mas, como acontece o efeito da minoria? Por que a minoria provoca um efeito de conversão?

A resposta dos psicólogos sociais que estudam os processos de influência minoritária (Moscovici e Personnaz, 1980; Pérez e Mugny, 1991; Personnaz e Guillon, 1985) é que ela acontece através de um

Moscovici também realizou importantes contribuições no campo da influência social, especificamente no âmbito da influência das minorias. Reinterpretando os estudos de Asch, ele afirmava que as minorias não necessariamente são influenciadas pela maioria. As minorias não tendem necessariamente a conformarem-se com as opiniões de uma maioria, pelo fato de a influência entre as partes ser recíproca. Independentemente de a influência minoritária vir de grupos coesos e organizados ou de pessoas isoladas, tem o poder de afetar e gerar tensão e conflito, o que faz as sociedades permanecerem em um permanente dinamismo. Moscovici enfatiza o papel da consistência de uma minoria como um dos mecanismos principais que dão lugar à mudança social. Do mesmo modo, a mudança provocada por uma minoria resulta mais duradoura e profunda que a provocada por uma maioria. Enquanto os efeitos da maioria são de complacência com a fonte, os efeitos da minoria levam à conversão, o que significa uma revisão profunda das crenças, o que não acontece na influência da maioria. O principal livro de Moscovici, onde se encontra uma exposição de sua teoria da influência minoritária, é *Psychologie des minorités atives* (1976).

Além de suas pesquisas sobre os processos da influência minoritária e os processos de conversão, Moscovici desenvolveu uma intensa atividade no estudo da psicologia das massas, como o prova seu livro *L'Age des foules* (1981). Do mesmo modo, sua incansável atividade acadêmica e docente em psicologia social se registrou em textos como os dois volumes de seu *Psychologie sociale* (1984). Sem dúvida, as contribuições teóricas de Moscovici, junto com as de Tajfel, representam duas das contribuições mais destacadas no panorama contemporâneo da psicologia social européia.

Sua autobiografia foi recentemente publicada com o título: *Chronique des annés égurées*. Além de sua extensa obra, Serge Moscovici participa ativamente no movimento ecológico, tendo sido candidato ao parlamento nas eleições européias. Seus livros *Essai sur l'histoire humaine de la nature* (1968), *La société contre nature* (1972), *Hommes domestiques et hommes sauvages* (1974) e *De la nature, pour penser une écologie* (2002) tiveram grande repercussão no movimento ecológico na França.

processo de *validação*. Nesse sentido, os processos de influência majoritária diferem dos processos pelos quais se obtém a influência minoritária. Nos primeiros, o indivíduo sobre o qual exerce influência uma maioria unânime facilmente se sente alguém *desviante*, incapaz de ter o mesmo julgamento que a maioria. O conflito acontece ao comparar suas respostas com as da maioria.

Nessas circunstâncias, o mais provável não é que questione o julgamento da maioria, mas que tente chegar a um consenso com ela que o preserve do conflito interpessoal com seus membros. Ao contrário, no caso da minoria, sua falta de credibilidade e de poder faz que pensemos sobre os motivos de sua unanimidade e o compromisso com suas idéias; isso leva a centrar o interesse no objeto de suas crenças. Esta concentração no objeto inicia um processo de *validação*.

As pessoas podem rejeitar os julgamentos da minoria, mas o conflito e a consistência de suas opiniões podem influenciar o início de uma análise do objeto da controvérsia, e aí se abre um processo de questionamento das idéias próprias que pode provocar uma mudança inadvertida (*influência privada e latente*), assim como uma mudança em temas afins ao objeto de conflito (*efeito indireto*). Portanto, diante do *pensamento convergente* das maiorias, as minorias estimulam um *pensamento divergente*; provocando a reflexão, a minoria ativa processos de reavaliação do problema considerado, de reestruturação cognitiva e de busca de novas estratégias para a resolução dos problemas expostos (Abric, 1985; Nemeth, 1991).

Em resumo, a influência minoritária agiria através de processos diferenciados e teria efeitos diferentes em comparação com a influência majoritária. A resolução do conflito com uma maioria ocorre com a aceitação passiva de suas idéias ou julgamentos (*efeito de complacência*), enquanto a influência minoritária provoca uma mudança nas crenças pessoais (*efeito de conversão*). A influência da maioria envolve um processo de comparação social entre seus membros a respeito das opiniões ou julgamentos diferentes, já a influência de uma minoria ocorre através de um processo de validação, centrado no objeto das diferenças. O efeito que tem a influência de uma maioria é o de obter a uniformidade nos julgamentos de seus membros, enquanto os de uma minoria seriam a divergência e a inovação nos julgamentos (Doms e Moscovici, 1985; Moscovici, 1985b; Paicheler e Moscovici, 1985).

Finalmente, os psicólogos sociais que estudam os processos de influência minoritária também deram atenção aos mecanismos para diminuir tal influência. Os mecanismos estudados são a *negação* e a *psicologização* (veja Moscovici, 1991; Papastamou, 1991; Pérez, 1994; Pérez e Mugny, 1988). Seus efeitos, como se pôde observar, são opostos. Enquanto a *negação* possibilita que a minoria exerça influência sobre uma maioria, a *psicologização* reduz as possibilidades de influências. Como descreve Moscovici (1991), a *negação* se refere ao conteúdo da mensagem da minoria:

> O meio que permite ao mesmo tempo afirmar, por um lado, a convicção da maioria na retidão de suas idéias, de suas crenças e, por outro lado, infundir a dúvida sobre as idéias, as crenças da minoria, é a *negação*. Consiste em uma oposição por conceder a mínima veracidade a um fato ou uma asserção expressa por ela. O que na verdade se rejeita dela é reconhecer que esteja ajustada à razão ou à realidade do modo como a sociedade a define em seu conjunto.
>
> (Moscovici, 1991, p. 306)

Os experimentos realizados sobre os efeitos da *negação* (veja Moscovici, 1991; Pérez e Mugny, 1988) indicam que ela tem efeitos perversos, pois, embora diminua a influência direta da minoria, provoca um aumento da influência indireta. Isto é, a mensagem da minoria perde impacto por não exercer influência sobre a maioria, mas seus efeitos se percebem ao alcançar campos afins ou relacionados com o conteúdo das crenças negadas. Assim, por exemplo, qualificar de irreais, irrealizáveis, utópicas, pouco sérias ou pouco dignas de ser consideradas as crenças de um grupo pode levar a rebater sua influência, mas não anular seus efeitos sobre outros aspectos a elas relacionados. Um exemplo de *negação* é observado no experimento realizado por Pérez, Mugny e Moscovici (1986; veja Moscovici, 1991; Pérez e Mugny, 1988).

De maneira bastante resumida, imaginemos um grupo de estudantes que são informados de que foi realizada uma pesquisa de opinião sobre o aborto em uma amostra de jovens. Em seguida, pedimos a estes estudantes que indiquem entre cinco proposições muito favoráveis ao tema às quatro que foram consideradas, pelos jovens da pesquisa, como não razoáveis. Posteriormente, distribuímos um texto muito favorável ao aborto atribuído a uma minoria dos indivíduos que participam do experimento (12%) e também a uma maioria (88%). Finalmente, aplicamos um questionário para medir as atitudes desse grupo de jovens diante do aborto e outro para medir suas atitudes diante dos anticoncepcionais, imediatamente depois de terem lido o texto e após três semanas. Os resultados deste experimento indicavam que a *negação* das mensagens pró-aborto atribuídas à minoria só tinha um efeito adiado e indireto isto é, não afetava as atitudes dos indivíduos logo depois de terem lido o texto (*efeito imediato*), nem suas atitudes com relação ao aborto (*efeito direto*), nem para os anticoncepcionais (*efeito indireto*). Entretanto, os efeitos se observaram três semanas depois (*efeito adiado*) em sua atitude diante dos anticoncepcionais, resultando mais favorável (*efeito indireto*).

Algo diferente se observa com relação à *psicologização*. Mediante este processo, o que se faz é desprestigiar a minoria atribuindo suas crenças a características ou atributos negativos de seus membros. O efeito da *psicologização* é a solução do conflito iniciado pela minoria que, como vimos, é uma das bases sobre as quais se apóia a conversão, desacreditando diretamente seus atores, desprestigiando assim o conteúdo de suas crenças. Um exemplo disto está nos regimes totalitários em que se acusa os dissidentes de traidores, loucos ou anti-sociais. Trata-se de um processo de estigmatização que desvia a atenção do conteúdo das crenças para as supostas deficiências pessoais de seus portadores.

Resumindo, os estudos sobre influência minoritária evidenciaram as diferenças existentes entre seus efeitos e os da maioria, assim como os mecanismos pelos quais se realiza a influência social (veja, para uma descrição detalhada, Canto, 1994 e Pérez, 1994).

Sem dúvida, o programa de pesquisa gerado representou um conhecimento progressivo de como os grupos socialmente minoritários podem promover a mudança social, independentemente de seu poder e credibilidade iniciais. O caráter inovador introduzido naquilo que eram princípios básicos da psicologia da influência social foi profundo e importante. Entretanto, cabe destacar um aspecto que, do nosso ponto de vista, deveria ser incluído na análise destes estudos. Trata-se de uma reconsideração da dimensão do poder, que ficou relegada, salvo exceções (veja Ibáñez, 1991), às considerações sobre a influência social das minorias. Isto conduz ao paradoxo de identificar minorias com grupos não poderosos e de pouca credibilidade, quando, entretanto, existem também minorias que não se caracterizam necessariamente por esses atributos. Existem minorias que formam o que o sociólogo C. W. Mills denominou a elite do poder (1956), que exercem seu poder de influência através do controle não só do capital econômico e social, mas também cultural e simbólico. Os estudos sobre as minorias ativas acentuaram sua função como transformadoras da ordem social, destacando o papel das maiorias como resistentes à inovação e à mudança social. Sem dúvida, a psicologia social necessitava desta mudança de rumo em sua perspectiva sobre a influência social. Contudo, por mais que tenha sido necessária esta mudança de perspectiva, requer também uma reflexão crítica sobre o papel das minorias em certos contextos sociais e não somente dentro dos limites dos laboratórios e sobre questões previamente delineadas pelos pesquisadores. O imenso laboratório natural da realidade social e da história oferece uma maior variedade de situações em que as minorias não somente são os motores da mudança social, mas também são as que propiciam a uniformidade e o consenso como formas de manter um *status quo* que legitima seus próprios interesses.

A pesquisa psicossocial sobre o desenvolvimento cognitivo da Escola de Genebra

Outro campo de estudo de especial relevância para a psicologia social é a pesquisa sobre o desenvolvimento cognitivo realizada por psicólogos sociais europeus da Escola de Genebra. O interesse de psicólogos como Anne N. Perret-Clermont, Willem Doise e Gabriel Mugny, entre outros, pelo estudo do desenvolvimento cognitivo foi fruto da enorme influência de Jean Piaget no âmbito da psicologia de Genebra. Completamente afastado das abordagens derivadas do behaviorismo, que dominava a psicologia da época, Piaget iniciou nos anos 1920, em Genebra, uma importante linha de pesquisa baseada na análise do desenvolvimento infantil, em que avaliou tanto o desenvolvimento cognitivo como o desenvolvimento moral e social.

Para Piaget, o desenvolvimento infantil se dá ao longo de uma sucessão de etapas que permitem que as estruturas iniciais do pensamento, pouco complexas, adquiriram cada vez maior complexidade. O ponto inicial do desenvolvimento são as ações que a criança realiza sobre seu entorno. Estas ações, que inicialmente acontecem isoladas, vão se unindo umas às outras e acabam dando lugar a novas estruturas do conhecimento sobre o mundo. Piaget foi um dos primeiros psicólogos a utilizar o termo *esquema* referindo-se às estruturas cognitivas com as quais a criança conta, e ao papel ativo que essas estruturas desempenham na aquisição de conhecimentos novos. Os mecanismos pelos quais se realiza o desenvolvimento são a *assimilação* e a *acomodação*. Mediante *assimilação*, a criança utiliza os esquemas previamente adquiridos para dar significado às experiências novas, que se vão integrando deste modo às estruturas preexistentes. No transcurso de sua interação com o meio, a criança encontrará situações completamente novas, às quais não é capaz de dar significado com os esquemas que já possui. Nestes casos, serão os próprios esquemas que têm de se adaptar para poder se *acomodar* à nova situação. Este processo de *assimilação* e *acomodação*, que faz os esquemas tornarem-se cada vez mais complexos é o que explica o desenvolvimento.

Apesar de sua teoria do desenvolvimento ter sido acusada de inatista, o certo é que Piaget sempre foi consciente da importância da interação social no desenvolvimento cognitivo. Em seus *Escritos sociológicos* (1965), dedicou uma grande atenção à reflexão sobre as relações entre indivíduo e sociedade, e à forma como o desenvolvimento da pessoa encontra-se determinado pela sua inserção na estrutura social. Sua posição, afastada tanto do individualismo como do coletivismo, situa-se em uma perspectiva construtivista em que a interação social tem um papel-chave:

> Existem três e não dois tipos de interpretações possíveis. Primeiro está o individualismo atomista: o todo não é mais do que a simples resultante das atividades individuais conforme poderiam manifestar-se se a sociedade não existisse. Durkheim tratou deste ponto de vista, ao qual não voltaremos. Está, em segundo lugar, o realismo totalitário: o todo é um "ser" que exerce suas limitações, modifica os indivíduos (impõe-lhes sua lógica etc.) e é, portanto, heterogêneo em relação às consciências individuais, tais como seriam independentemente de sua socialização. Mas se pode aceitar, em terceiro lugar, que o todo, sem ser equivalente à soma dos indivíduos, seja, entretanto, idêntico à soma das relações entre os indivíduos, o que não é o mesmo. Segundo este relacionismo, ou ponto de vista das "interações", cada relação constitui, então, em sua escala, um "todo" do ponto de vista de Durkheim. (...) O fato primitivo não é, de acordo com este terceiro ponto de vista, nem o indivíduo nem o conjunto dos indivíduos, mas a relação entre indivíduos, e uma relação que modifica continuamente as próprias consciências individuais.
>
> (Piaget, 1965/77, p. 167)

A forma como Piaget concebeu a relação entre a interação social e o desenvolvimento cognitivo foi objeto de diferentes interpretações. Enquanto alguns autores consideram que Piaget sempre atribuiu relevância aos determinantes sociais do desenvolvimento (veja Mays e Smith, 2000), outros questionam o caráter social de suas contribuições (veja Harré, 2000). Os *Escritos sociológicos* de Piaget mostram que as críticas que freqüentemente são feitas à sua visão inatista do desenvolvimento não são justificadas. Porém, é certo que foi um tanto ambíguo na hora de concretizar a forma como o meio social se relaciona com as estruturas cognitivas. Embora estabelecesse um paralelismo entre processos sociais e processos cognitivos, não é clara a natureza causal da interação social, idéia que estava presente, entretanto, em outros autores preocupados com o desenvolvimento cognitivo como Vygotski (veja o Capítulo 3).

Na *lei da dupla função*, o psicólogo soviético expressou claramente o papel causal do meio no desenvolvimento cognitivo, destacando que cada processo mental aparece duas vezes durante o desenvolvimento, primeiro no nível social e depois no nível individual. O pensamento, por exemplo, aparece primeiro em forma de diálogo com os demais, e depois se interioriza. Outro exemplo ilustrativo da forma com que Vygotski entendeu a relação entre o desenvolvimento cognitivo e a interação social está em seus trabalhos sobre a *zona de desenvolvimento proximal*, conceito com o qual fazia referência ao papel que o ambiente da criança pode desempenhar no seu desenvolvimento cognitivo. A *zona de desenvolvimento proximal* é a distância entre o nível de desenvolvimento adquirido pela criança e aquele que pode alcançar através da mediação de alguém que se encontre em estágios mais avançados do desenvolvimento. Esta mediação é um dos mecanismos pelos quais se torna efetivo o papel causal que desempenha a interação social no desenvolvimento cognitivo.

Partindo do esquema geral proporcionado pela teoria do desenvolvimento de Piaget, e integrando nele algumas das idéias de Vygotski, os psicólogos sociais da Escola de Genebra desenvolveram uma linha de pesquisa cujo objetivo era demonstrar o papel causal que a interação social desempenha no aparecimento e no desenvolvimento de alguns processos cognitivos. Entre os primeiros estudos realizados por esses autores destacam-se alguns experimentos em que se pretendia comprovar os efeitos da interação social no desenvolvimento da inteligência infantil (Mugny e Doise, 1983; Perret-Clermont, 1979). Para tanto, utilizaram-se tarefas de conservação semelhantes às utilizadas por Piaget em suas pesquisas. As tarefas de conservação são exercícios com os quais se pretende comprovar se as crianças adquiriram a capacidade de determinar se duas grandezas (comprimentos, quantidades etc.) se mantêm constantes apesar de mudar as condições de estímulo. Por exemplo, uma criança que tenha adquirido a operação de conservação é capaz de perceber que o tamanho relativo de duas linhas se mantém constante embora troquemos sua disposição.

No caso das linhas da Figura 5.10, por exemplo, as crianças que tenham adquirido a noção de conservação não terão problemas para perceber que a linha superior segue sendo maior que a inferior, embora coloquemos no mesmo nível suas extremidades. Entretanto, uma criança que não tenha adquirido esta operação pensará que as duas linhas são iguais na disposição 2, e responderá que a linha inferior é mais comprida nas representações 3 e 4.

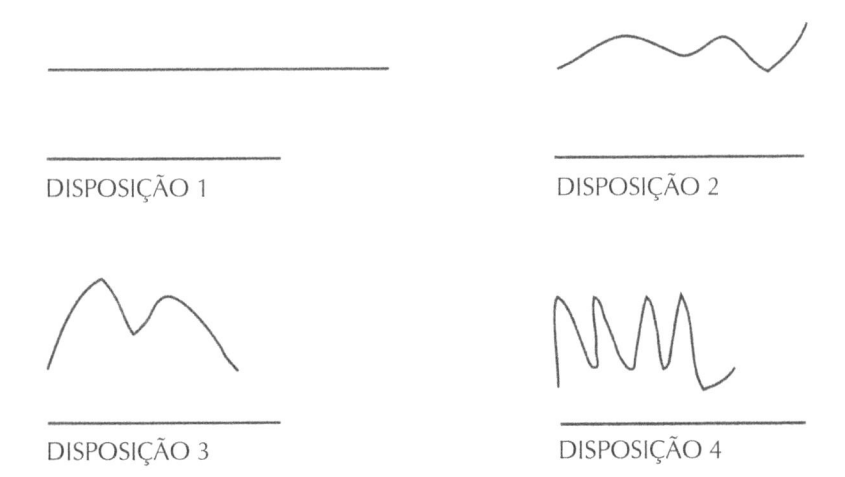

Figura 5.10 Apresentação de diferentes comprimentos no experimento dos "braceletes" (Doise e outros, 1978; extraído de Paolis, Doise e Mugny, 1991, p. 38).

Para comprovar se a interação social tem um efeito na aquisição deste tipo de operação lógica, utilizou-se um delineamento experimental que constava de três fases. Depois da primeira fase, em que as crianças realizavam a tarefa de maneira individual, passava-se para a fase experimental, na qual a tarefa era realizada em conjunto com crianças que tinham adquirido a noção de conservação e crianças que ainda não a mostravam. Finalmente, em uma terceira fase, as crianças voltavam a ser avaliadas de maneira individual, com o objetivo de comprovar se a interação entre elas tinha servido para que aquelas que não contavam com a operação de conservação a adquirissem. Em geral, os resultados destes estudos destacaram que a cooperação entre crianças de diferentes idades na resolução de uma tarefa pode fazer as menores adquirirem conceitos que ainda não haviam adquirido. Os dados destas pesquisas indicavam, além disso, que, uma vez adquiridos, esses novos processos são assimilados e passam a fazer parte da estrutura cognitiva individual. Da mesma maneira que se sugeria na *lei da dupla função* de Vygotski, os processos cognitivos que se adquirem no nível social posteriormente se interiorizam.

Do mesmo modo, uma vez adquiridas, as novas operações cognitivas eram generalizadas para outras situações, de tal maneira que aquelas crianças que haviam adquirido a idéia de conservação trabalhando com a percepção de linhas, eram capazes de utilizar esta noção quando realizavam outro tipo de tarefas.

Segundo os representantes da Escola de Genebra, o principal mecanismo através do qual a interação social exerce sua função construtiva é o conflito sociocognitivo. A interação com outras pessoas não dá lugar automaticamente ao progresso cognitivo; para que tal progresso ocorra, é preciso que se produza a confrontação de diferentes pontos de vista sobre o mesmo problema. A confrontação entre idéias contrapostas, expressas de forma simultânea e consistente, pode fazer a criança questionar suas próprias respostas, o que a leva a elaborar instrumentos cognitivos mais complexos. O fato de saber que há respostas diferentes leva-a a uma percepção mais complexa da tarefa, e a uma solução mais avançada desta. A situação de conflito, em que a criança se vê obrigada a colocar-se no lugar de outras pessoas, provoca maiores progressos no desenvolvimento:

> (...) quando pontos de vista diferentes entram em conflito, as crianças progridem mais do que quando não existe esta oposição social. Mas, sobretudo, os progressos são de natureza construtivista: para que essa confrontação seja fonte de desenvolvimento, não se requer necessariamente que o enfoque oposto seja cognitivamente mais avançado do que aquele do qual a criança já é capaz; é suficiente que seja conflitivo. A criança pode assim aproveitar-se de respostas relevantes de um nível semelhante ao seu, e até mesmo de um nível inferior, com a condição, porém, de que os enfoques que delas resultem sejam opostos aos seus.
>
> (Doise e Mugny, 1991, p. 11)

O progresso não se dá pela imitação das respostas de outras pessoas, mas pela aquisição de uma visão mais complexa da situação. O conflito sociocognitivo não é, entretanto, uma condição suficiente para que se produza um progresso no desenvolvimento. É necessário, como afirmava o próprio Piaget, considerar a fase do desenvolvimento em que se encontra a criança, pois é um fator que condiciona a probabilidade de que ocorra uma evolução. Como o progresso se produz mediante a integração de esquemas cognitivos já existentes, a interação será mais proveitosa quando a criança já conta com uma série de estruturas de pensamento prévias (Perret-Clermont, 1980). Do mesmo modo, a interação social gera um maior progresso se se realizar nos momentos iniciais da aquisição de um conceito, e deixa de produzir efeitos substanciais quando forem adquiridas as operações lógicas que permitam a resolução de um problema (Mugny, De Paolis e Carugati, 1984).

Um dos conceitos centrais das pesquisas da Escola de Genebra é o de *marcação social*, com o qual se faz referência à forma como as estruturas sociais preexistentes, isto é, as representações e significados sociais, intervêm quando o indivíduo trabalha em determinada tarefa. Incluindo em suas pesquisas sobre o desenvolvimento algumas idéias procedentes da sociologia de Durkheim, os autores da Escola de Genebra partem do pressuposto de que o desenvolvimento cognitivo se produz no contexto de uma estrutura social que existe previamente à pessoa e de forma independente. Quando nas tarefas cognitivas em que a pessoa deve resolver encontra-se presente esta estrutura social, composta de normas, valores e representações, afirma-se que tal situação está *marcada* socialmente. A *marcação social* faz referência, portanto, "aos significados sociais envolvidos nas operações cognitivas realizadas com objetos particulares" (De Paolis, Doise e Mugny, 1987). Pode-se dizer que uma situação está marcada socialmente quando tem um significado social para a pessoa em virtude do conhecimento social que ela já possui. Por exemplo, no caso das provas de conservação do comprimento exemplificadas na Figura 5.8, a situação estará marcada socialmente quando se dá às crianças algumas pulseiras com o mesmo comprimento e lhes é solicitado que dêem uma delas a um adulto e que fiquem com a outra. A situação não estará marcada socialmente se as pulseiras tiverem de ser entregues, por exemplo, a dois cilindros de papelão (Doise, Dionnet e Mugny, 1978). Tanto neste tipo de experimento como em outros estudos em que se criaram outras situações *marcadas* socialmente, observou-se que, em geral, o rendimento na fase experimental é maior quando a situação tem significado social para a pessoa (De Paolis, Doise e Mugny, 1987; Doise, Mugny e Pérez, 1998; Roux e Gilly, 1991).

O reconhecimento da importância da dimensão social no desenvolvimento cognitivo e sua análise sob uma perspectiva evolutiva abrem um importante campo de estudo para a psicologia social. A ênfase na influência da interação social no desenvolvimento dos processos cognitivos evidencia a insuficiência dos modelos do processamento da informação para explicar a formação e o desenvolvimento do conhecimento. A mente humana não pode ser analisada como uma máquina que processa informação independentemente das estruturas sociais em que acontece a interação. Conceitos como os de conflito cognitivo, interação, marcação social etc. voltam a situar o estudo da cognição em sua dimensão social. Nesse sentido, a pesquisa sobre o desenvolvimento cognitivo iniciada na Escola de Genebra constitui uma perspectiva de grande interesse no campo da cognição social, em que se destaca a inadequação de certos enfoques psicossociais que tendem a considerar o estudo da cognição como um processo intrapsíquico de caráter universal, que pode ser analisado sem considerar o contexto social em que acontece (veja a seção deste mesmo capítulo dedicado à cognição social).

O DESENVOLVIMENTO DA PSICOLOGIA SOCIAL NA AMÉRICA LATINA

A psicologia social que vimos até aqui se desenvolve fundamentalmente em dois contextos geográficos: Europa e Estados Unidos. Entretanto, nas últimas décadas são numerosos os textos de psicologia social publicados por psicólogos sociais latino-americanos. Entre os muitos que podemos citar, destacaremos os textos de Abrantes, Silva e Martins (2005); Campos e Guareschi (2000); Cordero, Dobles e Pérez (1996); Corrêa, Carlos e Gali, (1998); González Pérez e Mendoza García (2001); Lane e Codo (1984); Lane e Sawaia (1994); Mancebo e Jacó-Vilela (2004); Marín (1975, 1981); Martín-Baró (1983, 1989); Mejía-Ricart (1995/97); Montero (1987, 1991, 1994a); Paredes Moreira e de Oliveira (1998); Rodrigues (1972); Rodrigues, Assmar e Jablonski (2003); Salazar e outros (1979); Sena e Braz de Aquino (2004); M-J Spink (1999) e Vázquez Ortega (2000).

Não há dúvida de que é complexo referir-se a uma psicologia social latino-americana pois, na verdade, existem muitas formas de conceber a psicologia social por parte dos psicólogos sociais latino-americanos. Coexistem diferentes enfoques, de maneira que podemos reconhecer uma influência tanto da psicologia social norte-americana como da européia, assim como uma resistência e uma tentativa de construção de uma psicologia social comprometida com a situação política, social e econômica latino-americana, e que se situa em alguns parâmetros críticos, e até em clara confrontação com as formas de fazer psicologia social, principalmente nos Estados Unidos, mas também na Europa. Mas devemos alertar que, quando falamos de psicologia social norte-americana e de psicologia social européia, estamos incluindo em uma ampla categoria enfoques também opostos entre si e que estão sujeitos a muitos matizes, pois nem todos os psicólogos norte-americanos, e menos ainda os europeus, têm uma visão unificada da psicologia social. A variedade e heterogeneidade mencionada por Moscovici (1972, p. 32) quando afirmava que: "A psicologia social não pode ser descrita como uma disciplina com um corpo unitário de interesses, um marco sistemático de critérios, um corpo coerente de conhecimentos, ou até um conjunto de perspectivas comuns compartilhadas por aqueles que as praticam...", é tão vigente hoje em dia como quando estas linhas foram escritas. E o mesmo pode se dizer da psicologia social realizada na América Latina. Igual a outras ciências sociais, a psicologia social foi-se construindo a partir da evolução e confrontação histórica de diferentes correntes de pensamento social que foram se cristalizando de maneira heterogênea em cada área geográfica (veja, por exemplo, os trabalhos de análise histórica de Banchs, 1994a; Dobles, 1989; Herencia, 1989; Jacó-Vilela e Barros Conde, 2005; Lane, 1994; López Ramos e outros, 1989; Melo Bomfim, 2004; Mejía-Ricart, 1998, Reyes Lagunes, 2002 e Roselli, 1994). Entre as diversas correntes teóricas que tiveram uma influência destacada nos psicólogos sociais latino-americanos podemos citar a psicanálise (veja os trabalhos de Pichón Riviére, 1983; Pichón Riviére e Pampliega da Quiroga, 1985); a Escola de Frankfurt (veja os trabalhos de Bosi, 1996; Caniato, 2003; Carone, 2000; Crochík, 1997; Lesser do Mello, 1975; Sass, 2002 e Severiano, 2001/ 2005, entre outros); os estudos sobre representações sociais (veja Banchs, 1994b, Batista e Conde, 2003; González Pérez, 2001; Guareschi e Jovchelovitch, 2002; Paredes Moreira, 2001; Paredes Moreira e de Oliveira, 1998; Paredes Moreira e outros, 2005; Pereira de Sá e Arruda, 2002, Tapia e Jodelet, 2000); ou os trabalhos enquadrados em diferentes versões de uma psicologia social crítica (Burton e Kagan, 2005; Correa, Figueroa e López, 1994; Fernández Christlieb, 2004; Molina e Estrada, 2005; Montero, 2004a; Pipper, 2002; M-J Spink, 1999, 2002; P. Spink, 2003), que se desenvolvem em confluência teórica e epistemológica com as abordagens do socioconstrucionismo de Gergen (1997, 1999, 2001) e Ibáñez (1989, 1994, 1996), a sociologia da ciência (Bloor, 1976), o neopragmatismo (Rorty, 1979) e a análise do discurso (Íñiguez, 1996, 1997, 2004; Potter e Wetherell, 1987, 1998). (Veja mais adiante sobre a psicologia social pós-moderna e as revisões realizadas sobre a psicologia social crítica por Doménech e Ibáñez, 1998; Estrada, 2004; Feliu, Garay, Martínez e Tirado, 1998; Ibáñez e Íñiguez, 1997 e Medina, 2000.)

Esses exemplos não são para resumir um trabalho muito mais amplo que este aqui relatado, e que deveria receber um estudo mais detalhado. São para exemplificar os vínculos existentes entre algumas perspectivas teóricas e epistemológicas desenvolvidas na Europa e nos Estados Unidos e a psicologia social latino-americana. Algo semelhante podemos dizer a respeito dos tópicos mais estudados pelos psicólogos sociais latino-americanos, entre os que cabe destacar, dentro de sua grande amplitude, heterogeneidade e variedade, aqueles relacionados com os aspectos cotidianos da realidade social, como são a violência (Figueroa e outros, 2003; Garabito, 2004; Martín-Baró, 1983; 1998, 2003), o racismo (Camino, Silva, Machado e Pereira, 2001; Camino, Silva e Machado, 2004; Carone, 2002; Lima e

Vala, 2004a e b; Pereira, Torres e Almeida, 2003), o preconceito (Camino e Ismael, 2004; Crochík, 1997; Lacerda, Pereira e Camino, 2002), os direitos humanos (Camino, 2000, 2005; Guerra, Alfonso, Kind e Prado, 2003; Lira, 2004), a identidade nacional e o nacionalismo (Bejar e Capello, 1986; Montero, 1984c; Salazar, 1983; Traverso, 1998; Zaiter, 1996), a família (Martín-Baró, 1989; Vega, 2003; Vega e Cordero, 2003) a participação política (Camino, Lhullier e Sandoval, 1997; Camino, Torres e da Costa, 1995; Camino, 1996; Camino e Mendoza, 2005 e Torres, Lima e da Costa, 2005) e os valores sociais (Borges, 2005; Pereira, Camino e da Costa, 2005; Pereira, Torres e Barros, 2004; Ross e Gouveia, 2001; Tamayo e Borges, 2001; Tamayo e Porto, 2005).

Em cada contexto geográfico estão presentes determinadas condições sociais, econômicas, políticas e culturais próprias que interagem com a produção do conhecimento e criam singularidades que é preciso ressaltar. Somente assim é possível conseguir uma compreensão mais particular e contextualizada do que é a psicologia social. Entretanto, a heterogeneidade continua sendo uma característica inerente não somente da psicologia social como área de conhecimento, como mencionava Moscovici, mas também é uma característica pertinente para definir a psicologia social que se realiza em cada contexto geográfico, quer seja norte-americano, europeu ou latino-americano. Ao mesmo tempo, na hora de falar da psicologia social realizada em um contexto geográfico, devemos acrescentar um paradoxo que até complica ainda mais a situação. A este paradoxo se referiu Martín-Baró (1987-1989/ 1998) ao utilizar o conceito de "psicologia do coquí"[2] concebido pela psicóloga porto-riquenha Milagros López (López, 1985). Quando utilizava este conceito, Martín-Baró referia-se à constituição de uma psicologia nacional ou autóctone que, a partir de um pretenso patriotismo nacionalista, baseado por sua vez em uma pretensa unidade do caráter nacional, negava a utilidade de qualquer conhecimento vindo de fora e, com a pretensão de construir tudo de novo, proclamava a intenção de criar uma psicologia social própria. Com a "psicologia do coquí", Martín-Baró pretendia realizar uma psicologia social crítica que, partindo da própria realidade social que vivem os diversos povos latino-americanos, fosse construindo um conhecimento teórico relevante. Uma visão que, sem dúvida, teve uma grande influência na reflexão dos psicólogos sociais sobre a especificidade da psicologia social latino-americana. Massini (2000, p. 54) reúne nos dias de hoje essa tendência ao considerar que "o objeto da psicologia social latino-americana não é definido e determinado de modo unívoco, mas se constitui a partir de processos sociais e culturais peculiares às diversas realidades latino-americanas. A psicologia social deve então reconhecer a existência desses processos e descrevê-los, mais do que pretender enquadrá-los e explicá-los em termos de teorias preconcebidas e inspiradas em modelos culturais alheios". Em resumo, Martín-Baró (1987-1989/1998) apoiava um realismo crítico que, partindo dos problemas sociais, chegasse à teoria; isto é, que a própria realidade social fosse definindo a pertinência das teorias para a compreensão e transformação dessa realidade social.

Obviamente, existem outras visões que em parte compartilham e em parte se afastam da perspectiva de Martín-Baró. Assim, psicólogos sociais como Páez (1994) defendem uma psicologia social transcultural que seja capaz de delinear a fronteira entre a contextualização teórica e a, em sua opinião, necessária universalidade do conhecimento psicossocial. A partir desta premissa ontológica, para psicólogos sociais como Páez não pode haver uma psicologia latino-americana como projeto científico, mas admite que, do ponto de vista da diversidade cultural, é inegável o fato de uma psicologia social

---

2 N.T.: *Coquí* é um pequeno anfíbio muito popular em Porto Rico.

latino-americana. A idéia de Páez é que a cultura se torne o "laboratório" onde se poderia mensurar a amplitude ou a pretensa universalidade de nossas teorias (veja também Páez e outros, 2003). Sem dúvida, é uma abordagem que se afasta da idéia de uma psicologia social latino-americana defendida por Martín-Baró, para quem a cultura, no sentido mais amplo do termo, não é o laboratório onde podemos mensurar o grau de generalidade ou universalidade dos princípios que articulam nossas teorias. São elas que devem estar a serviço da compreensão cultural da realidade social latino-americana. Uma terceira forma de compreensão desses aspectos é a defendida por Aroldo Rodrigues (1972, 1994), para quem a psicologia social como ciência deve ir além das fronteiras, pois seu âmbito é transcultural, situando seu espaço na atemporalidade e universalidade de seus princípios. Aroldo Rodrigues (1994, p. 34), sem negar a influência da cultura na determinação do comportamento, atribui-lhe um papel secundário, pois em sua opinião:

> A ciência é universal e a psicologia social é uma ciência. Deve, desta maneira, procurar... os universais do comportamento social que, por definição, são transculturais e trans-históricos.

Embora de forma mais matizada e admitindo certo relativismo cultural, psicólogos sociais como Marín (1994, p. 27) também defendem uma psicologia social como ciência universal baseada em certos princípios transculturais que permitam estabelecer generalizações sobre o comportamento humano:

> Se acreditamos que a psicologia social é uma ciência, temos de aceitar o fato de que existem certos princípios universais que nos permitem falar de generalizações ou leis do comportamento humano... O ponto crítico está em diferenciar entre os aspectos culturalmente específicos de uma teoria (aquilo que os psicólogos transculturais denominam o *êmico*) daqueles aspectos que são universais (o *ético* em termos da psicologia transcultural).

Como vemos pelas afirmações destes destacados psicólogos sociais latino-americanos, estamos longe de chegar a um acordo sobre o que é e que objetivos tem a psicologia social praticada na América Latina e, até mesmo se podemos falar de uma psicologia social latino-americana com alguns traços de identidade próprios. Também na aplicação do conhecimento psicossocial encontramos diferenças significativas entre os psicólogos sociais latino-americanos. Dois psicólogos sociais, Rodrigues e Martín-Baró, podem nos ajudar a exemplificar os dois pólos das divergências na própria psicologia social latino-americana. A proposta que tem Rodrigues se contrapõe à de Martín-Baró (1983, 1989) e a outros psicólogos sociais como Gissi (1994), Jiménez (1994), Lane (1994, 2000), Massini (2000); Montero (1994a). E não é só pela crítica destes à idéia de Aroldo Rodrigues de construir uma ciência social de caráter universal, mas também pelo papel que atribuem ao psicólogo social. Enquanto para Martín-Baró e os autores mencionados, a função do psicólogo social é a de elaborar uma psicologia da liberação, o que o tornaria um ator das transformações sociais pelo seu envolvimento como cientista social, para Aroldo Rodrigues (1983, 1994) o psicólogo social não deve se preocupar com a aplicabilidade de seu conhecimento, pois esta é uma tarefa que não é ele quem deve determinar. Em sua opinião, a psicologia social deve preocupar-se com o conhecimento e não pela sua aplicação à resolução de problemas sociais, objeto dos tecnólogos sociais. Certamente, as propostas que exemplificam tanto o pensamento de Martín-Baró (ver, com relação a isto, Vázquez Ortega, 2000, especialmente os respectivos artigos de Montero, Dobles, Vázquez Ortega, De la Corte, Lira e Quintal de Freitas) como o pensamento de Aroldo Rodrigues têm antecedentes tanto na psicologia social norte-americana como na européia. São diversos os casos que poderíamos citar, mas não podemos esquecer a sintonia, apesar do tempo transcorrido e das diferentes realidades sociais às que se referem, entre as abordagens de Martín-Baró e os psicólogos sociais formados na Escola de Chicago durante as primeiras décadas do século XX (veja o Capítulo 2). Assim como Martín-Baró e mesmo respondendo a tradições de pensamento e períodos históricos diferentes, os psicólogos sociais da Escola de Chicago tiveram sempre em mente a idéia de que seu conhecimento deveria ser uma forma de ação e de reforma social. O pensamento pragmatista de William James, de John Dewey e do próprio George Herbert Mead, é muito claro a este respeito. Da mesma maneira, a defesa de Aroldo Rodrigues de uma tecnologia social encarregada de aplicar os conhecimentos básicos da psicologia social à resolução de problemas sociais se encontra em psicólogos sociais europeus como Turner (1981), para quem a aplicação do conhecimento psicossocial deve ser formulada em termos de uma engenharia social. Desta maneira, convém distanciar-se das generalizações a partir das quais se critica ou elogia a psicologia social realizada em um contexto geográfico, quer seja falando da psicologia social européia, norte-americana ou da latino-americana, pois em cada contexto geográfico existem e coexistem formas muito diversas de entender a psicologia social.

Logicamente, as diversas tradições de pensamento que influenciaram a psicologia social latino-americana não se mantiveram estáticas ao longo do tempo. Tanto seu surgimento, como sua consolidação ou perda de hegemonia foram o resultado de mudanças históricas, como indica Montero (1994a), quem distingue cinco fases no desenvolvimento e consolidação da psicologia social latino-americana. Essas fases são classificadas por Montero da seguinte forma: em primeiro lugar, teríamos uma fase que a autora denomina de protopsicologia social, e que corresponderia aos inícios de um pensamento psicossociológico, mais do que uma formulação psicossocial propriamente dita. Em segundo lugar, teríamos o que se denomina fase de constituição e afirmação sistemática da subdisciplina, que corresponderia à sua implantação como disciplina científica e acadêmica durante os anos 1950 e início dos anos 1960. Uma terceira fase viria caracterizada pela consolidação da psicologia social como disciplina acadêmica, onde a característica principal seria a apropriação acrítica dos conhecimentos elaborados na psicologia social norte-americana, marcadamente psicológica e experimental. Em quarto lugar, Montero destaca o impacto da própria crise da psicologia social com o subseqüente questionamento dos paradigmas teóricos e metodológicos hegemônicos até esse momento, o que fez que a psicologia social desenvolvida na América Latina estivesse mais atenta às concepções sociológicas da psicologia social, mais aberta a novos enfoques metodológicos e a uma contextualização do conhecimento, tudo isso com a finalidade de criar as bases de uma nova psicologia social mais atenta à própria realidade estudada do que a mimetizar de modo acrítico o conhecimento psicossocial realizado em outros contextos com problemáticas bem diferentes. Finalmente, uma quinta fase, caracterizada por alguns psicólogos sociais como Sandoval (2000) como pós-colonial, estaria caracterizada pelo desenvolvimento próprio de uma psicologia social latino-americana comprometida com a mudança social e com abordagens emancipadoras (Jiménez, 1994). Esta nova psicologia social teria traços ou características próprias (Montero, 1994a, p. 20):

> ...esta é uma psicologia social que procura um novo paradigma e, de fato, nele se insere... diante da crescente incapacidade daquele que até então dominava, para dar resposta aos problemas que agora enfrenta. Por isso, é uma psicologia que reconhece o caráter histórico dos fenômenos que estuda... que expõe sua abertura metodológica, no sentido de aceitar métodos alternativos e uma diferente relação entre o pesquisador e seu objeto de pesquisa... e rejeita o predomínio do modelo de produção de conhecimento gerado no campo das ciências naturais, privilegiando a pesquisa em âmbitos naturais sobre a pesquisa de laboratório... que reconhece o caráter ativo dos sujeitos de pesquisa, produtores de

conhecimentos, que reconhece igualmente o caráter dinâmico e dialético da realidade social e, portanto, da condição relativa, temporal e, espacialmente, do conhecimento produzido; que amplia seu objeto de estudo, incluindo o nível psicológico de fenômenos tais como a ideologia e a alienação...; que admite o caráter simbólico da realidade expresso através da linguagem... e que assume explicitamente seu compromisso político e social...

Nesta mudança de rumo que Montero menciona, a figura de Martín-Baró é de especial importância e resulta paradigmática das grandes transformações experimentadas pela psicologia social na América Latina. Conforme comenta Lane (1994) em seu artigo sobre os "Avanços da psicologia social na América Latina", a crítica à psicologia social hegemônica e a busca de novas concepções epistemológicas e metodológicas que permitissem um maior compromisso com a realidade estudada tiveram na obra de Martín-Baró sua principal referência. Outro dos resultados desta atitude de compromisso social da psicologia social latino-americana está no enorme desenvolvimento adquirido neste contexto pela psicologia social comunitária, que chegou a ter uma grande relevância e alguns sinais próprios de identidade.

A psicologia social de Martín-Baró: em direção a uma psicologia social da liberação

Nesta seção nos referiremos fundamentalmente à concepção teórica da psicologia social de Ignacio Martín-Baró, mesmo que, para exemplificá-la, façamos referência a aspectos da realidade social latino-americana que foram objeto constante de sua reflexão teórica (veja Martín-Baró, 1983, 1989, 1998 e 2003)[3].

A obra de Martín-Baró está marcada pelos acontecimentos históricos dos quais foi protagonista direto. Sua obra e sua concepção da psicologia social não podem ser entendidas sem uma referência à situação social, política e econômica da América Latina em geral e, principalmente, de El Salvador, país da América Central onde morou e a cujos problemas sociais dedicou a maior parte de seus livros e artigos psicossociais. Não é uma surpresa que o primeiro volume dos dois que formam seu manual de psicologia social tenha como título: *Acción e ideología. Psicología social desde centroamérica.* (Martín-Baró, 1983). Sua elaboração teórica foi orientada pelo seu compromisso com a mudança social necessária devido aos problemas sociais existentes nos países latino-americanos. Entre os muitos temas que foram seu objeto de estudo se encontram, entre outros, a aglomeração, o machismo, o fatalismo, a saúde mental, a violência e a guerra (para um estudo detalhado da obra de Martín-Baró, veja Blanco, 1994, 1998; Blanco e De la Corte, 2003; De la Corte, 2001 e Soto, 2002).

Como destacou Banchs (1994c), a obra de Martín-Baró não se caracteriza tanto por uma contribuição teórica nova, mas por sua perspectiva, isto é, pela forma de abordar o papel, as funções e o nível de análise da psicologia social. Neste sentido, seu enfoque pode ser denominado com os termos de realismo crítico. Sua proposta é muito clara e poderíamos resumi-la dizendo que consiste na articulação

---

3 Nessas referências incluímos os dois volumes de sua psicologia social: *Acción e ideología*, de 1983 e *Sistema, grupo y poder*, de 1989. A estes dois textos de caráter teórico devemos acrescentar a recompilação realizada por A. Blanco: *Psicología de la liberación* (1998) e a elaborada por A. Blanco e L. de la Corte: *Poder, ideología y violencia*, (2003). Nestes quatro volumes, o leitor interessado encontrará uma grande parte da contribuição teórica e das pesquisas realizadas por Ignacio Martín-Baró.

teórica partindo da realidade social que o pesquisador social pretende analisar. Deste ponto de vista, sua contribuição à psicologia social está, fundamentalmente, no enfoque que propõe para a construção de uma teoria crítica da realidade social, utilizando como ferramenta não somente a psicologia social mas também as ciências sociais em geral.

Como o próprio Martín-Baró indica, adotando a idéia do sociólogo Wright Mills (1961):

> ... minha proposta consiste na inversão marxista do processo: que não sejam os conceitos os que convoquem a realidade, mas a realidade que procure os conceitos; que não sejam as teorias as que definam os problemas de nossa situação, mas que sejam esses problemas que reclamem e, por assim dizê-lo, escolham sua própria teorização.
>
> (Martín-Baró, 1987-89/98, p. 314).

Baseando-nos nesta citação, podemos afirmar que Martín-Baró propõe inverter um processo de raciocínio hipotético-dedutivo, próprio da epistemologia (neo)positivista, denominado por ele como idealismo metodológico, por um realismo crítico. A conseqüência lógica desta reconstrução da psicologia social é a crítica ao universalismo teórico que, partindo de leis ou princípios gerais, pretende aplicá-los a qualquer realidade social. Entretanto, o enfoque que ele propõe para a psicologia social não significa nem a criação de uma psicologia social completamente nova nem a rejeição das teorias prévias em psicologia social. De fato, poderíamos classificar seu enfoque entre os defensores do pluralismo teórico. Esta idéia de Martín-Baró fica registrada em diversos momentos de sua obra geral:

> Não se trata de construir a partir do zero ou de jogar fora todo o conhecimento disponível; isso seria tão ingênuo como presunçoso. Trata-se realmente de construir a partir da própria realidade, em nosso caso, a América Central, a partir dos conflitos e problemas que vivem os povos desse continente para, dessa perspectiva peculiar, ir alinhavando os temas básicos da ciência social.
>
> (Martín-Baró, 1983, p.VIII)

Martín-Baró é muito claro na sua oposição tanto à importação irrefletida de teorias geradas em outros contextos como à sua rejeição acrítica. Assim é como podemos entender seu pluralismo teórico na hora de analisar a realidade social latino-americana. São poucas as teorias às que Martín-Baró não faz referência em seus estudos, mas nem todas têm em sua opinião a mesma capacidade interpretativa nem o mesmo caráter ideológico. É por isso que Martín-Baró privilegiará alguns enfoques diante dos outros, pois junto com a capacidade das teorias de desvendar a realidade, também têm o poder de ocultá-la. Poderíamos dizer que a sua perspectiva teórica se aproxima, de certo modo, da proposta de uma psicologia social preocupada com o contexto mais amplo de psicólogos sociais como Axsom (1989) ou McGuire (1980). Para estes autores (veja Álvaro, 1995) todas as teorias revelam aspectos importantes da ação humana, mas é a análise empírica da realidade estudada que nos deve revelar sob quais condições nossas teorias são válidas. Precisamente neste ponto é onde podemos situar a contribuição de Martín-Baró. Não se trata, em sua opinião, de rejeitar as teorias disponíveis em psicologia social pelo fato de terem sido formuladas em contextos geográficos diferentes ou de se referirem a problemas diferentes dos vividos na América Latina, mas de analisá-las a partir da própria dinâmica social e histórica dos povos latino-americanos. A proposta de Martín-Baró trata, em resumo, de substituir a concepção universalista, alheia à história e individualista da psicologia social hegemônica por uma psicologia social contextual, histórica e mais sociológica. A conseqüência lógica desta proposta é o compromisso social com as classes marginalizadas a partir de uma psicologia social crítica e libertadora. Provavelmente na definição que dá Martín-Baró de psicologia social encontramos já os aspectos anteriormente destacados:

> A psicologia social trata de esclarecer a elaboração da atividade humana por ser precisamente forjada em uma história, ligada a uma situação e referida ao modo de ser e atuar de uns e outros... Temos assim uma primeira aproximação ao objeto de estudo da psicologia social: a ação humana, individual ou grupal, quando referida a outros.
>
> (Martín-Baró, 1983, p. 10)

Ao destacar que a psicologia social se ocupa da ação social como interação referida aos outros e ressaltar assim seu caráter simbólico, Martín-Baró situa sua perspectiva teórica em consonância com a psicologia social sociológica do interacionismo simbólico de Mead. Sua explicação do surgimento e construção da identidade pessoal como identidade social está ligada aos processos de socialização descritos no interacionismo por Berger e Luckman (1967) e originalmente elaborados por Mead (1934/72). Assim, Martín-Baró afirma que:

> A socialização supõe que o indivíduo, situado em um determinado contexto social e em interação com esse meio (sobretudo com aqueles que Mead chama outros significativos), vai formando alguns esquemas cognitivos que selecionam e processam sua informação, que filtram e configuram o que ele vai aceitar como realidade, como o mundo.
>
> (Martín-Baró, 1983, p. 119)

Além disso, Martín-Baró (1989, 1998) privilegia de forma clara a compreensão como método de análise (idéia profundamente arraigada na filosofia de Dilthey e na sociologia hermenêutica de Weber, veja os Capítulos 1 e 2) perante a explicação de caráter mecanicista e unidirecional (própria dos modelos psicológicos e sociológicos positivistas em que se privilegia a tese da unidade da ciência e que tem no experimento sua ferramenta técnico-metodológica privilegiada.)

Mas Martín-Baró não limita sua perspectiva à análise da (inter)ação social como se fosse um processo autônomo, em permanente construção dependendo do mesmo processo de interação com outros, como se faz nas perspectivas interacionistas de Blumer (1969/82) e Goffman (1959/87). Sua forma de entender esses processos de (inter)ação o leva a vinculá-los com a estrutura social. Isto é percebido de maneira muito similar na corrente teórica do interacionismo simbólico desenvolvida pela Escola de Iowa e mais especificamente no interacionismo simbólico estrutural de S. Stryker (1980). (Veja o Capítulo 4 e mais adiante neste capítulo.)

Nesta vinculação entre inter(ação) social e estrutura social, ele dará preferência aos enfoques baseados no conflito social, ante os enfoques funcionalistas, com os quais se mostra muito crítico, por não considerarem a existência de classes sociais com interesses antagônicos e por sua incapacidade para explicar a mudança social. Dentro de sua concepção do conflito, ele é partidário de uma perspectiva dialética derivada do pensamento sociológico de Marx. Assim, para Martín-Baró (1983, p. 24), a análise da realidade social deve se referir às relações de mútua influência e determinação entre indivíduo e sociedade em uma realidade histórica:

> No caso concreto da psicologia social, aplicar o método dialético significa que no estudo dos problemas parte-se da premissa de que pessoa e sociedade não interagem simplesmente como algo

constituído. Também se constituem mutuamente e, conseqüentemente, afirmam-se como tais negando-se um e outro.

Resumindo, para Martín-Baró, a análise da interação deve referir-se não só à própria interação como se fosse um processo autogenerativo, mas deve ser analisado em relação com a estrutura social. Isto fica muito claro em sua afirmação (1983, p. 89) de que "as condições objetivas de existência costumam condicionar também o marco social dos afazeres dos indivíduos, no sentido de que as pessoas tendem a interagir com pessoas de sua mesma condição social", o que encontramos de modo idêntico em Stryker (veja mais à frente, neste capítulo). Assim, por exemplo, quando Martín-Baró (1987/98, p.89-90) analisa o fatalismo latino-americano como uma atitude de resignação diante dos acontecimentos, baseada na idéia de que o destino da existência humana já está pré-determinado e não se pode modificá-lo de maneira significativa, não o atribui a um traço de personalidade, mas às estruturas sociais, econômicas e políticas do sistema social:

> Se a síndrome fatalista continua produzindo-se nos setores majoritários dos povos latino-americanos, não é porque se reproduza através das normas culturais e de um estilo de vida próprio dos pobres, independente das mudanças que reoperam no sistema social mais amplo; o fatalismo é uma relação simbólica entre as pessoas e um mundo que consideram fechado e incontrolável; isto é, trata-se de uma atitude continuamente causada e reforçada pelo funcionamento opressivo das macro-estruturas sociais.

O modelo teórico de Martín-Baró ficaria incompleto se não mencionássemos outro fator imprescindível para compreender sua psicologia social: a história. Assim, para ele (1983, p. 24): "a psicologia social não pode abstrair seu objeto da história, pois é a história social concreta quem dá sentido à atividade humana como atividade ideológica". É conveniente esclarecer que sua idéia de psicologia social como história não deve ser confundida com a defesa que outros psicólogos sociais, como Gergen (1973), fazem da psicologia social como história. Para Martín-Baró, diferentemente de Gergen, a psicologia social não é só história, nem se deduz de sua compreensão da psicologia social como história, que ela não possa ser objetiva e interpretar com objetividade a realidade social. Quando se fala da estrutura social é necessário se referir às condições sócio-históricas que originam esta estrutura. Do mesmo modo, a ação social não ocorre em um vazio histórico. Por todos esses motivos, nem a estrutura nem a (inter)ação social são conceitos inteligíveis fora de um contexto histórico, o que faz que nosso conhecimento da realidade não possa ser nem universal nem atemporal, tem de estar situado historicamente. Assim, em todas as análises de Martín-Baró, a concepção de partida da psicologia social é a de uma ciência social e histórica. Um exemplo claro está em um outro dos grandes temas que ele abordou: a violência:

> O modelo histórico sobre a violência humana parte de duas premissas fundamentais: (a) existe uma natureza específica do ser humano, aberta a potencialidades de todos os tipos, incluindo à violência e à agressão; (b) esta natureza é de caráter histórico. A historicidade da natureza humana significa, do ponto de vista social, que cada pessoa se materializa no marco de uma sociedade concreta como parte e expressão de forças sociais. Do ponto de vista pessoal, significa que cada indivíduo segue um processo que lhe é peculiar e que configura sua própria biografia
>
> (Martín-Baró, 1983, p. 402)

Assim, a violência social que ele analisou em um país como El Salvador só pode ser entendida como o resultado de um processo histórico que dá lugar a uma estrutura de poder que oprime a maioria da população. Esta compreensão histórica da violência, não significa eliminar as teorias psicossociais

Ignacio Martín-Baró

Ignacio Martín-Baró nasce em 7 de novembro de 1942, em Valladolid (Espanha). Em 1959 ingressa como noviço na Companhia de Jesus de Orduña (Vizcaya), sendo posteriormente transferido a Villagarcía (Galicia) e finalmente a Santa Tecla, em El Salvador. Em 1961, na conclusão de seu segundo ano de noviciado, inicia os estudos de Humanidades na Universidade Católica de Quito (Equador) e, um ano mais tarde, os estudos de filosofia na Universidade Javeriana de Bogotá (Colômbia). É nesta fase que começa a interessar-se pela psicologia. Depois de licenciar-se em filosofia e letras em 1965, retorna a El Salvador, onde ministra aulas tanto no Colégio Externato como na Universidade Centro-Americana "José Simeón Cañas" (UCA). Em 1967, transfere-se para Frankfurt (Alemanha) e mais tarde para Louvain (Bélgica), onde cursa teologia até sua conclusão em San Salvador. É também na UCA de El Salvador que exerce a docência em psicologia, e se torna decano dos estudantes, entre outros cargos. Após licenciar-se em psicologia em 1975, estuda na Universidade de Chicago, onde obtém o título de Mestre em Ciências Sociais, no ano de 1977, com uma tese sobre as atitudes sociais e os conflitos de grupo em El Salvador, *Social Attitudes and Group Conflict in El Salvador*. Doutorou-se dois anos mais tarde em psicologia social e organizacional, com a tese *Household Density and Crowding in Lower-Class Salvadorans*.

Depois desses anos em Chicago, retorna à UCA, onde se dedica à docência e desempenha diversos cargos, incluindo o de Vice-reitor Acadêmico (1980-1988) e membro da Junta de Diretores, chefe do Departamento de Psicologia e Educação, e fundador e diretor do Instituto Universitário de Opinião Pública (1986). O Instituto Universitário de Opinião Pública foi criado com a intenção de devolver a voz aos oprimidos e, sob seu patrocínio realizam-se numerosas pesquisas entre a população metropolitana, urbana e rural, em meio a muitos problemas e ameaças para os pesquisadores.

Durante esses anos, Martín-Baró faz parte dos conselhos editoriais da revista *ECA*, *UCA Editores*, da *Revista de Psicologia de El Salvador*, da *Revista Polêmica da Costa Rica*, e da Revista de *Psicologia Social Espanhola*. Também é professor convidado de inúmeras universidades, incluídas a Universidade Central da Venezuela, a Universidade de Zulia (Maracaibo), a Universidade de Porto Rico (Río Piedras), a Universidade da Costa Rica e a Universidade Complutense de Madrid, além de ser membro da *American Psychological Association*, da *Sociedade de Psicologia de El Salvador* e vice-presidente da *Sociedade Interamericana de Psicologia* da seção que corresponde ao México, à América Central e ao Caribe. Nestes anos vê-se envolvido na guerra civil salvadorenha, que é determinante na temática de sua obra científica.

Sem esquecer sua atividade como sacerdote da colônia Zacamil e da paróquia de Jayaque, Ignacio Martín-Baró foi um psicólogo social prolífico: publicou mais de cem obras, incluídos vários livros, assim

de alcance médio que tentam abordar uma explicação da mesma. Significa situá-las novamente como fatores que precipitam a violência, mas não a provocam em contextos de violência institucional.

Finalmente, podemos qualificar o enfoque de Martín-Baró enquadrando-o dentro de uma concepção mais sociológica da psicologia social. Existem três aspectos que permitem fazer esta afirmação. O primeiro está relacionado com sua própria concepção e definição. Seu reconhecimento de uma sociologia psicológica e a afirmação de que o nome de psicologia social não pressupõe uma orientação psicológica em sua psicologia social (objeto de constante crítica em seus estudos empíricos) situa sua perspectiva ao lado de uma psicologia social como ciência interdisciplinar entre a sociologia e a psico-

como numerosos artigos nos meios de comunicação tanto latino-americanos como norte-americanos. Seu interesse pela psicologia social se comprova pela publicação de diversos livros como *Psicodiagnóstico de América Latina* (1972), *Problemas de psicología social y América Latina* (1976), *Acción e ideología. Psicología social desde centroamérica* (1983) e *Sistema, grupo y poder. Psicologia social desde centroamérica (II)* (1989). Muitos de seus artigos podem ser lidos graças ao trabalho do psicólogo social Amalio Blanco, quem editou dois livros imprescindíveis para conhecer sua obra completa: *Psicología de la liberación* (1898) e *Poder, ideología y violencia* (2003); este último livro foi editado em colaboração com o psicólogo social Luis de la Corte, quem ademais publicou, em 2001, *Memorias de un compromiso. La psicología social de Ignacio Martín Baró*, de grande valor para conhecer sua obra. Em sua pesquisa psicossocial, Martín-Baró abordou temas tão diversos como a identidade social e o fatalismo, a violência e a guerra, a mulher, o machismo e a família, e a psicologia política. Assim, por exemplo, em *Hacia una psicología de la liberacíon*, publicado no *Boletim de Psicologia de El Salvador*, defende que é necessário que a psicologia latino-americana saia de sua precariedade, conseqüência de um mimetismo cientista, da falta de uma epistemologia adequada e de um dogmatismo provinciano, se quiser realizar contribuições não só à psicologia social, mas também à história dos povos latino-americanos. Para contribuir com seu desenvolvimento e não permanecer à margem dos movimentos e inquietações de seus habitantes, Martín-Baró propõe uma psicologia de liberação comprometida com os sofrimentos, aspirações e lutas dos povos, para o qual é necessário, em sua opinião, uma recuperação da memória histórica e a ação desideologizadora e conscientizadora do cientista social.

Martín-Baró dedicou sua vida à defesa dos direitos humanos, à igualdade e à justiça social em El Salvador. Em 1988, estabelece o Programa Centro-americano de Opinião Pública junto com outros colegas da América Central, México e Estados Unidos, preparando nos últimos meses de sua vida um estudo político baseado em 4 mil entrevistas em profundidade a serem realizadas em El Salvador, Costa Rica e Nicarágua.

Foi assassinado em 16 de novembro de 1989 por uma seção das Forças Armadas salvadorenhas, junto com outros seis jesuítas, uma funcionária da UCA e a filha dela. Sua última apresentação para o *XV Congresso Internacional da Associação de Estudos Latino-Americanos,* "Os meios de comunicação de massa e a opinião pública em El Salvador de 1979 a 1989", é lida como uma comemoração póstuma. "Certamente, a guerra não terminou", ele escreve, "mas hoje já desponta um horizonte em que, possivelmente pela primeira vez na história salvadorenha, a opinião das maiorias populares terá de ser ouvida e considerada".

Atualmente, honra-se a memória de Ignacio Martín-Baró através da Fundação Martín-Baró para a Saúde Mental e os Direitos Humanos. Também foi instituído o prêmio "Ignacio Martín-Baró", que concede a Universidade de Chicago cada ano ao melhor ensaio sobre direitos humanos. Na página http://www.uca.edu.sv da Universidade Centro-Americana "José Simeón Cañas" é possível encontrar informações sobre a obra e vida deste psicólogo social.

logia. Em segundo lugar, embora Martín-Baró não negue o nível de análise do comportamento (entendido como ação social) como objeto de estudo, sua compreensão dele não pode ser alheia à análise da interação e da estrutura social que são o que, afinal, dá sentido à ação individual:

> A atividade das pessoas ou grupos particulares como sujeitos deste sistema de relações sociais não se entende partindo das características individuais de cada um, mas de sua posição na estrutura de classes.

(Martín-Baró, 1989, p. 35)

Em terceiro lugar, analisando seus textos poderemos observar que os principais autores que servem de base à construção de sua perspectiva em psicologia social são de formação sociológica. Sua consideração da realidade social como um processo de objetivação e subjetivação, de interação entre o sistema social e a existência individual, entre processos institucionais e universos simbólicos, tem sua origem na sociologia do conhecimento de Berger e Luckman (1967). Por outro lado, seu realismo crítico, citado anteriormente, está baseado na perspectiva sociológica de Wright Mills (1961). Finalmente, é a própria teoria sociológica de K. Marx que dá base à sua concepção dialética e histórica da realidade social.

Sem dúvida, a originalidade do enfoque psicossociológico de Martín-Baró está na articulação de diferentes níveis de análise que o levam a criticar tanto o reducionismo psicológico como o reducionismo sociológico, embora reconheça que o primeiro está muito mais difundido entre os psicólogos sociais do que o segundo. Em sua crítica à psicologia social hegemônica, é constante a referência ao psicologismo ou, o que é o mesmo, ao individualismo metodológico, que consiste em tentar explicar os problemas sociais em termos psicológicos, tornando-os assim problemas das pessoas. De fato, a crítica ideológica à psicologia social psicológica que realiza Martín-Baró (1986/98, p. 291) está baseada no individualismo metodológico de muitas de suas teorias, o que torna a psicologia social um instrumento de dominação:

> O problema com o individualismo reside na sua insistência em ver no indivíduo o que freqüentemente só se encontra na coletividade, ou em transferir à realidade aquilo que somente acontece na dialética das relações interpessoais. Desta maneira, o individualismo acaba por reforçar as estruturas existentes quando ignora a realidade das estruturas sociais e reduz os problemas estruturais a problemas pessoais.

Resumindo, a obra de Martín-Baró tem no realismo crítico, no estudo contextual dos problemas sociais, na articulação de diferentes níveis de análise (individual, interpessoal, estrutural e ideológico) e no enfoque histórico e dialético as bases de sua orientação original e perspectiva teórica. É desta perspectiva da psicologia social que podemos entender sua concepção de psicologia social como uma ciência social comprometida e libertadora.

A psicologia social comunitária

Como já indicamos, um dos traços que definem a psicologia social latino-americana, principalmente da década de 1970, é sua marcada preocupação com a dimensão aplicada do conhecimento psicossociológico e sua forte orientação para a transformação e a mudança social. Isto explica o enorme desenvolvimento adquirido neste contexto pela psicologia social comunitária, mencionado em numerosos trabalhos publicados (Brandão e Bonfim, 1999; Campos, 1999; Ferullo, 2000; Freitas, 1998, 2004; Góis, 2005; Montero, 1984b, 1994b, 2003, 2004b; Sánchez e Wiesenfeld, 1991; Serrano-García e Rosario Collazo, 1992; Varas-Díaz e Serrano-García, 2005; Wiesenfeld, 1995; Wiesenfeld e Sánchez, 1995).

Dentro da psicologia, a origem do que atualmente denominamos psicologia comunitária encontra-se nos Estados Unidos e, mais concretamente, na Conferência de Swampscott (Massachussets), realizada em 1965 para promover o debate sobre as limitações da psicologia para abordar a análise dos problemas de saúde mental que são socialmente determinados. A disciplina surgiu no contexto da psicologia clínica e foi uma reação à maneira como tradicionalmente se abordava a avaliação e o tratamento dos problemas de saúde mental. Influenciados pelos movimentos sociais e relacionados aos direitos civis dos anos 1960, alguns setores da psicologia norte-americana iniciaram uma reflexão sobre a responsabilidade social da psicologia e reivindicaram a necessidade de intervir no contexto social. Criticando o reducionismo psicologizante e o individualismo da psicologia clínica tradicional, a psicologia comunitária define como um de seus principais objetivos a incorporação do meio social à análise dos problemas de saúde mental. O reconhecimento da influência determinante que o contexto social tem sobre a saúde mental leva à psicologia a tomar consciência da necessidade de uma análise multidisciplinar dos processos psicológicos.

Na América Latina, a psicologia comunitária começou a desenvolver-se na década de 1970 e, diferentemente do ocorrido nos Estados Unidos, sua origem não está no âmbito da psicologia clínica, mas da psicologia social, e tampouco pode ser situado em um momento histórico concreto. Com a exceção de Porto Rico, onde foi criado em 1975 um programa de Psicologia Social e Comunitária no Departamento de Psicologia da Universidade de Porto Rico, na maior parte dos países da região, principalmente na área do Caribe, já existiam, desde o início da década de 1970, algumas experiências de intervenção com comunidades que tiveram um caráter isolado, até que em 1979, no contexto do XVII Congresso Interamericano de Psicologia, foi criado o Comitê Gestor de Psicologia Comunitária. A partir desse momento, começa a conscientização de que os trabalhos que estavam sendo realizados em cada país não eram experiências isoladas, mas faziam parte de um esforço coletivo, que atendia a interesses e preocupações comuns. Apesar disso, a psicologia social comunitária não teve o mesmo desenvolvimento em todos os países latino-americanos. Enquanto em alguns contextos começou a desenvolver-se imediatamente e experimentou um rápido crescimento (Porto Rico, Brasil, Venezuela, República Dominicana, Cuba, México), em outros países, como o Chile ou a Argentina, seu desenvolvimento foi posterior. Depois desta etapa de constituição, com uma série de trabalhos de intervenção e onde a psicologia social comunitária começa a fazer parte dos ensinos de psicologia social da maioria das universidades latino-americanas, sua consolidação definitiva acontece na década de 1990 (Montero, 1994c; 2004b; Serrano García e Rosario Collazo, 1992).

Não é fácil realizar uma síntese da evolução e das contribuições da psicologia social comunitária latino-americana, visto que estamos falando de um contexto geográfico muito amplo, caracterizado por uma enorme diversidade nacional, sociopolítica e cultural. Assim, sob este rótulo enquadram-se trabalhos muito diferentes, tanto pelos problemas que abordam como pelas concepções epistemológicas, teóricas e metodológicas de onde partem (veja Wiesenfeld, 1994). No entanto, e apesar desta diversidade, é possível falar da existência de certos traços comuns, que proporcionam à psicologia social comunitária latino-americana alguns sinais de identidade própria, e que podem resumir-se nos seguintes pontos: forte compromisso com os setores mais desfavorecidos da sociedade e orientação para a mudança social; rejeição da concepção mecanicista da pessoa derivada do positivismo, e reconhecimento da capacidade de ação; busca de métodos participativos de intervenção, que envolvam as pessoas em seu próprio processo de mudança. Esses traços estão enunciados na definição da psicologia comunitária proposta por Maritza Montero (1984b; p. 390):

> Ramo da psicologia cujo objeto é o estudo dos fatores psicossociais que permitem desenvolver, fomentar e manter o controle e poder que os indivíduos têm condições de exercer sobre seu ambiente individual e social, para solucionar problemas que os afligem e conseguir mudanças nesses ambientes e na estrutura social.

O surgimento da psicologia social comunitária na América Latina pode ser considerado como uma resposta à crise que a psicologia social vivenciou durante a década de 1970. Como já foi indicado em uma seção anterior, esta crise foi um reflexo das mudanças na concepção da ciência que se seguiram à crise do positivismo lógico, e possibilitou que se questionassem as premissas epistemológicas e metodológicas que a psicologia social dominante havia assumido como próprios durante mais de meio século. Neste contexto, a validade dos métodos de pesquisa positivistas, assim como a concepção mecanicista da pessoa defendida por esta corrente epistemológica começaram a ser questionadas. Do mesmo modo, começaram a surgir as críticas contra a orientação psicologizante e individualista da disciplina, que não considerava o contexto histórico e social. Finalmente, aumentava o mal-estar com a falta de relevância do conhecimento gerado pela pesquisa psicossocial. Todas essas críticas estavam presentes na psicologia social latino-americana quando começou o desenvolvimento, nos anos 1970, dos primeiros trabalhos de psicologia social comunitária.

A crise da psicologia social foi vivida com especial intensidade no contexto latino-americano. Os enormes problemas sociais que afetavam a todos os países da região fizeram que na América Latina ficassem especialmente evidentes as limitações e a falta de relevância do conhecimento gerado pela psicologia social hegemônica. A necessidade de responder a esses problemas levou alguns setores da psicologia social latino-americana a exigir uma mudança de rumo da disciplina, de tal maneira que pudesse ter uma maior contribuição à melhoria das condições de vida dos grupos mais desfavorecidos. A psicologia social comunitária, que foi uma das respostas a esta preocupação, representou uma redefinição tanto do objeto de estudo como dos objetivos da psicologia social. O foco de atenção foi mudado do indivíduo para a comunidade onde ele está inserido. Diante do caráter individualista da psicologia social dominante, a psicologia social comunitária parte do princípio de que os problemas que afetam aos grupos sociais não têm sua origem nas características pessoais de seus membros, mas na estrutura social em que se situam. O objetivo final da psicologia social comunitária é a intervenção psicossocial com a finalidade de promover uma mudança na situação desses grupos. Diferentemente da psicologia social aplicada tradicional, o que se pretende não é somente uma aplicação do conhecimento psicossociológico à análise dos problemas sociais, mas uma intervenção psicossociológica cujo objetivo final é a mudança social. Com isso, a psicologia social reflete a preocupação pela desigualdade social que estava presente há muitas décadas em outras ciências sociais. Embora a psicologia latino-americana tivesse permanecido relativamente alheia aos problemas sociais que a rodeavam, outras ciências sociais haviam adotado uma atitude de forte compromisso com os setores mais desfavorecidos da sociedade. Neste sentido, destacam-se os trabalhos do sociólogo colombiano Orlando Fals-Borda (1959, 1985), que nos anos 1950 faz um esforço importante para aplicar o conhecimento da sociologia à análise dos problemas da sociedade colombiana. A partir de uma posição de forte compromisso político, Fals-Borda levanta a necessidade de que as ciências sociais contribuam para promover a mudança social, econômica, política e cultural. Para tanto, ele parte do esquema da Pesquisa Ação Participativa, e destaca a necessidade de que tanto o sociólogo como as comunidades para as quais é dirigida a intervenção participem ativamente do processo de mudança. Também é obrigatória a referência aos trabalhos do brasileiro Paulo Freire (1974), cujo objetivo foi a conscientização das pessoas para que pudessem fazer uma avaliação crítica de sua situação, e o desenvolvimento dos recursos necessários para que elas mesmas transformassem seu meio. Tanto nos trabalhos de Fals-Borda como nos de Freire, tem um papel central o reconhecimento do papel ativo da pessoa em seu próprio processo de mudança. Foi nessas tradições das ciências sociais, centradas no trabalho com comunidades, onde a psicologia social comunitária latino-americana procurou inicialmente suas referências.

A aproximação à sociologia de Fals-Borda ou à pedagogia de Freire não só correspondeu à vontade dos psicólogos sociais de adotar uma atitude de compromisso político, mas também teve muito a ver com a concepção de pessoa em que se baseavam. O reconhecimento da capacidade de ação da pessoa e do papel ativo que as comunidades e os grupos sociais devem assumir no processo de mudança leva a uma redefinição do papel profissional do psicólogo social, que deixa de ser considerado como um perito e passa a ser um agente ou um facilitador de mudanças. Considerando que é a própria pessoa quem deve assumir a responsabilidade pela mudança, a função do psicólogo social é a de um catalisador da mudança, e suas funções são observar e entender o contexto da comunidade, proporcionar instrumentos ou ferramentas que promovam a gestão com a comunidade, conceitualizar as experiências das pessoas, facilitar a comunicação entre elas, apresentar perguntas sobre a realidade etc. (Freitas, 1994; Perdomo, 1988; Sánchez, 2001).

Do ponto de vista metodológico, um dos traços mais marcantes da psicologia social comunitária latino-americana é sua forte identificação com as abordagens da Pesquisa Ação Participativa. Embora os antecedentes deste método estejam dentro da própria psicologia social, no esquema de Pesquisa — Ação proposto por Kurt Lewin (1946), a maioria dos trabalhos da psicologia social comunitária se inspiram nas abordagens de Fals-Borda (1959; 1985), onde aparece o compromisso político como uma dimensão fundamental. A crítica às abordagens da psicologia social tradicional gerou também algumas propostas metodológicas próprias, como o modelo de intervenção na pesquisa elaborado por Irizarry e Serrano (1979). Neste modelo se reconhece a necessária interdependência que deve ser estabelecida entre o processo de pesquisa e o de intervenção, e fundamenta quatro passos no momento de dar solução aos problemas que afetam a uma determinada comunidade: familiarização com a comunidade, identificação de necessidades e recursos, reuniões com setores da comunidade, trabalho coletivo e estabelecimento de metas de curto e longo prazos. As abordagens derivadas da Pesquisa Ação Participativa são coerentes com a concepção de pessoa da qual se parte na maioria dos trabalhos realizados pela psicologia social comunitária latino-americana. Entretanto, deve se destacar que, em muitos casos, a aplicação deste método se verifica mais no plano ideal do que no real, o que levou alguns autores a ressaltar a necessidade de uma reformulação do método mediante uma maior aproximação com as propostas de Lewin (Jiménez-Domínguez, 1994). Juntamente com a utilização, mais ou menos rigorosa, do esquema da Pesquisa Ação Participativa, devemos destacar como um traço da psicologia social comunitária latino-americana a enorme variedade de métodos e técnicas utilizados tanto na hora de identificar e analisar os problemas que afetam às comunidades como na hora de neles intervir. A psicologia social comunitária não é considerada uma ruptura radical com os métodos de pesquisa tradicionais da psicologia social e, ainda que exista um claro predomínio da pesquisa qualitativa, também existem numerosos exemplos de utilização de técnicas quantitativas, principalmente nas fases de diagnóstico dos problemas da comunidades. Por outro lado, em relação às ferramentas para obter a mudança, tanto pessoal como social, a psicologia social comunitária incorpora métodos tradicionais da psicologia social como a dinâmica de grupos. Neste sentido, é de destacar a análise dos processos grupais inspirados no método dos grupos operativos de Pichón Riviére.

O caráter eminentemente aplicado da psicologia social comunitária tem feito com que o desenvolvimento teórico da disciplina tenha sido notavelmente menor do que seu desenvolvimento empírico. Os trabalhos realizados durante as etapas iniciais procuraram suas referências conceituais em teorias clássicas, tanto da psicologia social como de outras disciplinas, onde tinha um lugar central o controle da pessoa sobre o meio. Fontes teóricas tão diversas como o modelo de locus de controle de Rotter (1966), a teoria do desamparo aprendido (Seligman, 1975), a sociologia marxista, a psicanálise ou a teoria crítica serviram de base para uma série de trabalhos muito heterogêneos do ponto de vista teórico, e onde o foco de interesse estava mais na intervenção do que na elaboração teórica, com a exceção de alguns trabalhos realizados por Escovar (1977, 1980). No entanto, e à medida que a psicologia social comunitária foi se desenvolvendo, foram aparecendo algumas propostas teóricas que contribuíram para a consolidação da psicologia social comunitária latino-americana. Entre as contribuições mais destacadas está a análise do poder e da mudança social, realizada por Serrano e López (López e Serrano, 1986; Serrano e López, 1994), baseadas no construcionismo social de Berger e Luckman (1967); os trabalhos baseados nos conceitos de conscientização e problematização (Lane e Sawaia, 1991), em que é evidente a influência da pedagogia de Paulo Freire; a reflexão teórica sobre os conceitos de comunidade e sentimento de comunidade (García, Giuliani e Wiesenfeld, 1994; Montero, 2004b; Sawaia, 1996); ou os trabalhos realizados da perspectiva da psicologia da liberação que, inspirados nas idéias de Ignacio Martín-Baró (veja a seção anterior), abordam a mudança social através da análise de processos como a desideologização e a conscientização. Mediante o primeiro processo, torna-se visível o caráter mascarador de determinadas idéias e estruturas de pensamento, que servem para legitimar os interesses de uma minoria fazendo-os passar por interesses gerais. Com a conscientização, as maiorias tomam consciência de sua situação e ela deixa de ser vista como parte de uma ordem natural, mas avaliada como uma ordem social e histórica que é possível transformar (veja Banchs, 1994c; Burton e Kagan, 2005; Montero, 2004a). Ao lado desses desenvolvimentos teóricos, fruto da preocupação dos psicólogos sociais latino-americanos em elaborar marcos teóricos próprios, encontramos também numerosos trabalhos onde a intervenção com as comunidades significa a aplicação de modelos teóricos extraídos da psicologia social ou de outras disciplinas. Destacam-se neste sentido, por serem os mais utilizados, o modelo ecológico, a teoria das representações sociais, a análise comportamental, a análise crítica baseada no marxismo ou na psicanálise.

Em resumo, e apesar da enorme diversidade que encontramos sob o rótulo de psicologia social comunitária, seu desenvolvimento no contexto latino-americano teve algumas características comuns que lhe conferem sinais de identidade própria. Na América Latina, surge como alternativa à psicologia social tradicional. Partindo de uma atitude de forte compromisso político, pelo menos nas etapas iniciais, pretendia-se uma reorientação da psicologia social para a intervenção com as comunidades visando a promover a mudança social. Mediante o reconhecimento da capacidade de ação das pessoas, a psicologia social comunitária busca alcançar transformações na estrutura social com o fortalecimento da percepção de controle que as pessoas têm sobre seu ambiente. Os pressupostos epistemológicos em que se baseiam envolvem a participação ativa das comunidades e dos grupos em seu próprio processo de mudança, ficando a figura do psicólogo social definida não como a de um perito que impõe as mudanças de fora e de cima, mas como a de um agente facilitador que ajuda a comunidade a definir e obter suas próprias metas.

Após três décadas, é difícil fazer um balanço das contribuições que a psicologia social comunitária realizou, tanto no plano da intervenção como no da produção de conhecimentos psicossociológicos. Como já destacamos, os trabalhos que se realizam a partir da psicologia social comunitária são muito heterogêneos, tanto do ponto de vista teórico como metodológico, o que torna muito difícil integrar as contribuições em um marco conceitual e/ou empírico comum. Foi tão grande o crescimento observado na psicologia comunitária durante as últimas décadas, que aquilo que em princípio surgiu como uma nova forma de entender a psicologia social acabou se desvinculando dela e constituindo uma área diferenciada, reconhecida como entidade de disciplina independente, embora vinculada à psicologia. Mesmo que alguns autores já tenham alertado há uma década sobre inconvenientes que poderiam derivar-se de uma disciplinarização da psicologia social comunitária (López, 1992), o fato é que sua evolução posterior foi nesta direção. Com todas as vantagens que possam derivar-se disso para o crescimento deste âmbito de intervenção e pesquisa, temos que chamar a atenção sobre o fato de que esta disciplinarização da psicologia (social) comunitária resulta incoerente com as abordagens da psicologia crítica em que freqüentemente se apóia. O fortalecimento da psicologia social comunitária como disciplina teve sem dúvida efeitos positivos, como a ampliação do campo de aplicação da psicologia social e sua abertura à análise de aspectos da vida cotidiana esquecidos pela psicologia social tradicional. Entretanto, esta tendência à disciplinarização poderia fazer que se perdessem de vista os pressupostos iniciais da psicologia social comunitária. A desvinculação da psicologia comunitária e da psicologia social poderia acabar levando a uma psicologização dos problemas sociais e a um excesso de confiança, por parte dos psicólogos comunitários, de que uma intervenção no nível individual ou grupal geraria mudanças na estrutura social. Por outro lado, como destaca Freitas (2004), o aumento dos trabalhos de intervenção psicossocial nas comunidades não originou um fortalecimento do compromisso político dos profissionais nem criou uma atitude participativa dos grupos para quem é destinada a intervenção.

Resumindo o conteúdo desta seção sobre os desenvolvimentos da psicologia social no contexto latino-americano, podemos dizer que os efeitos da crise em psicologia social tiveram um impacto especial na América Latina. As conseqüências principais foram a crescente preocupação dos psicólogos sociais latino-americanos com a relevância social de seus estudos, com sua contextualização cultural, social e histórica, e com o compromisso social com a realidade social estudada. Não surpreende que a psicologia social crítica em suas diferentes manifestações (socioconstrucionista, neopragmatista, discursiva etc.), assim como a Teoria Crítica, herdeira dos cientistas sociais frankfurtianos, tenham, junto com uma psicologia social da liberação e uma psicologia social comunitária, um forte enraizamento na psicologia social praticada no contexto latino-americano. Todas essas perspectivas teóricas convergem em sua crítica ao individualismo metodológico, à epistemologia positivista e neopositivista, e à falta de relevância de muitos estudos realizados em outros contextos geográficos. Outras teorias, como a teoria das representações sociais de grande influência na psicologia social latino-americana, também compartilham, em grande medida, essas premissas.

A PSICOLOGIA SOCIAL PÓS-MODERNA

Como já comentamos no início deste capítulo, as mudanças que se produziram no contexto da filosofia e da sociologia da ciência durante os anos 1970 e 1980 chegaram a uma ruptura com a concepção neopositivista da ciência e a um forte debate em que se questionaram os fundamentos nos quais até então se baseou o conhecimento científico. Na psicologia social, estas idéias encontraram eco nos denominados enfoques teóricos pós-modernos, inspirados no relativismo de algumas das correntes que estão de acordo com a nova sociologia do conhecimento científico e na filosofia neopragmatista de Richard Rorty (1979), que nega a validade da ciência por estar baseada em uma concepção representacionista errada do conhecimento.

Entre os diferentes enfoques que constituem as concepções pós-modernas da psicologia social (veja Ovejero, 1999), poderíamos incluir o construcionismo social de Kenneth Gergen (1982, 1988a, 1988b, 1989, 1999, 2001), o enfoque etogênico de Rom Harré (Harré, 1974, 1979, 1983, 1997; Harré, Clarke e De Carlo, 1985; Harré e Secord, 1972), o enfoque retórico de Michael Billig (1987, 1990, 1991), a análise das conversações (Antakie e Díaz, 2001; Antakie e Íñiguez, 1996; Heritage, 1998, 1990; Sacks, 1989, 1992) e a análise do discurso de Jonathan Potter e Margaret Wetherell (Potter, 1996, 1997; Potter e Wetherell, 1987; Wetherell e Potter, 1996). Estes enfoques compartilham certos traços comuns, como sua crítica às práticas e aos métodos científicos derivados da concepção neopositivista da ciência e a sua rejeição da ciência como uma forma de saber privilegiado. Igualmente, criticam a concepção representacionista do conhecimento, isto é, a idéia de que existe uma relação entre nossas idéias e os fatos externos aos quais ela provavelmente se refere, o que os leva a rejeitar o argumento de que a validade e a objetividade do conhecimento só podem ser alcançadas mediante um processo de verificação empírica que procure pela simetria entre os fatos objetivos do mundo real e nossas representações desses fatos. Da mesma maneira, rejeita-se uma noção explicativa e de causalidade do conhecimento, junto com a noção de acumulatividade e progresso científico. A oposição a uma filosofia racionalista ou realista e sua substituição por uma perspectiva relativista e o abandono das noções de validade e objetividade, levam a uma ênfase na retórica ou na análise do discurso. A idéia de Wittgenstein dos *jogos de linguagem*, segundo a qual a linguagem não tem a função de representar o mundo, mas seu significado depende de seu uso e do contexto no qual é utilizado, está por trás da defesa de uma psicologia social pós-moderna em que toda prática discursiva, retórica ou textual em nenhum caso nos leva a um referencial externo, mas às práticas de uma comunidade interpretativa. O que é próprio da linguagem para os psicólogos sociais pós-modernos é seu caráter relacional e não-representacional.

Obviamente, nas características destacadas, os diferentes modelos teóricos aqui mostrados variam tanto na ênfase como em alguns aspectos de fundo. Por exemplo, o enfoque que mais se afasta inicialmente dos anteriores é o etogênico. A perspectiva etogênica de Rom Harré poderia ser qualificada de realismo, e não de relativismo como no caso do construcionismo social de Kenneth Gergen ou na análise do discurso de Potter e Wetherell (1987) e Potter (1996). A teoria realista da ciência de Harré considera a análise das regras que dão sentido aos episódios (ações sociais) que formam a trama da vida social. Para Harré (1986), é válido reclamar a racionalidade e *plausibilidade* de uma teoria de forma indutiva, através de seu caráter referencial e de sua adequação empírica, isto é, de sua capacidade para realizar previsões e resultados bem-sucedidos. Da mesma maneira, a importância de autores como Rorty é diferente no construcionismo social de Kenneth Gergen e na análise do discurso de Potter e Wetherell, os quais fazem seus os postulados anti-representacionistas e antimentalistas de Richard Rorty, que na perspectiva de Michael Billig, embora assumindo a concepção não-representacionista do conhecimento em seu enfoque retórico da psicologia social, critica duramente o etnocentrismo do filósofo americano (Billig, 1995). Mas, além das divergências lógicas em um movimento heterogêneo, cujas fontes psicológicas, sociológicas e epistemológicas não são em todos os casos coincidentes, todos os psicólogos sociais aqui incluídos compartilham certas características em torno de sua insatisfação com a psicologia social tradicional de origem psicológica, tanto em suas abordagens epistemológicas como em seus enfoques teóricos e recursos metodológicos.

O construcionismo social de Kenneth Gergen

O construcionismo social não deve ser considerado uma teoria, no sentido clássico dado à expressão na psicologia social tradicional. Isto é, um conjunto articulado de propostas sobre um aspecto da realidade social ou psicológica que é possível analisar e verificar com os métodos de pesquisa convencionais, principalmente de caráter experimental. Como teoria, o construcionismo social não deve ser entendido como um compromisso com uma visão positivista da ciência em que, partindo de um conjunto unificado de hipóteses dedutíveis, eles se submetem a contrastes empíricos para analisar sua correspondência com os fatos observados, mas como um modo de gerar novas formas de conhecimento que ajudem a repensar a sociedade e os indivíduos que a constituem. O construcionismo social justifica o conhecimento teórico por si mesmo, defende que não há nenhuma forma privilegiada de acesso à realidade e, baseando-se no neopragmatismo de Rorty, considera desnecessário procurar na correspondência entre nossas idéias e a realidade externa a validade dos princípios que as orientam:

> a verdade como correspondência, o conhecimento como representação de uma realidade que está aí fora deixou de constituir uma posição minimamente aceitável.
>
> (Ibáñez, 1996, p.84)

Esta crítica metateórica à noção de teoria derivada de uma concepção empírico-positivista da ciência representa, logicamente, um convite para reconsiderar as formas tradicionais de fazer psicologia social em que está implícita a idéia de que através da experimentação é possível extrair, de forma autocorretiva e acumulativa, os mecanismos universais que explicam a conduta humana.

Portanto, o construcionismo social é uma metateoria (uma teoria da teoria) e uma teoria social sobre as formas pelas quais os indivíduos historicamente situados interpretam a realidade, se relacionam e constroem o mundo onde vivem.

Na opinião de Gergen (1982, 1984, 1988a, 1997), a psicologia social tradicional se configurou ao redor de uma série de princípios. O primeiro deles é que cada área de conhecimento tem um objetivo de estudo próprio e claramente definido. O segundo é a crença na existência de regularidades da conduta que podem ser identificadas. De acordo com esta premissa, as ciências têm como objetivo o estabelecimento de leis ou princípios universais que governam as relações entre os fenômenos observados, de tal maneira que se possam fazer previsões sobre eles. A terceira premissa, corolário da anterior, é a crença em que o conhecimento empírico obtido através da observação e do confronto de hipóteses, especialmente através dos métodos experimentais, tem como finalidade descobrir estes princípios universais.

O quarto princípio é a fé no progresso científico, isto é, a convicção de que partindo de métodos objetivos da ciência se chegará à acumulação do conhecimento e a uma maior compreensão do comportamento social. O quinto, é que o conhecimento científico envolve, ao mesmo tempo, um progresso social. Todas estas premissas são, segundo Gergen, a base de uma psicologia social comprometida com uma teoria representacional do conhecimento errada. Conseqüentemente, este autor rejeita qualquer método de análise empírico que pretenda, mediante o contraste de hipóteses, apoiar ou rejeitar a validade do conhecimento assim gerado:

> Qualquer proposta razoável que estabeleça uma relação funcional entre termos mentais e acontecimentos observáveis é analiticamente verdadeira. Isto é assim já que sua verdade deriva da estrutura da linguagem em contraste com a sua relação com acontecimentos observáveis... Qualquer proposição razoável que estabeleça uma relação entre os estímulos do mundo e o campo psicológico, ou entre o campo psicológico e a conseqüente ação, é verdadeira por definição... as teorias e a pesquisa psicológicas que

> ### Kenneth Gergen
>
> Kenneth Gergen, considerado um dos psicólogos mais importantes do movimento socioconstrutivista na psicologia social, é atualmente professor de psicologia no Swarthmore College e trabalha no Instituto Taos (do qual é co-fundador), destinado à pesquisa em temas relacionados com o construcionismo social e sua aplicação ao campo da terapia, do desenvolvimento organizacional e da educação.
>
> Gergen obteve notoriedade na psicologia social no início dos anos 1970, devido às críticas que fez aos métodos experimentais derivados do positivismo, que pretendiam ser *descobertas* que, de maneira cumulativa, completariam o quebra-cabeça da realidade. Em um ensaio autobiográfico, comenta como no final dos anos 1960 também ele, contagiado pela ilusão de descobrir as verdades que são subjacentes ao comportamento humano, realizou pesquisas experimentais sobre a forma com que o autoconceito influencia na tomada de decisões. Entretanto, logo começou a suspeitar de que o acúmulo do conhecimento sobre fenômenos sociais somente seria possível se as sociedades fossem organismos estáveis, o que resulta difícil de sustentar. As sociedades são mutáveis e, portanto, os significados que as pessoas dão às coisas também o são. Se os significados influíssem nas ações e decisões das pessoas, o próprio conhecimento científico, que justamente se caracteriza por dar novos sentidos, afetaria a forma com que entendemos nosso ambiente e, portanto, influenciaria de modo imprevisível em nosso comportamento.

> pretendem descrever os processos de percepção, o aprendizado da linguagem, o processamento da informação, a expressão emocional, a relação entre atitudes e comportamento, a relação entre pensamento e ação, entre outros, são essencialmente produtos ou extensões das convenções existentes da linguagem.
>
> (Gergen, 1988b, p. 37-8)

Para compreender as conseqüências que derivam do construcionismo social, podemos considerar, por exemplo, os princípios básicos dos estudos sobre cognição social analisados em seção anterior. Parece claro que um dos fundamentos do enfoque do processamento da informação é que existem mentes individuais e existe um mundo exterior. O mecanismo que une ambas as entidades é o processamento da informação. Para Gergen (1985, 1989), ao contrário, a linguagem não representa os conteúdos da mente, nem ela é reflexo dos conteúdos do mundo. Se prescindirmos do vínculo entre o dizer (a linguagem) e o pensar (o conhecimento), e entre o conhecimento (como algo que está na cabeça das pessoas) e a realidade (como mundo de objetos exteriores), só restará a linguagem como convenção. A teoria construcionista de Gergen (1985, 1988b) propõe reconsiderar criticamente todo o conhecimento gerado em psicologia social (cognitiva) e analisá-lo como práticas discursivas. Para os construcionistas, as teorias psicossociais são construções sociais, produto de convenções lingüísticas. A partir desta posição, é irrelevante pretender confirmar como verdadeira ou como falsa uma teoria submetendo-a à análise empírica, pois o conhecimento é considerado uma convenção social articulada em volta da linguagem. E a linguagem, nos alerta Gergen (1999), não tem como função a representação objetiva do mundo, nem tampouco deve ser entendida como expressão de uma condição interna, seja de caráter cognitivo ou emocional.

Gergen chega assim à conclusão de que o conhecimento obtido na psicologia social é histórico, pois os resultados obtidos das pesquisas, uma vez comunicados à sociedade, a transformam. Seu artigo "Social psychology as history", publicado em 1973 e seu livro *Historical social psychology*, publicado em 1984, abriram um amplo debate na psicologia social sobre a necessidade de compreender o comportamento humano de forma diacrônica, o que significa mudar uma perspectiva tradicional, preocupada em enfatizar os traços permanentes dessa conduta elaborando princípios atemporais e universais, por uma concepção aleatória e mutável da conduta.

Apoiando-se na hermenêutica de Gadamer, começou a expor as bases de seu construcionismo. A hermenêutica assume que o conhecimento da realidade só é possível a partir do horizonte histórico de conhecimentos e experiências do qual se parte, isto é, o conhecimento sempre está impregnado de subjetividade de quem conhece e é definido pelos limites de suas práticas interpretativas. Portanto, as interpretações que fazemos da vida psíquica respondem aos conceitos prévios que compartilhamos a respeito da natureza humana, e não aos fatos como realidades externas. São construções sociais que podem ser estudadas para compreender sua gênese e evolução. O campo da pesquisa deixa de ser o mundo interior ou a vida psíquica, e se torna a forma como construímos nossas realidades.

Kenneth Gergen publicou numerosos livros, e suas idéias foram expostas inicialmente em seu livro *Toward transformation in social knowledge*, e desenvolvidas em outros, como *The saturated self* e *Realities and relationships: soundings in social construction*. Entre seus textos mais recentes, se encontram *An invitation to social construction* e *Social construction in context*.

Quando dizemos algo, seja a expressão de uma crença ou de um sentimento, devemos entender que isto tem uma função de *performance*, isto é, deve ser considerado uma forma de relação com os outros e não a expressão de um estado interno da mente. Expressar uma idéia ou uma emoção significa sempre nos referirmos a alguém, e nesse sentido envolve uma forma de relação. Por exemplo, expressões como *quero, desejo, penso* envolvem uma referência a um outro implícito em um diálogo. Esta forma de entender a linguagem está em sintonia com o segundo Wittgenstein, que afirmava que o sentido da linguagem é conseqüência do seu uso. Um exemplo disso, afirma Gergen (1999), é a expressão *bom dia*, cujo sentido é dado pelo contexto em que é utilizada. Por exemplo, como forma de saudação. Fora das relações que se estabelecem no *jogo* da saudação, a expressão perde seu valor como significado. Por isso, dizer bom dia no contexto de uma discussão sobre o desemprego, acrescenta Gergen, não teria nenhum significado. As regras de seu uso são definidas pelos jogos de linguagem.

Como vemos, a perspectiva defendida por Gergen quebra, de forma radical, muitos dos fundamentos em que se baseia uma parte considerável da psicologia em geral e a psicologia social em particular. Já destacamos que ele questiona os mesmos fundamentos da psicologia social cognitiva, mas também uma concepção social da linguagem que, até reconhecendo sua origem na interação social, o vincula com os conteúdos da mente (ver separadamente as seções dos Capítulos 2 e 3 dedicadas a George Herbert Mead e Lev Vygotski). Poderíamos dizer o mesmo de teorias como a das representações sociais, da qual, mesmo compartilhando alguns aspectos, como o caráter relacional e intersubjetivo do conhecimento do senso comum, afasta-se pela sua ênfase óbvia representacional e pela utilização de uma metodologia convencional. Mas não são somente questionados os aspectos teóricos e conceituais de teorias como as mostradas; também são questionadas as considerações metodológicas e as técnicas das análises utilizadas.

Devemos lembrar que, na perspectiva construcionista, a idéia de que a aplicação do método pode nos levar a um conhecimento objetivo do funcionamento da mente ou da sociedade é, no melhor dos casos, um desejo bem-intencionado, mas insustentável. Em vez da lógica científica tradicional, o construcionismo social propõe algo bem diferente:

> O construcionismo social dá ênfase ao discurso como o veículo através do qual o eu e o mundo se articulam, e ao funcionamento desse discurso nas relações sociais.
>
> (Gergen, 1999, p. 60)

Descartado o recurso da ciência como fonte legítima de validação do conhecimento, Gergen nos propõe uma maneira pragmatista de entender as conseqüências de adotar a teoria do construcionismo social. Como os dados empíricos não nos servem para legitimar nenhuma teoria nem premissa sobre a realidade, a linguagem deve ser entendida como uma forma de relação. Sua proposta é dar atenção às conseqüências que diferentes formas de discurso têm em nossas práticas cotidianas e intelectuais (veja Gergen, 1985, 1997, 2001). Desta maneira, a alternativa do construcionismo social é a de provocar um potencial *multidimensional no que se refere à linguagem*. Com essa expressão, Gergen se refere a uma idéia que já desenvolveu em seu livro *Toward transformation in social knowledge* (1982), ou seja, a utilização das teorias de forma generativa, com a finalidade de questionar suas próprias premissas e gerar teorias alternativas. A utilidade das teorias em psicologia social é servir de ilustração a idéias interessantes, que provoquem nossa imaginação e que sirvam para propor ações sociais relevantes que mudem a sociedade (Gergen, 1997). A finalidade do construcionismo social é a de transferir a capacidade das pessoas de manter opiniões aparentemente contraditórias ou diferentes ao debate entre epistemologias contrapostas e teorias *rivais* para, dessa maneira, explorar a racionalidade dos argumentos de cada teoria ou posição epistemológica:

> Se as pessoas fossem capazes de tratar os diferentes aspectos de um mesmo problema, então seria possível reconceitualizar as *verdadeiras crenças* como uma forma de posicionamento social. Isto é, mais do que ver a pessoa como alguém que tem um conjunto unificado de crenças (dispondo de uma posição única e coerente) podemos ver a pessoa como alguém fundamentalmente plural. Mesmo quando o indivíduo reclama um ponto de vista particular como *minha crença, meu valor* ou *princípio verdadeiros*, não devemos interpretá-lo como um discernimento introspectivo (por exemplo, *sei que é minha opinião porque posso sentir ou ver que é assim*). Pelo contrário, reclamar essa posição é o resultado do posicionamento social, em que o indivíduo está situado em um momento determinado, em um processo de intercâmbio face a face...
>
> (Gergen, 2001, p. 62)

Gergen propõe como objetivo do construcionismo social a transferência para o debate científico, educativo e pedagógico, assim como para as diferentes práticas em que nos vemos envolvidos como profissionais, a *multidimensionalidade lingüística* que, como seres humanos, temos. A perspectiva construcionista nos coloca em uma dúvida metodológica permanente, ao desnaturalizar processos que nada mais são do que construções históricas e culturais. Deste modo, o conhecimento psicossocial é, da perspectiva construcionista, algo provisório que deve ser permanentemente desconstruído (veja Ibáñez, 1989). A *desconstrução*, como ferramenta de análise envolve a necessidade de considerar o conhecimento gerado na psicologia social como uma construção social e identificar e evidenciar os fatores ideológicos e de poder que determinaram a forma adotada por ela (veja Parker, 1990).

Certamente, as propostas do construcionismo social são uma chamada de atenção sobre os *pontos pacíficos* das ciências sociais. A partir deste ponto de vista, deveriam abrir um debate sobre a construção do conhecimento em ciências sociais em seu conjunto, incluindo a psicologia social. Provavelmente, o interessante das propostas do construcionismo social é que nos convidam a pensar sobre as práticas com que, como psicólogos, sociólogos ou psicólogos sociais, estamos envolvidos, sobre a natureza histórica de nosso conhecimento, sobre nossas concepções sobre a verdade e a objetividade envolvidas em nossos métodos e técnicas de pesquisa. Ou seja, a repensar nossa atividade. Isto não quer dizer que necessariamente devamos nos transformar em construcionistas sociais para percebermos aquilo que fazemos, nem que o construcionismo social não possa ser criticado como um conhecimento historicamente situado e como uma nova forma de relativismo intelectual e cultural. Mas, certamente, devemos reconhecer seu mérito em ter aberto um debate necessário na psicologia social. Sem uma reflexão sobre o papel da teoria e das práticas em que nós, psicólogos sociais (tanto de procedência psicológica como sociológica), estamos envolvidos, corremos o risco de transformar a psicologia social em um conhecimento técnico, mas despojado de seu caráter reflexivo e crítico. As conseqüências de adotar esta forma de considerar a psicologia como técnica seriam converter o psicólogo social no que Ortega y Gasset (1930) denominou o bárbaro especialista, exemplo de homem massa, preocupado com a adequação instrumental entre meios e fins, e auto-satisfeito com um conhecimento exaustivo sobre uma minúscula parcela da realidade.

O enfoque etogênico de Rom Harré

A perspectiva etogênica como enfoque teórico em psicologia social vem desenvolvendo-se desde a publicação do livro de Harré e Secord *The explanation of social behaviour*, em 1972. Além deste livro, Rom Harré publicou outros textos onde desenvolve seu ponto de vista. Concentraremos-nos principalmente naqueles onde descreve a etogenia como uma perspectiva da psicologia social.

> Do ponto de vista epistemológico, o enfoque etogênico é considerado uma ruptura com o positivismo lógico na sua aplicação à psicologia social. Mais concretamente, a etogenia se distancia do modelo de explicação da conduta humana em termos mecanicistas de estímulo-resposta (Harré, 1979; Harré e Secord, 1972). Ao mesmo tempo, representa uma crítica ao modelo experimental aplicado às ciências sociais, modelo este baseado na lógica verificacionista, na definição operativa dos conceitos com o objetivo de sua medição e na idéia de que a teoria só tem a função de organizar os dados obtidos na pesquisa empírica
>
> (Harré e Secord, 1972)

A teoria etogênica de Rom Harré pode ser considerada uma perspectiva interpretativa dos atos humanos vistos como o resultado consciente de uma ação planejada segundo *regras* e *planos* socialmente estabelecidos. A partir deste ponto de vista, a psicologia é definida como a ciência que estuda o sistema de regras que orienta a ação cotidiana (Harré, Clarke e De Carlo, 1985). Nesse sentido, parte de um *modelo antropocêntrico* do ser humano, no qual a pessoa não é considerada um objeto submetido às forças do meio (conduta regida por automatismos), mas um agente que dirige sua própria conduta e é capaz de dar sentido à sua ação mediante a capacidade interpretativa que nos oferece a linguagem simbólica (*autonomismos* ou condutas autodirigidas de acordo com os significados dados às nossas ações) (Harré, 1974, 1979, 1983):

Rom Harré (1927)

Rom Harré nasceu na Nova Zelândia em 1927. Antes de partir para a Inglaterra para estudar filosofia, foi professor de matemática aplicada e de física. Durante os anos 1950, realizou estudos de doutorado na Universidade de Oxford, onde foi aluno de John Austin, que encarnava a tradição wittgensteinniana que dava destaque ao estudo da linguagem para compreender a ação humana. Seus estudos são uma crítica ao positivismo e uma defesa do realismo. As publicações de Rom Harré, que inicialmente giraram em torno de problemas relacionados com a filosofia da ciência, começaram a ser conhecidas a partir de 1961, ano em que publica *Theories and things*. A essa publicação seguirão *The principles of scientific thinking* e *Causal powers*, em colaboração com E. H. Maden, publicados em 1970 e 1975, respectivamente. Foi professor de filosofia da ciência em diferentes universidades inglesas como Oxford, Birmingham e Leicester.

Embora mantivesse uma concepção realista da aproximação científica do mundo, Harré criticou o método hipotético-dedutivo e as formas de explicação que o positivismo havia priorizado. Propôs, em seu lugar, uma aproximação indutiva apoiada no estudo de episódios de ações nos contextos em que transcorrem, sendo seu principal objetivo desvendar os significados das atitudes para as pessoas envolvidas na interação.

Etogenia é o estudo das vidas humanas conforme os homens vivem a realidade, não no estranho e empobrecido mundo dos laboratórios, mas na rua, em casa, nas lojas, nos cafés e nas salas de conferências, lugares onde as pessoas verdadeiramente interagem. A palavra etogenia expressa a idéia do componente psicológico da ciência social na medida em que representa uma busca da origem ou da gênese das ações sociais humanas. As ações não são somente os comportamentos. São atuações significativas e algumas vezes intencionadas.

(Harré, 1974/83, p. 240)

Um conceito de grande importância na análise dos atos é, segundo Harré, a noção de *episódio*. Por episódio, Harré e Secord (1972, p. 147) entendem qualquer divisão da vida social que inclui comportamentos, sentimentos, intenções e planos dos participantes. Os episódios podem ser classificados em *episódios formais* e *episódios enigmáticos*. Os *episódios formais* são aqueles caracterizados por um conjunto explícito de regras que são reconhecidas por quem participa deles. Por exemplo, o cerimonial de um casamento significa, por parte dos participantes, um conhecimento das regras que regem o ritual da interação, um conhecimento do que estão fazendo e como o estão fazendo. Ao contrário, os *episódios causais* são aqueles determinados por causas de tipo fisiológico, químico ou físico, como, por exemplo, a gestação e o parto. Finalmente, os *episódios enigmáticos* são aqueles que não têm nem um conjunto de regras conhecidas nem causas que determinem seu início e fim. São episódios nos quais é difícil definir a fronteira entre *o que faz* uma pessoa e *o que acontece* com ela. Diferenciar entre *o que faz* uma pessoa e *o que acontece* significa distinguir entre ser paciente e ser agente, entre ser o efeito ou a causa de uma ação pensada, e entre iniciar uma ação e ser seu objeto. Isto é, os episódios enigmáticos não podem ser tratados nem como *automatismos* nem como *autonomismos* (veja Harré Clarke e De Carlo, 1985, Harré e Secord, 1972,).

Denominou essa forma de aproximação de *enfoque etogênico*. Seu crescente interesse pela psicologia social e a pesquisa empírica convergiram com suas posições epistemológicas em uma tentativa de compreender o comportamento social, sem ir aos princípios do positivismo lógico. O método etogênico responde a essa necessidade, por estar orientado a revelar a estrutura e os componentes dos episódios sociais. Entre os livros que maior impacto tiveram na psicologia social se encontram *The explanation of social behaviour*, publicado em 1972, em colaboração com P. F. Secord e *Social being: a theory for social psychology*. Harré é também fundador, junto com Paul Secord, do *Journal for the Theory of Social Behaviour* e editou um detalhado dicionário enciclopédico de psicologia social em colaboração com Robert Lam (*The dictionary of personality and social psychology*).

Nos últimos anos foi o interesse pelo discurso o tema de suas publicações (*Discursive mind; Discursive psychology in pratice*). Por meio do discurso vamos adotando diferentes "posições" que determinam a estrutura social. A teoria do posicionamento que se desprende dessa hipótese mostra a fluidez dos lugares que adotamos socialmente e que expressamos no discurso. Harré prefere usar o termo posicionamento e não papel, porque este último pressupõe certa estabilidade e rigidez que não permite entender o fluxo constante de posições que ocupamos na interação social.

Atualmente, Rom Harré está vinculado ao departamento de filosofia da Universidade de Oxford e à Universidade Georgetown, em Washington, onde é professor de psicologia.

Um exemplo de episódios enigmáticos é, de acordo com Harré (1983), o processo de facilitação social descrito no Capítulo 4. A psicologia social tradicional estudou como o desempenho de uma atividade se vê facilitado ou inibido como conseqüência da presença de outras pessoas, seja como espectadores ou realizando a mesma tarefa, considerando como autômatos os sujeitos objeto de análise. Ao contrário, o modelo etogênico considera que devemos tratar estes episódios enigmáticos como se se tratasse de episódios formais em que as pessoas que estão envolvidas respondem, *até certo ponto*, de forma autônoma e consciente. Deste modo, poderíamos considerar que a partir da teoria etogênica, a facilitação social é o resultado de processos que têm ligação com a ativação da atenção, mas também com processos sobre os quais o indivíduo pode atuar e que podem influenciar seu desempenho na tarefa. Por exemplo, pode ter conhecimento de como os demais influenciam seu desempenho e auto-regular seus efeitos, de modo que a pessoa deixe de ser um objeto de influência e exerça um controle sobre sua própria atuação.

Outra diferenciação fundamental na obra de Rom Harré é a estabelecida entre comportamentos, ações e atos (Harré, Clarke e De Carlo, 1985; Harré e Secord, 1972). Um comportamento pode ser entendido como um movimento ou seqüências de movimentos aos quais podemos atribuir uma causa física ou biológica. Mover a mão é um comportamento na medida em que requer certos movimentos físicos. Se tal comportamento corresponde à intenção do agente, dando-lhe um sentido, torna-se uma ação. Assim, por exemplo, posso mover minha mão com a intenção de assinar um documento. Essa ação pode tornar-se um ato quando a ação de assinar tem um significado social como, por exemplo, assinar um testamento, um acordo de matrimônio ou um tratado de paz. Esta diferenciação é fundamental, pois torna claro o fato de que a maioria de nossas condutas não pode reduzir-se a seus componentes fisiológicos, mas devem ser tratadas como ações e atos que obedecem a razões. Esta distinção torna possível falar de uma *ordem moral*; isto é, uma ordem em que as pessoas seguem regras e planos, com os quais justificam e se responsabilizam pelas ações com as quais se originam os atos (Harré, 1983). Entre comportamentos, ações e atos não existe uma correspondência plena. Um mesmo ato pode envolver diferentes ações, e o mesmo tipo de ação pode conduzir a atos diferentes. Por exemplo, o ato de mostrar desacordo com alguém pode ser realizado expressando a essa pessoa nossa opinião, ou podemos manifestá-lo ignorando-a. Da mesma forma, uma mesma ação como, por exemplo, estar em silêncio, pode significar um ato de respeito para com outra pessoa ou um ato de indiferença para com essa mesma pessoa. Outra diferenciação fundamental no método etogênico é a estabelecida entre competência e execução. A distinção serve para diferenciar o conhecimento necessário para atuar adequadamente e o modo com que esse conhecimento é utilizado por um ator ou um grupo de atores (Harré, 1983; Harré, Clarke e De Carlo, 1985).

Uma vez que é peculiar ao ser humano seguir regras e planos que guiam sua ação, o pesquisador social, necessariamente, deve partir dos relatos dos atores sociais para conhecer o sentido de suas ações. Mas os atores nem sempre são conscientes do sentido que guia seus atos; suas narrativas podem ser objeto de modificação posterior se a pessoa pensar que estava equivocada. Esta situação pode fazer com que a análise do observador sobre as ações dos indivíduos observados e seus relatos não necessariamente coincidam. Para resolver esta situação, Harré propõe a utilização da análise etnográfica e a utilização dos relatos dos próprios atores para estabelecer modelos sobre o sistema de regras e planos que orientam suas ações. Trata-se de um método interpretativo que tenta tornar plausíveis as explicações teóricas. A perspectiva etogênica pretende assim tornar explícito o sistema implícito de regras que regulam os atos das pessoas em suas atividades cotidianas (Harré, 1983). A preocupação final do psicólogo social que utiliza a perspectiva etogênica não é tanto a interpretação de ações isoladas que fazem parte dos episódios sociais, mas estudar as estruturas das ações que provocam determinados episódios constituídos por um sistema de regras. Essas regras nos revelam a ordem social, tanto prática como expressiva. Por ordem prática, Harré entende a ordem material como sistema de produção de bens, enquanto por ordem expressiva se refere ao sistema de valores como a dignidade, a honra, ser atraente etc. Embora Harré (1979, 1983) não negue a importância da ordem prática, destaca que a psicologia social deve centrar-se na análise do sistema expressivo. Em sua opinião, obter uma boa reputação é a principal preocupação do ser humano.

Um exemplo clássico de estudo etogênico é o realizado por Marsh, Rosser e Harré (1978) sobre a violência no sistema escolar e no futebol britânico. Concentraremo-nos na segunda parte de seu livro, dedicada aos *hooligans* e à violência no futebol, por ser a que maior atenção desperta. A explicação que estes autores dão, baseada nos relatos dos próprios torcedores, é que as brigas violentas entre os seguidores das diferentes equipes e os danos causados são exagerados pelos meios de comunicação e que, na realidade, suas lutas não são mais que agressões ritualizadas que poucas vezes ocasionam dano físico em quem participa delas. De acordo com a perspectiva etogênica, os relatos dos participantes nestes *acontecimentos violentos* nos mostram os sistemas de *regras* que guiam a estrutura das ações que formam os *episódios* de enfrentamento que acontecem no futebol. As confrontações entre os torcedores de equipes rivais, longe de estar desorganizadas e desenvolver-se de forma caótica, são descritas de acordo com um sistema de pautas e regras, que mostra um conjunto ordenado de atos nos quais se organizam as ações daqueles que participam desta violência ritualizada.

Por exemplo, existem regras que determinam quando os ataques aos membros da equipe rival são apropriados, como os enfrentamentos devem se realizados e quando acabou o enfrentamento; uma situação que acontece quando o adversário se vira e olha para o chão, e nunca para seu oponente, ou quando o adversário foge do território. Poucas vezes os enfrentamentos levam a um contato físico. No entanto os relatos dos torcedores que reforçam as agressões violentas entre seguidores de equipes rivais contribuem, de acordo com Marsh, Rosser e Harré, para manter a imagem de perigo e violência necessária para que seus atos apareçam como muito mais arriscados e, portanto, merecedores de ser elogiados. Desta maneira, os indivíduos que tomam parte nestas lutas conseguem acentuar aspectos das situações que os fazem sentir-se orgulhosos e apresentar-se como dignos de admiração: um valor que pertence, como vimos anteriormente, à ordem expressiva.

O estudo etogênico de Marsh, Rosser e Harré recebeu diferentes críticas entre as quais se destacam as de Potter e Wetherell (1987). Eles mencionam as inconsistências em que incorrem os autores quando não explicam por que não consideram de igual maneira todas as declarações obtidas dos torcedores que foram entrevistados. Enquanto alguns torcedores se referiam à violência real como um componente dos enfrentamentos, outros entrevistados davam uma versão mais ritualizada deles. Os pesquisadores aceitaram as respostas dos segundos como descrições corretas do que acontecia nos campos de futebol, e reinterpretaram as respostas dos primeiros como um aspecto mais voltado à ritualização da violência futebolística.

Outra crítica a esta pesquisa é a que nos oferecem Dunning, Murphy e Williams (1986), que colaboram com Norbert Elias no livro *Deporte y ocio en el proceso de civilización*. Estes sociólogos criticam a perspectiva de Marsh e colaboradores por considerarem como comportamentos excludentes o ritual e a violência. Em sua opinião, a violência existente nos campos de futebol é tão real como ritual. Obedece a regras socialmente geradas, mas envolve doses reais de violência. Em sua opinião, a perspectiva etogênica participa de certos estudos etológicos nos quais se prova que os rituais que acompanham as lutas entre membros da mesma espécie não geram enfrentamentos que causem dano físico a algum dos oponentes. A aplicação deste modelo etológico do comportamento ao estudo da violência nos campos de futebol é, em sua opinião, equivocada. Para conhecer as regras sociais que determinam a agressão provocada em torno do futebol, é necessário considerar como se construíram historicamente os valores atuais dos jovens da classe operária, e como o contexto do futebol se tornou um cenário propício para expressarem tais valores, entre os quais se destaca a manifestação de uma agressividade masculina como pauta de comportamento aprendida.

Estas manifestações de agressividade são aprendidas desde a infância e, através delas, estes jovens obtêm um sentimento de identidade e uma posição social valorizada que lhes é difícil conseguir através do sucesso na educação ou no trabalho. Desta maneira, a intimidação e as brigas com outros jovens são vistas como recursos legítimos para mostrar o valor pessoal.

Para finalizar esta seção, podemos indicar que a perspectiva etogênica de Harré foi evoluindo para posturas mais próximas ao construcionismo social e à psicologia discursiva (veja Harré, 1997). Nesse sentido, Harré entende que a noção de regras, que é central, como acabamos de ver em sua teoria etogênica, deve ser entendida do ponto de vista da psicologia discursiva, isto é, como *normas locais sobre o que é a conduta apropriada ou inapropriada*. A partir deste enfoque, as ações das pessoas e o que dizem a respeito delas não devem ser tratadas como aspectos externos de processos cognitivos internos, mas em relação com o conjunto de regras que guiam a ação social. Os postulados teóricos defendidos no enfoque etogênico e suas críticas à utilização do método experimental tiveram eco em certas correntes de pensamento contrárias à concepção epistemológica dominante em psicologia social, resultante de transpor as teses do positivismo lógico à análise da realidade humana. Nesse sentido, seus argumentos serviram para abrir um debate que permitiu que a psicologia social tivesse atualmente um maior pluralismo teórico e metodológico. Do mesmo modo, sua ênfase no estudo interpretativo da ação social vinculada a regras e pautas socialmente determinadas aproximou a etogenia da microssociologia, estabelecendo uma ponte entre a psicologia e a sociologia. Por outro lado, ao interpretar as declarações das pessoas sobre o sentido de suas ações como expressão de regras sociais que o pesquisador deve analisar como parte de episódios enigmáticos e não como expressão de processos psicológicos internos, situou sua perspectiva em linha com a psicologia discursiva e o construcionismo social. Sem dúvida, o enfoque etogênico é responsável pelo fato de a psicologia social na atualidade ser mais plural. Mas devemos destacar que não gerou um extenso plano de pesquisa com o qual poderia perfilar a aplicabilidade de sua tese.

O enfoque retórico de Michael Billig

A obra de Michael Billig tem um grande interesse não só pelas suas contribuições a um novo enfoque na psicologia social, o enfoque retórico, mas também pelo conteúdo de suas publicações. Já foi comentada sua contribuição para a teoria da identidade de Henri Tajfel através do estudo que gerou o *paradigma do grupo mínimo*. Também realizou uma análise muito interessante sobre o fascismo, em seu trabalho *Fascists: A social psychological view of the National Front* (1978), onde destaca a insuficiência das teorias da personalidade para analisar esta ideologia, e sublinha a necessidade de ampliar a noção de etnocentrismo, básica no estudo de Adorno e colaboradores (1950). Isto o leva a incluir, nos conteúdos ideológicos do fascismo, a *teoria da conspiração*; isto é, a crença, por parte destes grupos, da existência de um complô conspirativo mundial cuja finalidade é destruir as nações e as diferenças naturais entre as raças. As manifestações racistas, nacionalistas e etnocêntricas dos movimentos fascistas seriam formas de manifestar uma mesma cultura preconceituosa baseada na teoria da conspiração, que teria suas raízes no anti-semitismo destes grupos. Sua preocupação pelo estudo da ideologia reflete-se também em textos como *Banal nationalism* (1995), onde estuda as formas imperceptíveis com as quais a ideologia nacionalista constrói nossas formas de falar e de pensar, nossos hábitos sociais e, definitivamente, nossa identidade social. O *nacionalismo banal* é citado por Billig como uma referência contínua, mas inadvertida, à nação, uma referência rotineira e familiar que se reflete nos jornais, nos discursos políticos, nos produtos culturais e na própria vida cotidiana, e que se torna o marco de referência de nossas crenças e comportamentos. O exemplo da bandeira serve a Billig de imagem metonímica para descrever o nacionalismo banal: seu constante tremular nos prédios públicos nos recorda inadvertidamente nossa condição de membros de uma comunidade nacional.

Os trabalhos de Billig, não só contribuíram para o estudo de diferentes aspectos da ideologia (veja também *Ideology and social psychology* de 1982), mas também provocaram uma nova reviravolta na interpretação das teorias em psicologia social (Billig, 1987, 1990, 1991). Na opinião de Billig (1990, 1997), tanto o conhecimento do senso comum como o conhecimento científico da psicologia social têm uma fundamentação retórica. A partir deste ponto de vista, a psicologia social experimental teria fracassado em sua pretensão de eliminar os obstáculos que o senso comum impunha à pretensão de um conhecimento objetivo da realidade:

> Se o senso comum tem uma estrutura de argumentação, por manter elementos razoáveis mas conflitantes, também a tem a psicologia social. Pode-se argumentar que a psicologia social, assim como o

senso comum, tem uma estrutura de argumentação. Os psicólogos sociais, mais do que abolir a argumentação na disciplina, encontram-se presos em um contexto de argumentação, já que cada experimento e seu princípio justificativo são uma discussão contra o princípio oposto... Não se vislumbra nenhum final para esta situação, pois os psicólogos sociais se encontram presos contra sua vontade, em sua atitude retórica de argumentação.

(Billig, 1990, p. 60)

Para Billig (1991), a crítica que deve ser feita à psicologia social não é que seja retórica, mas que não é suficientemente retórica, no sentido de que tende a passar por cima dos aspectos essencialmente retóricos da comunicação. A idéia básica defendida por este psicólogo social é que o pensamento está modelado pelos processos de argumentação ou, o que é o mesmo, que o que fazemos quando pensamos é produzir argumentos que não seriam possíveis se não existissem formas de argumentação retórica que são interpessoais e públicas. Em conseqüência, o pensamento é, para Billig, um processo de argumentação. A memória, por exemplo, considerada pela psicologia social cognitiva como um processo psicológico interno, é entendida por Billig como um processo que é o resultado da atividade social e discursiva. De forma semelhante, a perspectiva retórica identifica as atitudes não como respostas individuais diante de estímulos externos, nem como processos cognitivos de caráter interno, mas como argumentos de um debate em que se favorece determinada posição em contraposição a outra. O significado de uma atitude depende, portanto, do contexto de argumentação em que se manifesta (Billig, 1997). Um exemplo servirá para entender a crítica de Billig à psicologia social. No Capítulo 3 se descreveram os estudos de Hovland e colaboradores sobre persuasão e mudança de atitudes. A idéia de Hovland era, como vimos, chegar a formular uma série de princípios que lhe permitissem prever as mudanças nas atitudes como conseqüência das características do emissor, a estrutura da mensagem ou a audiência. Os resultados finais não permitiram chegar a conclusões estáveis e definitivas sobre os mecanismos que operam para que a comunicação seja persuasiva. Pelo contrário, de acordo com Billig, a inconsistência dos resultados obtidos confirma a afirmação de Aristóteles e Cícero de que nenhuma fórmula garante quando será a persuasão alcançada.

A análise retórica dos atos comunicativos também pode ser aplicada à crítica do conhecimento científico e às idéias de verdade e objetividade como proposições factuais.

Embora o enfoque retórico de Billig não compartilhe uma visão relativista do conhecimento, isto ocorre não porque acredite que a verdade seja um assunto epistemológico que possa ser elucidado por alguma forma de correspondência entre fatos e argumentos, mas porque afirma que, em condições ideais de comunicação, é possível apelar para a superioridade de certos tipos de argumentação sobre outros, pela sua maior racionalidade ou pelo seu poder persuasivo.

Em seu livro *Arguing and thinking*, encontramos uma clara defesa de sua tese e de sua concepção da psicologia social como uma atividade retórica:

> A evolução da psicologia social deve ser comparada com um diálogo, que oscila permanentemente entre o logos e o anti-logos. Nos é proposta uma lei categórica e, a seguir, alguém, no uso de sua habilidade criativa, nos indica a existência de uma recalcitrante exceção. Possivelmente, tenha sido uma discussão sobre se a lei original foi refutada, se unicamente terá que ser modificada ou se os pesquisadores devem recomeçar em uma nova direção. Mesmo quando não existe polêmica entre enfoques teóricos rivais, existe um momento de diálogo quando os resultados do experimento recalcitrante atuam como crítica de uma lei teórica que, então, terá que ser justificada, ou reformulada em função do desafio crítico. Esta reformulação da lei prévia atua como um desafio provocador para qualquer outra crítica que

surja no futuro com um novo exemplo que questione essa lei. E assim continuamente em um infinito potencial que lembra a sentença de Gadamer, em sua Hermenêutica Filosófica, da *infinitude interna* de todos os diálogos.

(Billig, 1987, p. 107)

Podemos concluir a exposição do enfoque retórico afirmando que a aceitação de seus postulados tem conseqüências para a interpretação dos dados obtidos nos diferentes campos de estudo da psicologia social. Representa uma análise crítica de muitas das premissas em que se apoiava a psicologia social para justificar a acumulatividade de seus resultados, a pretensão de procurar princípios psicológicos universais e seu desenvolvimento como área de conhecimento.

A atenção que Billig dá à análise da linguagem o afasta da psicologia social experimental na qual se formou, e o aproxima dos psicólogos sociais preocupados com a análise do discurso.

A análise do discurso e a psicologia social

Embora existam diversas formas de considerar tanto o discurso como sua análise (veja Crespo, 1991; Íñiguez, 1997, 2001) vamos nos concentrar na análise apresentada por Potter e Wetherell (Potter, 1996, 1997, 1987; Wetherell e Potter, 1996), pois está entre a maior difusão que tiveram na psicologia social.

Segundo Potter e Wetherell (1987), a análise do discurso pode ser considerada uma teoria pós-moderna em psicologia social. Como teoria da linguagem, tem sua origem na teoria dos atos da fala do filósofo britânico John Austin, na etnometodologia de Harold Garfinkel e na semiologia de Roland Barthes. De John Austin, retomam sua crítica ao positivismo lógico e à sua concepção da linguagem como representação. A idéia de Austin é que a linguagem tem um caráter *performativo*, e não só *constativo*. Enquanto sobre os enunciados constativos é possível afirmar ou negar sua validade, como, por exemplo, na frase *está chovendo*, nos enunciados *performativos* não é possível estabelecer sua falsidade ou veracidade, como, por exemplo, quando alertamos alguém da proximidade de um carro e lhe dizemos *cuidado!* Quer dizer, a linguagem nos orienta para atuar de determinada maneira; quando falamos, fazemos coisas como alertar, declarar, perguntar, acusar, nomear, justificar um comportamento etc. Com respeito à etnometodologia, a análise do discurso torna sua a idéia de que a ação é algo indeterminável que se constrói no decurso das conversações, e que o sentido de nossas expressões muda conforme o contexto (*indexicalidade*). Finalmente, da semiologia de Roland Barthes recuperam o conceito de *mito* ou *segundo nível de significação*; com isso Potter e Wetherell (1987, p. 26) referem-se a que cada sinal pode ser interpretado em diferentes níveis de significação. Por exemplo, uma marca de carro, como *jaguar*, que em um primeiro nível de significação podemos associar com as características de um carro, nos leva a um segundo nível, em que o significante *jaguar* tem um novo significado como o luxo, a riqueza etc. Como teoria psicossocial, a análise do discurso se caracteriza pela sua rejeição de uma concepção representacionista da mente e pela sua proposição como uma psicologia social não-cognitiva, quando indica que a linguagem não é reflexo dos estados internos da consciência. A crítica a uma concepção realista da linguagem e sua ênfase na orientação para a ação do discurso, assim como seu antimentalismo, situam a teoria desenvolvida por estes psicólogos em consonância com os postulados neopragmatistas de Rorty e com as abordagens do segundo Wittgenstein, assim como com o construcionismo social de Gergen. Seu enfoque se diferencia de outras teorias, como o enfoque etogênico de Harré, em que a análise do discurso não pretende conhecer, através dos relatos dos indivíduos, o sistema de regras que sustentam a ação. Assim, por exemplo, Potter (1997) qualifica a análise do discurso como *antifundacionalista*, porque se desenvolve à margem de uma concepção da *verdade* sobre a qual estabelece alguns princípios lógicos do conhecimento, e se apóia no caráter retórico de toda argumentação e na sua capacidade de questionar a ordem estabelecida:

> Uma imagem muito comum no relativismo é que ele fracassou na sua tentativa de estabelecer alguma regra com a qual pudesse comparar sistemas separados (culturas, paradigmas, religiões). Os analistas do discurso podem responder a isto enfatizando a centralidade da retórica. Os sistemas (pessoal, social, cientista) estão sendo constantemente modificados mediante um processo de argumentação.
>
> (Potter, 1997, p. 56)

Os analistas do discurso (Potter, 1996, 1997; Potter e Wetherell, 1987, 1998; Wetherell e Potter, 1996) pretendem, acima de tudo, ser uma alternativa à psicologia social tradicional. Centram sua crítica em teorias como a categorização social, as representações sociais e as atitudes.

Com relação às atitudes, sua crítica consiste em destacar o fato de que não devem ser entendidas como o resultado de estados mentais internos e estáveis. Propõem um novo enfoque no qual as atitudes são entendidas como respostas contidas em *repertórios interpretativos,* caracterizados por sua variabilidade e sua dependência do contexto:

> Da perspectiva analítica do discurso... se uma atitude é expressa em uma ocasião, não devemos pensar que necessariamente devemos esperar que a mesma atitude se manifeste em outro momento diferente.
>
> (Potter e Wetherell, 1987, p. 45)

A análise da variabilidade *performativa* dos atos da fala, das explicações que os falantes oferecem, constitui, além disso, uma via essencial para compreender a ação. Desta variabilidade, estes psicólogos extraem a conclusão de que é errado partir do pressuposto de que a unidade e a coerência interna são características essenciais das atitudes, valores e crenças das pessoas. Pelo contrário, os indivíduos oferecem um discurso inconsistente e contraditório, que contém uma variabilidade de perspectivas sobre um mesmo aspecto do mundo social. Em seu trabalho sobre as atitudes racistas, Wetherell e Potter (1996) extraem a conclusão de que seus dados não avalizam a idéia, usualmente aceita, segundo eles, de que existe um alto grau de estabilidade e coerência nas atitudes, cognições e crenças individuais. O fato de ter provado que as mesmas pessoas apresentam diferentes atitudes raciais (Potter e Wetherell, 1987, 1998; Wetherell e Potter, 1996), dependendo do tipo de discurso requerido e expresso em cada situação, é considerado um dos principais méritos da análise do discurso.

Vejamos um exemplo extraído do trabalho de pesquisa ao qual nos referimos anteriormente. A pesquisa de Potter e Wheterell consistia em analisar as atitudes racistas de neozelandeses de origem européia com relação aos maoris, grupo étnico originário desta nação. Ambos os psicólogos realizaram um total de 91 entrevistas com pessoas de classe média, maiores de 18 anos, de ambos os sexos (40 mulheres e 41 homens) e de diferente ideologia política. A seguir, apresentam-se dois trechos das entrevistas:

> Trecho A:
> Agora estou dando aulas bíblicas, não muito religiosas; eu apenas considero que as crianças deveriam saber algo sobre religião, e justamente ontem à noite discutimos sobre um dos mandamentos, o de amar

ao próximo, e um menino disse: "O que aconteceria se houvesse uma grande quantidade de maoris morando na casa ao lado?", e eu lhe disse: "Essa é uma observação muito racista, e eu não gosto", e ele se calou durante uns cinco segundos e ficou vermelho. Depois percebi que obviamente não era culpa dele. Ele pensava assim porque tal ponto de vista vem diretamente de seus pais.

Trecho B:

E esta é a parte em que eu acredito que há um equívoco (...) certa confusão sobre os maoris, os problemas que eles têm, eles não estão dispostos, quero dizer que (...) aqui há uma sociedade européia e eles têm que aprender a se misturar, confraternizar e trabalhar, de outro modo é... você não pode lhes dizer que voltem ao lugar de onde vieram.

(Wetherell e Potter, 1996, pp. 68-9)

Lendo os dois trechos de entrevista observamos, segundo Wetherell e Potter, que, no primeiro caso, o falante tem uma atitude sem preconceito e positiva com os maoris, enquanto, no segundo, a atitude é muito mais negativa, ao destacar que os problemas deste grupo são conseqüência de sua resistência a integrar-se na cultura européia dominante na Nova Zelândia. O que se destaca da aparente variabilidade de ambos os trechos é que, de acordo com estes psicólogos, fazem parte do discurso de uma mesma pessoa, o que revelaria as inconsistências do discurso sobre as relações raciais, dependendo do que ambos os autores denominam contexto funcional. A leitura de ambos os trechos convida, no entanto, a uma interpretação diferente da que nos dão Wetherell e Potter (1996). Podemos perguntar se ambas as declarações são posicionamentos opostos diante dos maoris ou somente revelam aspectos ou dimensões diferentes de uma atitude essencialmente não racista diante deles.

Da mesma forma que ocorre com as atitudes, a crítica dos analistas do discurso pretende também dar uma reviravolta nas duas teorias de grande importância na psicologia social européia, como a teoria das representações sociais e a teoria da categorização social. Com relação às representações sociais, sua proposta consiste em substituí-las pela noção de *repertórios interpretativos*. Os *repertórios interpretativos* são definidos como um sistema de termos relacionados sistematicamente e que se organizam em torno de alguma metáfora, e que utilizamos na avaliação de ações e acontecimentos (Potter, 1996; Potter e Wetherell, 1987). No exemplo apresentado, as pessoas entrevistadas utilizavam diferentes *repertórios interpretativos* que combinavam seletivamente em seus discursos sobre os maoris.

Assim, por exemplo, um *repertório interpretativo* utilizado pelas pessoas entrevistadas é o que Wetherell e Potter (1996) denominam como *companheirismo*. Segundo este repertório, todos somos iguais e fazemos parte de um mesmo povo. Este *repertório*, aparentemente favorável aos maoris, inclui uma segunda função que é definida pelo fato de, já que os neozelandeses são considerados pelos entrevistados como europeus e brancos, os maoris deveriam se adaptar a essa idéia de nação neozelandesa implícita no *repertório interpretativo do companheirismo*.

Estes *repertórios interpretativos* são diferentes das representações sociais, uma vez que não estão vinculados a grupos sociais específicos para sua produção, caracterizam-se pela sua variabilidade e não pelo consenso e, finalmente, não representam processos internos de caráter cognitivo.

A crítica à teoria da categorização social também está baseada em três considerações. Em primeiro lugar, sua rejeição em considerá-la como um processo fixo ou invariável que leva, indevidamente, a uma percepção enviesada. Em segundo lugar, a consideração de que a categorização não corresponde a um processo cognitivo, mas à construção discursiva. Em terceiro lugar, a rejeição à idéia de que é o resultado de processos cognitivos que opera na mente das pessoas.

A psicologia do discurso de Potter e Wetherell pode ser entendida melhor se a compararmos com a teoria da ação comunicativa de Habermas. O interesse inicial de sua obra está na sua tentativa de fundamentar uma razão prática (moral) que tem como finalidade, através da crítica à razão instrumental, a emancipação humana. Habermas está interessado em um conhecimento hermenêutico, baseado no entendimento intersubjetivo que as pessoas acessam por meio da linguagem. Se o interesse técnico do conhecimento se baseia na relação indivíduo/natureza, orientando-se ao domínio desta, o interesse prático está baseado na relação entre pessoas, orientando-se ao entendimento. Se o primeiro está regulado por uma ação instrumental, o segundo está regulado por uma ação comunicativa. A teoria crítica da sociedade desenvolvida por este sociólogo o levará, em uma segunda etapa de sua reflexão, à sua teoria da ação comunicativa (Habermas, 1987) na qual fundamenta a validade das dimensões técnicas, morais e estéticas do conhecimento no consenso crítico-reflexivo dos próprios indivíduos em situações de participação comunicativa ideal. O novo modelo de racionalidade proposto por Habermas (1987) contém na ação comunicativa sua própria legitimidade racional. Desta maneira, fundamenta uma nova teoria da ação social como interação comunicativa, em que os atores reproduzem e renovam a cultura da qual fazem parte, reforçam sua participação em grupos mediante laços de solidariedade e constroem sua identidade através dos processos de socialização.

Ao mesmo tempo, desenvolve uma teoria dos atos da fala e de suas pretensões de validade, estabelecendo uma diferença entre atos da fala referentes ao mundo objetivo, que na ação comunicativa dão lugar à busca da verdade; atos da fala referentes ao mundo social, que na ação comunicativa expõem a retidão ou legitimidade da ação e do contexto normativo em que acontece e, finalmente, atos da fala referentes ao mundo subjetivo, no qual a ação comunicativa se dirige a um consenso apoiado na veracidade, isto é, que o dito pelo indivíduo representa ou corresponde ao seu pensamento. A teoria da ação comunicativa pretende, deste modo, construir um novo modelo de razão que corresponda às pretensões de validade como verdade proposicional, retidão normativa e veracidade, que se manifestam na linguagem orientada ao entendimento. Em palavras do próprio Habermas:

> A teoria da ação comunicativa se propõe, além disso, pesquisar a razão inscrita na própria prática comunicativa cotidiana, e reconstruir a partir da base da validade da fala um conceito não reduzido de razão. Se partirmos do uso não comunicativo do saber proposicional em ações orientadas à consecução de fins, tomamos uma decisão em favor desse conceito de racionalidade cognitivo-instrumental, que, através do empirismo, cunhou com tanta força a autocompreensão da modernidade. Se, pelo contrário, partimos do uso comunicativo do saber proposicional em atos da fala, tomamos uma decisão em favor de um conceito mais amplo de racionalidade que se conecta com as velhas idéias sobre o logos. Este conceito de racionalidade comunicativa envolve conotações que, em última instância, remontam à experiência central da capacidade de unir sem coações e de fundar consenso que tem uma fala de argumentação em que diferentes participantes superam a subjetividade inicial de suas concepções e, graças à comunidade de convicções racionalmente motivadas, se asseguram simultaneamente da unidade do mundo objetivo e da intersubjetividade do plexo da vida em que se encontram.
>
> (Habermas, 1994, pp. 506-7)

Para Habermas, o objetivo principal da ação comunicativa é o consenso. Para que exista, é necessário que se reflita, através da linguagem, a validade de três tipos de proposições, referentes ao mundo objetivo das coisas, às normas sociais e ao mundo subjetivo. Isto é, à verdade, à justiça e à veracidade. A teoria social de Habermas permite uma análise da sociedade e de sua organização, assim como descrever as condições sobre as quais se constrói uma sociedade livre. Da perspectiva de Potter e Wetherell (1987, Wetherell e Potter, 1996), o que caracteriza a linguagem é a inconsistência e variabilidade dos discursos que lhe dão conteúdo, e não o consenso. Ao prescindir de uma teoria social fundamentada na interação comunicativa e na possibilidade de acordo entre os indivíduos, a análise do discurso destes autores não considera um aspecto fundamental da ação, incluída a ação discursiva, como a necessária explicação do sistema de regras sociais que guiam a ação e servem de elo entre a ação dos indivíduos e o sistema social.

As práticas discursivas pertencem a indivíduos reais que vivem em circunstâncias social e historicamente determinadas. Essas circunstâncias determinam não só quem diz o quê, mas também onde, como e quando o diz. A variabilidade discursiva não é algo que aconteça em um vazio social. Além disso, o antimentalismo dos analistas do discurso os leva a uma crítica fundamentada da psicologia do processamento da informação, mas ignora, ao mesmo tempo, que existem outras formas de vincular pensamento, linguagem e sociedade, como as perspectivas desenvolvidas por Lev Vigotsky e George Herbert Mead. Estas considerações nos levam à conclusão de que a psicologia do discurso precisa de uma teoria social mais ampla para poder ir além de sua ancoragem no discurso *per se*. Obviamente, nada impede que os analistas do discurso incluam, em seus desenvolvimentos teóricos, algumas destas propostas. Nesse sentido são relevantes as considerações de Íñiguez (1997, p. 153-4):

> O discurso é a linguagem como prática social determinada pelas estruturas sociais (regras ou conjunto de relações *transformativas* organizadas como propriedades dos sistemas sociais). Assim, a estrutura social determina as condições de produção do discurso... A linguagem faz parte da sociedade, não é algo que se encontra fora dela; segundo, a linguagem é um processo social; e, finalmente, a linguagem é um processo que está social e historicamente condicionado, da mesma maneira que outras partes da sociedade ou processos não-lingüísticos.

A análise das conversações

Uma perspectiva em psicologia social que mantém elementos comuns com a teoria da análise do discurso é a análise coloquial (veja Kottler e Swartz, 1996). Sua origem se encontra no enfoque sociológico desenvolvido pelos etnometodólogos (veja o Capítulo 4) e, mais concretamente, em um de seus desenvolvimentos principais que é, precisamente, a análise da conversação iniciada por Harvey Sacks nos anos 1960 (veja Sacks, 1989, 1992). Sua finalidade era analisar a forma como se organiza e se estrutura a conversação; examinar a fala como um objeto de estudo em si mesmo, ao considerá-la uma forma de ação. Entre seus objetivos estavam analisar como no curso da conversação acontece o entendimento entre os participantes, como eles constroem suas ações ou atividades no contexto da conversação, e como levam à construção das ações ou atividades dos outros. Um exemplo tirado do próprio Sacks (1989) é o seguinte:

(1) A: Olá
    B: Olá

(2) A: Sou o senhor Smith, posso ajudá-lo?
    B: Sim, sou o senhor Brown

(3)   A: Sou o senhor Smith, posso ajudá-lo?

B: Não posso ouvi-lo.

A: Sou o senhor Smith.

B: Smith.

(Sacks, 1989, p. 35)

Este trecho foi tirado de uma conversação natural desenvolvida entre duas pessoas: A (um funcionário do hospital psiquiátrico) e B (alguém que chama por telefone porque ou ele/ela ou uma terceira pessoa tem um problema). A primeira observação de Sacks é que existem regras que determinam a seqüência da conversação. Assim, por exemplo, a forma com que o primeiro participante na conversação telefônica escolhe para apresentar-se indica ao segundo participante a forma como deve, por sua vez, apresentar-se. Os intercâmbios acontecem em unidades. Uma unidade está formada pela dupla "Olá" "Olá", e outra dupla é a formada por "Sou o senhor Smith, posso ajudá-lo?" "Sim, sou o senhor Brown". Em segundo lugar, a forma de apresentar-se A é um convite para que B dê seu nome. A situação seria diferente se A perguntasse diretamente a B "Como se chama?". Esta forma de A dirigir-se a uma pessoa B em uma conversação telefônica pode ser considerada uma maneira estratégica de obter o nome de B sem lhe pedir diretamente. Como podemos observar nesta breve análise de uma conversa real, existe uma ordem seqüencial, uma *estrutura organizativa da conversação*, um turno de intervenções cujo conteúdo é definido pelo próprio desenvolvimento da conversação. Os que participam dela dizem coisas de determinada maneira que provocam ações recíprocas, e que podem ser objeto de estudo em si mesmas.

A análise conversacional poderia ser definida na atualidade como o estudo da forma em que as pessoas, no transcurso de suas conversas, produzem seu comportamento ao mesmo tempo que interpretam o dos demais (Heritage, 1988). A pesquisa etnometodológica e a análise das conversações têm, de acordo com Harré e Lamb (1986, p. 100-1), diversos pontos em comum. Em primeiro lugar, ambas partem da interpretação que os indivíduos fazem de suas atividades, o que significa que o analista considera os indivíduos como atores competentes que têm um conhecimento de suas ações. O segundo aspecto em comum tem a ver com o fato de as conversações serem tratadas, por si mesmas, como objeto de pesquisa, e não como algo que se dá como sabido ou como um meio transparente para analisar outros aspectos da realidade social.

Em terceiro lugar, a análise da interação coloquial se realiza em contextos naturais em que não existe manipulação ou intervenção por parte do pesquisador.

De acordo com Íñiguez, a diferença fundamental entre a análise da conversação e a análise do discurso está em suas diferentes maneiras de proceder; o primeiro indutivamente e o segundo dedutivamente:

> Com efeito, a Análise da Conversação (AC) procede de forma que, a partir da transcrição literal de conversações cotidianas, pode-se captar a linguagem em seu uso. Sua análise apresenta certas regularidades que manifestam a forma com que se produz a interação social e as ações sociais. Explicitamente, além disso, assume-se que quem realiza a análise "se põe" na posição dos(as) participantes sem privá-los de seu caráter de agentes de suas próprias ações. A Análise do Discurso (AD) como analítica procede, entretanto, dedutivamente (...) o pressuposto do qual se parte permite definir o modelo a seguir na análise interpretativa dos textos.

(Íñiguez, 1996, p.112)

A análise da conversação se centra na construção intersubjetiva do sentido. É o contexto coloquial que, segundo os etnometodólogos, faz inteligíveis as trocas lingüísticas. Sua preocupação se centra na *descrição* da atividade interativa que acontece nas conversações. Já vimos um exemplo de uma análise da conversação na seção dedicada à etnometodologia, em que se analisam os "pontos pacíficos" que regulam o curso das conversações (veja o Capítulo 4). Como pudemos observar nessa conversação, é o contexto que faz inteligíveis os intercâmbios entre marido e mulher. Os etnometodólogos, assim como os analistas da conversação, concentram seu interesse nas propriedades que regem a interação coloquial. O seguinte trecho da conversação entre três pessoas pode ilustrar essas idéias:

> A: Entre, entre! Ah! Bom dia
> B: Bom dia
> A: Você é a senhora Finney
> B: Sou sim
> A: Como está? –Eu me chamo [Hart]
> B: [sílaba]
> A: e este é o senhor Mortlake
> C: ((como [está]))
> B: [((Como está.))
> A. {Sente}-se
> C: {duas ou três sílabas}
> B: Obrigado–
> A: Hum... Bom, está você propondo meter-se em algo sério, senhora Finney, certo?

(adaptação de Antaki e Íñiguez, 1996, p. 136)

Assim como na conversação que mencionávamos antes no Capítulo 4 (Garfinkel, 1967, p. 25-6) a qual obtivemos diretamente de Harvey Sacks, este trecho de conversação só resulta compreensível se soubermos que se trata de uma entrevista de seleção em que A e C (os senhores Hart e Mortlake) são entrevistadores acadêmicos, e B (a senhora Finney) é uma aspirante à admissão nos estudos de Filologia Inglesa. Outro aspecto que podemos inferir desta conversação é que seu início se organiza de maneira padronizada. Como vemos, os inícios desta entrevista de seleção são de caráter rotineiro. Os analistas dos diálogos como Sacks (1989, 1992) e Schegloff (1979) destacam esta forma padronizada de iniciar as conversações.

Outra propriedade a destacar é a organização da conversação em *pares adjacentes*, termo também cunhado por Sacks (1992, vol. 2, pp. 521- 60). Estes pares organizam as atividades ocorridas no transcurso de uma conversação de maneira seqüencial e estruturada, de forma que diante da intervenção de um primeiro membro se segue uma segunda ação por parte da pessoa a quem foi dirigida a primeira ação. Quando alguém nos cumprimenta e nos diz "bom dia", espera de nós uma resposta de acordo com tal saudação como, por exemplo, "bom dia"; se por acaso é nosso amigo e nos convida para jantar, espera que respondamos afirmativamente ou que, caso contrário, demos uma explicação de nossa negativa que permita salvar a situação e, finalmente, se ele se despedir de nós espera que, por sua vez, nós nos despeçamos dele. No trecho do exemplo anterior, há uma ordem seqüencial. À saudação do senhor Hart corresponde a saudação da senhora Finney, à afirmação do senhor Hart sobre a identidade da senhora Finney, corresponde uma resposta afirmativa por parte dela, e assim por diante. A organização destes *pares adjacentes* dá um caráter normativo à interação coloquial. Um caso especial destes *pares adjacentes* são aqueles que encerram uma conversação e que têm a forma de pergunta/resposta, convite/aceitação ou rejeição etc. No exemplo da entrevista de seleção, a conversação acaba quando o senhor Hart e o senhor Mortlake expressam sua rejeição ao ingresso da senhora Finney na carreira de Filologia Inglesa.

A organização seqüencial da conversação em pares adjacentes tem, ademais, outras conseqüências de especial relevância:

> Em um nível superior, o conceito indica um mecanismo de grande importância para a manutenção da interação do entendimento intersubjetivo; à medida que as ações que seguem "a continuação" se ajustam à ação anterior que forma a primeira parte do par, pode considerar-se que manifestam um entendimento da primeira parte do par adequado ao ajuste. Portanto, a segunda parte do par não só cumpre (ou deixa de cumprir) a seguinte ação relevante, mas ao fazê-lo manifesta também uma compreensão pública da expressão anterior à qual se dirige, expressão que quem produziu a primeira parte do par pode utilizar para um "terceiro" comentário, confirmação, correção etc. Portanto, a situação de adjacência permite atualizar continuamente o entendimento intersubjetivo.
>
> (Heritage, 1990, p. 334)

Como vemos, os analistas do discurso se preocupam com o estudo da conversação de uma maneira organizada e seqüencial, que é o que permite manter uma ordem, assim como uma trama que, embora possa não ser compreensível inicialmente, ela o é para quem participa da conversação, fazendo possível a interação. O procedimento de turno permite não só a mudança ou seqüência ordenada de locutores, mas também o entendimento entre as partes.

Além das propriedades e procedimentos inerentes ao desenvolvimento das conversações, elas incluem formas de manipular as relações com outros e manter a interação, ao mesmo tempo que as tornam compreensíveis. Vejamos o seguinte trecho de uma conversação extraída de Heritage (1988, p. 133):

> (A mulher de B sofreu uma fratura)
> A: Gostaríamos de saber se há algo que possamos fazer para ajudar.
> B: É bom
> A: quero dizer, podemos fazer as compras por ela, ou algo parecido?
> B: 1-Você é muito amável Anthony
>   2-Hum. No momento não...
>   3-pois ainda temos dois filhos em casa.

Como podemos observar, segundo o próprio Heritage (1988), o conteúdo desta conversa revela o desejo dos que interagem de manter a interação; as explicações dadas por B para não deixar que A o ajude têm como objetivo manter a relação com A, destacando que não é necessária a ajuda. Em segundo lugar, B, antes de recusar a ajuda de A, lhe mostra seu agradecimento pelo oferecimento e, finalmente, a *rejeição* à ajuda oferecida por A é precedida por outros *componentes* do turno de B: agradecimento, ao expressar a A que é *muito amável,* e antecipação da rejeição representada em termos como *Hum,* por exemplo.

Em resumo, a análise da estrutura das conversações nos revela uma ordem seqüencial ao redor da qual se organiza a interação. Esta ordem permite interpretar o significado das ações dos outros e dar sentido à própria interação. Como destacam Antaki e Díaz (2001), a análise conversacional revela como, através da conversação, as pessoas produzem um conhecimento sobre a vida cotidiana e tornam compreensíveis suas práticas cotidianas.

Esta análise se centra nas mesmas conversações, sem referir cada intervenção às características pessoais de quem interage, a seus processos cognitivos ou a circunstâncias externas ao próprio processo de interação coloquial. O objetivo principal é analisar como as pessoas, lingüisticamente competentes, em suas práticas conversacionais constroem intersubjetivamente o sentido da realidade social em que vivem. Desse ponto de vista, os analistas das conversações se situam em uma perspectiva microssociológica de grande valor para a psicologia social. Vale destacar, entretanto, que a dependência da análise coloquial do contexto imediato em que acontecem os intercâmbios lingüísticos tende a relegar o estudo dos determinantes estruturais e históricos desses intercâmbios, que são imprescindíveis para conhecer as influências e limitações que o contexto social mais amplo e processos de longa duração no tempo impõem sobre nosso saber prático e reflexivo: sobre o que se deve e pode ser dito. A detalhada concentração nos aspectos internos que regulam a interação e as conversações é necessária para poder entender a ordem social como uma construção intersubjetiva, resultado da capacidade interpretativa que como membros competentes de uma sociedade temos, porém, pode fazer esquecer os fatores históricos e sociais que determinam o discurso e a conversação como formas de ação social. Centrar-se no que os participantes da conversação fazem e dizem não exclui, ou não deveria excluir, necessariamente, a indagação sobre os mecanismos através dos quais se aplica a influência do contexto histórico e das estruturas sociais, como faz Giddens em sua teoria da estruturação social, que será objeto de análise ainda neste capítulo. As perspectivas aqui analisadas e que desenvolvem sua atividade em psicologia social tampouco são, em princípio, incompatíveis com uma análise dos processos cognitivos (veja Cicourel, 1973) e motivacionais da interação comunicativa.

A PSICOLOGIA SOCIAL NO CONTEXTO DA SOCIOLOGIA

Embora possamos considerar o interacionismo simbólico como o principal enfoque atual de uma psicologia social sociológica, acreditamos ser indispensável incluir outras contribuições teóricas procedentes do campo da sociologia, cujo nível de análise ou perspectiva pode ser qualificado de psicossociológico. A crítica a uma oposição substancialista entre indivíduo e sociedade, a referência a uma concepção histórica e não simplesmente evolucionista dela, a idéia das sociedades como *figurações* sociais surgidas das relações de interdependência entre seus membros, a não-contraposição entre ação e estrutura social, o questionamento do individualismo metodológico e a integração de uma concepção da realidade social como construção dos atores sociais e deles como um produto das relações sociais, são algumas das características principais da moderna teoria sociológica. Junto com as teorias sociológicas em psicologia social apresentadas nas páginas anteriores, enfoques como a teoria das *figurações sociais* de Norbert Elias, a teoria da estruturação de Anthony Giddens ou o construtivismo estruturalista de Pierre Bourdieu, abrem uma nova forma de entender a teoria sociológica, mas também da psicologia social. Sua inclusão nesta seção segue a idéia de abrir o campo de reflexão da psicologia social psicológica a certas formas de pensamento sociológico nas quais os indivíduos e a sociedade não sejam apresentados como realidades contrapostas.

Esta tentativa de fazer compatíveis as análises micro e macro, de estudar a estrutura social a partir das interações face a face e a partir do sentido dado à ação pelos próprios atores sociais, ao mesmo tempo que situa tais interações como parte de um sistema estruturado de ações normativas, é o principal desafio que compartilham a teoria sociológica e a psicologia social sociológica atuais. É precisamente este aspecto o que falta em algumas das teorias da psicologia social psicológica, embora se insista em sua dimensão social. As teorias de Elias, Giddens e Bourdieu procedem, como dissemos, do campo da teoria sociológica. Não é, logicamente, a procedência institucional ou acadêmica de seus autores o que nos levou a incluí-los nesta seção; nenhum deles está incluído nos textos convencionais de psicologia social. Sua inclusão aqui vem determinada pelo nível de análise a partir do qual abordam o estudo da realidade social. É dessa perspectiva que consideramos ser conveniente uma referência aos modelos teóricos destes sociólogos. Se a psicologia social contemporânea incluiu em seu âmbito de reflexão algumas teorias psicológicas, cuja unidade e nível de análise são o indivíduo e seus processos psicológicos, com maior razão deveriam ser consideradas aquelas teorias cuja procedência está na sociologia, mas compartilham com ela, em suas diferenças, um mesmo nível de análise.

A moderna teoria sociológica se caracteriza por uma integração entre uma concepção do comportamento humano, em que se destacam os aspectos individuais, coletivos ou situacionais, e uma interpretação estrutural dele. Como indica Giddens, o domínio da atividade humana é limitado. Os seres humanos produzem a sociedade, mas o fazem como atores históricos, influenciados em seu comportamento por esses condicionantes da história social em que se enquadra sua ação. É o que, em outras palavras, Elias define através do conceito de interdependência e *figuração*, ou Bourdieu com os conceitos de *habitus* e *campo*. As teorias desenvolvidas por estes sociólogos são fundamentais para construir uma teoria psicossociológica da realidade social como processo e construção dos atores sociais, mas atores sociais que vivem em um meio de interdependências que marcam os limites de suas ações, de interações que configuram suas formas de conhecer e dar sentido à realidade. O interacionismo simbólico estrutural de Stryker, a teoria da *figuração* de Elias, a teoria da estruturação de Giddens e o construtivismo estruturalista de Bourdieu podem ser considerados tentativas de abordar teoricamente a integração de níveis de análise importantes para a sociologia, mas também para a construção de uma psicologia social sociológica. Daí sua inclusão nesta seção.

O interacionismo simbólico: A concepção estrutural de Sheldon Stryker

A crise da psicologia social que mencionamos antes e, mais concretamente, o mal-estar gerado pelo predomínio na disciplina de uma concepção mecanicista do ser fizeram com que de novo se desse atenção àquelas correntes que, na psicologia social sociológica, haviam ressaltado a dimensão simbólica do comportamento. Um dos enfoques que experimentaram um ressurgimento depois da crise da psicologia social foi o interacionismo simbólico.

Esta teoria da psicologia social sociológica parte, na atualidade, assim como nas suas origens, de uma série de premissas básicas que podemos resumir, de acordo com Lindesmith, Strauss e Denzin (1999, p. 20-1) da seguinte maneira:

1. Existe uma unidade psíquica para a experiência humana; isto é, o comportamento humano é simbólico e auto-reflexivo.
2. Existe uma variabilidade cultural extrema nas experiências humanas.

> **Sheldon Stryker (1924)**
>
> Nascido em 1924, em St. Paul, Minnesota, Estados Unidos, Sheldon Stryker concluiu sua educação universitária na Universidade de Minnesota, onde realizou seus estudos de psicologia e sociologia, obtendo o grau de doutor em 1955. Anos antes, em 1951, foi contratado como professor na Universidade de Indiana, onde desenvolveria sua vida acadêmica, até alcançar a posição de catedrático. Atualmente está aposentado, embora continue como professor emérito com suas atividades na Universidade de Indiana.
>
> Stryker recebeu inúmeros prêmios e homenagens, entre as quais cabe destacar o prêmio Cooley-Mead, da *Associação Americana de Sociologia*, seção de Psicologia Social, assim como o prêmio George Herbert Mead, *da Sociedade para o Estudo da Interação Simbólica*, por sua contribuição ao desenvolvimento da perspectiva interacionista simbólica. Entre outras atividades, desenvolveu seu trabalho de pesquisador como membro de diversas organizações científicas, como o *Social Research Council* e o *Center for Advanced Studies in The Behavioral Sciences*. Além das organizações científicas mencionadas, é membro da *Society for Experimental Social Psychology*. Ao longo de sua carreira acadêmica, Sheldon Stryker foi presidente da *Sociological Research Association* e da *North Central Sociological Association*. Também foi diretor do Departamento de Sociologia da Universidade de Indiana e de diversos Institutos Nacionais de Saúde Mental dos Estados Unidos.

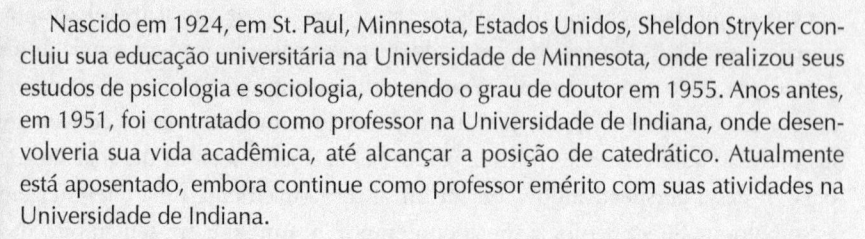

3. A experiência humana se baseia na habilidade criativa dos indivíduos para mudar e modificar seus comportamentos constantemente e para adequar-se às novas circunstâncias históricas.
4. Os seres humanos são capazes de retroalimentar corretivamente seu comportamento, sem necessidade de envolverem-se em um condicionamento de tentativa e erro ou em novas aprendizagens.
5. A habilidade dos seres humanos para produzir e utilizar símbolos os coloca à margem dos organismos não-simbólicos. Desta forma, o estudo do comportamento dos animais tem uma utilidade limitada para o campo da psicologia social.
6. A experiência humana é relacional e é influenciada pela presença de outros indivíduos.
7. A psicologia social deve ser construída através de um cuidadoso estudo da experiência humana. Os métodos da psicologia social devem acomodar-se à experiência vivida de seres humanos. A psicologia social deve ser um campo de estudo interacional e interpretativo.

Descritas as proposições essenciais do interacionismo simbólico na atualidade, devemos partir da idéia de que nessa corrente existem enfoques diferentes (veja Denzin, 1992). Entre eles, destaca-se o interacionismo simbólico estrutural de Sheldon Stryker (1980, 1983, 1991, 1997), que surge como uma reação não somente diante da psicologia social psicológica, mas também diante do esquecimento de que foram objeto as estruturas sociais na corrente interacionista representada por autores como Blumer (1969). Na opinião de Stryker (1980), a psicologia social sociológica se caracterizou, em geral, por ignorar a interdependência entre a estrutura social e a pessoa, e por concentrar-se excessivamente nas *minúcias* das relações interpessoais, ou nas estratégias do comportamento cotidiano, difundindo, desta maneira, uma imagem da interação na qual parece que ela não se encontra influenciada por condicionamentos institucionais ou pelas estruturas sociais. O interacionismo simbólico havia dado uma grande relevância aos papéis sociais que as pessoas desempenham no curso da interação, mas não havia reparado,

Também foi editor das revistas *Sociometry* (agora *Social Psychology Review*) e também da *American Sociological Review*.

Ao longo de sua carreira acadêmica, seu principal tema de estudo foi a psicologia social e, particularmente, a relação entre as versões psicológica e sociológica dessa área de conhecimento. Mais especificamente, sua principal preocupação teórica foi o interacionismo simbólico e a pesquisa realizada a partir desse enfoque teórico. Seus primeiros trabalhos se centraram na análise das conseqüências que para a interação tem o conceito de *role-taking*, considerando-o um elemento central no processo de comunicação que subjaz à interação. Durante os últimos 40 anos, seu trabalho se centrou na elaboração de um enfoque estrutural do interacionismo simbólico e no desenvolvimento e análise empírica da teoria da identidade, que começa com a obra de George Herber Mead e com os conceitos inter-relacionados de sociedade, identidade e interação. Seu objetivo é compreender a sociedade contemporânea em termos de uma rede de inter-relações, assim como do eu, entendido como um conjunto de múltiplas identidades associadas aos diferentes papéis que as pessoas em geral ocupam em suas redes sociais, e, também, das escolhas do papel que realizamos, e que são o resultado da relação entre nossas diversas identidades e as redes sociais que integramos.

Além de numerosos artigos e capítulos de livros, entre suas publicações destacam-se as seguintes: *Deviance, selves and others* (1971), em colaboração com Michael Schwartz, *Symbolic interactionism: a social structural approach* (1980) e dois volumes co-editados, *Identity, self and social movements* (2001) e *Extending self-esteem theory and research: sociological and psychological currents* (2001).

entretanto, que a estrutura social determina quais papéis estão disponíveis para serem realizados. Uma conseqüência direta de considerar a estrutura social é que não nos relacionamos com os outros de forma aleatória. A estrutura social determina as possibilidades de interação e, em conseqüência, nossa identidade. Ao mesmo tempo, as pessoas podem dar forma a modelos de interação que, por sua vez, podem modificar diversos aspectos da estrutura social. A perspectiva sociológica em psicologia social tem como objetivo, segundo Stryker (1980), servir de ligação entre a pessoa e a estrutura social. A interação se torna assim o âmbito em que ambas se manifestam.

A proposta deste psicólogo social significa uma integração entre os princípios teóricos do interacionismo simbólico e os derivados da teoria dos papéis (veja o Capítulo 4). Como o próprio Stryker (1980, p. 53-5; 1983, p. 57-8) as descreve, as premissas das quais parte esta versão do interacionismo simbólico são as seguintes:

1. O comportamento depende de um universo classificado. Os nomes com os quais designamos os diferentes aspectos do meio são os que dão aos objetos seus significados e em função dos quais criamos expectativas sobre como nos comportar diante deles.
2. Na interação com outras pessoas se aprende a conhecer os símbolos que se utilizam para designar as posições dos componentes relativamente estáveis das estruturas sociais organizadas, que trazem consigo expectativas de comportamento divididas e derivadas da divisão convencional dos papéis.
3. As pessoas que atuam no contexto das mesmas estruturas reconhecem-se entre si como ocupantes de determinada posição, são capazes de designar-se com um qualificativo segundo a posição que ocupam e, conseqüentemente, alimentam expectativas sobre o comportamento de umas com relação às outras.

4. Estas pessoas são também capazes de designarem-se a si mesmas com um qualificativo: os termos de posição com o qual se designam a si mesmos reflexivamente se tornam parte de sua interioridade, dando origem a algumas expectativas de comportamento internalizadas sobre seus próprios atos.
5. Quando entram em uma situação de interação, as pessoas aplicam qualificativos a elas mesmas e às pessoas que estão na mesma situação, e aos distintos aspectos desta, e utilizam as definições da situação resultantes para organizar seu comportamento.
6. As primeiras definições feitas limitam o comportamento que vai acontecer, mas não o determinam. O comportamento é resultante dos processos ativos de criação de papéis, processos que começam quando os atores fazem as primeiras definições, mas que continuam desenvolvendo-se graças ao intercâmbio ocasional entre eles, que podem dar uma nova forma e um novo conteúdo a sua interação.
7. O grau de fixação dos papéis e dos elementos que intervêm em sua construção dependerá das estruturas sociais em grande escala que envolvem as situações de interação. Algumas das estruturas são abertas, outras são fechadas, diante da alteração das expectativas de comportamento e da inovação das determinações do papel. Toda estrutura social impõe alguns limites às definições que entram em jogo, como também às possibilidades de interação.
8. Como os papéis vão se reestruturando paulatinamente, podem produzir-se mudanças no caráter das definições e nas possibilidades de interação. Tais mudanças podem provocar variações nas estruturas sociais mais gerais nas quais se produz a interação.

Definitivamente, a proposta de Stryker (1991, p.88) é a de situar os princípios do interacionismo simbólico em uma perspectiva teórica mais ampla, da qual se possa controlar a influência que fatores estruturais, como a classe social ou o gênero, têm na interação e no comportamento do indivíduo:

> Claramente, conceber uma estrutura social significa admitir que existe uma realidade social que vai além de processos psicológicos individuais e que os condiciona de uma maneira importante. O reconhecimento deste argumento significa que terá que ir além de processos psicológicos individuais, para não falar dos processos de interação social.

Mais recentemente, Stryker (1997, p. 317-23) obtém um conjunto de conclusões sobre as características da psicologia social sociológica de origem interacionista. Entre estas podemos destacar as seguintes:

1. A experiência humana se organiza socialmente, não é fruto do acaso.
2. As formas e os conteúdos da vida social são construções sociais, produto coletivo das atividades das pessoas.
3. O ser humano é um ser ativo e reage diante do meio de forma seletiva, sendo capaz de modificá-lo.
4. O mundo social é uma realidade simbólica, atribuímos significados aos objetos do meio, os quais condicionam nosso comportamento.
5. A psicologia social, em seu estudo da relação entre sociedade e indivíduo, deve incorporar uma idéia de *self*, elemento básico da mediação entre ambos.
6. A vida social inclui tanto liberdade como determinação.
7. Finalmente, a psicologia social é uma ciência de caráter probabilístico.

Em suma, o interacionismo estrutural de Stryker tem como objetivo estudar a integração e interdependência entre os níveis micro e macro da interação social.

O nível micro se refere ao estudo da pessoa e a sua interação com as outras pessoas, e o nível macro se refere à estrutura social: as posições dessas pessoas e os papéis que desempenham. A teoria elaborada por Stryker (1980, p. 66) parte dos princípios de Mead, mas os desenvolve introduzindo princípios da teoria dos papéis para estabelecer um vínculo entre os indivíduos e a estrutura social:

> Se a pessoa é moldada pela interação, é a estrutura social que determina as possibilidades da interação e, em última análise, a própria pessoa. E vice-versa, se a pessoa social transformar, graças a sua criatividade, as pautas de interação, essas transformações em tais pautas podem, finalmente, mudar a estrutura social. A tarefa de uma psicologia social de orientação sociológica é, precisamente, especificar o princípio contido na primeira afirmativa. Uma das tarefas mais importantes da sociologia é desenvolver a segunda das afirmativas. E, em seu conjunto, a meta da sociologia não se realizará até que a ligação entre a pessoa social e a estrutura social não seja alcançada. Com o objetivo de alcançar essa meta, o interacionismo simbólico adapta e incorpora aspectos da teoria dos papéis.

Mais concretamente, Stryker faz referência a diferentes conceitos da teoria dos papéis (veja o Capítulo 4) como os de *conflito de papel* e *tensão de papel*. O primeiro surge quando uma pessoa tem que atender a expectativas contraditórias sobre sua atuação. Esta situação pode ser provocada porque as expectativas de diferentes relações sobre um mesmo papel são contraditórias ou porque os diferentes papéis que tem que realizar um mesmo indivíduo são incompatíveis. A *tensão de papel* surge quando as obrigações e demandas ultrapassam a capacidade da pessoa para atendê-las de forma adequada. Os conceitos de *estrutura, interação, self* e *papel* constituem os elementos básicos com os quais Stryker constrói uma teoria da identidade em que destaca outros dois conceitos como os de *compromisso de papel* e *saliência da identidade* (Stryker e Serpe, 1981). Ambos os conceitos servem para explicar as escolhas entre possíveis ações que respondem a diferentes papéis em que participamos. Por *saliência da identidade*, Stryker entende que nossas identidades estão organizadas de forma hierárquica. Do mesmo modo, nosso *compromisso de papel* surge do conjunto e da importância das relações que dependem do desempenho desse papel. Quanto maior for o *compromisso do papel* e a *saliência da identidade*, maiores serão as probabilidades de que a pessoa escolha entre os comportamentos associados a esse papel.

O interacionismo simbólico estrutural de Sheldon Stryker apresenta um modelo geral da identidade no qual se enfatiza o papel da estrutura social na constituição da identidade pessoal, ao mesmo tempo que considera tal estrutura como resultado da interação social. Embora sua pretensão seja a de elaborar um conjunto de hipóteses empiricamente testáveis (veja Stryker e Serpe, 1981), o programa de pesquisa derivado de sua teoria ainda não foi desenvolvido totalmente. Provavelmente, esta seja sua limitação mais destacada.

A teoria da estruturação de Anthony Giddens

Esta teoria sociológica, embora a partir de premissas diferentes, tem, quanto a seus objetivos, uma estreita relação com uma psicologia social de orientação sociológica, como é o interacionismo simbólico. Desta maneira, é destacada por interacionistas simbólicos, como Lindesmith, Strauss e Denzin (1999, p. 24), que incluem a teoria de Giddens no campo da psicologia social sociológica, como uma psicologia social interpretativa. Tanto o interacionismo simbólico como a teoria da estruturação têm, nas opiniões de Lindesmith, Strauss e Denzin, certas abordagens comuns, como o reconhecimento da dimensão interativa e interpretativa da experiência humana, a necessidade de incluir métodos qualitativos na análise dessa experiência, o fato de compartilhar como objetivo a interpretação e não a previsão da ação social e, finalmente, a ênfase na necessidade de compreender a experiência pessoal.

> **Anthony Giddens (1938)**
>
> Considerado um dos teóricos sociais mais importantes e influentes do momento, Anthony Giddens, nascido em 1938, em Edmonton, Londres, conseguiu consolidar uma visão da sociologia que explica o comportamento das pessoas e o desenvolvimento das sociedades a partir da relação entre as macroestruturas e as interações que acontecem nos microssistemas. Sem esquecer que as forças sociais determinam a vida individual, resgata o papel dos atores na consolidação e mudança dessas macroestruturas. A ponte que constrói entre os dois níveis (o micro e o macro, ação e estrutura) é a base de sua *teoria da estruturação*. Essa discussão o levou a interessar-se pelas mudanças que sofreram as sociedades contemporâneas. Giddens reconhece os efeitos da globalização e das novas tecnologias da comunicação, que transformaram a maneira pela qual entendemos o local e o global, e a forma com que nos relacionamos com outros e construímos nossa própria identidade. Este último tema foi desenvolvido em seu livro *Modernidad e identidad del yo*, onde analisa como na modernidade tardia (assim se refere ao momento atual) as tradições deixaram de determinar o curso das ações, decisões e aspirações das pessoas, por isso cada um se vê ante a necessidade de escolher o estilo de vida que quer assumir.

Do mesmo modo, a idéia de que o sistema social condiciona as ações sociais, ao mesmo tempo que resulta das atividades realizadas pelos agentes sociais e que Giddens denomina *dualidade estrutural*, influenciou teóricos como Bandura, que reconhece, em sua noção de *determinismo recíproco*, a interdependência entre a ação pessoal e a estrutura social (Bandura, 1986, 2002).

A teoria da estruturação é desenvolvida em diferentes livros (Giddens, 1976, 1979, 1984, 1987, 2000), e pode ser descrita nos seguintes termos:

> O conceito de estruturação inclui o da dualidade da estrutura, que se relaciona com o caráter *recorrente* da vida social e expressa a mútua dependência da estrutura e da ação. Por dualidade da estrutura quero dizer que as propriedades estruturais dos sistemas sociais são tanto o meio como o resultado das práticas que constituem tais sistemas. A teoria da estruturação assim formulada rejeita qualquer diferenciação entre o sincrônico e o diacrônico. A identificação da estrutura com aquilo que restringe também é rejeitada: a estrutura possibilita ao mesmo tempo que restringe... De acordo com esta concepção, as mesmas características estruturais participam no indivíduo (ator) e no objeto (sociedade). A estrutura forma a pessoa e a sociedade de maneira simultânea.
>
> (Giddens 1979, pp. 69-70)

Para Giddens (2000, p. 27), as ciências sociais devem "... captar em circunstâncias históricas específicas, a relação entre a atividade de seres cognoscentes guiados pela convenção e a reprodução social devida às conseqüências não intencionadas da ação". Para analisar de uma forma mais detalhada a definição de Giddens, devemos entender sua crítica ao naturalismo em ciências sociais. Contrário à utilização da noção de leis nas ciências sociais, como acontece nas ciências naturais, Giddens substitui esse conceito pelas *generalizações*. Do seu ponto de vista, em ciências sociais são possíveis dois tipos de generalizações. As primeiras se referem à *previsibilidade da ação social* pelo conhecimento que os atores sociais têm das convenções sociais que regulam suas atividades. A noção de ator é importante no esquema

Embora sempre a escolha tenha limites e esteja condicionada pelas circunstâncias contextuais, os meios de comunicação ampliam muito o repertório de possibilidades sobre o qual se podem fazer escolhas.

Recentemente, Giddens se tornou uma figura influente no âmbito da política, devido a sua proposta de articular elementos da esquerda e da direita, naquilo que se conhece como a *Terceira Via*, e por ter atuado como conselheiro do primeiro-ministro britânico, Tony Blair.

Atualmente é o diretor da *London School of Economics* e professor visitante em várias universidades nos Estados Unidos e na Europa. Também foi professor de sociologia da Universidade de Cambridge, na *Faculty of Social and Political Sciences*, onde obteve o posto de catedrático de sociologia em 1985. Além de sua participação no conselho editorial de prestigiosas editoras, como Macmillan, também é editor da prestigiosa editora de ciências sociais Polity Press.

Autor extremamente prolífico, publicou numerosos livros de teoria social, traduzidos para diversos idiomas, tanto sobre a obra teórica de sociólogos clássicos como Émile Durkheim, Max Weber e Karl Marx como sobre a contribuição à teoria social de sociólogos contemporâneos, como Talcott Parsons, Alfred Schutz ou Harold Garfinkel, com base nos quais desenvolveu sua teoria da estruturação. Também publicou um extenso manual de sociologia, *Sociología* (1991), traduzido para o espanhol e amplamente utilizado como texto de referência em diferentes universidades do mundo.

teórico de Giddens, e leva a uma diferença-chave na sua teoria entre *consciência prática* e *consciência teórica*. Como atores sociais, conhecemos o sentido de nossas ações (*consciência prática*), embora não sejamos capazes de expor verbalmente estas razões (*consciência teórica*). A teoria social desenvolvida por Giddens inclui, também, a noção de *condições inadvertidas* da ação. Este conceito se refere aos fatores inconscientes com influência na ação, mas que operam à margem da compreensão que os atores sociais têm dos motivos que guiam seus atos.

O segundo tipo de generalizações aos quais Giddens faz referência tem a ver com as *conseqüências não-intencionais da ação*, uma idéia já manifestada por Max Weber e também, embora em um contexto teórico diferente, pelo sociólogo Robert Merton (veja o Capítulo 4) ao referir-se às conseqüências imprevistas da ação social. O conceito de *conseqüências não-intencionais* da ação é utilizado por Giddens para referir-se à *reprodução social*, isto é, à continuidade das instituições sociais, distanciando-se deste modo da forma com que os cientistas sociais naturalistas explicam a ordem social, como algo alheio às ações dos indivíduos:

> Quando falo em inglês de uma maneira correta sintaticamente, não é minha intenção reproduzir as estruturas da língua inglesa. Essa é, entretanto, uma conseqüência de meu uso correto da língua, embora minha contribuição à continuação da linguagem seja modesta. Se generalizarmos esta observação, podemos dizer que as conseqüências não-intencionais têm um papel decisivo na reprodução das instituições sociais.
>
> (Giddens, 1987, p. 10)

Quando Giddens analisa as condições de reprodução do sistema social, considera que os agentes sociais, no curso de suas interações, também podem mudar as práticas sociais anteriores, desenvolvendo pautas de comportamento diferentes das manifestadas no passado. Por isso, a noção de reprodução social tem um sentido contingente e histórico e, portanto, sujeito às ações dos atores sociais. Da mesma forma que tais atores tendem a reproduzir as práticas sociais que dão estabilidade ao sistema social, também podem promover a mudança social, desenvolvendo comportamentos inovadores e não institucionalizados. Nesse sentido, podemos dizer que tanto a mudança social como a reprodução dos sistemas sociais ocorrem como *conseqüências intencionais* e *não-intencionais* das ações dos atores.

Os elementos constitutivos da teoria da estruturação aparecem reproduzidos na Figura 5.11, que representa um *modelo estratificado da ação*:

```
Condições                                              Conseqüências não-
inadvertidas       Registro reflexivo da ação          intencionadas da
da ação                                                ação
                   Racionalização da ação

                   Motivação da ação
```

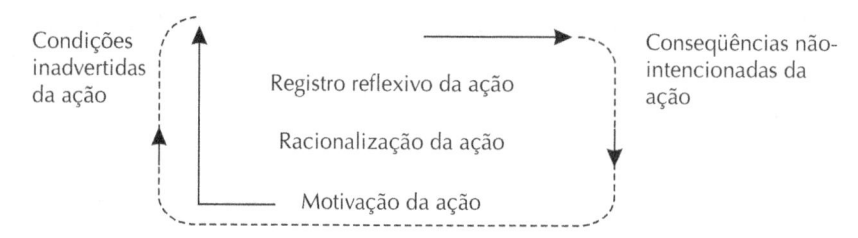

Figura 5.11 Modelo estratificado da ação (Giddens, 1984/95, p. 43).

No modelo da Figura 5.11 se consideram as *condições inadvertidas da ação* e as *conseqüências não-intencionais* desta. Ambas estão envolvidas na reprodução das instituições sociais. Os atores sociais extraem de suas atividades e das dos outros um conhecimento que lhes serve para orientar suas ações (*registro reflexivo*); do mesmo modo, são capazes de compreender seu sentido (intenções, razões), embora nem sempre saibam expressá-lo verbalmente (*racionalização da ação*) e, finalmente, existem desejos que guiam suas ações e dos quais não necessariamente são conscientes (*motivação para a ação*). Como podemos deduzir pelos componentes do modelo, ele se concentra em aspectos cognitivos e motivacionais conscientes e inconscientes dos atores e no tipo de conseqüências que surgem de suas ações. Mas, da mesma maneira que existem condições para a ação que operam além da capacidade do conhecimento do ator (*condições inadvertidas*) e que sua ação tem conseqüências desconhecidas para ele mesmo (*conseqüências não intencionais*), os aspectos motivacionais da ação são somente uma parte de seu comportamento social. Esta também acontece sem a presença de uma motivação. Giddens se refere a isto quando utiliza o conceito de *rotinização* (semelhante ao conceito de *habitus* de Pierre Bourdieu), que, por sua vez, se refere ao caráter habitual e indiscutível de muitas das atividades cotidianas; são formas tradicionais e convencionais de comportamento que dão um sentimento de segurança ontológica aos membros de uma comunidade, e que estes membros, pelo seu caráter, não sentem a necessidade de explicar. Finalmente, outros dois aspectos-chave para entender a teoria social de Giddens são os de espaço e de tempo. A vida social acontece em um lugar e em um espaço temporal. Giddens (1984) refere-se à *contextualização* da vida social para indicar o caráter situacional da interação em um espaço (o cenário da interação) e um tempo, em que atores presentes se comunicam entre si. O sistema escolar é o exemplo escolhido por Giddens para ilustrar-nos sobre a contextualização da interação. A escola, como organização social, é um lugar onde os encontros se realizam em uma estrutura física (dividida em regiões como são as salas de aula ou as salas do pessoal) e temporal (começo e final das aulas, por exemplo).

A recuperação, por parte de Giddens, da noção de atores competentes, conscientes das razões e intenções de seus comportamentos, considera como corolário a defesa de uma ciência social hermenêutica ou interpretativa. Para as ciências sociais, Giddens (1976) propõe uma dupla *hermenêutica*, conceito desenvolvido em seu livro *Las nuevas reglas de método sociológico*. Os cientistas sociais não só constroem teorias que fazem inteligíveis as razões dos atores sociais, mas também necessariamente têm que compartilhar esses marcos de significado com tais atores. Uma idéia que, como já vimos, faz parte do pensamento sociológico de Alfred Schutz (veja o Capítulo 4).

A conclusão a que podemos chegar é de que o conceito que Giddens tem da ciência social não é estranho a uma orientação sociológica da psicologia social, como vimos com Sheldon Stryker quando destaca a reflexividade do ser humano ao mesmo tempo que integra os aspectos micro e macro da vida social. A sociedade não pode ser entendida sem uma referência à ação social dos indivíduos, e suas ações não acontecem em um vácuo social. Se a concepção do sistema social como totalidade funcional e auto-suficiente é errada, isto acontece porque falta uma teoria da ação intencional, na qual os atores sociais tenham uma consciência prática que os habilita a conhecer o porquê de suas ações. No pensamento sociológico de Giddens (1976, 1979, 1984) reforça-se a *dualidade da estrutura* no sentido de conceber a ordem social sem contrapor estrutura e ação social. Para este sociólogo, a estrutura, entendida como *conjunto de regras e recursos* possibilita ao mesmo tempo que restringe a ação social; é o meio onde se realiza a ação social, e por sua vez o resultado desta.

Certamente, o modelo teórico apresentado por Giddens não está isento de algumas críticas. Em primeiro lugar, a ênfase em uma teoria de caráter hermenêutico ou interpretativo não deve ser feita excluindo da teoria uma noção de causalidade social.

Nesse sentido, Giddens recai no velho dualismo explicação/compreensão que, desde o século XIX, vem constituindo um dos eixos do debate metodológico e epistemológico nas ciências sociais (veja o Capítulo 1). A definição da ação social como a cópia observável individual ou interindividual das convenções sociais e sua extensão às *conseqüências não intencionais das ações* como um segundo tipo de generalização em ciências sociais não esgota todo o leque de ações humanas nem sua inteligibilidade. O inegável sentido hermenêutico das ciências sociais não se contrapõe necessariamente a uma noção não fisicalista de causalidade, como o provam sociólogos que vão de Max Weber até Norbert Elias.

Outro aspecto a ser considerado na teoria de Giddens é o papel que atribui às ciências sociais em geral. A influência do conhecimento científico na sociedade, na opinião de Giddens, acontece através da familiarização com conceitos das ciências sociais por parte de atores leigos.

Uma proposta semelhante poderia ser encontrada na teoria das representações sociais de Serge Moscovici, em que se analisa como os conceitos científicos acabam fazendo parte do conhecimento do senso comum com o qual as pessoas representam o meio onde vivem e guiam sua ação. Sem negar o efeito prático das ciências sociais, seu impacto no saber cotidiano com o qual as pessoas interpretam suas atividades diárias, os conceitos gerados nas ciências sociais têm outra função, que é a de servir de razão crítica da sociedade. O contrário seria imaginar um mundo onde todos igualmente alcançamos a mesma capacidade de conhecer que Giddens atribui às pessoas. A reflexibilidade, como forma de conhecimento, é uma característica essencial dos seres humanos, mas seu desenvolvimento depende das condições sociais e históricas em que vivem. Nesse sentido, é importante a crítica de Joas (1998, p. 210) à teoria da estruturação de Giddens:

> A reflexibilidade do controle que nós seres humanos temos de nosso comportamento deve ser, certamente, aceita como determinação antropológica; mas Giddens não a deriva das estruturas da sociedade humana, nem do desenvolvimento das competências sociocognitivas individuais, nem das estruturas sociais nas quais aos seres humanos lhes é atribuída ou negada (no sentido da autonomia ou da subordinação) a capacidade de agir.

Independentemente destas críticas, as análises teóricas de Giddens têm um indubitável valor hermenêutico para a teoria sociológica e, também, para serem consideradas em uma psicologia social de orientação sociológica; serve de exemplo a importância dada à reflexibilidade da ação e à integração dos níveis micro e macro na análise do comportamento social, elementos básicos na formulação de sua teoria da estruturação.

A sociologia figurativa de Norbert Elias

A teoria da *figuração*[4] de Norbert Elias consegue também uma articulação entre o social e o individual, entre as estruturas sociais e a subjetividade, entre o eu e o nós, entre a identidade individual e a identidade coletiva. Seus trabalhos partem do princípio de que a realidade social não se contrapõe aos indivíduos, mas surge da interdependência de suas ações (veja Elias, 1970, 1987). Como já vimos nas duas teorias anteriores, Elias concebe as ações individuais ou interpessoais no marco das estruturas sociais que as possibilitam ao mesmo tempo que limitam os cursos de ação e interação possíveis. Para tanto, introduz a noção de *figuração*, para referir-se à interdependência que se estabelece entre os indivíduos ao longo da história:

> O conceito de *figuração* serve para dispor de um simples instrumento conceitual com o qual flexibilizar a pressão social que induz a falar e pensar como se o indivíduo e a sociedade não fossem somente duas figuras diferentes, mas também antagônicas... Quando quatro pessoas se sentam ao redor de uma mesa e jogam baralho, constituem uma *figuração*. Está claro, neste caso, que o transcorrer do jogo resulta da trama das ações de um grupo de indivíduos interdependentes. O que entendemos aqui como *figuração* é o modelo mutável formado pelos jogadores como um todo, isto é, não só com seu intelecto, mas também com toda sua pessoa, com todo seu fazer e com todas suas omissões em suas relações mútuas.
>
> (Elias, 1970/99, p. 156-7)

A idéia de *figuração* que Elias mantém (1999) é semelhante à idéia de totalidade dos psicólogos gestaltistas. Da mesma maneira que as propriedades das totalidades não podem ser deduzidas de seus elementos constitutivos (veja o Capítulo 2), Elias considera que a relação entre o indivíduo e sociedade é idêntica à relação que mantém a parte com o todo nos sistemas auto-regulados. As regularidades, atributos e conduta dos diferentes níveis do sistema e do sistema como totalidade não podem ser descritos da mesma forma que descrevemos suas partes.

Da mesma maneira, argumenta este sociólogo, a explicação do comportamento não pode partir nem da análise das intenções dos indivíduos, nem tampouco de uma consideração da sociedade como algo externo a eles. Só pode ser explicada em relação às *figurações* que eles formam entre si e às interdependências que os vinculam. A idéia de Elias é a de substituir o conceito de *sistema* da teoria funcionalista de Talcott Parsons (veja os Capítulos 3 e 4) pelo conceito dinâmico de *figuração*, em uma teoria social da ação entendida como interdependência, um conceito semelhante ao da *ação recíproca* do sociólogo Georg Simmel (veja o Capítulo 2). Mas, com o conceito de interdependência, Elias também se distancia dos teóricos da ação e da interação social, aos quais atribui uma concepção voluntarista da competência dos atores sociais, em que o sentido e caráter do comportamento procura ser explicado

---

4 N. R. T.: A *Theory of figuration*, teoria da figuração, também tem sido traduzida para o português como *teoria da configuração*.

a partir da sua capacidade de ação e iniciativa pessoais (veja como exemplo deste tipo de enfoque o interacionismo simbólico de Blumer, apresentado no Capítulo 4). Em sua opinião, os problemas histórico-sociais não podem ser explicados a partir das ações individuais nem das interações entre um ego e um alter, entre um eu e um outro, mas como parte da complexa trama de interdependências em que se desenvolvem as ações das pessoas:

> Assim como em um jogo de xadrez, cada ação de um indivíduo, relativamente independente, representa um movimento no tabuleiro do xadrez social, que desencadeia a resposta de outro indivíduo (na realidade, freqüentemente a de muitos outros indivíduos), limita a independência do primeiro indivíduo e prova sua dependência.
>
> (Elias, 1969/93, p.195)

Nesse conceito de interdependência, chave na teoria sociológica de Elias, se entende sua crítica tanto às concepções deterministas da conduta, herdeiras de uma concepção naturalista das ciências sociais, como às concepções ancoradas em um individualismo metodológico em que a realidade social vem determinada pela ação isolada dos indivíduos. Os estudos de Elias, como, por exemplo, a análise da sociedade cortesã, são um excelente exemplo da aplicação do conceito de interdependência: "Nem mesmo um homem com a plenitude de poder de Luis XIV era livre no sentido absoluto da palavra; também não estava *absolutamente determinado*" (Elias, 1969/93, p. 46). O comportamento do rei na sociedade cortesã, como qualquer conduta, só pode ser entendido na trama de interdependências que constituía a *figuração* social da época. Algo que reiterará em sua excelente biografia sobre *Mozart, sociología de un genio* (1991). E Elias continua sobre a falsa dicotomia entre liberdade e determinação com esta afirmação:

> A liberdade de um indivíduo é um fator da determinação, da limitação da liberdade de ação de outro. Enquanto a discussão extracientífica, metafísico-filosófica, parte ordinariamente do homem, como se só houvesse um único homem no mundo, um debate científico deve começar com aquilo que pode observar-se efetivamente; isto é, vários homens que são mais ou menos dependentes reciprocamente e, ao mesmo tempo, mais ou menos autônomos... As afirmações sobre a liberdade ou a determinação absolutas do homem são especulações não verificáveis e, portanto, só merecem a fadiga de uma discussão séria. (1969/93, p. 48)

O conceito de interdependência proposto por Elias para a análise das *figurações* sociais não trata somente de analisar a dinâmica dos processos sociais nas interações particulares, mas também faz inteligível a ordem social que se vai constituindo em um período histórico como produto dessas interações. A meta da sociologia de Elias é vincular as transformações sociais às mudanças na estrutura da personalidade. Este foi o objetivo de sua primeira obra *El processo de la civilización*. Neste livro, originalmente publicado em 1939, mas cuja primeira edição alemã data de 1977, Elias analisa a relação entre as mudanças na organização da sociedade e as transformações nos comportamentos e hábitos dos indivíduos que levaram à formação da civilização ocidental e sua organização social como a conhecemos hoje. Elias descreve como foram mudando os padrões de comportamento que se devem observar à mesa, as boas maneiras, as relações entre homens e mulheres, e também no combate com os inimigos. Assim, por exemplo, Elias nos relata o surgimento, na sociedade moderna, da compostura à mesa: não por o dedo no nariz, não estalar a língua e utilizar apropriadamente a faca e o garfo; das boas maneiras: como assoar o nariz, ou sobre o modo e as normas que limitam e sancionam o hábito de cuspir; das relações deco-

> **Norbert Elias (1897-1990)**
>
> Norbert Elias nasceu em Breslau (atualmente Wroclaw, Polônia) em 22 de junho de 1897, em uma família judia abonada. Durante sua juventude, recebeu uma rica formação em ciências, matemática, línguas clássicas e literatura, que se viu interrompida quando, em 1916, teve que se alistar para participar da Primeira Guerra Mundial. Depois de realizar estudos de medicina, filosofia e psicologia nas Universidades de Breslau, Friburgo e Heidelberg, obteve o grau de licenciado em 1924. Nesta última universidade teve como professor Rickert, e manteve uma grande amizade com Karl Mannheim que, em 1929, depois de tornar-se um renomado catedrático de sociologia da Universidade de Frankfurt, ofereceu-lhe um posto como ajudante. Em 1933, Elias teve que abandonar a Alemanha fugindo da perseguição nazista, e se mudou para Paris e depois para Londres, onde pôde subsistir graças à ajuda de uma fundação judia. Apesar de sua obra ter se iniciado na década de 1930, foi apenas a partir de 1954, aos 57 anos, que obteve um posto de professor na Universidade de Leicester e pôde dedicar-se completamente à vida acadêmica e a difundir seus trabalhos. Nessa universidade organizou, junto com Ilya Neustadt, o Departamento de Sociologia. A obra de Norbert Elias começou a obter um importante reconhecimento em meados dos anos 1960, quando se publicou em inglês seu livro *The established and the outsider* (1965). A partir desse momento, e já aposentado pela Universidade de Leicester, Elias começou a receber numerosos convites das universidades alemãs e holandesas. Nessa época, deixou a Inglaterra para transferir-se para Amsterdã, onde permaneceu até sua morte em 1990.

rosas entre homens e mulheres: não dormir homens e mulheres juntos no mesmo quarto, não mostrar o corpo nu; do trato dado aos inimigos: o desagrado diante da crueldade e da alegria produzida pelo sofrimento. Todos estes comportamentos, que se relacionam com a cortesia, a vergonha e o pudor, correspondem à passagem da sociedade feudal para a sociedade cortesã, provocando mudanças na estrutura da personalidade. Mas estas mudanças que levam à civilização, são, por sua vez, uma conseqüência de mudanças sociais que têm sua origem na constituição de uma nova forma de *figuração* social: a sociedade cortesã que irrompe com a centralização crescente do poder do Estado durante o Renascimento. Essa nova formação social precisa do cálculo e do controle das emoções como formas de acesso ao poder e de diferenciação. É assim que se desenvolvem as pautas de cortesia, que a burguesia começará a imitar e, posteriormente, a transformar em pautas de regulamentação emotiva de acordo com suas necessidades.

Como vemos, a preocupação de Elias é o comportamento entendido em relação a cada *configuração* de pessoas em cada momento histórico. Só é possível interpretar a conduta como ação racional orientada pelos valores que emanam da estrutura social da qual fazem parte. Assim, por exemplo, a racionalidade cortesã da época de Luis XIV não pode ser entendida com os parâmetros axiológicos da racionalidade burguesa das sociedades modernas. Elias começa a aplicar sua teoria da *figuração* na sociogênese histórica dos comportamentos individuais. Desta maneira, nos faz ver que os comportamentos que em outros modelos teóricos das ciências sociais são apresentados como *naturais* ou consubstanciais ao ser humano (veja como exemplo as teorias do intercâmbio descritas no Capítulo 3) são somente o produto e o resultado das relações de interdependência que acontecem em *figurações* históricas. A socio-

Um dos conceitos fundamentais da obra de Elias é o da *figuração*. Mediante esse conceito, tenta combater a enraizada separação do indivíduo e da sociedade, que impede de pensar em ambos como entidades integradas. Somos ao mesmo tempo indivíduos e sociedade, afirmava Elias. Ele não concebeu o desenvolvimento da sociedade como o resultado de forças estruturais que coagem e moldam a vida das pessoas, mas como processos históricos dos quais os indivíduos são protagonistas. O resultado desses processos sociais são as *figurações*, que podem surgir na relação entre duas pessoas ou a partir de coletividades mais amplas, como a nação. As *figurações* são as formas em que, em um momento específico, as pessoas pensam, atuam e interagem; da mesma maneira, determinam o que é normal e anômalo, o que é devido e o que é indevido.

Elias rejeita a separação entre o micro e o macro, e entre teoria e pesquisa. Da mesma maneira em que não há sociedades sem indivíduos nem indivíduos à margem das sociedades, uma teoria sem dados é estéril, e uma pesquisa sem teoria não tem direcionamento.

As principais idéias de Elias ficaram registradas nos dois volumes de sua obra *El proceso de la civilización, Investigaciones sociogenéticas y psicogenéticas,* publicada originalmente em 1939, onde mostra como as mudanças nos costumes, refletidas nas práticas cotidianas de uma civilização, são o resultado de representações que surgem da interação entre as pessoas. Essas *figurações* vão mudando com o tempo, porque certas condutas e certas idéias começam a ser colocadas em dúvida e são reformuladas.

Entre sua extensa produção traduzida para o espanhol destaca-se, além da obra já citada, *La sociedad cortesana* (1982), *La soledad de los moribundos* (1987), *Sobre el tiempo* (1989), *La sociedad de los indivíduos* (1987), *Deporte y ocio en el proceso de civilización* (1992) e *Sociología fundamental* (1999).

logia de Elias evita tanto o holismo de conceitos como o de sistema quanto o individualismo metodológico. Ambas as concepções se relacionam com a "representação equivocada de que a palavra *indivíduo* se refere a aspectos pessoais existentes fora das relações recíprocas dos homens, fora da *sociedade*, e de que este termo, por sua vez, se refere a algo existente fora dos indivíduos, a um sistema, digamos de papéis ou de ações" (Elias, 1969/93, p. 39).

Mas esta análise da realidade social, como o produto da interdependência das ações individuais, ficaria incompleta sem uma análise histórica destas ações. Um aspecto que faz com que psicólogos sociais como Gergen (1984) incluam Elias como exemplo a ser introduzido em uma psicologia social histórica. Elias defende a historicidade do conhecimento social, e também a imprescindível sociologização do saber histórico.

As *figurações* que menciona são sempre formas de relação historicamente construídas. E isso vale tanto para analisar o conceito e uso do tempo (Elias, 1984) (a idéia e a regulação do tempo em uma sociedade pequena e indiferenciada da Idade Média não é a mesma de uma sociedade industrializada com uma alta divisão social do trabalho) como para estudar o advento do esporte e o lazer em sua forma atual (ambos apresentados como formas não-violentas de enfrentamento entre indivíduos ou grupos rivais, que correspondem às mudanças na estrutura de poder, e como a aceitação social da alternância no poder de grupos políticos rivais, própria do sistema democrático iniciado na Inglaterra do século XVIII). Do mesmo modo, o esporte e o lazer, segundo Elias, respondem à necessidade de que indivíduos educados no controle de seus sentimentos possam exteriorizá-los (Elias, 1986).

Os estudos de Elias, assim como seu tratamento das ciências sociais, além de rótulos retificadores que delimitam arbitrariamente campos do saber científico-social podem contribuir para uma nova forma de compreender a psicologia social. *La sociedad de los individuos* de Elias (1987) constitui assim uma perspectiva de análise possível para uma psicologia social de orientação sociológica, uma perspectiva da qual nos situamos na análise histórica da sociedade e seus indivíduos. Como afirma Elias, referindo-se à sociedade humana e a tudo o que acontece em seu desenvolvimento histórico: *nascido de planos, mas não planejado; movido por fins, mas sem um fim.* A compreensão de Norbert Elias das ciências sociais e sua definição de sociologia são úteis não somente para os sociólogos, mas também para os psicólogos sociais. Suas pesquisas, atendendo ao nível de análise e à perspectiva integradora com a qual se realizam, são psicossociológicas, e deveriam ser consideradas em uma orientação sociológica da psicologia social, além das delimitações insustentáveis sobre os critérios de demarcação entre as ciências sociais. Sua definição da sociologia como estudo pormenorizado das *figurações* presentes nas relações de interdependência ao longo da história coincide plenamente com o que talvez fosse uma concepção sociológica da psicologia social.

O construtivismo estruturalista de Pierre Bourdieu

A obra de Bourdieu é muito extensa, e aqui nos limitaremos a mostrar alguns aspectos de sua sociologia, particularmente os referentes às noções de *campo* e *habitus*. O construtivismo estruturalista de Pierre Bourdieu é outro exemplo contemporâneo de teorização sociológica capaz de superar a oposição entre subjetivismo e objetivismo; entre uma concepção holista radical, em que se postula que a sociedade pode explicar-se à margem das ações dos indivíduos, sendo eles uma conseqüência de relações definidas estruturalmente, e o subjetivismo, no qual se supõe que os indivíduos operam de acordo com sua própria experiência do mundo social, independentemente da estrutura social:

> ...a ciência social não tem que escolher entre essa forma de física social, representada por Durkheim... e a semiologia idealista de Garfinkel, que tem como objeto a realização de um relatório dos relatos e que faz, portanto, apenas o registro de um mundo social que não seria, no limite, algo mais que o produto das estruturas mentais, isto é, lingüísticas.
>
> (Bourdieu, 1979/98, p. 493)

Diante do objetivismo, que pretende estabelecer leis com independência das consciências e motivos dos indivíduos, e do subjetivismo, que dilui a realidade social na experiência imediata dos atores, Bourdieu propõe uma teoria da prática que seja capaz de incluir ambos os processos sem cair em seus extremos.

Dois conceitos-chave para compreender a perspectiva teórica de Pierre Bourdieu são os de *habitus* e *campo*. O *habitus* pode ser considerado um conjunto de disposições permanentes, resultado da internalização da estrutura social. O *habitus* significa um processo de adaptação de nossas percepções, pensamentos e ações às situações objetivas nas quais acontecem. Ele estrutura, portanto, nossas práticas e representações. É o que nos leva a pensar, sentir e atuar de acordo com as condições sociais em que vivemos. Estas disposições tendem a durar e afetam os diferentes *campos* de nossa atividade. Os atores não são atores cujas práticas sejam livremente motivadas.

O *habitus*, como produto da história, dá lugar a práticas individuais e coletivas. Partindo de uma das definições de Bourdieu (1979/98, p. 170):

> Devido ao fato de condições de existência diferentes produzirem *habitus* diferentes... as práticas que geram os *habitus* distintos se apresentam como configurações sistemáticas de propriedades que expressam as diferenças objetivamente inscritas nas condições de existência sob a forma de sistemas de variações diferenciais que, percebidas por agentes dotados dos necessários esquemas de percepção e apreciação, para descobrir, interpretar e avaliar neles as características pertinentes, funcionam como estilos de vida... Estrutura estruturante, que organiza as práticas e a percepção das práticas, o *habitus* é também estrutura estruturada: o princípio de divisão em classes lógicas que organiza a percepção do mundo social é, por sua vez, produto da incorporação da divisão de classes sociais.

O *habitus* é constituído por um conjunto de disposições que refletem o meio social no qual fomos educados e que nos fazem ter determinada maneira de perceber o mundo e certas atitudes comuns. O *habitus* nos permite orientação em nossa vida diária, por isso tem um sentido prático para nossa vida cotidiana.

Com relação ao *campo*, Bourdieu utiliza este conceito para fazer referência a uma *situação dinâmica* em que opera determinado *habitus*. As ações das pessoas, suas práticas particulares, são o resultado da relação entre o *habitus* e o *campo*. Se cada *campo* precisa de um *habitus*, o *habitus* é o que dá sentido e valor a cada *campo*. Quando os indivíduos atuam, o fazem em contextos específicos ou campos. Cada *campo* (o *campo* de produção, *campo* de consumo ou *campos* especializados, como o *campo* esportivo, o artístico, o político, o educativo) organiza-se em função do capital possuído, o que equivale a destacar que diferentes *campos* requerem práticas diferentes ao redor das quais se manifestam oposições entre os que têm o capital específico e os que não o têm, entre dominadores e dominados, possuidores e desprovidos, antigos e recém-chegados. Bourdieu distingue entre diferentes tipos de capital, como o capital econômico (posses e bens materiais), o capital cultural (conhecimento, tal como é adquirido através do sistema de ensino) e capital simbólico (prestígio e honra). Em cada *campo* ocorrem lutas de poder pela distribuição das formas de capital, que incluem a distinção e o poder simbólico. Bourdieu oferece uma visão dinâmica, em que as diferenças e antagonismos entre os agentes e grupos sociais geram tensões em cada *campo* específico. Em cada *campo* se estabelecem separações entre uns e outros grupos, umas classes sociais de outras, em função não só do capital específico a esse *campo* possuído, mas também do poder de definição das práticas adequadas a cada *campo*, o que dota seus praticantes de uma função diferente.

Assim, a sociedade é vista como uma pluralidade de campos onde se manifestam as diferenças e antagonismos sociais. *Habitus* e *campo* mantêm entre si uma relação dialética, de forma que as práticas sociais não podem ser entendidas sem uma referência às tensões entre ambas as dimensões da análise social. As estruturas objetivas e as representações dessas estruturas formam a dinâmica social. As representações das pessoas fazem parte de sua realidade social, da mesma maneira que as estruturas objetivas condicionam a realidade em que vivem. Trata-se, portanto, de uma realidade simbólica e material. Se as estruturas objetivas têm um peso determinante através do *habitus*, isto não significa que Bourdieu defenda a tese de um objetivismo reificado.

As preocupações teóricas de Bourdieu têm seu reflexo na análise da realidade social, como prova em seu estudo de 1979, *La distinción. Criterio y bases sociales del gusto*, onde aborda as diferenças em estilos de vida como critério de diferenciação e distinção social e, em conseqüência, de posição na ordem social. Através do gosto, definido por Bourdieu como sistema de apropriação, material e/ou simbólica de objetos pertencentes a um mesmo *campo* ou a *campos* diferentes, estamos categorizados em grupos diferentes e, inclusive, antagônicos. Pelo gosto, reafirmamos nossa posição em diversos *campos* e, conseqüentemente, na ordem social. Assim, o gosto e as práticas por ele geradas em campos diferentes, definem um estilo de vida que dá posição e poder simbólico, elementos constituintes da distinção.

O enfoque estrutural-construtivista de Bourdieu é uma tentativa de síntese entre as posições objetivistas, entre as quais se destaca o pensamento teórico de Durkheim, e as subjetivistas, entre as quais se destacam o interacionismo simbólico de Blumer, a etnometodologia de Garfinkel e o enfoque fenomenológico de Schutz. Independentemente das críticas a Bourdieu por direcionar o peso de seu enfoque na influência das estruturas na organização da interação, a análise teórica que apresenta tem o máximo interesse para uma integração de níveis de análise social micro e macro:

> Se tivesse de qualificar meu trabalho em duas palavras, isto é, rotulá-lo, como se faz muito hoje, falaria de construtivismo estruturalista ou de estruturalismo construtivista... Por estruturalismo ou estruturalista, quero dizer que existem no próprio mundo social, e não somente nos sistemas simbólicos, linguagem, mito etc., estruturas objetivas, independentes da consciência e da vontade dos agentes, que são capazes de orientar ou coagir suas práticas ou suas representações. Por construtivismo, quero dizer que existe uma gênese social de uma parte dos esquemas de percepção, de pensamento e de ação que são constitutivos do que chamo *habitus*, e por outro lado, das estruturas sociais, em particular, que denomino campos ou grupos, principalmente do que se denomina normalmente classes sociais.
>
> (Bourdieu, 1987/93, p.127)

A psicologia social, ou mais especificamente, o pensamento psicossocial, como perspectiva analítica, deve encarar o debate em que se situa o pensamento de Bourdieu. Este é um problema básico para definir a perspectiva da qual abordar a análise empírica. Sem uma idéia do papel de conceitos tais como os de ação e estrutura, ator intencional e determinação social, objetividade e subjetividade, que definem a dialética das distintas perspectivas em que se integram o macro e o micro como níveis de análise, é difícil abordar a análise empírica da realidade social em sua dupla dimensão individual e social. Nesse sentido, Bourdieu oferece uma teoria da prática em que estão presentes os determinantes estruturais da ação social cotidiana e a interpretação subjetiva destas ações por parte dos indivíduos que participam delas. As noções descritas de *habitus* e *campo* pretendem dar resposta a essa dupla dimensão do mundo social: objetiva e subjetiva.

O DESENVOLVIMENTO METODOLÓGICO DA PSICOLOGIA SOCIAL ATUAL

Como vimos ao longo deste livro, no mesmo instante em que as ciências sociais começaram a adquirir uma identidade diferenciada da filosofia, seu desenvolvimento esteve marcado por uma tensão entre duas concepções epistemológicas opostas e dificilmente reconciliáveis. De um lado, a concepção positivista, que se apóia no princípio de que existe um método comum a todas as ciências. De outro, a tradição idealista, da qual se defendia a especificidade do objeto de estudo das ciências sociais, e se exigia uma concepção epistemológica e metodológica própria. Embora a tensão entre o objetivismo e o subjetivismo, entre a explicação e a compreensão, entre o conhecimento generalizante e o conhecimento particularista, tivesse acompanhado sempre as ciências sociais, durante o período no qual a filosofia da ciência esteve dominada pelo positivismo, a psicologia social, especialmente a psicologia social psicológica, preferiu principalmente o modelo científico-natural. Sob a influência da Escola da Gestalt e do neobehaviorismo, aceitou-se sem muitas reservas o modelo de ciência imposto pelo positivismo e o empirismo lógico. A pesquisa hipotético-dedutiva, voltada à comprovação experimental de hipótese, tornou-se o traço essencial de uma psicologia social cada vez mais parecida com a psicologia experimental. A hegemonia do neopositivismo dificultou o desenvolvimento de concepções alternativas da disciplina, até começar a entrar em crise nos anos 1960.

Depois de ter sido aceita de maneira generalizada durante décadas, a tese da unidade da ciência começou a ser fortemente questionada, e voltaram a surgir as dúvidas sobre a adequação do modelo científico-natural para tratar o objeto de estudo das ciências sociais. Neste contexto, os debates desencadeados, durante a crise da psicologia social, pelo uso do experimento de laboratório e pela utilização de técnicas de pesquisa quantitativas ou qualitativas, foram a expressão de uma tensão que continua sendo um dos traços do cenário atual da psicologia social.

Críticas à experimentação

Embora o experimento de laboratório continuasse e continue sendo o método de pesquisa predominante na psicologia social psicológica, sua utilização começou a gerar um forte descontentamento, que se manifestou especialmente durante a década de 1970. Às críticas geradas pela experimentação durante os anos 1960, dirigidas fundamentalmente à falta de validade interna (Orne, 1962; Rosenthal, 1966) e à falta de ética de muitos dos delineamentos utilizados (Kelman, 1967), somou-se durante a década de 1970 outro conjunto de críticas que questionavam a própria legitimidade do experimento como método de estudo da psicologia social. De fato, o mal-estar provocado pelo uso que se fez da experimentação foi um dos desencadeantes da crise da disciplina durante esse período. Um artigo de Ring (1967), em que se criticava a falta de relevância do conhecimento gerado pela psicologia social e em que se atribuía este problema ao excessivo interesse pelo delineamento dos experimentos, serviu para reavivar um debate que, embora tivesse existido sempre, havia permanecido em silêncio durante décadas pelo predomínio do neopositivismo.

A artificialidade da situação experimental, em que a pessoa é obrigada a praticar condutas que não praticaria em situações cotidianas; o uso de definições operacionais dos conceitos; o isolamento de variáveis que no mundo social se encontram estreitamente relacionadas umas com as outras, com a conseqüente impossibilidade de reproduzir no laboratório toda a complexidade da vida social; o esquecimento das variáveis de personalidade que habitualmente limitam a relação entre a variável dependente e a independente; a artificialidade das relações entre o pesquisador e os indivíduos pesquisados; o tipo de amostras utilizadas, em que predominam os estudantes universitários e nas quais é muito pouco provável que se encontrem representadas pessoas de baixo nível educacional ou do meio rural; estas foram algumas das principais críticas dirigidas ao experimento de laboratório durante a crise da psicologia social (Armistead, 1974; Blumer, 1969; Gergen, 1978; Harré e Secord, 1972; Jahoda, 1979).

Tratava-se, afinal, da expressão de um forte descontentamento com a escassa relevância social do conhecimento que a disciplina havia gerado, ao qual se atribuía o fato de a psicologia social somente ter dado atenção àqueles fenômenos que podiam ser abordados experimentalmente. Esta crítica ao experimento de laboratório não seria particular da psicologia social, mas ficaria refletida nas ciências sociais em geral (veja Gouldner, 1970).

Embora as polêmicas desatadas pela utilização do experimento de laboratório não sejam atualmente tão inflamadas como o foram durante a crise da psicologia social, a experimentação continua gerando uma forte crítica em alguns âmbitos da disciplina. Do relativismo epistemológico que caracteriza a psicologia social pós-moderna, por exemplo, autores como Gergen (1982, 1988a, 1997) rejeitam a idéia de que a psicologia social deva avançar autocorretivamente, mediante a confirmação ou o falsificacionismo de hipóteses derivadas de uma teoria. Como não há nenhuma forma privilegiada de acesso à realidade, a pesquisa hipotético-dedutiva, envolvida nos delineamentos experimentais, é considerada, pelo construcionismo social, uma forma ingênua de representacionismo. Também a partir do enfoque retórico de Billig (1987, 1988, 1990) questiona-se a utilidade da experimentação, por limitar o desenvolvimento teórico da disciplina. Segundo Billig, não só não existem critérios objetivos para resolver as freqüentes contradições provocadas pela pesquisa experimental, mas também o conhecimento da psicologia social experimental não provou ser superior ao obtido mediante a argumentação retórica. Do mesmo modo, os analistas do discurso (Potter e Wetherell, 1987) criticam os experimentos porque o contexto de laboratório impõe uma consistência artificial nas condutas dos indivíduos observados, impedindo analisar a variabilidade de seus discursos.

Inicialmente, as críticas ao experimento de laboratório não afetaram de forma significativa a psicologia social experimental. Embora o modelo de experimentação dominante nos anos 1960, inspirado na teoria da dissonância cognitiva, fosse perdendo hegemonia durante os anos 1970, isto não foi provocado unicamente pelas críticas dirigidas à falta de ética de muitos dos delineamentos utilizados, mas devido, sobretudo, às mudanças no campo teórico. O fato de a teoria da dissonância cognitiva perder hegemonia e as teorias da atribuição causal assumirem um papel central, assim como o volume que começaram a tomar as pesquisas sobre cognição social, fez com que diminuíssem os experimentos sobre *condescendência forçada*, e aumentassem muito os experimentos sobre resolução de problemas e tomada de decisões, nos quais os indivíduos têm que reconhecer, classificar, lembrar ou avaliar estímulos (Aronson, Brewer e Carlsmith, 1985).

Como foi ressaltado no início deste capítulo, o desenvolvimento do enfoque do processamento da informação não significou uma ruptura radical com os esquemas epistemológicos e metodológicos do positivismo lógico. Embora a nova psicologia cognitiva envolvesse certa rejeição do princípio positivista do fisicalismo, que levou os behavoristas a concentrarem-se exclusivamente no comportamento observável, o que não se rejeitou foi o esquema de pesquisa importado das ciências naturais. A pesquisa hipotético-dedutiva, voltada a testar as hipóteses derivadas das teorias, e o experimento de laboratório, como principal procedimento de contraste com o mundo empírico, foram e continuam sendo as premissas que orientam grande parte da pesquisa em psicologia e em psicologia social. Basta analisar o conteúdo das duas últimas edições do *Handbook of social psychology* (1985, 1998), para concluir que as polêmicas geradas pelo uso deste método tiveram um efeito muito limitado no desenvolvimento da psicologia social.

O experimento de laboratório também continuou sendo a opção metodológica mais escolhida nas pesquisas inspiradas pelas principais teorias da psicologia social européia, à exceção da teoria das representações sociais, caracterizada por uma maior pluralidade metodológica (veja Flick, 1998). De fato, a psicologia social européia não se caracterizou por uma rejeição à experimentação, embora tivesse sido receptiva à utilização de outros métodos de pesquisa, como acabamos de mencionar. Ainda que a reflexão sobre a utilização do método experimental ocupasse um lugar central nos debates durante a crise, no contexto da psicologia social européia a proposta não era o abandono deste método, mas sua utilização mais adequada, de modo que fosse possível obter um maior reconhecimento do caráter social da disciplina. Um exemplo desta posição está nas reflexões de um dos psicólogos sociais que maior influência exerceu sobre a psicologia social atual, Henri Tajfel (1981), que em seu trabalho, *Experimentos en el vacío*, atribuía a falta de relevância da psicologia social experimental ao vácuo social no qual este método era aplicado. A artificialidade e a falta de relevância dos experimentos não eram, necessariamente, uma conseqüência do método. Era devido, segundo Tajfel, ao fato de as teorias utilizadas para estudar a realidade social não serem verdadeiramente psicossociais. Para Tajfel, o objetivo da psicologia social consistia em obter uma integração entre os determinantes psicológicos e sociais do comportamento. Se não se conseguia tal integração nas teorias, dificilmente se poderia obtê-la nos delineamentos experimentais. Por outro lado, Tajfel sublinhava o alcance limitado dos resultados da experimentação, que sempre deveriam ser interpretados e acompanhados de uma análise do contexto social em que se produzem.

> Portanto, a esfera restrita de aplicabilidade dos dados dos experimentos da psicologia social tem três conseqüências principais. Em primeiro lugar, situa-os em uma categoria especial que não se relaciona nem com o caso individual, cientificamente irrelevante, nem com o caso geral ideal e inalcançável. Em segundo lugar, o alcance médio destes dados significa que, a menos que se especifiquem as características de seu contexto, os dados não podem nem confirmar nem invalidar a lei geral. Em terceiro lugar, estas características são, de modo inequívoco, parte e parcela do delineamento experimental. Portanto, uma descrição das condições de um experimento deve incluir a análise ou a descrição daqueles aspectos do contexto social que o pesquisador considera relevantes em relação às conclusões que obtém; qualquer conclusão a respeito da confirmação ou invalidação de sua hipótese tem que relacionar-se também com essas condições.
>
> (Tajfel, 1981/84; p. 43)

Uma posição semelhante é a que adotaram Willem Doise e seus colaboradores da Escola de Genebra (veja Doise, 1980; Doise, Deschamps e Mugny, 1985). Com relação à artificialidade da situação experimental, Doise destaca que o objetivo principal da situação experimental não é a reprodução da realidade social, mas a simulação de uma teoria sobre ela. Este aspecto é compartilhado por outros psicólogos sociais aos quais nos referimos antes, como Turner (1988). Nesse sentido, e de acordo com estes autores, a psicologia social não deve preocupar-se com o fato de que um experimento represente a realidade, mas sim que represente uma teoria. A situação experimental, segundo Doise, não pode aspirar a abranger toda a complexidade da realidade social em determinado momento histórico. Entretanto, o experimento psicossociológico deve procurar a articulação de processos individuais e coletivos, o qual só será obtido através de uma técnica experimental apropriada. Neste ponto, a defesa que se faz do método experimental da Escola de Genebra se afasta da linha de argumentação aberta por Tajfel. Enquanto, para este autor, a articulação entre processos individuais e coletivos só será obtida se os resultados experimentais forem integrados em uma reflexão mais ampla sobre o contexto social em que se obtém, para os psicólogos sociais da Escola de Genebra, a articulação entre ambos os níveis de análise se tornam um problema técnico que pode ser resolvido no laboratório. Algo que se refletirá, como é lógico, no trabalho experimental inspirado por esta escola.

A questão a ser discutida não é, entretanto, se o experimento deve representar ou não a realidade, ou se sua única pretensão é a reconstrução das condições nas quais se valida determinada teoria.

A questão mais relevante é se o experimento deve ser considerado uma estratégia metodológica mais ao serviço da pesquisa, ou como um fim em si mesmo. No primeiro caso, os dados procedentes da experimentação seriam somente uma parte, e provavelmente não a única, de um processo mais amplo em que o objetivo final é a análise da realidade social. No segundo caso, os resultados experimentais só nos oferecem informações sobre se determinadas hipóteses derivadas de uma teoria foram confirmadas ou, pelo menos, não foram falseadas; nesse sentido, os dados experimentais seriam o resultado final de pesquisas que encontram sua legitimidade na aplicação rigorosa dos procedimentos e normas metodológicas e técnicas. Como representação de uma teoria, o experimento só poderia proporcionar um conhecimento essencial sobre a realidade social se os dados experimentais pudessem ser utilizados como pequenas peças empíricas que obtêm seu sentido quando passam a fazer parte de uma trama mais complexa de informação procedente de vários experimentos. Esta forma de entender a experimentação está baseada na crença de que, como ocorre nas ciências naturais, o progresso científico avança de forma acumulativa, mediante a integração de resultados procedentes de estudos isolados que têm sentido como contribuições a uma empresa coletiva de maior alcance. É discutível, entretanto, que este modelo de ciência possa ser transferido simplesmente para a psicologia social.

A polêmica com relação à metodologia quantitativa ou qualitativa

Outra das grandes polêmicas metodológicas da psicologia social é a que enfrentaram os partidários da pesquisa quantitativa e os defensores da pesquisa qualitativa. Como já vimos, à medida que as diferentes versões derivadas do positivismo foram se impondo como concepções epistemológicas dominantes, a pesquisa foi adquirindo um caráter predominantemente quantitativo, enquanto a utilização de técnicas qualitativas foi relegada a âmbitos minoritários da psicologia social. Depois de um período de certo ecletismo metodológico, no qual a coexistência de ambas as formas de pesquisa não motivou mais do que tensão, no final da década de 1930 o enfrentamento entre os partidários e os detratores destes procedimentos gerou uma forte polêmica que, com exceção de um período de colaboração durante a Segunda Guerra Mundial, continua até o momento atual. As disputas metodológicas que se iniciaram nesta época na Escola de Chicago são um exemplo dessas polêmicas. Mesmo havendo um período no qual, devido à hegemonia das teses neopositivistas, a tensão parecia ter se resolvido a favor dos partidários da pesquisa quantitativa, esta situação começou a mudar durante a década de 1960, e era completamente diferente na década de 1970, quando, no contexto da crise da psicologia social, as técnicas quantitativas se tornaram um dos principais alvos das críticas dirigidas ao modelo de ciência positivista. Em geral, pode-se dizer que foram três as posições que este debate gerou: as duas primeiras representam a utilização exclusiva de determinado tipo de técnicas de pesquisa, sejam quantitativas sejam qualitativas, enquanto a terceira representa a articulação de ambas.

Para os defensores da pesquisa quantitativa, os procedimentos qualitativos são uma forma de pesquisa pouco rigorosa, que não cumpre os requisitos de cientificidade necessários. A análise de casos ou de amostras muito reduzidas é considerada incompatível com a pretensão positivista de generalizar o conhecimento científico e estabelecer leis universais sobre o comportamento humano. Por outro lado, por não existirem instrumentos de medida padronizados nem critérios externos de objetividade, considera-se que os pesquisadores introduzem grandes doses de subjetividade no processo de pesquisa, algo muito rejeitado por uma concepção naturalista do conhecimento científico. Também questiona-se a cientificidade do enfoque compreensivo, no qual o pesquisador tenta adotar o ponto de vista dos indivíduos pesquisados, por ser considerado incompatível com a exigência de distanciamento da realidade analisada. Embora as concepções da ciência derivadas do movimento positivista não tenham atualmente a força que tiveram há várias décadas, a pesquisa qualitativa continua sendo percebida por amplos setores da psicologia social como uma opção metodológica menor, o que faz com que, no melhor dos casos, seja ignorada. Um exemplo disto está nas duas últimas edições do *Handbook of social psychology* (1985, 1998), onde quase não há referências às polêmicas metodológicas desenvolvidas no contexto da psicologia social. Também não há nenhum capítulo dedicado às técnicas de pesquisa qualitativa, apesar do desenvolvimento que experimentaram nas últimas décadas. Nem mesmo na análise histórica de Jones (1985, 1998) da psicologia social, não há nenhuma referência à metodologia qualitativa, apesar de se dedicarem várias seções à medição de atitudes, à pesquisa de opinião pública, à sociometria, aos métodos de observação e à experimentação. De fato, a única referência explícita que se faz na edição de 1985 ao uso de técnicas de pesquisa qualitativas, mencionada no capítulo dedicado à avaliação de programas (Cook, Leviton e Shadish, 1985), desapareceu na edição de 1998.

No outro extremo da polêmica se encontram aqueles que defendem a utilização exclusiva de técnicas de pesquisa qualitativas. Como acabamos de destacar, foi a partir dos anos 1960 que assistimos a um desenvolvimento sem precedentes do enfoque qualitativo, que se viu enormemente impulsionado pela crise do neopositivismo, e pelo desenvolvimento de correntes teóricas durante esta etapa como o interacionismo simbólico, o enfoque etogênico, o enfoque dramatúrgico, a sociologia fenomenológica ou a etnometodologia. Começaram a ser cada vez mais utilizadas técnicas como a entrevista detalhada, a história de vida, a observação participante ou o grupo de discussão. É uma tendência que se observou fundamentalmente no contexto da psicologia social sociológica, embora, de fato, tivesse começado antes em outras ciências sociais, como a antropologia, a sociologia, a educação etc. (veja Denzin e Lincoln, 1994; Vidich e Lyman, 1994). Para quem rejeitava o modelo de ciência do positivismo, as técnicas de pesquisa de caráter qualitativo eram uma opção metodológica mais apropriada para alcançar uma compreensão da dimensão simbólica da ação social. A partir destes enfoques, renunciava-se à explicação nomológico-dedutiva própria do positivismo, e se reivindicava a adoção de uma perspectiva hermenêutica, com a qual fosse possível obter uma adequada compreensão da realidade social. Diante da separação que os positivistas buscavam, entre o pesquisador e os fenômenos estudados, os defensores da estratégia qualitativa enfatizam a especial relação que o cientista social mantém com a realidade analisada e, retomando algumas idéias de Dilthey (veja o Capítulo 1), reivindicam a *Verstehen* como a forma de estudo mais adequada. A idéia de que o pesquisador não deve impor suas próprias categorias analíticas à realidade que está estudando faz com que a pesquisa hipotético-dedutiva, em que as hipóteses teóricas guiam a pesquisa, seja substituída pela pesquisa indutiva, em que a análise da realidade se efetua sem esquemas teóricos preconcebidos. Como é claro, nestas abordagens não se encaixava a pretensão de explicar o comportamento humano em termos de regularidades estatísticas. Seguindo autores como Blumer (1969) ou Cicourel (1964), os partidários da pesquisa qualitativa questionaram a legitimidade da operacionalização dos conceitos e da medição. A utilização de escalas de atitude e de outros instrumentos de medida costumava ser realizada, segundo estes autores, partindo de um profundo desconhecimento dos fenômenos estudados, e levava os pesquisadores a impor seus próprios significados à realidade que estudavam. Diante dos requisitos de objetividade sobre os quais descansava a quantificação, estas críticas deixavam em aberto a enorme carga subjetiva da medição em ciências sociais, uma crítica que permaneceu central nos debates metodológicos, não só em psicologia social, mas também nas ciências sociais em geral (veja Ibáñez, 1985).

A preferência exclusiva pela pesquisa qualitativa é atualmente um dos traços diferenciadores de algumas das correntes teóricas pós-modernas, como a análise do discurso ou a análise das conversações. A defesa da metodologia qualitativa realizada segundo estes enfoques apresenta, entretanto, alguns elementos novos.

Por um lado, a rejeição ao positivismo provocou um deslocamento para um relativismo epistemológico, a partir do qual se questiona a suposta superioridade do conhecimento proporcionado pelas ciências sociais. Foi no contexto da antropologia que começou a gestação da nova visão da pesquisa qualitativa, sendo um dos pontos de partida os trabalhos de Clifford Geertz (1973, 1983), nos quais se criticava a autoproclamada superioridade da forma pela qual tradicionalmente era realizada a pesquisa antropológica. Os antropólogos ocidentais, segundo Geertz, analisaram outras culturas sob o ângulo de seus próprios valores, e ignoraram os relatos dos membros dessas culturas. Ao colocar em dúvida o fato de o antropólogo ter uma voz privilegiada para interpretar outras culturas, os trabalhos de Geertz levantaram uma série de debates cujo objetivo não era mais discutir a idoneidade das técnicas de pesquisa qualitativas como formas de conhecimento científico, mas questionar a existência de qualquer forma privilegiada de acesso à realidade. A expressão destas polêmicas foi enormemente favorecida pela fragmentação no âmbito da filosofia da ciência e pelo surgimento de novas correntes na sociologia da ciência. Em psicologia social, temos um claro exemplo desta posição no construcionismo social de Keneth Gergen, que se inspira no neopragmatismo de Richard Rorty para negar que exista uma correspondência entre o conhecimento gerado pelas ciências sociais e a realidade que este conhecimento diz representar.

Um segundo elemento que caracteriza a concepção atual da metodologia qualitativa é sua consideração como uma forma de liberação diante do poder que está por trás das estratégias de pesquisa positivista. Partindo de uma posição crítica, seus representantes revelam a associação entre a ciência e o poder político e econômico, embora tal associação pareça observar-se unicamente nos âmbitos em que se utilizam procedimentos de pesquisa experimentais e/ou quantitativos. Um exemplo desta vinculação entre o poder e a pesquisa quantitativa está na forma com que os organismos governamentais manipulam os dados estatísticos que apresentam à população, embora com a aparência de objetividade científica (veja Potter, 1998). É uma reflexão que não carece de fundamento, mas que pode ser aplicada igualmente a qualquer técnica de pesquisa, porque a submissão da pesquisa científica ao poder deriva do caráter institucional da ciência, mais que das técnicas de pesquisa utilizadas. Seria ingênuo pensar que o simples fato de utilizar técnicas de pesquisa qualitativas vai garantir a independência da atividade científica. De forma inversa, podemos cometer o engano de pensar que a partir de abordagens quantitativas não possa ser elaborada uma psicologia social crítica.

Nesse sentido, é suficiente lembrar as pesquisas de Martín-Baró (1998), nas quais a utilização da metodologia do levantamento e sua análise quantitativa serviram para reivindicar a função do psicólogo social como desmascarador da ideologia, e para que os próprios salvadorenhos tomassem consciência do estado de opressão em que viviam.

A adoção de uma posição metodológica excludente, seja qual for a forma de pesquisa priorizada, costuma estar fundamentada na idéia de que existe uma indissolúvel associação entre as técnicas de investigação utilizadas e concepções epistemológicas e ontológicas que as originam. A utilização de técnicas quantitativas se identifica com um esquema de cientificidade positivista, com a pesquisa hipotético-dedutiva, com a busca da objetividade, com a separação nítida entre o pesquisador e a realidade pesquisada, e com uma concepção mecanicista da pessoa e da ação social. Costuma-se vincular a pesquisa qualitativa à adoção de um esquema fenomenológico e hermenêutico, ao método indutivo, à análise da subjetividade, e ao reconhecimento da capacidade de ação e do caráter simbólico da ação social. Em outras palavras, a utilização da pesquisa quantitativa estaria ligada ao modelo das ciências naturais, enquanto a pesquisa qualitativa se realizaria a partir da reivindicação de um modelo específico para as ciências sociais. A adoção de uma posição extrema no debate quantitativo/qualitativo significa, portanto, muito mais do que a preferência por um ou outro tipo de técnica. O enfrentamento entre os partidários da utilização exclusiva de qualquer destas formas de pesquisa é, na realidade, mais uma expressão das tensões entre o objetivismo e o subjetivismo que estiveram presentes ao longo da história das ciências sociais.

Diante destas posições extremas, cada vez mais são os autores que defendem uma superação desta dicotomia e a adoção de uma posição metodológica que nos permita articular elementos de ambas as tradições (veja Reichhardt e Cook, 1986). Uma idéia que somente poderá se manter se se considerar que determinado tipo de técnica de pesquisa possa ser utilizado sem aceitar todas e cada uma das premissas epistemológicas às quais tradicionalmente esteve vinculada. Nem a pesquisa qualitativa se inscreve necessariamente no paradigma hermenêutico, nem a utilização de procedimentos quantitativos envolve assumir os postulados do positivismo. Não existe uma interdependência absoluta entre o método, entendido como a estratégia utilizada para realizar uma pesquisa, e a técnica com a qual se obtém informação empírica. Não existe nenhum motivo pelo qual a pesquisa qualitativa não possa ser utilizada para confirmar hipóteses derivadas de uma teoria (veja Brymann, 1988), do mesmo modo que não há razão para que os procedimentos quantitativos não possam fazer parte de uma pesquisa exploratória e indutiva.

Também não existe uma necessária associação entre os procedimentos de pesquisa utilizados e a concepção de pessoa da qual partimos. O reconhecimento da capacidade de ação e do caráter simbólico da ação não é um patrimônio exclusivo da pesquisa qualitativa, nem a análise de dados quantitativos envolve necessariamente uma concepção mecanicista da pessoa. Apresentaremos somente dois exemplos, mencionando as reflexões metodológicas de autores como Pierre Bourdieu e Sheldom Stryker. No primeiro caso, embora o autor tivesse utilizado dados de pesquisa de opinião em seu estudo sobre *La distinción*, sua análise da relação entre o gosto e a classe social afasta-se claramente de um modelo de ciência positivista e de uma concepção mecanicista da ação humana. Por seu lado, Sheldom Stryker tampouco considera que a pesquisa quantitativa seja incompatível com a concepção da pessoa sobre a qual se apóia o interacionismo simbólico. De fato, chega a afirmar (Stryker, 1980, p. 84-5) que sua versão do interacionismo simbólico "é muito mais compatível com noções e métodos convencionais da ciência do que algumas outras alternativas; nada nela se opõe à utilização de modelos e técnicas de análise matemáticas e estatísticas, procedimentos de medição rigorosos ou de um modo de teorizar de caráter dedutivo". Algo que já havia sido reivindicado durante os anos 1960 pelo interacionismo simbólico da escola de Iowa (Kuhn, 1964) (veja o Capítulo 4).

A elaboração de uma estratégia metodológica conciliadora, em que se articulam elementos das duas concepções que tradicionalmente estiveram em oposição, é provavelmente o caminho mais adequado para obter um conhecimento essencial sobre a realidade social. A escolha dos métodos e técnicas de pesquisa deve estar sujeita à natureza do objeto de estudo, e não o contrário.

Depois de uma análise da história da psicologia social, pode ser aplicada a conclusão de Koch (1959) de sua análise da crise da psicologia dos anos 1950: os métodos determinaram as questões que podiam ser abordadas. A aceitação dos ditados metodológicos do positivismo fizeram com que uma parte essencial da realidade social ficasse fora do âmbito de estudo da disciplina. A utilização exclusiva do experimento de laboratório ou da pesquisa quantitativa tornou difícil abordar, por exemplo, o estudo dos significados que a pessoa atribui aos estímulos do meio, e que são parte essencial de suas ações. Algo semelhante pode afirmar-se da utilização exclusiva e excludente da pesquisa qualitativa, já que este tipo de técnica tampouco permite abordar processos macroestruturais que ultrapassam o âmbito da interação social. O delineamento de uma pesquisa deve ser guiado, portanto, pela idéia de que nenhuma técnica é, por si mesma, apropriada ou inapropriada, mas a adequação de cada uma delas depende da forma em que se ajusta à natureza do objeto de estudo.

Resumindo, a rejeição do modelo de ciência derivado do positivismo não envolve, necessariamente, uma adesão às teses de um relativismo epistêmico. Uma análise da história das ciências sociais nos mostra que o caminho mais frutífero para aprofundar-se em nosso conhecimento da realidade social é a articulação entre a pretensão de objetividade do conhecimento científico e o subjetivismo. Temos um bom exemplo disso nas reflexões de Vygotski (veja o Capítulo 3) sobre a crise em que se encontrava a psicologia nos anos 1920, atribuída às tensões entre o objetivismo e o subjetivismo. Outro exemplo está na forma em que Norbert Elias concebeu as relações entre objetividade e subjetividade. Considerando que o cientista social faz parte da realidade que está analisando, o que o levaria a ter um grau especial de envolvimento, Elias (1990) reconhece a necessidade de certo distanciamento com relação aos fenômenos estudados. É esta dialética entre envolvimento e distanciamento que permite o avanço no conhecimento da realidade social. Como nos lembra o próprio Geertz, o reconhecimento de que não é possível obter um conhecimento objetivo da realidade social não deve nos fazer desistir da pretensão de obter esta objetividade.

RESUMO

Durante o período analisado neste capítulo se produziram diferentes acontecimentos que deram lugar a uma maior pluralidade da psicologia social. No âmbito da filosofia e da sociologia da ciência, a crise do neopositivismo esteve associada ao aparecimento de novos enfoques, nos quais se rejeitava o modelo de ciência aceito de modo majoritário durante décadas. Como em outras ciências sociais, a psicologia social respondeu a estas mudanças com uma forte crise, durante a qual se questionaram os fundamentos teóricos e metodológicos que até aquele momento eram aceitos. Os efeitos desta crise foram desiguais, e poderíamos falar de diferentes situações que coexistem na atualidade. Por um lado, a perda de hegemonia do neobehaviorismo gerou uma reorientação da psicologia para o estudo dos processos cognitivos. No próprio paradigma behaviorista, acontecia durante os anos 1970 um maior reconhecimento do papel que os processos mentais desempenham como determinantes do comportamento. Um exemplo destacado desta reorientação está nas contribuições de Albert Bandura.

Depois da crise do behaviorismo, o modelo mais aceito na psicologia para abordar o estudo dos processos mentais foi o paradigma do processamento da informação. Um enfoque que foi importado, quase sem modificações, pela psicologia social durante os anos 1970. Apesar de a emergência da pesquisa sobre cognição social coincidir com a crise da psicologia social, esta área de estudo permaneceu relativamente inalterável diante daquela. Tanto de um modo teórico como metodológico, seus postulados são herdeiros do individualismo metodológico, e o experimento de laboratório continua sendo o procedimento de estudo fundamental. Seu nível de análise é claramente intra-individual. Aqui poderíamos situar a grande maioria dos estudos sobre atribuição, vieses na atribuição e processamento da informação da psicologia social cognitiva, basicamente de origem norte-americana. Ressalta-se que nesse período os estudos sobre atitudes foram desenvolvidos também sob essa ótica, graças ao desenvolvimento das teorias da ação racional e da ação planejada de Icek Ajzen e Martin Fishbein. Em segundo lugar, deve-se mencionar o desenvolvimento da psicologia social européia com autores como Serge Moscovici e Henri Tajfel, assim como Willem Doise, cujo impacto se deve à ênfase na dimensão social do conhecimento psicossocial e à relevância dos estudos e pesquisas realizadas. A teoria da identidade de Tajfel, as teorias das representações sociais e as minorias ativas de Serge Moscovici, ou os trabalhos sobre o desenvolvimento cognitivo de Willem Doise e seus colaboradores da Escola de Genebra, abriram um campo de pesquisas cada vez mais influente na psicologia social contemporânea. De um nível de análise social (interpessoal e intergrupal), suas respectivas teorias refletem uma clara tentativa de relacionar o desenvolvimento da identidade individual, o conhecimento do senso comum, a mudança social e o desenvolvimento cognitivo com o contexto social. Do ponto de vista metodológico, embora se admita a utilização de uma metodologia plural, o experimento de laboratório continua sendo o principal instrumento de análise e apoio para a sua construção teórica. Em terceiro lugar, destaca-se o desenvolvimento de uma psicologia social latino-americana, que a partir de perspectivas teóricas e metodológicas inovadoras se caracteriza pelo seu compromisso com a resolução dos problemas sociais e com a melhoria das condições de vida das classes sociais mais desfavorecidas. Nesta psicologia social, merecem destaque os aportes da psicologia social da liberação e da psicologia social comunitária, onde as contribuições de Ignacio-Martín Baró são de especial relevância. Finalmente, é destacável o desenvolvimento de uma série de correntes teóricas, enquadradas na psicologia social pós-moderna, cujo principal traço de identidade é a rejeição da concepção positivista da ciência. Embora apresentem diferenças entre si, mantêm determinados traços comuns, como a adoção de um enfoque relacional e não-representacionista da linguagem, a crítica a uma concepção naturalista da ciência e à psicologia social experimental, a ênfase na construção social do conhecimento científico, a rejeição da crença em critérios universais de validação do conhecimento, e a aceitação de que a ciência não é superior a outras formas de conhecimento.

Ao mesmo tempo que assistimos a estes desenvolvimentos na psicologia social realizada no contexto da psicologia, a psicologia social sociológica continua sendo representada pelo interacionismo simbólico. Um interacionismo simbólico que apresenta uma especial sensibilidade pela dimensão simbólica do comportamento social e pela influência da estrutura social na construção da identidade. A figura de Sheldom Stryker é chave para entender esta forma de desenvolver as idéias de George Herbert Mead.

Porém, junto com este enfoque teórico, outras teorias sociológicas vão se situando cada vez mais em um nível de análise psicossociológica. Afastadas tanto de uma concepção holista da sociedade como do individualismo metodológico, a teoria da figuração de Norbert Elias, a teoria da estruturação de Anthony Giddens e a teoria do construtivismo estrutural de Pierre Bourdieu abrem um campo de grande interesse para a psicologia social.

Como vimos ao longo dos capítulos deste livro, a psicologia social teve suas origens tanto na psicologia como na sociologia. Assim foi e assim deveria continuar sendo se quisermos construir um saber que responda à diversidade de interesses e perspectivas epistemológicas, teóricas e metodológicas os quais ensinamos e pesquisamos nesta área de conhecimento, que é a psicologia social. Sua definição se dá pelo nível de análise a partir do qual é estudada a realidade social; é sua perspectiva e não seu objeto que guiou sua evolução histórica.

REFERÊNCIAS BIBLIOGRÁFICAS

(As obras com um asterisco à frente foram traduzidas e publicadas também em português.)

Abrams, D. e Hogg, M. A. (1988). Comments on the motivational status of self-steem in social identity and intergroup discrimination. *European Journal of Social Psychology*, 18, 317-34.

Abrams, D. e Hogg, M. A. (ed.) (1999). *Social identity and social cognition*. Oxford: Blackwell.

Abramson, L.Y., Seligman, M. E. P. e Teasdale, J. D. (1978). Learned helplessness in humans: critique and reformulation. *Journal of Abnormal Psychology*, 87, 49-74.

Abrantes, A. A., Silva, N. R., Martins, S. T. F. (2005). *Método histórico-social na psicologia social*. Petrópolis: Ed.Vozes.

Abric, J. C. (1985). La creatividad de los grupos. Em S. Moscovici (ed.). *Psicología social I*. Barcelona: Paidós.

Adorno, Th.W., Frenkel-Brinswik, E., Levinson, D. J. e Sanford, R. N. (1950). *The autoritarian personality*. Nova Iorque: Harper. [Trad. *La personalidad autoritaria*. Buenos Aires: Proyección. 1965.]

★Adorno, Th W. e Horkheimer, M. (1994). La industria cultural. Ilustración como engaño de masas. Em *Dialéctica de la ilustración*. Madrid:Trotta.

★Adorno, Th. W. e Horkheimer, M. (1994). *Dialéctica de la Ilustración*. Madrid: Trotta. [Publicado como edição fotocopiada em 1944, com o título *Fragmentos filosóficos*. Editado como livro em 1947.]

Ajzen, I. (1985). From intentions to actions: A theory of planned behavior. Em J. Kuhl e J. Beckman (eds.). *Action-control: From cognition to behavior* (pp. 11-39). Heidelberg: Springer.

Ajzen, I. (1988). *Attitudes, personality, and Behavior*. Bristol: Open University Press.

Ajzen (2002). Perceived behavioral control, self-efficacy, locus of control, and the theory of planned behavior. *Journal of Applied Social Psychology*, 32, 665-683.

Ajzen, I. (2005). *Attitudes, personality, and Behavior*. (2ª Edição). Bristol: Open University Press.

Ajzen, I. e Fishbein, M. (1970). The prediction of behavior from attitudinal and normative variables. *Journal of Experimental Social Psychology*, 6, 466-87.

Ajzen, I. e Fishbein, M. (1980). *Understanding attitudes and predicting social behavior*. Englewood Cliffs, NJ: Prentice-Hall.

Ajzen, I. e Madden, T. (1986). Prediction of goal-directed behavior: the role of intention, perceived control and prior behavior. *Journal of Experimental Social Psychology*, 22, 453-74.

Alexander, J. (1987). *Twenty lectures*. Nova Iorque: Columbia University Press. [Trad. *Las teorías sociológicas desde la Segunda Guerra Mundial*. Barcelona: Gedisa. 1997.]

Algarabel, S. e Soler, M. J. (1991). Una perspectiva histórica del desarrollo de la metodología experimental en la investigación psicológica. *Revista de Historia de la Psicología,* 12(1), 17-40.

Allport, F. (1920). The influence of the group upon association and thought. *Journal of Experimental Psychology,* 3, 159-182.

Allport, F. (1923). The group fallacy in relation to social science. *The American Journal of Sociology,* 29, 688-706.

Allport, F. (1924). *Social psychology.* Boston: Houghton Mifflin.

Allport, G.W. (1954a). The historical background of social psychology. Em G. Lindzey (ed.). *Handbook of social psychology.* Reading, M.A: Addison-Wesley.

Allport, G.W. (1954b). *The nature of prejudice.* Reading, M.A: Addison-Wesley.

Allport, G. W. (1968). The historical background of social psychology. Em G. Lindzey e E. Aronson (eds.). *Handbook of social psychology.* Reading, M.A.: Addison-Wesley.

Allport, G. W. (1985). The historical background of social psychology. Em G. Lindzey e E. Aronson (eds.). *Handbook of social psychology.* Nova Iorque: Addison Wesley.

Álvaro, J. L. (1992). *Desempleo y bienestar psicológico.* Madrid: Siglo XXI.

Álvaro, J. L. (1995). *Psicología social: perspectivas teóricas y metodológicas.* Madri: Siglo XXI.

Álvaro J. L., Garrido Luque, A. e Torregrosa, J. R. (1996). *Psicología social aplicada.* Madrid: McGraw-Hill.

Álvaro, J. L. (2003) (ed.). Fundamentos sociales del comportamiento humano. Barcelona: Editorial UOC.

Alvira, F., Avia, M. D., Calvo, R. e Morales, J. F. (1981). *Los dos métodos de las ciencias sociales.* Madrid: Centro de Investigaciones Sociológicas.

★Antaki, Ch. e Díaz, F. (2001). Anàlisis de la conversa i processos socials. Un exemple de delicadeza. Em L. Íñiguez (ed.). *El llenguatge en les ciencies humanes i socials.* Barcelona: Universitat Oberta de Catalunya.

Antaki, Ch. e Íñiguez, L. (1996). Un ejercicio de análisis de la conversación: posicionamientos en una entrevista de selección. Em A. J. Gordo e J. L. Linaza (eds.) *Psicologías, discursos y poder.* Madrid: Visor.

Armistead, N. (1974). *Reconstructing social psychology.* Londres: Penguin. [Trad. *La reconstrucción de la psicología social.* Barcelona: Hora. 1983.]

Armitage, C. J. e Conner, M. (2001). Efficacy of the theory of planned behaviour: A meta-analytic review. *British Journal of Social Psychology,* 40, 471 - 499.

Aronson, A. (1997). The theory of cognitive dissonance. Em C. McGarty e S. A. Haslan (eds.). *The message of social psychology.* Cambridge: Blackwell.

Aronson, E. (1969). The theory of cognitive dissonance: a current perspective. Em L. Berkowitz (ed). *Advances in experimental social psychology.* Nova Iorque: Academic Press. Vol. 4.

Aronson, E., Brewer, T. D. e Carlsmith, J. M. (1985). Experimentation in social psychology. Em G. Lindzey e E. Aronson (eds.). *Handbook of social psychology,* 3ª Edição, Vol. 1. Nova Iorque: Random House.

Aronson, E. e Carlsmith, J. M. (1963). Effect of severity of threat on the evaluation of forbidden behavior. *Journal of Abnormal and Social Psychology,* 66, 584-588.

Asch, S. (1946). Forming impressions of personality. *Journal of Abnormal and Social Psychology,* 41, 258-290.

Asch, S. (1951). Effects of group pressure upon the modification and distortion of judgments. Em H. Guetzkow (ed.). *Groups, Leadership and Men*. Pittsburgh: Carnegie Press.

★Asch, S. (1952/1987). *Social psychology*. Oxford: Oxford University Press.

Ash, M. G. (1995). *Gestalt psychology in German culture 1890-1967. Holism and the quest for objectivity*. Cambridge: Cambridge University Press.

Axson, D. (1989). A contextualist approach to the tension between intrapsychic and impression management models of behaviour. Em M. R. Leary (ed.). *The state of social psychology. Issues, themes, and controversies*. Londres: Sage.

Ayer, A. (ed.). (1965). *El positivismo lógico*. México: Fondo de Cultura Económica.

Baldwin, J. D. (1986). *George Herbert Mead. A unifying theory for sociology*. Londres: Sage.

Banchs, M. A. (1994a). La psicología social en Venezuela, realidad y representación (extractos da entrevista a José Miguel Salazar). *Anthropos*, 156, 77-82.

Banchs, M. A. (1994b). Las representaciones sociales: sugerencias sobre una alternativa teórica y un rol posible para los psicólogos sociales en Latinoamérica. *Anthropos*, 44, 15-19.

Banchs, M. A. (1994c). La propuesta teórica de Ignacio Martín-Baró para una psicología social latinoamericana. *Anthropos*, 156, 49-53.

Bandura, A. (1977a). *Social learning theory*. Nova Iorque: General Learning Press. [Trad. *Teoría del aprendizaje social*. Madrid: Espasa Calpe. 1982.]

Bandura, A. (1977b). Self-efficacy: Toward a unifying theory of behavioral change. *Psychological Review*, 84(2), 191-215.

Bandura, A. (1986). *Social foundations of thought and action: A social-cognitive theory*. [Trad. *Pensamiento y acción. Fundamentos sociales*. Barcelona: Martínez Roca. 1987.]

Bandura, A. (1995). Comments on the crusade against the causal efficacy of human thought. *Journal of Behavior Therapy and Experimental Psychiatry*, 26(3), 179-190.

Bandura, A. (1997). *Self-efficacy: The exercise of control*. Nova Iorque: W.H. Freeman.

Bandura, A. (2001). Social cognitive theory: An agentic perspective. *Annual Review of Psychology*, 52, 1-26.

Bandura, A. (2002). Social cognitive theory in cultural context. *Journal of Applied Psychology: An International Review*, 51, 269-290.

Bandura, A. e Mischel, W. (1965). Modification of self-imposed delay of reward through exposure to live and symbolic models. *Journal of Personality and Social Psychology*, 2, 698-705.

Bandura, A. e Walters, R. H. (1963). *Social Learning and Personality Development*. Nova Iorque: Holt. [Trad. *Aprendizaje Social y Desarrollo de la Personalidad*. Madrid: Alianza, 1974.]

Barker, R., Dembo, T. e Lewin, K. (1941). Frustration and regression: An experiment with young children. *University of Iowa Studies in Child Welfare*, 18, n° 1.

Bar-Tal, D. e Bar-Tal, Y. (1988). A new perspective for social psychology. Em D. Bar-Tal e A. Kruglanski (eds.). *The social psychology of knowledge*. Cambridge: Cambridge University Press.

Bartlett, F. (1932). *Remembering. A study in experimental and social psychology*. Cambridge: Cambridge University Press. [Trad. *Recordar*. Madrid: Alianza Editorial. 1995.]

Bateson, G. (1941). The frustration-aggresion hypothesis and culture. *Psychological Review*, 48, 350-355.

Bautista, A. e Conde, E. (2003). Social representation and the construction of the erotic. Em M. Lavallée, S. Vincent, C. Oullet e C. Garnier (eds.). *Les Représentations sociales. Construction nouvelles*. Montreal: UQAM.

Bejar, R. e Capello, H. (1986). La identidad y carácter nacionales en México. *Revista de Psicología Social*, 1(2), 153-166.

Blanco, A. (1994). Ignacio Martín-Baró: breve semblanza de un psicólogo social. *Anthropos*, 156, 44-48.

Blanco, A. (1998). La coherencia de los compromisos. Em I. Martín-Baró (Edição de A. Blanco) *Psicología de la liberación*. Madrid: Trotta.

Blanco, A. e De la Corte (2003). Psicología social de la violencia: la perspectiva de Ignacio Martín-Baró. Em I. Martín-Baró (Edição de A. Blanco e L. de la Corte). *Poder, ideología y violencia*. Madrid: Trotta.

Bem, D. (1965). An experimental analysis of self-persuasion. *Journal of Experimental Social Psychology*, 1, 199-218.

Bem, D. (1967). Self-perception: An alternative interpretation of cognitive dissonance phenomena. *Psychological Review*, 74, 183-200.

★Berger, P. e Luckmann, T. (1967). *The social construction of reality*. Garden City, N. Y.: Anchor. [Trad.: *La construcción social de la realidad*. Buenos Aires: Amorrortu. 1979.]

Berkowitz, L. (1969). The frustration-aggression hypothesis revisited. Em L. Berkowitz (ed.). *Roots of agression*. Nova Iorque: Atherton Press.

Bernard, L. L. (1924). *Instinct: A study of social psychology*. Nova Iorque: Henry Holt e Company.

Bernard, L. L. (1926). *An introduction to social psychology*. Nova Iorque: Henry Holt e Company.

Billig, M. (1978). *Fascist: a social psychological view of the National Front*. Londres: Academic Press.

Billig, M. (1982). *Ideology and social psychology*. Oxford: Basil Blackwell.

Billig, M. (1987). *Arguing and thinking. A rethorical approach to social psychology.* Cambridge: Cambridge University Press.

Billig, M. (1990). Rethoric of social psychology. Em I. Parker e J. Shoter (eds.). *Deconstructing social psychology*. Londres: Routledge.

Billig, M. (1991). *Ideology and opinions. Studies in rethorical psychology*. Londres: Sage.

Billig, M. (1995). *Banal nationalism*. Londres: Sage.

Billig, M. (1997). Discursive, rethorical, and ideological messages. Em G. McGarty e S. A. Haslam (eds.). *The message of social psychology*. Oxford: Blackwell.

Billig, M. (2002). Henri Tajfel's cognitive aspects of prejudice' and the psychology of bigotry. *British Journal of Social Psychology*, 41, 171-188.

Billig, M. e Tajfel, H. (1973). Social categorization and similarity in intergroup behaviour. *European Journal of Social Psychology*, 3, 27-52.

Blanch, J. M. (1982). *Psicologías sociales: Aproximación histórica*. Barcelona: Hora.

Blanco, A. (1988). *Cinco tradiciones en la psicología social.* Madrid: Morata.

Blanco, A. (1991). Introducción: El estudiado equilibrio epistemológico de Kurt Lewin. Em K. Lewin, *Epistemología comparada.* Madrid: Tecnos.

Blau, P. (1964). *Exchange and power in social life.* Nova Iorque: Wiley. [Trad.: *Intercambio y poder en la vida social.* Barcelona: Hora. 1982.]

Blau, P. (1987). Microprocess and macrostructures. Em K. Cook (ed.). *Social exchange theory.* Beverly Hills: Sage.

Bloor, D. (1976). *Knowledge and social imagery.* Chicago: University of Chicago Press [Trad. *Conocimiento e imaginario social.* Barcelona: Gedisa. 1998.]

Blumer, H. (1969). *Symbolic interactionism: Perspective and method.* Englewood Cliffs, NJ: Prentice-Hall. [Trad. *El interaccionismo simbólico: Perspectiva y método.* Hora. 1982.]

Boakes, R. A. (1984). *From Darwin to behaviourism. Psychology and the minds of animals.* Cambridge: Cambridge University Press. [Trad.: *Historia de la psicología animal. De Darwin al conductismo.* Madrid: Alianza Editorial. 1989.]

Bogardus, E. S. (1918). *Essentials of social psychology.* Los Angeles: University of Southern California Press.

Bogardus, E. S. (1924). *Fundamentals of social psychology.* Nova Iorque. Century Company.

Bogardus, E. S. (1925a). Social distance and its origins. *Journal of Applied Sociology,* 9, 216-226.

Bogardus, E. S. (1925b). Measuring social distance. *Journal of Applied Sociology,* 11, 272-287.

Boring, E. G. (1950). *A history of experimental psychology.* Nova Iorque: Appleton. [Trad. *Historia de la psicología experimental.* México: Trillas, 1979.]

Borges, L. O. (2005). Valores de trabalhadores de baixa renda. Em A. Tamayo e J. Porto (eds.). *Valores e comportamento nas organizações.* Petrópolis: Artmed.

Bosi, E. (1996). *Cultura de massa e cultura popular.* Petrópolis: Ed. Vozes.

*Bourdieu, P. (1979). *La distinction.* Paris: Les éditions de minuit. [Trad. *La distinción. Criterio y bases sociales del gusto.* Madrid: Taurus. 1998.]

*Bourdieu, P. (1987). *Choses dites.* Paris: Les éditions de minuit. [Trad. *Cosas dichas.* Barcelona: Gedisa. 1993.]

Bourhis, R. Y., Leyens, J. P., Morales, J. F. e Páez, D. (1996). *Estereotipos, discriminación y relaciones entre grupos.* Madrid: McGraw-Hill.

Brandão, I. e Bomfim, Z. (1999). *Os Jardins da Psicologia Comunitária.* Fortaleza: Editora da UFC.

Brehm, J. W. (1956). Post-decisional changes in the desirability of alternatives. *Journal of Social and Abnormal Psychology,* 52, 384-389.

Brehm, J. W. (1966). *A theory of psychological reactance.* Nova Iorque: Academic.

Brehm, J. W. e Cohen, A. R. (1962). *Explorations in cognitive dissonance.* Nova Iorque: Wiley.

Bridgman, P. W. (1927). *The logic of modern physics.* Nova Iorque: Macmillan.

Brown, R. (1972). *Psicología social.* Madrid: Siglo XXI. [Publicado originalmente en 1965.]

Brown, R. (1978). Divided we fall: an analysis of relations between sections of a factory work-force. Em H. Tajfel (ed.). *Differentation between social groups: studies in the social psychology of intergroup relations*. Londres: Academic Press.

Brown, R. (2000). Social identity: past achievements, current problems and future challenges. *European Journal of Social Psychology*, 30, 745-778.

★Bruner, J. (1995). *Actos de significado. Más allá de la revolución cognitiva*. Madrid: Alianza.

Bruner, J. e Goodman, C. C. (1947). Value and need as organizing factors in perception. *Journal of Abnormal and Social Psychology*, 42, 33-44.

Bruner, J., Goodnow, J. J. e Austin, G. A. (1956). *A study of thinking*. Nova Iorque: Wiley.

Bruner, J. e Postman, L. (1948). Symbolic value as an organizing factor in perception. *Journal of Social Psychology*, 27, 203-208.

Brymann, A. (1988). *Quantity and quality in social research*. Londres: Unwin Hyman.

Bulmer, M. (1984). *The Chicago School of sociology*. Chicago: University of Chicago.

Burton, M. e Kagan, C. (2005). Liberation social psychology: learning from Latin America. *Journal of Community and Applied Social Psychology* (no prelo).

Buss, A. H. (1961). *The psychology of agression*. Nova Iorque: Wiley.

Caballero, J. J. (1997). G. H. Mead y el interaccionismo simbólico. Sociedad y Utopía. *Revista de Ciencias Sociales*, 9, 25-43.

Camino, L. (1996). Uma Abordagem Psicossociológica no Estudo do Comportamento Político. *Psicologia e Sociedade*. 8(1), 16-42.

Camino, L. (2000). Psicologia e Direitos Humanos. Em Conselho Federal de Psicologia (eds). *Psicologia, Ética e Direitos Humanos*. 2ª Edição. São Paulo: Casa do Psicólogo.

Camino, L. (2005). Papel das Ciências Humanas e dos Movimentos Sociais na Construção dos Direitos Humanos. Em G. Tosi (ed) *Direitos Humanos: História, Teoria e Prática*. João Pessoa: Editora Universitária.

Camino, L., Torres, A. R. e Da Costa, J. B. (1995). Voto, Identificación Partidária, Identidad Social y Construcción de la Ciudadania. Em O. D'adamo, V. G. Beaudoux e M. Montero, (eds.). *Psicología de la Acción Política*. Buenos Aires: Paidós.

Camino, L., Lhullier, L. e Sandoval, S. (1997). *Estudos do Comportamento Político: Teoria e Pesquisa*. Florianópolis: Letras Contemporâneas.

Camino, L. e Mendoza, R. (2005) La Psicología Política: Un papel posible. Em A. Herrera, R. R. Romero e G. G. Pérez (eds.). *Aportaciones Brasileñas a la Psicología Latinoamericana*. México: Editora da UNAM.

Camino, L., da Silva, P., Machado, A. e Pereira, C. (2001). A Face Oculta do Racismo no Brasil: Uma Análise Psicossociológica. *Revista de Psicologia Política*. 1(1), 13-36.

Camino, L. e Ismael, E. (2004). A Psicologia social e seu papel ambíguo no estudo da violência e dos processos de exclusão social. Em L. Souza e Z. Araújo (eds.). *Violência e práticas de exclusão*. São Paulo: Casa do Psicólogo.

Camino, L., da Silva, P. e Machado, A. (2004) As novas formas de expressão do preconceito racial no Brasil: Estudos exploratórios. Em M. E. O. Lima e M. E. Pereira (eds.). *Estereótipos, Preconceitos e Discriminação: Perspectivas teóricas e Metodológicas*. Salvador: EDUFBA.

★Campbell, D. e Stanley, J. (1966). *Experimental and quasi-experimental designs for research*. Chicago: Rand McNally e Company. [Trad. *Diseños experimentales y cuasiexperimentales en la investigación social*. Buenos Aires: Amorrortu. 1982.]

Campos, R. H. F. (1999). *Psicologia Social Comunitária: da solidariedade à autonomia*. Petrópolis: Ed. Vozes.

Campos, R. H. F. e Guareschi, P. (2000). *Paradigmas em Psicologia Social: A perspectiva Latino-Americana*. Petrópolis: Ed. Vozes.

Caniato, A. (2003). Ethos cultural autoritario y sufrimiento psicosocial. *Paidéia*, V, 4, 38-49.

Canto, J. M. (1994). *Psicología social e influencia*. Málaga: Aljibe.

Cantor, N. e Mischel, W. (1979). Prototypes in person perception. Em L. Berkowitz (ed.). *Advances in experimental social psychology* (Vol. 12, pp. 3-52). Nova Iorque: Academic Press.

Cantor, N., Mischel, W. e Schwartz, J. (1982). A prototype analysis of psychological situations. *Cognitive Psychology*, 14, 45-77.

Caparrós, A. (1984). *La psicología y sus perfiles. Introducción a la cultura psicológica*. Barcelona: Barcanova.

Carlsmith, J. M. e Freedman, J. L. (1968). Bad decisions and dissonance: Nobody's perfect. R. P. Abelson, E. Aronson, W. J. McGuire, M. T. M. Newcomb, M. J. Rosemberg e P. H. Tannembaum (eds.). *Theories of cognitive dissonance: A sourcebook*. Chicago: Rand McNally.

Carnap, R. (1932/1965). La superación de la metafísica mediante el análisis lógico del lenguaje. Em A. Ayer (ed.) (1965). *El positivismo lógico*. México: Fondo de Cultura Económica.

Carone, I. (2000). Fascismo on the air: estudos frankfurtianos sobre o agitador fascista. *Lua Nova*, 55-56, 195-217.

Carone, I. e Aparecida, M. (2002). *Psicologia social do racismo*. Petrópolis: Ed. Vozes.

Carpintero, H. (1993). La originalidad teórica de Lewin. Em A. Ferrandiz, C. Huici, E. Lafuente e J. F. Morales (eds.). *Kurt Lewin (1890-1947). Una evaluación actual de su significación para la psicología*. Madrid: UNED.

Carpintero, H. (1995). *Historia de las ideas psicológicas*. Madrid: Pirámide.

Cicourel, A. V. (1964). *Method and measurement in sociology*. Glencoe: Free Press. [Trad. *El método y la medida en sociología*. Madrid: Editorial Nacional. 1982.]

Cicourel, A. V. (1973). *Cognitive sociology*. Middlesex: Penguin.

Collier, G., Minton, H. L. e Reynolds, G. (1991). *Currents of thought in American social psychology*. Nova Iorque: Oxford University Press. [Trad. *Escenarios y tendencias de la psicología social*. Madrid: Tecnos, 1996.]

★Comte, A. (1830-1842). *The positive philosophy of August Comte*. Nova Iorque: Calvine Blanchard. [Trad. *Curso de filosofía positiva*. Buenos Aires: Aguilar. 1973.]

Cook, T. D., Levinton, L. C. e Shadish, W. R. (1985). Program Evaluation. Em G. Lindzey e E. Aronson (eds.). *Handbook of social psychology*, 3ª Edição, Vol. 1. Nova Iorque: Random House.

Cooley, C. H. (1902). *Human nature and the social order*. Nova Iorque: Charles Scribner's Soon.

Cooley, C. H. (1909). *Social organization*. Nova Iorque: Charles Scribner's Soon.

Cooley, C. H. (1918). *The social process.* Nova Iorque: Charles Scribners's Soon.

Conner, M. e Armitage, C. J. (1998). Extending the theory of planned behavior: A review and avenues for further research. *Journal of Applied Social Psychology, 28,* 1429-1464.

Cordero, T., Dobles, I. e Pérez, R. (1996). *Dominación social y subjetividad. Contribuciones de la psicología social.* San José: Editorial de la Universidad de Costa Rica.

Corrêa, M. G., Neves, M., Guazzelli, N. M., Guarechi, P., Carlos, S. A. e Gali, T. M. (1998). *Psicologia social contemporânea.* Petrópolis: Ed. Vozes.

Correa, N., Figueroa, H. J.e López, M. (1994). La psicología social: pasión inútil del Estado terapéutico. *Anthropos,* 156, 33-38.

Crespo, E. (1991). Lenguaje y acción. El análisis del discurso. *Interacción social,* 1, 89-101.

Crespo, E. (1995). *Introducción a la psicología social.* Madrid: Universitas.

Crochík, L. (1997). *Preconceito: indivíduo e cultura.* São Paulo: Robe.

Cruz, J. E. (2004). Apuntes sobre el paradigma dominante de la psicología social. *Revista de Estudios Sociales,* 18, 77-88.

Curtis, J. H. (1962). *Psicología social.* Barcelona: Eudeba.

Danziger, K. (1983). Origins and basic principles of Wundt's. *Völkerpsychologie. British Journal of Social Psychology,* 22, 303-313.

Danziger, K. (1985). The origins of the psychological experiment as a social institution. *American Psychologist,* 40(2), 133-140.

Danziger, K. (1992). The origins of experimental social psychology. Em H. Carpintero, E. Lafuente, R. Plas e L. Sprung (eds.). *New studies in the history of psychology and the social sciences.* Valencia: Revista de Historia de la Psicología. Monographs 2.

★Darwin, C. (1859). *Origin of species.* Londres: J. Murray. [Trad. *El origen de las especies.* Madrid: Espasa Calpe. 1988.]

★Darwin, C. (1871). *The descent of man and selection in relation to sex.* Nova Iorque Appleton, 1931. [Trad. *El origen del hombre y la selección en relación al sexo.* Madrid: E.D.A.F.]

De la Corte, L. (2001). *Memoria de un compromiso. La psicología social de Ignacio Martín-Baró.* Bilbao: Descleé de Brouwer.

Dobles, I. (1989). Comentario a la psicología social en América Latina: Desarrollo y tendencias actuales de Maritza Montero. *Revista de Psicología Social,* 4(1), 59-64.

De Paolis, P., Doise, W. e Mugny, G. (1987/91). Social marking in cognitive operations. Em W. Doise e S. Moscovici (eds.). *Current issues in European social psychology,* vol. 2. Cambridge: Cambridge University Press.

Denzin, N. K. (1992). *Symbolic interactionism and cultural studies.* Oxford: Blackwell.

Denzin, N. K. e Lincoln, Y. S. (eds.). (1994). *Handbook of qualitative research.* Londres: Sage.

Deutsch, M. e Gerard, H. B. (1955). A study of normative and informational social influences upon individual judgment. *Journal of Abnormal and Social Psychology,* 51, 629-636.

Deutsch, M. e Krauss, R. M. (1965). *Theories in social psychology.* Nova Iorque: Basic Books. [Trad. *Teorías en psicología social.* México: Paidós. 1985.]

Dilthey, W. (1978). Ideas acerca de una psicología descriptiva y analítica. Em *Psicología y teoría del conocimiento*. México: F.C.E. [Publicado originalmente en 1894.]

★Dilthey, W. (1997). *Teoría de las concepciones del mundo*. Barcelona: Altaya. [Publicado originalmente em 1911.]

Doise, W. (1980). Levels of explanation in the European Journal of Social Psychology. *European Journal of Social Psychology*, 10, 213-231.

Doise, W., Deschamps, J. C. e Mugny, G. (1985). *Psicología social experimental. Autonomía, diferenciación e integración*. Barcelona: Editorial Hispano Europea.

Doise, W., Dionnet, S. e Mugny, G. (1978). Conflict sociocognitif, marquage social et developpement cognitif. *Cahiers de Psychologie*, 21, 231-243.

Doise, W. e Mugny, G. (1991). Veinte años de psicología social en Ginebra. *Anthropos*, 124, 8-24.

Doise, W., Mugny, G. e Pérez, J. A. (1998). The social construction of knowledge: social marking and sociocognitive conflict. Em U. Flick (ed.). *The psychology of the social*. Cambridge: Cambridge University Press.

Dollard, J., Doob, L., Miller, N. E., Mowrer, O. H. e Sears, R. R. (1939). *Frustration and aggression*. New Haven: Yale University Press.

Domenech, M. e Ibáñez, T. (1998). La psicología social como crítica. *Anthropos*, 177, 12-21.

Doms, M. e Moscovici, S. (1985). Innovación e influencia. Em S. Moscovici (ed.). *Psicología social I*. Barcelona: Paidós.

Dunning, E., Murphy, P. e Williams, J. (1986). La violencia de los espectadores en los partidos de fútbol: hacia una explicación psicológica. Em N. Elias e E. Dunning (eds.). *Deporte y ocio en el proceso de civilización*. México: F. C. E. 1992.

Dunlap, K. (1919). Are there any instincts? *Journal of Abnormal and Social Psychology*, 14, 307-311.

★Durkheim, E. (1893). *De la division du travail sociale:étude sur l'organisation des sociétés supérieures*. Paris: Alcan [Trad. *De la división del trabajo social*. Buenos Aires: Shapire. 1973.]

★Durkheim, E. (1895). *Les régles de la méthode socologique*. Paris: Alcan. [Trad. *Las reglas del método sociológico*. Madrid: Akal. 1991.]

★Durkheim, E. (1897). *Le suicide: étude de sociologie*. Paris: Alcan. [Trad. *El suicidio*. Madrid. Akal. 1976.]

★Durkheim, E. (1912). Les formes élémentaires de la vie religieuse: le systéme totémique en Australie. Paris: Alcan. [Trad. *Las formas elementales de la vida religiosa*. Madrid: Akal. 1992.]

Duveen, G. (2001). Social representations. Em C. Fraser e B. Burchell (eds.). *Introducing social psychology*. Cambridge: Polity Press.

Ebbinghaus, H. (1964). *Memory: A contribution to experimental psychology*. Nova Iorque: Dover. [Publicado originalmente en 1885.]

Ebbingaus, H. (1896). On explicative and descriptive psychology. [Über erklärende und beschreibende Psychologie. *Zeitschrift für Physiologie der Sinnesorgane*, IX, 161-205.]

Echebarría, A. (1991). *Psicología social sociocognitiva*. Bilbao: Desclée de Brouwer.

Echeverría, J. (1989). *Introducción a la metodología de la ciencia. La filosofía de la ciencia en el siglo XX*. Barcelona: Barcanova.

Echeverría, J. (1995). *Filosofía de la ciencia*. Madrid: Akal.

Ehrlich, D., Cuttman, I., Schonbach e P. Mills, J. (1957). Post-decisional exposure to relevant information. *Journal of Abnormal and Social Psychology,* 54, 98-102.

Ehrlich, H. J. (1969). Attitudes, behavior and the intervening variables. *American Sociologist,* 4, pp. 29-34.

Eiser, J. R. (1978). Interpersonal attributions. Em H. Tajfel e C. Fraser (eds.). *Introducing social psychology*. Londres: Penguin Books.

★Elias, N. (1939). *Über den Proze der Zivilisation. Soziogenetische und psychogenetische Untersuchungen*. Basel: Haus zum Falken [Trad. *El proceso de civilización. Investigaciones sociogenéticas y psicogenéticas*. Madrid: Fondo de Cultura Económica. 1989.]

★Elias, N. (1969). *Die höfische Gesellschaft*. Darmstadt: Herman Luchterhund Verlag. [Trad. *La sociedad cortesana*. Madrid: Fondo de Cultura Económica. 1993.]

★Elias, N. (1970). *Was ist Soziologie?* Munich: Juventa Verug. [Trad. *Sociología fundamental*. Barcelona: Gedisa. 1999.]

★Elias, N. (1984). *Über die Zeit*. Editado por Michael Schröter. Frankfurt am Main: Suhrkamp [Trad. *Sobre el tiempo*. Madrid: Fondo de Cultura Económica. 1993.]

Elias, N. (1986). *Quest for excitement. Sport and leisure in the civilizating process*. Oxford: Blackwell. [Trad. *Deporte y ocio en el proceso de civilización*. Madrid: Fondo de Cultura Económica. 1992.]

★Elias, N. (1987). *La sociedad de los individuos*. Barcelona: Península.

Elias, N. (1990). *Compromiso y distanciamiento: ensayos de sociología del conocimiento*. Barcelona: Península.

★Elias, N. (1991). *Mozart, sociología de un genio*. Barcelona: Península.

Ellwood, C. A. (1901). *Some prolegomena to social psychology*. Chicago: University of Chicago Press.

Ellwood, C. A. (1912). *Sociology in its psychological aspects*. Nova Iorque: D. Appleton e Company.

Ellwood, C. A. (1917). *An introduction to social psychology*. Nova Iorque: Appleton.

Escovar, L. A. (1977). El psicólogo social y el desarrollo. *Psicología* (UCV, Venezuela). 4 (3-4) 367-377.

Escovar, L. A. (1980). Hacia un modelo psicológico-social del desarrollo. *Boletín de la AVEPSO*, III(1) 1-6.

Estany, A. (1993). *Introducción a la filosofía de la ciencia*. Barcelona: Crítica.

Estes, W. K., Koch, S., MacCorquodale, K., Meehl, P., Mueller, C., Schoenfeld, W. e Verplanck, W. S. (1954). *Modern learning theory*. Nova Iorque: Appleton-Century-Crofts.

Estrada, A. (2004). La psicología social en el concierto de la transdisciplinariedad. Retos latinoamericanos. *Revista de Estudios Sociales*, 18, 51-58.

★Ettinger, E. (1996). *Hannah Arendt y Martin Heidegger*. Madrid: Tusquets.

Fals-Borda, O. (1959). *Acción comunal en una vereda colombiana*. Bogotá: Universidad Nacional de Colombia.

Fals-Borda, O. (1985). *Conocimiento y poder popular*. México: Siglo XXI.

Faris, R. E. L. (1967). *Chicago sociology: 1920-1932*. Nova Iorque: Chandler.

Farr, R. M. (1983). Wilhem Wundt (1832-1920) and the origins of psychology as an experimental and social science. *British Journal of Social Psychology*, 22, 289-301.

Farr, R. M. (1984). Social representations: their role in design and execution of laboratory experiments. Em R. M. Farr e S. Moscovici (eds.). *Social representations.* Cambridge: Cambridge University Press.

Fechner, G. T. (1860). *Elements of psychophysics.* Nova Iorque: Holt.

Feliu, J., Garay, A. I., Martínez, L. M. e Tirado, J. (1998). Hablar de lo dicho. Tránsitos por la psicología social crítica, *Anthropos,* 177, 22-33.

Ferullo, A. G. (2000). *Recorridos en psicología social comunitaria: perspectivas teóricas e intervenciones.* San Miguel de Tucumán: Universidad Nacional de Tucumán, Facultad de Psicología.

Fernández Christlieb, P. (2004). *La sociedad mental.* Barcelona: Anthropos.

Festinger, L. (1954). A theory of social comparison processes. *Human Relations,* 2, 117-140.

★Festinger, L. (1957). *A theory of cognitive dissonance.* Stanford, California: Stanford University Press. [Trad. *Teoría de la disonancia cognitiva.* Madrid: Instituto de Estudios Políticos. 1975.]

Festinger, L. e Carlsmith, J. M. (1959). Cognitive consequences of forced compliance. *Journal of Abnormal and Social Psychology,* 58, 203-210.

Festinger, L., Schachter, S. e Back, K. (1950). *Social pressures in informal groups: A study of human factors in housing.* Nova Iorque: Harper.

Festinger, L., Riecken, H. e Schachter, S. (1956). *When prophecy fails.* Minneapolis: University of Minnesota Press.

★Feyerabend, P. (1970). *Against Method.* Minneapolis. Minnesota Studies for the Philosophy of Science, vol. 4. [Trad. *Tratado contra el método.* Madrid: Tecnos. 1981.]

Fiedler, K. (1982). Causal schemata: review and criticism of research on a popular construct. *Journal of Personality and Social Psychology,* 42, 1001-1013.

Figueroa, C., Goiloea, A., Gramajo, H., Bravo, M. A. e Merida, M. A. (2003). *Psicología social de la violencia política.* Guatemala: Editores Siglo XXI.

Fishbein, M. (1967). Attitude and the prediction of behavior. Em M. Fishbein (ed.). *Reading in attitude theory and measurement.* Nova Iorque: Wiley.

Fishbein, M. e Ajzen, I. (1972). Attitudes and opinions. *Annual Review of Psychology,* 23, 487-544.

Fishbein, M. e Ajzen, I. (1975). *Belief, Attitude, Intention, and Behavior: An Introduction to Theory and Research.* Reading, MA: Addison-Wesley.

Fisher, R. A. (1925). *Statistical methods for research workers.* [Trad. *Métodos estatísticos para investigadores.* Madrid: Aguilar. 1949.]

Fisher, R. A. (1935). *The designs of experiments.* Edinburgh: Oliver and Boyd.

Fiske, S. T., Kitayama, S., Markus, H. R. e Nisbett, R. E. (1998). The cultural matrix of social psychology. Em D. T. Gilbert, S. T. Fiske e G. Lindzey (eds). *Handbook of social psychology,* 4ª Edição, Vol. 2. Nova Iorque: Random House.

Fiske, S. T. e Taylor, S. E. (1991). *Social cognition.* Londres: Addison-Wesley.

Flick, U. (1998). *The psychology of the social.* Cambridge: Cambridge University Press.

Fraser, C. (1986/94). Attitudes, social representations and widespread beliefs. *Papers on Social Representations,* 3, 13-25.

Fraser, C. e Gaskel, P. (1990). *The social and psychological study of widespread beliefs.* Oxford: Cloredon Press.

Freire, P. (1974). *Pedagogía del oprimido*. México: Siglo XXI.

Freitas, M. F. Quintal de (2004). Desafios contemporâneos à psicologia social comunitária: que visibilidade e que espaços têm sido construídos? *Psicologia Argumento*, 22, 33-47.

Freitas, M. F. Quintal de (1994). Prácticas en comunidad y psicología social comunitaria. Em M. Montero (ed.). *Psicología social comunitaria. Teoría, método y experiencia*. Guadalajara: Universidad de Guadalajara.

Freitas, M. F. Quintal de (1998). Novas práticas e velhos olhares em psicologia comunitária: uma conciliação possível? Em L. Souza, M. F. Q. Freitas e M. M. P. Rodrigues (eds.). *Psicologia: reflexões (im)pertinentes*. São Paulo, SP: Casa do Psicólogo.

★Freud, S. (1974). *La psicología de las masas y el análisis del yo*. Madrid: Alianza. [Publicado originalmente em 1921.]

★Fromm, E. (1977). *El miedo a la libertad*. Buenos Aires: Paidós. [Publicado originalmente en 1939.]

★Fromm, E. (1974). *The anatomy of human destructiveness*. Nova Iorque: Holt. [Trad. *Anatomía de la destructividad humana*. Madrid: Siglo XXI. 1975.]

Garabito, M. A. (2004). *Violencia política e inhibición social. Estudio psicosocial de la realidad guatemalteca*. Guatemala: Terra Editores.

García, I., Giuliani, F. e Wiesenfeld, E. (1994). El lugar de la teoría en psicología social comunitaria: comunidad y sentido de comunidad. Em M. Montero (ed.). *Psicología social comunitaria. Teoría, método y experiencia*. Guadalajara: Universidad de Guadalajara.

García Vega, L. e Moya Santoyo, J. (1993). *Historia de la psicología. Vol. II. Teorías y sistemas psicológicos contemporáneos*. Madrid: Siglo XXI.

★Gardner, H. (1988). *La Nueva ciencia de la mente. Historia de la revolución cognitiva*. Barcelona: Paidós.

Garfinkel, H. (1967). *Studies in ethnometodology*. Englewood Cliffs: Prentice-Hall.

Geertz, C. (1973). *The interpretation of cultures*. Nova Iorque: Basic Books. [Trad. *La interpretación de las culturas*. Barcelona: Gedisa. 1997.]

Geertz, C. (1983). *Local knowledge: further essays in interpretative anthropology*. Nova Iorque: Basic Books.

Georgudi, M. (1983). Modern dialectics in social psychology. *European Journal of Social Psychology*, 13, 77-93.

Gergen, K. (1973). Social psychology as history. *Journal of Personality and Social Psychology*, 26, 309-320.

Gergen, K. (1978). Experimentation in social psychology: A reappraisal. *European Journal of Social Psychology*, 8(4), 507-527.

Gergen, K. (1982). *Toward transformation in social knowledge*. Nova Iorque: Springer-Verlag.

Gergen, K. (1984). An introduction to historical social psychology. Em K. Gergen e M. Gergen (eds.). *Historical social psychology*. Londres: Lawrence Erlbaum.

Gergen, K. (1985). The social constructionist movement in social psychology. *American Psychologist*, 40, 3, 266-275.

Gergen, K. (1988a). Toward a post-modern psychology. Invited address. International Congress of Psychology. Sydney Australia. Citado em G. Collier, H. L. Minton e G. Reynolds (1991). *Currents of Thought in American social psychology*. Nova Iorque: Oxford University Press. [Trad. *Escenarios y tendencias de la psicología social*. Madrid: Tecnos, 1996.]

Gergen, K. (1988b). Knowledge and social process. Em D. Bar Tal e A.W. Kruglanski (ed.). *The social psychology of knowledge*. Cambridge: Cambridge University Press.

Gergen, K. (1989). La psicología social postmoderna y la retórica de la realidad. Em T. Ibáñez (ed.). *El conocimiento de la realidad social*. Barcelona: Sendai.

Gergen, K. (1997). Social psychology as social construction: The emerging vision. C. McCarty e S. A. Haslam (eds.). *The message of social psychology*. Oxford: Blackwell.

Gergen, K. (1999). *An invitation to social construction*. Londres: Sage.

Gergen, K. (2001). *Social construction in context*. Londres: Sage.

*Giddens, A. (1976). *New rules of sociological method*. Londres: Basic Books. [Trad. *Las nuevas reglas del método sociológico*. Buenos Aires: Amorrortu. 1987.]

*Giddens, A. (1977). *El capitalismo y la moderna teoría social*. Barcelona: Labor.

Giddens, A. (1979). *Central problems in social theory. Act, structure and contradiction in social analysis*. Londres: McMillan.

*Giddens, A. (1984). *The constitution of society. Outline of the theory of structuration*. Cambridge: Polity Press.

Giddens, A. (1987). *Social theory and modern sociology*. Cambridge: Polity Press.

*Giddens, A. (2000). *En defensa de la sociología*. Madrid: Alianza.

Giner, S. (1992). *Historia del pensamiento social*. Barcelona: Ariel.

Gissi, J. (1994). Hacia una psicología social en, de y para América Latina. *Anthropos*, 44, 28-29.

Godin, G., Conner, M. e Sheeran, P. (2005). Bridging the intention–behaviour 'gap': The role of moral norm. *British Journal of Social Psychology*, 44, 497-512.

Góis, C. W. L. (2005). *Psicologia Comunitária: atividade e consciência*. Fortaleza: Instituto Paulo Freire de Estudos Psicossociais.

*Goffman, E. (1959). *The presentation of self in everyday life*. Nova Iorque: Doubleday. [Trad. *La presentación de la persona en la vida cotidiana*. Buenos Aires: Amorrortu. 1987.]

Goffman, E. (1961a). *Encounters. Two studies in the sociology of interaction*. Indianápolis: The Bobbs Merril Company.

*Goffman, E. (1961b). *Asylums. Essays on the social situation of mental patients and other inmates*. Nova Iorque: Doubleday. [Trad. *Internados. Ensayos sobre la situación social de los enfermos mentales*. Buenos Aires: Amorrortu. 1972.]

*Goffman, E. (1963). *Stigma. Notes on the management of spoiled identity*. Nova Iorque. Prentice Hall. [Trad. *Estigma*. Buenos Aires: Amorrortu. 1970.]

Goffman, E. (1966). *Behavior in public places*. Nova Iorque: Harper and Row.

Goffman, E. (1974). *Frame analysis*. Nova Iorque: Harper and Row.

Goffman, E. (1981). *Forms of talk*. Oxford: Basil Blackwell.

Gómez, T. e León, J. M. (1994). Facilitación social. Em J. F. Morales, M. Moya, E. Rebolloso, J. M. Férnandez Dols, C. Huici, J. Marques, D. Páez e J. A. Pérez (eds.). *Psicología social*. Madrid. McGraw-Hill.

Gondra, J. M. (1992). La génesis del modelo conductista. Em J. M. Mora (1992). *Balance y futuro del conductismo tras la muerte de B. F. Skinner*. Málaga: Edinford.

González Pérez, M. A. e Mendoza García, J. (2001). *Significados colectivos. Procesos y reflexiones teóricas*. México: Instituto Tecnológico y de Estudios Superiores de Monterrey.

González Pérez, M. A. (2001). La teoría de las representaciones sociales. Em M. A. González Pérez e J. Mendoza, (eds.). *Significados colectivos: procesos y reflexiones teóricas*. México: Instituto Tecnológico y de Estudios Superiores de Monterrey.

Gordon, S. (1991). *The history and philosophy of social science*. [Trad. *Historia y filosofía de las ciencias sociales*. Barcelona: Ariel. 1995.]

Gouldner, A. W. (1970). *The coming crisis of western sociology*. Nova Iorque: Basic Books.

Guerra, A. M. C., Kind, L., Alfonso, L. e M. Prado, M. A. (2003) *Psicologia social e direitos humanos*. Belo Horizonte: Ed. Do Campo Social.

Guareschi, P. e Jovchelovitch, S. (2002). *Textos em representações sociais*. Petrópolis: Ed. Vozes.

Guttman, L. (1944). A basis for scaling qualitative data. *American Sociological Review*, 9, 139-150.

Habermas, J. (1987). *Teoría de la acción comunicativa, vols. 1 y 2*. Madrid: Taurus.

Habermas, J. (1994). *Teoría de la acción comunicativa: complementos y estudios previos*. Madrid: Cátedra.

Harré, R. (1974). Anteproyecto de una nueva ciencia. Em N. Arminstead (ed.). *Reconstructing social psychology*. Harmondsworth: Penguin [Trad. *La reconstrucción de la psicología social*. Barcelona: Hora. 1983.]

Harré, R. (1979). *Social being. A theory of social psychology*. Oxford: Basil Blackwell. [Trad. *El ser social. Una teoría para la psicología social*. Madrid: Alianza. 1982.]

Harré, R. (1983). Nuevas direcciones en psicología social. Em J. R. Torregrosa e B. Sarabia (eds.). *Perspectivas y contextos de la psicología social*. Barcelona: Editorial Hispano Europea.

Harré, R. (1986). *Varieties of realism. A rationale for the natural science*. Oxford: Oxford University Press.

Harré, R. (1997). Social life as rule-governed patterns of joint action. Em C. McGarty e S. A. Haslam (ed.). *The message of social psychology*. Oxford: Blackwell.

Harré, R. (2000). Piaget's 'Sociological studies'. *New ideas in psychology*, 18, 135-138.

Harré, R., Clarke, D. e De Carlo, N. (1985). *Motives and mechanisms. An introduction to the psychology of action*. Londres: Metheue. [Trad. *Motivos y mecanismos. Introducción a la psicología de la acción*. Barcelona: Paidós. 1989.]

Harré, R. e Secord, P. F. (1972). *The explanation of social behaviour*. Oxford: Basil Blackwell.

Harré, R. e Lamb, R. (1986). *The dictionary of personality and social psychology*. Oxford: Blackwell.

Hawkins, R. M. F. (1992). Self-efficacy: a predictor but not a cause of behavior. *Journal of Behavior Therapy and Experimental Psychiatry*, 23, 251-256.

Head, H. (1920). Studies in Neurology. Oxford. Citado em F. Bartlett (1932). *Remembering. A study in experimental and social psychology.* Cambridge: Cambridge University Press. [Trad. *Recordar.* Madrid: Alianza Editorial. 1995.]

Heider, F. (1944). Social perception and phenomenal causality. *Psychological Review,* 51, 358-74.

★Heider, F. (1958). *The psychology of interpersonal relations.* Nova Iorque: Wiley.

Herencia, C. (1989). Comentario a la psicología social en América Latina: Desarrollo y tendencias actuales de Maritza Montero. *Revista de Psicología Social,* 4(1), 69-74.

Heritage, J. (1988). Conversation analytic perspective. Em Ch. Antaki (ed.). *Analysing everyday explanation.* Londres: Sage.

★Heritage, J. (1990). Etnometodología. Em A. Giddens e J. Turner (eds.). *La teoría social hoy.* Madrid: Alianza.

Hewstone, M. (1989). *Causal attribution. From cognitive processes to collective beliefs.* Oxford: Basil Blackwell. [Trad. *La atribución causal. Del proceso cognitivo a las creencias colectivas.* Madrid: Paidós. 1992.]

Hewstone, M. e Antaki, Ch. (1988). Attribution theory and social explanations. Em M. Hewstone, W. Stroebe, G. M. Stephenson e J. P. Codol (eds.). *Introduction to social psychology: A European perspective.* Oxford: Blackwell. [Trad. *Introducción a la psicología social. Una perspectiva europea.* Barcelona: Ariel. 1990.]

Higgins, E.T. (2000). Social cognition: Learning about what matters in the social world. *European Journal of Social Psychology.* 30, 3-39.

Hilgard, J. e Bower, A. (1966). *Theories of learning.* Nova Iorque: Meredith Publishing Company. [Trad. *Teorías del aprendizaje.* México: Trillas, 1973.]

Hogg, M. A. e Abrams, D. (1988). *Social identifications: A social psychology of intergroup relations and group processes.* Londres: Routledge.

Homans, G. C. (1950). *The human group.* Nova Iorque: Harcourt Brace. [Trad. *El grupo humano.* Buenos Aires: Eudeba. 1977.]

Homans, G. C. (1958). Social behavior as exchange. *American Journal of Sociology,* 63, 597-606.

Homans, G. C. (1961). *Social Behaviour: Its elementary forms.* Nova Iorque: Harcourt, Brace and World.

★Homans, G. C. (1987). El conductismo y después del conductismo. Em A. Giddens e J. Turner (eds.). *La teoría social hoy.* Madrid: Alianza Universidad.

Hovland, C. I., Janis, I. e Kelley, H. (1953). *Communication and persuasion.* New Haven: Yale University Press.

Hovland, C. I., Lumsdaine, A. A. e Sheffield, F. D. (1949). *Experiments on mass communications.* Princeton, Nova Iorque: Princeton University Press.

Hovland, C. I. e Mandell, W. (1952). An experimental comparison of conclusion-drawing by the communicator and by the audience. *Journal of Abnormal and Social Psychology,* 47, 581-588.

Hovland, C. I. e Weiss, W. (1951). The influence of source credibility on communication effectiveness. *Public Opinion Quarterly,* 15, 635-650.

Howard, G. H. (1910). *Social psychology, an analytical syllabus.* Nebraska. University of Nebraska.

Humboldt, W. (1988). *Sobre la diversidad de la estructura del lenguaje humano y su influencia sobre el desarrollo espiritual de la humanidad.* Barcelona: Anthropos. [Publicado originalmente en 1836.]

Ibáñez, J. (1985). Las medidas de la sociedad. *Revista Española de Investigaciones Sociológicas*, 29, 85-127.

Ibáñez, T. (1988). Representaciones sociales. Teoría y método. Em T. Ibáñez (ed.). *Ideologías de la vida cotidiana.* Barcelona: Sendai.

Ibáñez, T. (1989). La psicología social como dispositivo desconstruccionista. Em T. Ibáñez (ed.). *El conocimiento de la realidad social.* Barcelona: Sendai.

Ibáñez, T. (1990). *Aproximaciones a la psicología social.* Barcelona: Sendai.

Ibáñez, T. (1991). Poder, conversación y cambio social. Em S. Moscovici, G. Mugny e J. A. Pérez (eds.). *La influencia social inconsciente.* Barcelona: Anthropos.

Ibáñez, T. (1994). *Psicología social construccionista.* México: Universidad de Guadalajara.

Ibáñez, J. (1996). *Fluctuaciones conceptuales en torno a la postmodernidad y la psicología.* Caracas: Universidad Central de Venezuela.

Ibáñez, T. e Iñiguez, L. (1997). *Critical social psychology.* Londres: Sage.

Íñiguez, L. (1996). Análisis de la conversación y/o análisis del discurso: Introducción. Em A. J. Gordo e L. Linaza (eds.). *Psicologías, discursos y poder.* Madrid: Visor.

Íñiguez, L. (1997). Discourses, structures and analysis: what practices? In which contexts. Em T. Ibáñez e L. Íñiguez (eds.). *Critical social psychology.* Londres: Sage.

★Íñiguez, L. (2001). *El llenguatge en les ciènces humanes i socials.* Barcelona: Universitat Oberta de Catalunya.

★Íñiguez, L. (2004). *Manual de análise do discurso em ciências sociais.* Petrópolis: Vozes.

Irizarry, A. e Serrano-García, I. (1979). Intervención en la investigación: su aplicación en el Barrio Buen Consejo, Río Piedras. P. R. *Boletín de AVEPSO*, 2, 6-21.

Jacó-Vilela, A. e Barros Conde Rodrígues, H. (2005). Aquém e além da separação. A psicologia interpelada pelo social. Em M. Massimi (ed.). *História da psicologia no Brasil do século XX.* São Paulo: E.P.U.

Israel, J. e Tajfel, H. (eds.). (1972). *The context of social psychology: a critical assessment.* Londres: Academic Press.

Jackson, J. M. (1988). *Social psychology, past and present: an integrative orientation.* Hillsdale: Erlbaum.

Jahoda, G. (1979). A cross-cultural perspective on experimental social psychology. *Personality and Social Psychology Bulletin*, 5(2), 142-148.

Jahoda, G. (1995). *Encrucijadas entre la cultura y la mente. Continuidades y cambios en las teorías de la naturaleza humana.* Madrid: Visor.

Jahoda, M., Lazarsfeld, P. F. e Zeisel, H. (1973). *Marienthal: The sociography of an unemployed community.* Londres: Tavistock Publications. [Publicado originalmente en 1933.]

Jahoda, M. (1987). *Employment and unemployment: A social-psychological analysis.* Cambridge: Cambridge University Press. [Trad. *Empleo y desempleo: Un análisis socio-psicológico.* Madrid: Morata. 1987.]

James, W. (1890). *Principles of psychology (2 vols.).* Nova Iorque: Dover. [Trad. *Principios de psicología.* Madrid: Jorro. 1909.]

James, W. (1892). A plea for psychology as a "natural science". *Philosophical Review*, 1, 146-153. [Citado em: J. M. Gondra (1992). La génesis del modelo conductista. Em: J. M. Mora (1992). *Balance y futuro del conductismo tras la muerte de B. F. Skinner*. Málaga: Edinford.]

★James, W. (1907). *Pragmatism*. Nova Iorque: Washington Square Press. [Trad. *Lecciones de pragmatismo*. Madrid. Santillana. 1997.]

Janis, I. (1954). Personality correlates of susceptibility to persuasion. *Journal of personality*, 22, 504-518.

Janis, I. e Fesbach, S. (1953). Effects of fear arousing communication. *Journal of Abnormal and Social Psychology*. 48, 78-92.

Janis, I. e Gilmore, J. B. (1965). The influence of incentive conditions on the success of role playing in modifying attitudes. *Journal of Personality and Social Psychology*, 1, 17-24.

Jaspars, J. e Fraser, C. (1984). Attitudes and social representations. Em R. Farr e S. Moscovici (eds.). *Social Representations*. Cambridge: Cambridge University Press.

Jiménez Burillo, F. (1985). *Psicología social. Vol. 1*. Madrid: UNED.

Jiménez Burillo, F. (1997). *Notas sobre la fragmentación de la razón*. Madrid: Universidad Complutense.

Jiménez Burillo, F., Sangrador, J. L., Barrón, A. e de Paul, P. (1992). Análisis interminable: sobre la identidad de la psicología social. *Interacción Social*, 2, 11-44.

Jiménez, J. (1994). Notas críticas sobre la psicología social dominante. *Anthropos*, 44, 29-30.

Jiménez Domínguez, B. (1994). Investigación ante acción participante: una dimensión desconocida. Em M. Montero, (ed.). *Psicología social comunitaria. Teoría, método y experiencia*. Guadalajara: Universidad de Guadalajara.

Joas, H. (1998). *El pragmatismo y la teoría de la sociedad*. Madrid: CIS.

Jodelet, D. (1986). La representación social: fenómenos, concepto y teoría. Em S. Moscovici (ed.). *Psicología social II*. Barcelona: Paidós.

Jodelet, D. (1989/1991). *Madness and social representations*. Hemel Hempstead: Harvester/Wheatsheaf.

Jones, E. E. (1979). The rocky road from acts to dispositions. *American Psychologist*, 34, 107-117.

Jones, E. E. (1985). Mayor developments in social psychology during the past five decades. Em G. Lindzey e E. Aronson (eds.). *Handbook of social psychology*, 3ª Edição, Vol. 1. Nova Iorque: Random House.

Jones, E. E. (1998). Mayor developments in social psychology during the past five decades. Em D. T. Gilbert, S. Fiske e G. Lindzey (eds.). *Handbook of social psychology*, 4ª Edição, Vol 2. Nova Iorque: Random House.

Jones, E. E. e Davis, K. E. (1965). From acts to dispositions: the attribution process in person perception. Em L. Berkowitz (Ed.). *Advances in experimental social psychology (Vol.2)*. Nova Iorque: Academic Press.

Jones, E. E. e Harris, V. A. (1967). The attribution of attitudes. *Journal of Experimental Social Psychology*, 3, 1-24.

Jones, E. E. e McGillis, D. (1976). Correspondent inferences and the attribution cube: A comparative reappraisal. Em J. H. Harvey, W. J. Ickes e R. F. Kidd (eds.). *New directions in attribution research (vol. 1)*. Hillsdale, N. J.: Erlbaum.

Jones, E. E. e Nisbett, R. E. (1972). The actor and the observer: Divergent perceptions of the causes of behaviour. Em E. E. Jones, D. E. Kanouse, H. H. Kelley, R. E. Nisbett, S. Valins e B. Weiner, (eds.). *Attribution: Perceiving the causes of behaviour*. Morristown, N. J.: General Learning Press.

Kahneman, D. e Miller, D. T. (1986). Norm theory: Comparing reality to its alternatives. *Psychological Review*, 93, 136-153.

Kahneman, D. e Tversky, A. (1973). On the psychology of prediction. *Psychological Review*, 80, 237-251.

Katz, D. (1967). El enfoque funcional en el estudio de las actitudes. Em J. R. Torregrosa e E. Crespo (Eds.). *Estudios básicos de psicología social*. Barcelona: Hora. 1982.

Katz, D. e Allport, F. H. (1931). *Students' attitudes*. Syracuse: Craftsman Press.

Katz, D. e Hyman, H. (1943). Industrial morale and public opinion methods. *International Journal of Opinion and Attitude Research*, 1(3), 13-30.

Katz, E. e Lazarsfeld, P. F. (1955). *Personal influence: the part played by people in the flow of mass communications*. Nova Iorque: Free Press. [Trad. *La influencia personal: el individuo en el proceso de comunicación de masas*. Barcelona: Editorial Hispano Europea. 1979.]

Kelley, H. H. (1967). Attribution theory in social psychology. Em D. Levine (ed.). *Nebraska symposium on motivation*. Nebraska: Univ. of Nebraska Press.

Kelley, H. H. (1972a). Attribution in social interaction. Em E. E. Jones, D. E. Kanouse, H. H. Kelley, R. E. Nisbett, S. Valins e B. Weiner (eds.). *Attribution: Perceiving the causes of behavior*. Morristown, NJ: General Learning.

Kelley, H. H. (1972b). Causal schemata and the attribution process. Em E. E. Jones, D. E. Kanouse, H. H. Kelley, R. E. Nisbett, S. Valins e B. Weiner (eds.). *Attribution: Perceiving the causes of behavior*. Morristown, NJ: General Learning.

Kelley, H. H. e Thibaut, J. W. (1978). *Interpersonal relations: a theory of interdependence*. Nova Iorque: Wiley Interscience.

Kelman, H. C. (1967). Human use of human subjects: the problem of deception in social psychology experiments. *Psychological Bulletin*, 67, 1-11.

Kelman, H. C. (1968). *A time to speak: On human values and social research*. San Francisco: Jossey-Bass.

Kelman, H. C. (1972). La influencia social y los nexos entre el individuo y el sistema social: Más sobre los procesos de sumisión, identificación e internalización. Em J. R. Torregrosa (ed.). *Teoría e investigación en la psicología social actual*. Madrid: Instituto de la Opinión Pública.

Kelman, H. C. e Hamilton, V. L. (1989). *Crimes of obedience*. New Haven: Yale University. [Trad. *Crímenes de obediencia*. Buenos Aires: Planeta. 1990.]

Koch, S. (1959). *Psychology: A study of science*. Nova Iorque: McGraw-Hill.

Kofka, K. (1935). *Principles of Gestalt psychology*. Nova Iorque. Harcourt Brace. [Trad. *Principios de psicología de la Forma*. Buenos Aires: Paidos, 1957.]

Köhler, W. (1929). *Gestalt psychology*. Nova Yok. Liveright. [Trad. *Psicología de la Configuración*. Madrid. Morata, 1967.]

Köhler, W. (1972). *Psicología de la Forma*. Madrid: Biblioteca Nova. [Conferências pronunciadas por Wolfgang Köhler en 1966].

Kolakowski, A.W. (1972). *Positivist philosophy from Hume to the Vienna Circle*. Harmondsworth: Penguin. [Trad. *La filosofía positivista*. Madrid: Cátedra, 1988.]

Kottler, A. e Swartz, S. (1996). El análisis de la conversación: ¿qué es?, ¿podemos usarlo los psicólogos? Em A. J. Gordo e J. L. Linaza (eds.). *Psicologías, discursos y poder (PDP)*. Madrid:Visor.

Kozulin, A. (1996). The concept of activity in soviet psychology. Vygotski, his disciples and critics. Em H. Daniels (ed.). *An introduction to Vygotski*. Londres: Routledge.

Kruglanski, A.W. (1975). Theory, experiment and the shifting publication scene in personality and social psychology. *Personality and Social Psychology Bulletin*, 1(3), 489-492.

Kuhn, M. (1964). Major trends in symbolic interaction theory in the past twenty five years. *The Sociological Quarterly*, 5, 61-84.

Kuhn, M. e McPartland, T. S. (1954). An empirical investigation on self-attitudes. *American Sociological Review*, 19, 68-76.

★Kuhn, T. S. (1962). *The structure of scientific revolutions*. Chicago: University of Chicago Press. [Trad. *La estructura de las revoluciones científicas*. México: Fondo de Cultura Económica. 1975.]

Kunda, Z. (1999). *Social cognition: Making sense of people*. Cambridge, Massachusetts: Massachusetts Institute of Technology.

Lacerda, M., Pereira, C. e Camino, L. (2002) Um estudo das novas formas do preconceito contra os homossexuais na perspectiva das Representações Sociais. *Psicologia: Reflexão e Crítica*. 15(1), 165-178.

★Lakatos, I. (1970). Falsification and the methodology of Scientific Research Programmes. Em I. Lakatos e A. Musgrave (eds.) *Criticism and the growth of knowledge*. Cambridge: Cambridge University Press. [Trad. *La crítica y el desarrollo del conocimiento*. Barcelona: Grijalbo.]

Lakatos, I. (1978). *The methodology of scientific research. Philosophical papers, vol.I*. Cambridge: Cambridge University Press. [Trad. *La metodología de los programas de investigación científica*. Madrid: Alianza. 1983.]

Latour, B. e Woolgar, S. (1979). *Laboratory life. The construction of scientific facts*. Princeton: Princeton University Press.

Lane, S. (1994). Um pouco da história da psicologia social brasileira. *Anthropos*, 156, 72-76.

Lane, S. (2000). A psicologia social na América Latina: por uma ética do conhecimento. Em R. H. Freitas e P. Guareschi (eds.). *Paradigmas em psicologia social. A perspectiva Latino-Americana*. Petrópolis: Ed. Vozes.

Lane, S. e Codo, W. (1984). *Psicologia social*. São Paulo: Editora Brasiliense.

Lane, S. e Sawaia, B. (1991). Psicología ¿ciencia o política?. Em M. Montero (ed.). *Acción y discurso: problemas de psicología social en América Latina*. Caracas: Eduven.

Lane, S. e Sawaia, B. (1994). *Novas veredas da psicologia social*. São Paulo: Ed. Brasiliense.

Lesser de Mello, S. (1975). *Psicologia e profissão*. São Paulo: Ática.

Lazarsfeld, P. F., Berelson, B. e Gaudet, H. (1944). *The people's choice: how the voter makes up his mind in a presidential campains*. [Trad.: *El pueblo elige: estudio del proceso de formación del voto durante una campaña presidencial*. Buenos Aires:Paidós. 1960.]

Lazarsfeld, P. F. e Field, H. (1946). *The people look at radio*. Chapel Hill:University of North Carolina Press.

Lazarsfeld, P. e Merton, R. K. (1943). Studies on radio and film propagandas. Em *Transactions of the Nova Iorque Academy of Sciences*, vol 2, 58-79.

*Le Bon, G. (1983). *Psicología de las masas*. Madrid: Morata. [Publicado originalmente en 1895 con el título: *Psychologie des foules*.]

Leahey, T. (1982). *A History of psychology (Main currents in psychological thought)*. Nova Iorque: Prentice-Hall. [Trad. *Historia de la psicología*. Madrid: Debate. 1989.]

*Lévi-Strauss, C. (1949). *Les structures elementaires de la parenté*. Paris: Presses Universitaries de France. [Trad. *Estructuras elementales del parentesco*. Barcelona: Paidós. 1991.]

Levy, D. M. (1941). The hostile act. *Psychological Review*, 48, 356-361.

*Lewin, K. (1931). El conflicto entre las perspectivas aristotélicas y galileanas en la psicología contemporánea. Em K. Lewin. *A dynamic theory of personality*. Nova Iorque: McGraw-Hill. [Trad. *Dinámica de la personalidad*. Madrid: Morata. 1969.]

*Lewin, K. (1935). *A dynamic theory of personality*. Nova Iorque: McGraw-Hill. [Trad. *Dinámica de la personalidad*. Madrid: Morata. 1969.]

*Lewin, K. (1936). *Principles of topological psychology*. Nova Iorque: McGraw-Hill.

Lewin, K. (1948). *Resolving social conflicts*. Nova Iorque: Harper.

*Lewin, K. (1951). *Field theory in social science*. Nova Iorque: Harper. [Trad. *La teoría de campo en la ciencia social*. Buenos Aires: Paidós. 1978.]

Lewin, K. (1991). *Epistemología comparada*. Madrid:Tecnos.

Lewin, K., Lippitt, R. e White, R. K. (1939). Patterns of aggressive behaviour in experimentally created "social climates". *Journal of Social Psychology*, 1, 271-299.

Lewin, K. (1946). Action research and minority problems. *Journal of Social Issues*, 2(4), 34-46.

Lewis, J. D. e Smith, R. L. (1980). *American sociology and pragmatism: Mead, Chicago sociology and symbolic interaction*. Chicago: University of Chicago Press.

Likert, R. (1932). A technique for the measurement of attitudes. *Archives of Psychology*, 140, 1-55.

Lima, M. E. e Vala, J. (2004a). Sucesso social, branqueamento e racismo. *Psicologia: Teoria e Pesquisa*, 20(1), 11-19.

Lima, M. E. e Vala, J. (2004b). As novas formas de expressão do preconceito e do racismo. *Estudos de Psicologia*, 9(3), 401-411.

Lindesmith, A. Strauss, A. L. (1968). *Social psychology*. Nova Iorque: Holt, Rinehart y Winston.

Lindesmith, E. R., Strauss, A. L. e Denzin, N. K. (1999). *Social psychology*. Londres: Sage.

Lindzey, G. e Aronson, E. (1985). *Handbook of social psychology*. Nova Iorque: Random House. 2 vols.

*Linton, R. (1936). *The study of man*. Nova Iorque: Appleton-Century-Crofts.

Lippitt, B. e White, R. (1943). The social climate of children groups. Em R. Barker, J. Kounin e H. F. Wright, (eds.). *Child behavior and development*. Nova Iorque: McGraw-Hill.

Lira, E. (2004) Consecuencias psicosociales de la represión política en América Latina. Em L. de La Corte, A. Blanco e J. M. Sabucedo (eds.). *Psicología y derechos humanos*. Barcelona: Icaria Editorial.

Lomov, B. (1984). Introduction: The context of Soviet social psychology. Em L. H. Strickland (Ed.). *Directions in Soviet social psychology*. Nova Iorque: Springer-Verlag.

López, M. (1985). Prometeo encadenado: los obstáculos que enfrentan los psicólogos para asumir una responsabilidad social alterna. *Revista Puertorriqueña de Psicología*, 3, 65-76.

López, M. (1992). Ajuste de cuentas con la psicología social comunitaria. Balance de diez años. Em I. Serrano-García e W. Rosario Collazo (coords.). *Contribuciones puertorriqueñas a la psicología social comunitaria*. San Juan, Puerto Rico: EDUPR. pp. 107-121.

López Ramos, S., Mondragón, C., Ochoa, F. e Velasco, J. (1989). *Psicología, historia y crítica*. México: UNAM.

López Sánchez, G. e Serrano García, I. (1986). El poder: posesión, capacidad y relación. *Revista de Ciencias Sociales*, XXV(1-2), 121-148.

Lück, H. E. (1987). A historical perspective on social psychological theories. Em G. R. Semin e B. Krahe (eds.). *Issues in contemporary German social psychology. History, theories and applications*. Londres: Sage.

★Luria, A. R. (1987). *Desarrollo histórico de los procesos cognitivos*. Madrid: Akal. [Investigación realizada entre 1931-1932, publicada originalmente en lengua inglesa en 1976.]

★Luria, A. R. e Yudovich, F. I. (1978). *Lenguaje y desarrollo intelectual en el niño*. Madrid. Siglo XXI. [Publicado originalmente en 1956.]

Mancebo, Deise e Jacó-Vilela, Ana Maria (2004). *Psicologia social abordagens sócio-históricas e desafios contemporâneos*. Rio de Janeiro: Ed. da UERJ.

★Mannheim, K. (1997). *Ideología y utopía. Introducción a la sociología del conocimiento*. Madrid: F. C. E. [Publicado originalmente em 1929.]

Markus, H. e Zajonc, R. B. (1985). The cognitive perspective in social psychology. Em G. Lindzey e E. Aronson (eds.). *Handbook of social psychology*, 3ª Edição. Nova Iorque: Random House.

Marín, G. (1975). *La psicología social latinoamericana* (Volumen I). México: Trillas.

Marín, G. (1981). *La psicología social latinoamericana* (Volumen II). México: Trillas.

Marín, G. (1994). Comentarios a "la psicología social en América Latina" de Maritza Montero. *Anthropos*, 156, 27-30.

Marsh, P., Rosser, E. e Harré, R. (1978). *The rules of disorder*. Londres: Routledge y Kegan Paul.

Martín-Baró, I. (1983). *Acción e ideología. Psicología social desde Centroamérica*. San Salvador: UCA Editores.

Martín-Baró, I. (1989). *Sistema, grupo y poder. Psicología social desde Centroamérica*. San Salvador: UCA Editores.

Martín-Baró, I. (1998). *Psicología de la liberación*. Madrid: Trotta, D. L.

Martín-Baró, I. (2003). *Poder, ideología y violencia* (Edição de A. Blanco e L. de la Corte). Madrid: Trotta.

★Marx, K. (1844-1985). *Manuscritos: economía y filosofía*. Madrid: Alianza Universidad.

★Marx, K. e Engels, F. (1975). *Obras escogidas*. Madrid: Akal.

Maslow, A. H. (1941). Deprivation, threat and frustration. *Psychological Review*, 48, 364-366.

Massini, M. (2000). Matrizes de pensamento em psicologia social na America Latina: história e perspectivas. Em R. H. F. Campos e P. Guareschi (eds.). *Paradigmas em psicologia social: a perspectiva latino-americana*. Petrópolis: Ed.Vozes.

*Masterman, M. (1970). The nature of a paradigm. Em I. Lakatos e A. Musgrave, (eds.). *Criticism and the growth of knowledge*. Cambridge: Cambridge University Press. [Trad. *La crítica y el desarrollo del conocimiento*. Barcelona: Grijalbo. 1975.]

Mayo, E. (1933). *The human problems of an industrial civilisation*. Nova Iorque: Macmillan. [Trad. *Problemas sociales de una civilización industrial*. Buenos Aires: Nueva Visión. 1977.]

Mays, W. e Smith, L. (2001). Harré on Piaget's sociological studies. *New Ideas in Psychology*, 19, 221-235.

McCall, J. e Simmons, J. L. (1966). *Identities and interactions. An examination of human associations in every day life*. Nova Iorque: The Free Press.

McDougall, W. (1908). *Introduction to social psychology*. Londres: Methuen.

McDougall, W. (1912). *Psychology: the study of behavior*. Nova Iorque: Holt. [Trad. *Introducción a la psicología*. Buenos Aires: Paidós. 1961.]

McDougall, W. (1920). *The group mind*. Nova Iorque: Putnam's Sons.

McDougall, W. (1921). *Is America safe for democracy?* Nova Iorque: Scribners.

McGuire, W. J. (1980). The development of theory in social psychology. Em S. Duke e R. Gilmour (eds). *The development of social psychology*. Londres: Academic Press.

McPhail, C. e Rexroat, C. (1979). Mead vs. Blumer. *American Sociological Review*, 44, 449-467.

Mead, G. H. (1908). Review of an introduction to social psychology by William McDougall. *Psychological Bulletin*, 5, 385-391.

Mead, G. H. (1909). Social psychology as counterpart to physiological psychology. *The Psychological Bulletin*, 6, 401-411.

Mead, G. H. (1932). *The philosophy of the present*. Chicago: Open Court.

Mead, G. H. (1934). *Mind, self and society*. Chicago: University of Chicago Press. [Trad. *Espíritu, persona y sociedad*. Madrid: Paidós. 1972.]

Mead, G. H. (1936). *Movements of thought in the Nineteenth*. Chicago: University Press.

Mead, G. H. (1938). *The philosophy of the act*. Em C. W. Morris (ed.). Chicago: Chicago University Press.

Mead, G. H. (1956). George Herbert Mead. On social psychology. Em A. Strauss (ed.). *The social psychology of George Herbert Mead*. Chicago: Chicago University Press.

Medina, R. (2000). Debates y tensiones en torno al construccionismo social. Implicaciones de una psicología social crítica en Latinoamérica. Em D. Caballero, M. T. Méndez e J. Pastor (ed.). *La mirada psicosociológica*. Madrid: Biblioteca Nueva.

Mejía-Ricart, T. (1995/97). *Psicología social (Volumes I, II e III)*. Santo Domingo: Editora de la UASD.

Mejía-Ricart, T. (1998). Pasado, presente y futuro de la psicología dominicana. Em M. Brea de Cabral, E. Rodríguez e M. de Tapia Alonso (eds.). *30 años de psicología. Pasado, presente y futuro*. Santo Domingo: Editora UASD.

Melo Bomfim, E. (2004). Históricos cursos de psicologia social no Brasil. *Psicologia e Sociedade*, 16(2), 32-36.

Meltzer, B. N., Petras, J. W. e Reynolds, L. (1975). *Symbolic interactionism. Genesis, varieties and criticism*. Londres: Routledge and Kegan Paul.

Merton, R. K. (1942). *Science and technology in a democratic order*. [Trad. *La sociología de la ciencia*. Madrid: Alianza, 1977.]

★Merton, R. K. (1949/57). *Social theory and social structure*. Glencoe, Illinois: The Free Press.

★Milgram, S. (1973). *Obedience to authority. An experimental view*. Nova Iorque. Harper y Row. [Trad. *Obediencia a la autoridad. Un punto de vista experimental*. Bilbao: Desclee de Brouwer. 1980.]

Miller, D. T. e Ross, M. (1975). Self-serving biases in the attribution of causality: Fact or fiction? *Psychological Bulletin*, 82, 213-225.

Miller, G. A. (1956). The magical number seven, plus or minus two: Some limits in our capacity for processing information. *Psychological Review*, 63, 81-97.

Miller, G. A. (1972). *Introducción a la psicología*. Madrid: Alianza Editorial.

Miller, G. A. (1989). Introducción a *Principios de psicología* de William James. Cambridge. Harvard University Press. [Publicado originalmente em 1890.]

Miller, G. A., Galanter, E. e Pribram, K. H. (1960). *Plans and the structure of the behaviour*. Nova Iorque: Holt, Rinehart and Wilson.

Miller, N. E. (1941). Frustration-aggression hypothesis. *Psychological Review*, 48, 337-342.

Miller, N. E. (1948). Theory and experiment relating psychoanalytic displacement to stimulus-response generalization. *Journal of Abnormal and Social Psychology*, 43, 155-178.

Miller, N. E. e Dollard, J. (1941/1970). *Social learning and imitation*. New Haven: Yale University Press.

Mills, C. W. (1956). *The power elite*. Nova Iorque: Oxford University Press. [Trad. *La élite del poder*. México: Fondo de Cultura Económica. 1975.]

Mills, C. W. (1961). *La imaginación sociológica*. México: FCE.

Minsky, M. (1975). A framework for representing knowledge. Em P. H. Winston (ed.). *The psychology of computer vision*. Nova Iorque: McGraw-Hill.

Moede, W. (1920). *Experimentelle Massenpsychologie*. Leipzig: S. Hirzel.

Molina, N. e Estrada, A. (2005). Construcción crítica de la psicología en Colombia. *Annual Review of Critical Psychology* (no prelo).

Montero, M. (1984a). *Ideología, alienación e identidad nacional. Una aproximación psicosocial al ser venezolano*. Caracas: Ed. Biblioteca Universidad Central de Caracas.

Montero, M. (1984b). La psicología comunitaria: orígenes, desarrollo y fundamentos teóricos. *Revista Latinoamericana de Psicología,* 16(3), 387-400.

Montero, M. (1984c). *Ideología, alienación e identidad nacional. Una aproximación psicosocial al ser venezolano*. Caracas: Biblioteca Universidad Central de Caracas.

Montero, M. (1987). *Psicología política latinoamericana*. Caracas: Panapo.

Montero, M. (1991). Acción y discurso. Problemas de la psicología política. Caracas: Eduven.

Montero, M. (1994a). *La psicología social en la América Latina*. Anthropos, 156, 17-23.

Montero, M. (1994b). *Psicología social comunitaria*. México: Universidad de Guadalajara.

Montero, M. (1994c). Vidas paralelas: psicología comunitaria en Latinoamética y en Estados Unidos. Em M. Montero (coord.). *Psicología social comunitaria*. México: Universidad de Guadalajara.

Montero, M. (2003). *Teoría y práctica de la psicología comunitaria: la tensión entre comunidad y sociedad*. Buenos Aires: Paidós.

Montero, M. (2004a). Relaciones entre psicología social comunitaria, psicología crítica y psicología de la liberación: una respuesta latinoamericana. *Psykhe*, 12(2), 17-28.

Montero, M. (2004b). *Introducción a la psicología comunitaria: desarrollo, conceptos y procesos*. Buenos Aires: Paidós.

Morales, J. F. (1981). *La conducta social como intercambio*. Bilbao. Desclée de Brower.

Morris, C. W. (1972). George H. Mead como psicólogo y filósofo social. Em G. H. Mead, (1972). *Espíritu, persona y sociedad*. Madrid: Paidós. [Publicado originalmente em 1934.]

★Moscovici, S. (1961). *La psychanalyse, son image et son public*. Paris: Presses Universitaires de France. [Trad. *El psicoanálisis, su imagen y su público*. Buenos Aires: Buemal. 1979.]

Moscovici, S. (1972). Society and Theory in social psychology. Em J. Israel e H. Tajfel (eds.). *The context of social psychology. A critical assessment*. Londres: Academic Press.

Moscovici, S. (1976). *Social influence and social change*. Londres: Academic Press. [Trad. *Psicología de las minorías activas*. Madrid: Morata. 1981.]

Moscovici, S. (1980). Toward a theory of conversion behavior. Em L. Berkowitz (ed.). *Advances in experimental social psychology*, vol. 13. Nova Iorque: Academic press.

Moscovici, S. (1981). On social representations. Em J. P. Forgas (ed.). *Social cognition: Perspectives on everyday understanding*. Londres: Academic Press.

Moscovici, S. (1984). The phenomenon of social representations. Em R. M. Farr e S. Moscovici (eds.). *Social representations*. Cambridge: Cambridge University Press.

Moscovici, S. (1985a). *The age of the crowd. A historical treatise on mass psychology*. Cambridge: Cambridge University Press.

Moscovici, S. (1985b). Innovation and minority influence. Em S. Moscovici, G. Mugni e E. V. Avermaet (eds.). *Perspectives on minority influence*. Cambridge: Cambridge University Press.

Moscovici, S. (1991). La denegación. Em S. Moscovici, G. Mugni e J. A. Pérez (eds.). *La influencia social inconsciente*. Barcelona: Anthropos.

Moscovici, S. (1998). The history and actuality of social representations. Em U. Flick (ed.). *The psychology of the social*. Cambridge: Cambridge University Press.

Moscovici, S., Lage, E. e Naffrechoux, M. (1969). Influence of a consistent minority on the responses of a majority in a color perception task. *Sociometry*, 32, 365-379.

Moscovici, S. e Personnaz, B. (1980). Studies in social influence V: minority influence and conversion behavior in a perceptual task. *Journal of Experimental Social Psychology*, 16, 270-282.

Mowrer, O. H. (1940). An experimental analogue of 'regression' with incidental observations on 'reaction formation'. *Journal of Abnormal and Social Psychology*, 35, 56-87.

Mugny, G., De Paolis, P. e Carugati, F. (1984). Social regulations in cognitive development. Em W. Doise e A. Palmonari (eds.). *Social interaction in individual development*. Cambridge: Cambridge University Press.

Mugny, G. e Doise, W. (1983). Le marquage social dans le développment cognitif. *Cahiers de Psychologie Cognitive*, 3, 89-106.

Munné, F. (1982). *Psicologías sociales marginadas. La línea de Marx en la psicología social*. Barcelona: Hispano-Europea.

Munné, F. (1989). *Entre el individuo y la sociedad. Marcos y teorías actuales sobre el comportamiento interpersonal*. Barcelona: PPU.

Murchinson, C. A. (ed.). (1935). *Handbook of social psychology*. Worcester, MA: Clark University Press.

Murphy, G., Murphy, L. B. e Newcomb, T. M. (1937). *Experimental social psychology*. Nova Iorque: Harper.

Neisser, U. (1967). *Cognitive psychology*. Nova Iorque, Appleton: Century Crofst.

Nemeth, Ch. J. (1991). Más allá de la conversión: formas de pensamiento y toma de decisión. Em S. Moscovici, G. Mugny e J.A. Pérez, (eds.). *La influencia social inconsciente*. Barcelona: Anthropos.

Newcomb, T. M. (1943). *Personality and social change: Attitude formation in a student community*. Nova Iorque: Holt.

Newell, A. e Simon, H. A. (1972). *Human problem solving*. Englewood Cliffs, NJ.: Prentice-Hall.

Nisbett, R. E. e Ross, L. (1980). *Human inference: Strategies and shortcomings of social judgement*. Englewood Cliffs, N. J.: Prentice-Hall.

Oldroyd, D. (1986). *The arch of knowledge. An introductory study of the history of the philosophy and methodology of science*. Nova Iorque: Methuen. [Trad. *El arco del conocimiento. Una introducción a la historia y metodología de la ciencia*. Barcelona: Crítica, 1993.]

Orne, M.T. (1962). On the social psychology of the psychological experiment: with particular reference to demand characteristics and their implications. *American Psychologist*, 17, 776-83.

★Ortega y Gasset, J. (1930). *La rebelión de las masas (Obras completas, vol. 4)*. Madrid: Revista de Occidente. 1983.

Ovejero, A. (1997). *El individuo en la masa. Psicología del comportamiento colectivo*. Oviedo: Nobel.

Ovejero, A. (1999). *La nueva psicología social y la actual postmodernidad. Raíces, constitución y desarrollo histórico*. Oviedo: Universidad de Oviedo.

Páez, D, (1994). La psicología social latinoamericana Entre el criollismo y el cosmopolitismo. *Anthropos*, 156, 7-17.

Páez, D., Férnandez, I. Ubillos, S. e Zubieta, E. (2003). *Psicología social, cultura y educación*. Madrid: Pearson Prentice Hall.

Páez, D., Marques, J. e Insúa, P. (1996). Cognición social. Em J. F. Morales, M. Moya, E. Rebolloso, J. M. Fernández Dols, C. Huici, J. Marques, D. Páez e J.A Pérez. *Psicología social*. Madrid: McGraw-Hill.

Paicheler, G. e Moscovici, S. (1985). Conformidad simulada y conversión. S. Moscovici (ed.). *Psicología social I*. Barcelona: Paidós.

Papastamou, S. (1991). Psicologización y resistencia a la conversión. Em S. Moscovici, G. Mugni e J. A. Pérez. *La influencia social inconsciente* (eds.). Barcelona: Anthropos.

Paredes Moreira, A. S. (2001). *Representações sociais*. João Pessoa: UFPB Editora.

Paredes Moreira, A. S. e de Oliveira, D. C. (1998). *Estudos interdisciplinares de representação social*. Goiânia: AB Editora

Paredes Moreira, A. S. e outros (2005). *IV Jornada Internacional e II Conferência Brasileira sobre Representações sociais. Teoria e Abordagens Metodológicas*. João Pessoa: Editora Universitária.

Parker, I. (1990). The abstraction and representation of social psychology. Em I. Parker e J. Shotter (eds.). *Deconstructing social psychology*. Londres: Routledge.

Parsons, T. (1937). *The structure of social action*. Nova Iorque: McGraw-Hill. [Trad. *La estructura de la acción social*. Madrid: Guadarrama. 1968.]

Parsons, T. (1951). *The social system*. Glencoe: Free Press. [Trad. *El sistema social*. Madrid: Alianza Editorial. 1984.]

★Parsons, T. (1970). *Social structure and personality*. Nova Iorque: Free Press.

Parsons, T e Shils, E. A. (1951) (eds.). *Toward a general theory of action*: Cambridge: Harvard University Press.

Peirce, C. S. (1868). Some consequences of four incapacities. *The Journal of Speculative Philosophy*, 2, 140-157.

Peirce, C. S. (1878). How to make our ideas clear. *The popular science monthly*, 12, 1-15.

Perdomo, G. (1988). El investigador comunitario: ¿científico imparcial o gestor del cambio social? *Boletín de la AVEPSO*. XI,(1), 14-43.

Pereira de Sá, C. e Arruda, A. (2002). El estudio de las representaciones sociales en Brasil. *Revista Internacional de Psicologia*, 1(1), 21-34.

Pereira, C., Torres, A. R. e Almeida, S.T. (2003). Um estudo do preconceito na perspectiva das representações sociais: análise da influência de um discurso justificador da discriminação no preconceito racial. *Psicologia, Reflexão e Crítica*, 16(1), 95-107.

Pereira, C., Torres, A. R. e Barros, Th, S. (2004). Sistemas de valores e atitudes democráticas de estudantes universitários. *Psicologia: Teoria e Pesquisa*, 20(1),1-10.

Pereira, C., Camino, L. e da Costa, J. B. (2005) Um estudo sobre a integração dos níveis de análise dos sistemas de valores. *Psicologia: Reflexão e Crítica*.Vol. 18(1), 16-25.

Pérez J. A. (1994). Grupos minoritarios: su comportamiento y su influencia. Em J. F. Morales (ed.). *Psicología social*. Madrid: McGraw-Hill.

Pérez, J. A. e Mugny, G. (1988). *Psicología de la influencia social*. Valencia: Promolibro.

Pérez, J. A. e Mugny, G. (1991). Comparación y construcción social de la realidad. Em S. Moscovici, G., Mugny e J. A. Pérez (eds.). *La influencia social inconsciente*. Barcelona: Anthropos.

★Perret-Clermont, A. N. (1979). *La construction de l'intelligence dans l'interaction sociale*. Berna: Peter Lang. [Trad. *La construcción de la inteligencia en la interacción social*. Madrid: Visor. 1984.]

Perret-Clermont, A. N. (1980). *Social interaction and cognitive development in children*. Londres: Academic Press.

Personnaz, B. e Guillon, M. (1985). Conflict and conversión. Em S. Moscovici, G. Mugny e E. V. Avermaet (eds.). *Perspectives on minority influence.* Cambridge: Cambridge University Press.

Peterson, C. e Seligman, M. (1984). Causal explanations as a risk factor for depression: Theory and evidence. *Psychological Review*, 91, 347-374.

★Piaget, J. (1965). *Études sociologiques.* [Trad. *Estudios sociológicos.* Barcelona: Ariel. 1983.]

★Pichón Riviére, E. (1983). *El proceso grupal. Del Psicoanálisis a la Psicología Social.* Buenos Aires: Ed. Nueva Visión.

★Pichón-Riviére, E. e Pampliega de Quiroga, A (1985). *Psicología de la vida cotidiana.* Buenos Aires: Ed. Nueva Visión.

Pipper, I. (2002). Políticas, sujetos y resistencias. Debates y críticas en psicología social. Santiago de Chile: Universidad Arcis.

Picó, J. (1998). Teoría y empiria en el análisis sociológico: Paul F. Lazarsfeld y sus críticos. *Papers,* 54, 9-48.

★Popper, K. (1934/59). *The logic of scientific discovery.* Londres: Hutchinson. [Trad. *La lógica de la investigación científica.* Madrid: Tecnos. 1962.]

★Popper, K. (1963). *Conjectures and refutations: The growth of scientific knowledge.* Londres: Routledge y Kegan Paul. [Trad. *Conjeturas y Refutaciones.* Barcelona: Paidós. 1991.]

Potter, J. (1996). *Representing reality: Discourse, rhetoric and social construction.* Londres: Sage.

Potter, J. (1997). Discourse and critical psychology. Em T. Ibáñez e L. Íñiguez (eds.). *Critical social psychology.* Londres: Sage.

Potter, J. (1998). *La representación de la realidad. Discurso, retórica y construcción social.* Barcelona: Paidós.

Potter, J. e Wetherell, M. (1987). *Discourse and social psychology. Beyond attitudes and behavior.* Londres: Sage.

Potter, J. e Wetherell, M. (1998). Social representations, discourse analysis, and racism. Em U. Flick (ed.). *The psychology of the social.* Oxford: Blackwell.

★Reich, W. (1973). *La psicología de masas del fascismo.* México: Ed. Roca. [Publicado originalmente em 1933.]

Reichhardt, Ch. e Cook, T. D. (1986). *Métodos cualitativos y cuantitativos en investigación educativa.* Madrid: Morata.

Reyes Lagunes, I. (2002). Social psychology in Mexico: A fifteen year review. *International Journal of Group Tensions,* 31(4), 339-363.

Rickert, H. (1943). *Ciencia cultural y ciencia natural.* México: Espasa Calpe Argentina. [Publicado originalmente em 1910.]

Ring, K. R. (1967). Experimental social psychology. Some sober questions about some frivolous values. *Journal of Experimental Social Psychology,* 3, 113-123.

Ritzer, G. (1996a). *Teoría sociológica clásica.* Madrid: McGraw-Hill.

Ritzer, G. (1996b). *Teoría sociológica contemporánea.* Madrid: McGraw-Hill.

Riviere, A. (1991). *Objetos con mente.* Madrid: Alianza.

Riviere, A. (1994). *La psicología de Vygotski.* Madrid: Visor.

Rodrigues, A. (1972). *Psicologia social*. Petrópolis: Ed. Vozes.

Rodrigues, A. (1983). *Aplicaciones de la psicología social*. México: Trillas.

Rodrigues, A. (1994). Comentarios a "la psicología social en América Latina" de Maritza Montero. *Anthropos*, 156, 31-32.

Rodrigues, A., Assmar, E. M. L. e Jablonski, B. (2003). *Psicologia Social*. Petrópolis: Ed. Vozes.

Rokeach, M. (1960). *The open and closed mind*. Nova Iorque: Basic.

*Rorty, R. (1979). *Philosophy and the mirror of nature*. Princeton, NJ: Princeton University Press. [Trad. *La filosofía y el espejo de la naturaleza*. Madrid: Cátedra. 1995.]

Ros, M. e Gouveia, V. (2001). *Psicología social de los valores: Desarrollos teóricos, metodológicos y aplicados*. Madrid: Biblioteca Nueva.

Rosch, E. (1973). Natural categories. *Cognitive Psychology*, 4, 328-350.

Rosch, E. (1975). Cognitive representations of semantic categories. *Journal of Experimental Psychology*, 104(3), 192-233.

Rosch, E. (1978). Principles of categorisation. Em E. Rosch e B. B. Lloyd (eds.). *Cognition and categorisation*. Hillsdale, NJ: Erlbaum.

Rosch, E. e Mervis, C. B. (1975). Family resemblances: studies in the internal structure of categories. *Cognitive Psychology*, 7, 575-605.

Rose, A. M. (1962). A systematic summary of symbolic interaction theory. Em A. M. Rose *Human behavior and social processes. An interactionist approach*. Londres: Routledge and Kegan Paul.

Roselli, N. D. (1994). Psicología argentina. *Anthropos*, 156, 64-71.

Rosemberg, J. e Tannenbaum, P. H. (eds). *Theories of cognitive dissonance: A sourcebook*. Chicago: Rand McNally.

Rosenberg, M. J. (1965). When dissonance fails: On eliminating evaluation apprehension from attitude measurement. *Journal of Personality and Social Psychology*, 1, 28-42.

Rosenthal, R. (1966). *Experimenter effects in the behavioral research*. Nova Iorque: Appleton Century Crofts.

Ross, E. A. (1908). *Social psychology*. Nova Iorque: Macmillan.

Ross, L. (1977). The intuitive psychologist and his shortcoming: distortions in the attribution process. Em L. Berkowitz (ed.). *Advances in experimental social psychology* (Vol. 10). Nova Iorque: Academic Press.

Ross, M. e Fletcher, G. J. O. (1985). Attribution and social perception. Em G. Lindzey e E. Aronson (eds.). *Handbook of social psychology*. 3ª Edição, Vol. 2. Nova Iorque: Random House.

Rossi, P. (1967). *Il metodo delle scienze storico-sociali*. Turin. Einaudi. [Trad. *Introducción a Ensayos sobre metodología sociológica de Max Weber*. Buenos Aires: Amorrortu. 1973.]

Rotter, J. B. (1966). Generalized expectancies for internal versus external control of reinforcement. *Psychological Monographs*, 80, 1.

Roux, J. P. e Gilly, M. (1991). Rutinas sociales y actividades de reparto. Nuevas investigaciones sobre el papel constructor de la significación social de las tareas. *Anthropos*, 27, 49-57.

Sabucedo, J. M., D'Adamo, O. e García Beaudoux, V. (1997). *Fundamentos de psicología social*. Madrid: Siglo XXI.

Sacks, H. (1989). *Harvey Sacks. Lectures 1964-1965.* Dordrecht: Klumer Academic Publishers.

Sacks, H. (1992). *Lectures on conversation (vols 1 y 2).* Oxford: Blackwell.

Salazar, J. M. (1983). *Bases psicosociales del nacionalismo.* México: Trillas.

Salazar, J. M., Montero, M., Muñoz, C., Sánchez, E., Santoro, E. e Villegas, J. F. (1979). *Psicología social.* México: Trillas.

Sánchez, E. (2001). La psicología social comunitaria: repensando la disciplina desde la comunidad. *Revista de Psicología,* 10(2), 127-141.

Sánchez, E. e Wiesenfeld, E. (1991). Community Psychology in Latin America. *Applied Psychology: An International Review,* 40 (2).

Sandoval, S. (2000). O que há de novo na psicologia social latino-americana. Em R. H. F. Campos e P. Guareschi (eds.). *Paradigmas em Psicologia Social: A Perspectiva Latino-Americana.* Petrópolis: Ed. Vozes.

Sangrador, J. L. (1991). Estereotipos y cognición social: una perspectiva crítica. *Interacción Social,* 1, 207-221.

Sarabia, B. (1983). Limitaciones de la psicología social experimental. Necesidad de nuevas perspectivas. Em J. R. Torregrosa e B. Sarabia (eds.). *Perspectivas y contextos de la psicología social.* Barcelona: Editorial Hispano Europea.

Sass, O. (2002). Teoria crítica e investigação empírica na psicologia. *Psicologia e Sociedade,* 13(2), 147-159.

Sawaia, B. B. (1996). Comunidade: a apropriação científica de um conceito tão antigo quanto a humanidade. Em R. H. F. Campos (ed). *Psicologia Comunitária: da solidariedade à autonomia .* Petrópolis: Ed. Vozes.

Schegloff, E. (1979). Identification and recognition in telephone conversation openings. Em G. Psathas (ed.). *Everyday language: studies in ethnometodology.* Nova Iorque: Irvington.

Schellenberg, J. A. (1978). *Los fundadores de la psicología social.* Madrid: Alianza Editorial.

Schlick, M. (1930/65). El viraje de la filosofía. Em A. Ayer (ed.). *El positivismo lógico.* México: Fondo de Cultura Económica.

Schutz, A. (1944). The stranger: An essay in social psychology. *The American Journal of Sociology,* 49(6), 499-507. [Trad. *El forastero. Ensayo de psicología social. Estudios de teoría social.* Buenos Aires: Amorrortu. 1974.]

Schutz, (1945). The homecomer. *The American Journal of Sociology,* 50, 4, 363-76. [Trad. *La vuelta al hogar. Estudios de teoría social.* Buenos Aires: Amorrortu. 1974.]

Schutz, A. (1946). The well informed citizen. An essay on the social distribution of knowledge. *Social Research,* 13, 4, 463-478. [Trad. *El ciudadano bien informado. Ensayo sobre la distribución social del conocimiento. Estudios de teoría social.* Buenos Aires: Amorrortu. 1974.]

Schutz, A. (1962). *Collected papers I: The problem of social reality.* La Haya: Martinus Nijhoff. [Trad. *El problema de la realidad social.* Buenos Aires: Amorrortu. 1995.]

Schutz, A. (1964) *Collected papers II: Studies in social theory.* La Haya: Martinus Nijhoff. [Trad. *Estudios sobre teoría social.* Buenos Aires: Amorrortu. 1974.]

Schwartz, N. (2000). Social judgment and attitudes: warmer, more social, and less conscious. *European Journal of Social Psychology,* 30, 149-176.

★Seligman, M. E. P. (1975). *Helplesness.* San Francisco: Freeman. [Trad. *Indefensión.* Madrid: Debate. 1981.]

Sena, F. e Braz de Aquino, C (2004). *Psicologia social.* São Paulo: Escrituras Editora.

Serrano-García, I. e Rosario Collazo, W. (1992). *Contribuciones puertorriqueñas a la psicología social comunitaria.* Puerto Rico: EDUPR.

Serrano-García, I. e López Sánchez, G. (1994). Una perspectiva diferente del poder y el cambio social para la psicología social comunitaria. Em M. Montero (ed.). *Psicología social comunitaria. Teoría, método y experiencia.* Guadalajara: Universidad de Guadalajara.

Severiano, F. (2001/2005). *Narcisismo e publicidade. Uma análise psicossocial dos ideais de consumo na contemporaneidade.* São Paulo: Annablume. [Trad. *Narcisimo y publicidad. Un análisis psicosocial de los ideales del consumo en la contemporaneidad.* Madrid: Siglo XXI.]

Sherif, M. (1936). *The psychology of social norms.* Nova Iorque: Harper.

Sherif, M. (1946). *An outline of social psychology.* Nova Iorque: Harper.

Sherif, M. (1966). *Group conflict and cooperation. Their social psychology.* Londres: Routledge.

Sherif, M., Harvey, O. J., White, B. J., Hood, W. R. e Sherif, C. W. (1961). *Intergroup conflict and cooperation: the robber's cave experiment.* Norman, Oklahoma: Univertity of Oklahoma.

Sherif, M. e Hovland, C. (1961). *Social judgment: Assimilation and contrast effects in communication and attitudes change.* New Haven: Yale University Press.

Sherif, M. e Sherif, C. W. (1953). *Groups in harmony and tension.* Nova Iorque: Harper e Row.

Sherif, M., White, B. J. e Harvey, O. J. (1955). Status in experimentally produced groups. *American Journal of Sociology.* 60, 370-379.

Shibutani, T. (1961). *Society and Personality. An interactionist approach to social psychology.* Nova Iorque: Prentice-Hall. [Trad. *Sociedad y personalidad. Una aproximación interaccionista a la psicología social.* Paidos: Buenos Aires.]

Simmel, G. (1907/58). *Philosophie del Geldes.* Berlín: Duncker y Humblot. [Trad. *Filosofía del dinero.* Madrid: Instituto de Estudios Políticos. 1977.]

Simmel, G. (1977). *Sociología. Estudios sobre las formas de socialización. Vols. 1 y 2.* Madrid: Revista de Occidente. [Publicado originalmente em 1908.]

Simmel, G. (2002). *Cuestiones fundamentales de sociología.* Barcelona: Gedisa. [Publicado originalmente em 1917.]

Singer, J. E. (1980). Social comparison: The process of self-evaluation. Em L. Festinger (ed.). *Retrospections on social psychology.* Oxford: Oxford University Press.

★Skinner, B. F. (1953). *Science and human behavior.* Nova Iorque: The Macmillan Company. [Trad. *Ciencia y conducta humana.* Barcelona: Fontanella. 1979.]

★Skinner, B. F. (1957). *Verbal behavior.* Nova Iorque: Appleton-Century-Crofts.

Smith, E. R. (1998). Mental representation and memory. Em D. T. Gilbert, S. Fiske e G. Lindzey (eds.). *Handbook of social psychology,* 4ª Edição, Vol 2. Nova Iorque: Random House.

Smith, E. R. e Zárate, M. A. (1992). Exemplar-based model of social judgment. *Psychological Review.* 99, 3-21.

★Sokal, A. e Bricmont, J. (1999). *Imposturas intelectuales*. Barcelona: Paidós.

Soto, R. (2002). *Una reflexión sobre el metasentido de la praxis científica: la propuesta de Ignacio Martín-Baró desde la psicología social.* Madrid: UCM.

Spencer, H. (1870). *Principles of psychology*. Londres: Longman. [Trad. *Principios de psicología*. Madrid: La España Moderna.]

Spencer, H. (1876). Principles of sociology. 3 vols. Nova Iorque: Appleton. [Trad. *Principios de sociología*. Buenos Aires: Revista de Sociología. 1947.]

Spink, M. J. (1999). *Práticas discursivas e produção de sentidos no cotidiano.* São Paulo: Cortez Editora.

Spink, M. J. (2002). Os métodos de pesquisa como linguagem social. *Estudos e pesquisas em psicologia*, 2(2), 9-22.

Spink, P. (2003). Pesquisa de campo em psicologia social: uma perspectiva pós-construccionista. *Psicologia e Sociedade*, 15(2), 18-42.

Staats, A. W. (1975). *Social behaviorism*. Nova Iorque: Dorsey.

Stouffer, S. A., Suchman, E. A., De Vinney, L. C., Stars, S. A. e Williams, R. B. (1949). *The American soldier. Studies in social psychology in World War II*. 4 vols. Princeton, NJ: Princeton University Press.

Strauss, A. (1956). *The social psychology of George Herbert Mead*. Chicago: The University of Chicago Press.

Strauss, A., Schatzman, L., Ehrlich, D., Bucher, R., e Sabshin, M. (1963). The hospital and its negotiated order. Em Freidson, E. (ed.). *The hospital in modern society*. Nova Iorque: Free Press of Glencoe.

Strickland, L. H. (ed.). (1984). *Directions in Soviet social psychology*. Nova Iorque: Springer-Verlag.

Stryker, S. (1980). *Symbolic interactionism. A social structural approach*. California: The Benjamin Cummings.

Stryker, S. (1983). Tendencias teóricas de la psicología social: hacia una psicología social interdisciplinar. Em J. R. Torregrosa e B. Sarabia (eds.). *Perspectivas y contextos en psicología social*. Barcelona: Editorial Hispano Europea.

Stryker, S. (1991). Consequences of the gap between the two social psychologies. Em C. W. Stephan, W. G. Stephan e T. F. Pettigrew (eds.). *The future of social psychology*. Nova Iorque: Springer-Verlag.

Stryker, S. (1997). Sociological social psychology. Em C. McGarty e S. A. Haslam (eds.). *The message of social psychology.* Oxford: Blackwell.

Stryker, S. e Serpe, R. T. (1981). Commitment, identity salience, and role behavior. Em W. Ickes e E. S. Knowles (eds.) *Personality, roles, and social behavior.* Nova Iorque: Springer-Verlag.

Tajfel, H. (1969). Cognitive aspects of prejudice. *Journal of Biosocial Science*, 1, pp. 173-191. [Trad. Aspectos cognitivos del prejuicio. Em H. Tajfel *Grupos humanos y categorías sociales*. Barcelona: Herder. 1981.]

Tajfel, H. (1978). The psychological structure of intergroup behaviour. Em H. Tajfel (ed.). *Differentiation between social groups: Studies in the social psychology of intergroup relations.* European Monographs in Social Psychology, 14. Londres: Academic Press.

★Tajfel, H. (1981). *Human groups and social categories. Studies in social psychology.* Cambridge: Cambridge University Press.

Tajfel, H., Flament, C., Billig, M. e Bundy, R. (1971). Social categorization and intergroup behaviour. *European Journal of Social Psychology*, 1, 149-78.

Tajfel, H., Jaspars, J. e Fraser, C. (1984). The social dimension in european social psychology. Em H. Tajfel, (ed.). *The social dimension*. Cambridge: Cambridge University Press.

Tajfel, H. e Turner, J. C. (1979). An integrative theory of intergroup conflict. Em W. G. Austin e S. Worchel (eds.). *The social psychology of intergroup relations*. Monterey: Brooks-Cole.

Tajfel, H. e Wilkes, A. L. (1963). Clasification and quantitative judgement. *British Journal of Psychology*, 54, 101-114.

Tamayo, A. e Borges, L. (2001). Valores del trabajo y valores de las organizaciones. Em M. Ros e V. Gouveia, (eds). *Psicología social de los valores: Desarrollos teóricos, metodológicos y aplicados*. Madrid: Biblioteca Nueva.

Tamayo, A. e Porto, J. (2005). *Valores e comportamento nas organizações*. Petrópolis: Artmed.

Tapia, G. e Jodelet, D. (2000). *Develando la cultura. Estudios en representaciones sociales*. México: Universidad Autónoma de México.

★Tarde, G. (1890). *Les lois de l'imitatio*. Paris: Alcan.

Tarde, G. (1895). *La logique sociale*. Paris: Alcan.

Tarde, G. (1898). *Etudes de psychologie sociale*. Paris: Girard et Brière.

Tarde, G. (1904). *L'opinion et la multitude*. Paris: Alcan. [Trad. *La opinión y la multitud*. Madrid: Taurus. 1986.]

Taylor, S. E. (1981). The interface of cognitive and social psychology. Em J. Harvey (ed.). *Cognition, social behavior, and the environment*. Hillsdale, N. J: Erlbaum.

Thibaut, J. W. e Kelley, H. H. (1959). *The social psychology of groups*. Nova Iorque: Wiley.

Thomas, W. (1905). The province of social psychology. *American Journal of Sociology*, 10, 445-55.

Thomas, W. (1906). The province of social psychology. *Congress of Arts and Science*, 5, 860-6.

Thomas, W. e Znaniecki, F. (1918-20/84). *The polish peasant in Europe and America*. Illinois. University of Illinois Press.

Thomas, W. I. e Thomas, D. S. (1928). *The child in America: behavior problems and programs*. Nova Iorque: Alfred A. Knopf.

Thorndike, E. L. (1898). Animal intelligence. An experimental study of the associative proccess in animals. *Psychological Monographs*, 8.

Thurstone, L. L. (1927). Attitudes can be measured. *American Journal of Sociology*, 33, 529-554.

Thurstone, L. L. (1929). Theory of attitude measurement. *Psychological Review*, 36, 222-241.

Thurstone, L. L. e Chave, E. J. (1929). *The measurement of attitudes*. Chicago: University of Chicago Press.

Tolman, E. C. (1938). The determiners of behavior al a choice point. *Psychological Review*, 45, 1-41.

Torregrosa, J. R. (1968). El estudio de las actitudes: perspectivas psicológicas y sociológicas. *Revista Española de Opinión Pública*, 11, 155-165.

Torregrosa, J. R. (1982). Introducción. Em J. R. Torregrosa e E. Crespo. (eds.). *Estudios básicos de psicología social*. Barcelona: Hora.

Torregrosa, J. R. (1998). Psicología social. Em S. Giner, E. Lamo de Espinosa e C. Torrés (eds.). *Diccionario de sociología*. Madrid: Alianza.

★Torres, A., Lima, M. E. e Da Costa, J. (2005). *A psicologia política na perspectiva psicossociológica*. Goiânia: Editora da UCG.

Traverso, M. (1998). *La identidad nacional en Ecuador. Un acercamiento psicosocial a la construcción nacional*. Quito: Biblioteca Abya-Yala.

Triplett, N. (1897). The dynamogenic factors in space-making and competition. *American Journal of Psychology*, 9, 507-532.

Turner, J. C. (1981). Some considerations in generalizing experimental social psychology. Em G. M. Stephenson e J. Davis (eds.). *Progress in applied social psychology*. (vol 1). Chichester: Wiley.

Turner, J. C. (1982). Towards a cognitive redefinition of the social group. Em H. Tajfel (comp.). *Social identity and intergroup relations*. Cambridge: Cambridge University Press.

Turner, J. C. (1987). *Rediscovering the social group. A self-categorization theory*. Oxford: Basil Blackwell. [Trad. *Redescubrir el grupo social*. Madrid: Morata. 1990.]

Turner, J. C. (1988). Teoría, método y situación actual de la psicología social. *Revista de Psicología Social*, 3, 99-128.

Turner, J. C. e Oakes, P. J. (1997). The socially structured mind. Em C. McGarty e A. Haslam (eds). *The message of social psychology*. Oxford: Blackwell.

Turner, R. H. (1962). Role-taking: Process versus conformity. Em A. M. Rose (ed.). *Human behavior and social processes: An interactionist approach*. Londres: Routledge and Kegan Paul.

Tversky, A. e Kahneman, D. (1973). Availability: A heuristic for judging frequency and probability. *Cognitive Psychology*, 5, 207-32.

Tversky, A. e Kahneman, D. (1974). Judgment under uncertainty: Heuristics and biases. *Science*, 185, 1124-1131.

Vala, J. e Montero, M. B. (2004). *Psicología social*. Lisboa: Fundação Calouste Gulbenkiam.

Van Stralen, C. J. (2005). Psicologia social: Uma especialidade da psicologia? *Psicologia e Sociedade*, 17(1), 17-28.

Varas-Díaz, N. e Serrano-García, I. (2005). *Psicología comunitaria: reflexiones, implicaciones y nuevos rumbos*. Puerto Rico: Ediciones Puertorriqueñas.

Vázquez Ortega, J. J. (2000). *Psicología social y liberación en América Latina*. México: Universidad Autónoma Metropolitana.

Vázquez, F. (2001). *Psicologia del comportament collectiu*. Barcelona: UOC.

Vega, I. (2003). *Pareja y familia en la sociedad actual: ¿nuevos significados y desafíos?* San José: Instituto de Investigaciones Psicológicas.

Vega, I. e Cordero, A. (2003). *Realidad familiar en Costa Rica*. San José: FLACSO.

Vega, M. (1984). *Introducción a la psicología cognitiva*. Madrid: Alianza.

Vidich, A. J. e Lyman, S. H. (1994). Qualitative methods. Their history in sociology and anthropology. Em N. K. Denzin e Y. S. Lincoln (eds.). *Handbook of Qualitative Research*. Londres: Sage.

Vygotski, L. S. (1979). Herramienta y símbolo. Reproduzido parcialmente em M. Cole, S. Scribner e E. Souberman (eds.). *Lev Vygotsky. El desarrollo de los procesos psíquicos superiores*. Barcelona: Crítica. [Publicado originalmente em 1930.]

★Vygotski, L. S. (1985). *Pensamiento y lenguaje*. Buenos Aires: Editorial La Pléyade. [Publicado originalmente em 1934.]

Vygotski, L. S. (1991). La conciencia como problema de la psicología del comportamiento. Em L. S. Vygotski. *Obras Escogidas*. Madrid:Visor. [Publicado originalmente em 1925.]

Vygotski, L. S. (1991). Los métodos de investigación reflexológicos y psicológicos. Em L. S. Vygotski. *Obras Escogidas*. Madrid:Visor. [Publicado originalmente em 1926.]

Vygotski, L. S. (1991). El significado histórico de la crisis de la psicología. Una investigación metodológica. Em L. S. Vygotski. *Obras Escogidas*. Madrid. [Escrito em 1927.]

Wagner, W. e Elejabarrieta, F. (1994). Representaciones sociales. Em J. F. Morales (ed.). *Psicología social*. Madrid: McGraw-Hill.

Watson, J. B. (1913). Psychology as a behaviorist views it. *Psychological Review*, 20, pp. 158-177.

Watson, J. B. (1924). *Behaviorism*. Nova Iorque: Horton. [Trad. *El conductismo*. Buenos Aires: Paidós. 1972.]

Watson, D. (1982). The actor and the observer: How are their perceptions of causality divergent? *Psychological Bulletin*, 92, 682-700.

Weber, E. H. (1834). *De pulsu, resorptione, auditu et tactu*. Leipzig. [Citado em: Lengrenzi, P. (1986). *Historia de la psicología*. Barcelona. Herder.]

★Weber, M. (1913). *Sobre algunas categorías de la sociología comprensiva*. [Ensaio elaborado em 1913 e Publicado em 1922. Edição em espanhol de 1973.]

★Weber, M. (1973). *Ensayos sobre metodología sociológica*. [Publicado originalmente em 1922.]

★Weber, M. (1977). *La ética protestante y el espíritu del capitalismo*. Barcelona: Península. [Publicado originalmente em 1904/5.]

Weiner, B. (1979). A theory of motivation for some classroom experiences. *Journal of Educational Psychology*, 71, 3-25.

Weiner, B. (1986). *An attributional theory of motivation and emotion*. Nova Iorque: Springer Verlag.

Wertheimer, M. (1912). Experimentelle Studien über das Sehen von Bewegung. *Zeitschrift für Psychologie*, 60, 321-378.

Wertheimer, M. (1945). *Productive thinking*. Nova Iorque: Harper. [Trad. *Pensamiento productivo*. Barcelona: Paidós. 1991.]

Wetherell, M. e Potter, J. (1996). El análisis del discurso y la identificación de los repertorios interpretativos. Em A. J. Gordo e J. L. Linaza (eds.). *Psicologías, discursos y poder (PDP)*. Madrid:Visor.

Whyte, W. F., Wicklund, R. A. e Duval, S. (1972). *A theory of objective self-awareness*. Nova Iorque: Academic.

Wicker, A. (1969). Attitudes versus action: the relationship of verbal and overt behavioral responses to attitude objects. *Journal of Social Issues*, 41-78.

Wiesenfeld, E. (1994). Paradigmas de la psicología social comunitaria latinoamericana. Em M. Montero (ed.). *Psicología social comunitaria. Teoría, método y experiencia*. Guadalajara, México: Universidad de Guadalajara.

Wiesenfeld, E. (1995). *Psicología social comunitaria : contribuciones latinoamericanas*. Caracas: Tropykos.

Wiesenfeld, E. e Sánchez, E. (1995). *Psicología Social Comunitaria*. Caracas: Editorial UCV.

Windelband, W. (1894). *Geschichte und Naturwissenschaft (historia y ciencia natural)*. Estrasburgo: Heitz. [Citado em Weber, M. (1973). *Ensayos sobre metodología sociológica*. México: Amorrortu.]

Worchel, S., Morales, F., Páez, D. e Deschampes, J. C. (1988). *Social identity: International perspectives*. Sage: Londres.

Wundt, W. (1916). *Elements of folk psychology. Outlines of a psychological history of the development of the mankind*. Londres: Allen y Unwin.

Wundt, W. (1996). *Introducción al compendio de psicología. Objeto, divisiones y método de la psicología*. Madrid: La España Moderna. [Publicado originalmente em 1896.]

Yela, M. (1980). La evolución del conductismo. *Análisis y Modificación de la Conducta*, 6, 147-180.

Yela, M. (1993). K. Lewin y la psicología experimental. Em A. Ferrádiz, C. Huici, E. Lafuente e J. F. Morales (eds.). *Kurt Lewin (1890-1947). Una evaluación actual de su significación para la psicología*. Madrid: UNED.

Zaiter, A. J. (1996). *La identidad social y nacional en Dominicana: Un análisis psicosocial*. Santo Domingo: Editora Taller.

Zajonc, R. B. (1965). Social facilitation. *Science*, 149, 269-274.

★Zajonc, R. B. (1967). Social psychology: An experimental approach. Belmont: Wadsworth Publishing Company [Trad. *Psicología social: estudios experimentales*. Alcoy: Marfil.]

Zajonc, R. B. (1968). Cognitive theories in social psychology. Em G. Lindzey e E. Aronson (1968-69). *Handbook of social psychology*. Vol. 1. Londres: Addison-Wesley.

Zanna, M. P. e Cooper, J. (1974). Dissonance and the pill: an attribution approach to studying the arousal properties of dissonance. *Journal of Personality and Social Psychology*, 29, 703-709.

★Zimbardo, P. e Ebbesen, E. B. (1970). *Influencing attitudes and changing behavior*. Reading, Addison-Wesley.

Znaniecki, F. (1925). *The laws of social psychology*. Chicago: The University of Chicago Press.

Zuckerman, M. (1979). Attribution of success and failure revisited, or: The motivational bias is alive and well in attribution theory. *Journal of Personality*, 47, 245-287.

ÍNDICE DE AUTORES

Abrams, D., 283, 284
Abramson, L. Y., 246
Abrantes, A. A., 303, 305
Abric, J. C., 298
Adorno, T. W., 48, 94, 136-140, 149, 163
Alexander, J., 193, 194
Alfonso, L. M., 305
Algarabel, S., 16, 144
Almeida, S. T., 305
Álvaro, J. L., 3, 11, 43, 188
Alvira, R., 225
Allport, F., 2, 39, 41, 51, 58-61, 64, 66, 87, 92, 100, 107, 136, 147, 160, 179
Allport, G., 2, 165, 189, 271, 273
Antaki, C., 241, 242, 247, 320, 338, 339
Aquino, Braz, 303
Arendt, H., 163
Armistead, N., 357
Aronson, E., 47, 172, 173, 226
Arruda, A., 304
Asch, S., 58, 157-158, 160-162, 226, 227
Ash, M. G., 46, 143, 144
Assmar, E. M. L, 303
Austin, G. A., 250, 253
Austin, J., 329, 332
Ayer, A., 95
Back, K. W., 167
Baldwin, J., 82
Baldwin, J. M., 76, 107
Bandura, A., 175, 184-186, 238, 261-271, 346, 364
Bar-Tal, D., 237
Barker, R., 106
Barnes, B., 235
Barrón, A., 47
Barros, Th. S., 304, 305
Barthes, R., 332

Bartlett, R., 9, 101, 120-125, 141, 143, 144, 150, 243, 244, 249, 250, 255, 257, 261
Bateson, G., 106
Beaudoux, V. G., 3
Bem, D. J., 105, 170
Benjamin, W., 136, 138
Berelson, B., 148
Berger, R., 24, 80
Berkowitz, L., 107, 225
Bernard, L. L., 56, 63, 66, 79
Billig, M., 279, 283, 291, 320, 330-332, 358
Blanco, A., 11, 47, 110, 111, 117
Blanch, J. M., 3
Blau, R., 75, 188, 194, 197, 200-202, 228
Bloor, D., 235, 236
Blumer, H., 132, 133, 202-205, 210, 266, 228, 342, 352, 356, 357, 361
Boakes, R. A., 30-31, 46, 51, 56-57, 62
Bogardus, E. S., 64-65, 79, 90-91, 145, 147
Bonfim, E. Melo, 304
Bonfim, Z., 314
Borges, L. O., 305
Boring, E. G., 16, 20, 44, 55
Bosi, E., 304
Bourdieu, P., 231, 340, 341, 348, 354-357, 363, 366
Bourhis, R., 101
Bower, A., 101
Brandão, I., 314
Brehm, J. W., 169, 172, 173
Brewer, M. B., 358
Bricmont, J., 236
Bridgman, P. W., 98
Brown, Ro., 140
Brown, Ru., 281, 284
Bruner, J., 250, 251, 252, 253, 255, 271
Brymann, A., 363

Bulmer, M., 78, 91
Burillo, R. J., 46, 47, 100, 110
Buss, A. H., 106
Caballero, J. J., 84
Camino, L., 304, 305
Campbell, D. T., 141, 226
Campos, R. H. F., 303, 314
Canto, J., 299
Cantor, N., 253, 254
Caparrós, A., 174, 185
Carlos, S. A., 303
Carlsmith, J. M., 170, 172, 225, 358
Carnap, R., 95-96
Carone, I., 304
Carpintero, H., 57, 109, 114, 118
Carugati, F., 302
Cartwright, D., 117
Chave, E. J., 145
Chomsky, N., 250
Cicourel, A., 340, 361
Clarke, D., 320, 325, 326, 327, 328
Codo, W., 303
Cohen, A. R., 172
Collier, G., 11, 47, 60, 63, 70, 173, 175, 186, 237
Comte, A., 2, 3-6, 15, 29, 63, 95, 134
Cook, S., 117, 361
Cooley, C. H., 39, 62, 63, 74-77, 84, 88, 92
Cooper, J., 170
Cornelius, H., 138
Corrêa, M. G., 303
Costa, J. B., 305
Crochik, L., 304, 305
Crespo, E., 332
Cruz, J. E., 2
Curtis, J. H., 10
D'Adamo, O., 3
Danziger, K., 16, 43, 87
Darendorff, R., 139
Darwin, C., 25-29, 31, 33, 37, 76, 82, 84, 111
Davis, K. E., 238, 239-242, 260
De Carlo, N., 320, 325, 326
DePaolis, R., 302, 303

Dembo, T., 106
Denzin, N. K., 341, 342, 345, 361
Deschamps, J. C., 283, 359
Deutsch, M., 109, 111, 117, 118, 133, 158, 162
Dewey, J., 51, 54, 78-79, 81, 82, 84, 128, 131
Díaz, F., 320, 339
Dilthey, W., 21-23, 44, 67, 68, 86, 361
Dionnet, S., 303
Doise, W., 299, 301, 303, 359, 365
Dollard, J., 48, 104, 103-109, 149, 184, 264
Doms, M., 295, 298
Dunlap, K., 56
Dunning, E., 329
Durkheim, E., 2, 3, 6-10, 29, 37, 42, 63, 66, 70, 134, 135, 147, 191, 208, 218, 287, 303, 349, 354, 356
Duveen, G., 286, 290, 291
Ebbinghaus, H., 23, 43, 86, 122, 141
Echebarría, A., 252
Echeverría, J., 95, 96, 97
Ehrlich, D., 169
Eiser, J. R., 241
Elejabarrieta, F., 287, 290
Elias, N., 230, 329, 340, 341, 342, 349, 349-354, 364, 365
Ellwood, C., 40, 63-65, 79
Engels, F., 24
Estany, A., 234, 237
Estes, W. K., 174
Ettinger, E., 14
Faris, R. E. L., 132
Farr, R. M., 288
Fechner, G. T., 14, 16
Feigl, H., 95
Feshbach, S., 177
Festinger, L., 118, 119, 166-174, 225, 226, 227, 278
Feyerabend, R., 97, 231, 234
Fiedler, F. L., 244
Field, H., 149
Fisher, R. A., 144
Fiske, S. T., 252, 254, 255, 256, 257, 260, 261

Fletcher, G. J. O., 239
Flick, U., 292, 359
Fraser, C., 230, 271, 288, 291
Freedman, J. L., 172
Freire, P., 316, 317, 318
Freitas, M. F. Q., 306
Frenkel-Brunswik, E., 48
Freud, S., 12, 47-48, 51, 104, 136
Fromm, E., 47, 106, 107, 136, 140, 163
Gadamer, H-G., 321
Galanter, E., 250
Gali, T. M., 303
Gardner, H., 261
Garfinkel, H., 133, 218-223, 228, 332, 338, 347, 354, 356
Gaskel, R., 291
Geertz, C., 362, 364
Georgudi, M., 24
Gerard, H. B., 162
Gergen, K., 230, 237, 303, 319, 320-325, 353, 357, 358, 362
Giddens, A., 24, 192, 218, 231, 340, 341, 345-350, 366
Giddings, F. H., 63
Gilmore, J. B., 170
Gilly, M., 313
Giner, S., 30
Goffman, E., 74, 188, 207-212, 226-228
Góis, C. W. L., 314
Gómez, T., 180
Gondra, J. M., 52
Goodman, C. C., 271
Goodnow, J. J., 250, 253
Gordon, S., 29, 67, 236
Gouldner, A., 209, 211, 358
Guareschi, P., 303, 304
Guerra, A. M. C., 305
Guillon, M., 296
Guthrie, E. R., 101
Guttman, I., 146, 148
Habermas, J., 335, 336
Hall, S., 34

Hamilton, V. L., 164
Harré, R., 237, 300, 319, 320, 325-330, 332, 337, 358
Harris, V. A., 241
Harvey, O. J., 279
Hawkins, R. M. F., 264
Head, H., 123
Heider, F., 119, 156-158, 164-166, 168, 216, 227, 239, 242, 245, 247
Herbart, J. F., 14, 17-18
Heritage, J., 320, 337, 339
Hewstone, M., 239, 241, 242, 247
Higgins, E. T., 252
Hilgard, J., 103
Hogg, M. A., 283, 284
Homans, G., 103, 133, 135-136, 188, 194-199, 201, 202, 228
Horney, K., 47
Hovland, C. I., 102, 103, 175-178, 227
Howard, G. H., 63
Hull, C., 103-106, 107-108, 144, 174-176, 178, 179, 262, 266
Humboltdt, W., 18-19
Ibánez, J., 362
Ibáñez, T., 3, 10, 40, 289, 290, 300, 321, 324
Íniguez, L., 320, 332, 337
Insúa, R., 252
Ismael, E., 305
Israel, J., 230, 271
Jablonski, B., 303
Jackson, J. M., 46, 57, 237
Jacó-Vilela, A. M., 303, 304
Jahoda, G., 17-19, 41-42, 358
Jahoda, M., 118, 147, 192
James, W., 32-33, 35-36, 48, 60, 70, 76, 78, 81, 83
Janis, I., 102, 170, 176, 177
Jaspars, J., 230, 271, 288
Joas, H., 349
Jodelet, D., 288, 289, 290
Jones, E. E., 2, 141, 152, 165, 238, 239-242, 247, 248, 260, 361
Jovchelovitch, S., 304

Kahneman, D., 255, 258-260
Katz, D., 48, 148-149, 172, 179
Katz, E., 148
Kelley, H., 102, 103, 117, 165, 176, 180-183, 194, 200-202, 226, 228, 238, 239, 242-245, 256, 260, 261
Kelman, H. C., 164, 172, 357
Kind, L., 305
Koch, S., 12, 363, 364
Koffka, K., 45, 46
Köhler, W., 45-46, 109, 116, 128
Kolakowski, A.W., 5
Kottler, A. E., 336
Kozulin, A., 125
Krauss, R. M., 158
Kruglanski, A.W., 225
Kuhn, M., 188, 202, 205, 226, 363
Kuhn, T., 97, 155, 231-234, 235, 250
Kunda, Z., 252, 255, 259, 260, 261
Lacerda, M., 305
Lage, E., 295
Lakatos, L., 97, 231, 233, 234
Lam, R., 330
Lamarck, J. B., 25-27
Lambert, L.L., 337
Lane, S., 303, 304, 306, 308, 318
Latour, B., 236
Lazarsfeld, P. F., 147-148, 179, 226
Le Bon, G., 3, 11-13, 57-58
Leahey, T., 17, 33-34, 156
León, J.M., 180
Lévi-Strauss, C., 194
Leviton, L. C., 361
Levy, D. M., 106
Lewin, K., 44, 47, 94, 98, 106, 109-119, 144, 150, 156, 162, 164, 165, 166, 172
Lewis, J. D., 202, 204
Leyens, J. R, 283
Lhullier, L., 305
Lima, M. E., 304, 305
Likert, R., 146-147, 148
Lincoln, Y. S., 361
Lindesmith, A. R., 341, 345

Lindzey, G., 47
Linton, R., 190, 206
Lippitt, R., 117-118
Lomov, B., 125
Lück, H.E., 18, 43, 87
Luckman, B., 24, 80
Lumsdaine, A. A., 177
Luria, A., 129-131, 142-143, 144
Lyman, S. M., 361
Machado, A., 304
Malinowski, B., 134
Malthus, T. R., 26
Mancebo, D., 303
Mandell, W., 177
Mannheim, K., 98-100, 149, 350
Marcuse, H., 136
Markus, H., 252, 256, 257, 258, 259, 260
Marques, J., 252
Marsh, R., 328, 229
Massini, M., 305, 306
Martín-Baró, I., XVI, XVIII, XXIII, XXV, 107, 133, 191, 229, 237, 303, 305-311, 312, 313, 314, 318, 362, 365
Marx, K., 24-25, 349
Maslow, A. H., 106
Masterman, M., 232
Mayo, E., 87-88
Mays, W., 300
McCall, J., 207
McDougall, W., 26, 30, 35, 40-41, 48-52, 53, 55-56, 57-58, 62-63, 64, 92, 107
McGillis, D., 240
McPartland, T. S., 205
McPhail, C., 202, 204
Mead, G. H., 22, 33, 36, 39-40, 42, 51, 64, 76-85, 88, 131-133, 202, 205, 206, 209, 212, 213, 216, 218, 228, 261, 323, 336, 342, 343
Mello, S. L., 304
Meltzer, B. N., 74, 202
Mendoza, R., 303, 305
Merton, R., 191-194, 207, 228, 234, 235, 347
Mervis, C. B., 253

Milgram, S., 162-164, 227
Miller, D.T., 248, 255
Miller, G.A., 33, 55, 250
Miller, N. E., 48, 102, 103-104, 105-109, 149
Mills, C.W., 299
Minsky, M., 255
Minton, H. L., 47, 63, 70, 173, 175, 186, 237
Mischel, W., 253-254
Moede, W., 60, 87, 144
Morales, R., 180, 283
Moreira, A. S. Paredes, 292, 303, 304
Morris, C., 82
Moscovici, S., 3, 9-11, 80, 238, 285-299, 349, 365
Mowrer, O. H., 106
Mugny, G., 296, 298, 299, 301, 302, 303, 359
Munné, R., 25, 47, 59
Murphy, G., 147
Murphy, L. B., 147
Myers, C. S., 122
Naffrechoux, M., 295
Neisser, U., 250, 255
Nemeth, C. J., 298
Neustadt, L., 350
Newcomb, T. M., 147, 193
Newell, A., 250
Nisbett, R. E., 241, 248, 260
Oldroyd, D., 5, 34, 95, 154
Oliveira, D. C., 303, 304
Orne, M.T., 225, 357
Ortega y Gasset, J., 100, 325
Ovejero, A., 11, 303
Ovsiankina, M., 113
Páez, D., 252, 283
Paicheler, G., 298
Papastamou, S., 298
Paredes Moreira, A. S., 292
Park, R., 70, 75, 79, 89, 131
Parker, L., 324
Parsons, T., 29, 85, 133-136, 141, 189-191, 193, 195, 198, 199, 206, 207, 212, 218, 220, 221, 228, 347, 351

Paul, P., 47
Peirce, C. S., 32-34, 52, 78
Pereira, C., 304, 305
Pérez, J.A., 296, 298, 299, 303
Perret-Clermont, A. N., 299, 300, 302
Personnaz, B., 295, 296
Peterson, C., 247, 248
Petras, J. W., 74, 202
Piaget, J., 129, 255, 299, 300, 301, 302
Picó, J., 148
Popper, K., 95, 139, 153-155
Porto, J., 305
Postman, L., 255
Potter, J., 319, 320, 329, 331-336, 358
Pribram, K. H., 250
Prado, M.A., 305
Radcliffe-Brown, A.B., 134
Radke, M., 117
Reich, W., 48, 136, 140
Reichenbach, H., 97, 232
Reichhardt, C., 478
Reynolds, G., 47, 63, 70, 173, 186, 237
Reynolds, L., 74, 202
Rexroat, C., 202, 204
Rickert, H., 22-23, 74, 350
Ring, K., 357
Ritzer, K. R., 25, 30, 67, 68, 79, 133, 204
Riviere, A., 125, 251, 252
Rodrigues, A., 303, 304, 306, 307
Rodrígues, B. C., 304
Rokeach, M., 140
Rorty, R., 237, 319, 329, 321, 332, 362
Rosch, E., 253, 254, 255
Rose, A. M., 205
Rosenberg, M.J., 170, 172
Rosenthal, R., 224, 357
Ross, E.A., 2, 11, 40, 62-65, 92, 107
Ross, L., 241, 247, 248, 260
Ross, M., 239, 248
Rosser, E., 328, 329
Rossi, R., 67-69

Roux, J. R., 303
Sá, C., 304
Sabucedo, J. M., 3
Sacks, H., 303, 319, 336, 337, 338
Sandoval, S., 305, 307
Sanford, R. M., 48
Sangrador, J. L., 47, 257, 261
Santoyo, J. M., 17, 59
Sarabia, B., 224
Sass, O., 304
Sawaia, B., 303, 318
Schachter, S., 167, 171
Schegloff, E., 338
Schellenberg, J. A., 47
Schenov, L., 126
Schlick, M., 95-96
Schutz, A., 188, 212-218, 228, 347, 348, 356
Schwartz, J., 254
Schwartz, M., 343
Schwartz, N., 252, 260, 261
Sears, R., 264
Secord, R., 237, 303, 319, 324-327, 330, 357
Seligman, M., 175, 186-188, 227, 238, 246, 247
Sena, F., 303
Serpe, R. T., 345
Severiano, F., 304
Shadish, W., 361
Sherif, M., 159-160, 162, 178, 226, 279, 280, 281, 283, 284
Sherif, C. W., 279
Shibutani, T., 205
Shils, E. A., 189
Silva, P., 304
Simmel, G., 39, 62, 70-75, 92, 352
Simons, J. L., 207
Simon, H. A., 250
Singer, J. E., 171
Skinner, B. F., 47, 101, 103-105, 143, 174, 175, 186, 187, 195, 196, 199-200
Small, A., 40, 63, 70
Smith, E. R., 252, 254, 255, 256, 257
Smith, L., 300

Smith, R. L., 202, 204
Sokal, A., 236
Soler, M. J., 16, 144
Sorokin, R., 133, 134
Spalding, D. A., 48
Spence, K., 264
Spencer, H., 6, 10, 26, 27-32, 35, 37, 63, 76, 134
Spink, M. J., 303, 304
Spink, P., 304
Stanley, J., 226
Stouffer, S., 135, 148, 175, 189, 193, 228
Strauss, A., 341, 345
Strickland, L. H., 125
Stryker, S., 341-345, 349, 363
Swartz, S., 336
Tajfel, H., 160, 168, 230, 238, 255, 266-285, 286, 297, 330, 358, 359, 365
Tamayo, A., 305
Tarde, G., 1, 3, 10-11, 31, 32, 37, 40, 62-66, 107
Taylor, S. E., 249, 252, 255, 256, 257, 260, 261
Teasdale, J. D., 246-247
Thibaut, J. W., 103, 117, 180-183, 194, 200, 201-202, 226, 228
Thomas, D. S., 65
Thomas, W. I., 39, 65, 76, 79-80, 88-90, 131, 291
Thorndike, E. L., 46, 144
Thurstone, L. L., 91, 145-147
Tolman, E. C., 101, 135
Torres, A. R., 305
Torregrosa, J. R., 3, 291
Triplett, N., 2, 60, 87
Turner, J. C., 255, 283, 284-286, 359
Turner, R. H., 206, 207, 228
Tversky, A., 258-260
Vala, J., 305
Van Stralen, C. J., 2
Vázquez, F., 11
Vega, L. G., 17, 59, 186
Vega, M., 250
Vidich, A. J., 361
Vygotski, L., 24, 42, 125-131, 142, 150, 261, 300, 301, 302, 323, 336, 364

Wagner, W., 287, 290
Walters, R., 102, 109, 184-185, 262, 264
Wallace, A. R., 26-27
Ward, L. F., 63
Watson, J. B., 39, 51, 52-55, 56-57, 59-60, 61, 81, 84, 86-87, 98, 100-101, 104, 127, 149, 250
Watson, D., 248
Weber, M., 23, 25, 39, 62, 66-70, 74, 92, 134, 136, 347, 349
Weiner, B., 245-247
Weis, W., 177
Wertheimer, M., 45-46, 87, 109, 116
Wetherell, M., 319, 320, 329, 331-336, 358
White, B. J., 279
White, R., 117
Wiener, N., 123
Wilkes, A. L., 272
Williams, J., 329
Windelband, W., 22, 67
Wittgenstein, L., 95, 96, 303, 323, 332
Woolgar, S., 236
Worchel, S., 283
Wundt, W., 6, 9, 15-18, 19-24, 34-35, 36-38, 39, 41-45, 58, 82, 87, 92, 109, 143
Yela, M., 54, 118
Zajonc, R., 172, 179-180, 227, 252, 256, 257, 259, 260
Zanna, M. R, 170
Zárate, M. A., 254, 255
Zeigarnik, B., 113
Znaniecki, F., 65-66, 79-80, 88-90, 291
Zuckerman, M., 248

ÍNDICE ANALÍTICO

A

Ação social, 24, 65, 66-70, 77, 99, 119, 131, 133, 134, 189, 190, 191, 192, 199, 202, 203, 204, 212, 213, 214, 215, 216, 217, 218, 221, 223, 224, 286, 329, 330, 334, 335, 340, 345, 346, 347, 349, 356, 357, 360, 361

Agressão, 196, 225

Análise das conversações, 303, 319, 336-340

Análise do discurso, 303, 319, 320, 321, 331-336, 337, 361, 362

Ancoragem, 259, 260, 288, 289, 290, 296

Aprendizagem por imitação, 63, 100, 101, 102, 103, 104, 107-109, 144, 149, 174, 184-186, 262, 264, 266

Aprendizagem social, 48, 102, 107, 108, 109, 184-186, 227-228, 262, 266

Aprendizagem, 26, 28, 45, 51, 53-57, 62, 63, 83, 102-105, 107-109, 119, 129, 130, 149, 150, 162, 163, 173-178, 179, 183-186, 187, 188, 227, 228, 246, 247, 262, 264, 266, 273, 274, 321, 322, 341

Assimilação, 124, 272, 273, 274, 285, 286, 300

Atitude, 79-80, 83, 90, 91, 103, 136, 137, 147, 148, 158, 160, 165, 167, 168, 179-180, 202, 206, 212, 227, 240, 241, 286, 287, 289, 290, 291, 292, 293, 298, 299, 321, 330, 333, 334, 355, 360, 361

Ator, 67, 239, 240, 241, 242, 243, 247, 248, 328, 346, 347, 356, 357

Atribuição, 156, 157, 158, 165, 227, 230, 237, 238-249, 358, 365

Auto-estima, 177, 246, 247, 248, 249, 283, 284

B

Behaviorismo, 41, 47, 51, 52, 55, 56, 59, 60, 81, 82, 84, 87, 91, 98, 100-104, 108, 119, 124, 125, 126, 129, 134, 144, 149, 150, 152, 156, 173, 174, 180, 185, 186, 187, 195, 198, 199, 200, 203, 227, 228, 230, 237, 238, 239, 249, 250, 251, 261, 262, 283, 299, 364

C

Campo, 354, 356
    e habitus, 347, 354-357
    teoria do, 46, 47, 109-115, 149

Capital cultural, 259, 260, 355

Características da demanda, 224, 225

Categorias sociais, 253, 254, 273, 274, 276

Categorização do eu, 284, 286

Categorização, 250, 252-255, 266-278, 282, 283, 284, 285, 333, 334, 335

Cognição social, 120, 230, 238, 239, 246-261, 303, 321, 322, 365

Comparação social, 167-168, 171, 173, 249, 250, 278, 297, 298

Comunicação persuasiva, 102, 174-179, 264, 265

Condicionamento clássico, 28, 53, 55, 59, 108, 186

Condicionamento operante, 103, 104, 105, 175, 186, 188, 196-200

Conflito sociocognitivo, 302

Consciência coletiva, 135, 287

Consciência discursiva, 346

Consciência prática, 347, 349

Consciência, 6, 7, 8, 9, 10, 11, 15, 16, 17, 19, 21, 22, 24, 26, 27, 35, 44, 45, 49, 51, 52, 53, 54, 59,

61, 63, 64, 65, 70, 74, 75, 76, 79-84, 88, 90, 100, 102, 120, 125, 126, 127, 128, 131, 134, 135, 149, 150, 174, 175, 191, 214, 218, 227, 228, 249, 250, 262, 263, 281, 282, 286, 287, 332, 333, 354, 355, 356

Conseqüências imprevistas (não intencionadas) da ação, 192, 346, 347, 348, 349

Construcionismo social, 303, 319-325, 329, 330, 332, 333, 357, 358, 362

Contínuo interpessoal intergrupal, 295

Convencionalização, 120, 123, 124

Conversão, 291, 295-299

Críticas à experimentação, 224-226, 357-360

Cultura, 11, 13, 14, 17, 18, 19, 29, 30, 31, 189, 191, 204, 221, 251, 252, 273, 274, 333, 334, 335

D

Darwinismo social, 30

Depressão, 187, 246, 247, 248, 264, 265

Desamparo aprendido, 174, 175, 186-188, 227

Desenvolvimento, cognitivo, 130-132, 249, 250, 299-303, 365
    lei da dupla formação, 127, 300, 301, 302
    zona de desenvolvimento proximal, 301

Díade, 71, 72, 181, 197

Dilema do prisioneiro, 183

Disfunção, 192, 193

E

Efeito autocinético, 159, 160

Efeito de primazia, 182

Efeito do experimentador, 224, 225

Efeito Hawthorne, 87

Endogrupo, 214, 215, 274, 275, 279, 280, 281, 282, 283, 284, 285

Enfoque dramatúrgico, 152, 188, 208-212, 228, 361

Epistemologia, 94, 97, 99, 110, 117, 125, 213, 233

Erro fundamental da atribuição, 247, 248, 259, 260

Escala de Distância Social, 90, 91, 144, 145

Escala de etnocentrismo, 137, 138, 139

Escala F, 137, 138

Escala Guttman, 146, 148, 205

Escala Likert, 145, 146, 147, 148

Escala Thurstone, 145, 146, 147

Escalas de atitudes (medição de atitudes), 139, 140, 141, 143, 144-148, 149, 160, 165, 166, 167, 169-171, 174, 175, 360, 361

Escola da *Gestalt*, 43-46, 94, 98, 101, 109, 115, 116, 117, 120, 125, 128, 133, 143, 150, 152, 155-159, 160, 164, 165, 166, 174, 227, 247-248, 249, 256, 357

Escola de Chicago, 11, 32, 34, 35, 38, 56, 57, 62, 64, 65, 69, 70, 75, 77-86, 88-92, 94, 131, 132, 135, 141, 145, 158, 189, 198, 202, 206, 210, 217, 228, 246-248, 265, 360

Escola de Frankfurt, 94, 132, 136-140, 149

Escola de Genebra, 238, 239, 299-303, 359, 365

Escola de Iowa, 202, 205

Esquema S-R, 101, 102, 108, 261, 262, 300, 302

Esquema de causas necessárias múltiplas, 244, 245

Esquema de causas suficientes múltiplas, 243, 244

Esquema, 120-125, 250, 255-258, 300, 302

Esquemas causais, 242, 243, 244, 245, 246, 247

Estereótipos, 221-278, 283, 285

Estrutura cognitiva, 112, 252-258, 300, 301

Estrutura social, 73, 74, 79, 99, 100, 115, 131, 133, 135, 190, 191, 194, 199, 202, 224, 205, 207, 300, 303, 329, 330, 336, 340, 341, 342, 343, 344, 345, 346, 353, 354, 365, 366

Etnocentrimo, 137, 138, 139, 285, 320, 321, 330

Etnometodologia, 134, 135, 208, 211, 217, 218-224, 226, 228, 235, 236, 336, 337, 338

Etogenia, 324, 330

Exogrupo, 274, 275, 276, 277, 279, 280, 281, 282, 283, 284, 285

Experimentação, 13-17, 18, 23, 36, 37, 41, 42, 43, 46, 50, 52, 53, 54, 59, 60, 85-89, 140-145, 152, 154, 155, 159, 174, 175, 224-225, 230, 236, 237, 360, 361

Experimento de laboratório, 141, 143, 224, 227

Experimentos de ruptura, 222

F

Facilitação social, 2, 60, 61, 62, 87, 179-180, 228, 327

Fatos sociais, 7, 8, 9, 10, 37, 70, 218, 220

Fenomenologia, 44, 138, 212-219

Funcionalismo estrutural, 94, 132, 133, 134, 135, 136, 150, 152, 188, 189-194, 195, 197, 202, 203, 204, 213, 218, 227, 228

Funções latentes, 192, 193

Funções manifestas, 192, 193

G

Grupo social, 8, 57, 71, 81, 82, 167, 215, 272, 273, 275, 282, 283, 284

Grupos primários, 76

H

Hermenêutica, 21, 29, 69, 321, 323, 331, 332, 348, 349

Heurístico, 250, 258-261

Hipóteses da frustração-agressão, 102, 104-107, 144, 149, 176

I

Idealismo, 125, 126, 133, 134, 203

Identidade, 48, 75, 76, 77, 83, 168, 192, 202, 205-208, 209-213, 238, 239, 276-285, 346, 349, 350

Identidade, saliência, 345

Ideologia, 25, 98-100, 134, 137, 139, 140, 147, 149, 273, 274, 275, 330, 333, 362, 363

Imitação, 32, 37, 38, 49, 62-66, 92, 100, 101, 102, 103, 105, 106-109, 149, 162, 175, 183-186, 262, 264, 265, 266, 302

Indexicalidade, 219

Individualismo metodológico, 10, 11, 58, 66, 194, 195, 340, 352, 353, 365, 366

Individualismo, 30, 61, 62, 180, 300

Influência da maioria, 158-162

Influência minoritária, 291-299

Instinto, 25, 26, 41, 47, 48-52, 55-57, 62, 64, 65, 66, 92

Interação social, 64, 65, 66, 67, 70, 71, 73, 74, 76, 77, 78, 83, 131, 132, 194, 195, 200, 201, 202-212, 216, 217, 224, 228, 251, 252, 261, 277, 278, 288, 291, 292, 300-303, 323, 330, 331, 344, 351, 352, 363, 364

Interacionismo simbólico, 61, 62, 74, 76, 78, 79, 80-85, 92, 131, 132-133, 134, 135, 150, 152, 153, 188, 202-208, 228, 230, 231, 249, 340, 361, 363, 364, 365

estrutural, 341-347

Intergrupal, 117, 118, 160, 266-285

J

Justiça distributiva, 199

M

Marcação social, 303

Memória, 107, 108, 119-124, 127, 129, 254, 255, 256, 331

Mente grupal, 50, 51, 57-59, 83, 84, 87

Metodologia, 13, 14, 37, 38, 42, 43, 50, 66, 67, 69, 77, 78, 79, 89, 90, 111, 118, 126, 128, 129, 137, 140-148, 204, 205, 206, 213, 226, 230, 284, 285, 323, 324

metodologia qualitativa, 133, 360-365

metodologia quantitativa, 146-149, 360-365

na psicologia social, 140-149, 224-227, 356-365

Modelo de covariação, 242-245

Mudança de atitudes, 103, 115, 148, 158, 175-179, 227

N

Neobehaviorismo, 94, 98, 100, 101-109, 114, 118, 119, 120, 125, 133, 143, 149, 155, 174, 178, 179, 180, 184, 188, 227, 228, 249, 250, 266, 356, 357, 364, 365

Neofuncionalismo, 193, 194

O

Obediência à autoridade, 158, 159, 162, 164, 227

Objetivismo, 52, 53, 60, 61, 69, 85, 87, 99, 237, 354, 355, 356, 357, 362, 363, 364

Observação participante, 210, 226, 236-361

Outro generalizado, 83

P

Papel(éis), 133, 139, 140, 189, 190, 193-206, 208, 20, 330, 343, 344, 345

    adoção do papel e execução do papel, 206

    compromisso do papel, 345

    conflito do papel, 345

    conjunto de papéis, 193

    desempenho do papel, 207

    distância do papel, 210

    esquemas do papel, 255, 256

    expectativa do papel, 189, 190, 223, 262, 263

    identidade do papel, 207, 208

    papel e status, 190

    tensão do papel, 345

Paradigma do grupo mínimo, 276, 277, 279, 280, 281, 282, 283, 284, 330

Paradigma, 232, 233, 234-235, 237, 238, 249, 250, 260, 261

    incomensurabilidade dos paradigmas, 232, 233, 234

Personalidade autoritária, 136-140

Positivismo, 17, 20, 23, 34, 37, 44, 52, 69, 86, 87, 136, 137, 139, 143, 146, 147, 149, 150, 152, 153, 154, 155, 174, 194, 195, 216, 217, 236, 237, 238, 320, 321, 325, 329, 356, 357, 360, 361, 362, 363, 364, 365

    contexto de descobrimento e contexto de justificativa, 97, 99, 231, 232, 233, 234

    fisicalismo, princípio de, 97, 98, 101, 103, 143, 174

    positivismo lógico e o Círculo de Viena, 95, 98, 100, 101, 103, 105, 140, 141, 144, 148, 149, 150, 152, 153, 154, 155, 174, 194, 195, 216, 230, 231, 232, 233, 234, 236-238, 245, 325, 329, 330, 332, 356, 357, 358, 359, 360, 361

    regra do fenomenalismo, 4, 5, 6, 15, 34

    teste da unidade da ciência, 3, 20, 22, 23, 29, 30, 37, 38, 86, 88, 95, 97, 150, 357

    verificabilidade, 96, 98, 99, 100, 149, 152-154, 174

Pragmatismo, 31-34, 35, 37, 52, 53, 78, 79, 80, 81, 88, 92, 99, 100, 128, 189

Preconceito, 115, 116, 117, 119, 136, 140, 254, 255, 271, 272, 273, 274-286

    anti-semitismo, 117, 136-140

Privação relativa, 193, 283

Profecia auto-realizadora, 192

Programa empírico do relativismo, 236, 237

Programa forte em sociologia do conhecimento, 231, 232, 235, 236

Proposição

    da agressão-aprovação, 196

    da privação-satisfação, 196

    da racionalidade, 196

do estímulo, 196
do êxito, 196
do valor, 196

Protótipo, 252-255, 257, 258

Psicologia compreensiva, 20, 21, 23, 44

Psicologia da liberação, 308-314, 365

Psicologia das massas, 3, 10-13

Psicologia explicativa, 20, 21

Psicologia social comunitária, 314-319, 365

Psicologia social pós-moderna, 230, 231, 237, 238, 239, 303-340, 357, 358, 365

Psicologia social psicológica, 40, 41, 61, 62, 85, 91, 92, 103, 119, 120, 140, 141, 150, 152, 155, 156, 178, 179, 188, 194, 224, 227, 228, 237, 238, 244, 245, 288, 340, 341, 342, 343, 356, 357

Psicologia social sociológica, 61, 62, 84, 85, 88, 89, 90, 91, 92, 104, 131, 132, 133, 134, 188, 191, 194, 202, 208, 211, 212, 218, 226-228, 230, 231, 340-344, 345, 361, 365

R

Realidade social, 10, 21, 119, 131, 132, 167, 168, 203, 204, 213, 216, 217, 218, 219, 220, 337, 340-342, 349, 350, 352, 353, 354, 355, 356, 357, 358, 359, 360, 361, 363, 364, 365, 366

Relacionismo, 98, 99, 100

Relativismo, 99, 100, 230, 231, 232, 233, 234, 235, 236, 237, 238, 303, 319, 320, 321, 324, 325, 332, 357, 358, 359, 364

Repertórios interpretativos, 333, 334, 355

Representações coletivas, 2, 8, 9, 287, 288

S

Self, eu, 35, 36, 77, 81, 83, 84, 85, 154, 155, 202, 203, 205, 206, 209, 210, 211, 212, 271, 342, 344, 345

e o espelho, 75-77

Sociologia da ciência, 97, 231, 232, 233, 234-238, 303, 319, 362, 364

Sociologia do conhecimento, 22, 98-101, 231, 235, 237, 303, 319

Sociologia fenomenológica, 208, 212-218, 361

Sociologia figurativa, 349-354

Status, 11, 16, 139, 140, 168, 192-193, 204, 206, 223, 283, 294

Subjetividade, 80, 218, 321, 323, 335, 336, 349, 350, 356, 357, 360, 361, 362, 363, 364

Subjetivismo, 99, 237, 354, 356, 357, 362, 363, 364

T

Teoria cognitiva social, 261-271

Teoria crítica, 94, 131, 132, 135-140

Teoria da ação racional, 266-270

Teoria da ação planejada, 266-270

Teoria da aprendizagem social, 101, 102, 107, 108, 109, 169, 170, 171, 262, 264, 265, 266

Teoria da autopercepção, 170, 171

Teoria da categorização do eu, 284-286

Teoria da comparação social, 166-168, 171, 173

Teoria da conversão (influência minoritária), 291, 292, 295-300

Teoria da dissonância cognitiva, 165, 166, 168-174, 177, 227, 228

condescendência forçada, 170, 172, 173

dissonância pós decisional, 169, 170, 179

Teoria da estruturação, 340, 341, 345-350

Teoria da identidade social, 238, 239, 276-285

Teoria das representações sociais, 285-292

Teoria de inferência correspondente, 239-242, 244, 245, 247, 248, 259, 260

Teoria do campo, 109-115

Teoria do desamparo aprendido, 175, 186-188, 227

Teoria do equilíbrio, 164-167, 168

Teoria do intercâmbio social, 180-184, 194-201, 228
    controle de conduta, 182
    controle de destino mútuo, 182
    controle de destino, 182
    matriz dada, 183, 184
    matriz efetiva, 183, 184
    nível de comparação das alternativas, 181
    nível de comparação, 181
Teoria evolucionista, 27-31
Teoria psicoanalítica, 47-48

Tipificação, 213, 214, 215
Tipos ideais, 67-70

V

Validade externa, 225
Validade interna, 87, 224-226, 357
Verstehen, 20, 21, 23, 361
Vieses das atribuições, 239, 240, 241, 242, 247-249
Vieses na atribuição, 237, 239, 240, 241, 242, 247-249, 365
Völkerpsychologie, 17-20, 23, 37, 41-44, 58, 82, 87